Der goldene Rosenbogen

# Der goldene Rosenbogen

## Deutsche Erzähler des Mittelalters

Herausgegeben, eingeleitet und
aus dem Mittelhochdeutschen
übersetzt von Manfred Lemmer

Mit Holzstichen von Heiner Vogel

Anaconda

Diese Ausgabe erschien erstmals 1977 unter dem Titel *Deutschprachige Erzähler des Mittelalters*. Herausgegeben, eingeleitet und aus dem Mittelhochdeutschen übersetzt von Dr. Manfred Lemmer.
Mit Holzstichen von Heiner Vogel. Sammlung Dieterich, Band 370.

Ungekürzte Lizenzausgabe der Anaconda Verlag GmbH
© Aufbau Verlagsgruppe GmbH, Berlin 1977
(die Originalausgabe erschien erstmals 1977 in der Sammlung Dieterich; Sammlung Dieterich ist eine Marke der Aufbau Verlagsgruppe GmbH)

Die Deutsche Nationalbibliothek verzeichnet diese Publikation in der Deutschen Nationalbibliographie; detaillierte bibliographische Daten sind im Internet über http://dnb.d-nb.de abrufbar.

© dieser Ausgabe 2007 Anaconda Verlag GmbH, Köln
Alle Rechte vorbehalten.
Umschlagmotiv: »The prisoners listening to Emily singing in the garden« aus *La Teseida* von Giovanni Boccaccio, 1340/41, Österreichische Nationalbibliothek, Wien,
The Stapleton Collection / Bridgeman Giraudon
Umschlaggestaltung: dyadesign, Düsseldorf, www.dya.de
Printed in Czech Republic 2007
ISBN 978-3-86647-103-0
info@anaconda-verlag.de

# INHALTSVERZEICHNIS

# EINLEITUNG
## Von Manfred Lemmer

DEUTSCHE LITERATUR DES MITTELALTERS – das erweckt beim Leser vielleicht Erinnerungen an Wolframs «Parzival», Gottfrieds «Tristan und Isolde», an das «Nibelungenlied», die Gedichte Walthers von der Vogelweide oder die «Helmbrecht»-Erzählung Wernhers des Gartenaeres, literarische Spitzenleistungen der mittelhochdeutschen Zeit, die sich auf Grund ihrer dichterischen Qualität noch am längsten als Bildungsgut bis ins 20. Jahrhundert lebendig gehalten haben. Und doch ist damit nur ein Bruchteil dessen gefaßt, was die mittelalterlichen Jahrhunderte an deutschsprachiger Literatur hervorgebracht haben. Zwar gehört dieses Schrifttum gegenwärtig nicht gerade zu den bevorzugten Bildungsstoffen; aber allmählich bricht sich doch die Erkenntnis Bahn, daß die Literatur des Mittelalters in nicht wenigen ihrer Werke wert ist, dem literarischen und kulturellen Erbe zugerechnet und breiteren Kreisen wieder zugänglich gemacht zu werden.

So bedarf es nicht der Begründung dafür, die Folge «Deutschsprachige Erzähler» mit einem Mittelalter-Band zu beginnen. Er nimmt indes innerhalb der Reihe insofern eine Sonderstellung ein, als sämtliche Texte, die ja fast ohne Ausnahme Verserzählungen sind, nicht in ihrer originalen Sprachform, sondern in Übersetzungen, und zwar in Prosa, geboten werden.

Mit den drei Dutzend Dichtungen dieses Bandes aus der Zeit von etwa 1180 bis 1480 kann und soll nicht der Anspruch auf eine umfassende Repräsentation der Literatur des umrissenen Zeitraumes erhoben werden. Aus der Fülle der literarischen Erscheinungen ist vielmehr nur das in die engere Auswahl gekommen, was der Gattung Erzählung im Sinne der Literatur des 19. Jahrhunderts einigermaßen entspricht. Wir haben es in diesem Bande also mit Kleinerzählungen zu tun, zuweilen vielleicht schon mit Frühformen der Novelle. Eine Ausnahme bildet nur «Salman und Morolf», ein sogenanntes Spielmannsepos, ein in der zweiten Hälfte des 12. Jahrhunderts blühendes literarisches Genre, das bei geringer Sorgfalt im Formalen und recht unbekümmerter Erzählweise in einer Mischung von Scherz und Ernst vor allem auf die Unterhaltung und Belustigung seines Publikums abzielte. Die Gattung des großen Versepos, die einen wesentlichen Bestandteil der Erzählliteratur ausmacht und die gerade im Mittelalter reich entwickelt war, ist hier – nicht allein aus Umfangsgründen – nicht vertreten, obgleich gerade sie für manche der in den Band aufgenommenen Kleinerzählungen stilbildend und auch inhaltlich einflußreich gewesen ist.

Weil aber dieser Auswahlband, durch das Thema der Folge bedingt, sich auf diese eine literarische Gattung der Erzählung beschränken mußte, scheint es angezeigt, um beim Leser nicht ein einseitiges Bild von der Literatur dieser drei Jahrhunderte entstehen zu lassen, kurz einen Blick auf die literarische Gesamtsituation des Zeitraumes zu werfen und erst danach die Kleinerzählung näher ins Auge zu fassen.

Bis in die zweite Hälfte des 12. Jahrhunderts hatte die Pflege der deutschen Literatur fast ausschließlich in den Händen der Geistlichen gelegen. Das änderte sich erst nach 1170, als sich unter der Herrschaft des Staufenkaisers Friedrich I. (Barbarossa) das feudale Rittertum zu seiner Blüte entwickelte und – unter stärkster Anregung von Frankreich her – nicht nur eine Laienkultur herausbildete, sondern in einer diesseitsgerichteten Literatur auch sein höfisches Lebensideal verkündete. Rittertugend und -treue, «hoher muot» – freudige Hochstimmung des höfischen Menschen –, Ehre und Minne, ritterliche Tat in Turnier und «aventiure», jenem charakteristischen Unternehmen, das Mut und Bewährung selbst im Kampf gegen übernatürliche Mächte forderte, und schließlich «zuht» – höfischer Anstand – waren nun die Leitbilder, und Epik wie Lyrik dienten der Verbreitung dieser für vorbildlich erachteten Eigenschaften. Die Literatur sollte nicht zuletzt zu ihnen erziehen, sollte alle, die dem Ritterstand zugehörten, anregen, ein Leben nach höfischen Formen und Feinheiten zumindest anzustreben. Mochte die Tageswirklichkeit um 1200 auch vielfach anders aussehen, die Aufrichtung eines solchen ritterlichen Kulturideals, eines Welt- und Menschenbildes aus dem Glauben an eine gottgesetzte und mithin für unzerstörbar gehaltene politisch-sozial-religiöse Ordnung, die Gestaltung einer sittlichen Lebensform und ihre ästhetisch-künstlerische Objektivierung in literarischen Werken, wie sie uns in der sogenannten klassischen mittelhochdeutschen Dichtung vorliegen, ist fraglos eine respektable Kulturleistung, die der Erinnerung wert bleibt.

Aber diese Literatur war nicht für weite Kreise gedacht; sie ist vielmehr durch Exklusivität charakterisiert, eine reine Standesdichtung, die vielleicht nicht einmal den gesamten Adel, an den sie sich wendet, erreichte, sondern nur eine adlige Elite, die «höfische Gesellschaft». Andere Stände hatten in dieser Literatur keinen Platz, kamen allenfalls am Rande vor, als bloße Staffage, und wurden zudem meist mit Geringschätzung behandelt.

Aber literarische Leistungen von Rang hat diese Zeit hervorgebracht: Heinrich von Veldekes «Eneit», Hartmann von Aues Artusepen «Erec» und «Iwein», Wolfram von Eschenbachs «Parzival» und «Willehalm», Gottfried von Straßburgs «Tristan und Isolde» – um nur die bekanntesten Namen zu nennen. Auch Stoffe der deutschen

Heldensage wurden aufgegriffen und im Geiste des Rittertums episch gestaltet wie das «Nibelungenlied» oder das «Kudrun»-Epos.

Die Lyrik, insbesondere die Minnelyrik, stand nicht minder im Dienste der kulturellen Verfeinerung des Adels, sollte doch der Dienst an der höfischen Dame den Ritter beflügeln, dem neuen Ideal zu leben und es womöglich zu erreichen. Aus der Vielzahl der Lyriker seien hier nur Reinmar der Alte, Walther von der Vogelweide und Heinrich von Morungen genannt.

Spätestens mit dem Ende der staufischen Zeit (um 1250) erlosch freilich die eigentliche Lebenskraft dieser klassischen mittelhochdeutschen Literatur. Aber ihre Leuchtkraft hat sie noch lange bewahrt. Dichter des späten Mittelalters fühlten sich noch immer als literarische Erben der Zeit um 1200. Sie versuchten, in deren Geiste weiterzuschaffen, vollendeten deren epische Fragmente (zum Beispiel Wolframs «Titurel» oder Gottfrieds «Tristan») oder ließen ihrer Phantasie den Lauf, komponierten unter freier Verkettung von Stoffen und Motiven neue Abenteuerromane und variierten die Gattung des höfischen Romans. Die Zahl solcher Epigonen und ihrer Werke übertrifft die der «Klassiker» bei weitem.

Auch die Minnelyrik wurde in nachklassischer Zeit weiter gepflegt, entwickelte sich aber mehr und mehr zur reinen Formkunst und wurde im 14. Jahrhundert zum Tummelfeld der «Meister» und später der Meistersinger, die sich auf ihre lehr- und lernbare Kunst nicht wenig zugute taten. All das soll besagen, daß es das ganze Spätmittelalter hindurch einen breiten Strom literarischer Tradition aus der Zeit um 1200 gibt, der – mögen sich die Erscheinungsformen innerhalb der beiden Gattungen Epik und Lyrik im Laufe dieser drei Jahrhunderte auch in manchem gewandelt haben – das literarische Gesamtbild entscheidend mitbestimmt.

Daneben bildet sich aber seit dem 13. Jahrhundert mannigfach Neues heraus: neue Formen, neue Gattungen, ein neuer Geist und nicht zuletzt ein erweitertes literarisches Publikum kommen auf. Denn im Gegensatz zur exklusiven mittelhochdeutschen klassischen Dichtung ist die neue Literatur nun weitgehend auf Breitenwirkung aus. Sie ist «Literatur der Vielen» (Hermann Schneider) geworden. Das bezieht sich ebenso auf die Fülle von oftmals anonym gebliebenen Poeten und Schriftstellern wie auf die Massen, die nun an der Literatur teilhatten, die zuweilen sogar selbst aktiv wurden, etwa, indem sie mitwirkten, ursprüngliche Kunstlyrik in die neue Gattung des Volksliedes hinüberzuführen, oder indem sie zu Tausenden in den geistlichen Dramen als Darsteller agierten.

Die Literatur des Spätmittelalters hat gegenüber der um 1200 ihren Charakter weitgehend gewandelt. Sie ist stofflich reicher und bunter geworden. Sie hat aber auch eher die Realitäten des Alltags im Auge; der Sinn für das Wirkliche ist stark im Vordringen. Die Wendung zur Wirklichkeit ist allenthalben sichtbar, im «Helmbrecht» ebenso wie in Geschichtsdichtungen (Chronikwerken, Gedicht von der Schlacht bei Göllheim) oder in dem Zyklus «Seifried Helblinc», der sich großenteils mit den politischen und sozialen Verhältnissen in Österreich gegen 1300 befaßt. Sie zeigt sich nicht minder in der Vorliebe für Alltagsthemen, für Darstellungen von Ereignissen und Handlungen aus dem «menschlichen Elementarbereich», insbesondere in den novellistischen und schwankhaften Erzählungen – und die Möglichkeiten sind auf diesem Felde weidlich genutzt worden.

Für die Kreise, die nunmehr im späten Mittelalter

ihren Bildungshunger mit Hilfe der Literatur stillen wollten, war das Nützliche und Brauchbare wichtiger als hohe Ideale. Damit hängt es zusammen, daß nun das erzieherische Element in der Dichtung stärker hervortritt, als das in klassischer Zeit der Fall war. Oft genug wird das «fabula docet», «was lehrt uns diese Geschichte?», freimütig ausgesprochen und zuweilen noch mit einer «Moral» versehen.

Das Bild der spätmittelalterlichen Literatur ist bunt und vielgestaltig. Altes und Neues stehen nebeneinander, durchdringen einander auch zuweilen, die «schöne Geschlossenheit der staufischen Periode» (Helmut de Boor) ist dahin, die Literatur hat eher etwas von Gärung und Brodeln, sie ist bestimmt von unruhigem Suchen und dem Streben, die Welt in ihrer Vielfalt und – Folge mannigfacher gesellschaftlicher Veränderungen – ihrem Andersgewordensein zu begreifen und künstlerisch zu bewältigen.

Von der Forschung ist diese Literatur lange Zeit als eine Epoche des Niedergangs, ja des Verfalls zwischen den Höhepunkten höfische Klassik und Humanismus/ Reformation angesehen worden. Erst in jüngster Zeit bahnt sich im Zuge einer intensiveren Beschäftigung mit dem Gegenstand eine gerechtere Würdigung an.

Nun ist gewiß nicht zu leugnen, daß vieles aus der immensen literarischen Produktion der Zeit nach 1300 von inferiorer Qualität ist. Aber wer diese Literaturepoche an den Leistungen der Zeit um 1200 mißt, tut ihr Gewalt an. Sie hat ihre Eigengesetzlichkeit, und sie hat mehr Beachtenswertes hervorgebracht, als mancher meint. Schon die Vielfalt der Dichter- und Schriftstellerindividualitäten und den Reichtum ihrer Ausdrucksformen darf man als ein Positivum betrachten. Der Verlust an «mâze» im Blick auf Form und Inhalt

– gemessen an der klassischen Epoche – bringt immerhin den Gewinn der Vitalität und Saftfülle in die Literatur ein, gar nicht zu reden von der Vielzahl der Gattungen und Stile, die nun seit dem 13. Jahrhundert gepflegt werden.

Von den literarischen Neuerungen der nachklassischen mittelhochdeutschen Literatur sind zwei als die bedeutendsten zu nennen: die Herausbildung der Gattungen des Dramas, geistlich und weltlich, und der Kleinerzählung.

Neben der erzählerischen Großform des Versepos hatte sich bereits zu der Zeit, da die klassische Ritterdichtung in Blüte stand, ein neuer Typus von Erzählliteratur, die Kurzerzählung, herausgebildet, die aber zunächst wohl nur unterliterarisch war, das heißt, die nicht schriftlich fixiert, sondern nur mündlich vorgetragen wurde. Sie diente der bloßen Unterhaltung eines adligen Publikums.

Diese Kurzerzählungen dürften aus Frankreich nach Deutschland herübergelangt sein. Dort hießen sie Fabliaux, und deren ältestes wird auf 1159 datiert.

Nicht ohne Bedeutung für die Entwicklung dieses Erzähltypus sind wohl die novellistisch zu nennenden Einlagen in der «Kaiserchronik» – einer um 1150 entstandenen umfangreichen Reimchronik mehrerer unbekannter Regensburger Geistlicher, in der vierundfünfzig römische und deutsche Kaiser behandelt sind –, Einlagen, die nicht Geschichte, sondern eher Geschichten genannt werden können. Sie zeigen, daß der Sinn für kleine sagen- oder legendenhaft oder anekdotisch gefärbte Erzählungen im 12. Jahrhundert durchaus schon entwickelt war. Es sollte jedoch noch einige Zeit dauern, bis sie auch in literarischer Formung faßbar werden. Denn es ging wohl in erster Linie um die Literarisierung dieser nicht von vornherein salonfähigen Erzählgattung. Zu den frühesten Zeugnissen in Deutschland rechnet man die – in Bruchstücken überlieferte – Erzählung «Dulciflorie», die den später im «Sperber» verarbeiteten Stoff behandelt, sowie Hartmanns «Armen Heinrich». Zu voller Entfaltung kam die Kleinerzählung dann allerdings erst zwischen 1250 und 1350. Ihre bedeutendsten Vertreter sind im 13. Jahrhundert der Stricker und vor allem Konrad von Würzburg gewesen, der sie eigentlich der «hohen» Literatur einverleibte und dessen Erzählungen für diese Gattung bis ins 15. Jahrhundert hinein stilbildend gewirkt haben.

Diese Kleinerzählungen Novellen zu nennen, wie es öfter geschieht, wird man zögern. Ihr Erscheinungsbild ist doch recht vielfältig und deckt sich keineswegs mit dem, was die Literaturwissenschaft des 19./20. Jahrhunderts unter Novelle versteht.

Die Mittelalterphilologie arbeitet schon des längeren mit dem Begriff «Märe» für diese Art von Erzählungen, und Hanns Fischer hat das Märe in seinen grundlegenden «Studien zur deutschen Märendichtung» (1968) definiert als «eine in paarweise gereimten Viertaktern versifizierte, selbständige und eigenzweckliche Erzählung mittleren – durch die Verszahlen 150 und 2000 ungefähr umgrenzten – Umfangs, deren Gegenstand fiktive, diesseitig profane und unter weltlichem Aspekt betrachtete, mit ausschließlich – oder vorwiegend – menschlichem Personal vorgestellte Vorgänge sind».

Von diesem Genre sind uns aus dem 13.–15. Jahrhundert gut zweihundert Stücke überliefert, die, grob gesehen, zunächst in weltliche und geistliche zerfallen. Doch können beide Varianten einander durchdringen wie etwa in der Form der frommen Welterzählung, als deren bekanntestes Beispiel Hartmanns «Armer Hein-

16

rich» gelten darf. Die weltliche Form kann als historischer Ereignisbericht, als Fabelerzählung, als sogenanntes Bîspel, das heißt ein aus einer kurzen Erzählung und einer das Exemplum auswertenden Rede kombiniertes Gebilde, oder als Märe im engeren Sinne begegnen. Für dieses hat Fischer auf Grund der vorkommenden Thematik zwölf Typen ermittelt und sie dann in einem Abstraktionsverfahren auf drei Grundtypen reduziert, so daß wir nun nach schwankhaftem, höfisch-galantem und moralisch-exemplarischem Märe unterscheiden können. Freilich sind die Schwankerzählungen dabei durchaus in der Überzahl (achtzig Prozent aller überlieferten Stücke), während der höfisch-galante Typus mit fünfzehn Prozent und der moralisch-exemplarische mit fünf Prozent vertreten ist. Es muß indes gerechterweise gesagt werden, daß es auch Kleinerzählungen gibt, die sich in dieses an sich hilfreiche Ordnungsgerüst nicht recht einpassen wollen, oder solche, die Mischtypen darstellen.

Die Kleinerzählung muß sich im Spätmittelalter einer außerordentlichen Beliebtheit erfreut haben, wie man aus der reichen handschriftlichen Überlieferung schließen darf.

Für welche Kreise, so könnte man fragen, war diese Art Erzählungen gedacht, welchen Zweck verfolgten sie, und wer waren ihre Dichter? Die Absicht, die man mit ihnen im Auge hatte, tritt offen zutage: sie waren für die Unterhaltung gedacht, sei es, daß sie zum Lachen reizen, daß sie höfisch-gesellschaftliche Erbauung spenden oder vordergründig erziehend wirken sollten. Allerdings haben fast alle Märendichter das Moment des Ergötzenwollens mit dem der nützlichen Belehrung verbunden, wovon mancher Erzählungseingang oder -schluß Zeugnis gibt; denn das Pro- und das Epimythion

17

waren vor allem der Ort, wo Worte der Unterweisung und Mahnung nach dem Motto «Was können wir daraus lernen?» ihren Platz hatten.

Die Autoren dieser Erzählungen haben wir einmal unter adligen Dilettanten zu suchen, zuweilen wohl auch unter Hofbeamten, dann aber weitgehend unter den bürgerlichen fahrenden, das heißt umherziehenden Berufsdichtern, die seit dem 13. Jahrhundert einen eigenen sozialen Typus darstellten. Die Patrizier der Städte sowie die Geistlichkeit begegnen als Märendichter nicht, eher schon die bürgerlich-mittelständische Bildungsschicht der Städte, das heißt höhere Beamte, Ärzte, Juristen und wohlsituierte Gewerbetreibende. Schließlich pflegten auch Handwerker die Gattung der Kleinerzählung. Zwar werden sie für uns erst seit dem 15. Jahrhundert mit Namen greifbar (Hans Folz, Heinrich Kaufringer, Hans Rosenplüt, Hans Sachs), aber gewiß sind auch schon einige der vor dieser Zeit gedichteten und anonym überlieferten Mären von Handwerkern verfaßt worden.

Daß sich die Autoren der Erzählungen mit ihrem Namen nennen, scheint nicht von vornherein die Regel gewesen zu sein. Der Stricker, einer der führenden Vertreter der Gattung, bleibt noch anonym. Die Sitte der Namensnennung dürfte – namentlich bei anspruchsvolleren literarischen Leistungen – erst in der zweiten Hälfte des 13. Jahrhunderts – möglicherweise nach dem Vorbild des höfischen Epos – aufgekommen sein; aber bis ins 15. Jahrhundert hinein haben wir eine Vielzahl von Kleinerzählungen, deren Dichter anonym geblieben sind.

Die Verserzählung, wenn sie auch die Funktion einer gehobenen Unterhaltungsliteratur hatte, war doch nicht von Anfang an auf Massenwirkung aus. Vielmehr dürfte sie zunächst für ein adliges Publikum gedacht gewesen sein, für eine kunstverständige Hörer- und Leserschaft von einem gewissen Bildungsgrad. Dieser Schluß wird nicht zuletzt nahegelegt durch die überlieferten Handschriften, die weitgehend adlige Besitzer hatten. Erst später ist diese Gattung wohl ins gehobene Bürgertum gedrungen, ebenso wie der höfische und der Abenteuer-Versroman oder die Lyrik. Seit dem späten 14. Jahrhundert werden wir uns auch stadtbürgerlich-mittelständische Kreise und gehobene Handwerker als Zuhörer dieser Erzählungen zu denken haben. Es gehört zu den Eigenheiten dieser Kleinerzählungen, daß der Dichter sein Publikum offenbar stets vor sich hatte. Es begegnen da persönliche Anreden, Bitten um Gehör oder besondere Aufmerksamkeit, Fragen an das Publikum, und zwar in viel stärkerem Maße und direkter, als das in der epischen Großdichtung der Fall ist – und das verdeutlicht die gesellschaftliche Existenzform solcher Dichtungen: Sie waren in der Regel keine Buchlektüre, sondern vor allem Vortragswerke, für gesellige Lesungen, für «Autorenabende» (Hanns Fischer) gedacht. Daß sich der Dichter ab und an einen neckischen Scherz erlaubte oder mit Augenzwinkern eine kecke Bemerkung einfließen ließ, hat das Vergnügen des Publikums zweifellos gehoben.

Es ist keine Frage, daß die Kleinerzählung des Spätmittelalters eine wichtige Öffnung des bisherigen literarischen Raumes bedeutet. Sie erschließt unter anderem bisher nicht behandelte Bereiche wie das Alltagsleben der unteren Stände – bis hin zu den Asozialen –, und sie vertritt auch ethisch-moralisch durchaus andere Auffassungen als die höfisch-idealistische Literatur des Hochmittelalters – wenn diese auch in mancher Erzählung noch ihre deutlichen Spuren hinterlassen hat. Die Kleinerzählung bedeutet einen ausgesprochenen Gewinn an Wirklichkeitskolorit, sie liefert uns zuweilen farbige Milieuschilderungen, stellt Figuren aus dem Alltag (Köhler, Fischer, Dorfpfarrer, Bauer, Barfüßerguardian usw.) vor unser Auge und ist damit gewiß «lebensnäher» als etwa der höfische Roman mit seiner Entrückung in eine ritterliche Wunschwelt. Darf man diese Gattung der Kleinerzählung deshalb schon realistisch nennen? Das verbietet sich wohl. Niemand dürfte glauben, daß das, was in diesen Mären berichtet wird, für ihre Zeit charakteristisch oder im Alltag gang und gäbe war. Das schließt nicht aus, daß die Dichter hie und da «Beobachtungskerne» verwertet haben können, aber sie sagen ja meist selbst, daß sie ein «vremdez maere» – oder was an ähnlichen Formulierungen begegnen mag – erzählen, also eine außergewöhnliche Begebenheit, keinen «alltäglichen Fall».

Hinzu kommt, daß diese Geschichten – stofflich gesehen – weitverbreitete Erzählfabeln, Stoffe und Handlungen, teils französischen, teils antiken oder gar orientalischen Ursprungs, gestalten, die zudem noch mit anderen – ebenso bekannten – Motiven schöpferisch angereichert werden.

Die Versicherungen der Dichter, es handele sich bei alledem um eine verbürgte Geschichte, die man einem verläßlichen Gewährsmann verdanke oder die man gar selbst erlebt habe, bilden nur einen scheinbaren Widerspruch zu der Verarbeitung literarischer Fertigteile in diesen Erzählungen. Solche Wahrheitsbeteuerungen sind nämlich als bloße Formeln, als übliche Topoi, zu werten, die ihr Gegenstück in den Berufungen der mittelhochdeutschen Epiker auf ihre wirklichen oder fingierten Quellen haben – und vielleicht haben die Märendichter mit ihren Floskeln lediglich das Gebaren ihrer epischen Dichterkollegen parodieren wollen.

Realistisch – im Sinne eines literarischen Realismus –
dürfen diese Erzählungen auch deshalb nicht heißen,
weil sie bei der Darstellung der Figuren und Handlungen nicht die entscheidenden Züge der Gesellschaft
ihrer Zeit treffen. Sie zielen in der Personengestaltung
auch nicht auf wirklichkeitsnahe Darstellung von Individuen ab, sondern lassen ihre Figuren meist unanschau-
lich-typenhaft und oft auch namenlos. Dabei spielen
ständisch bestimmte und vorgeformte Auffassungen eine
Rolle. So ist der Adlige zum Liebhaber prädestiniert,
der Pfaffe zum – oft plumpen und meist bestraften und
verlachten – Ehebrecher, die Scholaren meist zu Helden
galanter Abenteuer, während der Bauer mit Vorliebe als
Tölpel und Geprellter figurieren muß.

Auch andere Gestalten sind eher Charaktertypen als
Individuen. So begegnet die Gattin weitgehend als die
untreue, die zänkische oder die liebende und treue. Die
Figuren der Erzählungen und das Milieu, in dem sie
spielen, wären wohl auch auf weite Strecken auswechsel-
bar. Die Geschichte von der «Wolldecke» könnte durchaus in bäuerlicher oder adliger Umwelt angesiedelt sein;
ähnliches gilt vom Minnekauf und -rückkauf («Der
Sperber»), vom «Vögelchen», von der «Roßhaut» usw.

Diese Erzählungen wollen dem Hörer und Leser nicht
eigentlich Einzelschicksale nahebringen, auch weniger
Menschen zeigen, wie sie wirklich sind, sondern in
ihnen geht es vor allem darum, auf unterhaltsame Art
Lehren, Lebens- und Erfahrungsgrundsätze, Warnungen
oder Moral an den Mann zu bringen, die stets aus der
erzählten Geschichte beispielhaft hervorgehen.

Immerhin ist nicht zu übersehen, daß sich in diesen
Kleinerzählungen hin und wieder Details zeigen, die
eine gewisse Freude der Verfasser an den Einzeldingen
der Wirklichkeit verraten, daß sich auch Milieuschilde-

rungen und Genrebildchen finden, die eigentlich ohne besondere dichterische Funktion sind. Möglich, daß die Dichter damit den Wahrheitsgehalt ihrer Geschichte bekräftigen wollten, aber es ist doch auch nicht zu leugnen, daß sich in solchen Passagen der Sinn der Autoren für die Details der Realität niederschlägt, die ihnen nunmehr der Einbeziehung in den Bereich der Poesie wert scheinen. An solchen Stellen läßt sich eine Art Ansatz zu erzählerischem Realismus bemerken, bis zu dessen voller Entfaltung in der Literatur freilich noch geraume Zeit vergehen sollte.

Aus der Zahl der hoch- und spätmittelalterlichen Kleinerzählungen ist im vorliegenden Band eine Auswahl getroffen, die diese Gattung in ihren wesentlichen Ausprägungen vorstellen soll. Thematisch spannt sich der Bogen darin vom Erhabenen und Erhebenden bis zum Derb-Deftigen.

Ein Vorzugsthema dieser Dichtung ist noch immer die Liebe, angefangen vom Minnekasus des «Moriz von Craûn», in dem das Wechselverhältnis von Minnenorm und -tat an einem exemplarischen Fall behandelt wird, über die rührenden Liebesgeschichten des «Bussard» oder des «Wilhalm von Orlens», über die kühnen oder kecken Liebhaber-Erzählungen («Der Sperber», «Der Gürtel», «Ritter Alexander») und die Liebesnarren bis zu Hermann von Sachsenheims im 15. Jahrhundert entstandener, aber noch weitgehend aus dem Geiste der hohen Minne um 1200 und unter zahlreichen klassisch-literarischen Anleihen verfaßter Erzählung «Das Schleiertüchlein».

Die alten Ritterideale lebten auch in den Mären noch lange nach und wurden nicht nur in den Promythien, das heißt den Erzählungsanfängen, dargelegt oder erörtert, sondern auch in den handelnden Personen vor-

22

bildhaft gefeiert («Moriz von Craûn», «Laurin», «Peter von Staufenberg», «Wilhalm von Orlens»). Aber auch das Gegenbild eines Ritters wird aufgerichtet und der Lächerlichkeit preisgegeben, so in der Erzählung vom Beringer.

Sozialkritische Töne werden laut im «Helmbrecht», in «Alexander und Anteloie» (Höflingsschelte) oder in der Geschichte vom dankbaren Lindwurm. Die Wünsche des Volkes nach einem starken und gerechten Herrscher, wie sie sich auch in der Sage von Barbarossas Kyffhäuser-Schlaf und seiner einstigen Wiederkehr niedergeschlagen haben, finden ihren Ausdruck, so in der Erzählung vom nackten Kaiser, die in der Fassung Herrands von Wildonie geboten ist.

Auch religiöse Themen sind in den Kleinerzählungen behandelt worden. Hartmanns höfische Erzählung «Der arme Heinrich» vom Ende des 12. Jahrhunderts äußert bereits mitten in der klassischen Periode die Zweifel an der Allgemeingültigkeit der entdeckten freudehaften Diesseitswelt und lehrt, daß man nicht allein der Welt, sondern auch Gott zu Gefallen leben solle, und noch stärkeres Unbehagen am Dienst für die Welt wird deutlich in Konrad von Würzburgs Allegorie-Erzählung vom Lohn der Welt. Kreuzzugs- bzw. Pilgeratmosphäre herrscht etwa in «Salman und Morolf» oder im «Schleiertüchlein», die Geschichte «Saladin» – thematisch der Ringparabel in Lessings «Nathan» verwandt – weiß von bitteren Glaubenszweifeln zu berichten, und spätmittelalterliche Wundergläubigkeit wird deutlich in Kisteners «Jakobsbrüdern», in denen Legende, Freundschaftsthema und Aussatzsage miteinander gekoppelt sind. Einen Vorläufer des Faust-Stoffes lernen wir in der Geschichte vom Teufelspaktler Theophilus kennen, die nach Ausweis des Schlusses als Marienmirakel gemeint ist. Ein dankbares Feld mittelalterlicher Kleinerzählung waren die menschlichen Schwächen, die in Strickers «Durstigem Einsiedler» noch liebenswert-harmlose Züge tragen, die aber auch oft von recht gefährlicher Natur sind. Eng damit verbunden war zuweilen das Schicksal unschuldiger Opfer solcher negativer Eigenschaften («Königin von Frankreich», «Tochter des Reußenkönigs»), zu denen sich auch die stille Dulderin Griseldis («Grisilla») gesellt – ein Erzählstoff, der sich großer Beliebtheit erfreute. Witz, List und Verschlagenheit galten im späten Mittelalter durchaus als schätzenswerte Eigenschaften, und das Publikum fand Vergnügen an solchen Gestalten, die, damit ausgestattet, anderen überlegen waren und ihren Vorteil dadurch errangen («Studentenabenteuer», «Dieb von Brügge», «Dieb und Henker»). Aber auch an den menschlichen Schwächen der «Autoritäten», vor allem an dem Sieg der Liebe über deren vielgerühmten Verstand, wußte man sich zu delektieren (Aristoteles, Virgilius).

Die Freude des Mittelalters an der Welt des Übersinnlich-Wunderbaren wird deutlich an dem «Heldenmärchen» vom Zwergenkönig Laurin, der in seinem unterirdischen Reich in einer Wunderwelt lebt, oder an der Geschichte vom Staufenberger, dessen Schicksal sich durch ein Liebesverhältnis mit einer Fee erfüllt.

Schließlich durfte im Bilde der mittelalterlichen Kleinerzählung auch das Freche, Deftige und Skurrile nicht fehlen, wie es etwa im «Sperber», im «Vögelchen», dem «Rosenbusch» oder dem Dümmlingsmärchen vom klugen Konni – einer spätmittelalterlichen Version des Turandot-Stoffes – vertreten ist. Die Aufnahme solcher Stücke werden wohl nur katonische Gemüter mißbilligen.

Manche Erzählung behandelt Stoffe oder Motive,

die dem Leser in verwandter Gestalt vielleicht schon begegnet sind; so wird die Geschichte vom «Vögelchen» auch in Boccaccios «Decamerone», V, 4 erzählt. Dies weist auf den Umstand hin, daß auch die deutsche Literatur des Mittelalters teilhatte an Erzählstoffen, die – zuweilen schon antiken oder orientalischen Ursprungs – in Europa weitverbreitet waren. In der spezifisch mittelalterlichen Darstellungsform haben diese gleichwohl ihren eigenen Reiz.

Manche Erzählung weist schwank- oder legendenhafte Züge auf (des Teichners «Roßhaut», Kisteners «Jakobsbrüder», «Studentenabenteuer» usw.). Solche Gattungsmischungen gehören zum Charakteristischen der Märendichtung. Man muß sich vergegenwärtigen, daß es für die mittelalterlichen Schriftsteller – im Gegensatz zu den modernen Literarhistorikern – das Problem der reinen literarischen Gattung noch kaum gab und man daher unbekümmert Elemente unterschiedlicher Genres in einer Erzählung mischen konnte.

Was über die Verfasser der hier ausgewählten Erzählungen, über die Entstehungszeit der Mären sowie über die Herkunft der Stoffe und ihr literarisches Fortleben zu sagen ist, findet sich in den Erläuterungen dieses Bandes.

Wenn die Kleinerzählungen auch nur *eine* Erscheinungsform im farbigen Bild der Literatur zwischen 1180 und 1480 sind, so stellen sie doch neben dem Drama die wichtigste Gattung dar, die das Spätmittelalter hervorgebracht hat, und sie trägt Entscheidendes zur literarischen Signatur dieses Zeitraums zwischen mittelhochdeutscher Klassik und Humanismus-Reformation bei.

# DEUTSCHSPRACHIGE ERZÄHLER
## DES MITTELALTERS

## Salman und Morolf

In Jerusalem wurde vor Zeiten ein Knabe geboren, der später Herrscher über die gesamte Christenheit werden sollte. Gemeint ist König Salomo oder Salman, der es zu großer Weisheit brachte.

Dieser heiratete die Tochter eines angesehenen Heiden, derentwegen jedoch zahlreiche Helden sterben mußten. Ein Unglück war's, daß sie überhaupt zur Welt kam! Ihr Vater hieß Cyprian, und diesem hatte Salomo die Tochter geraubt, übers Meer entführt und hielt sie in seiner prächtigen Stadt Jerusalem als seine Gattin fest. Glaubt mir, er ließ sie sogar taufen und ein ganzes Jahr in den Psalmen unterweisen. Im Brettspiel wurde sie ebenfalls unterrichtet.

Er liebte diese Frau, was immer sie ihm auch an Leid zufügte. Ihr Hals war weiß wie Schnee, ihr Mund leuchtete wie ein Rubin, ihre Augen strahlten, wie man es nur bei einer Dame von hohem Adel findet, kurz, es hätte keine schönere Frau geben können. Ihr Haar war wie gelbe Seide, an Gestalt war sie einer Göttin gleich. Salme – so hieß sie – war ein Bild von einem Weibe. Auf ihrem Leib trug sie ein Hemd von feinster Seide, ihr Kopfputz bestand aus einem Band, das über und über mit Goldfäden durchwirkt war. Der Mantel der Königin hätte nicht kostbarer sein können. Er funkelte nur so von Edelsteinen. Dem mächtigen König Salomo ging diese Frau über alles. Eine Krone trug sie, die wie die lichte Sonne strahlte. Das kam von einem Karfunkel, der in sie eingelegt war. Salmes Antlitz aber glich dem hellen Morgenstern und übertraf das aller anderen Frauen.

An einem Pfingsttage nun ging die Königin zur Kirche, von zwei angesehenen Fürsten begleitet. Voran schritten viele Spielleute, ihr zur Rechten manch prächtig gekleideter stolzer Ritter, zur Linken zahlreiche schöne Edelfräulein, und hinter ihr kamen vier Gruppen von Dienstmannen. So also sah ihr Gefolge aus.

Als sie das Münster betrat, begann das Hochamt. Man reichte ihr das Psalterbuch, das mit goldener Schrift geschrieben war.

Nachdem das Evangelium verlesen worden, spendete die Königin der Kirche einen goldenen Ring mit einem wertvollen Stein; es hätte keinen kostbareren geben können.

Als der Gottesdienst vorüber war, begab man sich in den Saal, und dort saß König Salomo mit seiner wunderschönen Gemahlin, vor ihnen viele Ritter, die beim Anblick der Königin das Essen vergaßen und sie nur immer bewundernd anstarrten. Ihr Liebreiz und ihre Schönheit ließen manchen hungrig bleiben, der, völlig hingerissen, Brot und Wein zu sich zu nehmen versäumte. Wenn die Königin einen Becher zum Munde führte, spiegelte sich ihr Antlitz im Wein wie eine Rose.

Salomo wußte sich vor Freuden über seine Gattin gar nicht zu lassen. Er liebte sie über alle Maßen, wie es heißt, und im Schlafgemach genoß er in ihren schneeweißen Armen Wonnen. Das brachte ihm höchstes Glück. Aber es sollte auch noch Kummer kommen, denn wegen Salme mußten viele stolze Ritter sterben.

Sie war – das könnt ihr mir glauben – sein Weib vier Jahre hindurch. Aber jenseits des Meeres saß ein mächtiger Heidenfürst, hochmütig und reich an Land und Leuten, den es nach Salme verlangte. Er hieß Fore und war ein Sohn des stolzen Memerolt. Ihm waren in der Tat sechsunddreißig Herzöge und fünfzig Grafen lehnspflichtig, dazu sechzehn Heidenkönige.

An einem Sonntag trat Fore nun im Rittersaal vor seine Mannen hin und sprach: «Ratet mir, meine Freunde, zu einer Frau, nach der mir der Sinn steht, meiner ebenbürtig. Ich will, wenn ihr eure Zustimmung gebt, mir eine edle und stolze Königin als Gattin holen, die Herrin über dieses Land am Mittelmeer sein soll.»

«Da können wir Euch keine Würdige nennen.»

Weil niemand sich äußerte, schaute der König zornig vor sich nieder. Seine Vasallen waren betrübt, daß sie ihm nicht raten konnten, welche edle Dame er wählen sollte. Endlich nahm ein alter, weiser Mann das Wort und sprach: «Nach meiner Kenntnis der Länder ringsum lebt jenseits des wilden Meeres in der Stadt Jerusalem eine christliche Königin. Sie ist von außerordentlicher Schönheit und die Gattin König Salomos. Die wäre eine geeignete Herrin über das Königreich am Mittelmeer.»

Diese Rede heiterte den König auf, und er sagte: «König Salomo wird seine Gemahlin vor mir nicht behaupten können! Wie es auch gehen mag, ich werde sie ihm rauben. Mit einem Heer will ich übers Meer ziehen, und wer mir seinen Dienst nicht versagt, der soll reich belohnt werden!»

König Cyprian sprach darauf: «Herr, es ist meine schöne Tochter Salme, die Salman gegen meinen Willen zur Frau genommen hat. Ich klage es dir: Ich neide sie ihm von Herzen! Wenn du ihretwegen zu einer Heerfahrt aufbrechen willst», fuhr er fort, «so sende ich dir zu deiner Unterstützung viertausend von meinen tapferen Rittern. Die werde ich übers Meer nach Jerusalem schicken, um meine Tochter zurückzugewinnen, denn es bereitet mir tiefen Schmerz, sie mit einem Christen verheiratet zu wissen.»

«Herr», sprach da der König von Duscan, «wenn du aufbrichst, so führe ich dir zu deiner Unterstützung fünftausend Ritter zu. Dazu bin ich in der Lage. Die bringe ich auch vor Jerusalem, um die edle Königin zu befreien. Denn auch mir ist's ein Greuel, daß sie sich in der Hand der Christen befindet.»

«Und ich, Herr», fügte der König Princian hinzu, «werde dir sechstausend tapfere Recken stellen. Mir dienen sechsunddreißig Herzöge und fünfzig Grafen, und ich könnte dir ohne Übertreibung ein ganzes Jahr lang dreißigtausend Mann zur Verfügung stellen. Ich werde meine Kämpfer übers Meer nach Jerusalem schikken, und wenn du mit solcher Heeresmacht anrückst, kann König Salman seine Gemahlin unmöglich gegen dich verteidigen.»

Sogleich wurde ein Bote nach Jerusalem zu König Salman geschickt.

«Wie die Dinge liegen», verkündete er, «will mein Herr Euch mit Gewalt Eure Gattin nehmen, oder er will lieber sterben!»

«Das weiß ich wohl zu verhindern», erwiderte Salman. «Ich habe an meinem Hofe angesehene Herzöge und

Grafen, die ihre Ritter aufzubieten wissen. Wenn dein stolzer Herr anrückt, so könnte es ihn das Leben kosten. Bei Gott, meine schöne Salme werde ich vor seinem Zugriff zu schützen wissen.»

Da ließ Fore vierzig Schiffe rüsten und sie mit Kleidung und Speise für ein ganzes Jahr beladen. Als nun alles fertig war, da zogen für Salman Not und Kummer heran, denn der mächtige König Fore segelte mit zahllosen heidnischen Rittern gen Jerusalem. Am zehnten Morgen kamen sie dort an.

Im Angesicht dieser Stadt sprach Fore: «Nun kann König Salman seine schöne Gattin nicht mehr vor mir retten!» Und ebenso prahlten seine Mannen.

Aber auch Salman verfügte über manch stolzen Ritter, der seine Ehre vor Jerusalem zu verteidigen gewillt war.

Fores Schiffsleute liefen in den Hafen von Jerusalem ein und machten ihre Schiffe fest. Die Ritter aber warfen sich in ihre Rüstungen, und Herzog Elian ergriff das Heeresbanner. So zogen sie auf die Ebene vor der Stadt und schlugen dort ihre Zelte auf. Dann wurde der edle König Salman belagert.

«Wir sollten einen Boten zu Salman schicken, der ihm den Frieden aufkündigt», sprach König Fore zum Herzog Elian, «und der ihn auffordert, entweder sein schönes Weib herauszugeben oder mir vor Jerusalem eine Schlacht zu liefern. Eines von beiden muß sein: die Frau oder die Schlacht.»

«Ich werde es ihm ausrichten», sprach Herzog Elian, «selbst wenn ich dabei mein Leben einbüßen sollte.»

Er legte ein mit Gold und Hermelin besetztes Gewand an und begab sich in die Stadt, um König Salman die Botschaft seines Herrn zu überbringen. Salman befand sich gerade im Palas seiner Burg. Ihm zur Seite saßen die edle Königin Salme und sein lieber Bruder Morolf.

Elian betrat den Saal und wurde von allen dreien freundlich aufgenommen. Er kniete vor Salman nieder und sagte: «Mächtiger König Salman, wenn du erlaubst, so hätte ich dir eine Botschaft zu übermitteln.»

«Melde, was du sollst», antwortete der Herrscher, «unserer Gnade kannst du gewiß sein.»

«Hast du nicht vernommen, edler Herr, daß der König aus dem Lande am Mittelmeer mit Heeresmacht angerückt ist? Du sollst ihm deine schöne Gattin überlassen oder ihm vor Jerusalem eine Schlacht liefern. Eines von beiden muß sein.»

«Ehe ich ihm Salme freiwillig übergebe, wollen ich und alle meine Ritter lieber den Tod erleiden!» erwiderte Salman.

Elian wollte gehen, aber Morolf hieß ihn noch bleiben. «Elian», sprach er, «kannst du mir aufrichtig sagen, wie stark das Heer deines Herrn ist?»

«Etwa vierzigtausend Mann», antwortete Elian.

«Wenn ich nur irgend kann, so werden sie alle sterben», sprach Morolf leise. Zu dem Boten aber sagte er: «Elian, richte deinem König aus, daß wir in vierzehn Tagen zum Kampfe antreten werden.» – «Den elenden Heiden wird es allen ans Leben gehn», fügte er hinzu.

Elian verabschiedete sich und kehrte in Fores Heerlager zurück. Dieser ging ihm in Begleitung seines Gefolges entgegen und fragte: «Nun, was entbietet mir König Salman? Will er mir seine schöne Gattin überlassen, oder will er die Schlacht?»

«Sie wollen kämpfen, mein König, und ich fürchte, daß mancher von uns sein Leben aushauchen wird, ehe wir die liebreizende Salme erringen.»

Salman hatte danach seine Boten sofort überall ins Land geschickt, um seinen tapferen Gefolgsleuten kundzutun, daß Fore eine Heerfahrt gegen ihn unternommen habe. Da eilte der König von Marokko mit einem stattlichen Heere herbei, auch die Bürger von Neapel und Marseille entsandten eine Schar und der mächtige König von Sarepta nicht minder. Sie alle wollten Salman vor Jerusalem gegen seinen Feind getreulich Beistand leisten, und er hatte dadurch auch fünfunddreißigtausend tapfere Ritter beisammen.

«Wenn die Heiden auch fünftausend mehr zählen», sagte der schlaue Morolf, «so sind wir doch immerhin Christen, und unser Herr Jesus wird uns nicht im Stich lassen.» Er befahl sogleich, ein rotseidenes Banner herzustellen und das christliche Feldzeichen hineinzuwirken. Als es fertig war, ergriff er es selbst, und alle bereiteten sich zum Kampfe. Das wurde den bösen Heiden auch kundgetan. Das Heerhorn wurde geblasen, und sogleich stürzten die edlen Könige aufeinander los. Weh und Ach gab es auf dem Kampfplatz, und mancher verwundete Ritter schrie laut auf vor Schmerz. Es war ein erbittertes Ringen, die Luft hallte von Schlägen wider. Die Heiden erlitten vor Jerusalem eine furchtbare Niederlage. Wer von ihnen fliehen konnte, der wurde ins Meer getrieben. Fünf Tage hatte der Kampf um die schöne Salme gedauert, die Fore freventlich erlangen wollte, und fünfunddreißigtausend Ungläubige hatten diesen Versuch mit ihrem Leben bezahlt. König Fore selbst wurde gefangengenommen. Salman brachte ihn gewaltsam vom Schlachtfeld auf seine Burg in Jerusalem, wo ihn die stolze Königin Salme freundlich empfing. Als der Sieg nun errungen war, fragte Salman seine Ratgeber: «Auf welche Art soll ich Fore denn gefangenhalten?»

Da sprach der schlaue Morolf: «Herr, ich weiß dir einen guten Rat zu geben. Bedenke doch einmal, in welch ‹aufrichtiger› Absicht dieser König gekommen ist. Vergiß nicht, daß der Hochmütige hier erschien, um dir deine schöne Frau wegzunehmen. Nein, nein, Herr, sterben sollte er! Willst du, mächtiger König Salman, dich darauf aber nicht einlassen, so überantworte ihn mir. Verlaß dich darauf, ich bin nicht so sehr auf Ehre aus.»

«Das brächte mir ewige Schande ein», entgegnete der König. «Wäre er im Kampf gefallen, so hätte ich seinen Tod, aufrichtig gesagt, gern verschmerzt. Nein, ich lasse ihn in Eisenketten legen, und im Kerker wird er allmählich dahinschmachten. Der schönen Salme aber werde ich die Oberaufsicht über den Gefangenen übertragen.»

«Das scheint mir nicht klug», erwiderte Morolf. «Stroh, das man zu nahe ans Feuer legt, entzündet sich leicht. So könnte es dir mit Fore und Salme ergehen.»

«Was hat die Königin dir nur getan, daß du sie so arg verdächtigst?» fragte Salman. «Ich gebe dir mein Wort, daß ich in diesem Punkte nicht die geringste Besorgnis hege.»

«König, das sage ich dir: Wenn sie dich zum Narren macht, so werde ich dir Vorwürfe nicht ersparen können.»

Salman geriet in Zorn und rief: «Morolf, ich entziehe dir für immer meine Huld, weil du der edlen Königin Übles zutraust!»

«Mächtiger König, ich sage dir, du bereitest dir selbst Schaden und Schande damit. Aber komm mir später nicht und klage!»

Salman kehrte sich nicht an Morolfs Rat und übertrug Salme tatsächlich die Aufsicht über den Gefangenen. Das war nicht klug gehandelt, denn sie und Fore wurden vertraut miteinander. Es war so, als ob man die Ziege zu den stolzen Böcken läßt.

Nun hört, daß die Königin ebenso schlecht behütet war wie ihr Gefangener. Fore war nämlich ein schlauer Mann. Er gewann die Königin durch Zauberei. Er hatte einen Onkel namens Elias, der sich auf Zauberkunst verstand. Dieser legte in einen Ring einen zauberkräftigen Stein ein. Als das geschehen war, schickte er ihn übers Meer zu dem gefangenen König Fore. Kaum hatte der ihn bekommen, so schenkte er ihn Salme und sprach: «Wenn es Euch gefällt, edle Königin, so tragt diesen Ring aus rotem Golde mir zuliebe.»

Als Salme den Ring sah, erregte der Zauberstein das Verlangen in ihr, dieses Schmuckstück zu besitzen. Sie wurde dem König Fore dadurch sehr wohlgesonnen.

Mit dem Ring ging sie zu Morolf und bat ihn, er möge ihn doch gegen die Sonne halten und prüfen, ob an ihm irgend etwas sei, das ihrem Ansehen schaden könnte. Morolf tat das auch, konnte aber trotz seiner Klugheit den Zauberstein in dem goldenen Ring nicht erkennen. Da steckte Salme den Ring an ihren Finger. Doch die Wirkung des zauberkräftigen Steines sollte sich bald zeigen. Er zog die Königin nämlich mehr und mehr zu Fore hin. Eines Tages saß er wieder einmal bei ihr. Da sprach er: «Mit Verlaub, edle Königin, bedenke einmal, daß ich nur deinetwegen mein ganzes Heer verloren habe.»

«Fore, schweig», erwiderte die schöne Frau, «Salman ist klug; aber noch viel mehr fürchte ich seinen Vasallen Morolf.»

«Wenn ich nur deiner Gunst sicher wäre», erwiderte der stolze Fore, «so wollte ich sie mit meiner Schlauheit wohl beide überlisten. Du weißt sehr wohl, daß sie mich dir nicht hätten überantworten sollen. Aber wenn du sagst, sie seien klug, dann gebe ich dir mein Wort, daß ich dreimal so klug bin wie sie.»

«Rede nicht so, König. Es hat noch nie einen gegeben, der auch nur ein Zehntel von Morolfs Verschlagenheit besessen hätte. Er sieht's mir am Gesicht an, wenn ich untreu werden sollte. Ich bin sicher, Fore, es würde uns beiden das Leben kosten.»

«Höre, mir sind sechzehn Unterkönige, sechsunddreißig Herzöge und fünfzig Grafen untertan, das ist wahr, und deren Königin könntest du werden. Auch dein Vater Cyprian ist mir zu Diensten verpflichtet. Ich will ihn für immer davon entbinden, wenn du die Meine werden willst.»

«Wohlan, wenn das so ist, dann will ich mit dir gehen.»

Da freute sich der elende Heide und sprach: «Du sollst alles bekommen, was du nur willst, künftige Herrscherin über das Reich am Mittelmeer! Nun höre, heute über ein halbes Jahr werde ich einen heidnischen Spielmann zu dir schicken, der zwei Turteltauben mit sich führt. Diesen nimm freundlich auf. Er hat auch eine deutsche Harfe, die du daran erkennst, daß sie mit Edelsteinen besetzt ist. Der Spielmann wird dir heimlich eine Zauberwurzel geben. Die leg in deinen Mund, und sie wird dich krank machen. Du fällst wie tot nieder, nur daß deine schöne Gesichtsfarbe erhalten bleibt.»

«Es wird mich immer schmerzen, daß ein so mächtiger Fürst die Flucht zu Fuß antreten muß», sprach nun die stolze Königin.

«Ich kann sehr wohl zu Fuß gehn», entgegnete der Heide. «Ich liege hier in Lebensgefahr, und wenn du, edle Salme, mich freiläßt, so dünkt es mich ein Glück, zu Fuß gehen zu dürfen.»

Sie löste ihm die Ketten und sprach: «Nun sieh zu, Herr, daß du schnell aus dem Lande wegkommst, und wenn es soweit ist, schicke mir deinen Boten, denn ich bin nur mit Widerwillen Salmans Frau.»

Als der Heidenkönig entflohen war und die Nachricht bei Hofe bekannt wurde, sprach der kluge Morolf:

«Dies ist Verrat der Königin!»

«Was hast du nur gegen sie?» fragte Salman. «Du beschuldigst sie, und dabei war es eine Jungfrau aus ihrem Gefolge.»

«König, ich rate dir, gut auf sie zu achten, denn ich versichere dir, sie ist nicht mehr länger als ein halbes Jahr deine Gattin. Ich sage dir, wie es ist, und wenn ich es nicht verhindere, wirst du es erleben.»

Niemand erwiderte etwas darauf.

Als nun ein halbes Jahr vergangen war, kam der heidnische Spielmann, von dem Fore gesprochen hatte, mit den zwei Turteltauben, der Harfe und der Zauberwurzel. Salme begegnete ihm, als sie gerade zur Kirche ging. Nach der Beschreibung, die er über sie erhalten hatte, erkannte er die Königin mit Sicherheit. Sie nahm ihm die Harfe aus der Hand, und er gab ihr das Zaubermittel. Dann reichte sie ihm seine Harfe zurück und sprach: «Verlaß die Burg schnell wieder, ehe Morolf dich bemerkt.»

Als Salme in das Münster kam, begann gerade das Hochamt. Ihr Vaterunser geriet freilich etwas kurz, denn ihre Gedanken waren ganz bei der Zauberwurzel und nicht bei Gott. Sie konnte es kaum erwarten, bis der Segen erteilt wurde. «Ich muß die Wurzel ausprobieren und sehen, wie es um sie bestellt ist», dachte sie. Schließlich legte sie sie heimlich in den Mund, und sogleich wurde sie krank. Sie sank wie tot zu Boden, aber ihre Gesichtsfarbe blieb frisch. Notgedrungen mußte man Salman die Nachricht bringen, daß die Königin eines plötzlichen Todes gestorben sei.

«Da ist Zauberei im Spiele», sagte der schlaue Morolf. «Ich habe unsere schöne Herrin heute ja gesehen, und da war sie noch völlig gesund, daran gibt es keinen Zweifel.»

Als Salman sein Weib wie tot daliegen sah, erfüllte ihn tiefes Herzeleid, und vor Kummer raufte er sich den Bart.

«Eine Schande ist es, mit ansehen zu müssen, daß ein Fürst sich sein graues Haar rauft», sprach Morolf. «Ich sagte es ja schon, Salme ist nur verzaubert. Ich bin viel herumgekommen und war auch Gehilfe bei einem Arzt. Wenn man mich an die Königin heranließe, so wollte ich sie schon wieder aufwecken.»

«Morolf, höre auf, so zu reden», herrschte ihn Salman an, «du hast ihr und mir schon soviel zuleide getan, daß du uns nun nicht auch noch verspotten solltest.»

Morolf aber dachte bei sich: «Ich muß die Königin auf die Probe stellen, damit ich sie durchschaue. Denn entflieht sie, so muß ich ihr in ein fremdes Land nach.»

Nun hört, wie er es anstellte. Er trat zu der Königin hin und goß ihr heißes Gold in die Hand. Aber die Kraft des Zaubers war so groß, daß sie das nicht spürte.

«Morolf, du hast unrecht gehandelt! Geh mir aus den Augen! Wessen hast du die arme Königin bezichtigt!» sprach Salman darauf.

«Ich glaubte richtig zu handeln», entgegnete Morolf, «denn die Königin *ist* nicht tot. Das sieht man an ihrer gesunden Gesichtsfarbe. Es ist nun einmal die Gewohnheit des Todes, die Menschen leichenblaß zu machen. Aber deine Gemahlin hat noch rosenrote Wangen. Ich gebe dir mein Wort, nur durch Zauber liegt sie hier wie tot.»

Das brachte Salman auf. «Morolf», rief er, «du bist bei mir in Ungnade gefallen! Verlaß meinen Hof, ich will dein Gesicht nie wieder erblicken!»

Der schlaue Morolf erspähte einen Ofen und schlüpfte hinein. Damit wollte er den mächtigen König Salman verspotten.

«Das ist der größte Schimpf, den du mir je angetan hast», sprach Salman, als er in den Ofen schaute.

«Du hast geschworen, mir deine Huld zu entziehen, und hast dir mein Gesicht verbeten. Nun, lieber Herr, schau mich an, wie ich von hinten aussehe.»

Der König brach in ein zorniges Gelächter aus und sprach: «Wenn ich meine Ehre damit nicht befleckte, ließe ich dich umbringen! Wärest du mir ein wirklicher Bruder, so würdest du meinen Kummer mit mir teilen und nicht noch darüber spotten. Aber der bist du nicht, und deshalb kann ich dir nicht länger gewogen sein.»

Salman ließ die Königin in einen goldenen Sarg betten, und darin lag sie wie ein Engel.

«Schade um das schöne Gold, das man hier verschwendet», sprach Ritter Morolf. «Ich leugne es nicht, wenn es nach mir gegangen wäre, so hätte man sie im Moor versenkt.» Heimlich ging Morolf dann zu dem Sarg und legte einen fuderschweren Stein darauf. Bald aber kam der heidnische Spielmann und entführte Salme zu Fore, seinem Herrn.

Das geschah am dritten Tage, daß Salme mit dem Spielmann über das Meer entfloh und König Salmans Vertrauen übel belohnt wurde. Es sollte Morolf viel Mühe kosten, sie zurückzugewinnen.

Am fünften Tage jedoch dachte Salman in seinem Kummer: «Ich will doch einmal nachprüfen, ob sie noch in ihrem Sarge liegt.» Heimlich ging er zu der Gruft, aber als er den Sarg aufgebrochen sah, da war er wie vom Schlage gerührt. Größeres Leid, glaube ich, hätte ihm nicht widerfahren können.

«Weh über mich, daß mir das geschehen mußte!» rief er. «Ich wage gar nicht, die Nachricht bei Hofe und vor Morolf bekanntzugeben.»

Da erblickte er eine schöne Jungfrau. Er winkte sie heran und sprach: «Warum schwenkst du keinen Weihrauchkessel um den Sarg der toten Königin?»

Damit ging er weg. Die Jungfrau nahm ein silbernes Gefäß und tat, wie ihr der König geheißen hatte. Als sie aber bemerkte, daß der Sarg aufgebrochen war, meldete sie es Salman. Der wußte es freilich schon, aber er sagte: «Wenn die Königin verschwunden wäre, so hätte es mir Morolf doch längst gemeldet.»

Dann lief er jedoch eilig zu diesem und sprach: «Mein lieber Bruder Morolf, mit Verlaub, ich muß dir klagen: Die Königin ist weg!»

«Oh, Herr, ich kann es einfach nicht glauben, daß dich deine Gemahlin so hinters Licht geführt haben sollte. Bei meinem Wort, sie will dich gewiß nur ein bißchen necken. Wäre ich so weise wie du, so schön wie Absalom und vermöchte so herrlich zu singen wie Horant, könnte aber die eigene Frau nicht zähmen, so fände ich das schändlich», spottete Morolf.

«Lassen wir das», erwiderte Salman, «hilf mir lieber, die Königin wiederzufinden, und ich will mein Reich mit dir teilen. Morolf, liebster Bruder, sei mein Bote zu ihr, Gott im Himmel möge es dir lohnen!»

«Mächtiger König Salomo», antwortete der schlaue Morolf, «da du dich zu mir wieder als Bruder bekannt hast, will ich deinem Wunsch nachkommen.»

Sogleich ging er hinab in die Stadt Jerusalem zu einem uralten Juden, dem der graue Bart bis über den Gürtel hinabreichte. Er hieß Berman, und ihn bat Morolf um Rat in dieser Sache.

«Der König schickt mich seiner schönen Frau hinterher», sprach der wackere Ritter, «und ich würde dazu gern deine Meinung hören.»

Der Jude führte seinen Gast bei der Hand in einen Raum, in dem er sich mit ihm unterreden wollte. Morolf aber zückte sein Messer und stach es dem Juden bis ans Heft mitten ins Herz. Dann löste Salmans Vertrauter seinem Opfer die Haut vom Oberkörper, balsamierte sie und zog sie sich über. «Von jetzt an werde ich nicht ruhen, bis ich die schöne Salme gefunden habe», sprach er.

Der schlaue Morolf war schon in vielen Ländern herumgekommen, und nun zog der Ritter in der Haut wieder umher und benahm sich ganz so, als wäre sie an ihm festgewachsen. Zuvor aber war er in seiner Verkleidung vor Salman getreten und hatte gesagt: «Edler König, der du überall gepriesen wirst, gönne mir – allen Damen zu Ehren – eine reiche Gabe.»

«Im Hinblick auf das Glück, das mir von seiten der Frauen widerfahren ist», sprach Salman, «kann ich dir nicht viel geben. Aber wenn du um Gottes willen darum bittest, so sei sie dir nicht versagt.» Er ließ ihm sogleich anderthalb Pfund Gold geben. Da sah der Bettler an der Hand Salmans einen Ring. «König, bei deinen besten Tugenden und aller Frauen Ehre, schenk mir diesen Ring», sprach er. «Wenn er als Gabe nicht zu kostbar ist, würde ich ihn gern von dir haben.»

Der Herrscher streifte ihn ab und reichte ihn dem Bittenden. Dieser verneigte sich dankend, steckte den Ring an seinen Finger und zog von dannen. Daß Morolf in seiner Verkleidung selbst von Salman nicht erkannt worden war, machte ihn doch recht zuversichtlich. Er zog sich in ein Gemach zurück, streifte die Haut des Juden ab und legte scharlachrote Kleider an. So trat er erneut vor Salman hin und fragte: «König, bei all deinen

Tugenden und der Ehre der Frauen, wo ist dein goldener Ring geblieben?»

«Den habe ich einem alten grauhaarigen Mann geschenkt.»

Morolf lachte und sprach: «Sieh nur, edler Herr, was ich an der Hand trage!»

Vor Freude küßte ihn der König. «Morolf», rief er aus, «deine Schlauheit ist unbeschreiblich! Vor ihr kann sich keiner auf der ganzen Welt schützen.»

Darauf ließ sich Morolf Stab und Tasche bringen, beide hübsch verziert. «Die werde ich tragen, bis ich die Königin gefunden habe, notfalls mein ganzes Leben lang!» sagte er.

Sodann ließ er sich kunstvoll ein Schifflein aus Leder herstellen. Es hatte zwei Fenster und war rundum mit Pech bestrichen. Mit diesem Schiff fuhr er aufs Meer hinaus. Die Stürme waren gegen dieses Fahrzeug machtlos, das könnt ihr glauben. Morolf trug es, wenn er an Land war, immer an seiner Seite wie ein Felleisen, und es rettete ihm später das Leben.

Vor seiner Abfahrt sagte er zu Salman: «Mein hoher Herr, ich vertraue dir Malo, meinen kleinen Sohn, an.» Er ließ ihn sodann hereinbringen und sprach zu ihm: «Hiermit übertrage ich alle Lehen deines Vaters auf dich.»

Daraufhin nahm Morolf Abschied vom König und dem Hof und machte sich auf die mühsame Suche nach der Königin Salme. Er zog wahrhaftig volle sieben Jahre umher, von einer Burg und Stadt zur anderen, bis er schließlich in das Land am Mittelmeer kam. Dort ruderte er sein Schifflein durch das Schilf ans Ufer und ließ es liegen. Da sah er ein Stück vor sich einen alten Heiden laufen. Laut rief er ihm nach: «Jetzt geht's dir ans Leben!»

«Nein, edler Ritter, laß mich leben. Ich war früher Torhüter in dem Reich am Mittelmeer», erwiderte der Überfallene.

«Sag mir, Alter, wie sieht es denn am Hofe deines Herrn aus? Man hört, er habe eine schöne Frau, die er liebe wie sich selbst.»

«Davon weiß ich zu erzählen. Ihre Wangen haben die Farbe der Rose. Ich habe zeitlebens keine schönere Königin gesehen.»

Als Morolf das vernommen hatte, zog er sein prächtiges Messer, lang und scharf, und stach es dem Heiden bis zum Griff ins Herz. Er nahm die Leiche und warf sie in einen tiefen Graben. «Wenn dich jemand fragt», sprach er, «so wirst du ihm nichts mehr sagen, was mich verraten könnte.»

Dann schlüpfte er erneut in die Haut des Juden Berman, zog sich einen groben Wollmantel an, befestigte einen Palmzweig auf seinem Rücken und nahm eine Krücke unter die Achsel. So zog er los zur Hauptstadt des Landes am Mittelmeer. Als er die Königsburg betrat, sah er Fore und viele seiner heidnischen Mannen. Sie vergnügten sich vor ihrem Herrn mit Speerwerfen und Steinstoßen. Auf dem Burghof stand, wie es heißt, eine breitkronige Linde, und unter ihr befand sich ein kostbarer Sitz, auf dem niemand anders Platz nehmen durfte als die Angehörigen des höchsten Adels. Wenn sich ein anderer daraufsetzte, so hatte er sein Leben verwirkt. Der schlaue Morolf ging nun eilig auf die Linde zu, ließ sich auf dem Sitz nieder und ruhte sich aus. Seinen Stab hatte er in den Boden gesteckt.

Auf dem Hofe hing aber eine Metalltafel, und wenn diese geschlagen wurde, so ging König Fore mit seinem Gefolge zur Kirche. Als sie nun alle vorbeikamen, saß Morolf noch immer an der genannten Stelle. Sie befahlen dem edlen Ritter, sich wegzuscheren, aber der wollte keinen Fußbreit weichen. Da sprang ein Kämmerer mit noch fünf anderen, alle mit Stecken bewaffnet, auf Morolf los und wollte ihn prügeln. Aber mit List wußte Salmans Bruder das zu verhindern. Er sprach nämlich zu dem Kämmerer: «Nicht doch, Herr Ritter. Wenn du mir auch nur einen Schlag versetzt, so zahle ich es dir mit meiner Krücke heim, daß du bis an dein Lebensende daran denkst.»

Da lachte König Fore und sagte: «Laßt den Fremden nur hier rasten. Ich erkenne an seiner Gestalt und seinem Betragen, daß er von hoher Abkunft ist.» Dann schritt er mit seinem Gefolge zur Kirche. Ihm folgte die Königin, und tatsächlich war es die schöne Salme. Als Morolf sie kommen sah, redete er sie so an: «Ich habe zeitlebens keine Schönere als dich gesehen. Bist du nicht Salme, die Königin, die uns aus Jerusalem entwichen ist? Ich freue mich, daß ich unglücklicher Mann meine lange Reise nicht vergeblich gemacht habe.»

Der Königin, die ein Gebende aus schmalen Borten trug, folgten drei Gruppen von barhäuptigen schönen Jungfrauen, lieblich anzuschauen. Dennoch zog Salme alle Blicke auf sich.

Morolf hatte den gesamten Hof an sich vorüberziehen lassen, ohne sich von seinem Sitz zu erheben. Als aber die Königin nahte, sprang er auf und verneigte sich höflich vor ihr. Dann setzte er sich wieder. Er verwünschte den heidnischen Priester, daß er den Gottesdienst nicht eher beendete. «Verfluchter Sarazene», knirschte er, «was mußt du heute so lange singen? Möchten dich doch tausend Teufel holen!»

Als die Messe endlich vorbei war, kam als erster Fore mit seinem Gefolge aus dem Gotteshaus. Der edle Ritter Morolf erhob sich von seinem Sitz und stellte sich schlau ans Ende der Treppe, die die Königin herabkommen mußte.

«Sei willkommen, Pilger», sprach Salme da zu ihm, «woher kommst du alter Graukopf denn hierher in dieses heidnische Land?»

«Edle Königin, ich bin lange kreuz und quer zu Meer und zu Land umhergezogen und trete nun in der Hoffnung vor dich hin, von dir ein Geschenk zu erhalten.»

«Wenn du bei mir bleiben willst, Wandersmann, so sollen dir Brot und Wein sicher sein bis zu dem Tage, da einer von uns beiden stirbt.»

«Ich habe Sünde auf mich geladen und darf nicht lange an einer Stelle verweilen. Ich will mich vierzehn Tage hier aufhalten und mich ausruhen. Wenn du, schöne Dame, mir in dieser Zeit Speise und Trank geben ließest, wäre ich zufrieden.»

«Bist du, Pilgersmann, je in Jerusalem gewesen und hast König Salman und seinen treuen Vasallen Morolf kennengelernt?»

«Ja, vor sieben Jahren war ich dort und traf sie beide sehr betrübt an. Die Königin war eines plötzlichen Todes gestorben, und so hatten sie Anlaß zur Klage. Sie hatten einen großen Stein auf den Sarg gelegt, aber der Teufel ist gekommen und hat Salmans Gattin zu sich heimgeholt.»

Die Königin wandte sich um und mußte lachen. Dann nahm sie Morolf bei der Hand und übergab ihn dem Kämmerer, damit er dem Pilger ein Nachtquartier anweise. «Kümmere dich um den fremden Mann», sprach sie zu ihm, «er ist müde von der Reise. Sorge auch dafür, daß nachts ein Trunk klaren Weines an seinem Bett steht.»

Morolf trug aber unter seiner Verkleidung ein stählernes Panzerhemd, und das hatte eine junge Herzogin bemerkt.

Inzwischen war im Saale für den ganzen Hof die Tafel gerichtet, und man speiste vortrefflich. Danach erhob sich die junge Herzogin und trat mit Anstand vor die Königin hin. «Herrin», sprach sie, «wenn du erlaubtest, würde ich dir mitteilen, was mir am Leibe dieses Pilgers aufgefallen ist. Er trägt einen stählernen Panzer, wie das eigentlich nur ein tüchtiger Ritter tut.»

«Bringt mir den Fremden her», befahl die schöne Salme. «Vielleicht erfahre ich von ihm, von woher er übers Meer gekommen ist!»

Sogleich lief die Jungfrau über den Burghof zu Morolf und sagte: «Beeile dich, Fremder, du sollst schleunigst zur Kemenate meiner Herrin kommen. Aus welcher Gegend bist du eigentlich hierher gezogen? Meine Herrin will, daß du ihr Neuigkeiten berichtest. Sie ist ganz erpicht darauf und will nicht länger warten.»

«Schönes Fräulein», erwiderte der schlaue Morolf, «laßt mich bis morgen früh der Ruhe pflegen. Wenn die Königin dann gern etwas Neues erfahren will, so kann sie das von mir durchaus hören.»

«Jetzt gleich mußt du kommen», beharrte die junge Herzogin. Morolf aber fürchtete um sein Leben. Die schreckliche Salme war ihm nicht geheuer. Er kümmerte sich also nicht um die Aufforderung der Königin, und so mußte das Fräulein umkehren und sprach zu ihrer Herrin: «Laßt ihn sich doch bis morgen früh ausruhen.»

Am anderen Morgen ritt König Fore in aller Frühe zur Jagd, und bald darauf begab sich der kluge Morolf zur Königin. Als er sie erblickte, sagte er: «Herrin, wenn du irgendein Spiel kannst, so laß es bringen. Ich brauche nämlich Geld. Du setzt dein schimmerndes Gold, und mein Spieleinsatz sei mein Kopf.»

«Da mache ich gern mit», erwiderte Salme. Sie hoffte den Fremden zu besiegen. Sogleich befahl sie einer Magd, ein Schachbrett zu holen, das mit Gold verziert und mit Smaragden und Hyazinthen besetzt war. Es strahlte wie der lichte Tag. Mit ihrer zarten Hand stellte sie die roten und weißen Figuren auf. Sie hoffte, ihren Partner in Bedrängnis zu bringen.

«Du hast den ersten Zug, Fremder. Du wirst es nicht verhindern können, daß ich deinen Kopf gewinne.»

«Herrin, was setzt du überhaupt gegen meinen Kopf ein?»

«Fünfzehn Pfund Goldes beträgt mein Gegeneinsatz, und gewinnst du sie, so will ich dir, wohin du damit auch ziehst, überall Schutz zusichern.»

«Setze ich schon meinen Kopf, so sollst du mir das schönste Fräulein aus deinem Gefolge geben, wenn ich siege.»

Da lachte Salme und fragte: «Was willst du denn mit einer Jungfrau anfangen, für den Fall, daß du gewinnen solltest?»

«Das will ich dir ehrlich sagen. Wenn ich sie bekomme, so soll sie mir künftig meine Tasche tragen.»

«Na gut», sprach Salme, «schau dich um, welche dir am besten gefällt, und die will ich setzen.»

Da zeigte Morolf an eine Stelle, wo die Schwester Fores saß.

«Wenn ich diese schöne Jungfrau bekomme», sprach er, so setze ich meinen Kopf dafür, edle Königin.»

Da lachte die Prinzessin und sagte: «Guter Pilgersmann, da würdest du betrogen. König Fore ist nämlich mein Bruder, und selbst wenn du das Spiel gewönnest, hättest du es verloren.»

Als Morolf das vernommen hatte, erwiderte er:

«Schöne Jungfrau, wenn ich nicht um dich spielen kann, so spiele ich überhaupt nicht.»

Kaum hatte er das gesagt, da saß die Jungfrau neben dem Brett und sprach: «Nun zieh schon, fremder Pilger. Ich werde dich vor den schlauen Zügen der Königin bewahren. Nun, fang an. Du brauchst keinen Betrug zu befürchten. Du scheinst mir ein ganz wackerer Mann zu sein, und wenn du gewinnen solltest, so will ich mit dir umherwandern.»

Die Königin - Morolf hatte sie anfangen lassen – machte manchen tüchtigen Zug, aber Morolf war geschickt genug, sich dagegen zu wehren.

«Was nützen dir schon deine klugen Züge», sprach die Königin, «dein Kopf gehört mir doch. Es wird dir noch leid werden, daß du dein Leben aufs Spiel gesetzt hast. Das war doch reine Narrheit.»

«Wenn ich verliere, so kannst du ja Gnade walten lassen. Nur bin ich schon überall gewesen, und nirgendwo hat mich einer im Spiel besiegen können.»

Er nahm einen Läufer und zog ihn gegen die Spielregel vor den König.

«Was soll denn solche Tücke?» sagte die Königin. «Verlaß dich drauf, dein Kopf gehört mir schon. Und damit du es weißt: den lasse ich dir abschlagen. Das war eben unüberlegt gespielt. Schau, mit diesem Springer setze ich dich schachmatt.»

«Herrin, wenn ich verliere, so rechne ich auf deine Gnade, und läßt du mich heil davonkommen, so werde ich es überall verkünden, daß du eine Königin von Seelenadel bist.»

Morolf geriet auf dem Brett in arge Bedrängnis, und in seiner Not ließ er einen tüchtigen fahren. Salme lachte und fragte: «Warum hast du das getan, du alter Pilgersmann?»

«Das ist aus Angst geschehen, weil du gesagt hast, ich müßte sterben, wenn ich das Spiel verliere.» Das sagte er aber nur im Scherz, denn in Wahrheit dachte er: «Mein Kopf wird schon noch gerettet werden. Das Blättchen soll sich bald wenden.»

Der schlaue Morolf bat unterdessen die Königin, sich ein wenig herumzusetzen. So stand nämlich die Sonne günstiger, und er konnte auf die Stelle ihrer Hand schauen, wo er den Versuch mit dem flüssigen Gold gemacht hatte. Und tatsächlich schimmerte die Narbe durch ihren Handschuh. Da hatte er die letzte Gewißheit erlangt, daß sie auch Salme war. Sogleich schlug er ihr noch eine Figur.

Morolf hatte aus Jerusalem für die Königin einen goldenen Ring mitgebracht. In ihn war durch Zauberei eine Nachtigall eingearbeitet. Den setzte er auf, und der Vogel erhob seinen süßen Gesang. Die Königin schaute auf den Ring, und inzwischen nahm ihr Morolf einen Springer und zwei Bauern vom Brett. Nun wurde das Spiel für ihn eine Lust. Salme starrte auf die Nachtigall und vergaß die Schachpartie. So konnte sich Morolf vor ihr behaupten, und er hatte prächtige Kurzweil.

«Herrin», sagten die Umstehenden, «wenn der fremde Pilger sich gegen dein Spiel zur Wehr setzen kann, so hat er seinen Kopf gerettet!»

Da begann Morolf zu singen und sollte der Königin damit Kummer bereiten. Er war nämlich ein unübertrefflicher Sänger. Alle, die seine wunderbare Weise vernahmen – es war einer von den Gesängen Davids –, wurden von Freude erfüllt.

«Wo hast du so herrlich singen gelernt, Pilger?» fragte ihn die Königin. «Seit meiner Jugendzeit, als ich noch am Hofe meines Vaters lebte, habe ich nicht mehr einen solchen Gesang gehört. Das erinnert mich an ein Leben in hohen Ehren, von dem ich nun getrennt bin.»

«Edle Herrscherin, ich war früher ein Spielmann und hieß Stolzelein. Ich sang um Lohn. Aber Gott zuliebe habe ich das aufgegeben. Ich bin dann lange umhergezogen, ums Meer herum, über Berge und durch Täler, und ich bin eigentlich überall herumgekommen. In einem Land namens Endian, weit entfernt, da, wo die Sonne ihren Wohnsitz hat, mit der Hauptstadt Gilest, dort habe ich diese liebliche Weise gelernt. Seither habe ich sie nie mehr gehört; nur in Jerusalem hat sie ein Herzog, der Morolf hieß, ein schöner, stattlicher Mann, vor König Salomo gesungen.»

«Hör auf mit diesem Gerede», sagte die schöne Salme, «du selbst bist Morolf, der Vertraute Salmans, und wenn König Fore zurückkehrt, kostet's dich den Kopf.»

«Gegen solch eine Bezichtigung muß ich mich zur Wehr setzen, Herrin! Als ich Morolf das letzte Mal sah, hatte er noch kaum einen richtigen Bart, und meiner, das siehst du ja, ist grau.»

«Trotzdem bist du Morolf, und du warst es, der mir ein Loch in die Hand gebrannt hat, was mir arge Schmerzen bereitete. Bei meinem Wort, du siehst Jerusalem nimmer wieder!»

Da riß Morolf seine Judenhaut herunter und warf sie hinter sich. Sein Haar war blond und lockig. «Nun, Königin, schau dir Morolf richtig an! Und wenn es mir gleich ans Leben geht, ja, ich habe dir manches zuleide getan, schöne Frau, und ich bin lange durch alle heidnischen Länder gezogen, um dich zutiefst Ungetreue aufzuspüren. Das halte mir zugute und gewähre mir Schonung bis morgen früh. Darüber hinaus erbitte ich keinen Frieden von dir.»

«Rede nicht weiter. Du bist doch so verschlagen, daß

man dich hinter tausend Schlössern nicht gefangenhalten könnte.»

Morolf bangte um sein Leben. Er traute dem treulosen Weibe nicht, obgleich ihm die Königin Sicherheit bis zum nächsten Morgen versprach, nachdem er demütig bittend vor ihr auf die Knie gefallen war. Als die Sonne untergehen wollte, begab sich Morolf noch einmal zu Salme und sprach: «Edle Königin, laß mich in Begleitung eines deiner Kämmerer noch einen Spaziergang am Strand machen. Wer – wie ich – nur noch bis morgen mittag zu leben hat, dem sollte man diese Kurzweil nicht versagen.»

«Das kannst du ihm nicht abschlagen, Herrin», sagte ein alter Sarazene. Da ging Salme selbst mit und ließ sich von sechzig heidnischen Rittern begleiten. So kamen sie ans Meer.

«Willst du mit mir nach Jerusalem kommen?» fragte Morolf die Königin.

«Schweig und laß solche Scherze», herrschte Salme ihn an. «Du hast mir dort genug Leid zugefügt. Ehe der morgige Tag vergangen ist, hast du keine Gelegenheit mehr, Jerusalem wiederzusehen. Da hängst du nämlich an einem Ast, dafür bürge ich!»

Dazu sollte es freilich nicht kommen.

«So erbarme sich Gott meiner Seele», erwiderte Morolf.

«Mich hat übrigens Salman hergeschickt. Ach, daß sein Kummer über deinen Verlust nun nie mehr von ihm genommen wird! Edle Königin, laß mich, nur von einem deiner Kämmerer begleitet, an den Strand herangehen. Ich will dem Schilf meine Sünden beichten, denn du weißt ja, mir steht ein Priester meiner Religion nicht zur Verfügung.»

«Deine ganze Schlauheit hilft dir nichts», sprach Salme,

«du mußt hier in diesem Lande sterben.» Damit faßte sie ihn an der Hand und führte den stattlichen Ritter auf die Burg zurück. Zwölf Mann teilte sie ihm als Bewachung zu und schärfte den Wächtern ein: «Habt ja acht auf diesen listigen Burschen. Entflieht er euch, so seid ihr des Todes.»

Morolf wurde in ein Gemach geführt, in das ihn die Königin begleitete, um mit ihm noch ein wenig zu reden. Einer der Kämmerer sagte schließlich: «Herrin, Ihr könnt Euch getrost zur Ruhe begeben und braucht nicht zu befürchten, daß er uns entwischt. Dafür stehe ich mit meinem Kopf ein.»

Daraufhin verließ die Königin Morolf und ging schlafen. Die Wächter blieben bei dem tapferen Ritter zurück. Denen begann er aber sonderbare Geschichten zu erzählen, bis sie alle schläfrig wurden. Da hustete Morolf in die Kerze, so daß sie verlöschte.

«Was tust du da?» fragte ihn einer der Heiden.

«Ich versichere dir, es ist unabsichtlich geschehen», beteuerte Morolf. «Laß ein anderes Licht bringen, wir wollen uns noch unterhalten. Laß eine neue Kerze entzünden; diese hier brannte sowieso nicht gut. Seid um mich nur unbesorgt, es stehen ja noch zwei vor der Tür, so daß ich nicht weglaufen kann.»

Ehe das neue Licht gebracht wurde, führte Morolf seinen Plan aus. Es stand nämlich ein goldenes Trinkgefäß da. In das goß er aus einem zierlichen Krüglein, das er bei sich trug, einen Betäubungstrank.

Als es wieder hell im Raume war, sprach Morolf: «Nun, ihr Herren, solltet ihr Durst haben, so trinkt von diesem Wein. Er ist aus Zypern. Die edle Königin hat ihn mir kredenzt. Der Morgen ist nicht mehr fern, trinkt ihn aus. Ihr habt ja gehört, daß ich von der Königin keine Gnade zu erwarten habe, ich muß ohnehin sterben. Drum macht euch über ihn her. Und den Pokal schenke ich euch auch.»

Dem Vornehmsten reichte er zuerst das Trinkgefäß. Alle tranken sie nacheinander daraus, mit Ausnahme des letzten. Er hatte gerade den Becher in der Hand, als er bemerkte, wie die anderen niedersanken.

«Warum legt ihr euch schlafen?» rief er seinen Gefährten zu. «Wenn dieser Christ uns entkommt, sind wir verloren!»

«Die scherzen nur», beruhigte ihn der schlaue Morolf. «Wenn du den Rest austrinkst, gehört der Humpen dir!»

Da setzte der Heide zum Trunke an, und kurz darauf fiel ihm der Kopf vornüber, und er sank ebenfalls zu Boden. Morolf war hocherfreut. Sogleich holte er aus seiner Tasche eine Schere und schnitt, die Wahrheit ist's, den zwölfen das Haupthaar ab. Dann nahm er noch ein Schermesser und rasierte allen mit kühner Hand eine Glatze. Als das getan war, lief er zum Burgtor und bat den Torwächter, ihn herauszulassen. «Ich muß eilig zum Meer, um für die Königin Fische zu fangen», sagte er.

«Ich wage es nicht, vor Tagesanbruch jemanden aus der Burg zu lassen», erwiderte der Heide. «Ihr könnt mir glauben, die Königin selbst hat es streng verboten.» Da trat Morolf in das Wächterstübchen ein und sagte: «Torhüter, mein lieber Freund, sei so gut und öffne mir. Ich lasse dich dafür auch einen Blick in deine Zukunft tun. Aus einem Stern lese ich sie.»

«Wenn das so ist», sprach der Torhüter, «dann schließe ich dir gern auf.»

Er nahm den Schlüssel und schritt zum Tor. Morolf aber hob einen schweren Stein auf und schlug ihn dem Torhüter auf den Schädel, daß der Mann sein Leben aushauchte und zu Boden sank. Daraufhin kam die Frau des Torhüters gelaufen und wollte zetermordio schreien. Aber Morolf erledigte sie, wie erzählt wird, auf die gleiche Art wie ihren Mann. Dann schloß der kühne Ritter das Burgtor auf und lief geschwind zu der Stelle, wo er am Strande sein Schifflein versteckt hatte. Das bestieg er und stach damit in See. Dort trieb er noch, als die Königin am Morgen erwachte. Bald wurde ihr hinterbracht, daß die Bewacher Morolfs alle im tiefen Schlaf lägen, völlig kahlgeschoren wären und daß Morolf aufs Meer hinaus entwischt sei.

Sogleich stieg Salme auf die Zinne der Burg, und als sie ihn tatsächlich in seinem Schifflein entdeckte, vergoß sie heiße Tränen. Vor Kummer mußte sie sich setzen.

«Ihr Herren, ich könnte euch nicht sagen wie, aber er ist so verschlagen, daß er selbst aus einem Felsen entkommen würde. Nun hört mich an, ihr tapferen Helden, wenn ihr ihn mir wieder einfangt, so belohne ich euch mit fünfzehn Pfund roten Goldes!»

Da wurde ein Ruderschiff seeklar gemacht, mit fünfzig heidnischen Rittern besetzt, und unter Führung des Herzogs Marsilian begann man die Verfolgung Morolfs. Ehe dieser das Schiff bemerkte, war es ihm schon auf vier Meilen nahe gekommen. Eifrig ruderte der kluge Mann sein Schifflein auf dem Meere voran. Unter den Gürtel schob er rasch ein Fläschchen mit silbernen Beschlägen. Dann legte er sich wieder ordentlich ins Zeug. «Teufel auch, daß es auf dem Wasser nichts gibt, wo man sich verbergen kann!» knurrte er.

Die Heiden jagten dem Fürsten nach und erreichten ihn schließlich auch. Er wurde so gefesselt, daß ihm das Blut unter den Fuß- und Fingernägeln hervorquoll. Als sie wieder an Land waren, schickten sie sogleich zwei Ritter zur Königin, um ihr die freudige Nachricht zu bringen. Den beiden gab sie als Botenlohn je einen mit

Gold verzierten und mit Pelz besetzten Mantel. Den anderen sicherte sie die versprochenen fünfzehn Pfund Gold zu, wenn sie Morolf gefangen herbrächten.

Es war allmählich dunkel geworden am Strand, und zu Morolfs Bewachung wurden zwölf Mann bestellt. Bis zur Schlafenszeit lag er gebunden. Dann aber sprach er zu der Wachmannschaft: «Ich bin viel herumgekommen in der Welt, und wenn ihr mir die lästigen Fesseln abnehmen wolltet, würde ich euch Wunderdinge erzählen, die ich bei Juden und Heiden erlebt habe.»

Vier Mann lösten sie ihm daraufhin, und er berichtete ihnen zahlreiche Abenteuer, bis sie schließlich Durst bekamen. Da zog Morolf sein Fläschchen unter dem Gürtel hervor und setzte es an die Lippen. Er bewies jedoch seine ganze Verschlagenheit, denn nicht einen Tropfen trank er.

«Ihr Herren», sprach er dann, «wenn euch auch dürstet, so nehmt nur alle einen tüchtigen Schluck. Es gibt keinen besseren Wein als diesen hier.»

Er reichte die Flasche dem Anführer, und der ließ sie herumgehen. Alle tranken sie davon und sanken betäubt zur Erde. Dem aber, der ihn so rücksichtslos gefesselt hatte, zog er das Schwert aus der Scheide und schlug ihm damit den Kopf ab. «Das sei dein Lohn», sprach er, «und deine Kleider werde ich selbst vor die Königin tragen.»

Aber zunächst nahm Morolf die anderen elf an den Haaren und schleifte sie von dem Hügel, auf dem sie waren, herunter. Er riß ihnen dabei so viele Haare aus, daß sie schon fast kahlköpfig waren. Dann nahm er seine Schere aus der Tasche und schnitt ihnen wahrhaftig wieder das ganze Kopfhaar herunter. Danach langte er erneut sein Schermesser hervor und rasierte ihnen eine Glatze. «Nun singt nur alle schön die Messe», spottete der gewitzte Morolf. «Das hätte ein Bischof nicht besser gekonnt! Wenn die alle die Weihen erhielten, gäben sie einen solchen Chor ab, daß sie ein ganzes Münster mit ihrem Gesang ausfüllten.»

Darauf begab sich Morolf an den Strand zu seinem Schifflein zurück, bestieg es und stach in See. Er wollte in den Kleidern des erschlagenen Kämmerers vor die Königin hintreten. Er hatte blondes, gelocktes Haar und glich dem Toten vollkommen. Sein Schifflein lenkte er bis unter Fores Burg. Dort ließ er es am Wasser zurück, lief zum Tor und begehrte Einlaß. «Ich komme übers Meer und will der Königin mitteilen, daß Morolf gefangen ist.»

Man ließ ihn ein, und alle am Hofe hielten ihn für den Kämmerer.

«Nun berichtet mir von dem schlauen Morolf», sagte der König.

«Herr, er ist gefangen und kommt nimmermehr davon.»

«Dann kann ich mich ja beruhigt zu Bett legen», erwiderte Fore, und Morolf als der vermeintliche Kämmerer befahl, das Lager zu bereiten. Als sich der König zur Ruhe begab, wurde er von zwölf heidnischen Kaplänen gesegnet. Auch die schöne Salme legte sich mit ihrem Gatten zu Bett.

Nun wurde Morolf geschäftig. Er zog seine Flasche mit dem Betäubungstrank hervor, kniete vor dem Herrscherpaar nieder und kredenzte ihnen einen Schlaftrunk. Da schlummerten sie vorzüglich ein!

Die Kapläne wollten sich zurückziehen, aber Morolf hieß sie bleiben. Auch ihnen bot er von seinem Trank an, und nachdem sie ihn probiert hatten, sanken sie alle zu Boden. Der tapfere Morolf richtete sie auf, lehnte sie gegen die Wand und verschränkte ihre Glieder so, daß sie alle miteinander verschlungen waren. Dann holte er König Fore aus dem Bett und lehnte auch ihn gegen die Wand neben einen jungen Kaplan. Dem ältesten der Kapläne zog er darauf das Gewand aus und bekleidete den mächtigen König Fore damit. Den nackten Kaplan aber trug er ins Ehebett zur Königin Salme. Dann nahm er wieder Schere und Rasiermesser und beraubte den König seines Haupthaars. «Nun sei du ein Bischof über die anderen um dich herum», sagte er spöttisch. Als das vollbracht war, begab sich Morolf wieder zu seinem Schifflein. Er bestieg es und trieb darin bis zum anderen Morgen.

Da wachte König Fore auf. Glaubt mir, er lag erst noch eine geraume Weile still, ehe er wieder ganz zu sich kam. Dann wollte er die Königin liebkosen, erwischte aber statt ihrer den jungen Kaplan. Der ballte seine Hand und versetzte ihm einen tüchtigen Schlag, so daß der König erst einmal wieder eine Zeitlang still dalag. Als er sich davon erholt hatte, sprach er: «Edle Königin, wir sind nun sieben Jahre verheiratet, aber so habt Ihr mich noch nie behandelt.»

Als er sein geistliches Gewand an sich bemerkte, rief er: «Welcher Teufel hat mir denn das angezogen? Hier war sicherlich Salmans Vertrauter Morolf am Werk!»

Als Fore in sein Bett zurückwollte, fand er den nackten Kaplan bei seiner Frau liegen. Er nahm ihn bei den Beinen und zerrte ihn heraus.

«Auf, auf, Kaplan, geht zur Messe und laßt mich zu meinem Weibe», sprach er. «Eure Nacht war besser als meine, denn Ihr habt hier bei der Königin geruht und ich da drüben am Boden.»

Der Kaplan sprang auf, und Fore legte sich voller Ungeduld zur Königin ins Bett, die noch schlief. «Zu dieser Tageszeit könntet Ihr eigentlich aufstehen», redete er sie an.

Als sie ihn anschaute, geriet sie in Zorn und rief: «Welcher Teufel hat dich denn geschoren?»

«Das ist Gottes Werk. Wir sollen Buße tun für das, was wir Morolf zugefügt haben.»

Da begann der Bruder Salmans in seinem Schifflein so laut zu singen, daß es in der ganzen Burg widerhallte. Als Fore das hörte, trat er auf die Zinne und rief herab: «Morolf, stolzer Ritter, bleib noch ein wenig, denn die Königin möchte dich sehen.»

«Ich kann nicht länger verweilen. Möchtest du König Salman etwas ausrichten? Ich will dir nämlich nicht verschweigen, Herr, daß ich nach Jerusalem zurückkehre. Wenn ich aber dort angekommen bin, werde ich Salman mit einem gewaltigen Kriegsheer zu dir schicken.»

Damit wollte Morolf in See stechen, aber Fore hatte das zu verhindern gewußt. Ehe es Morolf bemerkte, war er von vierundzwanzig Ruderschiffen umringt. In dieser Lage bewies er wieder einmal seine ganze Findigkeit. Er ließ sich mit seinem Schiffchen einfach auf den Meeresgrund sinken. An diesem Fahrzeug hatte der kluge Mann nämlich mit Hilfe einer Ledermanschette ein Rohr befestigt, durch das er unter Wasser atmen konnte. Es war mit einem Seil umwickelt, um das Wegbrechen zu verhindern. So hielt sich Morolf vierzehn Tage in der Tiefe auf. Es ging nicht anders, denn die Heiden trachteten ihm nach dem Leben. Sechsunddreißig Tage war er insgesamt auf dem Meere, dann trieben ihn günstige Winde in den Hafen von Jerusalem. Nachdem der kluge Mann sieben Jahre umhergezogen war, kehrte er nun eilig zu Salmans Burg zurück. Aber bei Hofe erkannte ihn niemand, und das bereitete ihm Schmerz. Sein Haar war auch schon zur Hälfte grau geworden. Selbst Salman wollte an ihm vorübergehen. Da bat ihn Morolf, doch ein wenig zu verweilen.

«Edler König», sprach er, «ich habe mir berichten lassen, daß du gern Neuigkeiten hörst. Ich weiß solche, denn ich bin überall herumgekommen, von der Elbe bis an den Nordpol. Von dorther bin ich übers Meer nach Jerusalem gekommen.»

Salman nahm ihn bei der Hand und geleitete ihn freundlich über den Burghof zu einer Mauerzinne aus Marmor. Und dort erzählte er etwas ganz Rührendes. Er sagte nämlich: «Du erinnerst mich sehr an meinen getreuen Vasallen Morolf. Den hatte ich ausgeschickt, nach meinem schönen Weibe zu forschen, und er hat dabei im Heidenland den Tod gefunden.»

«Da hast du recht, König», erwiderte Morolf, «denn ich bin mit ihm ganze sieben Jahre gemeinsam umhergezogen. Ich habe ihn bei den Heiden begraben, und er hat mir vor seinem Tode aufgetragen, dir das mitzuteilen.»

Da weinte König Salman. Dann aber sprach er voll Anstand: «Erzähle mir noch mehr davon, Pilger. Wo hast du ihn im Heidenland begraben? Sag mir die Wahrheit. Seine Gebeine sind mir so teuer, daß ich sie – bei meinem Wort – nicht bei den Heiden lasse. Ich werde ihn hier in Jerusalem bestatten, oder ich will nicht länger leben. Was sollen mir noch Krone und Königreich? Mir ist künftig alles auf Erden gleichgültig. Daß ich Morolf, meinen getreuen Vasallen und Bruder, verloren habe, der meinetwegen auszog, um mein schönes Weib zu suchen, das macht mich für immer traurig. Wozu soll ich, König Salman, eigentlich weiterleben? Noch heute will ich mich Gott ergeben. Der Kummer über den Tod meines lieben Bruders drückt mich völlig nieder.»

Als Morolf sah, daß seine Klage ganz und gar aufrichtig war, sagte er endlich: «Edler König, wisse, daß der, der hier vor dir steht, Morolf ist, der dir noch immer in Treuen anhängt. Ich habe die schöne Salme entdeckt, und wenn du sie zurückgewinnen willst, so müssen deine Ritter ihr Leben aufs Spiel setzen.»

Da erfüllten Freude und Leid König Salman gleichermaßen. Er küßte den Ritter Morolf voll Freude. «Nun, da ich dich wiederhabe, ist all meine Betrübnis dahin!» rief er.

Morolf aber entfernte sich bald in ein anderes Gemach und wollte dem König seine Verwandlungskünste vorführen. Er legte einen Panzer von hellen zierlichen Ringen unter der Kleidung an, so daß man ihn nicht sehen konnte. Dann setzte er einen Helm aus Eisenblech auf und stülpte einen grauen Filzhut darüber. Auf den Leib zog er einen groben Wollmantel, befestigte einen Palmzweig auf dem Rücken und kehrte in diesem Aufzug zu König Salman zurück.

Da sprang ein Kämmerer auf ihn zu, versetzte ihm einen Schlag mit der Hand und rief: «Nimm das, du alter Bettler! Wie kannst du Spottbild es wagen, so vor den mächtigen Herrscher zu treten?»

«Das war übel gehandelt», sagte Morolf. «Im Angesicht eines Fürsten bin ich noch niemals geschlagen worden, und lüde ich damit nicht Sünde auf mich, würde ich dich dafür umbringen.» Aber er ballte die Faust und versetzte dem Kämmerer einen solchen Schlag, daß er dem König vor die Füße rollte.

Da sprangen Salmans Leute drohend herbei. Morolf aber zog sich zur Tür des Saales zurück und rief: «Diese Krücke habe ich dreimal übers Meer geführt, und wen ich damit segne, der hat keine Gelegenheit mehr, später an mich zu denken!»

Salman erhob sich von seinem Sitz und winkte seine Mannen zurück. Dann trat er auf den Pilger zu, schaute ihm unter den Hut ins Gesicht, und erst da erkannte er den Ritter Morolf.

Der Kämmerer mußte den Schlag ungesühnt hinnehmen, den ihm der Pilgersmann versetzt hatte.

«Dieser hier ist Morolf», sprach der König, «der uns lehren wird, wie wir unsere Königin zurückholen können.»

«Das weiß ich», erwiderte Morolf. Er zog seine Rüstung aus und gab sie dem Kämmerer zur Aufbewahrung. «Zum Teufel mit Euch, daß Ihr mir einen solchen Schlag verpaßt habt», knurrte dieser.

«Nun, tapferer Morolf», sprach Salman, «rate uns, wie wir die Königin zurückerobern können.»

«Bei meinem Leben, das kann ich dir verraten. Laß ein Turnier ausrufen, König, so strömen die Ritter in Massen herbei. Von denen wähle ich dann zehntausend aus, und wohin wir auch unsere Standarte führen – der Sieg ist uns sicher.»

Diese Rede freute Salman, und das Turnier wurde sofort ausgerufen. Als alle herbeigeeilt waren, nahm der König Morolf bei der Hand und führte ihn voll Anstand zu den Herren seines Reiches. Von den Rittern, die ihn sieben Jahre nicht gesehen hatten, wurde Salmans kluger Vertrauter freudig begrüßt, und sie alle wollten wissen, ob er die Königin Salme auch wirklich ausfindig gemacht habe.

«Ja, sie ist jenseits des Meeres und lebt am Hofe des Mittelmeerreiches. Wir müssen sie mit Heeresmacht zurückgewinnen.»

«Laß uns unter deiner Führung dorthin ziehen», sprachen die Edelsten von ihnen sogleich. Das freute Morolf, und er wählte für die Heerfahrt zehntausend von ihnen aus.

«Mein König», sprach er dann, «folge meinem Rat,
öffne deine Schatzkammer und verteile das rote Gold
an diese Helden, denn sie wollen unter meiner Fahne
mit mir in den Kampf ziehen.»

Salman war hoch erfreut darüber und befahl, den
Rittern Schätze und Edelsteine zum Geschenk zu machen.

«Daran hast du recht getan», sagte der kluge Morolf,
«denn dein Gold und dein Silber führt schließlich manchen tapferen Recken in den Tod.»

Die Schiffe, die Morolf und sein Heer aufnehmen
sollten, standen am Gestade bereit, und die Helden
bestiegen sie geschwind. Zehntausend waren es, die
Morolf übers wilde Meer führte.

Als sie die andere Küste erreicht hatten, warfen sie
Anker, und Mann und Roß verließen die Schiffe.
Morolf sprach freundlich zu Salman: «König, man
rühmt dir große Klugheit nach, und die wirst du jetzt
wie nie zuvor nötig haben.»

«Morolf, ich habe mich dir schon in Jerusalem anvertraut, und dabei bleibe ich, ich werde handeln, wie
du es rätst.»

Da ergriff Morolf das Heerbanner und führte die
Kriegsscharen auf einem schmalen Pfad, den er auf seiner
früheren Erkundungsfahrt schon mehrfach gegangen
war, in ein dunkles Waldtal hinab. Hier ließ er alle
rasten.

«Uns ist ja wohlbekannt», sagte Morolf sodann zu
Salman, «weshalb du hierhergezogen bist. Wir sind nun
der Burg Fores nicht mehr fern, lieber Bruder, und ich
würde empfehlen, daß du selbst dorthin gehst. Unter
Lebensgefahr kannst du da deine schöne Gattin sehen,
die jetzt einen Heiden liebt, und das wird dich erzürnen,
mein König.»

«Was habe ich dir angetan, Morolf, daß du mich

in diese Gefahr bringen willst? Sollte ich dich erzürnt haben, so vergiß das, du vorbildlicher Ritter.»

«Es ist nicht anders zu machen. Du liebst Salme doch so sehr, daß du von ihr nicht ablassen würdest, selbst wenn es dich dein Leben kostete, nicht wahr?»

«Diese Liebe ist hin! Sie hat den Heiden statt meiner zum Manne erwählt. Hätte ich in Jerusalem gewußt, was mich hier erwartet, ich wäre nicht mitgefahren!»

«Sei unbesorgt, König. Ich werde dich in einen festen Panzer hüllen. Und sollte dich etwas verraten, so greif zu deiner Krücke und wehre dich tapfer.»

Morolf legte dem Herrscher den Panzer an, den er unter seiner Kleidung tragen sollte, dann reichte er ihm eine Krücke, in der ein Schwert steckte, und auf solche Art war der mächtige König für seine Zwecke gut ausgerüstet. Auf den Kopf bekam er einen Hut aus grobem Wollstoff, in den aber kunstvoll ein eiserner Kopfschutz eingearbeitet war. Dem war es zu danken, daß König Salman später trotz manchen Hiebes der Heiden nicht zu Tode kam. Dann wurde er in einen zottigen Mantel gesteckt, an dessen Seite ein kleines Horn befestigt war.

«Wenn du das bläst, edler König», sprach Morolf, «so komme ich dir mit deinen zehntausend Mann zu Hilfe geeilt.»

Dann geleitete er ihn aus dem Walde heraus, und schon sahen sie die stolze Burg, auf der König Fore mit manchem heidnischen Ritter hauste.

«Führe mich noch näher an sie heran», bat Salman. Aber Morolf nahm das unwillig auf. «Wo hast du denn deinen Verstand?» fragte er. «Ich war auf dieser Burg gefangen und bin sogar, wenn auch mit knapper Not, daraus entflohen, und du willst nicht einmal allein hineingelangen können?»

Da ging Salman los, sagte aber zuvor noch: «Sollte

ich dort ums Leben kommen, so bete aus brüderlicher Liebe um das Heil meiner Seele!»

«König, dir geschieht nichts. Der Heide wird über dich nicht richten, und das ist mir nur lieb. Du selbst mußt über dich das Urteil sprechen; und dadurch werden wir ihm Leib und Leben abgewinnen. Triff du dort jenseits des dunklen Waldes deine Entscheidung, und ich werde dir notfalls mit den zehntausend Mann zu Hilfe kommen und deine Ehre wiederherstellen. Das aber soll Fore und all die Seinen das Leben kosten.»

Mit Tränen in den Augen fügte er hinzu: «Mein lieber Bruder Salman, deine männliche Schönheit läßt sich nicht leugnen. Verbirg sie darum nicht zu lange in diesem Aufzug, wenn dir deine Ehre lieb ist.»

Morolf kehrte in den Wald zurück und ließ den edlen König Salman in tiefen Gedanken und nicht ohne Besorgnis auf dem Felde allein.

Als dieser schließlich den Zugang zur Burg gefunden hatte, wurde er darin von der Schwester Fores freundlich empfangen. «Sei willkommen, Wallfahrer», sprach sie. «Woher kommst du in dieses heidnische Land gezogen? «Du hast ein schönes Antlitz, und wenn du bei mir bleiben wolltest, so sollten dir Brot und Wein immerdar gereicht werden, bis einer von uns beiden stirbt.»

«Ich habe Sünde auf mich geladen und darf, um sie abzubüßen, mich nirgendwo lange aufhalten. Es ist mir auferlegt worden, mein Leben lang ruhelos umherzuziehen, wenn ich Vergebung erlangen will.»

«Schade um dich, Pilger, dir würde eine schöne Frau viel besser anstehen, statt daß du deine Schönheit durch solch ein Leben verunstaltest.»

Die Jungfrau lief unverzüglich in die Burg zur Königin und sprach: «Ach, liebste Herrin, an unseren Hof ist der schönste Pilger gekommen, den ich je gesehen habe.

In seinen Augen brennt ein Feuer wie in denen eines Wildfalken. Es könnte sich bei ihm um den König von Jerusalem handeln, der deinetwegen gekommen ist, edle Königin. Den Augen nach ist er nicht alt, und er hat schöngeschwungene Brauen.»

«Wehe dir, Morolf, wenn du Salman übers Meer hierher geschickt hast», sprach Salme, «dann siehst du ihn nicht lebendig wieder!»

«Schaden soll er nicht davon haben, daß ich ihn dir gemeldet habe», sagte Fores Schwester. «Ich selbst werde ihm mitteilen, daß er den Hof schleunigst verlassen soll, wenn ihm sein Leben lieb ist.»

Als die Königin merkte, daß ihrer Schwägerin die Angelegenheit unangenehm sei, sprach sie: «Ich werde den Fremden erst einmal selbst in Augenschein nehmen.»

Sie winkte vier Kaplänen und befahl ihnen, den Fremdling herbeizuholen. Als sie ihn kommen sah, sprach sie: «Sei willkommen, mein Gatte Salman. Ich bedauere aufrichtig, daß Morolf jüngst entflohen ist und man ihn nicht an den Galgen gehängt hat.»

«Das ist wieder so ein Zeichen deiner Bosheit», antwortete Salman. «Morolf war ganz auf meine Ehre bedacht. Denn – bei meinem Wort! – du mußt wieder meine Gattin werden, oder Morolf bringt dich um.»

«Nach deiner Liebe steht mir der Sinn nicht. Mir ist König Fore dreimal lieber als du, und bei ihm will ich immer bleiben. Ich bin außerdem sicher, daß er mir den Gefallen tut, über deinen Kopf das Urteil zu sprechen.»

«Herrin, wenn du mich ungeschoren von dannen ziehen läßt, so weiß ich zu verhindern, daß Morolf übers Meer kommt und dir den Garaus macht, bei meinem Wort!»

«Das könnte dir so passen, daß ich dich heil davonkommen ließe! Verlaß dich drauf, an einem Ast wirst du baumeln.»

«Edle Königin», sprach Salman, «gewähre mir Gnade dafür, daß du damals in Jerusalem mit mir zusammen über Land und Leute geherrscht hast.»

Der tapfere Mann wurde in ein Gemach geführt und mußte sich hinter einem kostbaren Vorhang verstecken, was ihn sehr verdroß. Dahinter blieb er, bis Fore an der Tafel saß. Als der Heidenkönig in die Burg geritten kam, war das Salme lieb und leid zugleich. Sie eilte ihm entgegen und umarmte ihn. «Mein Fürst, wenn ich dich nicht sehe, so ist all meine Freude dahin», begrüßte sie ihn. Das mußte Salman zu seinem Mißfallen aus seinem Versteck mit anhören.

«O Gott, bei all deiner Vollkommenheit, gibt es größere Falschheit als die der Königin? Soll ich solchen Undank ernten, von diesem schrecklichen Weib jetzt an Fore ausgeliefert zu werden?» dachte er.

Die Tafel wurde für Fore prächtig bereitet, und er nahm daran Platz. Ihm zur Seite saß die schöne Salme.

Bei Tische brachte sie die Rede auf Salman, indem sie zu ihrem Gatten sagte: «Ach, mein lieber Herr, an unseren Hof ist ein Pilger gekommen, wohlgestalt und von edlem Ansehen. Es könnte König Salman aus Jerusalem sein. Was meinst du, was mit ihm geschehen soll?»

«Wenn der Fremde wirklich Salman ist, so kann er nicht bei Hofe bleiben. Erklärt er mir einleuchtend, was er hier will, schicke ich ihn übers Meer zurück.»

«Du kennst seine Verschlagenheit nicht», erwiderte Salme. «Läßt du ihn ziehen, so wird er dir nach dem Leben trachten. Nimm die Angelegenheit deshalb nicht zu leicht. Schau, er steht dort hinter dem Vorhang, und du solltest ihn unverzüglich hervortreten lassen. Richte über ihn, wie du es für notwendig hältst; ich habe mich deinem Willen bisher stets gefügt.»

Da erhob sich Fores Schwester rasch von ihrem Sitz und sprach: «Bruder, wo soll das hinführen? Dein Weib, das du übers Meer hierher geholt hast, gibt dir keine guten Ratschläge. Wenn du dein Leben retten willst, so gib Salme ihrem Gatten zurück. Laß es dabei bewenden, daß du ihm unverdient so viel Leid zugefügt hast.»

«Wieso habe ich ihm denn Leid zugefügt?» fragte Fore. «Und auf mein Wort, Salme bleibt mein Weib bis an mein Lebensende!»

Da raffte die Jungfrau ihr Gewand, ging über den Hof in eine prächtige Kemenate und holte von dort ein Trinkgefäß mit köstlichem rotem Würzwein. Den brachte sie Salman.

«Trink, edler Fürst. Deine eigene Gattin, um derentwillen du übers Meer gekommen bist, hat Verrat an dir begangen.» Salman trank und reichte ihr den Becher wieder zurück.

«Hätte ich dich in Jerusalem, du liebliche Jungfrau, so wahr ich Salman bin, ich ließe dich zur Christin taufen.»

«Edler König», erwiderte sie, «wenn es sich für mich fügte, daß ich mit dir übers Meer fahren könnte, so wollte ich gern mit dir leben, denn du scheinst mir ein vortrefflicher Mann zu sein. Aber ich fürchte, daß man auf uns aufmerksam wird. Komm mit vor meinen Bruder, gib ihm freundlich Auskunft, und er wird dich wieder heimfahren lassen.»

«Wie könnte ich mit ihm ein freundliches Gespräch führen, wo er mir doch mein Weib entführt hat? Er schuldet mir seinen Kopf!»

«Denk daran, daß du hier niemanden hast, der dir dein Leben retten könnte. Deshalb solltest du dich notgedrungen mit Fore gut stellen.»

Aber in Salman setzte sich Löwensinn durch. Er trat vor den Heidenkönig hin und rief: «Fore, du Verräter, du hast in Jerusalem meine Ehre mit Füßen getreten, hast meine Gattin geraubt; dafür sollte ich dich töten!»

Der Heide nahm es von der scherzhaften Seite und erwiderte: «Diese Rede möge Gott dir verzeihen! Weißt du denn nicht mehr, mächtiger König Salman, daß ich wegen dieser Frau fast mein ganzes Heer verloren und drei Jahre als dein Gefangener in Jerusalem gesessen habe? Da hat mich Salme, deine eigene Frau, freigelassen. Und derentwegen willst du sterben? Das bedauere ich aber sehr. Ach, König Salman, warum bist du übers Meer gekommen?»

«Was habe ich dir eigentlich getan, daß du damals nicht mit mir um Salme gekämpft hast? Ich hätte dich erschlagen sollen. Freilich hätte ich das deiner hohen Abkunft wegen nicht getan. Aber du hast dich mir als Verräter erwiesen, und darum bitte ich Gott um die Gnade, deinen Kopf noch fallen zu sehen.»

«Mächtiger König Salman, ich frage dich: Wenn du mich in Jerusalem so in deiner Gewalt hättest wie ich dich hier, bei deinem Christenglauben, sag, käme ich heil wieder nach Hause?»

«Das sollst du erfahren. Ich würde dich über Nacht festhalten, und am anderen Morgen würde ich einen Galgen richten lassen und dich aufhängen!»

«Du hast damit das Urteil über dich selbst gesprochen», sagte König Fore. «Er möge ohne Fesseln in meiner Burg umhergehen», fuhr er fort, «aber bewacht ihn streng, meine Mannen. Morgen früh jedoch, hört gut zu, errichtet am Waldrand einen prächtigen Galgen, an dem wir den mächtigen Herrscher aufknüpfen wollen. Stirbt er nämlich hier, so wird man mir die Königin nie mehr streitig machen, und ich brauche nicht zu fürchten, daß Morolf übers Meer kommt, um sie mir zu entführen.»

«Oh, Fore», sprach da die schöne Salme, «wenn du ihn töten läßt, so bleibe ich immer treu bei dir. Darauf kannst du bauen.»

«Wie gern will ich das dir zuliebe tun, edle Königin, und wenn es unserem Gott gefällt, so wird es nicht mißlingen», erwiderte Fore.

Dann ließ er – entgegen seiner früheren Anordnung – zwei eiserne Fesseln bringen und befahl zornig, sie König Salman anzulegen. Als Fores Schwester das sah, bereitete es ihr Kummer und Verdruß. Die schöne Jungfrau hatte Mitleid mit Salman, weil man ihm das Leben nehmen wollte. Sie ging daher zu ihrem Bruder und sprach zu ihm: «Zeitlebens habe ich dich noch nicht ernstlich um etwas gebeten. Jetzt aber tue ich es: Überlaß den König für diese Nacht meiner Obhut, damit er nicht in eisernen Fesseln schmachten muß. Das schnürt mir das Herz zusammen. Fürchte nicht, lieber Bruder, daß ich ihn entfliehen lasse. Dadurch würde ich mir ja für immer dein Vertrauen verscherzen.»

«Wie wolltest du ihn denn festhalten? Morolf ist uns bei Tagesanbruch aufs Meer entkommen, und wenn dieser uns auch noch entwischte, so würden wir das nie mehr verwinden.»

«Ich wette unser gemeinsames Königreich und meinen Kopf darauf, daß er nicht entflieht. Sollte ich ihn aber doch übers Meer davonlassen, so habe ich jeden Anspruch auf deinen Schutz verwirkt.»

«Noch höher kannst du dich für ihn nicht verbürgen. Aber ich sage dir, entkommt er uns, so sei sicher, ich ließe dir den Kopf abschlagen, und wenn du tausendmal meine Schwester wärest.»

Die Jungfrau wollte sich zum Gehen wenden, doch

Fore hielt sie noch zurück. «Schwester, ich bitte dich», sprach er, «nimm dich Salmans an, wie er es verdient, denn er ist ein hoher Fürst aus Jerusalem. Es würde mich schmerzen, wenn ihm etwas zustieße, und ich ließe ihn gern unversehrt übers Meer in seine Heimat zurückkehren, wenn ich es gegenüber der Königin Salme nur wagte.»

«Bruder, so zu handeln würde ich dir sehr empfehlen.»

Die Jungfrau begab sich sofort zu dem Gefangenen und warf dessen Fesseln an die Wand. «Nun denn, König Salman», sprach sie zu ihm, «ich habe mich mit meinem Kopf für dich verbürgt, und ich vertraue darauf, daß du es mir möglich machst, mein Wort einzulösen.»

«Ehe ich dich in solche Lage brächte, du schönes Mädchen, wollte ich lieber bei dir sterben.»

Sie nahm ihn bei der Hand und geleitete ihn über den Burghof in eine abgelegene Kemenate, deren Wände wunderbar geschmückt waren. Da wurde dem mächtigen Herrscher die lange Nacht aufs angenehmste verkürzt. Sie führte ihm einen Spielmann mit einer deutschen Harfe zu. Dem gab sie einen Mantel mit Pelz und sprach: «Spiele dafür dem König diese eine Nacht auf. Ich werde auch zugegen sein.» Sie nahm auf einer Matte neben Salman Platz und tröstete ihn über sein Schicksal, so gut sie konnte, so daß ihm all seine Besorgnis schwand. Die Prinzessin brachte ihm auch mit edlem Anstand zu trinken. Sie war so liebreizend, daß Salman mit tausend Freuden ihre Gesellschaft genoß und seine ernste Lage ganz vergaß. Schließlich nahm er dem Spielmann die Harfe aus den Händen, legte sie auf seine Knie und begann sie zu schlagen. Er erinnerte sich an seinen Vater David, der vor Troja das Saitenspiel erfunden hatte. Dieser war ein hoher Fürst aus Jerusalem gewesen, und zu seinem Stamm gehörte König Salman, der gleich den

72

Engeln in die Saiten zu greifen und ihnen wundersüße Weisen zu entlocken wußte. Seine Finger liefen behend über das Instrument, was die Jungfrau hingerissen betrachtete.

«Du bist ein Spielmann, der seine Kunst versteht, und – bei meinem Wort – ich würde gern bei dir bleiben.» Sie rückte ihm nahe und flüsterte ihm ins Ohr: «Mächtiger König Salman, sag aufrichtig, möchtest du nicht fliehen? Wenn du es wünschtest, würde ich alle meine Wachmannschaften zu Bett schicken, sie sind ohnedies müde. Und mein Bruder liebt mich so, daß er mir kein Haar krümmt.»

«Jungfrau, wie könnte ich weiterleben, wenn ich dein Angebot annähme und dabei meine Seele befleckte? Nein, nein, ich bleibe bis morgen früh hier, wie es mir dann auch ergehen mag.»

«Dann kann ich dir nicht helfen. Morgen früh werden sich zweitausend oder noch mehr Heiden zusammenfinden, dich unter Anklage stellen und deinen Tod fordern. Es zerreißt mir das Herz, daß ich nichts für dich tun kann. König Salman, sie werden dich verurteilen, und das schmerzt mich, denn du bist ein so stattlicher Ritter.»

«Ich vertraue darauf, daß mich meine Engel im Walde nicht im Stich lassen. Und nun rede nicht mehr davon, denn deine Tränen sind mir schmerzlich. Sollte ich überleben, so werde ich dir für das, was du an mir tun wolltest, immer dankbar sein, edle Prinzessin.»

Mittlerweile zog der Tag herauf. König Fore erwachte, und unverzüglich wurde Salman vor Gericht gestellt. Der Heidenfürst hatte Verwandte und Vasallen herbeiholen lassen, zweitausend an der Zahl oder mehr, und sie waren alle gekommen und erhoben Klage gegen den König von Jerusalem.

«Unerschrockener Fore», riefen sie, «richte über das Leben Salmans, der in unser Land eingedrungen ist.»

«Das soll geschehen», erwiderte der Heidenkönig. Das Urteil war auch schnell gefällt. Es lautete, König Salman sollte am Rande des Waldes aufgehängt werden.

Ein gewaltiger Zug von Männern und Frauen folgte dem Verurteilten zum Richtplatz am fernen Waldrand, wo man den mächtigen Herrscher von Jerusalem hinrichten wollte. Die Schwester Fores ritt neben ihm und wischte ihm mit dem Pelz ihres Mantels den Schweiß aus dem Gesicht. «Edler Fürst», sprach sie, «deine Haut ist so zart und gleicht der Farbe einer Rose.»

Morolf hatte seinen Herrn jedoch nicht im Stich gelassen. Er war allein vor den Wald geritten und hatte sein Auge in die Richtung von Fores Burg schweifen lassen. Als er den Zug sich nahen sah, ritt er zu seinen Leuten zurück und sagte: «Auf, ihr wackeren Kämpfer, kommt König Salman zu Hilfe. Glaubt mir, ich habe ihn in äußerster Notlage gesehen. Wer heute sein Leben für seinen Herrn in die Schanze schlägt, den wird Gott herrlich belohnen. Es gibt für uns kein Zurück», rief er ihnen zu, «und denkt nicht an eure schönen Frauen und Kinder daheim, damit euch das nicht etwa beim Kampfe schwächt.»

«Wir sind alle bereit», sprachen die Tapfersten unter ihnen, «und weichen keinen Fußbreit, selbst wenn wir in unserem eigenen Blut ertrinken sollten!»

Das freute Morolf zu hören. Es waren übrigens zwei Tempelherren unter den Rittern. Diese beauftragte er mit der Führung einer Abteilung und sprach: «Wenn wir am Waldrand in der Umgebung des Galgens um den Sieg ringen, so achtet sorgfältig auf die Heiden, die in die Burg zurückfliehen wollen. Laßt von denen keinen lebendig entkommen.

Und dich, Herzog Friedrich, bitte ich bei deinen ritterlichen Tugenden, führe Salman zuliebe eine zweite Schar vor den Wald.»

Darauf ritten alle los. Nach einer Zeit ließ Morolf sie absteigen und sagte: «Nun setzt eure glänzenden Helme auf. Ich gebe euch mein Wort, der Sieg wird uns nicht geschenkt werden.»

Sie befolgten alle Morolfs Anweisungen. «Zögere nicht, tapferer Morolf, König Salman zu Hilfe zu kommen», sprachen die Helden.

«Laßt uns erst beobachten, welche Schandtat sie mit ihm vorhaben», erwiderte der kluge Morolf. «Wir lassen sie freilich nicht zur Ausführung kommen, denn König Fore und alle seine Leute müssen vorher sterben.»

Inzwischen waren die Heiden unter dem Galgen angelangt. Im Gespräch mit der Königin bat Salman: «Herrin, erwirkt mir – bei Eurer Schönheit! –, daß ich mein kleines Horn dreimal blasen darf. Dies sei das Zeichen, daß der Erzengel Michael meine Seele in Empfang nehmen möge. Das hört die Schar der Engel und erbarmt sich meiner Seele, damit sie nicht umkomme. Du weißt, edle Frau, kein Fürst soll sterben, ohne daß man ihm erlaubte, dreimal ins Horn zu stoßen.»

Salme wurde zornig und sprach: «Mächtiger König Salman, diesen Rat hat dir doch Morolf gegeben!» – «Wenn wir ihn blasen lassen», fügte sie hinzu, «so geht es uns allen ans Leben. Habt nur ja den Wald im Auge, denn Salman will auf diese Weise gewiß sein Heer zu Hilfe rufen.»

Fore ärgerte sich über Salmes Rede und sagte: «Salman, setze dein Horn an die Lippen, und wenn es dir Spaß macht, so blase zehnmal oder noch öfter. Selbst wenn du dadurch alle deine Mannen zu Hilfe riefest, so wärest du doch der erste, der sterben müßte.»

Salman war erfreut über die Worte Fores. Er holte sein kleines Horn aus dem Wollmantel hervor, setzte es an und blies aus Leibeskräften, so daß es seine Helden sogleich hörten. Dann kniete er zum Gebet nieder, vergaß aber nicht, seine Krücke in die Hand zu nehmen, die er auf dem Rücken mithatte.

«Sag, Salman, warum nimmst du die Krücke in die Hand?» fragte ihn die Königin. «Da steckt doch etwas dahinter!»

«Schöne Herrin, ich habe sie mit übers Meer gebracht, und sie soll auch nicht wieder zurück. Man möge sie mit mir zusammen aufhängen. Deshalb habe ich sie in die Hand genommen.»

Morolf hatte drei Heerscharen gebildet. Die eine war schwarz, die andere weiß und die dritte, die Morolf anführte, grau gekleidet.

Nun schaute Fores Schwester nach dem Walde aus und sprach dann zu Salman: «Edler, tapferer Mann, da kommt einer in einem schwarzen Mantel mit Windeseile herangeritten. Sein Harnisch ist weiß wie Hermelinpelz. Sag mir offen und ehrlich, König, wie sieht dein Erzengel Michael aus?»

«Wenn du eine schwarze Schar erblickst, so sind das alles Teufel, die mich holen wollen», antwortete Salman. «Siehst du aber eine aschgraue, dann sind es die Verwandten unseres Herrn, die aus der Unterwelt heraufgekommen sind. Siehst du aber eine weiße Schar, so handelt es sich um Engel, die zur Rettung meiner Seele herbeieilen. Ich bin ein Sünder, und nun kannst du den Kampf beobachten, der um meine Seele geführt wird.»

«Es wäre aber auch möglich, Salman, daß du deine guten Engel aus Jerusalem mitgebracht hast, und zwar in Gestalt deiner Vasallen, die dich nicht im Stich lassen und dir aus dem Wald zu Hilfe kommen. Deshalb fasse Mut, edler Ritter. Willst du mich aber meinem Schicksal überlassen? Schlage die Mannen meines Bruders, und ich gebe dir mein Wort, daß ich ganz die Deine sein werde.»

Salman versprach es ihr und sagte: «Nun tritt beiseite, edle Prinzessin, damit dich die Streitrosse nicht verletzen, und wenn ich gesiegt haben sollte, nehme ich dich mit nach Jerusalem.»

Noch einmal stieß Salman ins Horn. Da brachen zahllose stolze Ritter aus dem Walde hervor. Als Königin Salme das wahrnahm, schossen ihr vor Schmerz und Wut heiße Tränen aus den Augen, und sie rief: «Seht nur dieses Heerzeichen im Winde flattern, das führt Morolf, der Sohn des Teufels, und wenn er mich sieht, dann ist es wahrlich aus mit mir!»

«Beruhige dich, schöne Frau», sprach Fore, «selbst wenn Salman alle seine Mannen zu Hilfe kämen, so müßte er doch vorher sterben.»

Als das Salman hörte, nahm er seine Krücke und zückte das in ihr verborgene Schwert. Damit war der mächtige König wohlbewaffnet. Das bemerkten Fore und seine Leute und griffen den tapferen Salman unverzüglich an. Nun gab es einen erbitterten Kampf, bei dem zahlreiche Heiden erschlagen wurden. Doch war Salman in großer Bedrängnis. Er tötete vierhundertfünfzig Feinde, aber noch waren seine Mannen nicht heran, um ihm helfen zu können. Der Kampf hatte Salman erschöpft, und das bemerkte Fore. Mit elf Rittern griff er den König an. Das war eine gefährliche Lage für diesen. Trotzdem gelang es ihm, elf Heiden niederzumachen. Als das Fore sah, ging er selbst zum Angriff über. Er versetzte Salman einen solchen Hieb auf den Kopf, daß ihm das Blut aus den Ohren herausschoß und er zu Boden sank. Wäre in diesem Augenblick nicht Morolf gekommen, hätte es den Tod Salmans bedeutet. Morolfs

Heer durchbrach dreimal das der Heiden und brachte dem Gegner empfindliche Verluste bei. Salmans Vertrauter selbst ritt dabei zu seinem Herrn, den er kraftlos am Boden liegen sah. Er stieg vom Pferd und half ihm wieder auf. «Vorwärts, mein König», rief er, «Fore und die Seinen sind verloren!»

Als das der Heidenkönig hörte, griff er den tapferen Morolf an und versetzte ihm einen solchen Schlag, daß der Recke ins Knie ging. Doch sogleich sprang er wieder auf und ließ das Schwert in seiner Hand erklingen. «Nun verteidige dich, Heide, denn ich hänge dich noch heute dafür, daß du unsere schöne Königin entführt hast!» rief er Fore zu.

Da wollte dieser die Flucht ergreifen, aber Morolf verfolgte ihn und versetzte ihm einen Schlag, daß der Heidenkönig sich nicht mehr auf den Beinen halten konnte. «Was nun, Heide?» sprach Morolf. «Jetzt mußt du dafür büßen, daß du unsere Ehre geschändet hast. Ich bringe dich um, und Salme, die Falsche, hänge ich neben dir auf!»

Als das die Königin hörte, sprang sie hinter Salman und flehte ihn an: «Edler Ritter, um der Ehre aller Frauen willen, schütze mein Leben! Was ich dir zuleide getan habe, mächtiger König Salman, werde ich nie wieder tun. Das verspreche ich dir. Und ich werde dir auch wieder nach Jerusalem folgen.»

Da nahm Morolf den König Fore gefangen und führte ihn vor Salman. Salme aber riß er hinter dem Rücken seines Herrn hervor. «Und nun zu dir, du Schlange! Jetzt geht's dir ans Leben!» Er packte sie mit der einen Hand, mit der anderen nahm er Fore und führte beide unter den Galgen.

«Warum stehst du mir nicht bei?» rief Salme zu König Salman hin. «Fore ist an allem schuld, deshalb soll *er* hängen. Er hat mich nur durch Zauber zu alledem gebracht!»

«Warum hörst du nicht auf, so zu reden, schöne Frau?» sprach König Fore. «Du bist doch von Grund auf schlecht und falsch, und wenn du mit dem Leben davonkämest, du würdest Salman auch noch ein zweites Mal hintergehen.»

«Salman», sagte die schöne Salme da, «ich will dir sagen, was ich heute nacht für einen Traum hatte. Ich träumte, ich schlief in deinen Armen ein, und mir widerfuhr damit das höchste Glück. Und weiter flogen mir zwei Falken auf die Hand. Ich weiß, was das zu bedeuten hat. Es bedeutet einen prächtigen Sohn für dich, der später dein Königreich erben soll.»

«Den Traum deute ich anders», warf Morolf ein. «Er meint, einen Strang und einen Galgen, die dir beide sicher sind.»

Salman lachte und sprach: «Nimm du den Heidenkönig und laß mir das schöne Weib. Das will ich dir, tapferer Morolf, immer danken. Sie hat versprochen, mir künftig die Treue zu halten. Ich will die Probe wagen und sehen, ob sie zu ihrem Wort steht.»

«Das ist *eine* Möglichkeit», entgegnete Morolf, «und die andere ist der Rückfall in die Treulosigkeit. Ich versichere dir jedenfalls, wenn du sie mit nach Jerusalem nimmst, wird sie uns neue Schmach bereiten.»

Morolf ließ Fore hängen und verschonte Salme. Er schleifte die Burg und brannte das Land nieder. So hatten die tapferen Ritter Salmans den Sieg über die Heiden davongetragen.

Als alles vorbei war, wurde Morolf beauftragt, die junge Prinzessin zu suchen. «Sie hat mir treuen Dienst erwiesen, und ich will sie mit nach Jerusalem nehmen», sagte Salman.

Morolf begab sich zu ihr und sprach: «Wohlan, edle Prinzessin, der König hat mich geschickt, daß ich dich hole.»

«Tapferer Morolf, sag, lebt mein Bruder noch, oder werde ich ihn nie mehr lebend sehen?»

«Schönste Jungfrau, redet nicht weiter davon. Ich habe ihm als Brautschatz einen hohen Galgen gegeben, an dem er nun in der Luft baumelt.»

Da weinte die Prinzessin. «Weh, was hat mir doch der mächtige Herrscher von Jerusalem für Leid zugefügt!» rief sie. «Ich kenne mich nicht mehr aus. Dein Herr hätte Salme, die er nun heimführen will, aufhängen sollen, denn die Falsche hat meinen Bruder in all das hineingestürzt. Morolf, sei so gut und nimm meinen Bruder vom Galgen ab und setze ihn bei in der Gruft, in der schon unser Vater ruht. Ich will dich mit viel Gold dafür belohnen.»

«Edle Prinzessin, ich werde deinen Wunsch erfüllen», sprach Morolf, und er ließ Fore mit all den Ehren, die ihm als König zukamen, in der Familiengruft bestatten. Die Prinzessin nahm ihn danach bei der Hand und führte ihn über den Burghof in die Schatzkammer, die voller Gold und Edelsteine war. Bei deren Anblick lachte Morolf das Herz.

«Teile davon tüchtig an deine Ritter aus, die du übers Meer geführt hast», sprach die Jungfrau, «damit sie um so treuer zu dir stehn.»

Morolf lachte und winkte seine Mannen heran. Als sie den Schatz unter sich geteilt hatten, trugen sie auf der Heide vor der Stadt ein Turnier aus. Da sagte manch tapferer Ritter freudig zu Morolf: «Wollte Gott, daß du häufiger solche Fahrten in fremde Länder mit uns unternähmest!»

Die Schiffe, die sie alle wieder übers Meer heimbringen

sollten, standen bereit. Aber noch gönnten sich die Recken zwölf Tage Ruhe. Danach jedoch gab es erneut Kampf. Sie wollten nämlich noch eine Burg zerstören. Aber ehe sie dazu aufbrachen, war die Nachricht nach Duscan zu König Isolt gelangt. Der bot mit Gold und Silber über dreißigtausend Heidenkrieger gegen König Salman auf. Ein Herzog nahm das Heerbanner König Isolts in die Hand – es war rot-weiß und trug das Bild eines Panthers, der mit zwei Drachen kämpft – und führte das Heer in das Reich am Mittelmeer, das ja verwüstet und verbrannt war. Voller Grimm rückten also mehr als dreißigtausend Mann gegen Salman vor.

Als Morolf sie sah, sprach er: «Herr, ich sehe auf dem Feld das Heerbanner König Isolts. Sein Vater Berzian hat seinerzeit vor Jerusalem den Tod gefunden, und König Fore war der Onkel Isolts. Ich zweifle also nicht, daß man uns angreifen will. Nimm viertausend tapfere Recken und liefere ihnen eine Schlacht. Du aber, Herzog Friedrich, befehlige die dreitausend Tempelherren, und ich werde mit meiner grauen Schar über die Heide reiten. Mich werdet ihr ganz vorn sehen.»

Und in der Tat ritt Morolf schweigend ganz an der Spitze und stach als ersten den Bannerträger der Heiden vom Pferd. Als die Gegner kein Heerbanner mehr hatten, waren sie so gut wie verloren. Salmans Helden lehrten sie Angst und Schrecken. Morolf tat sich besonders hervor. Mit seinem starken Arm mähte er vierhundertfünfzig Feinde nieder. Herzog Friedrich verstand sich gleichermaßen aufs Kämpfen. Er fällte dreihundertfünfzig Heiden. Salman und sein ganzes Heer leisteten auf dem Schlachtfeld Großes, wie man berichtet. Sie sorgten dafür, daß dem Gegner das Blut nur so durch die Ringe des Panzers floß.

König Isolt drang, wie es sich für einen Fürsten geziemt, ungestüm und kraftvoll auf Salman ein. «Wenn er der König von Jerusalem ist», rief er, als er ihn erblickte, «so erflehe ich von meinem Gott die Gnade, mir seinen Kopf zuteil werden zu lassen. Mein Vater Berzian hat vor Jerusalem den Tod gefunden, und Fore, meinen Oheim, hat er aufgehängt. Dafür wird er nicht wieder heimkehren. Sein schönes Weib soll mir gehören, oder ich will im Kampfe umkommen!»

Er nahm sein Schwert fest in die Hand und schlug voll Grimm auf Salman ein.

Der zögerte nicht lange, zog sein scharfes und breites Schwert ebenfalls und versetzte König Isolt einen solchen Schlag, daß dem der Kopf vor die Füße rollte.

Als die Heiden sahen, daß ihr König erschlagen war, suchten sie ihr Heil in der Flucht und kehrten nach Duscan zurück. So errang der edle König Salman einen ehrenvollen Sieg.

Die Recken stiegen von den Rossen und steckten ihr Heerbanner auf dem Schlachtfeld in den Boden. Da niemand mehr angreifen wollte, zogen sie schließlich zum Meeresstrand.

Fünfzehntausend von ihnen waren gefallen, aber Salman hatte seine schöne Gattin wieder. Er führte sie an seiner Hand aufs Schiff, und Morolf geleitete die Prinzessin, die Schwester Fores. Dann fuhren sie übers Meer heim nach Jerusalem.

# HARTMANN VON AUE

## *Der arme Heinrich*

Ein Ritter namens Hartmann, ein Lehnsmann der
Herren von Aue, hatte eine solche Einladung erlangt,
daß er alles lesen und verstehen konnte, was in den
Büchern geschrieben steht.

Dieser Hartmann nun hat sich Werke verschiedenster
Art vorgenommen und in ihnen nach etwas gesucht, was
geeignet wäre, trübe Stunden zu erhellen, was aber
zugleich Gott zum Ruhme dienen und den Beifall der
Menschen erringen könnte. Und so erzählt er euch jetzt
eine Geschichte, die er irgendwo aufgezeichnet gefunden
hat. Seinen Namen nennt er darum, weil er für die
Mühe und den Fleiß, die er auf seine Darstellung verwendet hat, gern dadurch belohnt würde, daß künftige
Hörer oder Leser seines Werkes nach seinem Tode Gott
darum bitten, die Seele des Dichters in das Himmelreich
aufzunehmen. Es heißt nämlich, daß jeder, der für
einen andern betet, sich zugleich zu seinem eigenen An-

walt mache, das bedeutet, daß er sich dadurch selbst das ewige Seelenheil erwerben könne.

Hartmann las also von einem Ritter im Schwabenlande, dem alle höfischen Tugenden eigen waren, so daß es keinen vollkommeneren adligen jungen Mann hätte geben können. Niemandem zollte man im Lande ringsum höheres Lob als ihm. Er war von hoher Geburt und reich an Besitz, und er war zudem von edler Gesittung. Aber sosehr all dies und darüber hinaus seine makellose, fast fürstliche Abkunft auch zählten, sie standen doch bei weitem zurück gegenüber seiner hohen Gesinnung und dem Ansehen, das er in der ritterlichen Gesellschaft genoß. Der Name des Herrn Heinrich von Aue war in aller Munde. Jede Falschheit und Zuchtlosigkeit waren ihm zuwider, und das blieb so bis an sein Lebensende. An seiner Geburt und seiner Lebensführung gab es nicht das geringste zu tadeln. Ihm war in höchster Vollkommenheit das geschenkt worden, was in der Welt Ansehen bringt, und durch seine Vortrefflichkeit wußte er dies noch zu mehren. Er war eine Blüte des Ritterstandes, ein Abbild allen Erdenglücks, ein Diamant an Zuverlässigkeit und Beständigkeit, eine vollkommene Krone edlen Anstands. Er war eine Zuflucht der Bedrängten, Schutz und Schirm für seine Verwandten und eine gerechte Waage der Freigebigkeit. Alles verstand er in rechtem Maße zu tun. Aber er wußte auch die Bürden seines Standes aufs angemessenste zu tragen. Er war offen gegen alle, die Rat und Hilfe suchten. Selbst den Minnesang pflegte er. Auf solche Weise erwarb er Lob und Anerkennung bei seinen Zeitgenossen. Kurz, er entsprach in allem dem Bilde eines höfischen Mannes.

Als Herr Heinrich sich nun so recht seines Ansehens, seines Besitzes und seines frohgemuten Sinnes erfreute und alles genoß, was das Diesseits ihm bot – er wurde mehr als irgendein anderer seines Geschlechts gelobt und geehrt –, da wandelte sich sein von Glück erfülltes Leben unversehens zu einem elenden und armseligen. An ihm wurde – wie bereits an Absalom – offenbar, daß die eitle Weltfreude von ihrer Höhe ganz plötzlich herabstürzen kann, wie es schon in der Bibel an einer Stelle gesagt wird: «Media in vita in morte sumus», das heißt: «Wir sind vom Tode umfangen, wenn wir glauben, auf der Höhe des Lebens zu sein.» Die Festigkeit, Beständigkeit und ganze Macht der irdischen Welt stehen doch auf recht tönernen Füßen. Die Kerze, die kleiner wird, indem sie brennt, ist dafür ein treffliches Gleichnis. Wir Menschen sind doch äußerst anfällig, und unser Lachen wandelt sich schnell in Weinen. Unseren Freuden ist bittere Galle untergemischt, und die Blume unseres Lebens welkt, wenn wir meinen, daß sie sich gerade voll entfaltet.

An Herrn Heinrich zeigte sich, daß von Gott geringgeachtet wird, wer auf Erden in höchsten Ehren lebt. Er ließ ihn nämlich von seinem Ansehen in ein schmachvolles Leiden sinken: er wurde vom Aussatz befallen.

Als man diese Züchtigung Gottes an ihm wahrnahm, da wurde er jedermann widerwärtig, und der bei den Menschen früher gern gesehen war, wurde ihnen jetzt so unangenehm, daß ihn niemand mehr anschaute. Geradeso war es dem edlen und wohlhabenden Hiob ergangen, der mitten aus seinem Glück auf elende Weise in den Staub niedergedrückt worden war.

Als der arme Heinrich merkte, daß er, wie es nun einmal das Los der Aussätzigen ist, allen zuwider war, da wußte er sich durchaus nicht wie Hiob in sein Leid zu schicken. Denn Hiob hatte um seines Seelenheiles willen seine Krankheit und die Verachtung durch die Menschen geduldig auf sich genommen und trotz allem freudig an seinem Gott festgehalten, ja, ihn sogar noch gepriesen. Ganz anders der arme Heinrich: Er ließ den Kopf hängen und war tief unglücklich. Sein hochfliegendes Herz hatte seine Schwungkraft verloren, ihm war alle Freude dahin, sein edles Leben schien ihm erniedrigt, sein Dasein hatte nichts mehr von der Süße des Honigs, sondern war ihm wie bittere Galle, ein kräftiger Blitz war mitten in sein Leben gefahren, finstere Wolken schienen ihm den Blick zur Sonne zu verwehren. Er grämte sich auch sehr darüber, auf all sein Ansehen in der Welt Verzicht leisten zu müssen, und oft verfluchte er den Tag seiner Geburt.

Freilich hatte er noch eine leise Hoffnung. Man hatte ihm nämlich mehrfach erzählt, daß es verschiedene Arten von Aussatz gebe und darunter solche, die heilbar seien. Dieser Gedanke bewegte ihn sehr, und er glaubte, daß er vielleicht doch noch gesund werden könne. So machte er sich eilig nach Montpellier auf, wo es viele berühmte Ärzte gibt. Aber man konnte ihm nichts anderes sagen, als daß er von seinem Leiden niemals befreit werden könne.

Enttäuscht zog er nach Salerno weiter, in der Hoffnung, daß die dortigen Ärzte ihn durch ihre Kunst heilen könnten.

Der beste unter ihnen teilte ihm nun etwas sehr Sonderbares mit: Seine Krankheit sei zwar heilbar, aber geheilt werden könne er dennoch nicht. «Wie ist das möglich?» fragte Herr Heinrich. «Das kann doch nicht sein. Wenn ich zu heilen bin, dann wird das auch geschehen. Was es mich an Mühe und Geld gleich kosten mag, ich werde alles aufbringen.»

«Macht Euch keine Hoffnung», antwortete der Arzt darauf, «Eure Krankheit ist so beschaffen – was nützt es schon, wenn ich **Euch das sage** –, daß zu Eurer Heilung eine ganz besondere Arznei nötig ist. Aber niemand könnte sie Euch beschaffen, und deshalb werdet Ihr Euer Leiden niemals los, es sei denn, daß Gott Euch davon befreite.»

«Warum beraubt Ihr mich jeden Trostes?» erwiderte der arme Heinrich. «Ich habe ja alles in Hülle und Fülle, und ich will Euch mit Gold und Silber belohnen, daß Ihr mich bereitwilligst rettet, es sei denn, Ihr verletzt Eure ärztliche Pflicht, indem Ihr mit Eurer Kunst hinter dem Berge haltet.»

«Den Willen dazu hätte ich schon», entgegnete der Arzt. «Ich wollte Euch nicht länger Eurem grausigen Schicksal überlassen, wenn man die zur Heilung nötige Arznei nur bekommen könnte. Aber dies ist nun einmal nicht möglich, und deshalb kann ich Euch nicht helfen. Es müßte nämlich eine Jungfrau im heiratsfähigen Alter sich für Euch opfern. Aber nun ist es eben nicht gerade die Art der Menschen, so etwas gern zu tun. Es wäre nicht mehr und nicht weniger nötig als das Herzblut eines solchen Mädchens, und Ihr wäret gerettet.»

Da begriff der arme Heinrich, daß es unmöglich sei, jemanden zu finden, der sein Leben für ihn hingebe, und nun schwand seine letzte Hoffnung, die ihn noch nach Salerno getrieben hatte. Die Gewißheit, daß es für ihn keine Rettung gebe, bereitete ihm unsäglichen Schmerz, und weiterleben zu müssen erschien ihm als die ärgste Plage. Er zog heimwärts und gab all seinen Besitz an die, die ihm solcher Gabe würdig erschienen. Auch die Armen seines Landes und aus der Fremde bedachte er, damit sich Gott wenigstens seiner Seele erbarme. Den Klöstern stiftete er gleichfalls einen Teil seines Besitzes.

So gab er alles weg, was er von seinen Vorfahren ererbt hatte, mit Ausnahme eines Stückes Rodeland. Dahin zog er sich vor der Welt zurück. Sein Unglück beklagte nicht nur er allein, sondern alle Menschen seines Landes und auch Fremde, die ihn nur vom Hörensagen kannten.

Auf dem Rodeland lag ein Gut, das ein freier Bauer bewirtschaftete. Dieser hatte durch seinen Herrn, den armen Heinrich, niemals Bedrückung erfahren, wie es doch andern Bauern nicht erspart bleibt, die von harten Herren mit Steuern und Abgaben gepeinigt werden. Herr Heinrich dagegen war nicht nur mit dem zufrieden, was ihm der Gutspächter freiwillig ablieferte, sondern er beschützte ihn auch vor den Gewalttaten anderer. So fand man im Lande keinen, der so wohlhabend wie dieser Bauer war. Zu diesem also zog der arme Heinrich. Wie wurde es ihm nun vergolten, daß er dem Pächter immer ein guter Herr gewesen war! Dieser war nämlich ohne Zögern zu allen Mühen und Lasten bereit, die ihm mit der Aufnahme seines Herrn in sein Haus auferlegt wurden. Er sorgte dafür, daß es dem armen Heinrich an nichts fehlte.

Gott hatte diesem Meier nach seinem Stande ein sorgenfreies Leben geschenkt. Er war körperlich gesund und kräftig, er hatte ein fleißiges Weib und wohlgeratene Kinder, die nun einmal des Menschen ganze Freude sind. Unter diesen war, wie es heißt, auch ein Mädchen von acht Jahren, ein liebes und freundliches Geschöpf. Sie mochte den armen Heinrich so sehr, daß sie nie von seiner Seite wich. Sie leistete ihm Dienste, so gut sie konnte, und seine dankbare Zuneigung machte sie froh. Sie war übrigens so schön, daß sie eine Königstochter hätte sein können.

Die um ihn herum waren, suchten – freilich ohne es ihn spüren zu lassen – den armen Heinrich zu meiden; aber das Mädchen fühlte sich jederzeit zu ihm hingezogen und wollte nirgendwo anders sein. So verkürzte sie ihm aufs angenehmste die Langeweile. Ihn freundlich zu betun oder voll kindlicher Anhänglichkeit zu seinen Füßen zu sitzen war ihre größte Freude.

Aber sie war auch dem armen Heinrich ans Herz gewachsen, und er tat alles, was er vermochte, um ihr kindliches Spiel zu bereichern. Ihm kam dabei zustatten, daß sich Kinder leicht an jemanden gewöhnen. Was er nur für sie bekommen konnte von den Sachen, die junge Mädchen gern haben, Spiegel, Haarbänder, Gürtel und Ringe, das kaufte er ihr. Dadurch wurde sie ihm so vertraut, daß er sie scherzend seine kleine Gemahlin nannte. Das Mädchen war immer um ihn. Ihr erschien er durchaus nicht abstoßend. Das kam gewiß aus ihrem kindlichen Gemüt, aber mehr wohl noch aus einer göttlichen Eingebung.

Als der arme Heinrich nun unter dem Aussatz, der Heimsuchung Gottes, leidend drei Jahre bei den Meiersleuten gelebt hatte, da saßen diese und ihre Tochter, von der wir gerade gehört haben, mit ihrem kranken Herrn beisammen und beklagten dessen Schicksal. Und dazu hatten sie allen Grund, mußten sie doch fürchten, daß sein Tod sie sehr schädigen und um all ihren Besitz und ihr Ansehen bringen würde. Wie leicht doch hätte ein neuer Herr harten Sinnes sein können. Bei solchen Gedanken drängte es den Meier zu einer Frage, und er sprach: «Mein geliebter Herr, mit Eurer gütigen Erlaubnis wüßte ich gern etwas von Euch. In Salerno gibt es doch so viele Meister der Heilkunst, wie kommt es denn, daß Euch keiner von denen helfen kann? Dies, Herr, erführe ich gern.»

Da seufzte der arme Heinrich aus tiefstem Herzen, und der bittere Schmerz erstickte fast seine Stimme, als er sagte: «Ich habe die Schmach, in die mich Gott gestürzt hat, um seinetwillen verdient. Du hast ja sicherlich bemerkt, daß ich früher ganz nach den Freuden der Welt gestrebt habe, und noch nie hat jemand in seinem Geschlecht mehr nach seinem eigenen Wunsch und Willen gelebt als ich. Und doch war dieses Leben falsch, denn in Wahrheit hatte ich gar nichts. Ich habe ihn nämlich geringgeachtet, durch dessen Gnade mir dieses ideale Leben allein möglich geworden ist. Ich glich darin all den Weltnarren, die da glauben, sie könnten Ansehen und Besitz auf Erden ohne Gott erwerben und erhalten. Dieser Irrglaube hat auch mich getrogen, so daß ich überhaupt nicht bedachte, wem ich alles verdanke. Da diese Überhebung den Herrn der Himmelspforte erzürnte, so hat er mir das Tor des Glückes zugeschlagen. Nun komme ich niemals mehr hindurch, und das hat mir meine Erznarrheit zunichte gemacht. Und als Strafe hat mir Gott nun diese Krankheit geschickt, die niemand heilen kann. Ich erscheine den Hohen wie den Niederen gleichermaßen verächtlich, und wie gering der auch sei, der mich anschaut, ich bin noch geringer als er. Er läßt mich seine Verachtung spüren und schaut beiseite. Daran erkenne ich deine wahre Treue, daß du mich als Kranken bei dir behältst und mich nicht meidest, erst so recht. Aber obgleich du mich nicht fliehst, obgleich ich niemandem als dir noch lieb bin und obgleich ein Gutteil deines Glückes an mir hängt, so wäre mein Tod für dich dennoch eine Erleichterung. Wer hat auf Erden je größere Schmach und Bedrückung tragen müssen als ich? Früher war ich dein Herr, jetzt bin ich der Allerhilfsbedürftigste. Aber dadurch, daß du mich Leidenden bei dir aufgenommen hast, erwirbst du, lieber Freund, für dich, dein Weib und meine ‹kleine Gemahlin› gewiß das ewige Leben. Auf deine Frage will ich dir indes gern antworten. Ich konnte in Salerno keinen Arzt finden, der sich meiner annehmen wollte. Denn eine Rettung von meiner Krankheit ist etwas, was auf Erden niemand zuwege brächte. Ich erfuhr nämlich, daß sich ein Mädchen im heiratsfähigen Alter finden müsse, das bereit wäre, sich für mich zu opfern. Man würde ihr Herz öffnen, denn nur ihr Herzblut könnte mich heilen. Nun ist es aber ganz und gar unmöglich, daß ein Mädchen bereit wäre, sein Leben für meines hinzugeben. Deshalb muß ich diese schmähliche Krankheit bis an mein Ende tragen. Möge Gott mir bald den Tod gewähren!»

Diese Rede des armen Heinrich hatte das liebe Mädchen gehört; denn es hatte ihm zu Füßen gekniet und hatte den Kopf in seinem Schoß liegen. Sie besaß ein so kindlich reines Gemüt, daß sie einem Engel glich. Herrn Heinrichs Worte hatten sich bei ihr tief eingeprägt und gingen ihr nicht mehr aus dem Sinn, bis sie sich am Fußende des elterlichen Bettes, wo ihre Schlafstatt war, zur Nachtruhe niederlegte. Als Vater und Mutter eingeschlafen waren, da seufzte sie wiederholt aus tiefstem Herzen. Der Schmerz um das Leid des armen Heinrich bewegte sie so, daß ihre Tränen flossen. Dadurch weckte sie ihre Eltern auf, weil sie deren Füße benetzte. Nun wurde sie gefragt, was sie denn so bewege und was ihre stille Klage verursacht habe. Zuerst wollte sie es nicht sagen, aber als der Vater bat, sie solle mit der Sprache heraus, und ihr schließlich drohte, da begann sie: «Ihr solltet mit mir gemeinsam klagen. Gibt es für uns eine größere Sorge als die, daß wir Besitz und Ansehen verlieren, wenn unser Herr sterben sollte? Einen so guten bekommen wir nie wieder.»

Darauf entgegneten die Eltern: «Du hast ja recht, Tochter; aber unser Schmerz und unsere Klage nützen uns nicht das geringste. Deshalb schweige davon, liebes Kind. Uns schmerzt das alles ebenso wie dich, nur können wir es leider nicht ändern. Stirbt er, so ist es Gottes Wille. Beraubte ihn freilich ein anderer des Lebens, würden wir diesen verfluchen!» Damit brachten sie sie zum Schweigen. Aber die Nacht und den ganzen folgenden Tag war sie tief bedrückt. Was auch um sie herum geschah, die Sache bohrte in ihrem Herzen. Als sie sich am anderen Abend zu Bett legte, flossen ihr wieder die Tränen. In ihrem Herzen wohnte die tiefste Menschenliebe, die ich je bei einem Kinde gefunden habe. Denn welches Kind hätte schon wie sie gehandelt? Sie entschloß sich nämlich, ihr Leben für ihren Herrn zu opfern, sollte sie den morgigen Tag noch erleben. Dieser Gedanke stimmte sie froh und glücklich, und sie hatte eigentlich nur die eine Befürchtung, der Herr Heinrich nähme es nicht an oder ihre Eltern erlaubten es nicht. Darüber geriet sie in solche Unruhe, daß Vater und Mutter, wie schon in der Nacht zuvor, davon wach wurden. Sie richteten sich auf und sprachen: «Was regt dich denn so auf? Du bist töricht, daß du dich von diesem Leid so sehr bedrücken läßt, mit dem doch niemand fertig wird. Warum läßt du uns nicht schlafen?» Und sie tadelten sie: Was sie denn von ihrer Klage habe, mit der sie doch niemandem helfen könne. Damit glaubten sie das Mädchen ein zweites Mal beschwichtigt zu haben. Aber sie kannten zu dieser Stunde ihre Absicht noch nicht. Die Tochter antwortete ihnen: «Wie uns unser lieber Herr erzählt hat, so ist er durchaus zu heilen, und fürwahr, wenn ihr mich nicht daran hindert, so will *ich* die Arznei sein, die ihn rettet. Ich *bin* eine Jungfrau, und ich bin bereit, für ihn zu sterben, ehe ich ihn elend zugrunde gehen sehe.»

Dies bekümmerte die Eltern sehr, und der Vater bat seine Tochter, von solchen Gedanken abzulassen und ihrem Herrn nur zu versprechen, was sie auch wirklich zu leisten vermöchte, ohne selbst Schaden davon zu nehmen. «Tochter», sprach er, «du bist noch zu jung und entscheidest in solchen Dingen zu sehr nach deinem Gefühl. Aber du kannst das, was du uns gesagt hast, nicht geben. Du weißt nichts vom Tode. Wenn es soweit ist, daß du sterben sollst, so würdest du lieber noch leben, wenn es nur ginge; denn es gibt keinen grausigeren Abgrund als den Tod. Schweig nun, und fängst du davon noch einmal an, dann setzt es was!» So glaubte er sie durch Bitten und Drohen von ihrem Vorhaben abgebracht zu haben. Das gelang ihm aber nicht. Die Tochter antwortete nämlich darauf: «Vater, ich bin gewiß noch unerfahren, aber so viel weiß ich doch vom Hörensagen, daß das Sterben furchtbar ist. Nur, wer hier auf Erden ein langes Leben voller Mühsal ertragen muß, dem geht es auch nicht gerade gut, und wenn er schließlich alt geworden ist, muß er ja doch sterben. Hätte er aber gar durch ein sündiges Erdenleben noch sein Seelenheil verwirkt, so hätte er lieber gar nicht geboren werden sollen. Ich habe mich entschlossen – und ich lobe Gott dafür –, mein junges Leben für die Rettung meiner Seele zu geben. Nun versucht nicht, mich von diesem Vorsatz abzubringen. Ich erweise ja mir und auch euch damit einen guten Dienst. Ich will es euch erklären. Wir haben Ansehen und Besitz, und zwar durch unseren Herrn, weil er uns nie Böses zugefügt hat und nie danach trachtete, uns unseren Besitz zu schmälern. Solange er also lebt, wird es uns gut gehen. Aber lassen wir ihn sterben, so ist es auch mit uns vorbei. Und deshalb möchte ich ihn durch dieses Opfer uns erhalten, damit wir nicht untergehn. Das verwehrt mir nicht, denn es ist mir vom Schicksal bestimmt.»

Als die Mutter erkannte, daß es der Tochter ernst war, weinte sie und sagte: «Mein liebes Kind, denke doch auch einmal daran, wieviel Mühe ich bisher auf dich verwendet habe. Lohne mir das besser als mit dem, was du vorhast. Du willst mir das Herz brechen. Nimm mir die Befürchtungen, die ich hegen muß. Willst du wirklich Gottes Segen aufs Spiel setzen, indem du so an uns handelst? Er hat ja geboten, daß man Vater und Mutter lieben und ehren soll, und hat ein langes Leben auf Erden und die Rettung der Seele dafür als Belohnung gesetzt. Du sagst, du wolltest dein Leben hingeben, um uns beide glücklich zu machen; in Wahrheit aber würdest du uns dadurch tiefes Leid bereiten. Du bist nun einmal unser Lebensinhalt, und was hätten wir schon noch für Freude an unserem Leben und unserm Besitz, wenn du nicht mehr bei uns wärst? Bereite uns also keinen Kummer, liebe Tochter, bleibe unsere ganze Freude, unsere Augenweide, die Lust unseres Lebens, eine Zier deines Geschlechts und die Stütze unserer alten Tage. Wenn du uns aber zwingst, an dein Grab zu treten, so verscherzt du dir, indem du uns so behandelst, Gottes Huld für immer. Tochter, wenn du uns liebst, so gib um Gottes willen dein Vorhaben auf und rede kein Wort mehr davon.»

«Liebste Eltern, ihr habt mir jederzeit die nötige Liebe erwiesen, euch verdanke ich mein Leben. Alle sagen, ich sei das schönste Mädchen, das sie je gesehen haben. Wem sollte ich außer Gott dafür Dank sagen als euch? Es wäre meine Pflicht und Schuldigkeit, euch stets gehorsam zu sein. Aber, liebste Eltern, da ich nun Leib und Seele euch zu danken habe, so erlaubt doch auch, daß ich sie beide dem Teufel entreiße und zu Gott leite. Ein Leben auf dieser Erde bedeutet doch nichts als die Verderbnis der Seele. Und noch bin ich von der Weltlust, die unweigerlich zur Hölle führt, nicht berührt. Ich weiß es Gott zu danken, daß er es mir schon in der Jugend eingegeben hat, dieses hinfällige Erdenleben geringzuachten. So rein, wie ich noch bin, möchte ich mich Gott überantworten. Ich fürchte nämlich, daß mich mit zunehmendem Alter die Welt mit ihrer Lust zu sich herabziehen wird, wie es schon unzähligen anderen ergangen ist, die ihren trügerischen Lockungen erlegen sind. Dann aber wäre ich möglicherweise für Gott verloren. Ihm sei's geklagt, daß mein Leben noch bis morgen dauern soll. Ich bin der Welt überdrüssig, ihre Annehmlichkeit ist mir nichts als Drangsal, ihre größten Freuden sind Leiden für mich, ihr süßer Lohn ist mir bittere Mühe, und ein langes Leben dünkt mich schlimmer als ein plötzlicher Tod. Heute Glück und mrogen Leid, das ist die einzige Gewißheit auf Erden – und am Ende der Tod. Das ist schon ein Jammer! Weder hohe Abkunft noch Besitz, Schönheit, Kraft und edle Gesinnung vermögen da etwas. Ob einer Tugend und Ansehen hat oder nicht, dem Tod gilt das alles gleich. Unser Leben und unsere Jugend sind wie Nebel oder Staub, und die vermeintliche Festigkeit unseres Daseins ist wie ein zitterndes Blatt am Baume. Wer das nicht bedenkt, ob Mann oder Frau, und der Welt anhängt, der gleicht einem Narren, der gern Rauch verschluckt. Denn über den stinkenden Unrat dieser Welt ist nur ein kostbarer Seidenstoff gebreitet, und wer auf diesen schönen äußeren Glanz hereinfällt, der ist ein Opfer der Hölle geworden. Nun gebt Eurem Gefühl mütterlicher Liebe Raum und besänftigt Euren Schmerz, den Ihr meinetwegen habt, dann wird sich vielleicht auch der Vater bedenken. Ich bin sicher, daß er mein Glück will. Er ist verständig genug, zu erkennen, daß ihr doch nicht lange mehr eure Freude an mir hättet, selbst wenn ich mein Leben behielte. Würde ich noch zwei oder drei Jahre bei euch bleiben, so wäre mein Herr wohl tot, und wir kämen danach in wirtschaftliche Bedrängnis. Ihr könntet mir dann keine angemessene Aussteuer geben, und ich müßte ein so niederes Leben führen, daß ich lieber stürbe. Aber reden wir nicht mehr über eine solche Notlage, die sich ergeben könnte. Nehmen wir an, daß sie uns erspart und daß unser lieber Herr so lange am Leben bliebe, bis man mich einem reichen und ehrenwerten Manne vermählte. Ließe sich das erreichen, so entspräche das wohl euren Wünschen, und ihr glaubtet, daß ihr damit mein Glück geschaffen habt. Aber ich denke anders darüber. Ob ich diesen zukünftigen Mann nun liebte oder haßte, so brächte mich eine Ehe mit ihm immer nur in Leid. Sie würde mir Beschwernis bedeuten und mir als Frau alle Annehmlichkeiten vorenthalten. Darum bietet mir ein Leben, in dem es nur ewige Freude gibt. Mich begehrt nämlich ein freier Bauer, dem ich gern angehören würde. Gebt ihr mich dem, so wird mir ein Leben der Erfüllung zuteil. Mit dessen Feld und Hof steht es zum besten; da gibt es kein Viehsterben und keine weinenden Kinder, da lebt sich's angenehm; man altert nicht, ja, Alte werden wieder jung, Entbehrungen und Leiden sind dort unbekannt, es herrscht überall die ungetrübteste Freude. Dahin will ich, und fern bleibe mir eine Wirtschaft, der durch Schauer, Hagel oder Wellen Schaden erwächst und mit der man nur seine Not hat. Was man im Schweiße seines Angesichts in einjähriger Arbeit dabei geschaffen hat, das geht in einem halben Tag verloren. Darauf verzichte ich, ja, ich verfluche ein solches Leben. Ihr liebt mich, und das ist recht. Nun sehe ich aber auch, daß eure Liebe lieblos mit mir verfährt. Wenn ihr ein rechtes Einsehen mit mir habt und wenn ihr mir das Beste wünscht, so laßt mich zu unserm Herrn Jesus Christus gehen. Dessen Gnade ist unverrückbar und dauernd, und er bringt mir armem Mädchen ebensolche

Liebe entgegen wie einer Königin. Gott verhüte, daß ich aus eigener Schuld jemals euer Wohlwollen verliere. Er fordert ja, daß ich euch gehorsam bin, da ihr mir das Leben geschenkt habt. Und daran halte ich mich. Ich werde darin nicht untreu werden. Ich hörte aber auch sagen, daß derjenige zu viel Dienst erweist, der einen andern so erfreut, daß er darüber selbst unglücklich wird, oder der einen andern erhebt und sich selbst Schmach bereitet. Wie gern ich also auch nach dem handelte, was mir die Kindespflicht gebietet, die Pflicht mir selbst gegenüber steht mir dennoch höher! Wenn ihr mein einziges Glück verhindern wollt, so lasse ich euch lieber ein wenig um mich weinen, als daß ich auf das verzichtete, was ich mir selbst schuldig bin. Mich zieht's dahin, wo ich ewige Freude finde! Außerdem habt ihr ja noch mehr Kinder. Freut und tröstet euch an diesen. Mich kann wahrhaftig keiner daran hindern, meinen Herrn Heinrich und mich selbst zu retten. Mutter, du hast vorhin gesagt, daß es dir tiefen Schmerz bereitete, wenn du an meinem Grabe stehn müßtest. Aber das bleibt dir erspart; denn in Salerno, wo ich sterben werde, da bist du ja nicht. Dort also wird der Tod uns alle vier von Kummer befreien. Durch ihn entrinnen wir dem Verderben – und ich viel besser noch als ihr.«

Als die Eltern ihre Tochter da so voll Todessehnsucht fanden, als sie sie so von Glauben durchdrungen reden hörten und sie alle Schranken menschlicher Natur zerbrechen sahen, meinten sie, der Heilige Geist spräche aus ihr, der schon zu Sankt Nikolaus geredet hatte, als der noch in der Wiege lag, und der es ihm geboten hatte, sich von Kind an dem Dienst an Gott zu weihen. So kamen Vater und Mutter überein, ihre Tochter von ihrem Vorhaben nicht mehr abzubringen, da es doch wohl Gottes Wille sei. Aber Schmerz bereitete ihnen das alles doch. Als die Meiersleute abends im Bett lagen, konnten sie vor Kummer keinen Gedanken fassen und sprachen lange kein Wort. Aus dieser seelischen Verkrampfung löste sich die Mutter zuerst; das Leid trieb sie dazu. Sie bedachten nun beide, was es ihnen denn nützte, sich zu quälen. Da es doch nichts auf der Welt gäbe, das die Tochter von ihrem Wunsche abzubringen vermöchte, so wäre es schon das beste, ihren Schritt zu billigen, denn auf edlere Weise könnten sie ihr Kind nimmer verlieren. Und schließlich, wären sie dagegen, so erreichten sie damit vielleicht, daß ihnen ihr Herr noch gram werde. Darum willigten sie beide ein.

Das Mädchen war glücklich darüber, und kaum war es hell geworden, so lief sie an das Bett ihres Herrn. Seine «kleine Gemahlin» fragte ihn: «Schlaft Ihr, Herr?» – «Nein, mein Liebes», antwortete er, «aber sag mir, warum du heute so früh aufgestanden bist.»

«Herr, der Kummer über Eure Krankheit trieb mich heraus.»

«Liebes Kind, du beweist es mir genug, daß du mit mir leidest. Gott möge es dir vergelten. Aber zu ändern ist an meinem Zustand nichts.»

«O Herr, Euch wird *doch* Hilfe. Da Eure Krankheit heilbar ist, will ich Euch keinen Tag mehr warten lassen. Ihr habt uns erzählt, daß Ihr gerettet werden könnt, wenn Ihr eine Jungfrau fändet, die für Euch sterben möchte. *Ich* will diese sein! Euer Leben ist mehr wert als meines.»

«Mein Schatz», entgegnete er, «der Tod ist kein solches Vergnügen, wie du vielleicht denkst. Du hast mir immerhin deine Bereitschaft zu helfen bewiesen. Das genügt mir. Ich erkenne daraus, daß du die Seele eines Engels hast und für mich das Beste willst; aber mehr darf ich von dir nicht verlangen. Denn das, was du vorhast, kann ich nie und nimmer erlauben. Die Liebe, die du mir beweist, lohne dir Gott. Man würde mich übrigens ringsum im Lande auslachen, wenn ich jetzt noch solche Arznei anwendete und keinen Erfolg hätte. Liebes Mädchen, du bist unüberlegt, wie die Kinder nun einmal sind. Sie handeln vorschnell nach ihren Eingebungen, seien sie nun gut oder schlecht, und die Reue kommt hinterher. Genauso machst du es, meine kleine Gemahlin. Im Augenblick meinst du es gewiß so, wie du sagst; aber wenn man dich später beim Wort nimmt, und du sollst das Versprochene einlösen, dann wird es dich vielleicht gereuen.» Er bat sie, sich alles noch einmal gut zu überlegen. «Deine Mutter und dein Vater», sagte er, «können auf dich unmöglich verzichten, und ich, der ich ihnen zu größtem Dank verpflichtet bin, kann ihnen das nimmer dadurch lohnen, daß ich ihnen Kummer bereite. Meine Liebe, handle so, wie sie es dir raten.» Und er lachte, denn er ahnte nicht, wie es später noch kommen sollte.

Die Eltern des Mädchens aber sprachen zu ihm: «Lieber Herr, Ihr habt uns bisher geliebt und geachtet, und es wäre unrecht von uns, wollten wir Euch dafür nichts Gutes erweisen. Unsere Tochter will nun einmal für Euch sterben, und sie hat uns damit so sehr zugesetzt, daß wir nichts mehr dagegen haben. Sie hat sich's lange überlegt; es ist heute schon der dritte Tag, daß sie uns um unsere Zustimmung bittet, und die hat sie nun erlangt. Gott möge Euch durch sie retten. Wir wollen Euretwegen auf sie verzichten.»

Als die «kleine Gemahlin» dem armen Heinrich allen Ernstes ihr Leben anbot, um ihn vom Aussatz zu retten, da erfüllten Schmerz und Betrübnis alle Beteiligten. Vater und Mutter weinten, und sie hatten allen Grund dazu. Auch den Herrn Heinrich befiel wegen der Treue des Mädchens großer Kummer, so daß ihm ebenfalls die Tränen flossen. Er war unschlüssig, ob er das Opfer annehmen oder ablehnen solle. Und das Mädchen weinte aus Sorge, daß der Herr auf ihr Angebot nicht eingehen könnte. So waren sie alle traurig und kaum eines Gedankens fähig. Doch dann dankte Herr Heinrich den dreien für ihre aufrichtige Treue und Güte und machte zur großen Freude des Mädchens Anstalten, unverzüglich nach Salerno aufzubrechen. Schöne Pferde wurden besorgt und kostbare Kleidung für das Mädchen, die sie nie zuvor getragen hatte – Hermelin, Samt und der beste Zobel waren das Material dafür. Wer aber wäre imstande, den Kummer und den Seelenschmerz der Eltern zu schildern? Ein herzzerreißender Abschied wäre es gewiß geworden, hätte ihnen nicht die unerforschliche Güte Gottes einen Trost gespendet. Denn sie waren doch überzeugt, daß er es ihrem Kinde eingegeben hatte, den Opfertod auf sich zu nehmen. Es war alles ohne ihr Zutun geschehen, und das linderte ihr Leid ein wenig. Andernfalls hätte man es für ein Wunder halten müssen, wenn ihr Herz nicht gebrochen wäre. Unter diesen Umständen aber wandelte sich ihr Leid darüber, daß ihre Tochter sterben sollte, in eine dauerhafte Freude.

Das Mädchen und ihr Herr zogen nun froh und bereitwillig nach Salerno. Das einzige, was das Kind verdroß, war, daß der Weg sich hinstreckte und sie daher noch lange am Leben bleiben mußte.

Als sie endlich ankamen, sagte der arme Heinrich dem Arzt sogleich, daß er seinen Rat befolgt und eine Jungfrau mitgebracht habe, und er führte sie vor ihn. Dem Arzt wollte das nicht in den Kopf. Er sprach: «Kind, haben dich Bitte oder Drohung deines Herrn dazu bewegt, oder bist du von selbst darauf gekommen?» Das Mädchen erwiderte, daß es ihr freier Entschluß sei.

Darüber wunderte sich der Arzt. Er nahm sie beiseite und befragte sie von neuem eindringlich, ob man sie zu ihrer Einwilligung gezwungen habe. «Du mußt dir das wohl überlegen, mein Kind», sprach er, «und ich sage dir auch genau, weshalb. Wenn du nämlich nicht aus eigenem Willen den Tod auf dich nimmst, so stirbst du, ohne deinem Herrn auch nur das geringste genützt zu haben. Darum sei ganz aufrichtig zu mir. Ich will dir auch schildern, was mit dir geschehen wird. Ich werde dich gänzlich ausziehen, und du wirst dich aus gutem Grund tüchtig schämen, wenn du splitternackt vor mir stehst. Ich werde dir dann Arme und Beine festbinden, und wenn du Mitleid mit deinem armen Leib hast, so bedenke den Schmerz, den ich dir zufügen muß, wenn ich dir die Brust aufschneide und dein schlagendes Herz aus ihr herausnehme. Nun sage mir, Fräulein, wie denkst du darüber? Noch nie hat ein Mädchen solche Qual erlitten wie die, die ich dir bereiten müßte. Mir selbst bangt davor, dir etwas anzutun. Aber bedenke – unabhängig davon, was dein Körper leiden muß –, bleibt in dir auch nur ein Fünkchen Reue über das, was geschieht, so habe ich mich vergeblich angestrengt, und dein Opfertod war sinnlos.» So wurde sie inständig beschworen, von der Sache Abstand zu nehmen, falls sie nicht aus tiefstem Herzen dazu bereit sei.

Das Mädchen aber lachte nur, denn sie hoffte ja, daß der Tod sie allem Erdenkummer entrücken würde.

«Lieber Herr», sprach sie, «Gott möge es Euch lohnen, daß Ihr mir nichts von dem verschwiegen habt, was mich erwartet. Gewiß, ein bißchen verzagt bin ich schon; denn mir sind Zweifel aufgestiegen, die ich Euch nicht verhehlen will. Ich fürchte nämlich, daß aus allem nichts wird, weil Ihr dazu nicht beherzt genug seid. Eure Rede hätte einem Weibe angestanden. Ihr seid ein Hasenfuß!

Es tut Euch viel zu sehr leid, daß ich sterben soll, und damit legt Ihr für Eure große Kunst nicht gerade Ehre ein. Ich bin ein Weib und bringe doch die Stärke auf, alles zu ertragen, wenn *Ihr* nur den Mut fändet, meine Brust aufzuschneiden. Was Ihr mir da vorhin geschildert habt, das wußte ich schon vorher, und ich wäre überhaupt nicht gekommen, wenn ich nicht die Kraft hätte, alle Schmerzen auf mich zu nehmen. Mir ist – wenn Ihr gestattet – alles schwächliche Zagen fremd; mir ist nicht ängstlicher zumute, als wenn ich zum Tanzen ginge. Denn mein Schmerz dauert gewiß nicht länger als einen Tag, und ich denke, er ist nicht zu teuer bezahlt, wenn man dafür die ewige Seligkeit erwerben kann. So wie ich gesonnen bin, habt Ihr keinerlei Verdruß zu erwarten. Wenn Ihr Euch zutraut, meinem Herrn die Gesundheit wiederzugeben und mir zum ewigen Leben zu verhelfen, so sputet Euch um Gottes willen. Zeigt, was für ein berühmter Arzt Ihr seid. Mich treibt's dazu im Namen dessen, für den ich das alles tue; er weiß diesen Dienst zu erkennen und zu lohnen. Er selbst hat ja gesagt, wer am besten dient, der wird auch den meisten Lohn empfangen. Und deshalb halte ich mein Sterben für einen beseligenden Schmerz, der mir die Pforte des Paradieses gewißlich öffnet. Verzichtete ich darauf, so wäre ich doch töricht, zumal ich von geringer Abkunft bin.»

Da hatte der Arzt Gewißheit erlangt, daß sie von ihrem Vorsatz nicht abzubringen sei. Er führte sie zum armen Heinrich zurück und sprach zu ihm: «Es ist erwiesen, daß Euer Mädchen ehrlichen Herzens zu ihrem Opfer bereit ist. Seid getrost, denn nun heile ich Euch bald.»

Der Arzt führte die Jungfrau sogleich in einen gesonderten Raum. Er verschloß die Tür vor Herrn Heinrich und legte einen Riegel davor; denn er wollte ihn nicht zugegen sein lassen, wenn sie sterben müsse. In diesem Zimmer, das mit heilkräftigen Arzneien reich versehen war, ließ er das Mädchen die Kleider ablegen. Mit Freuden tat sie's und war dabei so ungestüm, daß sie die Nähte zerriß. Flugs stand sie splitternackt da und schämte sich doch kein bißchen. Als der Arzt sie betrachtete, mußte er bekennen, daß es auf der ganzen Welt kein schöneres Geschöpf gab, und das Mitleid mit ihr ergriff ihn so sehr, daß ihm beinahe der Mut zu seinem Werke schwand. Nun befahl er ihr, sich auf einen Tisch zu legen. Darauf band er sie fest und nahm ein Messer zur Hand, das er für Operationen benutzte. Es war lang und breit, aber leider nicht scharf genug. Da sie aber nun schon einmal sterben sollte, hatte er Erbarmen mit ihr und wollte ihr den Tod so leicht wie möglich machen. Darum nahm er einen Wetzstein, der da lag, und strich ihn fleißig an der Klinge entlang, um sie zu schärfen.

Das hörte der arme Heinrich, der vor der Tür des Zimmers stand, und Schmerz erfüllte ihn, daß er das Mädchen nie wieder lebend sehen sollte. Er suchte so lange, bis er in der Wand ein Loch fand, durch das er sie, nackt auf den Tisch gebunden, erblickte. Sie war von hohem Liebreiz. Da begann er, sie gegen sich selbst abzuwägen, und er änderte seinen Sinn. Es wollte ihm nun schlecht vorkommen, was er früher für gut befunden hatte, und seine alte selbstische Gesinnung machte einer neuen Herzensgüte Platz. Denn als er sie in ihrer ganzen Schönheit erblickte, sagte er zu sich: «Was war ich für ein Narr, daß ich auch nur einen Tag gegen den Willen Gottes leben wollte, gegen den doch niemand etwas vermag. Ich wußte auch nicht, was ich tat, daß ich – zumal ich doch sterben muß – dieses Leben in Schande, das mir Gott auferlegt hat, nicht bereitwillig auf mich genommen habe; denn ob der Tod des Mädchens mich retten würde, ist auch nicht gewiß. Jetzt verzichte ich auf das Opfer dieses Kindes und will alles ertragen, was Gott mir zugedacht hat.»

Kaum hatte er diesen Entschluß gefaßt, so klopfte er an die Wand und begehrte Einlaß in das Behandlungszimmer. Der Arzt sprach: «Ich habe jetzt keine Zeit, Euch zu öffnen.» – «Meister, ich muß Euch sprechen.» – «Herr, ich kann jetzt nicht. Wartet, bis die Sache zu Ende gebracht ist.» – «Nein, Meister, ich muß Euch vorher sprechen.» – «Dann teilt mir durch die Wand mit, was Ihr wollt.» – «Das geht nicht.»

Da öffnete der Arzt, der arme Heinrich trat ein, ging zu dem Tisch, auf dem das Mädchen festgeschnallt lag, und sprach: «Dieses Kind ist so liebreizend, ich ertrage seinen Tod nicht. Geschehe mit mir, was Gott will! Laßt sie wieder aufstehen. Ihr bekommt den vereinbarten Lohn in Silber dennoch, aber laßt das Mädchen am Leben.» Diese Rede gefiel dem Arzt; er hielt sofort ein und band die Jungfrau los.

Als diese aber merkte, daß sie nicht sterben sollte, wurde sie todunglücklich. Vor Kummer vergaß sie allen Anstand. Sie schlug ihre Brüste und raufte sich das Haar. Sie gebärdete sich so, daß jedermann Mitleid mit ihr haben mußte. Sie schrie vor Kummer: «Weh und Ach über mich Bedauernswerte! Was soll nun aus mir werden, da ich die Himmelskrone nicht erwerben kann? Sie wäre mir durch dieses Opfer zuteil geworden. Jetzt bin ich erst richtig gestorben. Ach, allmächtiger Christus, was ist doch meinem Herrn und mir entgangen! Nun sind uns beiden die Ehren versagt, die wir erlangen wollten. Er wäre geheilt worden, und ich hätte die Seligkeit erworben, wenn alles wie vorgesehen gegangen wäre.»

Auf solche Weise flehte sie wiederholt um ihren Tod, aber ihr Bitten blieb ohne Erfolg. Als sie nichts erreichte, verlegte sie sich aufs Schelten. Sie sagte: «Ich muß für die Feigheit meines Herrn bezahlen. Die Leute, die mir immer erzählt haben, er sei wacker, tüchtig und voll Mannesmut, die haben bei Gott gelogen! Die Welt hat sich von Euch täuschen lassen. Ihr seid zeitlebens ein Erzfeigling gewesen! Das merke ich daran, daß Ihr das nicht ertragt, was ich doch zu leiden gewillt war. Herr, warum erschraket Ihr, als man mich fesselte? Es war ja eine dicke Wand zwischen Euch und mir. Habt Ihr nicht den Mut, den Tod eines anderen zu ertragen? Ich sage Euch voraus, daß niemand Euch Nützliches und Gutes antun wird. Wenn Ihr solches Handeln vereitelt, weil Ihr zu weichherzig seid, so ist das ein verächtlicher Entschluß, und Gott wird Euch dafür keinen Lohn wissen, denn das heißt das Mitleid wahrlich zu weit treiben.»

Aber all ihr Flehen, Bitten und Schelten half ihr nichts; sie mußte am Leben bleiben. All ihr Gezeter nahm der arme Heinrich wie ein vorbildlicher Ritter auf, dem es in nichts an höfischem Anstand mangelt.

Als der aussätzige Herr Heinrich das Mädchen bekleidet und den Arzt wie vereinbart bezahlt hatte, zog er eilig in die Heimat zurück. Und obgleich er wußte, daß ihn dort von jedermann Spott und Schmähungen erwarteten, so stellte er das doch alles Gott anheim.

Das liebe Mädchen hatte aber so sehr geweint und geklagt, daß sie dem Tode nahe war. Da erkannte der, der in alle Herzen zu schauen vermag und dem keines verschlossen bleibt, ihre Aufrichtigkeit und Bekümmernis. Nachdem er sie beide in seiner göttlichen Weisheit ganz so wie einst den mächtigen Hiob auf die Probe gestellt hatte, ließ Christus offenbar werden, wie er aufrichtige Treue und Barmherzigkeit lohnt. Er nahm alles Leid von den beiden und ließ den armen Heinrich gesunden und rein werden. Seine Heilung ging so schnell vonstatten, daß er auf der Heimfahrt gänzlich genas und das Aussehen eines zwanzigjährigen Jünglings gewann. Durch einen Boten ließ er die Freudennachricht denen zukommen, von denen er wußte, daß sie sein unsagbares Glück teilen würden. Und zu Recht mußten sie von Freude erfüllt werden von dem, was Gott an Herrn Heinrich getan hatte. Seine besten Freunde ritten ihm zu seinem Empfang drei Tagereisen entgegen. Sie glaubten der Botschaft nicht und wollten die Heilung mit eigenen Augen sehen. Und sie erblickten das Gotteswunder an ihm! Auch die Meiersleute liefen ihm eilends entgegen; sie vor allem hatten das Recht dazu. Ihre Freude war unbeschreiblich, denn Gott bescherte ihnen den schönsten Anblick: ihre Tochter *und* ihren Herrn. Ihr Entzücken kannte keine Grenzen, als sie sahen, daß beide gesund waren. Sie wußten gar nicht, was sie tun sollten vor Glück. Ihre Begrüßung war daher auch recht wunderlich: sie weinten und lachten zugleich. Wieder und wieder küßten sie ihre Tochter, das könnt ihr mir glauben.

Seine Schwaben empfingen den Herrn Heinrich mit einem kostbaren Geschenk, nämlich ihrem von Herzen kommenden Gruß. Weiß Gott, jeder wackere Mann, der sie gesehen hat, muß bekennen, daß es keine größere Gewogenheit geben kann als die, die das schwäbische Landvolk dem Heimgekehrten erwies.

Was soll ich noch erzählen von dem, was sich danach ereignete? Besitz und Ansehen des Herrn Heinrich mehrten sich weit über das hinaus, was er vor seiner Krankheit hatte. Aber all das opferte er Gott und achtete auf dessen Gebot viel mehr als früher. So war sein Ansehen ohne allen Makel.

Auch der Meier und seine Frau hatten das Beste mit ihrer Sorge um ihn verdient, und er war durchaus nicht so treulos, daß er es ihnen nicht wohl vergolten hätte. Das Rodeland, auf dem er als Kranker bei ihnen gelebt hatte, gab er ihnen zusammen mit den Hörigen und Leibeigenen, die darauf saßen, als Besitz. Seine «kleine Gemahlin» bedachte er mit Geschenken und Annehmlichkeiten, wie sie einer adligen Dame oder gar Fürstin angestanden hätten. Das hielt er für seine Pflicht.

Nach einiger Zeit traten seine Ratgeber mit dem einmütigen Wunsch an Herrn Heinrich heran, er möge doch heiraten. Er wolle, äußerte er darauf, wenn sie einverstanden seien, nach seinen Verwandten und Freunden senden und die Sache mit ihnen erwägen. Er lud diese auch unverzüglich ein, und als sie versammelt waren, trug er ihnen die Angelegenheit vor. Sie waren alle der Meinung, daß es rechtens und für ihn an der Zeit sei, ein Weib zu nehmen. Nur kam es über die Wahl der Braut zu Meinungsverschiedenheiten; der eine empfahl diese, der andere jene, wie das im Rat so eben geht. Sie kamen aber nicht überein. Da sprach der arme Heinrich: «Ihr wißt alle, daß ich bis vor kurzem Abscheu erregte und den Menschen widerwärtig war. Jetzt aber meidet mich niemand mehr. Gott hat meinen kranken Leib geheilt. Nun ratet mir alle um seinetwillen, wie ich es dem Menschen vergelten kann, der mich mit Gottes Gnadenhilfe gerettet hat.» Sie antworteten: «Entschließt Euch dazu, ihm Euer Leben und Gut immerdar zu unterwerfen.»

Nun stand bei diesem Gespräch seine «kleine Gemahlin» neben ihm. Die schaute er liebevoll an, umarmte sie und sprach: «Ihr wißt sicher alle, daß ich meine Heilung diesem lieben Mädchen verdanke. Sie, die hier neben mir steht, sei fortan so frei wie ich, und ich bin auch ge-

sonnen, sie zu heiraten. Gott füge es, daß ihr damit einverstanden seid! Dann will ich sie zur Frau nehmen. Ist
das aber nicht möglich, so will ich unverheiratet bleiben
bis an mein Lebensende; denn ihr verdanke ich Leben
und wiedergewonnenes Ansehen in der Gesellschaft.
Darum bitte ich euch um Christi willen, eure Einwilligung zu geben.»

Da sprachen sie alle wie aus einem Munde, es könne
sich nicht besser schicken.

Es fehlte nicht an Priestern, die sie zusammengaben.
Nach einem Gott wohlgefälligen langen Leben gingen
sie beide in das Himmelreich ein. Möge dies auch uns
nach unserem Tode zuteil werden, und möge Gott auch
uns so lohnen, wie er es den beiden gewährt hat! Amen.

## Der Sperber

Man hat mir eine Geschichte erzählt, die nicht erfunden oder erlogen, nein, die wahr ist. Sie ist unterhaltsam und lustig, und da man mir aufgetragen hat, ich solle sie genauso weitererzählen, wie ich sie gehört habe, so halte ich mich auch daran.

Es war einmal, so heißt es, ein Kloster, prächtig erbaut und wohl ausgestattet, wie das eben so sein soll. In ihm lebten Nonnen, die Gott mit ganzem Herzen dienten. Sie lasen immerzu in der Heiligen Schrift und sangen zum Lobe Gottes, und darin suchten sie einander zu übertreffen. Und wenn sie nicht in der Messe waren oder ihre Gebete verrichteten, dann nähten sie, stickten kostbare Bänder oder saßen am Webstuhl. Jede von ihnen hätte es als Schande empfunden, müßig dazusitzen. Sie malten auch oder schrieben, eine jegliche nach ihrer Veranlagung. Sie achteten streng ihr Gesetz und ließen keinen Mann – aus welchem Grunde auch immer – in ihr Kloster herein, mit Ausnahme der Mönche natürlich, die die Messe hielten und ihnen die Beichte abnahmen.

Die Nonnen hatten hinter den Mauern des Klosters ihren Frieden gefunden, und keine von ihnen verließ diesen Bereich. Alles, was sie können mußten, singen und lesen, sich mit Anstand betragen, sprechen und sich bewegen, im Chore stehen und sich verneigen, so wie es die Ordensregel vorschrieb, das lernten sie von der Leiterin der Klosterschule. Sie hatten von ihren flehentlichen Gebeten so rote Lippen, daß Gott solchen Rosenmündern unmöglich etwas versagen konnte.

Nun war zu dieser Zeit auch ein schönes adliges Fräulein im Kloster. Hätte sie draußen in der Welt gelebt, wo man sie anschauen konnte, man hätte ihr zweifellos nachsagen müssen, daß sie ohne Makel war. Es mangelte ihr weder an Leibes- noch an Seelenschönheit, welch beide man an Frauen doch so gern sieht, und eigentlich hatte sie nur den einen Fehler, daß die Menschen ihr so fremd waren und daß sie von ihnen und ihren Gepflogenheiten keine Ahnung hatte, denn sie lebte seit ihrem fünfzehnten Lebensjahr im Kloster und hatte in keiner Weise von der Leichtfertigkeit erfahren, die doch auf Erden herrscht. Sie lebte im Kloster ganz in frommer Einfalt, so wie es die Ordensregel wollte, mit der sie aufgewachsen war.

Eines Tages nun stieg die Jungfrau auf die Mauer, die das Kloster einfriedete, um ein wenig in die Landschaft hinauszuschauen. Nicht weit vom Klostertor entfernt führte eine Straße vorbei, auf der gerade in diesem Augenblick ein Ritter auf seinem Rosse daherkam. Er war wohlgestalt und vornehm gekleidet, und auf seinem Arm hatte er einen Sperber sitzen. Als er sich ihr genähert hatte, redete sie ihn freundlich an und sprach:

«Laßt es Euch nicht verdrießen, edler Herr, wenn ich eine Frage an Euch richte. Führt Ihr diesen hübschen Vogel von weit her?»

«Durchaus nicht», antwortete er.

«Ach, sagt mir doch, wie er heißt; er hat so gelbe Krallen, seine Augen sind so strahlend und rollen wild, sein Gefieder ist so bunt und glatt. Hätte er nicht einen so krummen Schnabel, so wäre an ihm nichts zu tadeln. Ich glaube, er singt wunderschön. Die Frau, der Ihr ihn schenkt, muß Euch immer gewogen sein. Er ist ein herrlicher Vogel!»

Der Ritter merkte aus ihren Reden, daß sie rein und einfältig war, und er klärte das liebe Kind darüber auf, daß es sich um einen Sperber handle. «Ich will ihn verkaufen», fügte er hinzu, «und wenn Ihr ihn bezahlen könnt, mein Fräulein, sollt Ihr ihn haben.»

«Ich bekomme ja nie Geld in die Hand», erwiderte sie. «Aber hätte ich irgend etwas anderes, was ich Euch dafür geben könnte, so wollte ich mir den Handel nicht entgehen lassen; denn ich hätte diesen Vogel gar zu gern!»

«Liebstes Fräulein», erwiderte er, «da Ihr ihn kaufen wollt, so nehme ich gern, was Ihr zu bieten habt. Ihr sollt ihn für Eure Liebe haben, die Ihr mir geben sollt. Willigt in dieses Angebot ein!»

«Das wollte ich herzlich gern tun», erwiderte sie, «aber ich weiß gar nicht, was Ihr meint. Was Ihr da begehrt und was Ihr Liebe nennt, das ist mir leider gänzlich unbekannt. Ich wüßte nicht, daß ich es besitze. Ich habe im Schrank meiner Klosterzelle nur zwei Bilder, drei Nadeln, eine Schere, zwei Haarbänder, mein alltägliches Klostergewand und einen Psalter, und ich habe nie mehr besessen. Davon könnt Ihr Euch etwas aussuchen, und wenn die Oberin mir deswegen auch zürnte, so hätte ich dafür doch den Sperber.»

«Schönes Fräulein», entgegnete der Ritter, «Ihr steckt so voller Liebe, daß ich das Gewünschte an Euch gewiß fände, wenn ich es unternähme, bei Euch danach zu suchen. Und wenn Ihr es mir gestattet, so würde ich Euch zu diesem Zwecke von der Klostermauer herunterheben.»

«Aber wie komme ich dann wieder hinauf?» fragte sie.

Diese Rede freute den Ritter, und er antwortete: «Das mache ich schon, mein Fräulein», und sein Herz schlug höher. Er nahm sich des Mädchens an und führte es in einen Baumgarten. Sorgfältig hielt er Umschau, daß auch niemand bemerkte, was sie da beide trieben. Er band sein Pferd und seinen Sperber an einem Ast fest und setzte sich freudig zu dem braven Mädchen ins Gras. Hier suchte er auf zarte Weise ihre Minne, bis er sie gefunden hatte und beide in Süßigkeit miteinander verschmolzen. Er umarmte und küßte sie nach Herzenslust und suchte die Minne sogar noch ein zweites Mal.

Da sprach sie: «Nehmt Eure Liebe nur ganz, damit Ihr bei dem Handel nicht zu kurz kommt und ich keine Sünde auf mich lade. Denn gebt acht, was ich Euch sage: Wenn einer etwas erwirbt und dafür nicht angemessen bezahlt, so ist das ein großes Vergehen. Nehmt nur von der Liebe, soviel Ihr begehrt. Mir scheint nämlich, wenn ich es überschlage, daß ich Euch noch nicht ausreichend entlohnt habe. Bedient Euch von meiner Liebe, sooft Ihr wollt. Da die Liebe mein Zahlungsmittel ist, so will ich auch auf Heller und Pfennig bezahlen. Dazu bin ich gern bereit!»

Da suchte der stattliche und kecke Ritter zum dritten Male nach der Liebe, bis es ihm schien, als ob er für den Sperber angemessen bezahlt worden sei. Ja, er war gewiß, daß nie zuvor ein Vogel besser verkauft worden ist – und daß es auch in Zukunft so etwas nie wieder geben würde.

Er half der Nonne auf die Klostermauer zurück, verabschiedete sich von ihr und ritt davon.

Nun hört, was die Treuherzige tat und wie es ihr erging. Sie begab sich eilig zu ihrer Oberin und sprach: «Liebste Mutter, diesen herrlichen Vogel habe ich preiswert gekauft. Nicht einen Pfennig habe ich dafür bezahlt. Ein adliger Herr hat ihn mir gegeben, und ich bin ihm deswegen so gewogen; sollst du mir befehlen, ihn zu verfluchen, so brächte ich doch nichts anderes heraus als: ‹Das Glück möge ihn stets begleiten!› Ich ließ ihn für den Sperber nach etwas suchen, was Liebe heißen soll. Das habe ich nun kennengelernt, und ich habe mich nicht darum geschert, wie oft er es bei mir gesucht hat. Er hat sich freilich vorzüglich darauf verstanden. Es betrübt mich sehr, daß es hier im Kloster keinen gibt, der so trefflich zu suchen und zu finden versteht. Und dabei gäbe es bei uns doch allerhand zu finden. Es ist doch kaum möglich, daß man uns etwas vorenthält, was man irgendwo kaufen kann. Und wenn wir auch arm wären, so sollten wir doch die Hälfte unserer Einkünfte anwenden, um es zu erlangen. Denn Herrlicheres ist mir nie widerfahren, und an mir sollte es nicht fehlen, wenn es ans Bezahlen ginge.»

Die Oberin beschimpfte sie, raufte ihr das Haar und schlug sie gar, und die junge Nonne wußte es Gott zu klagen, daß sie von dem Kauf überhaupt ein Sterbenswörtchen hatte verlauten lassen. Sie wäre deswegen fast zu Tode geprügelt worden. Die Alte entlud ihren Zorn so lange, bis das Fräulein zum zweiten Male zusammengebrochen war.

«Nun bist du keine Jungfrau mehr!» schrie die Oberin. «Deine Torheit hat dich um deine Ehre gebracht, und deine Unschuld kannst du nie wieder zurückgewinnen. Fürwahr, vergehen solltest du vor Scham!»

Sie konnte sich gar nicht beruhigen, und die junge Nonne mußte noch manchen Schlag und Stoß hinnehmen. Sie war recht froh, als das alles vorbei war, und sie sann darauf, die Huld ihrer Oberin zurückzugewinnen, nachdem sie nun schon einmal Schuld auf sich geladen hatte. Der Gedanke daran ging ihr bis zum nächsten Tag nicht aus dem Kopf. Sie schlich heimlich zur Klostermauer in der Hoffnung, den Ritter wiederzusehen. Das war ihr sehnlichster Wunsch.

Es dauerte auch gar nicht lange, da kam er wieder vorbeigeritten. Sofort sprach die Nonne unwirsch zu ihm: «Hebt mich von der Mauer herunter, gebt mir meine Liebe wieder und nehmt Euern Sperber zurück! Denn meine Oberin ist in gewaltigen Zorn geraten und hat mir vorgehalten, ich hätte des Sperbers wegen meine Ehre hingeworfen und meine Jungfräulichkeit verloren. Holt mich also herab, damit ich meine Liebe wiederbekomme, und Ihr sollt Euern Sperber zurückhaben!»

«Gern, mein Fräulein», erwiderte der Ritter. Er hob sie herunter ins Gras und zahlte ihr ihre Liebe zurück, so gut er konnte.

Sie aber sagte: «Ach, wenn ich nur dürfte, ich würde jeden Tag zwei Vögel kaufen. Aber meine Oberin sagt nun einmal, daß ich dadurch nur Schande erwerbe. Drum strengt Euch um so mehr an, damit ich wieder Jungfrau werde wie zuvor. Ihr denkt wohl, das tut mir weh, und Ihr wollt mir aus Rücksicht einen Teil der Rückzahlung erlassen? Da sorgt Euch nur nicht drum. Wenn Ihr mich nur wieder zur Jungfrau macht, so werde ich gegen Euch nicht die geringste Klage erheben. Ich rechne Euch alles hoch an, was Ihr jetzt mit mir tut, denn dann muß meine Oberin doch ihren Zorn besänftigen, wenn sie das erfährt.»

So zahlte er ihre Liebe noch ein zweites Mal zurück, aber dann sprach er: «Liebstes Fräulein, ich kann nicht länger hier bleiben, ich muß Euch verlassen. Möge Gott Euch und Eure Ehre beschützen.»

«Nichts da», erwiderte sie. «Haltet Ihr mich für einfältig, wollt Ihr mich betrügen? Ehe Ihr Euch so hinwegbegäbet, würde ich einen gewaltigen Lärm schlagen. Ihr habt mir jüngst die Liebe dreimal genommen, aber erst zweimal habt Ihr sie mir heute zurückgegeben. Es wäre sehr unrecht, wenn Ihr mir so entwischen wolltet. Nein, nein, Ihr müßt mir schon auch noch die dritte Liebe wiedergeben, und wollt Ihr das nicht, so habt Ihr mich für immer zur Feindin!»

«Aber mit Vergnügen erfülle ich Eure Forderung, mein Fräulein», erwiderte der edle Ritter, denn ihr Ansinnen erfüllte ihn mit Freude. Und so entsprach er ihrem Wunsch und zahlte ihr auch die dritte Liebe zurück. Danach half er ihr wieder über die Klostermauer, sie ging in ihre Zelle, und er ritt davon.

Die junge Nonne war glücklich über diesen Rücktausch, und sie sprach zu ihrer Oberin: «Liebste Mutter, zürne mir nicht mehr und wende mir deine Liebe wieder zu. Ich habe alles rückgängig gemacht, dessentwegen du mich gezüchtigt hast. Ich kann dir Erfreuliches berichten: Ich habe meine Liebe wieder! Heute, lange vor der neunten Stunde, als du Mittagsruhe hieltest, hat mir der Ritter meine Liebe, die ich ihm gegeben hatte, auf die artigste Weise wieder zurückgezahlt. Ungestützt und ohne Krückstock vermag ich noch weit zu gehen. Das war doch sonderbar, daß du so zornig geworden bist und behauptet hast, er hätte mir mit meiner Liebe zugleich meine Ehre genommen. Dabei habe ich sie so gewiß, als wenn er nie erschienen wäre. Ich werde ihm immer gewogen bleiben, denn er ist ein aufrichtiger Mann, das weiß ich ganz genau. Er hat mir nämlich, gütig wie er ist, alles zurückgezahlt, was er zuvor für den Sperber genommen hatte. Möge Gott ihn beschützen! Das wünsche ich ihm, denn er verdient es. Er wäre wert, bei uns im Kloster zu leben, und dürfte es sein, ich wäre glücklich darüber!»

«Man mag sagen, was man will, aber du bist eine Riesennärrin», erwiderte die Oberin. «Wäre der Schaden nur einmal geschehen, so wäre er doch noch gering gewesen; aber nun ist es gar zweimal passiert! Ich hätte das verhüten müssen. Aber da ich es nicht getan habe, so habe ich alles Recht verloren, mich darüber zu erzürnen.»

Wer diese Geschichte vernommen hat, der lerne daraus folgendes: Wer um das Wesen des Feuers weiß, der hüte es gut, damit es ihm keinen Schaden tut. Wer aber darin läßlich war, sei es nun Frau oder Mann, und dadurch bereits Schaden erlitt, der nicht wieder gutzumachen ist, der finde sich damit ab, wenn er schon keine Vorsicht hat walten lassen. So jedenfalls verhalten sich kluge Leute. Das war die ergötzliche Erzählung vom Sperber.

## Moriz von Craûn

Ihr habt gewiß schon des öfteren sagen hören, daß das
Rittertum seit eh und je in hohem Ansehen stand. Und
so wird es auch immerdar bleiben; das ist die Wahrheit.
Aus Büchern wissen wir, wo es entstanden ist und auf
welchem Wege es zu uns kam. In Griechenland hat es
seinen Ursprung, dort wurde die ritterliche Lebensform
ausgebildet. Aber dort konnte sie sich später nicht behaupten. Bei den Griechen jedenfalls zeigte sich erstmals
wahrer ritterlicher Geist, als sie Helenas wegen Troja
mit Heeresmacht belagerten. Hier sah man – wie erzählt
wird – die Ritterschaft von Hellas versammelt, und sie
war Tag um Tag darauf bedacht, Heldentaten zu vollbringen. Aber Hektor und Paris sowie ihre Brüder,
Helenus, Deïphobus und Troilus, all diese tapferen
Recken verteidigten das Gelände vor ihrer Stadt und
standen den stolzen Griechen in nichts nach, so daß
diese zahlreiche Tote und Verwundete in ihr Lager

zurückbringen mußten. Viele Jahre hindurch kamen die Griechen so zwischen Angriff und Verteidigung nicht zur Ruhe und litten unter den Mühen des Kampfes.

Ich würde euch gern noch weiter vom Trojanischen Krieg erzählen – aber was soll's? Lassen wir es also, denn es könnte ohnehin niemand alles darüber bis zu Ende berichten. Dares, der dabei war und der nachts stets das aufschrieb, was tagsüber geschehen war und was er mit eigenen Augen erlebt hatte, berichtet übrigens nichts darüber, wie die Trojaner ihre Stadt verteidigten, zu der Zeit, da Hektor noch lebte und an ihrer Spitze stand. Als aber Hektor gefallen war, ging es mit der Stadt allmählich abwärts. Er hatte Troja verkörpert.

Gewiß, auch Pandarus und Äneas kämpften vor aller Augen in vorderster Linie mit hohem Mut. Vor Troja hatten überhaupt so viele heldenhafte Kämpfe stattgefunden, daß es unmöglich war, das Blitzen all dieser Schwerter zu unterscheiden. Was hätte ein Feigling dort wohl zu suchen gehabt, wo die Helden aus vielen Ländern unaufhörlich gegen die Stadt anrannten und wo es heiß herging? Der wäre ja die Furcht keine Minute losgeworden und daran gestorben, ohne auch nur eine Wunde davongetragen zu haben!

Aber als die Trojaner Hektor, der die tragende Säule ihres Kampfes war, verloren hatten, schwand die Kraft Trojas Tag um Tag, bis die Stadt schließlich zerstört wurde.

Was da in Troja an Heldentaten vollbracht wurde, das verdiente schon eine gesonderte Darstellung, und ich wollte sie gern geben, wenn ich nur dazu in der Lage wäre. Warum ich das nicht bin? Nun, der Stoff ist mir nicht vertraut genug. Aber soviel ist in Griechenland deutlich geworden: Rittertum blüht nur dort, wo man es mit allen Fasern seines Herzens liebt. Wo man es haßt, da verweilt es keinen Augenblick. Das zeigte sich schließlich in Hellas. Als sich sein Niedergang dort anbahnte, verließ es das Land. Ritterliches Leben, das nach Ehre strebt, erfordert natürlich hohen Aufwand, das war schon immer so, und durch ihr Alter büßt diese Erfahrung nichts an Wert ein, im Gegenteil, sie bewährt sich täglich aufs neue und breitet sich mehr und mehr in allen Ländern aus. Ansehen und Schande haben nun einmal keinen Platz beieinander.

Alle Länder, die der kühne Alexander den Griechen unterwarf, konnten diese auf die Dauer nicht halten. Das war der Lohn für ihre Verweichlichung. Einst *nahmen* sie Tribut, später entrichteten sie ihn selbst. Deshalb sollte ein jeder nach Vortrefflichkeit streben. Sie zahlt sich aus, das könnt ihr glauben.

In der Folgezeit gab es nirgendwo eine Stadt, die an Macht und Herrlichkeit Rom gleichgekommen wäre. Es übertraf alle anderen, und ihre stolzen Bürger gewährten dem Rittertum eine Heimstatt, denn sie erkannten, welch hohen Wert es dem Leben verleiht, und sie zogen mehr und mehr Nutzen daraus. So ging das Rittertum an Rom über, nachdem es aus Griechenland vertrieben worden war. Julius Caesar nahm es auf und unterwarf wie ein rechter Ritter alle Länder unter seine Herrschaft. Solange die Welt steht, wird keiner größeren Ruhm erwerben als er! Wer so gesinnt ist, stets nach dem Höchsten zu streben, dem versagt sich auch der Erfolg nicht. Leider sehe ich heute manch einen auf Erden ohne Ehre und Ansehen dahinleben wie das liebe Vieh. Wozu lebt ein solcher überhaupt? Er vertut ganz einfach die Gnade und Hilfe, die Gott den Menschen hat zuteil werden lassen!

Roms Ruhm war ungebrochen bis zu der Zeit, da Kaiser Nero an die Macht kam. Er war im Grunde seines Herzens böse, denn alles, was er sich ausdachte, sei es nun gut oder schlecht, das setzte er in die Tat um. Er konnte seinen frevelhaften phantastischen Ideen nicht widerstehen, er mußte ihnen einfach nachgeben. So versuchte er sich in die Lage einer Frau zu versetzen, und auf der anderen Seite trieb er es mit Männern.

Hört nur, eines Tages sann er darüber nach, wie sich wohl ein schwangeres Weib fühle. Das hätte er gar zu gern gewußt. Sogleich schickte er nach seinem Leibarzt und sprach: «Könntest du es dahin bringen, daß ich schwanger werde? Biete all deinen Verstand auf – das wirst du nötig haben! – und versetze mich in diesen Zustand, oder es geht dir ans Leben!»

«Das läßt sich machen», antwortete der Arzt, «ich werde Euren Befehl ausführen.» Damit verabreichte er dem Kaiser ein Pulver, das in dessen Leib eine Kröte wachsen ließ. Da mußte Nero eine schwere Last mit sich herumtragen, obgleich er es gar nicht nötig gehabt hätte. Als die Kröte aber immer größer wurde, sah der Kaiser schließlich von vorn wie eine Schwangere aus. Es reute ihn jedoch zugleich, daß er sich darauf eingelassen hatte, denn er fürchtete die Schmerzen bei der Niederkunft. Darum verlangte er von dem Arzt, daß er ihn von dieser Beschwerlichkeit befreie und das «Kind» wegbringe. Der tat das auch und sorgte dafür, daß Nero, ohne Schaden zu nehmen, davon befreit wurde.

Dieser Kaiser war dick und von kräftigem Knochenbau. Seine Mutter aber war zierlich. Nun hätte er schon immer gern gewußt, wo sich der Ort befinde, der geräumig genug war, ihn bis zur Geburt aufzunehmen. Es ließ ihm keine Ruhe, das herauszufinden, und so befahl er, der eigenen Mutter den Leib aufzuschneiden. Die Ärmste mußte das erdulden, bloß weil ihr Sohn ein solcher Unhold war. Er schaute in den Leib hinein und entdeckte dort viel Erstaunliches. Dieser Herrscher beging noch manche andere Untat. Vernehmt nur, wie er Rom vernichtete. Man hatte ihm erzählt, was seinerzeit bei der Eroberung von Troja vor sich gegangen war. Da ließ er alle seine Getreuen kommen und führte Klage über die Römer. «Sie haben mir», sprach er, «so viel Unrecht zugefügt, daß ich nicht umhin kann, sie empfindlich dafür zu strafen. Wer mir bei meiner Rache an der Stadt beisteht, dem versichere ich, daß er danach von mir ganz gewiß reich und mächtig gemacht wird.»

Da brachen seine Leute auf Befehl des Kaisers gegen den Senat einen Streit vom Zaune, und in dessen Verlauf ließ Nero die Stadt an mehreren Stellen in Brand stecken. Diesen Frevel beging er nur, um zu sehen, wie es gewesen sein mag, als Troja in Flammen stand. Aber Rom wurde durch die Feuersbrunst zerstört, und auf beiden Seiten starben die Besten. Solch eine Schändlichkeit wie diese hatte es ein Jahrtausend lang im römischen Reich nicht gegeben! Noch heute liegt mancher Palast darnieder, alles bloß wegen dieses Mannes, der den Untergang Roms verschuldete.

Nun war dort für ritterliche Lebensform kein Bleiben mehr, denn ihr war jede Grundlage entzogen. Durch diese Schrecknisse war das Rittertum aber auch seines eigentlichen Geistes beraubt worden wie ein armes Waisenkind seiner Eltern. So wechselte es in beklagenswertem Zustand ins Frankenreich über und fristete dort lange Zeit ein bescheidenes Dasein, bis schließlich Karl der Große mit männlicher Kraft die Länder unter seine Herrschaft beugte. Auch Olivier und Roland verhalfen der ritterlichen Daseinsform durch ihre Tapferkeit zu erhöhtem Ansehen und waren bestrebt, stets wie echte Ritter zu handeln. Das brachte ihnen großen Ruhm ein. Als man das ringsum im Lande gewahr wurde, tat es ihnen ein jeder nach. Das brachte allen Vorteil, denn nirgendwo auf der Welt herrschten nun solches Glück und solche Freude wie in Frankreich. Noch heute ist französisches Rittertum hochangesehen und weitbekannt, und nach seinem Vorbild haben sich auch in manchem anderen Land ritterliche Lebensformen herausgebildet. In Frankreich dient man den edlen Frauen, wie man es soll, und der Lohn für Minnedienst wird von den Damen dort auch bereitwilliger gespendet als irgendwo anders.

Vor nicht langer Zeit lebte nun ein Ritter, der Herz und Seele darauf gerichtet hatte, einer edlen Frau Minnedienst zu erweisen, und er hätte keine würdigere finden können als die Gräfin von Beamunt. Er, von dem nur Rühmliches zu sagen war, hieß Moriz, und seine Stammburg war Craûn. Er war im Dienste der Minne so recht ein Ritter, wie er sein soll; Turniere und standesgemäßes Leben bedeuteten ihm alles, aber sein Sinn war auch auf Minnelohn gerichtet. Wenn er ins französische Grenzland kam, um an einem Ritterspiel teilzunehmen, gab es auf keiner Seite einen, der tapferer gekämpft und der mehr Ruhm erworben hätte als er. Er war von edler Gestalt, fein gebildet, klug, von regem Geist und höfischer Gesinnung. Daher lobten ihn alle – und mit Recht! Er, mit dem es das Schicksal so gut gemeint hatte, handelte nun wie viele andere hochgemute Ritter, die – was immer auch geschieht – in den Dienst der Minne getreten sind. Indes bleibt keinem von ihnen, sofern sie es ernst meinen, dabei Mühe und auch Nachteil erspart. Wird einem aber nach hingebungsvollem Minnedienst schließlich der Liebeslohn zuteil, nach dem er treuen Herzens gestrebt hat, so sind alle Anstrengungen vergessen, ja sie erscheinen ihm angemessen und lieblich, und es gibt nicht eine Spur von Reue darüber,

was er alles auf sich nehmen mußte. Die süße Liebeserfüllung läßt nachträglich alles leicht erscheinen!

Nun hört man immer wieder, daß das, was da auf
Erden kreucht und fleucht, dem Menschen und seinem
Verstande untertan sei. Das mag sein, aber die Minne
unterwirft den Menschen doch allezeit so sehr unter ihr
Gesetz, wie es kein Kaiser vermag. Und so zwang sie
auch Herrn Moriz, alles zu tun oder zu unterlassen, was
sie ihm diktierte, mochte ihm das nun lieb oder leid sein.

Wer das wahre Wesen der Minne erfaßt hat, weiß
genau, daß sie das Menschenherz in ihrer Glut förmlich
röstet, und der sollte sich vor ihr in acht nehmen, so wie
er sich vor Schande zu bewahren trachtet. Aber was er
im Dienste der Minne an Opfern bringen muß, nehme
er leicht. Denn es sei euch auch nicht verschwiegen, daß
man niemals Ansehen erringen kann, wenn man sich
schont und zurückhält. Niemand, der noch bei Verstande
ist, bilde sich ein, er könne die Minne ohne persönlichen
Einsatz erlangen. Liebe und Opfer sind nun einmal eng
verbunden. Wer sich dem Dienst der Frau Minne weiht
und zu Erfolg kommen will, der muß vor allem Treue
und Beständigkeit mitbringen, wenn sie ihm am Ende
ihren Lohn gewähren soll.

Wer auf die rechte Weise lieben will, dem gebe ich den
guten Rat, jeglichem Wankelmut zu entsagen und abso-
lute Beständigkeit zu üben. Nur wenn er diese süße Last
auf sich zu nehmen gewillt ist, wird er auch an das Ziel
seiner Wünsche gelangen. Die Welt ist der Unzuverläs-
sigkeit nur allzu voll, und wer sich ihr hingibt, ist
einem Übeltäter vergleichbar, der sich dadurch, daß man
einen seiner Kumpane gehängt hat, durchaus nicht bewegen läßt, sein unehrenhaftes Tun aufzugeben oder
auch nur zu mäßigen.

Mag ein wankelmütiger Mensch auch noch so oft erleben, welcher Lohn einem zuverlässigen zuteil wird, es bedeutet ihm gar nichts; für ihn gibt es eben nichts Schöneres, als seiner Untreue weiterhin treu zu bleiben.

Ich könnte davon noch lange reden, aber es treibt mich zu etwas anderem Beklagenswertem. Es gibt nämlich auf Erden eine Lebensweise, welche für alle, die mit Verstand lieben wollen, Einbuße an Ehre bedeutet. Bitten wir unseren Herrn Jesus Christus, daß er die Redlichen davor bewahre. Ich nenne euch diese Ehrverletzer: Es sind Ungezügeltheit und Verderbtheit. Möge Gott sie von den anständigen Menschen fernhalten! Sie brächten sich dadurch nämlich nur ins Verderben. Die gemeine Masse schließe ich in diese Bitte freilich nicht ein; sie mag handeln, wie es ihrem Wesen entspricht, und wer sich in seiner Haltlosigkeit mit ihr einläßt, ist in meinen Augen ein armseliger Tropf. Diejenigen aber, die sich den genannten Eigenschaften gleichsam gewerbsmäßig hingeben, stellen sich mit der Menge nicht nur auf eine Stufe, sondern sie treiben's allezeit noch schlimmer als diese. Wenn mich jemand aufforderte, so zu handeln, ich würde es nicht für Geld tun, geschweige, wenn ich dafür noch draufzahlen müßte. Manches Weib aber zeigt sich so leichtfertig, wenn es in der Not seine Zurückhaltung aufgibt. Doppelt so groß ist dagegen die Schande des Mannes, der das Laster mit Geld erkauft. Solches Krämerwesen in der Liebe wird mit Recht verurteilt; denn es ist ein schändliches Vergehen, wenn jemand seine Lust höher stellt als seine Ehre.

Nun gibt es andererseits Männer, die lieber auf alle Frauen verzichten, ehe sie um einer edlen Dame willen irgendein Opfer brächten. Denen mangelt es freilich an Verstand, und sie sehen es als Gewinn an, was in Wahrheit ein Verlust für sie ist. Ich würde es durchaus für einen beglückenden Vorteil halten, wenn ich einer Dame um Minnelohn treu dienen dürfte und dadurch Ehre oder letztlich Liebeserfüllung erlangen könnte. Jawohl, dazu bekenne ich mich!

Herr Moriz von Craûn jedenfalls betrug sich wie ein untadeliger Ritter, und das brachte ihn auch zu Ansehen bei den edlen Damen. Nur ihnen widmete er sich; denn was die geringeren Frauen an Lohn zu bieten haben, taugt doch nichts Rechtes. Er wählte eine zu seiner Minnedame und diente ihr lange Zeit. Wer dazu bereit ist und sich darauf versteht, der tue es so ehrenvoll er kann, und zwar bei einer Frau, deren Lohn für ihn von hohem innerem Wert ist. Denn unedle Frauen lohnen auf eine Weise, daß dem Manne Leib und Seele kalt bleiben und ihm das Herz nicht von freudiger Hochstimmung erfüllt wird. Das letzte aber geschieht, wenn er edlen Frauen dient. Was er in ihrem Dienst alles auf sich genommen, erhöhtes Ansehen bei aller Welt ist der Lohn, der ihm dafür zuteil wird. Und nur solchen Frauen soll sich ein Ritter weihen, der sein wahres Glück will.

Obgleich Herr Moriz seiner Dame schon lange Zeit treu gedient hatte, wartete er doch noch immer vergeblich auf ihren Minnelohn, und schließlich führte das zu einer gewissen Entfremdung von ihr, die ihm schmerzlich war.

Eines Nachts dachte er nun einsam über das nach, was er in ihrem Dienst alles schon auf sich genommen, und er sprach: «Weh mir, daß ich überhaupt auf die Welt gekommen bin! Soll mich meine Hoffnung auf Liebeserfüllung gänzlich getrogen haben? Meine Herrin sieht den Dienst, den ich ihr bislang erwiesen habe, vielleicht für unzureichend an, so daß sie mir ihren Lohn versagt. Dann kann ich niemals glücklich werden!»

Aber sogleich dachte er: «Ich bin wohl nicht recht bei

Verstand? Mein Minnedienst an ihr hat mir doch überall im Lande Ansehen und Lob eingetragen, und darin liegt ja bereits der Lohn meiner Dame! Könnte es denn einen edleren geben? Und außerdem: Wie wäre es möglich, in solcher Lage Leid zu vermeiden? Wer nach Ehre strebt, *muß* es ganz einfach in Kauf zu nehmen bereit sein. Wenn einer wie ich sich jedoch ein wenig von Sorgenlast befreien will, sollte er wohl denken: Wie schlimm es jetzt auch stehen mag, es wird sich am Ende vielleicht doch noch alles zum Guten wenden. Solch ein Gedanke ist der beste Schutz gegen Trübsinn.

Aber im Grunde bin ich doch närrisch, daß ich meine Zeit mit so etwas vergeude. Weiß Gott, noch nie ist einem so arg mitgespielt worden wie mir, und ich sage euch auch, wieso. Ich habe meiner Dame treulich gedient, sie aber hat mich feindselig behandelt. Ich habe sie um den Lohn für meinen Minnedienst gebeten, aber sie hat nichts anderes für mich als Ablehnung. Wie sollte ich durch sie auch je zu Freude kommen, da ich doch in der bedauerlichen Lage bin, von ihr, um derentwillen ich allen anderen Frauen entsage, weder Lohn noch Verheißung einer Belohnung zu empfangen? Ich diene ihr und mühe mich für sie bis zum äußersten, und das ist schon recht kummervoll. Es wäre für mich besser zu sterben, als auf solche Weise gefesselt dahinzuleben. Und doch hat allein sie es in der Hand, mich zu retten oder mich zum Verzicht auf jegliche Liebe zu zwingen.»

Und in Gedanken gab er sich seinem Kummer weiter hin. «Was nützt es mir schon, solchen gewaltigen Schmerz weiterhin zu tragen? Das bringt mich nur noch um den Verstand. Dem, der sich an den Kummer unglücklicher Liebe gewöhnt hat, macht er am Ende schon gar nichts mehr aus. Das trifft auch auf mich zu. Ich kann es nicht leugnen: wahres Liebesglück habe ich noch nicht kennengelernt, kenne es vielmehr nur aus den Reden der anderen. Dabei hätte ich es so gern selbst erfahren. Aber wie könnte ich meinen tausendfachen Kummer anders loswerden als durch meine Minnedame? Es mindert ihr Ansehen, daß sie mich darüber im unklaren läßt. Aber ich will mich nicht mehr in Sehnsucht zu Tode grämen. Ich will es vielmehr noch einmal versuchen, sie dahin zu bringen, daß sie mich von meinem Liebesschmerz erlöst. Verweigerte sie mir den Liebeslohn nicht länger, so wäre ich für immer glücklich. Doch muß ich – sofern ich eine Gelegenheit finde, offen mit ihr zu sprechen – auch damit rechnen, daß ihr Herz noch wie früher hart wie ein Kieselstein ist und daß sie meinen treuen Minnedienst damit lohnt, daß sie sich mir verweigert. Deshalb ist es eben so schlecht um meine Liebesaussichten bei ihr bestellt. Andererseits zeugt es von meinem mangelnden Selbstvertrauen und hilft mir gar nicht, wenn ich mir einrede, daß ich keinen Erfolg haben werde. Dabei kommt das Glück vielleicht doch noch. Hätte es mein Geschick nur besser mit mir gemeint, so hätte es mir die Hälfte dessen erspart, was ich nun an Leid voll auskosten muß.

Aber vielleicht besinnt sich meine Herrin doch noch eines Besseren. Ach, erführe ich doch davon, ehe ich mit ihr zusammentreffe!»

In solchem Zwiespalt suchte er die Nähe seiner Dame. Nun hört, wie es ihm da erging. In seiner Beklommenheit wurde er ganz bleich, dann trieb es ihm die Röte auf die Wangen, und diese machte bald wieder einer tiefen Blässe Platz, ehe er endlich auch nur ein Wörtchen zu ihr zu sagen vermochte. Dieses Verhalten erregte eher das Mißfallen der Gräfin. «Was ist Euch?» fragte sie ihn.

«Herrin, ich bin unglücklich», antwortete er.

«Und warum? Wollt Ihr es mir nicht sagen?»

«Edle Gräfin, ich muß das allein erdulden!»

«Nun sagt schon, was ist Euch geschehen?»

«Darf ich es frei heraus bekennen, Herrin?»

«Ja, erzählt schon, was Euch bedrückt!»

«Das Schicksal meint es nicht gut mit mir.»

«Oh, das wird Euch sicher Kummer machen.»

«Gewiß, Königin meines Herzens.»

«Und sonst nichts?»

«O doch, Herrin, ich leide auch körperlich.»

«Wo?»

«Überall!»

«Dann solltet Ihr Euch mit Salbe einreiben.»

«Das kann ich nicht, denn ich verstehe nichts von der Heilkunst.»

«Nun, Ihr seid doch ein kräftiger Mann.»

«Ach, edle Dame, meine Stärke ist dahin!»

«Wollt Ihr Rat und Hilfe von mir?»

«Von Herzen gern, Herrin!»

«So empfehle ich Euch, begebt Euch nach Salerno, dort gibt es viele Ärzte, und wenn Euch zu helfen ist, so durch sie, darauf könnt Ihr bauen.»

«Laßt diese Ausflüchte, edle Dame. Es wäre mir lieb, und dazu ist es an der Zeit, denn es kann Euch doch nicht verborgen sein, daß Ihr mich meines Verstandes beraubt und um all meine Freude gebracht habt. In solcher Verzweiflung befinde ich mich schon geraume Zeit. Herrin, die Ihr mein Glück bedeutet, ich wünschte nichts sehnlicher, als daß Ihr mir meinen Minnedienst lohnet – oder ich muß sterben. Ich bin hergekommen, um aus Eurem Munde mein Urteil zu vernehmen: Tod oder Aussicht auf Liebeserfüllung. Das wüßte ich gern von Euch: Darf ich glücklich von hinnen ziehen, oder muß ich Euch unsäglich traurig verlassen?»

«Obgleich ich nicht schuldig bin, will ich mich doch

schuldig bekennen», erwiderte die Dame. «Ihr habt mir lange Zeit treu und zu meiner Zufriedenheit gedient, so daß ich Euch gern den Lohn dafür gewähren will, und ehe ich Euch Euer Glück länger vorenthalte, wollte ich – das sei Euch versichert – lieber etwas tun, was mir für immer Nachteil bringen wird. Ich will Euch lohnen, so gut ich es vermag. Manch treuer Mann ist freilich, um voreiligen Lohn zu erlangen, schon zum Dieb geworden. Ich muß nun wohl, da du mir bisher so treu gedient hast, mein weibliches Ansehen aufs Spiel setzen, das geht nicht anders.

«Du bist mein, und ich bin dein», sprach die Gräfin, fuhr aber fort: «Ich bitte dich jedoch um unserer Liebe willen noch um einen Dienst für mich, den ich dir wert sein muß.»

Herr Moriz konnte kaum erwarten, zu erfahren, worum sie ihn bat.

«Veranstalte hier bei der Stadt ein Turnier vor meinen Augen, denn ein solches zu sehen war mir bisher nicht vergönnt. Du aber sollst dabei mein Ritter sein und mir zuliebe große Taten vollbringen, dann will ich dir Minnelohn gewähren, so gut ich ihn zu geben weiß.»

Da wurde Herr Moriz von höchster Freude erfüllt. Heimlich zog die Dame einen zierlichen Ring mit einem kostbaren Stein von ihrer Hand und streifte ihn als Liebespfand ihrem Minneritter auf den Finger. Er nahm sogleich Abschied von ihr, und sie legte dabei ihre weißen Arme liebevoll um ihn, küßte ihn auf den Mund und befahl ihn Gott.

Durch diese Liebesbezeigungen seiner Dame war der Kummer des Ritters und alles, was ihm bisher durch sie widerfahren war, plötzlich zerronnen.

Sogleich nahm Herr Moriz von Craûn zahlreiche Knappen in seinen Dienst, durch die er das vorgesehene

Turnier überall im Lande ausrufen ließ. Nun aber will ich euch, so gut ich kann, berichten, wie sich der Ritter der Gräfin von Beamunt selbst zum Turnier rüstete. Er ließ ein wundersames Schiff zimmern, das sollte sich auf dem Lande ganz so fortbewegen, als schwömme es auf dem Wasser. Mit diesem wollte Herr Moriz überall Aufsehen erregen.

Der Baumeister des Schiffes mußte seine ganze Kunst aufwenden, und es wurde viel wertvolles Material verbaut, ehe es vollendet war.

Hört nun, wie es aussah – ich hoffe, daß ich alles richtig zu schildern weiß –: Es lag auf einem wagenartigen Gestell und war aus Balken, die aber gekrümmt waren, so daß es ganz wie die Rheinschiffe aussah, die nach Köln fahren. Der Baumeister hatte es mit einem Plankendeck versehen und innen mit Dielen belegen lassen. Rundherum waren zu beiden Seiten Löcher in die Bedachung gebohrt, in die Lanzen gesteckt werden sollten. Ein Gestell faßte das Schiff rundherum ein. Auf dem stand es wie ein prächtiger Bau auf hohem Gerüst, und dieses hatte Räder, damit das Schiff bewegt werden konnte.

Man hatte sogar einen Wagen nach Flandern geschickt, um von dort scharlachroten Wollstoff zu holen, und damit bespannte man die Außenwände des Schiffes. Der Meister selbst befestigte ihn mit prachtvollen langen Silbernägeln an den Balken. Er wandte all seine Kunstfertigkeit auf, damit dieses tuchüberzogene Schiff den Leuten so recht in die Augen steche. Eine Unmenge Nägel verarbeitete er auf solche Weise. Bug und Heck aber wurden mit Gold beschlagen, desgleichen der Mast, der danach unverzüglich aufgerichtet wurde. Dann baute man wie bei einem richtigen Schiff das Steuerruder an. Aber es sollte darüber hinaus auch noch in anderen Einzelheiten seiner Ausrüstung einem wirklichen Schiff gleichen, das auf dem Meere fährt, und das war doch etwas ganz Sonderbares. Es hatte einen Anker aus Messing und ein Geländer aus seidenen Tauen. Darauf hätte man wohl verzichten können, denn das war überflüssig bei einem Landschiff. Alle aus nah und fern, die das Schiff erblickten, fragten: «Was soll das? Wir leben hier weder an der Maas noch am Rhein. Wie will man denn das fortbewegen? Das ist doch die reine Verschwendung! Oder fürchtet Herr Moriz die Sintflut und will sich darin retten? Welchem Zweck sollte das Fahrzeug wohl sonst dienen?»

Die Kunde von diesem Schiff verbreitete sich überall im Lande, noch ehe es sich überhaupt in Bewegung gesetzt hatte.

Als es aber fertig war, prangte es ganz in den Farben des Wappens derer von Craûn, und alle Schiffs- und Steuerleute hatten eine einheitliche Kleidung, die farblich mit der Kovertiure von Herrn Moriz' Roß übereinstimmte. Ach, könnte ich das Folgende euch doch nur recht anschaulich berichten!

Zu allererst ließ der Ritter die Ruder auf das Schiff bringen, danach eine ganze Wagenladung Lanzen. Dreihundert davon waren von besonderer Art. Sie hatten alle die Farbe des Schiffsmastes, und jede hatte vorn ein prächtiges Fähnlein aus demselben Stoff wie das Segel des Schiffes. Diese Lanzen ließ Herr Moriz gleichmäßig rundum senkrecht in die ins Deck gebohrten Löcher stecken. Die übrigen Lanzen waren weiß. Es war ein erhebender Gedanke, daß er sie an einem Turniertage alle im Dienste seiner Dame verstechen wollte.

In das Schiff wurden dann klugerweise, ohne daß jemand davon erfuhr, Pferde gebracht, die als Zugtiere das Ganze fortbewegen sollten. Zwischen den Brettern und den herabhängenden Tüchern war der Platz, wo sie angeschirrt wurden. Das war schon kunstvoll eingerichtet, daß von außen niemand erkennen konnte, was im Innern vor sich ging, und jeder, der das Schiff sich bewegen sah, hätte gewiß geschworen, daß es sich dabei um etwas Unwirkliches handele. An den Mastbaum, an dem das Segel wie eine lombardische Standarte weit über Land leuchtete, ließ der Ritter seinen Schild hängen, so daß er sofort als Herr des Landschiffes erkannt wurde.

Als Moriz von Craûn das Fahrzeug bestiegen hatte, ließ er es in Bewegung setzen. Er mied jedoch die glatten Straßen, weil er dort behindert worden wäre, und steuerte stets querfeldein über Land. Das Volk lief ihm überall wie einem Brautzug nach, um zu schauen, was ihm da geboten wurde. Die Schiffsleute sangen und legten sich in die Ruder – freilich nur zum Schein.

In solchem Aufzug fuhr der Ritter durch Frankreich seinem Turnierort entgegen. Unterwegs strömten zahllose Ritter samt ihren Damen, alt und jung, herbei, um das Schiff zu besehen. Herr Moriz war mit gutem Wind bis zu dem Gefilde unterhalb der Burg gefahren. Dort ließ er ein Zelt aufschlagen und stieg aus dem Schiff. Sein «Hafen» lag auf einer Wiese, auf der eine Quelle sprudelte.

Es dauerte nicht lange, da eilten aus der Burg alle herbei und bestaunten den «Seefahrer» wie ein Wundertier.

Sein Zelt war ganz prächtig. Auf den Zeltwänden und der Bedachung war sein Wappen angebracht. Darauf hatte er nicht verzichten wollen, durfte er es doch zu Recht mit Stolz führen. Das Zelt war mit kostbaren Schnüren im Rasen festgemacht, und ganz oben an der Spitze funkelte es wie ein Spiegel. Auf den Boden waren

Polster gelegt, lang und breit, mit goldverziertem Brokatstoff bezogen. Das Zeltgestänge aber war mit kostbaren Ziernägeln aus Hyazinth beschlagen.

Alle, die sich von ihm bewirten lassen wollten, wurden freundlich empfangen. Inmitten des Zeltes stand ein Gefäß, das mit kristallklarem Wein angefüllt war, und in ihm schwamm ein Becher aus gemasertem Holz. Daraus konnte sich jeder, den es dürstete, einen Trunk schöpfen.

Noch niemals sind Spielleute so herrlich bewirtet worden wie jene, die zu Herrn Moriz' Zelt geströmt waren, und das waren so viele, daß sie mit Leichtigkeit ein Haus in die Höhe gehoben hätten.

Als die Nacht hereinbrach, wurde eine Unzahl von dicken, gedrehten Kerzen entzündet, und die gaben einen solchen Lichtschein, daß man auf der Burg nicht anders denken konnte, als eine Scheune sei in Brand geraten. In seinem Zelt trieb er solchen Aufwand, daß es ihnen allen noch zur Ehre gereicht hätte, selbst wenn er der König von Frankreich gewesen wäre.

Am anderen Morgen beschloß die Ritterschaft, sich bei dem Landschiff Messe lesen zu lassen. Das freute Herrn Moriz von Craûn über alle Maßen. Er ließ für je zwei ein Huhn braten, das sie nach dem Gottesdienst als Imbiß zu sich nehmen konnten, und an Wein ließ er es auch nicht fehlen. Danach brachen alle schnell auf und waffneten sich für das Turnier.

Als Herr Moriz seine Gäste zufriedengestellt hatte, legte er als erstes ein Wams aus Buckeram an. Danach ließ er sich einen weichen Filz reichen, den er vor seine Knie band, so daß er an dieser Stelle des Körpers geschützt war. Dann versah er sich mit zwei festen Stahlhosen, die jedoch nicht zu schwer waren, denn sie sollten ihn nicht übermäßig belasten, wollte er doch wendig wie eine Gemse bleiben. Darauf schlang er einen kostbaren Gürtel um seine Hüfte, an dem er die Beinbekleidung sicher befestigte. Mit einer eisernen Kappe bedeckte er sodann seinen Kopf, so daß ihm dort nicht einmal ein Kratzer beigebracht werden konnte. Schließlich legte er einen schneeweißen Harnisch an und ließ ihn an den Seiten fest verschnüren. So gerüstet bestieg er das Schiff, auf dem er auch sein starkes und stolzes Streitroß verbarg. Das hatte sein Knappe, unter einer Decke verborgen, heimlich an Bord bringen müssen. Die anderen ließ er alle auf einen Hügel vorausführen, wo sie ihn erwarten sollten. Dann setzte er sich voll Selbstbewußtsein mit seinem Fahrzeug in Bewegung und richtete die Segel so, daß es auf die Burg zufuhr. Dazu ließ er die Trommeln schlagen und Flöten und Hörner blasen, und wäre einer noch so übelgelaunt gewesen, diese stolze Musik hätte ihn unweigerlich fröhlich gestimmt. Große Posaunen, Flöten und Rotten bildeten einen vielstimmigen Chor, und es hatte den Anschein, als ob er eine Schar von Seeräubern zum Angriff führen wolle.

Droben auf der Burg nahe dem Tor stand aber ein stattliches und herrlich mit Marmor verziertes Haus, in dessen Fensternischen die Hofdamen saßen und mitten unter ihnen die Gräfin, die das alles angeregt hatte. «Was nähert sich denn da?» sprach sie. «Mir scheint, der heilige Brandan ist auf seiner wunderbaren Meerfahrt hierhergekommen. Sollte es sich aber um den Antichrist handeln und das Jüngste Gericht nahe sein, so verzagt nicht!»

Herr Moriz lenkte sein Schiff nun an den Burgberg heran, warf dort den Anker und machte fest. Als das die Ritterschaft erfuhr, eilte sie sogleich herbei. Was soll ich viele Worte machen: Es entstand ein solches Gedränge, daß fast kein Platz mehr zum Kämpfen war. Es waren nämlich ungeheuer viele zum Turnier gekommen, die zwei gleich große Scharen bildeten.

Bald, nachdem es begonnen hatte, war auch der Graf von der Burg herabgeritten und zu den Kämpfenden gestoßen. Aber es widerfuhr ihm das Mißgeschick, dabei vor den Augen seiner Gattin einen Ritter zu Tode zu stechen. Das bereitete ihnen beiden großen Kummer. Der Graf verriet es durch seine Tränen, die er darüber vergoß, daß er in ritterlichem Kampfspiel Schuld auf sich geladen hatte. Unverzüglich legte er seine Waffen ab und zog sich vom Turnier zurück. Dieser Vorfall bekümmerte alle außerordentlich. Der Graf aber begab sich tiefbetrübt wieder auf seine Burg.

Herr Moriz jedoch sorgte dafür, daß das Turnier nach diesem Zwischenfall nicht abgebrochen wurde, denn er war ja eigens dazu mit seinem Schiff über Land gefahren. Er bat alle Teilnehmer inständig, das Kampfspiel fortzusetzen, indem er sagte, es brächte ihnen nicht gerade Ehre ein, ihn, der mit seinem Schiff von weither gekommen sei, untätig sitzen und ihn wie einen aufs Land geworfenen Fisch elend eingehen zu lassen.

Da wurden sich alle einig darüber, daß es doch recht sonderbar wäre, ein Turnier deswegen vorzeitig zu beenden. «Wenn schon einer dabei ums Leben gekommen ist», sprachen sie, «so wollen wir seine Seele dem heiligen Michael empfehlen und dann in Gottes Namen weiterkämpfen!»

Das war so ganz nach Moriz' Sinn. Und sogleich erschallte wieder Kampfeslärm über das Gefilde vom Aufprall der Waffen auf Helme und Schilde, und manch einer wurde aus dem Sattel gehoben. Als der Ritter mit dem Schiff sah, daß der Kampf wieder in vollem Gange war, zog er über seinen glänzenden Harnisch einen

Überrock aus prächtigem Samt, der bequem geschnitten war. Darauf hatte er aus der feinsten Borte, die es je gab, kunstvoll sein Wappen sticken lassen. Dann setzte er seinen Helm auf, der um und um mit Gold verziert war und weithin leuchtete. Er paßte ausgezeichnet zu seiner ganzen Erscheinung. Nach seinem Gebaren hätte niemand etwas anderes von ihm annehmen können, als daß er königlichen Geblüts sei.

Nun wurde ihm sein schwanenweißes Streitroß gebracht, über dem eine kostbare Taftdecke hing. Außer diesem hatte er aber noch acht andere als Ersatz, die eine ebensolche Bedeckung trugen.

Seine Mannen bat er sodann, das Schiff dorthin zu lenken, wo das Kampfestreiben am größten war. Nun hatte es an seinem Bug eine Tür, und aus der ritt er nun heraus, ein Bild von einem Ritter! Ihm folgten zahlreiche Knappen, und jeder von ihnen trug ihm eine Lanze oder zwei nach. Als er mit seinem Landschiff noch unterwegs war, hatte er nur eine kleine Mannschaft, aber mittlerweile hatte er sie vergrößert. Und nun begann das Turnier erst richtig. Voller Kampfbegier nahm er seinen Schild auf, eine seiner bemalten Lanzen in die Hand und gab seinem Rosse streitlustig die Sporen. Und ich sage euch, wie ein Adler unter kleinere Vögel, so stob er unter die Ritter. Einen stach er vom Pferd und noch einen und dann einen dritten, und ein vierter konnte ihm mitten im Kampfgetümmel auch nicht standhalten, sogleich kam ein fünfter unsanft an die Reihe, und bald lag der sechste im Sand, ehe er sich versah, danach der siebente, und dem achten erging es auch nicht besser. Den neunten stach er mitten aus der Schar seiner Gefährten, und auch der zehnte purzelte auf den Rasen – dem Ritter Herrn Moriz war einfach keiner gewachsen. Er kämpfte mit solchem Erfolg, daß die reiterlosen Rosse auf dem Kampfplatz umherliefen, als befinde man sich dort in einem Gestüt. Jedesmal, wenn ihm unter den Schenkeln ein Pferd vor Anstrengung zu schwitzen begann, ließ er es sich abnehmen und schwang sich auf ein ausgeruhtes. So kam der Ritter mit dem Schiff zu höchstem Ansehen, sowohl wegen seiner Kampfesleistungen als auch wegen der Geschenke, die er den Spielleuten machte.

Als er alle seine bemalten Lanzen zu Ehren seiner Dame, die ihn nach ihrem Minnekuß um das Turnier gebeten hatte, im Einzelkampf verstochen, kamen die weißen an die Reihe.

Die Gräfin hätte allen Grund gehabt, ihm Dank zu wissen, denn noch nie hatte ein Ritter so großen Kampfesruhm erworben wie er, und dieser wurde ihm von beiden Turnierparteien nicht streitig gemacht. Wer ihn an diesem Tage erlebt hatte, konnte nicht umhin, ihm höchstes Lob zu zollen. Er selbst war freudetrunken, wirbelte wie ein Kreisel umher und ließ überall verkünden, wer Gabe von ihm heische, der möge auf sein Schiff kommen. Dort verteilte er bis zum Ende dieses Tages von dem, was er mitgebracht hatte, und gab einem jeden, was er begehrte. Als es Abend wurde, hatte er sich, müde von den Kämpfen des Tages, in sein Zelt begeben, um ein wenig zu ruhen. Alle, die ihn um ein Geschenk angesprochen hatten, waren von ihm zufriedengestellt worden. Da war sein Lob in aller Munde. Das Schiff aber, das er eigens für das Turnier hatte bauen lassen, überließ er seinen Knappen. «Wem könnte es besser anstehen als euch?» sprach er, und sie nahmen ganz und gar Besitz davon. Auch fahrende Spielleute gesellten sich in solcher Menge dazu, daß man sie überhaupt nicht hätte zählen können. Da bekam einer zwei Ellen Stoff, ein zweiter und dritter je drei und der vierte so viel, daß es für einen neuen Rock reichte. Ein fünfter geriet bei der Verteilung mit einem anderen in Streit und gab ihm eins auf den Schädel, daß diesem Hören und Sehen verging. Der siebente bemächtigte sich des Schiffsmastes, der achte des Steuers, der neunte bekam Tuch für eine ganze Weste und der zehnte für einen Rockschoß. So wurde alles freigebig verteilt, zum Ansehen des Herrn Moriz von Craûn. Lange nach Beendigung des Turniers kam noch einer von denen, die er gefangengenommen hatte, zu ihm und bat ihn inständig um ein Geschenk. Da legte der Ritter seinen Harnisch ab und überließ ihn dem Bittsteller, der sich von Herzen dafür bedankte. Nachdem er den verschenkt hatte, legte er sich kurz entschlossen seinen Oberrock um die Schultern, damit es ihm nicht kalt werde. Er schaute aus, ob noch jemand käme, der vielleicht noch seine Beinschienen von ihm begehrte, aber vorläufig stellte sich keiner ein. Da löste er die Riemen an dem einen Bein. Das mußte er selber tun, denn seine Knappen bedienten ihn nicht mehr. Sie hatten nämlich bemerkt, daß ihr Herr in seiner Freigebigkeit sie ersuchen wollte, das, was sie gerade erst von ihm bekommen hatten, einem jeden zu überlassen, der sie darum bäte, und um dem zu entgehen, hatten sie sich aus dem Staube gemacht.

Inzwischen trat ein Bote ins Zelt und sprach, als er den Ritter allein sah, zu ihm: «Meine Herrin hat mich geschickt. Die Stunde ist da, daß Ihr zu ihr kommen sollt, und zwar so, wie Ihr jetzt gerade seid. Das hat sie mir aufgetragen.»

Diesem Befehl folgte er nur gar zu gern. Er schwang sich auf das Pferd, das der Knappe mitgebracht hatte, und ritt unverzüglich los, wie es ihn seine Minnedame geheißen hatte.

Nun hört, wo ihn der Bote hingeleitete: in einen Garten. Dort erwartete ihn ein hübsches Fräulein und nahm sich seiner an. Sie bat ihn, ihr in eine Kemenate zu folgen, die ihre Herrin als den Ort ihrer vertraulichen Zusammenkunft gewählt hatte. Da hinein wurde er geführt. Die Wände des Gemachs waren überall mit so prächtigen Malereien bedeckt, daß man glauben konnte, man sei in einer Kirche. Der Raum hatte eine Mosaikdecke, die zu jeder Tages- und Nachtzeit wie ein Spiegel strahlte, und man konnte meinen, es handele sich um Deckenfenster aus Edelsteinen.

Diesen Raum betrat also unser Held in Begleitung der Kammerzofe. In der Mitte der Kemenate stand ein Bett. Laßt euch beschreiben, wie das beschaffen war. Es hatte kräftige gedrechselte Beine, die mit den Köpfen der verschiedensten Tiere, die es auf Erden gibt, verziert waren. Sie bestanden aus Elfenbein und waren in Gold gefaßt.

Die Querbretter waren aus einem Holz gefertigt, das selbst der Feuergott Vulkanus nicht hätte verbrennen können, und über sie waren – was man nur bei vornehmen Leuten findet – vier Leopardenfelle gebreitet, die man zusammengenäht hatte. Ich sage die reine Wahrheit, wenn ich auch außerstande bin, es zu beweisen. Auf den Fellen lagen große weiche Kissen mit Bezügen aus griechischer Seide und ganz oben eine Steppdecke von so meisterlicher Ausführung, daß selbst Frau Kassandra oder irgendeine andere aus ihrem Geschlecht keine bessere hätte schaffen können. Mit feinster, leuchtend weißer Leinwand war das Oberbett bezogen, das mit den kostbarsten Daunen gefüllt war. Rundherum war es von einem spannbreiten Streifen kohlschwarzen Zobelpelzes eingefaßt. Die Federn stammten von einem Tier namens Alfurt, das ist der Vogel Strauß. Der König von

Marokko herrscht über ein Land, das heißt Karthago – Dido war einst dessen Königin –, es liegt weit über dem Meere, dort und nirgendwo anders fängt man dieses edle Tier.

Am Kopfende war das Bett leicht erhöht durch ein seidenbezogenes Federkissen. Das Lager war prächtiger – aber nein! Es wäre zuviel behauptet, daß es prächtiger war als das König Salomos, das uns Heinrich von Veldeke so meisterlich geschildert hat und auf dem dieser König im Schlafe lag, als ihn Frau Venus anrief, ihn aufweckte und ihn mit ihrem Pfeil aufschreckte. Sie traf ihn damit so ins Herz, daß er den Schmerz bis an sein Lebensende spürte. All seine Weisheit half ihm nichts, die Liebe hatte ihn seines Verstandes beraubt und ihn in Fesseln geschlagen. Nicht anders verhielt es sich mit dem Manne, der mit diesem fremden Fräulein vertraulich beisammensaß. Der Estrich war mit Gras, mit Laub und Schilf bestreut. In diesem Raume nun verkürzten sie sich im Gespräch die Zeit. Sie stellte ihm Fragen, und auch er wollte von ihr allerlei wissen. «Weiß Gott, dieses Haus ist herrlich», begann er. «Und doch weiß ich ganz gewiß, daß mein Glück, das ich so sehnlich wünsche, erst vollkommen wäre, wenn meine Herrin einträte. Ja, jedes armselige Haus auf Erden, in dem sie mit mir zusammenträfe, würde mir zehnmal schöner vorkommen als dieses.»

«Wie schlecht es ihrem Gatten auch geht, sie kommt zu Euch, sobald es ihr möglich ist», erwiderte die Zofe darauf. «Mein Herr liegt nämlich heute schon den ganzen Tag auf seinem Lager und weint und will von seinem Kummer nicht ablassen. Ihm ist Euretwegen das Mißgeschick widerfahren, einen Ritter zu Tode gestochen zu haben. Darum beklagt er sehr, daß Ihr dieses Turnier überhaupt ausgerufen habt und verflucht das Schiff, das

Ihr habt bauen lassen. Meine Herrin muß in dieser Lage nun sehr wachsam sein, wenn sie zu der vertraulichen Zusammenkunft mit Euch kommen will.»

«Meine Turnierfahrt hat ihm keinerlei Nachteil gebracht, ebensowenig wie mir Nutzen. Doch so, wie ich die Dinge sehe, halte ich den Burgherrn für einen höfischen Mann, und wüßte er, wie sehr ich seiner Gattin als ihr Ritter gedient habe, und wäre ihm bekannt, daß ich hier warte, ich bin sicher, daß er sie zu mir schickte, sosehr er sie auch brauchte, und dies selbst, wenn er acht Ritter im Turnier getötet hätte.»

So wartete Herr Moriz betrübt auf seine Minneherrin, müde und erschöpft, zornig und verdrossen zugleich, und machte Anstalten, sich ein wenig zum Ruhen auszustrecken.

Als das Fräulein sah, daß er mißmutig war, sprach sie freundlich zu ihm: «Warum legt Ihr Euren Kopf nicht so lange in meinen Schoß, bis meine Herrin kommt, und ruht ein wenig aus? Das wird Euch vielleicht noch zum Vorteil gereichen, denn im Augenblick seid Ihr müde und erschöpft.»

«Das täte ich gern, wenn ich nur Gewißheit hätte, daß ich wieder aufwachte, ehe sie käme. Denn träte sie ein, träfe mich schlafend an und verweigerte mir deswegen ihre Gunst, so wäre ich zeitlebens unglücklich.»

«Das wüßte ich schon zu verhindern, wenn Ihr Euch mir in diesem Punkte anvertrauen wolltet», erwiderte die Zofe.

«Würdet Ihr das übernehmen?» fragte er.

«Ja, gern.»

«Dann werde ich ein wenig ruhen.» Damit legte er seinen Kopf in ihren Schoß, wie sie es ihm zuvor angeboten hatte, und schlummerte ein. Kein Wunder, stand es doch so um ihn, daß er zuvor manche lange

Nacht damit zugebracht hatte, darüber nachzusinnen, wie er mit seinem kunstvoll gebauten Landschiff überall das größte Ansehen erwerben könne.

Er schlief noch gar nicht lange, da betrat die Gräfin ängstlich und in aller Heimlichkeit den Raum. Sie hätte auch etwas früher kommen können! Als die Zofe sie hörte, wollte sie Herrn Moriz wecken. Das bemerkte die Dame, eilte herzu und wies sie an, ihn nicht zu stören. So saßen sie eine Weile neben dem schlafenden Mann, und die Gräfin sprach: «Ich weiß sehr wohl, daß noch nie ein Ritter einer Frau besser gedient hat als er mir. Wenn ich ihm den Lohn dafür vorenthielte, so wäre das für mich ein Makel, von dem ich nicht wieder loskäme. Ich habe ihn so oft um dieses vertrauliche Beisammensein bitten hören, daß ich ihn nun am heutigen Tag glücklich machen wollte. Hier stehe ich und will ihm meine Liebe schenken, und er liegt da wie ein totes Schaf. Sein Schlaf bedeutet ihm mehr als ich. Wäre er wach geblieben, so hätte mir das bewiesen, daß er meiner würdig gewesen wäre. Nun aber erkenne ich, daß ich mich künftig besser vorsehen muß; denn bedeutete ich ihm wirklich so viel, so hätte er mich mit größerer Aufmerksamkeit erwartet. Kein Schlaf dürfte ihn bisher so teuer zu stehen gekommen sein wie dieser, denn so erholsam und nützlich er ihm auch sein mag, mich hat er dadurch für immer verloren!»

«Dein Schicksal sei Gott geklagt», sprach die Zofe zu dem schlafenden Ritter. «Es ist ein hartes Urteil, das meine Herrin über dich gesprochen hat. Wie könnte ich je von meiner Schuld loskommen; denn du hast dich im Vertrauen darauf zum Schlafe niedergelegt, daß ich dich rechtzeitig aufwecke. Ich beklage es, daß du dich, müde und zerschlagen, wie du warst, mir überantwortet hast, da du nun durch meine Schuld um deinen Liebeslohn gekommen bist. Ach, daß ich dir zum Unglück geboren werden mußte!»

«Herrin», fuhr sie, zur Gräfin gewandt, fort, «glaubt mir, wenn diese Eure unehrenhafte Handlungsweise im Lande bekannt wird, so ist Euer Ansehen für immer geschmälert, und Euer Verstoß gegen die höfischen Gebote könnte Euch noch Kummer bereiten. Ich bin auch sicher, daß keiner, der das erfährt, künftig noch einer Dame Minnedienst leistet. Euer Zorn führt also zu nichts Gutem. Und wenn Ihr durch Euer Verhalten der ritterlichen Gesellschaft erst ein solches Mal eingebrannt habt, so tragen wir Frauen nur den Schaden davon, wenn sich nämlich kein Mann mehr in den Dienst unserer Minne stellt. Bedenkt doch einmal, wie Euch das gefallen würde! Laßt es Herrn Moriz nicht entgelten. Es würde doch nur dazu führen, daß die Männer künftig um die Frauen weniger bemüht sind, als uns lieb wäre. Um Gottes willen, Herrin, bedenkt Euch noch einmal. Außerdem ist die Angelegenheit bisher nicht über uns drei hinausgedrungen. Laßt ihn also aufstehen. Sollte er auf diese Weise Eurer Liebe verlustig gehen, so wäre das für Dutzende andere eine herbe Enttäuschung, die alle noch bereitwillig ihren Damen dienten, wenn ihnen ihr Liebeslohn gewiß wäre. Raubt ihr denen aber ihre Hoffnung, so hättet Ihr besser erst gar nicht herkommen sollen. Was taugt die Welt schon ohne Frauenliebe? Wenn König Salomo noch lebte, wüßte er Euch nichts Weiseres zu sagen. Und was tut's schon, daß Euer Ritter hier eingeschlafen ist?»

«Ich bedauere es», erwiderte die Gräfin darauf, «daß ich mich auf die Minne überhaupt eingelassen habe. Ich fürchte nämlich, daß sie mir nur Verdruß einträgt. Wer sich ihr übereilt hingibt, dem kann daraus leicht Schaden erwachsen. Ich will dir auch sagen, wie es dem ergeht, der sich vorschnell der Minne verschreibt. Er gleicht einem, der eine Falle stellt und selbst hineingerät, sich in ihr selbst fängt. Davor aber möchte ich mich hüten. Zudem will ich lieber frei von der Minne sein, als an einen Mann gebunden. Und schließlich ist auf die Männer kein Verlaß. Was ich diesem zuliebe täte, das käme einer öffentlichen Beichte von mir gleich. Morgen wüßten davon schon drei oder vier, bald alle Welt, daß ich ihm meine Liebe gewährt habe, und meine Ehre wäre um nichts und wieder nichts dahin. Deshalb kann ich nicht anders handeln.»

«Ihr habt auf das Schlimmste hingewiesen, das Euch daraus erwachsen könnte», antwortete die Zofe, «aber Ihr solltet den Blick auf die gute Seite der Sache richten. Es wäre gewiß nicht übel, die Männer zu meiden; aber andererseits können wir auch nicht anders verfahren, als es die Frauen nach uralter Gewohnheit seit jeher getan haben. Weckt ihn also auf, denn es ist höchste Zeit dazu. Wenn Euch die Minne auch noch nicht überwältigt hat, so wißt Ihr doch recht gut, daß sie Herrscherin über den ganzen Menschen ist.»

«Ich fürchte ihre Herrschaft nicht, und ich bin sicher, daß sie weder durch Gewalt noch durch Lockungen je einen Sieg über mich erringen kann. Richte es so ein, daß dieser Mann hier noch ruht, bis ich wieder gegangen bin. Danach heiß ihn aufstehen und nach Hause reiten. Ersuche ihn, sich künftig besser zu beherrschen, das möge seine Lehre aus diesem Vorfall sein.» Und damit verließ sie die Kemenate.

Das ging der guten Zofe sehr zu Herzen, daß dem vorbildlichen Ritter der Minnelohn für seinen treuen Dienst an der Dame vorenthalten werden sollte, und es befiel sie auch Angst deshalb, weil er sich ihr anvertraut hatte und nun durch ihr falsches Verhalten unverrichteterdinge abziehen mußte, ohne von der Gräfin erhört worden zu sein.

Da erwachte Herr Moriz von Craûn unvermutet, und als er die Augen aufgeschlagen hatte, sagte er zu dem Fräulein: «Noch nie habe ich so unruhig geschlafen wie eben. Mir träumte, die Gräfin sei hier gewesen, habe sich aber ungnädig gezeigt. Wie könnte ich das nur wiedergutmachen? Wenn ich durch mein Betragen ihre Huld verloren haben sollte, so wäre ich zeitlebens unglücklich.»

«Ach», erwiderte die Zofe darauf, «Ihr wart ermüdet eingeschlafen, und ich habe meine Aufgabe schlecht wahrgenommen. Uns ist es beiden nur übel ergangen. Meine Herrin aber hat schlecht gehandelt, und dafür sei sie für immer gestraft. Eine Aufgebrachtheit, wie sie einer Dame nicht ansteht, hat sie all ihres Ansehens beraubt. Ich bin freilich sicher, daß sie schon bereut, was sie mir befohlen hatte. Sie trat ganz unvermittelt auf mich Ahnungslose zu. Glaubt mir, ich hatte so etwas schon befürchtet und mich vorgesehen, aber sie kam wie ein Gespenst herangeschlichen und war ganz blaß vor Angst.»

«Hättet Ihr mich doch nur aufgeweckt!»

«Das wollte ich ja, aber sie hat es mir strengstens untersagt, und ich war in diesem Augenblick wie erstarrt.»

«Ach, hätte sie doch einmal nur Güte bewiesen! Aber jetzt habe ich erkennen müssen, daß sie keine Treue kennt», sprach der treffliche Ritter. «Meinen Minnedienst habe ich also vergeblich geleistet und muß diese schmerzliche Erfahrung eben hinnehmen. Hat sie mir denn noch etwas ausrichten lassen?»

«Nur, daß Ihr, wenn Ihr erwachtet, Euch ruhig nach Hause begeben sollt.»

«Das wäre sonderbar genug, wenn ich, nachdem mir dies widerfahren ist, noch Ruhe finden könnte. Mein

Schlafen hat bewirkt, daß mich mein Schmerz allzeit wach halten wird. Da Ihr, Fräulein, aber nicht ohne Schuld an alledem seid, so bitte ich Euch um einen Gefallen.»

«Wenn es sich nur irgend machen läßt, Herr, so will ich ihn Euch erweisen, das könnt Ihr mir glauben.»

«Meine Minnedame hat mich um alle Freude gebracht, das werdet Ihr verstehen. Geht nun zu ihr und bittet sie inständig bei der Ehre aller Frauen, daß sie ihren Unmut mäßige und mich nicht so behandle. Sollte sie aber – selbst um Gottes willen – mit mir Unglücklichem kein Erbarmen haben, so wäre das eine schlimme Sache. Sie hat mich zu hart und zu übereilt für mein Vergehen bestraft.» So bat er von ganzem Herzen, sie möge ihm diesen Wunsch erfüllen.

Da begab sich die gute Zofe tiefbetrübt zu ihrer Herrin, und die Tränen tropften ihr auf Ärmel und Hände nieder. Sie klagte Gott das Unrecht, das die Gräfin zu tun gewillt war, und sie fühlte sich auch innerlich verpflichtet, das zu tun, worum sie Herr Moriz von Craûn gebeten hatte. Leise trat sie an das Bett heran, in dem ihre Herrin lag. Sie lüftete das Deckbett und berührte leicht ihre Hand. Als die Gräfin das spürte, fragte sie: «Wo kommst du her, und was willst du denn jetzt schon wieder?»

«Herrin, *er* hat mich geschickt, und ich will Euch bei Gott, der Euch geschaffen hat, anflehen, so zu handeln, daß es dem ganzen weiblichen Geschlecht zur Ehre gereicht. Überlaßt ihn nicht seinem Unglück! Ihr habt es in der Hand, uns drei zu versöhnen, indem Ihr zu ihm geht. Wenn Ihr seinen Schmerz sähet, den Ihr ihm zugefügt habt, und wäre Euer Herz aus hartem Diamant, es würde dadurch erweicht!»

«Glaube mir, was ich dir jetzt sage», erwiderte die

Dame, «sein Kummer wird bald noch größer, dann nämlich, wenn mein Gatte erwacht und ihn in der Burg findet. Dann kommt er nicht einmal mehr mit dem Leben davon. Deshalb soll er vernünftig sein und seines Weges ziehen, so wie er gekommen ist. Du weißt nicht, was du da schwätzest und wie du dich selbst zum Narren machst. Und nun halte deinen Mund, ich brauche meine Nachtruhe!» Zornig drehte sie sich um und tat so, als ob sie schliefe. Da seufzte die Zofe aus tiefstem Herzen und weinte über diese Unerbittlichkeit. Ohne noch ein Wort zu sagen, verließ sie das Schlafgemach.

Aber Herr Moriz von Craûn hatte es vor Ungeduld nicht ausgehalten, er war der Zofe bis zur Tür gefolgt und wartete davor, bis sie wieder herauskam. Als er von ihr hörte, wie es gegangen war, wurde er von neuem Schmerz erfüllt, aber er sprach beherrscht: «Mein Fräulein, nun sei alles Gott anheimgegeben. Mein Leben gilt mir jetzt nichts mehr, und ich wollte es hier lieber verlieren, als darauf verzichten, sie noch einmal zu sprechen. Ich werde in die Kammer gehen, um zu erfahren, was sie mir eigentlich zum Vorwurf macht.»

Er warf sich gegen die Tür, stieß sie weit auf und drang in das Schlafgemach ein. Es war, wie üblich, nur von einem Licht erhellt, das in einem Glase brannte. Nun kam Herr Moriz nicht gerade schmuck hereinmarschiert. Ich will euch seine Erscheinung schildern: Von den Hieben, die er beim Turnier empfangen hatte, war ihm das Blut von der Stirn zu den Augen herabgelaufen und an den Brauen geronnen. In seinem Zorn glich der edle, tapfere Mann einem Löwen, der nach Beute Ausschau hält. So also näherte er sich dem Bett, in dem die Gräfin neben ihrem Gatten schlief.

Nun war der Graf, wie ihr wißt, von Leid beschwert, und er hatte wie ein Unglücklicher, der vor Kummer nicht einschlafen kann, in seinem Bett gelegen. Mehrmals war er in seinen schmerzlichen Gedankengängen aufgeschreckt und hochgefahren. Danach war er wieder in Schlaf gefallen, aber nur für kurze Zeit. Und jetzt stürmte Herr Moriz in die Kammer, mit durchstochenem und zerhauenem Waffenrock und blutbefleckt, und schritt auf das Lager der Gräfin zu. Dabei klirrte die rechte eiserne Beinschiene des Ritters auf dem Estrich. Sogleich öffnete der Graf die Augen und schrie vor Schreck auf, ohne noch ein «Gott steh' mir bei!» hervorbringen zu können. Durch sein Wehgeschrei weckte er auch seine Gattin auf. «Der Teufel – Gott weiß, wo er hergekommen – hat uns heimgesucht oder vielleicht sogar die wilde Jagd!» rief er aus, «und wenn uns der Himmel nicht beisteht, so sind wir verloren!»

Der Graf war noch mehr von Angst erfüllt als seine Frau, denn diese hatte Herrn Moriz gleich erkannt.

«Wer kommt da?» fragte der Graf.

«Das sollt Ihr erfahren. Ich bin der, den Ihr im Turnier erstochen habt, und da Ihr mich zur Hölle geschickt habt, müßt Ihr zur Strafe mit mir für alle Ewigkeit dorthin fahren, da hilft nichts!»

Der Burgherr erschrak zu Tode über diese entsetzliche Erscheinung und sprang von seinem Lager auf. Dabei verletzte er sich so bös am Schienbein, daß er den Rest der Nacht ohnmächtig dalag.

Als Herr Moriz das sah, trat er näher und sprach: «Das Bett ist nur zur Hälfte belegt. Ich kümmere mich nicht darum, wer hier eigentlich hineingehört, vielmehr werde ich mich jetzt zu Euch legen.» Damit lüftete er die Bettdecke und schlüpfte zu der Gräfin. Das war schon ein tolles Unterfangen! Dabei wußte sie in ihrer Bedrängnis nicht einmal, ob ihr Gatte noch lebe oder schon tot sei. Aber sie wagte nicht nach ihm zu sehen, denn der Kühnling hatte sie um all ihren Verstand gebracht. Immerhin sprach sie zu ihm: «Ihr seid doch der dreisteste Mann, von dem ich je gehört habe, daß Ihr mit so hohem Einsatz spielt. Dabei fragt Ihr gar nicht, ob ich will oder nicht. Ich finde das so ungeheuerlich, daß man davon wohl bis zum Jüngsten Tag erzählen wird!»

Bei sich aber dachte sie: «Da es nun schon so weit gekommen ist, hilft wohl nichts mehr, ich muß tun und lassen, was er von mir will. Und damit ich seinem Zorn entgehe, will ich lieber gute Miene zum bösen Spiel machen.»

Deshalb küßte sie ihn, und dann noch ein zweites Mal. Er aber rührte sich nicht. Als sie das verdroß, versuchte sie es mit Umarmungen. Da regte es sich auch in ihm, und er tat ihr – na, was schon? Wem nützte es wohl, wenn ich das genau schilderte? Es ist ebensogut, wenn ich nicht viel Worte davon mache, denn schließlich weiß ja ein jeder, was man in dieser Lage so anfängt. Danach stand der Ritter auf, streifte den Ring, den ihm seine Dame als Liebespfand damals überlassen hatte, vom Finger und gab ihn ihr mit den Worten zurück: «Nehmt Euer Gold hin! Euch diene ich nimmermehr, denn Ihr habt den Geist wahrer Minne verletzt. Ich habe mich bis zum heutigen Tage bemüht, Euch zur Mehrung Eures Ansehens in der höfischen Gesellschaft mit allen Kräften zu dienen. Wären alle so wie Ihr, ich würde mich nimmermehr dem Dienst an einer Frau widmen wollen! Und nun kümmert Euch um Euren Gatten und seinen Schmerz – und lebt fortan ohne Ehre! Eine weitere Strafe für die schändliche Absicht, mich um meinen Minnelohn bringen zu wollen, braucht Ihr von mir nicht zu fürchten.»

Damit nahm er Abschied. Fortan zog er noch mehr und mit noch größerem Eifer als Ritter durchs Land als zu der Zeit, da er im Dienst seiner Herrin stand, und durch zahllose ritterliche Taten erwarb er überall Lob und Ansehen.

Als man nun so ehrend von ihm sprach, reute es die Gräfin, daß sie ihn durch ihr Handeln gekränkt hatte, und das ging ihr so zu Herzen, daß es ihr ein jeder anmerken konnte; ihr ganzes Aussehen hatte sich durch ihren Kummer verändert. «Es geschieht mir ganz recht», dachte sie, «daß ich jetzt leide. Statt großer Freude ist nun Kummer mein Los, und das habe ich mir selbst zuzuschreiben. Sollte ich aber Verlangen nach einem Ritter haben, der mir zu Diensten ist, gäbe es dann wohl einen, der würdiger und edler wäre als der, den ich mir verscherzt habe? Deshalb verfluche ich die Stunde, in der mein abscheulicher Eigensinn den Sieg über mich davontrug und mich bestimmte, so zu handeln, daß ich mir selbst Schande damit erwarb. Das ginge ja noch an, wenn ich diesen Makel der Ehrlosigkeit nicht bis an das Ende meiner Tage tragen müßte. Davon käme ich nur los, wenn Gott mir das Glück und den Verstand schenkte, Herrn Moriz von Craûn zurückzugewinnen. Meine Zofe hatte das damals alles schon ganz richtig beurteilt und mir aufrichtig geraten. Wie sehr adelt sich doch einer, der dem Freunde, wenn ihm etwas im Leben fehlgeht, mit Rat und Hilfe beisteht! Dabei ist Rat beizeiten besser als Hilfe, wenn der andere schon gefallen ist.»

So dachte sie an einem Tag im Frühling. Die Vögel im Walde sangen kräftig und hell in vielstimmigem Chor, Rosen und Ginsterbüsche standen in vollster Blüte, kurz, es war die Zeit, wo aller Kummer verscheucht wird. Der Wald hatte sein schönstes Maienkleid angelegt, das Laub prangte in jungem Grün, Gras und Moos nicht minder, und darinnen blühten die verschiedensten Blumen. Die

Natur zu dieser Jahreszeit und der süße Sang der Vögel müssen ja jedem die Seele weit machen, dem der Sinn überhaupt nach Freude steht.

An einem Morgen nun, als die Gräfin vor Kummer und Schmerz nicht mehr schlafen konnte, stand sie auf und begab sich in ihrer traurigen Stimmung mutterseelenallein zu einem Erker, der über der Burgmauer hing. Dort trat sie in das Fenster, wie es Frauen oft tun, denen durch Liebe Leid widerfahren ist. Die stehen dann betrübt und sind von Sehnsucht erfüllt. Und so war es auch mit der Gräfin von Beamunt. Ihre schöne weiße Hand hatte sie an ihre Wange gelegt und lauschte dem Gesang der Vögel. Am schönsten aber sang eine Nachtigall. «Wohl dem, der glücklich lebt, wie ich es könnte, wenn ich mich nicht selbst darum gebracht hätte», sprach sie zu sich selbst. «Nun aber ist es mir bestimmt, mein junges Leben ohne dieses Glück und dazu noch ohne Ansehen hinzubringen. Wem aber sollte ich daraus einen Vorwurf machen, daß ich künftig ein unnützes Leben führen muß, in dem alle Freude erstorben ist? Es kommt mir von dem, der mich erschaffen hat, und Gott sei es geklagt.»

Die Zofe war nun zu dieser Zeit ebenfalls ein wenig spazierengegangen und dabei zu dem Erker gelangt, in dem ihre Herrin stand. Obgleich die Gräfin Schuld auf sich geladen hatte, nahm das gute Mädchen an ihrem Kummer so sehr Anteil, daß sie ihn nicht länger mit ansehen konnte und sich zurückziehen wollte, weil er ihr zu sehr zu Herzen ging. In diesem Augenblick drehte die Burgherrin sich um und sprach zu ihr: «Bist du schon lange hier?»

«Ja, ich habe alles gehört, was Euer Herz beschwert, und es bedrückt mich nicht weniger als Euch. Ich habe Euch ja damals vorausgesagt, wie es kommen würde, aber Ihr wolltet es nicht glauben, wie Ihr Euch sicher erinnern werdet.»

«Ja, ich weiß es sehr wohl; aber wer mich wieder froh machen will, der müßte mein Verschulden ungeschehen machen, so wie einer die Wellen des Meeres glättet. Doch die Freude wird wohl nie in mein Herz zurückkehren, es sei denn, der, um dessentwillen ich Tag und Nacht leide, ließe Güte walten und machte mich wieder glücklich. Es schmerzt mich, daß er durch mich solches Leid erfahren mußte, aber die Reue darüber kommt zu spät. Es wäre für mich besser gewesen, deinen Rat zu befolgen. Wer guten Rat in den Wind schlägt und, nur seiner Eingebung folgend, selbstisch handelt, dem macht später seine Reue zu schaffen, wie man an mir sieht. Früher glaubte ich, daß es zu Recht nach dem Kopf der Frauen gehen müsse. Aber gerade das hat mich in diese unglückliche Lage gebracht. Ich bin ihm nicht gerecht geworden, und er hat es mir dadurch heimgezahlt, daß er mich verlassen hat. Nun ist mir bis an meinen Tod Kummer beschieden. Durch eigene Schuld bin ich in diese Fallstricke geraten. Deshalb rate ich allen: Wenn künftig einer seinen Sinn auf treue Minne richtet, so möge er meinen Schmerz ansehen und sich davor hüten, daß ihm Gleiches widerfährt.»

Und damit sei es genug von diesem Thema. Die deutsche Sprache ist ein sprödes Gebilde, und wer in ihr dichten will, der hat seine Not, die Verse einzurichten; der muß einmal die Worte auseinanderhacken, zum andern aber muß er sie zusammenfügen. Das alles hätte ich gar zu gern wie einer unserer großen Dichter getan, wenn ich nur die Begabung dazu gehabt hätte.

## Der durstige Einsiedler

Es lebte einst ein lockerer Vogel, der in schlechtem Ruf stand durch sein Unmaß im Essen und Trinken und durch seine Liebesabenteuer. Er hatte es mit alledem soweit gebracht, daß sein Besitz, den Gott ihm beschert hatte, am Ende völlig vertan war. Als es nun mit seinem Freudenleben zu Ende ging, da packte ihn die Reue über verlorenes Gut und Ansehen, und er dachte: «Jetzt, da ich nichts mehr habe, wollen weder Freunde noch Verwandte mehr etwas von mir wissen. Ehe ich aber ein solch schimpfliches Leben länger auf mich nehme, will ich mich doch lieber aus der Welt, die mich nur verführt hat, zurückziehen und an mein Seelenheil denken.» Das kam ihm eines Nachts in den Sinn, als er einen gewaltigen Rausch hatte, und er schwor vor seinen Zechkumpanen, daß er alle Hoffart fahrenlassen und wie einer handeln wolle, der den Fängen des Teufels entgehen will. Er äußerte die Absicht, sich am Morgen des kommenden Tages in einen nahe gelegenen Wald zurückzuziehen und dort als Einsiedler zu leben. Und er fügte weinend hinzu: «Alle diejenigen, für die ich künftig beten soll, mögen morgen früh hierherkommen, wenn ich Abschied nehme.»

«Nun wartet ab, Freundchen», antworteten seine Trinkbrüder, «Eure Sache nimmt sich für heute nacht gar nicht übel aus, aber Ihr habt tüchtig einen in der Krone. Darum übereilt nichts, legt Euch hin, schlaft Euch aus, und morgen reden wir wieder darüber.» Aber davon wollte er nichts hören, und er schwor zornig, daß weder der Teufel noch dessen Höllenbote ihn davon abbringen könnten, sich Gott zu weihen. Die Nacht wollte ihm gar nicht vergehen, und seine Entschlossenheit und seine Gedanken, die ihm durch den Kopf gingen, ließen ihn keinen Schlaf finden. Die ganze Nacht hindurch bis zum Morgengrauen flehte er aufrichtig weinend zu Gott.

Am Morgen nach dieser schlaflosen Nacht war es noch nicht offenbar, daß es mit seiner Reue nicht weit her sei; vielmehr erschien sie zu diesem Zeitpunkt noch ganz ungebrochen.

Als nun seine Freunde kamen, um zu erfahren, wie er jetzt über die Sache denke, sprach er: «Es ist mein Wille, bis an mein Lebensende als ein Büßer zu leben.» – «Hier hat Gott ein Wunder vor», entgegneten sie. Und sie baten einen Pfaffen, daß er dem Bußfertigen als geistliche Hilfe eine Heiliggeistmesse lese, damit es ihm um so besser gelinge, seinen Vorsatz in die Tat umzusetzen. Das tat der Priester auch, und im Anschluß daran sprach er den großen Segen über den Bekehrten.

Damit brachen sie auf. Seine Freunde kamen alle mit ihm. Sie wollten sehen, wo er sich befinde, falls es sie nach ihm verlangte. So gingen sie gemeinsam etwa eine

Meile tief in den Wald. Da sprach der Büßer: «Hier bleibe ich, und niemand als der Tod kann mich von diesem Platz wieder wegbringen. Versorgt mich einmal in der Woche mit Brot, das wird Euch meinetwegen so viel Gnade eintragen, daß Ihr es gern gebt.»

Die Freunde kehrten wieder heim, und er legte sich hin. Seine Traurigkeit und sein Schmerz ließen ihn endlich in Schlaf fallen. Als er sich wieder erhob, handelte er wie ein weiser Mensch. Er lobte Gott, daß er noch zur rechten Zeit die Fesseln des Teufels abgestreift habe. «Herr», sprach er, «dir habe ich mich ganz ergeben und will gern deinen Willen erfüllen.»

Es waren etwa zwanzig Wochen vergangen, seit er sich im Rausch entschlossen hatte, sich von der Welt zurückzuziehen, und solange er noch nicht vom Fleische gefallen und bei Kräften war, hatte er auch nicht den Wunsch, an diesem Einsiedlerleben etwas zu ändern; seine Bußgesinnung war noch ungemindert. Als er aber immer magerer und körperlich schwächer wurde, da wollte ihm sein gottgefälliges Leben nicht mehr so recht behagen. Er sehnte sich oft nach Wein, und mehr und mehr entfernte er sich in seinem Herzen von dieser selbstgewählten Lebensform. «Ich Narr», dachte er, «wie kann ich es bloß anstellen, zu Wein zu kommen? Dann würde ich ganz gerne hier bleiben. Solange ich hier lebe, stehe ich in Ansehen. Wenn ich aber in die Welt zurückkehre, wird man mich, schätze ich, nur verachten.» So überlegte er hin und her. Damit er nicht verhungere, brachten ihm die Leute Bohnen, Erbsen und Brot; aber das machte ihn nicht froh. Sein Sinn stand ausgesprochen nach Wein.

Nun kam zwölf Tage danach eine Frau zu ihm, der er wahrsagen sollte. Die bot ihm dafür Geld an. Er aber antwortete: «Nähme ich das, so führte ich nicht das

Leben, das man von mir erwarten darf. Ich halte mich an das Gebot, und schon in der Heiligen Schrift steht, daß Gott keinen Lohn genommen hat, wenn er jemandem Hilfe zuteil werden ließ. Bist du gewillt, keinem davon zu erzählen, wenn ich dir wahrsage?» – «Ja, ehrwürdiger Vater», sprach sie, «du und deine reine Seele sind zur Seligkeit bestimmt.» – «Nun geh wieder heim», erwiderte er, «und hole mir ein Trinkgefäß voll guten Weines von euch. Den werde ich so lange segnen, bis ich daraus dein Schicksal lesen kann.» So veranlaßte er die Frau, in ihr Haus zurückzugehen und einen großen Becher mit dem besten Wein zu füllen. Dieses Opfer und die damit verbundene Mühe waren ihr nicht zuviel. Am anderen Morgen kam sie sogleich wieder zu dem Einsiedler. Der empfing sie beide freundlich, denn zum Tragen des Trinkgefäßes hatte sie einen jungen Burschen mitgebracht. Der Einsiedler sprach: «Meine Schwester, es ist nur recht und billig, daß ich dir deinen Gang lohne, der sowohl kurz als auch lang war. Lang hinsichtlich der Mühe, kurz aber im Blick auf die Glückseligkeit, die ich dir dafür verschaffe: Deine Sünden sind getilgt, die hat dir Gott um meinetwillen vergeben. Doch mußt du Buße tun in der Weise, daß du mir beichtest.» Dem widersetzte sich die Frau nicht, sie bat ihn, sich niederzulassen, und bekannte ihm alle ihre Sünden.

Darauf sprach der Einsiedler: «Nun ist dir geholfen. Gott hat dir vergeben, das darf ich als sein Diener dir sagen, und du gleichst nun den Heiligen. Wisse dieses Glück, das dir widerfahren ist, zu würdigen und führe, wenn du es erhalten willst, künftig ein reines Leben, das rate ich dir aufrichtig.» Er stellte das Trinkgefäß vor sich hin und tat eine ganze Zeitlang mit Hand und Mund so, als ob er den Segen austeilte und Gott anflehte. Dann schaute er in den Wein und sagte: «Meine Schwester, dir werden viel Glück und Ehren widerfahren. Gott in seiner Gnade wird dir bald so viel Heil und Segen zuteil werden lassen, daß du sagen wirst, es gebe in deiner Familie keine Frau, der solches geschehen wäre. Danke Gott dafür, und verwirkst du all das nicht etwa durch sündige Handlungen, so bist du – wie du bald gewahr werden wirst – zur Glückseligkeit bestimmt. Gott sei mit dir, und nun geh heim. Ich darf nicht länger zögern, meine Gebetsübungen abzuhalten.» Sie dankte ihm vielmals. Er aber verlor keine Zeit; kaum war sie weg, da nahm er das Trinkgefäß gierig in die Hände, setzte es an und trank es in kürzester Zeit leer. «Herr Gott», sprach er dann, «laß die nicht zur Hölle fahren, die gern einen guten Wein trinken. Das ist doch auch Dienst an dir, denn du weißt ja, wenn ich das nicht täte, so könnte ich es nicht länger ertragen und bliebe nicht länger hier in der Einsiedelei. Da ich aber gar nicht weg möchte, so schicke mir des Weines so viel, daß ich mich daran laben und zugleich mein Ansehen retten kann, indem ich hier ausharre und nicht in die Welt zurückkehre.»

Hört nun von der Frau, der der Einsiedler gewahrsagt hatte, was sie redete, tat und dachte. Sie glaubte wirklich, daß sie durch den Gang zu diesem «Büßer» an Leib und Seele gewonnen habe. Sie traf nun bald mit einer guten alten Bekannten zusammen und sagte zu der: «Wenn du wüßtest, was mir heute widerfahren ist, was ich aber niemandem erzähle, du würdest zehn Pfund Pfennige dafür ausgeben; so etwas Großartiges hast du noch nie gehört!» – «Ei, nun», antwortete die andere, «bisher haben wir es doch immer so gehalten, daß wir keine Geheimnisse voreinander hatten. Das sollte wohl so bleiben, oder willst du unsere Aufrichtigkeit so verletzen? *Ich* jedenfalls teile dir alles mit, was ich weiß!»

«Dann schwöre mir aber, daß du es streng für dich behältst und nicht weitererzählst.»

Das versprach sie ihr in die Hand.

«Ich bin außerstande, das Glück in Worte zu fassen und zu sagen, welche Huld du erlangen kannst mit dem heiligsten Manne, den ich je kennengelernt habe. Es ist ein Einsiedler, der im nahen Walde wohnt. Geh so schnell wie möglich mit einem Trinkgefäß voll Wein zu ihm, mehr will er nicht, den segnet er, dann schaut er hinein und liest aus ihm dein Schicksal heraus, sei es nun Leben oder Tod.»

Da reifte in der anderen der Entschluß, ja, sie wurde förmlich getrieben, auch zu dem Einsiedler zu eilen, so schnell sie konnte. Noch ehe der Tag zu Ende ging, war sie bei ihm und empfing dort mehr Sündenerlaß als je eine Frau, die eigens zu diesem Zwecke nach Rom gepilgert ist. Danach segnete der Einsiedler wiederum den Wein und sagte ihr aus ihm mannigfaches Glück voraus. Sie war davon so beseligt, daß sie glaubte, Gott habe alle ihre geheimen Wünsche erhört, und in diesem Zustand kehrte sie heim. Zuvor dankte sie ihrer Freundin noch für das, was diese ihr Gutes getan hatte.

Innerhalb kürzester Zeit war es in der Gegend herum, was den beiden Frauen widerfahren war, und bald machten sich alle Weiber zu dem Wahrsager auf. Dadurch kam er zu so viel Wein, daß er keinen Mangel mehr hatte. Auch die Männer pilgerten bald zu ihm hinaus. Das ging so lange, bis ihnen allen die Mühe leid wurde, weil sich nämlich von dem Geweissagten nicht die Bohne bewahrheitete. Da hörten die Wallfahrten auf, und dem Einsiedler ging der Wein aus. «Ach», dachte er da bei sich, «wie komme ich nur wieder zu Wein? Ich weiß wohl, warum man mich nicht mehr aufsucht. Ich wohne einfach zu weit draußen. Aber ehe ich davon den Schaden habe, ziehe ich lieber mehr in die Nähe der Leute. Das war ja auch mehr als dumm, daß ich meine Einsiedelei so weit hinaus in den Wald verlegt habe. Weiß Gott, ich muß umziehen!» Und das tat er denn auch; er richtete seine Klause eine halbe Meile näher zum Waldrand ein und dachte: «Hier will ich die Probe aufs Exempel machen, und sind sie noch immer zu träge, mich aufzusuchen, dann ziehe ich ihnen noch ein Stück entgegen.»

Die ihn in seiner Einsiedelei mit Brot versorgten, fragten ihn, warum er denn umgezogen sei. Darauf antwortete er: «Diejenigen, die ich zu Gott und zu einem rechten Leben führen wollte, sind saumselig geworden, und nun will ich ihnen den Weg zu mir, der ihnen offenbar zu lang geworden ist, ein wenig kürzen. Da ich ein Lehrer im Glauben bin, so ist es Gott nur wohlgefällig, daß ich den Menschen näher wohne. Ein jeder Lehrer ist nur dann von Nutzen, wenn er mit seinen Schülern zusammen ist. Gäbe es hier im Walde auch dreiunddreißig gleich mir, sie könnten dennoch nicht so viel nützen wie ich, wenn ich in der Nähe der Menschen bin und sie meine Lehre vernehmen. Ich weiß durchaus, was Gott von mir erwartet.»

Dennoch wurde ihm kein Wein mehr gebracht. Da dachte er: «Es hilft nichts, ich muß aus dem Wald in die Ebene ziehen, wenn man mich auch darum tadelt; aber ich brauche Wein. Eher wollte ich sterben, als auf den Rebensaft verzichten. Ich bin doch weder ein Räuber noch ein Mörder gewesen, daß ich hier in der Wildnis leben müßte. Alle, die unter Menschen sind und sich beim Weine wohlbefinden, sind klüger als ich. Und wo die sind, da will auch ich sein. Im Walde sollen die Wölfe hausen, unter Menschen und beim Weine befinde ich mich besser als hier.» Und so verlegte er seine Klause aus dem Walde heraus. Aber das brachte ihm nur noch mehr Schaden, denn das ärgerte die Menschen, und sie brachten ihm nun noch nicht einmal mehr Nahrung. Da entschloß er sich, geradewegs in die Stadt überzusiedeln. Wer ihn dort einlud, dem dankte er sehr. Aber er und seine Belehrungen wurden den Vernünftigen langsam lästig, und sie sahen ihn lieber gehen als kommen. Er suchte nun die Wirtshäuser auf und predigte den Betrunkenen, so daß sie alle in Tränen ausbrachen, sich voller Reue zu bessern gelobten und ihm ihre Becher reichten mit den Worten: «Leert ihn bis zur Neige, lieber Meister. Wäre etwas Besseres als Wein darin, wir würden es Euch bereitwillig geben. Diese beliebte Schenke gewinnt durch Eure fromme Lehre und den guten Wein sehr an Bedeutung. Wohl bekomm's Euch! Ihr wißt doch alles, was die Weisheit gebietet!» So schmeichelte man ihm mit Lobesworten und Zutrinken, bis er auf eine Bank niedersank und einschlief. Es dauerte nicht mehr lange, bis sein Ansehen dahinschmolz und man ihn eher für einen Toren hielt, und weil er sich bald auch so aufführte, nannte man ihn frei heraus einen Narren. Darüber empfand er nicht einmal Scham, und am Ende ließ er sich für das halten, was immer den Menschen gefiel.

Man sagt, daß Freundschaft zwischen zwei Menschen wie das Verhältnis zweier Brüder zueinander sei, und in einer solchen Beziehung lebten zwei unbescholtene Männer, gleich an Alter, wohlhabend, auf Ansehen bedacht und auf Mehrung ihres Besitzes. Beiden wurde ein Sohn geboren, und auch die zwei Knaben waren einander sehr zugetan.

Als sie so weit herangewachsen waren, daß man sie in die Schule geben mußte, stellte man bei gutem Lohn einen Lehrer für sie an. Den schätzten sie sehr, er war immer bei ihnen, lehrte sie singen und lesen, und die Knaben suchten einander darin zu übertrumpfen. Das dauerte so lange, bis sie ein Wissen erworben hatten, wie es Jünglinge haben sollen; aber vor allem im Gesang wurden sie so lange unterrichtet, daß sie es darin zur Meisterschaft brachten.

Nun kam ihnen zu Ohren, daß es anderswo eine

Schule geben solle, an der vorzügliche geistliche Lehrer seien, und zwar in der Stadt Paris, und da sprach der eine zum andern: «Fürwahr, mein Freund, wenn du bereit wärest, für ein Jahr mit mir dorthin zu gehen, so wäre das für uns gewiß zum Vorteil und würde uns Ehre einbringen.»

«Im Ernst», antwortete der andere, «ich danke Gott dafür, daß ich durch dich davon höre, und ich bin gern bereit, mit dir nach Paris zu ziehen.» Sie beschlossen also, das zu tun, und schworen einander einen Eid darauf.

Als sie nun aus der Schule heimkehrten, wurden sie von ihren Vätern empfangen. Die hatten schon auf der Straße nach ihnen Ausschau gehalten, denn man wartete mit dem Essen auf sie. Einer der Väter sprach: «Nun sagt mir, Jungen, was hat das zu bedeuten, daß ihr heute so spät heimkehrt? Laßt uns wissen, was euch geschehen ist.»

«Das sollt ihr erfahren», erwiderte einer der Jünglinge. «Wir wollen auf die hohe Schule gehen, und dafür solltet ihr uns ausrüsten. Wir haben einander geschworen, dorthin zu ziehen, und ihr hättet alle die Mühen, die ihr unseretwegen auf euch genommen habt, umsonst getragen, wenn wir unsere Bildung nicht noch ein Jahr bei den geistlichen Lehrern in Paris vervollkommnen könnten.»

Das betrübte die Väter, und sie sprachen: «Liebe Söhne, bleibt hier. Was wir von unseren Vorfahren ererbt haben, das haben wir nach Kräften vergrößert, und was ein Mensch, der nicht Geistlicher werden will, an Bildung besitzen kann, das habt ihr erworben. So wollen wir es einrichten, daß euch hier in der Heimat so viel zuteil wird, daß ihr in Ehren leben könnt. Mit den Geistlichen sollt ihr euch gar nicht erst einlassen.»

Darauf antwortete einer der Jünglinge: «Das wäre gewiß nicht klug, deswegen hierzubleiben und unser Leben auf solche Art in Mühe und Sorge hinzubringen. Bis morgen sind wir noch hier, nicht länger, und lieber wollen wir zu Fuß bis nach Paris wandern, als daß wir noch einen Tag verweilen.»

«Möge Gott euch in seine Obhut nehmen, wenn ihr irgendwohin wollt, wo ihr in Not und Bedrängnis lebt. Denn wenn ihr nichts in eurer Reisetasche habt, so seid ihr den Welschen ziemlich gleichgültig. Wer ohne Silber zu ihnen kommt und keine üppige Zeche macht, den achten sie einen Dreck und verlachen ihn als einen Toren. Wartet ab, bis wir euch dafür ausrüsten. Ihr seid doch wohlerzogene Jünglinge; handelt also auch so, und es wird euch Nutzen und Ansehen einbringen. Wir haben keine weiteren Kinder außer euch, und ihr seid nun einmal unsere ganze Freude.»

Aber sie waren nicht abzubringen von ihrem Vorsatz. Da rüstete man sie schnell aus und gab ihnen auch noch zwei Begleiter mit. Diese sollten sich um ihr Nachtlager kümmern, darauf achten, daß man ihnen ihre Silbermünzen nicht stehle, sollten für ein Unterkommen in guten Herbergen Sorge tragen und darauf sehen, daß sie reichlich, aber doch ihren Verhältnissen entsprechend aßen und tranken.

Die Jünglinge verweilten nun nicht länger, sondern nahmen Abschied und brachen auf. Den beiden Vätern fiel die Trennung schwer, aber die Söhne zogen mit großer Freude gen Paris.

Als sie nun in die feste Stadt Arras einritten, wurden sie mit edlem Anstand von einer Dame gegrüßt, die gerade in Begleitung ihrer Tochter aus dem Badehaus kam, und auch das Töchterchen entbot ihnen einen freundlichen Gruß. Was immer man edlen Frauen zu Lob und Preis sagen kann, auf diese beiden traf es zu.

163

Die zwei Jünglinge dankten dem Gruß der Damen mit manchem «Lohn's euch Gott!». Die Mutter war gar züchtig, und dem Fräulein kam an Tugend und Herrlichkeit nichts gleich; sie war zudem ganz prächtig gekleidet.

Da sprach der eine zu seinem Freund: «Wenn du dieses Mädchen gesehen hast, so mußt du zugeben, daß dir niemals ein schöneres vor Augen gekommen ist. Ich werde hier freudlos verschmachten und sterben, wenn ich sie nicht gewinnen kann. Wir wollen nicht zögern, hinter ihr zu bleiben, um zu ermitteln, wo sie wohnt, und dort oder in der Nähe eine Unterkunft suchen, damit es sich fügt, daß wir mit ihr in Verbindung kommen.»

«Das ist nicht übel», erwiderte der andere, «und wir wollen es so machen.»

Den Herrn des Hauses, in dem die Schöne verschwunden war, sprachen sie vor der Tür an und fragten ihn, ob er sie über Nacht beherbergen wolle. Der antwortete: «Ich bin ein Mann, der sich auf Handel nicht versteht, und ihr seid vielleicht Kaufleute. Aber soviel will ich euch sagen: Wenn es euch gefällt, bei mir zu bleiben, so seien euch Brot und Wein und alle Bequemlichkeit, die ich euch zu bieten vermag, gewiß!»

«Dank, bester Herr, aber das wäre schier zu viel der Ehre», sprachen sie. «Doch wir wollen Euch wenigstens mitteilen, daß wir die Absicht haben, die hohe Schule in Paris zu beziehen. Und wenn Ihr uns all das bieten wollt, was Ihr uns genannt habt, so verdienen wir das eher als irgendein Kaufmann.»

«Es sei!» sprach der Hausherr. «Ihr sollt euch wohl fühlen bei mir. Ich habe noch nie liebere Gäste gehabt!»

Als sie erfahren hatten, daß sie bleiben dürften, sprach der eine Jüngling zum anderen: «Mein Lieber, nun besorge uns Speise und Trank, daß ich dir stets dankbar dafür bleibe. Bringe vor allem Wein und Met von der besten Sorte für den Herrn des Hauses und sein Gesinde, damit sie alle frohgemut werden. Wenn dir die Kosten dafür zu hoch sind, so trage ich sie gern alleine.»

Der Freund besorgte alles aufs beste und holte Wein und Met heran, so daß alle Hausbewohner damit reichlich versehen waren. Für die Jungfrau kaufte er eine Lade, in der ein schönes Psalterbuch lag. Die Hausherrin gebot ihrer Tochter, daraus vorzulesen. Nun weiß ich nicht, wie es geschrieben war, aber es ging nicht so recht damit. Da nahm der Scholar den Psalter zur Hand und las daraus vor wie ein Gelehrter.

«Ach, Herr», sprach das Mädchen, «meßt dem nicht zuviel Gewicht bei, daß ich nicht so gut lesen kann wie Ihr. Ich bekomme tüchtige Ohrfeigen, wenn ich die Wörter falsch ausspreche.»

Da lachte die Mutter und sagte: «Wenn er es dir beibringen könnte, so zu lesen wie er, so wäre er zu deinem Glück gekommen und würde dich vor künftigen Schlägen bewahren. Herr, geht doch zu diesem Zwecke mit ihr hinaus in den Laubengang, da stört euch niemand, da beißt euch kein Rauch in die Augen, und hell ist es dort auch.»

Ich bin sicher, daß dem Jüngling nichts Lieberes hätte geschehen können, als sich mit dem Mädchen allein zurückziehen zu dürfen, um ihm Unterricht im Lesen des Psalters zu erteilen. Aber statt dessen eröffnete er ihr, wie es ihm ums Herz war, indem er sprach: «Liebstes Jungfräulein, ich will Euch ohne Vorbehalt zu Diensten sein. Die Liebe zu Euch hat mich in den Bann geschlagen, laßt mich um Eurer Ehre und Eures Anstands willen nicht erfolglos flehen, befreit mich von den Liebesschmerzen und meinem Liebeskummer, laßt mich nicht umkommen, und ich will Eure Vortrefflichkeit, Eure Schönheit, Eure feine Sitte und Eure Jugend preisen!»

«Herr, wie wäre das möglich? Ich habe Euch nie zuvor gesehen, und ich würde deswegen die Liebe meiner Eltern verlieren! Wo sollte ich dann leben? Außerdem verlöre ich damit meine Ehre! Ich will Euch stets – was auch geschehen mag – gewogen sein, aber meine Ehre setze ich nicht aufs Spiel, auch wenn es Euch Schmerz bereitet.»

Er sollte ihr beibringen, den Psalter zu lesen; statt dessen weihte er sie in Dinge ein, die ihr vorher unbekannt waren, bis auch sie schließlich Feuer fing. Das trieb er so lange, bis sie gänzlich in die Stricke der Minne geriet. Sie schauten einander in die Augen, und ihre Herzen gerieten so in Liebesflammen, daß sie beide den Blick nicht mehr voneinander wenden konnten, so lange, bis sie fast ohnmächtig wurden und blaß. Das hatte die Kraft der Liebe vermocht.

So fand der andere Jüngling die beiden, und er sprach zu seinem Freund: «Willst du dich mit diesem Mädchen in Liebe einlassen und dabei Ehre und Leben aufs Spiel setzen? Wenn jemand so bleich aussieht, so sind das die Anzeichen der Liebe, das weiß doch jeder erfahrene Mann!» Er zog den Freund von der Seite des Mädchens und sprach zu ihr: «Fräulein, seid getrost! Alles, was wir haben, das gehört Euch. Und was ihr beide euch wünscht, das wird in Erfüllung gehen, ohne daß ihr euer Ansehen gefährdet. Niemand wird von eurem Liebesgeheimnis etwas erfahren.»

Da freute sich das Mädchen, und die Röte kehrte in ihre Wangen zurück. Alle setzten sich miteinander nieder, bis ein Knabe kam und meldete, daß das Essen angerichtet sei.

Nun war der Hausherr ein wohlerzogener Mann und

bewies es dadurch, daß er dem Mädchen nicht etwa verbot, mit dem Scholaren, der sie unterrichtet hatte, beim Essen zusammenzusitzen, sondern sie geradezu freundlich darum bat. Dem Jüngling hätte nichts Besseres widerfahren können, und seine Augen hingen an ihr. Währenddessen war der Freund an der Tafel geschäftig und reichte allen den besten Wein, den es zu kaufen gegeben hatte, und die ganze Gesellschaft sprach ihm fröhlich zu, so daß sie alle ihre Sorgen vergaßen.

Nach dem Mahl fragte der Herr des Hauses, wo die Jünglinge denn hinwollten.

«Nach Paris», antworteten sie und fügten hinzu: «Wir müssen uns sehr vor Wirten hüten, die uns übers Ohr hauen wollen, deshalb nämlich, weil wir nur soviel mit uns haben, wie man braucht, um ein Jahr in Paris leben zu können.»

«Wenn dem so ist», erwiderte der Hausherr, «so soll es euch bei mir wohl ergehen. Ich will euch meine eigene Schlafkammer öffnen, darin wird es euch gewiß gefallen. Dort seid ihr bis zum anderen Morgen ungestört.»

Da freuten sich die beiden über den Vorzug, im Schlafzimmer des Gastgebers mit ruhen zu dürfen. Es hätte alles gar nicht besser laufen können. Man bereitete auch bald alles für die Nacht vor, und das Mädchen wurde gemahnt, ebenfalls nicht zu lange aufzubleiben.

Den beiden Jünglingen war am äußersten Ende der Schlafkammer das Lager bereitet, so, als wären sie vornehme Gäste. Der Hausherr und seine Gemahlin hatten ihr Bett an der Wand stehen, und das der Jungfrau befand sich in einer Ecke des Raumes. Es dauerte nicht mehr lange, bis man sich schlafen legte. Als nämlich alles für die Nacht fertig war, kam ein Knecht und sagte zu dem Hausherrn und seiner Frau: «Ihr solltet eure

Gäste nicht länger wach halten und am Schlafe hindern. Sie haben einen langen Ritt hinter sich und sind müde.»

«Diese Bitte erfüllen wir gern», erwiderte der Herr des Hauses sogleich, reichte seiner Frau und seiner schönen Tochter die Hand und führte sie beide ins Schlafgemach.

Nun hatte sich die Frau ihr jüngstes Kind, das noch im Säuglingsalter war, von der Amme kommen lassen und es in seiner Wiege an ihr Bett gestellt, ehe sie sich zu ihrem Gatten legte, wo sie sogleich einschlief. Der Scholar aber schlich sich zu der Jungfrau, die ihn liebevoll aufnahm. Sie genossen die Freuden der Liebe, und Langeweile gab es da nicht; mehr will ich darüber nicht sagen. Der andere Scholar dagegen lag allein in seinem Bett und konnte keinen Schlaf finden. «Ach, ich armer Kerl», dachte er, «daß ich leer ausgehe und mir keine Auszeichnung zuteil wird. Dabei habe ich die Hälfte dessen bezahlt, was wir verzehrt haben!»

Als er so seinen Gedanken nachging, erhob sich – ich weiß nicht, warum – die Frau des Hauses von ihrem Lager und verließ die Schlafkammer. Der Jüngling war nicht faul und setzte die Wiege von ihrem Bett an seines. Als die Frau nun zurückkam und sich wieder zu ihrem Manne legen wollte, um weiterzuschlafen, zupfte der Scholar das Kind am Ohr, so daß es zu weinen begann. Die Frau trat an die Wiege heran, beruhigte das Kind und legte sich in der Annahme, es sei ihr Ehebett, auf das Lager des Jünglings. Nun hört, kaum hatte sie das getan, da wurde der Scholar keck und benahm sich wie ein richtiger Mann, der sich darauf versteht, einer Frau den Liebesdienst zu leisten. Da war es vorbei mit ihrer Nachtruhe.

«Ich hätte gern darauf verzichtet, daß du mich anrührst in dem angetrunkenen Zustand, in dem ich dich gesehen habe», sprach sie. Dennoch küßte sie ihn und verweigerte ihm ihre Liebe durchaus nicht. Der Scholar war glücklich und begann sein Liebesspiel von neuem.

«Morgen früh», sprach die Frau, «werde ich dir guten Wein vorsetzen. Wenn der dich so zur Liebe beflügelt, dann hat dir das Trinken noch nie besser angestanden. Wenn du es wünschst, so kaufe ich dir von dieser Sorte ein ganzes Faß, damit dieser Zustand dauere.»

Inzwischen kam der andere Jüngling, der bei dem Mädchen geschlafen hatte, in der Annahme zurück, daß es bald Tag sei. Aber als er die Wiege vor seinem Bett fand und die beiden reden hörte, glaubte er sich im Lager geirrt zu haben, kehrte schleunigst um und legte sich unwissentlich zu dem Ehemann ins Bett. Dieser wurde wach und fragte: «Wo kommst du denn her?»

«Du weißt doch, wo ich war: Ich habe bei der Haustochter geschlafen und habe mit tausend Freuden ihre Liebe genossen.»

Da geriet der Herr des Hauses in Wut. Er schrie: «Du betrunkene Hündin!», und versetzte dem Scholaren einen Schlag ins Gesicht. Er glaubte nämlich, sein Weib vor sich zu haben.

«Bei Gott, meinem Freunde wird es Schmerz bereiten, daß mir das Mädchen so große Gunst erwiesen hat», fuhr es dem Scholaren da plötzlich durch den Sinn. «Doch ich will darauf nicht weiter achten und mich zu ihm auf unser Lager begeben.» Aber daran hinderte ihn der Ehemann, indem er ihm mit umgedrehter Hand noch zwei tüchtige Ohrfeigen versetzte, die er ganz schön spürte.

«Da es dich nicht verdrießt, Schläge auszuteilen», sprach der Jüngling darauf, «so werde ich dir's mit Verlaub zurückzahlen.» Damit packte er seinen Widersacher beim Schopfe. Aber der tat ein Gleiches, und so rauften sie sich beide.

Das verdroß die Frau des Hauses, und sie sagte zu ihrem Bettgenossen: «Hörst du mich? Unsere Gäste raufen miteinander!» Der merkte auch sogleich, was sich zugetragen hatte, und rief: «Licht, damit wir sehen können, was den Gästen widerfahren ist!»

Die Frau stand auf und holte eine Kerze. Schnell nahm der Scholar die Wiege, stellte sie vor das Ehebett und riß seinen Freund aus diesem heraus. Das geschah alles mucksmäuschenstill. Als die beiden Scholaren wieder in ihrem richtigen Bett lagen, zogen sie rasch die Decke über den Kopf und rührten sich nicht.

Bald darauf kam die Frau mit dem Licht in die Schlafkammer zurück. Als sie ihren Mann so im Bett sitzen sah – die Nachtmütze vom Kopf gezerrt und eine Menge Haare ausgerauft –, da bekreuzigte sie sich und sprach: «Gott steh uns bei!» Sie preßte die Hände an ihren Busen und fragte: «Wer hat dich denn so zugerichtet?»

«Du Teufelin warst das!» antwortete ihr Mann.

«Nein, wirklich, mein Lieber, ich war das nicht! Sollte ich dich denn mißhandeln zum Lohne dafür, daß du dich heute nacht so liebevoll zu mir gezeigt hast? So viel Liebesglück haben wir doch das ganze letzte Jahr nicht miteinander genossen!»

Der Hausherr nahm die Kerze und trat an das Lager seiner Gäste. Obgleich sie wach lagen, stellten sie sich doch fest schlafend. Als er sie so liegen sah, sagte er zu seinem Weibe: «Unsere Gäste sind an allem unschuldig. Der Teufel war's, der uns beide verblendet hat! Wie hast du mich doch angelogen mit der Behauptung, ich sei heute nacht besonders liebestüchtig gewesen!»

Die Frau allerdings erkannte, wie das alles zusammenhing, aber sie sprach: «Wir müssen es auf sich beruhen lassen. Schweig nur still, mir zuliebe, damit die Gäste nichts merken. Sie reisen morgen weiter und erfahren so nichts davon. Sollte aber jemand danach fragen, dann stelle alles in Abrede.»

Auf diese Weise wurde das Geheimnis dieser Nacht vertuscht.

Als es hell wurde, nahmen die Scholaren Abschied und zogen ihre Straße. Sie amüsierten sich beide köstlich über ihren Streich und waren zufrieden, daß Frau Fortuna ihr Glücksrad so vortrefflich für sie gedreht hatte.

Meinen Freunden aber, die Fremde beherbergen, kann ich nur raten, es anders anzufangen, Gäste nicht in die eigene Schlafkammer zu lassen und sie besser im Auge zu behalten, damit es ihnen nicht ebenso ergehe wie dem Manne, von dem hier die Rede war. Wer weiser handelt als er, hat nur Vorteil davon, denn: Gelegenheit macht Diebe!

# Laurin

Zu Verona oder – wie der alte Name lautete – Bern herrschte einst ein kühner Held namens Dietrich. Es gab zu jener Zeit keinen, der es an Tapferkeit mit ihm aufnehmen konnte. Niemand hätte es gewagt, sich ihm im Kampfe entgegenzustellen. Seine Kühnheit übertraf alles, und sein Ruhm war gewaltig. Diesem vorbildlichen Fürsten dienten nur die besten Recken als Vasallen, und auch sie waren nur auf Ehre und Tapferkeit bedacht. Schande und Ehrlosigkeit waren ihnen ein Greuel. Aber wo immer sie sich auch aufhielten, den edlen Dietrich von Bern priesen sie als den hervorragendsten Helden, den es je gegeben.

Wittich, der Sohn Wielands, ein tapferer Ritter, sprach nun eines Tages: «Ich kenne auf Erden keinen, der in so hohem Ansehen steht wie der edle Dietrich. Niemand hat so große Taten vollbracht wie er, und ihm gebührt der höchste Ruhm.»

«Mit den Zwergen, die im Innern der Berge herrschen, hat er freilich noch nicht gekämpft», entgegnete Hildebrand, Dietrichs Waffenmeister, «und man kann es nicht leugnen, wer das wagt, der gerät in Bedrängnis und Gefahr. Sie erschlagen manchen tapferen Kämpen, und auf dieses Wagnis hat sich unser Herr noch nicht eingelassen. Wenn er die besiegt hätte, so wollte ich ihn uneingeschränkt für den allertapfersten Helden erklären.»

Während dieses Gespräches war der Herr von Bern hinzugetreten und hatte die Rede der beiden mit angehört.

«Meister Hildebrand, du kampferfahrener Held vom Gardasee», sprach Dietrich darauf, «wenn das, was du gesagt hast, wahr wäre, hättest du mir das gewiß schon früher erzählt.»

Das erzürnte Hildebrand, und er gab seinem Unmut mit den Worten Ausdruck: «Ein wohlerzogener Mann zügelt seine Rede, bis er erfahren hat, wie man sie aufnimmt. Damit beweist er seinen Anstand und bewahrt sein Ansehen. Immerhin kenne ich einen Zwerg, kaum drei Spannen groß, der ein mächtiger Herrscher ist, und der hat schon manchem gegen seinen Willen Hand und Fuß abgeschlagen, und zwar Recken – das könnt ihr mir glauben! –, die dreimal so groß waren wie er selbst! Die hat er um all ihre Ehre gebracht. Laurin heißt er und herrscht als König über das wunderbare Zwergenland. Seine Kühnheit ist unübertroffen. In den Wäldern Tirols hat er sich einen Rosengarten angelegt, der – anstatt von einer Mauer – von einem Seidenfaden umgrenzt ist. Wer aber in diesen Garten gewaltsam eindringt, der darf der Rache Laurins sicher sein, der muß schwere Buße zahlen, eben den rechten Fuß und die linke Hand.»

«Wenn der Zwergenkönig ein so starker Held ist», erwiderte Dietrich von Bern, «so werde ich, wenn einer von euch den Mut hat, mich zu begleiten, seine Rosen aufsuchen, sollte es mich auch in arge Gefahr bringen.»

«Ich ziehe mit Euch, mein edler Herr», sprach Held Wittich sogleich. «Ich will Euer Gefährte sein, wenn es gilt, die Abenteuer im Rosengarten zu bestehen. Wenn ich ihn finde, werde ich ihn niedertrampeln.»

So brachen Dietrich und Wittich denn zu einer «Pirschjagd» in die Tiroler Wälder auf, und als sie dort angekommen waren, durchstreiften sie sie wohl an die sieben Meilen. Sie kamen schließlich an eine Lichtung, auf der sie den Rosengarten erblickten. Zwerg Laurin hatte seine Rosen mit goldenen Bändern, mit Gold und Edelsteinen prächtig geschmückt. Dem, der das sah, mußte alle Traurigkeit schwinden. Es war der reinste Lustgarten. Die Rosen blühten in den herrlichsten Farben und dufteten betörend. Aber die beiden Ritter sollten durch ihr Eindringen in böse Bedrängnis geraten.

«Dies dürfte der Garten sein, mein lieber Wittich, von dem Hildebrand erzählt hat», sagte Dietrich von Bern. «Ich fürchte, wir werden bald zu tun kriegen. Wenn ich richtig sehe, so waltet über diesem Stück Erde ein wackerer Mann. Die Rosen duften so herrlich, daß ich sie Tag und Nacht gern röche, wenn man hier nur Einlaß hätte!»

«Den Teufel mit seinen Sonderbarkeiten!» sprach Wittich. «Ich werde seinen hoffärtigen Stolz auf diesen Garten dämpfen. Es ist Zeit, daß wir vom Rosse steigen.» Das taten sie denn auch, und Wittich, der tapfere Held, schlug die Rosen ringsum ab und trat auf die goldenen Bänder und die Edelsteine, so daß sie schmutzig wurden. Die frühere Prächtigkeit des Gartens war mit einem Schlage vernichtet, dahin waren die herrlichen

Farben und der süße Duft der Rosen. Das sollte sie in arge Nöte bringen. Der Seidenfaden um den Garten war zerrissen, und die Rache sollte nicht ausbleiben.

Die beiden Helden setzten sich fröhlich ins Gras nieder. Und da kam auch schon Zwergenkönig Laurin in höchstem Zorn herangesprengt. Er hatte eine mit Gold beschlagene Lanze in der Hand, wie sie einem Fürsten ziemt. Daran hing ein Seidenbanner, auf dem zwei Windhunde abgebildet waren, die im Walde ein Wild jagten. Das Ganze war so naturgetreu, daß man hätte glauben können, sie lebten wirklich. Das Roß Laurins war an den Seiten gefleckt und nicht größer als ein Reh. Auf ihm lag eine edelsteinbesetzte goldfarbene Decke, die einen dunklen Wald taghell erleuchtet hätte; der Zügel, den der Zwergenkönig in der linken Hand hielt, als er vor Dietrich und Wittich stehenblieb, war mit Gold beschlagen. Der Sattel bestand aus Elfenbein, und in den Sattelbogen waren Rubine eingelegt, die prächtig funkelten. Die Steigbügel waren von purem Golde, und Laurins Beinschienen, von blutroter Farbe, waren so hart, daß kein noch so gutes Schwert etwas gegen sie ausrichten konnte. Seine goldene Brünne war von äußerster Festigkeit. Kein Schwert hätte sie durchdringen können, war sie doch in Drachenblut gehärtet. Aber sie stellte zugleich ein wahres Kunstwerk dar.

Um den Leib trug der Zwergenkönig einen Zaubergürtel, der ihm die Kraft von zwölf Männern verlieh. Deshalb hatte er in jedem Kampfe den Sieg davongetragen. Mit dem Schwert, das er an der Seite trug, hatte er manchen Streit ausgefochten. Es war eine Spanne lang und durchschnitt Stahl, Eisen und Stein. Der Griff war reines Gold, und in den Schwertknauf war ein strahlender Hyazinth eingelassen. Die Waffe war wertvoller als ein ganzes Land.

Das Oberkleid, das Laurin über dem Panzer trug, war aus Seide, und es war mit zweiundsiebzig verschiedenen Edelsteinen besetzt, die einen ungeheuren Glanz verbreiteten. Dieses Gewand trug der König in allen Kämpfen. Sein Helm war von rotem Golde, mit Rubinen und Karfunkeln verziert. Die dunkelste Nacht hätte dieser Helm durch seinen Glanz zum Tage verwandelt. Darauf saß eine goldene Krone, die selbst Gott Ehre gemacht hätte. Auf ihr waren oben singende Vögel täuschend echt nachgebildet. Sie war mit höchster Kunstfertigkeit gestaltet, und ihr wohnte auch Zauberkraft inne. Laurins Schild schimmerte golden, und auf ihm war ganz naturgetreu ein Leopard abgebildet, der sich gerade auf seine Beute stürzt. Dieser Schild war noch niemals von einer Lanze durchbohrt worden.

So also ritt der Zwergenkönig in seinen Rosengarten ein. Die beiden Fürsten hatten ihn schon erwartet. Als er ihnen so nahe gekommen war, daß sie ihn genau betrachten konnten, sprach Wittich: «Gott steh' uns bei, Herr Dietrich. Er gleicht dem Erzengel Michael, als dieser das Menschenpaar aus dem Paradies vertrieb.»

«Dieser Engel ist mir willkommen», erwiderte der Berner. «Binde nur den Helm fest, denn ich fürchte, er ist uns feindselig gesonnen. Und wenn das sein Garten ist, mit Recht.»

Als Laurin heran war, begrüßten ihn die edlen Fürsten, aber zornig wurde ihnen zugerufen: «Wer hat euch Narren befohlen, hier abzusteigen und eure Mähren auf meiner Wiese sich breitmachen zu lassen, die ich bisher vor manchem ernst zu nehmenden Mann und vor manchem Toren geschützt habe? Das werdet ihr mir büßen! Wer hat euch Esel darum gebeten, mir meine Rosen zu zertrampeln, die mir so ans Herz gewachsen sind? Das wird euch in eine ernste Lage bringen. Jeder von euch zahlt mir dafür seinen rechten Fuß und die linke Hand als Pfand.»

«Keineswegs, kleiner Mann», sprach Dietrich freundlich darauf. «Mäßige deinen Zorn. Fürsten, die Gold und Silber als Buße zahlen können, pfändet man nicht an Fuß und Hand. Und was deine Rosen angeht, im nächsten Sommer, den Gott werden läßt, wachsen sie wieder in Hülle und Fülle, darauf kannst du dich verlassen. Wir wollen dir ein Entschädigungsgeld zahlen, aber mit unseren Gliedern stehen wir als Fürsten für den verursachten Schaden keineswegs ein.»

Aber diese Rede machte auf den Zwerg keinen Eindruck. «Ich habe mehr Gold als drei von eurer Art», erwiderte er. «Was könnt ihr schon für Fürsten sein? Seid ihr wirklich von Adel, so habt ihr doch denkbar unedel gehandelt. Wofür habt ihr Rache genommen, indem ihr meinen Rosengarten verwüstet habt? Hätte ich euch irgendein Leid zugefügt, so hättet ihr mir den Frieden aufkündigen und gegen mich kämpfen sollen. Das wäre eine Handlungsweise gewesen, die sich für Fürsten ziemt!»

Da sprach Wielands tapferer Sohn: «Nun hört Euch das bloß an, Herr Dietrich, und Ihr bleibt dabei so ruhig! Der Wicht ist von Sinnen und gibt uns ein Beispiel seines stolzen, hochfahrenden Sinnes. Wenn Ihr nichts dagegen hättet und es Euch angemessen erschiene, würde ich ihn am Bein nehmen und gegen die Wand schmettern.»

«Gott vermag Wunder zu tun, und was, wenn er es an diesem Zwerg bewiesen hätte? Denn vertraute Laurin nicht auf seine männliche Kraft, er hätte uns schwerlich so hochmütig anzufahren gewagt», gab der Berner zu bedenken. «Außerdem soll man demjenigen jederzeit mit Aufrichtigkeit und Ehre begegnen, dem Gott Ansehen verliehen hat, das ist nur recht und billig. Drum höre auf mich: Sei hier auf dieser Waldwiese tapfer, aber nicht tollkühn. Ein Mann von guter Erziehung sollte manches überhören; das nützt ihm nicht nur, sondern ehrt ihn auch. Kommt es freilich zum Äußersten, so muß er beweisen, was er kann. Mit solcher Einstellung wirst du überall Ansehen erwerben.»

Diese Rede widerstrebte Wittich ganz und gar, und er tadelte seinen Herrn mit den Worten: «Wer behauptet, daß Ihr ein ehrenwerter Mann seid, der lügt. Und ein Held seid Ihr auch nicht gerade. Ihr brächtet es nicht einmal fertig, einer Maus Schrecken einzujagen, wenn Ihr Euch vor dem Wicht fürchtet, der dort vor dem Felsen anhält. Ihr glaubt, gegen diesen einen nicht anzukommen, wo unsereins mit tausend solchen Gegnern fertig würde. Weiß Gott, er reitet ein Pferd so groß wie eine Ziege», rief Wittich, «ich traute mir zu, tausend von dieser Sorte zu erledigen.»

«Herr Wittich», sprach da der Zwergenkönig Laurin, «Ihr seid grimmig und benehmt Euch wie ein Teufel. Aber wenn Ihr ein tapferer Mann sein wollt, so kämpft erst einmal gegen mich. Dann wird sich ja zeigen, ob jemand sein Leben gegen Euch verteidigen kann. Ich rate Euch freilich, zieht Eurem Pferd vorher die Gurte fest, und, wenn es Euch nichts ausmacht, auch die vorn um die Brust des Rosses, denn es wird beim Zweikampf einen Zusammenprall geben, der sich auf einem Turnier vor den Augen des Kaisers sehen lassen könnte.»

Da stieg der kühne Wittich tatsächlich ab und befestigte die Gurte am Pferd, wie der Zwerg ihm geraten hatte. Dann sprang er, ohne den Steigbügel zu benutzen, wieder in den Sattel, was Laurin lobte. Darauf schlossen sie beide das Visier ihrer Helme und stoben aufeinander los wie zwei Falken, von großer Gestalt der eine, von zierlicher der andere; denn der Zwergenkönig hatte kurze Beine. Wittich traf seinen Gegner nicht mit der Lanze, aber Laurin hatte seinen Widersacher erwischt und stieß ihn vom Pferd. Diese Schande schmerzte Wittich gewaltig. Behend sprang der Zwerg vom Pferd und wollte sich sein Pfand, den rechten Fuß und die linke Hand seines Feindes, holen, und hätte Dietrich nicht eingegriffen, so wäre das auch geschehen. Aber der Berner hielt sein Schwert über Wittich und sprach: «O nein, kleiner Mann, verschone diesen Helden. Er ist mein Kampfgefährte und hat mich eigens hierher begleitet, damit du es weißt. Und wenn du ihn auf solche Weise pfänden wolltest, so trüge es dem Berner, wenn er es duldete, überall Schande ein, wo man davon berichtet. Soweit möchte ich es natürlich nicht kommen lassen.»

«Was geht mich dein guter Ruf an?» entgegnete Laurin. «Du redest hier von Dietrich von Bern. Von ihm habe ich schon viel gehört. Ich freue mich, daß du hergekommen bist. Und auch du wirst darüber deinen rechten Fuß und die linke Hand als Buße verlieren. Ich werde dir schon meine Kraft und Kampfesklugheit beweisen. Ihr seid in meinen Garten eingebrochen, ihr habt die Rosen und die Bänder auf dem Boden zertreten, und dafür sollt ihr mir einstehen. Ich komme euch zwar unscheinbar vor, aber ich nähme es mit hundert von euch auf.»

Herr Dietrich ließ sich auf keine weiteren Worte ein. Er ging zu seinem Pferd und sprang, ohne den Steigbügel zu benutzen, in den Sattel, was wiederum Laurins Anerkennung fand. Der Berner war voller Zorn gegen den Zwerg. Er legte seine Lanze nach Ritterart ein – da plötzlich erschienen sein Waffenmeister Hildebrand, der stets von rasender Kampfeslust erfüllte Wolfhart und Dietleib von Steiermark auf dem Kampfplatz. Sie alle

sollten durch den Zwergenkönig noch in eine gefährliche Lage geraten.

Der kluge Hildebrand rief seinem Herrn sogleich zu:
«Edler Berner, höre mich an, und beherzigst du nicht,
was ich sage, so wirst du Leben und Ehre verlieren. Du
weißt nichts über den Zwerg. Im Kampf hoch zu Roß
kommst du nicht gegen ihn an. Er würde dich mit
Sicherheit in den Sand werfen, und damit wäre, tapferer
Dietrich, dein fürstliches Ansehen erschüttert. Ich rate
dir vielmehr, steig ab und suche die Entscheidung im
Schwertkampf. Einen besseren Rat kann ich dir nicht
geben. Aber bedenke, daß seine Rüstung mit keiner
Klinge durchschlagen werden kann. Setze deine Stärke
besser ein, indem du dem Zwerg den Schwertknauf um
die Ohren schlägst und ihn damit taub machst. So wirst
du ihn mit Gottes Hilfe besiegen.»

Herr Dietrich handelte danach, stieg vom Pferd und
sprach voll Kampfeswut: «Laurin, ich künde dir den
Frieden auf. Nun räche dich für den großen Kummer,
den ich dir zugefügt habe.»

«Das soll geschehen, edler Herr», erwiderte der Zwergenkönig, nahm seinen Schild, lief auf den Berner los
und versetzte ihm einen solchen Schwertstreich, daß
ihm der Schild aus der Hand fiel. Das erzürnte Dietrich.
Er griff den Zwerg ebenfalls an und gab den Schlag
zurück, so daß auch Laurins Schild zur Erde fiel. Und
doch gelang es ihm nicht, über den Zwerg die Oberhand
zu gewinnen. Nun wollte er ihn nach dem Rat des alten
Hildebrand betäuben. Er schlug seinem Gegner also den
Schwertknauf um die Ohren. Der Schall, den der Helm
und die Krone dabei von sich gaben, war eine halbe Meile
weit zu hören. Da schwand Laurins Kühnheit, denn ihm
wurde schwindlig von dem Hieb. Schnell langte er in
seine Tasche, zog eine Tarnkappe hervor und stülpte sie

sich über. Das brachte den Berner, der seinen Gegner nun nicht mehr sehen konnte, in arge Bedrängnis, denn der Zwerg schlug ihm sogleich eine Reihe gefährlicher Wunden, so daß dem tapferen Recken das Blut durch die Ringe seines Panzers quoll.

«Mit Lust würde ich dich erschlagen», rief Dietrich da, «wenn ich nur wüßte, wohin du entwischt bist. Aber ich kann dich auf einmal nicht mehr sehen.»

In grimmigem Zorn schlug er nach ihm, haute aber nur eine Kerbe von einer Elle Tiefe und Breite in eine Felswand. Laurin griff Dietrich erneut an und schlug voll Haß auf ihn ein. Der Berner sah keine andere Möglichkeit, als sich mit dem Schwert gegen diese Schläge zu schützen. In solcher Lage hätte jeder Vernünftige nicht anders handeln können.

Der erfahrene Hildebrand aber rief seinem Herrn zu: «Wenn dich der Zwerg erschlüge, würde ich das niemals verschmerzen. Könntest du mit ihm ringen, so wäre es günstiger für dich. Sieh zu, daß es dir gelingt, dann hat er von seiner Tarnkappe keinen Vorteil mehr!»

«Wenn ich mit ihm ringen könnte, hätte ich wahrscheinlich wirklich mehr Erfolg», erwiderte der kühne Dietrich. Er war von wildem Haß gegen den Zwerg erfüllt. Kaum aber hatte Laurin vernommen, daß sein Gegner lieber den Ringkampf wünschte, ging er darauf ein. Er warf sein eigenes Schwert beiseite, entriß dem Berner die Waffe und umfaßte dessen Beine, so daß er zu Boden stürzte. Diese Schande schmerzte den tapferen Recken. Der kluge Waffenmeister Hildebrand aber riet seinem Herrn: «Löse ihm seinen Zaubergürtel, dann kannst du ihn besiegen; denn dieser verleiht ihm die Kraft von zwölf Männern.»

Zum Leidwesen der Fürsten lieferten sich die beiden ein erbittertes Ringen. Herr Dietrich geriet derart in

Wut, daß ihm der Atem aus dem Munde drang wie das Feuer aus einer Esse. Er konnte keinen Vorteil erlangen. Da griff er dem Zwerg in seinen Gürtel, hob ihn daran in die Höhe und warf ihn von oben herab zur Erde, so daß der Gürtel zersprang. Nun geriet Laurin in eine böse Lage. Denn kaum war der Zaubergürtel zur Erde gefallen, da riß ihn der alte Hildebrand an sich, und vorbei war es mit der Zwölfmännerstärke des Zwergenkönigs. Herr Dietrich war aber derart zornig, daß er ihn zu Boden warf. Da erhob Laurin ein so lautes Geschrei, daß es Berg und Tal erfüllte. «Wenn du ein edler Ritter bist», flehte er den Berner an, «so laß mich das spüren. Schone mein Leben, tapferer Held, und ich will mich dir mit allem, was ich besitze, bedingungslos unterwerfen.»

Aber seine Bitten fruchteten nichts; Dietrich war nicht nach Gnade zumute. Erneut warf er den Kleinen zu Boden. Da wurden die zuschauenden Fürsten von Mitleid erfüllt. «Herr Dietleib von Steiermark, tapferer Recke, steh mir bei!» flehte der Zwerg den einen von ihnen an. «Denke daran, daß sich deine Schwester in meiner Gewalt befindet. Hilf mir, edler Ritter, um der Ehre aller Frauen willen!» Da trat Dietleib zu Dietrich heran und sagte: «Edler Fürst von Bern, überlaßt mir den Zwerg Laurin, darum bitte ich Euch bei der Ehre aller Ritterschaft.» Aber er bat vergeblich; der Berner war der Gnade nicht fähig.

Von neuem versuchte es der junge Dietleib. «Gebt mir den Zwergenkönig», bat er Herrn Dietrich, «bei der Ehre aller edlen Frauen!»

«Spare dir deine Bitten», herrschte ihn der Berner zornig an, «Laurin bekommst du nicht. Er hat mir großes Leid zugefügt, und dafür soll er mir büßen.»

«Nein, edler Fürst», erwiderte Dietleib, «laßt mir zuliebe von Eurem Zorn ab. Ich will Euch zum Dank dafür bis an mein Lebensende treu dienen und untertan sein mit allem, was ich besitze.»

Es nützte alles nichts. Dietrichs Zorn war zu gewaltig.

«Nichts kann diesen Zwerg vor dem Tode retten», rief der Berner, «selbst wenn ich dich darüber verlieren sollte!»

Diese Rede erzürnte Dietleib gewaltig. Er lief zu seinem Roß, und zum Vergnügen der anderen Ritter schwang er sich, ohne den Steigbügel zu benutzen, in den Sattel. Kampfeswütig spornte er das Pferd und ritt zu Dietrich: «Gebt mir den Zwerg Laurin», sprach er, «bei der Freundschaft, die Ihr zu mir hegt!»

Der edle Berner schwieg zornig, und Dietleib sah ihm wohl an, daß er voller Wut war. Dennoch ergriff er den Zwergenkönig an seinem glänzenden Brustharnisch und entführte ihn in den Wald, ohne Rücksicht darauf, ob das Dietrich gefiel oder nicht. Der rief denn auch sogleich Hildebrand zu: «Mein Roß her! Er, der mir solche Schmach angetan hat, will sich meiner Rache durch die Flucht entziehen.»

Als das Pferd da war, sprang Dietrich zornig darauf. Er geriet in immer größere Wut und rief den Flüchtigen nach: «Wenn der Teufel nicht seine Hand über euch hält, so nehme ich an euch für mich selbst und meinen Kampfgefährten Wittich gewaltige Rache!» Und damit sprengte er Dietleib nach. Meister Hildebrand, Wittich und Wolfhart folgten ihm.

Dietleib war jedoch kein Feigling. Nachdem er den Zwerg im Walde versteckt hatte, kehrte er um und ritt Dietrich entgegen. Als er mit ihm zusammentraf, bat er ihn noch einmal freundlich: «Überlaßt mir Laurin, bei Eurer Liebe zu ritterlicher Vortrefflichkeit!»

Aber auch damit erreichte er nichts; Dietrichs Zorn

war nicht zu besänftigen. Er legte die Lanze ein, und Dietleib wollte nicht weichen. Da ritten die beiden edlen Recken so aufeinander los, daß ihre Lanzen vom Aufprall zersplitterten. Dann sprangen sie von den Pferden, duckten sich hinter die Schilde und zogen ihre scharfen Schwerter. Sie liefen aufeinander zu und lieferten sich einen Schwertkampf, wie man ihn zuvor nie gesehen hat und wie es ihn schwerlich wieder geben wird. Sie brachten sich gegenseitig in ärgste Bedrängnis. In ihrer Kampfeswut stemmten sie sich so in die Erde, daß ihre Sporen kaum mehr zu sehen waren. Sie teilten so gewaltige Schläge aus, daß es durch die Helme hindurch dröhnte. Eine halbe Meile im Umkreis hörte man ihren Kampfeslärm.

Dietleib war ein so grimmiger Streiter, daß er Dietrich einen Schlag versetzte, der ihm den Schild aus der Hand riß. Da mußte der Berner notgedrungen zurückweichen und konnte sich nur noch mit seinem Schwert gegen die Angriffe Dietleibs schirmen.

«Los, schreitet ein», rief Hildebrand zu Wittich und Wolfhart, «wir wollen sie nicht länger gegeneinander kämpfen lassen. Nehmt euch Dietleib vor.» Und die beiden starken Recken traten ihm denn auch in den Weg. Zwar widersetzte er sich, aber sie entrissen ihm sein Schwert und steckten es in die Scheide. Dasselbe tat Hildebrand mit Dietrich. Dann handelte der alte Waffenmeister einen Frieden zwischen den Gegnern aus, und in den war Zwerg Laurin einbezogen. Die beiden Fürsten beschwichtigten ihren Zorn, und der tapfere Dietleib holte den Zwergenkönig aus seinem Waldversteck hervor. Dietrich und Wittich schauten ihn freilich nicht gerade freundlich an. Innerlich waren sie ihm gewiß noch recht gram.

Nun fragte Dietleib den Herrscher der Zwerge: «Sag,

hast du meine Schwester geheiratet? Das möchte ich wissen. Dann will ich dich zum Schwager annehmen.»

«Ja, gestern morgen habe ich sie in aller Form zu meiner Frau gemacht. Ach, wie oft habe ich während des Kampfes zärtlich an sie gedacht! Sie ist nun eine mächtige Königin, dessen kannst du gewiß sein, und alle Zwerge sind ihr untertan. Ich will dir auch wahrheitsgemäß erzählen, wie ich sie errungen habe. Höre mich an, edler Ritter. Ich traf die Tugendsame unter einer Linde in der Nähe der Burg Steier an. Dorthin hatte sie sich mit zahlreichen anderen Jungfrauen zur Kurzweil begeben, und es waren nur zwei Männer als Schutz mit. Denen habe ich sie mit Zauberlist abgewonnen. Ich ritt unbemerkt unter die Linde zu der schönen Künhild. An Liebreiz übertraf sie alle anderen gleich dem Licht der Sonne, das ja alles an Helligkeit überstrahlt. Ich ergriff ihre zarte weiße Hand, streifte ihr eine Tarnkappe über, zog sie vor mich auf mein Pferd und entführte sie, ohne daß es jemand bemerkt hätte. Ich nahm sie mit in die Tiefe der Berge, wo ihr zahlreiche Zwerge und schöne Zwerginnen zu Diensten sind und sie mit Gold und Edelsteinen verwöhnen. Ich darf mich rühmen, Schätze in Fülle zu haben, mehr als alle Könige, und sie stehen ihr sämtlich zu Gebote. Mit meinem Gold und meinen Edelsteinen könnte ich alle Länder erwerben. Und selbst dann hätte ich noch genug für drei Königreiche und wäre nicht arm, das kannst du mir glauben. Über all diesen Reichtum gebietet deine Schwester nun.»

«Ich bin froh, daß ich mein Leben für dich in die Schanze geschlagen habe», sprach Dietleib auf diese Rede des Zwergenkönigs. «Nun führe mich mit meiner Schwester zusammen, und erweist es sich, daß du die Wahrheit gesagt hast, so will ich sie dir lieber als jedem andern Mann als Gattin überlassen.»

«Das kann geschehen», erwiderte Laurin. «Und wisse», fügte er hinzu, «deine Schwester Künhild ist von mir noch unberührt.»

Der tapfere Held Dietleib war sehr erfreut, das zu hören.

Der kluge Hildebrand hatte inzwischen Dietrich von Bern beiseite genommen und gesagt: «Edler Herr, Dietleib ist ein wackerer Streiter, und Ihr solltet Euch wieder mit ihm vertragen. Wenn er treu und aufrichtig zu Euch hält, so nützt er Euch gegen jeden Feind. Dazu rate ich Euch, mächtiger Fürst.»

«Ich will deinen Rat befolgen, mein lieber Waffenmeister», erwiderte Dietrich freundlich. Darauf ging Hildebrand auch zu Dietleib und sprach: «Höre mich an, stolzer Ritter. Ganz aufrichtig, es ist dein Schade nicht, wenn Dietrich dein treuer Gefährte ist, denn in seinem Dienst stehen alle tapferen Recken, und zu ihnen zu zählen mehrt dein Ansehen.»

«Ich verstehe und bin auch dazu bereit, Dietrichs Kampfgefährte zu sein, sofern er nur auch meinem Schwager Laurin huldvolle Gesinnung zeigt.»

«Bei meinem Wort», sprach der tapfere Hildebrand, «wir wollen alle Waffenbrüderschaft schließen.»

Und so schworen denn Dietleib und Dietrich, die beiden stolzen Recken, einander gegen jedermann beizustehen. Laurin wurde in diesen Bund eingeschlossen, so, als ob auch er groß und stark wäre. Es schlug ihm zum Vorteil aus, daß er Dietleibs Schwager war.

«Da wir nun alle Waffenbrüder sind», sprach der Zwergenkönig, «so will ich aufrichtig alles, was mir gehört, in euern Dienst stellen. Folgt mir in mein Reich in die Tiefe der Berge. Dort werden euch Zwerge und Zwerginnen mit Gold und Edelsteinen bedenken, dort werden Gesang und Saitenspiel zu eurer Kurzweil erklingen, und dort wird euch fürwahr manche Schönheit begegnen. Ich sage euch, ein Jahr vergeht euch da wie im Fluge, das könnt ihr mir glauben. Wirklich, die Freuden, die euch in meinem Reich erwarten, könnte ich gar nicht vollständig aufzählen. Dies alles soll euch zuteil werden, wenn ihr es wagt, euch mir anzuvertrauen.»

Da nahmen die vier Fürsten Hildebrand beiseite und beratschlagten sich mit ihm. «Sollen wir die Einladung Laurins annehmen?» fragten sie ihn. «Sag, was hältst du davon?»

«Wüßte ich, was das beste für uns wäre, so wollte ich es nicht verschweigen. Immerhin, edler Fürst von Bern, wenn wir Laurin aus Mißtrauen nicht in den Berg folgten, so stünde uns das übel an. Würde es nämlich bekannt, so brächte es uns überall große Schande ein. Man dürfte uns für Feiglinge erklären, und kein Vorwurf könnte uns als Fürsten härter treffen.»

«So möge Gott, der uns das Leben geschenkt hat, es uns auch bewahren», rief Dietrich. «Ich muß das wundersame Zwergenreich schauen, und koste es mein Leben!»

«Zum Teufel mit dem Zwerg! Der will uns doch nur überlisten», war die Meinung Wittichs.

Der kampfbegierige Wolfhart aber sprach: «Ich bin dafür, daß wir dem Zwergenkönig in sein Reich folgen. Wir dürfen uns all die Pracht und Schönheit, von der er uns erzählt hat, nicht entgehen lassen.»

«Höre, kleiner Held», rief Hildebrand Laurin daraufhin zu, «wir wollen uns dir anvertrauen und hoffen, daß du dein Wort nicht brichst.»

«Solange ich lebe, will ich treu zu euch stehen. Ihr könnt euch ganz auf mich verlassen», erwiderte Laurin.

Da folgten sie ihm alle in das Zwergenreich unter den Bergen. Nur Wittich war diese Fahrt verhaßt, und sie sollte sie alle auch in größte Gefahr bringen.

Als sie die Berge sahen, glaubten sie, ihnen schon nahe

zu sein, aber sie sollten sie erst am anderen Morgen erreichen. Sie kamen auf eine Wiese zu Füßen des gewaltigen Bergmassivs, stiegen an einer Linde ab und ließen die Rosse grasen. Auf dieser Aue wuchs jede Art von Obst, und alles duftete lieblich. Die Gegend war auch von herrlichem Vogelsang erfüllt, und was das Wunderbare daran war, jeder Vogel sang eine andere Melodie. Es war prächtig anzuhören, wie dieser Sang über die Wiese schallte. Auch zahlreiche Tiere tollten auf der Aue umher. Sie waren zahm geworden und hatten sich daran gewöhnt, an diesem Ort zu bleiben. In der Tat, es war ein lieblicher Landstrich, und wer ihn erblickte, wurde von Freude erfüllt.

«Wenn ich mich nicht täusche», sprach Dietrich von Bern, «so sind wir hier im Paradies. Mir ist wunderbar heiter zumute.»

«Gott hat uns hierher geschickt», sagte Wolfhart, «damit wir zu Hause berichten, was uns an Wundersamem begegnet ist.»

«Na, vergeßt euch nur nicht», wandte Hildebrand ein, «das würde ich euch empfehlen; denn man soll den Tag nicht vor dem Abend loben.»

«Wenn ihr euch auf mich verlassen wolltet, so würde uns der Zwerg niemals täuschen», meinte Wittich.

«Gebt euch nur all den Freuden dieser wonniglichen Aue hin. Aber sie sind ein Nichts gegen das, was euch *in* dem Berge erwartet», sagte Laurin. «Wir treten immer auf diese Wiese hinaus, wenn wir Luft schöpfen wollen. Jeder windet sich einen Kranz aus Blumen, dann tanzen wir mit hübschen Mädchen. Danach ziehen wir alle wieder in den Berg hinein. Auf solche Weise lassen wir's uns wohl sein», und er fügte hinzu: «Ihr Herren, meine lieben Freunde, ich will diese schöne Gegend mit euch teilen, sie soll uns allen gehören!»

Dietrich dankte ihm dafür. Er glaubte, es sei arglos gemeint. Aber das war es, weiß Gott, nicht. Ihre Kurzweil sollte sich noch sehr ins Gegenteil verkehren.

Sie zogen dann miteinander unter Laurins Führung in den Berg hinein. Die Pferde hatten sie auf der Wiese zurückgelassen. Als sie an das erste Tor des Zwergenreiches kamen, standen dort zwölf wunderschöne Jungfrauen. Sie grüßten die tapferen Fürsten freundlich. Als alle im Berg drin waren, wurde das Tor wieder verschlossen, und zwar so, daß von außen niemand, und wenn er noch so klug wäre, hätte sehen können, wo die Recken in den Berg hineingelangt waren.

«Wäre ich draußen geblieben, wahrhaftig, der Zwerg würde mich nicht hinters Licht führen», grollte der starke Wittich.

«Seid alle unbesorgt», sprach Laurin, «euch wird kein Leid geschehen. Ein Treubrüchiger bin ich nicht.»

Da zogen vor den Augen der Fürsten zahlreiche stattliche Reiter herein. Sie hatten die beste Ausrüstung, die es auf der Welt gibt. Es funkelte nur so von Gold. Herr Dietrich und seine Gefährten wurden gebührend empfangen. Der Raum war an der Decke und an den Wänden mit kostbaren Kleinodien in Hülle und Fülle geschmückt. Mit den gewaltigsten Reichtümern, die es auf Erden gibt, war der Berg angefüllt. Laurin führte aufs glänzendste Hof. Edelsteine hatte er in ungeheurer Zahl, das könnt ihr mir glauben. Kein noch so mächtiger König hätte es ihm darin auch nur annähernd gleichtun können. Die tapferen Recken sahen staunend unglaubliche Kostbarkeiten. Man bat die Gäste, auf goldenen Bänken Platz zu nehmen, in die hell funkelnde Edelsteine eingelegt waren. Man bot ihnen das Allerbeste, Met und kühler Wein wurden ihnen kredenzt, und auch für ihre Unterhaltung war gesorgt.

Die Zwerge trieben mancherlei Kurzweil: die einen sangen, andere bewiesen ihre Kräfte im Springen, dann schleuderten sie den Speer und stießen den Stein. Auch Turnierspiele führten sie den Gästen zu Ehren auf, und es fehlte nicht an kunstvollen Darbietungen von Spielleuten, Geigern, Harfnern und Flötenspielern. Zunächst traten zwei prächtig gekleidete Zwerge mit ihrer Fiedel vor die Fürsten hin. Diese Instrumente hatten einen größeren Wert als ein ganzes Land. Sie waren aus rotem Golde, und sie leuchteten von den Edelsteinen, mit denen sie geschmückt waren. Diesen Fiedeln entlockten die beiden Zwerge die süßesten Melodien. Den Fürsten verging die Zeit wie im Fluge, sie waren ganz hingerissen von dem Vortrag.

«Diese Art von Unterhaltung gefällt mir über alle Maßen», sprach Dietrich von Bern. «Der Berg ist voller Annehmlichkeiten.»

Darauf erschienen zwei hervorragende Sänger, die eine Fülle kunstvoller Lieder zu Gehör brachten und die Gäste damit unterhielten. Sie sangen so herrlich, daß der ganze Berg davon erklang, und wer ihren Gesang vernahm, der vergaß all sein Leid.

Nun betrat Frau Künhild, Dietleibs Schwester, den Saal, von zahlreichen Zwerginnen gefolgt, die alle von großer Schönheit waren. Sie trugen perlenbesetzte Seidengewänder, darüber den edelsten Schmuck aus Gold, Silber und Edelsteinen, den es je gegeben hat. Das schmückte sie ungemein. Die Königin trug eine prächtige, über und über mit Edelsteinen verzierte Krone aus Gold. Ein ganzes Land hätte sie an Wert nicht aufgewogen.

Der Berner und seine Gefährten wurden von der Königin freundlich empfangen. «Sei willkommen, Herr Dietrich, edler Fürst von Verona», sprach sie, «ich freue mich, dich kennenzulernen, habe ich doch gehört, daß man dir große Tapferkeit und Kampfestaten nachrühmt, die du überall zur Mehrung deines Ansehens beweist. Noch nie hast du gegen die Ehre gehandelt, und zu Recht erhebt man dich über alle anderen.»

Herr Dietrich dankte ihr für diese Begrüßung. Die Königin empfing auch alle seine Gefährten so, wie sie es ihrem hohen Stande gemäß verdienten. Ihren Bruder aber nahm sie besonders herzlich auf. Sie umarmte und küßte ihn, drückte ihn an ihre Brust und wollte ihn gar nicht wieder freigeben. Das bereitete Dietleib Schmerz, als sie ihm auf solche Art kundgab, wie unglücklich sie sich fühlte.

«Liebste Schwester», sprach er, «möchtest du weg aus dieser Bergestiefe und nicht mehr mit Laurin leben? Dann sollst du einen anderen zum Gatten bekommen.»

«Liebster Bruder», erwiderte sie, «es geschehe so, wie du es willst. Du siehst ja, mir fehlt es an nichts hier. Ich bekomme das Vierfache dessen, was ich nur wünsche. Alles, was ich im Berge habe, einschließlich meines Frauengefolges, müßte mein Herz erfreuen. Und doch ist es zutiefst vom Kummer erfüllt. Ich habe mich hier noch nie wohl fühlen können, denn ich lebe unter einem Völkchen von Heiden. Was sie tun, ist mir gleichgültig, denn sie glauben nicht an Gott. Wie gern lebte ich doch wieder wie früher unter Christen!»

«Schwesterherz, du sollst wieder glücklich werden», sprach Dietleib. «Ich entführe dich diesem Zwerg, und wenn es mich mein Leben kostet!»

Laurin bat nun die Fürsten zur Tafel. Sie legten dazu ihre Rüstungen ab und kleideten sich in Seidengewänder, die mit Gold und Edelstein verziert waren. Auf solche Weise ehrte der Zwergenkönig seine Gäste. Die Speisen wurden aufgetragen, und es fehlte ihnen an nichts.

Laurin bewirtete sie, wie es kein anderer König vermocht hätte. Er übertraf an Aufwand alle. Von Silber waren die Schüsseln auf dem Tisch, die funkelnden Kannen aus Gold und mit Edelsteinen besetzt, der Tisch aus Elfenbein gearbeitet, mit eingegossenen Verzierungen aus Gold rundum. Als man gespeist und die Tafel aufgehoben hatte, wurden vor den Fürsten Lieder und Gedichte vorgetragen, und Saitenspiel ertönte, daß davon die ganze Berghalle erfüllt war. Weitere Unterhaltung, von zierlichen Zwergen dargeboten, schloß sich an. Laurin begab sich zu Frau Künhild und sprach: «Liebste Gemahlin, ich wünschte, daß du immer glücklich wärest. Ich bitte dich um einen aufrichtigen Rat. Ich habe Sorgen. Ich will dir sagen, was mir diese Recken zugefügt haben. Sie haben meinen Rosengarten verwüstet und alle die goldenen Bänder in den Staub getrampelt, obgleich ich ihnen nichts zuleide getan habe. Ich hätte gewiß böse Rache genommen an ihnen, wenn mir nicht mein Zaubergürtel zerrissen wäre. Durch Dietrichs Kampfeswut habe ich meine Mannesehre eingebüßt. Wenn Dietleib, mein Schwager, nicht wäre, ich würde sie alle mit ihrem Leben dafür büßen lassen!»

«Das würdest du niemals verwinden. Edler Held, behalte deine Ehre im Auge und folge meinem Rat: Strafe sie so, daß sie dich künftig in Ruhe lassen. Versprich mir jedoch, daß du ihnen nicht nach dem Leben trachtest.»

Das gelobte ihr Laurin. Darauf steckte er sich einen goldenen Ring mit einem wunderkräftigen Edelstein an einen Finger der rechten Hand, der ihm die Kraft von zwölf Männern verlieh. Das war Zauberwerk.

Darauf ließ er Dietleib zu sich in eine Kemenate rufen und sprach zu ihm: «Mein lieber Schwager, wenn du dich nicht um deine Gefährten kümmerst, will ich all meinen Besitz mit dir teilen.»

«Eher wollte ich sterben!» erwiderte Dietleib. «Was ihnen geschieht, das soll auch mein Schicksal sein. Auf deinen Beistand verzichte ich!»

«Dann mußt du hier drinnen als Gefangener bleiben, bis du dich anders besinnst und mein Angebot annimmst», sprach Laurin. Die Zauberkunst des Zwergenkönigs war gewaltig. Er sperrte seinen Schwager in die Kemenate ein und eilte zu den vier anderen Fürsten. Wie es heißt, ließ er ihnen Met und kühlen Wein auftragen, mischte aber ein Betäubungsmittel darunter. Kaum hatten sie davon getrunken, so sanken sie auf den Bänken in einen tiefen Schlaf. Sogleich ließ Laurin sie fesseln, in einen tiefen Kerker werfen und darin schmachten. Ohne Dietrich wären sie verloren gewesen. Wie aber kamen die gefangenen Fürsten wieder frei? Dietrichs Feueratem brachte es zuwege, daß die Fesseln, die ihm der treulose Zwerg angelegt hatte, von ihm abfielen. Darauf befreite er auch seine Gefährten von ihren Stricken an Händen und Füßen. Dann überlegten sie, wie sie wieder zu ihren Rüstungen kämen, die der falsche Zwerg in seinem Berge unter Verschluß hielt. Vier Tage lagen sie so voller Sorgen. Frau Künhild aber verdunkelte im Berge alles Licht, indem sie die lichtspendenden Edelsteine verdeckte. Da legten sich alle Zwerge schlafen. Sogleich lief sie zu ihrem Bruder Dietleib in die Kemenate, in der er gefangengehalten wurde, und schloß sie auf. Dietleib sprang ihr voller Grimm entgegen, aber die Königin sprach: «Liebster Bruder, möge das Glück immer mit dir sein. Wenn du nicht tust, was ich dir sage, wirst du Ehre und Leben verlieren.»

«Meine liebe Schwester, was du mir rätst, das werde ich befolgen. Aber sag mir zuvor aufrichtig, wie ist es meinen Gefährten ergangen? Leben sie, oder sind sie tot, oder schweben sie in Lebensgefahr?»

«Zu meinem großen Kummer werden sie in einem tiefen Kerker gefangengehalten und leiden sehr», antwortete sie.

«Ach, hätte ich doch bloß meinen Harnisch und mein Schwert, so wollte ich sie schon befreien», sprach Dietleib.

«Liebster Bruder, möge das Glück dich nie verlassen», erwiderte Künhild, «aber wärest du stärker als vier Männer zusammen, so würden dich die Zwerge dennoch besiegen, denn du kannst sie nicht sehen. Nimm deshalb diesen Ring und stecke ihn an, er wird Wunder wirken. Ich sage dir, wenn du das tust, so werden dir die Zwerge nicht verborgen bleiben.»

Er war hoch erfreut, steckte den Ring an den Finger und konnte die Zwerge tatsächlich erkennen.

«Wenn ich nur meine Rüstung und mein Schwert hätte», sprach er darauf, «so sollten mir die Zwerge für all das schon büßen. Keinen von ihnen ließe ich am Leben, denn sie sind ein zutiefst untreues Völkchen.»

Da nahm die Königin ihren Bruder bei der Hand und führte ihn in ein anderes Gemach, in dem sie die versteckten Harnische und Schwerter der fünf Ritter fanden. Das Gold erhellte den dunklen Raum, und Künhild waffnete den kühnen Recken, band ihm den Helm auf, gab ihm sein Schwert, das mehr wert war als ein ganzes Land, und seinen goldenen Schild, auf dem ein Meerweib naturgetreu abgebildet war.

«Lieber Bruder», mahnte sie ihn dann, «hüte dich vor Laurin. Wenn du ihm unterliegst, sind wir alle verloren.»

«Wenn ihm nicht gerade der Teufel aus dem Höllengrund seine Hilfe leiht, so werde ich mich und meine Gefährten befreien.»

Die edle Königin sprach viele gute Wünsche für den mutigen Ritter Dietleib, daß Gott sein Leben beschützen möge. «In ein Kerkergewölbe hat man deine Freunde geworfen», schärfte ihm die Schwester noch einmal ein. Da nahm er die Rüstungen der vier und ihre stahlharten Schwerter – ein Königreich hätte man dafür erwerben können! –, trug sie hinab vor das Gefängnis und warf sie dort so ungestüm hin, daß der ganze Berg davon dröhnte. Sogleich rief Laurin, von Schmerz und Zorn erfüllt, alle seine Mannen zusammen. Ein Heerhorn erschallte und ließ den Berg erbeben. Das hörten sämtliche Zwerge und waffneten sich unverzüglich für den Kampf. Dreitausend oder noch mehr hatten sich um Laurin, ihren König, geschart, wie erzählt wird. Zu denen sprach Laurin: «Tötet sie alle, denn sie haben Zweifel an unserer Treue!»

Sofort drang das Heer der Zwerge gegen den Kerker vor. Dort stand Dietleib mit einem Herzen voll Kampfesmut. Er konnte die Zwerge trotz der Dunkelheit alle sehen. Wie ein rechter Recke sprang er ihnen entgegen, zog sein Schwert heftig aus der Scheide und erschlug eine gewaltige Menge der Feinde. Das war ihm eine wahre Lust.

Als Laurin sah, daß seine Leute solche Verluste erlitten, geriet er in Zorn, griff Dietleib selbst an und brachte ihm viele tiefe Wunden bei, so daß dem Recken das Blut durch die Ringe seines Panzers quoll. Dietleib hatte ein kampferprobtes Schwert, das schon manchen Helm durchschlagen hatte; aber hier taugte es wenig, denn es konnte Laurins Rüstung nichts anhaben. Ich will ferner nicht verschweigen, daß der edle Recke von den vielen Zwergen, die im Berge waren, auch von hinten angegriffen wurde. Sogleich drehte er sich um und streckte zahlreiche Gegner zu Boden. Aber das half ihm wenig. Er stand auf verzweifeltem Posten. Schließlich drängten ihn seine Feinde gegen den Kerker zurück. Aber inzwischen hatte der erfahrene Waffenmeister Hildebrand, findig wie er war, für sich und seine Gefährten einen Ausgang aus dem Gefängnis entdeckt. Sogleich legten die vier Recken ihre Rüstungen an. Die Zwerge hätten sie gewiß alle leicht erschlagen, wenn sich nicht Dietleib schützend vor das Gewölbe gestellt hätte. Deshalb wollten ihn seine Feinde von dort vertreiben, aber der junge Held wehrte sich verzweifelt und schickte manchen Zwerg ins Jenseits. Inzwischen hatten seine vier tapferen Gefährten Zeit, sich zu rüsten.

«Ich würde nach Herzenslust in den tobenden Kampf eingreifen», rief Dietrich von Bern, als sie fertig waren, «aber ich weiß gar nicht, auf wen ich losschlagen soll, denn ich sehe überhaupt niemanden.»

«Warte», sprach Meister Hildebrand, «ich gebe dir etwas, was mehr wert ist als ein ganzes Land, darauf kannst du dich verlassen. Es wird dir tausend Freuden bereiten. Ich überlasse dir es, weil ich dir mehr Ehre und Ansehen gönne als mir selbst. Nimm darum diesen Gürtel, schnalle ihn um, und sogleich wirst du bestimmt alle Zwerge sehen können.»

Er reichte ihm den Gürtel, und Dietrich legte ihn an. Da schwoll ihm sein Herz, denn wirklich erblickte er die Zwerge. Zugleich aber sah er, daß Dietleib in arger Bedrängnis war. Sein Harnisch war von Blut rotgefärbt, und er konnte sich nur noch mit dem Schwert gegen die Schläge der andrängenden Feinde schützen.

Dietrich rief aber in das Gewölbe zurück: «Freunde, bleibt drin, ihr könnt die Zwerge nicht erkennen, und das bringt euch nur ins Verderben. Glaubt mir, hier sind so viele Zwerge angerückt, wie ich noch nie gesehen habe. Die setzen Dietleib ordentlich zu. Sein Harnisch ist schon über und über mit Blut besudelt. Ich muß ihm zu Hilfe eilen, oder sie erschlagen ihn!»

«Höre», rief der kluge Hildebrand zurück, «Laurin trägt an seiner rechten Hand einen Ring, der ihm die Stärke von zwölf Männern verleiht. Ich rate dir, Herr, schlag ihm den Finger ab und bring ihn mir.»

«Ja», erwiderte Dietrich, «wenn ich den Zwergenkönig vor mein Schwert kriege, soll es geschehen, getreuer Hildebrand.»

Damit sprang der Berner aus dem Kerker heraus, und sogleich stürzten sich zahlreiche kampfeswütige Zwerge auf ihn. Auch Laurin selbst war darunter. Dietleib war hoch erfreut über diese Hilfe, und Dietrich mähte die Zwerge weit und breit nur so hin. Er wollte keinen mehr an seinen Kampfgefährten heranlassen. Aber der Berner empfing selbst auch durch seinen Brustharnisch hindurch manche Wunde, was die Zwerge sehr freute. Trotz seines Mutes und seiner Stärke konnte Dietrich dem Zwergenkönig jedoch nichts anhaben. Da brach die Kampfeswut in ihm auf, und aus seinem Mund kam Feueratem, der Laurin, seinem Todfeind, den Schweiß durch die Rüstung trieb. In diesem Augenblick besann sich Dietrich auf einen Fechthieb, den er von Hildebrand, seinem Waffenmeister, gelernt hatte. Dadurch gelang es ihm, Laurin den Finger mit dem Zauberring abzuschlagen. Sogleich ergriff der Zwergenkönig die Flucht. Den Ring aber gab der Berner dem alten Hildebrand, der glücklich war, nun auch in den Kampf eingreifen zu können. Inzwischen war ein Zwerg voll Zorn und Kummer aus dem Berge hinausgelaufen und hatte aus Leibeskräften in ein Horn gestoßen. Das hörten fünf Riesen, die in einem Walde in der Nähe hausten, und sogleich kamen sie mit stählernen Stangen zum Berg gelaufen. Sie fragten den Zwerg, was es gebe, und der berichtete ihnen: «Die da drin bringen uns so in Bedrängnis, daß ich es kaum beschreiben kann. Meinem

Herrn haben sie die Gefolgschaft erschlagen, und ihn selbst haben sie im Kampfe auch besiegt. Steht dem edlen Fürsten bei!»

Die Riesen stürmten zur Freude des Zwergenvolkes in den Berg hinein, und alle Zwerge, die zuvor geflohen waren, kamen nun wieder hervorgesprungen. Die Riesen waren furchterregend und griffen die beiden Recken sogleich an.

Da sprang Hildebrand zu Wolfhart und Wittich: «Ich rate euch, ihr Freunde, bleibt hier im Gewölbe. Es gibt einen Kampf auf Leben und Tod. Ich sehe fünf schreckliche Riesen kommen, die den Zwergen gegen uns Hilfe leisten. Sie greifen Dietrich und Dietleib an, und ich muß ihnen beistehen.» Er band den Helm fest, sprang draußen aus dem Gewölbe und gesellte sich den Bedrängten zu. Die Riesen waren schaudererregend. Mit ihren stählernen Stangen gingen sie auf die Fürsten los. Da sprach drinnen im Kerker der kühne Wittich zu seinem Gesellen: «Sag, mein lieber Wolfhart, sind wir etwa Schwächlinge? Wir haben doch zeitlebens in Kämpfen unseren Mut bewiesen.»

«Du hast recht, wir müssen auch hinaus», antwortete der kampfbegierige Wolfhart. «Da, wo wir sie kämpfen hören, laufen wir hin und schlagen mit dazwischen. Das ist meine Meinung.»

Unverzüglich machten sie ihre Helme fest und nahmen den Schild auf. In diesem Augenblick kam Künhild und sprach: «Ihr beiden Wackeren, wie gern höre ich euch so reden, und ich muß gestehen, ihr beweist Mannesmut. Aber ihr könnt eure Feinde nicht sehen und wollt sie trotzdem schlagen? Nun, ich will euch helfen.» Und damit gab sie jedem einen Ring. «Steckt ihn auf, und ihr werdet das Wunderbare erleben, daß ihr die Zwerge alle erblickt, verlaßt euch darauf», sprach sie.

Das taten sie denn auch, und es war so, wie die Königin vorausgesagt hatte. Die beiden Recken dankten Frau Künhild, ergriffen ihre Schilde und stürmten aus dem Gewölbe hinaus. Das mußten die Riesen und viele Zwerge bezahlen, daß diese zwei in den Kampf eingriffen. Ihre Rüstungen klangen nur so, sie sprangen ihre Gegner förmlich an, so sehr waren sie auf Kampf versessen. Nagelring und Miming, ihre Schwerter, vollbrachten da ein blutiges Werk. Mit ihnen verletzten sie die Riesen schwer. Die fünf Kampfgefährten gingen nun gemeinsam gegen die Unholde los und brachten ihnen solche tiefen Wunden bei, daß sie bis über die Sporen im Blut wateten. Da wollten die Riesen Fersengeld geben, aber jeder der Recken nahm sich einen von ihnen vor und ließ ihn nicht entwischen. Wie man berichtet, wurden sie alle erschlagen. Laurin aber wurde gefangengenommen. Da war der Kampf zu Ende.

Wolfhart und Wittich gaben sich damit aber nicht zufrieden. Sie wollten in dem Berge nicht einen Zwerg am Leben lassen. So eroberten sie das gesamte Zwergenreich. Laurin aber wurde zu Verona ein Gaukler. Der junge und edle Herr Dietleib ritt mit seiner Schwester heim und verheiratete sie ehrenhaft mit einem angesehenen Fürsten.

Auch Dietrich und Hildebrand kehrten in Begleitung von Wittich und Wolfhart fröhlich nach Verona zurück. Sie wurden von den schönen Damen mit den roten Lippen und den lieblichen Wangen, aber auch von ihren Freunden und Verwandten freudig empfangen. Ich bin sicher, daß man sie ausfragte, was sie erlebt hatten. Und damit ist diese Geschichte von Herrn Dietrich, seinen Kampfgefährten, Frau Künhild und dem Zwergenkönig Laurin zu Ende. Möge Gott uns seine Gnade senden. Im Namen der Dreifaltigkeit. Amen.

*Der Lohn der Welt*

Ihr, die ihr all eure Liebe auf das Irdische lenkt, hört, wie es einem Ritter ergangen ist, der sein Sinnen und Trachten allein darauf gerichtet hatte, den Lohn der Welt zu erlangen. Zu Recht lobte man ihn weit und breit, hatte er doch stets nach Wort und Tat so ganz ohne Tadel gelebt. Seinen Namen nannte man überall in deutschen Landen mit Hochachtung. Alles, was seinem Ansehen in der ritterlichen Gesellschaft hätte Abbruch tun können, hatte er zeitlebens vermieden.

Dieser Ritter war gebildet und klug, und seine innere Vollkommenheit fand ihre Entsprechung in seiner stattlichen äußeren Erscheinung. Was immer einem Manne in der Welt Ruhm einträgt, darauf richtete sich sein Sinn. Stets sah man ihn erlesen gekleidet; er verstand sich auf Pirsch, Beiz- und Treibjagd und pflegte sie alle mit Eifer. In seinen Mußestunden spielte er auf dem Saiteninstrument oder widmete sich dem Schachspiel. Hätte er aber Kunde von einem Turnier erhalten, das im Umkreis von hundert Meilen stattfinden sollte, so wäre der Kampfesfrohe sogleich dorthin geritten und hätte im Dienste der Minne daran teilgenommen. Denn edle und verständige Frauen verehrte er so sehr, daß er ihnen stets unverbrüchlich treu diente. Die Damen vergalten es ihm dadurch, daß sie ihn aufs höchste lobten und priesen. Wie ich in meiner Quelle las, hieß dieser Ritter Wirnt von Grafenberg. Er hatte immerdar der Welt zu Gefallen gelebt und sich vor allem ganz der Minne geweiht.

Eines Tages saß er in einem prächtig ausgestatteten Gemach und las in einem Buch, das von den Wundern der Minne erzählte. Mit solcher Lektüre hatte er schon den ganzen Tag bis zu der Vesper zugebracht, und der liebliche Inhalt hatte ihn in freudige Stimmung versetzt.

Da plötzlich betrat eine Frau den Raum, die ganz seiner Vorstellung von einer höfischen Dame entsprach: Sie war herrlich anzusehen, an ihr gab es nicht das mindeste auszusetzen, und noch nie hatte jemand eine schönere Frau erblickt. Sie war schöner als alle Frauen, die heutzutage leben. Noch nie ist ein so liebreizendes Geschöpf der Mutterbrust entwöhnt worden. Ich sage das bei meinem christlichen Glauben: sie war noch weit schöner als Venus, Pallas oder all die Göttinnen, die sich einst der Liebe gewidmet haben. Ihr Gesicht und ihre Haut strahlten so hell wie ein Spiegel. Ihre Schönheit verbreitete einen solch wonniglichen Glanz, daß davon der gesamte Palas erhellt wurde. Sie war die wahre Vollkommenheit und übertraf alles, was man von fraulicher Anmut je hat sagen hören. Noch nie gab es auf Erden ein liebenswerteres Wesen. Auch ihre Kleidung war herrlich. Die Gewänder und die Krone, die diese Schönheit trug, waren so kostbar, daß sie gewiß niemand hätte bezahlen können, wären sie je zum Kaufe angeboten worden.

Wirnt von Grafenberg erschrak über die Maßen, als sie eintrat. Er verfärbte sich, hätte aber gern gewußt, welch eine Dame da in sein Zimmer getreten war. Erschrocken und bleich, wie er war, sprang er doch sofort wohlerzogen auf und empfing die Herrliche, so artig er konnte.

«Seid Gott willkommen, edle Frau», sprach er freundlich, «was ich an Reiz bei den Damen je wahrgenommen, das übertrefft Ihr bei weitem.»

«Diesen Gruß lohne dir Gott, mein lieber Freund», erwiderte sie ebenso liebenswürdig. «Erschrick nur nicht vor mir, bin ich doch diejenige, der du bis zum heutigen Tage stets bereitwillig gedient hast; und wie überrascht du auch vor mir stehst, so bin ich doch dieselbe, der zuliebe du Leib und Seele oft genug aufs Spiel gesetzt hast. Durch mich ist die höfische Gesinnung in dein Herz gekommen. Du hast zeitlebens wohlerzogen und klug und stets im Blick auf mich gehandelt, du hast gesungen und gesagt, was immer du Gutes über mich wußtest, du hast morgens wie abends in meinem Dienst gestanden, du vermochtest es, auf Erden Lob und Ruhm zu erwerben. Nach deiner ritterlichen Vortrefflichkeit bist du einem blühenden Zweig im Mai vergleichbar. Von Kind an genießt du höchstes Ansehen, und mir gegenüber warst du immer von ungetrübter und vollkommener Treue. Ich bin nun deshalb hergekommen, du edler Ritter, um dich meinen schönen und makellosen Leib nach Herzenslust anschauen zu lassen. Dies sei der hohe Lohn, der dir um deiner treuen Dienste willen von mir zuteil werden soll.»

Den Ritter dünkte die Rede der Frau sonderbar, hatte

er sie doch nie zuvor gesehen, und dennoch behauptete sie, er habe ihr gedient. Er antwortete darauf: «Dank, edle Dame, aber wenn ich in Eurem Dienst gestanden habe, so weiß ich doch nichts davon. Wahrlich, mir will scheinen, daß ich Euch noch nie zu Gesicht bekommen habe. Aber da Ihr, glückverheißende Frau, so gnädig seid, meine ritterlichen Dienste zu begehren, so will ich alle Mühen auf mich nehmen und mit Herz und Hand für Euch eintreten bis an mein Lebensende. Ihr seid so von Glück erfüllt und nennt so viele Tugenden Euer eigen, daß mir Eure freudenvolle Jugend höchsten Lohn in Aussicht stellt. Welch ein Glück, daß ich diesen Tag erleben durfte! Ich bin selig, daß Ihr, liebreizende Dame, meinen Dienst annehmen wollt. Dürfte ich nun bei den Wonnen, die Ihr mir verheißt, ein wenig über Euch erfahren: Wie und wonach heißt Ihr, aus welchem Lande stammt Ihr? Das wüßte ich gern, damit ich Gewißheit darüber erlange, ob ich jemals von Euch etwas gehört habe.»

«Mein lieber Freund», sprach sie darauf zu ihm, «das soll geschehen, gern nenne ich dir meinen Namen. Er ist übrigens in aller Munde. Mir zu dienen, brauchst du dich durchaus nicht zu schämen. In meinem Dienst steht nämlich alles auf Erden, was Reichtum und Besitz heißt. Ich bin von so hoher Gesinnung, daß ich Kaiser und Könige beherrsche; ja, auch Grafen, Freiherrn und Herzöge haben sich mir als Dienstmannen ergeben. Nur Gott steht über mir, sonst niemand. Ich heiße die Welt, auf die du so lange dein Verlangen gerichtet hast. Du sollst nun von mir belohnt werden. Ich komme zu dir, jetzt schaue, was ich dir vorweise.»

Damit drehte sie sich um und zeigte ihm ihren Rücken. Der wimmelte über und über von Würmern und Schlangen, Kröten und Nattern. Ihr Körper war voller

Pockenblasen und riesiger Eiterbeulen, in denen Fliegen und Ameisen in Scharen umherkrochen, und Maden fraßen ihr das Fleisch bis auf die Knochen ab. Sie war so unsauber, daß ihr hinfälliger Leib einen entsetzlichen Gestank aussandte, den niemand ertragen konnte. Um ihr kostbares Seidenkleid war es da schlecht bestellt: es wurde auf dieser Seite zu einem armseligen Fähnchen, sein strahlender Glanz hatte dort alle Farbe eingebüßt und war zum freudlosen Aschgrau geworden. Kurz, nachdem Frau Welt ihm diesen grausigen Anblick geboten, verschwand sie wieder. Möge sie mir und der gesamten Christenheit gestohlen bleiben!

Nach diesem Erlebnis erkannte der Ritter sogleich, daß ein jeder verflucht ist, der dieser Frau dient. Er nahm Abschied von Weib und Kindern, ließ das Kreuz auf sein Gewand nähen, fuhr übers Meer und gesellte sich dem Heere zu, das im Heiligen Lande gegen die Heiden kämpfte. Dort büßte er für seine Verirrung, der Welt so lange gedient zu haben, und wirkte damit für das Heil seiner Seele, damit sie nach seinem Tode ins Himmelreich aufgenommen würde.

Ihr alle aber, die ihr der verführerischen Welt anhangt, bewegt diese wahre Geschichte in euren Herzen. Sie ist so lehrreich, daß man sie bereitwillig anhören sollte. Die Welt weiß nur mit Schmerz und Leid zu lohnen, das habt ihr nun gehört. Wer sich ihrem Dienste weiht – das habe ich erfahren! –, dem ist die Freude, die Gott mit Gewißheit für die Seinen bereithält, ohne jeden Zweifel verwehrt. Darum rate ich, Konrad von Würzburg, euch allen: Laßt euch nicht mit der Welt ein, wenn ihr euer Seelenheil nicht verwirken wollt!

## Herrand von Wildonie

### *Der nackte Kaiser*

Sofern ihr schweigen und mir zuhören wollt, werde ich euch eine Geschichte erzählen, die ich vor einiger Zeit in einer deutschen Prosachronik aufgezeichnet gefunden habe. Als ich sie gelesen hatte, da fand ich sie sehr merkwürdig. Auf die Bitte einer liebreizenden Dame habe ich sie nun – ihr zu Gefallen – in dichterische Form gebracht, bitte aber jeden, daß er mich nicht auslache und mein Werk freundlich aufnehme, auch wenn es nicht wohlgeraten sein sollte. Wäre ich ein großer Dichter, wie gern wollte ich all meine Kräfte in den Dienst dieser Dame stellen, die ich aufs höchste verehre.

Einst herrschte in Rom ein Kaiser, der mächtiger war als alle anderen. Ungeheure Schätze nannte er sein eigen. Aber leider verdarb all das seine Gesinnung, wie das bei vielen andern auch schon vorgekommen ist. Es machte ihn so hochmütig, daß er meinte, er sei ohne jeden Fehler, und er wiegte sich auch in dem Gedanken, daß er niemals arm sein könne. Er glaubte, daß seine Macht und Herrlichkeit von ewiger Dauer seien und niemals vergehen könnten, ja, selbst nach seinem Tode – so meinte er – würde sich daran nichts ändern. Solche Auffassung wäre selbst für ein Kind recht einfältig gewesen. Nur an eines dachte der mächtige, törichte Kaiser nicht: daß nämlich unser Herr Jesus Christus Herrscher über alles ist und daß er alle, je nach seinem Willen, ins Glück oder Leid führen kann.

Nun wird folgendes berichtet: Am zwölften Sonntag nach Pfingsten begab sich der Kaiser zur Kirche und wohnte einer feierlichen Messe bei. Danach winkte er dem Kaplan und sprach zu ihm: «Wie lautet das heutige Wort des Evangeliums?»

«Gern will ich Euch kundtun», erwiderte der Priester, «was Gott uns in ihm verkündet. Im Lukas-Evangelium heißt es: ‹Wer sich selbst erhöhet, der soll erniedrigt werden; und wer sich selbst erniedrigt, der soll erhöhet werden.›»

«Nein», erwiderte der Kaiser darauf und schaute den Priester zornig, ja feindselig an, «wer hier auf Erden mächtig ist, der wird es auch im Jenseits sein. Was hätten sonst meine weltliche Ehre und alle die Mühe, die ich darauf verwendet habe, sie zu erringen, für einen Sinn? Ja, sollte ein armer Teufel im Himmel höher geachtet werden und eine größere Seligkeit genießen als ich, das würde mein Ehrgefühl beleidigen. Nein, daran kann ich einfach nicht glauben! In dieser Sache irrt Ihr, und wer so redet, ist einfach ein Lügner!»

«Dann schweige ich», entgegnete der Priester. «Seht dann freilich zu, daß es Euch mit solcher Auffassung gut gehen möge. Ihr behauptet, ich irrte in dieser Angelegenheit. Aber der das gesagt hat, der hat zeitlebens nie eine Lüge vorgebracht, und die Reinheit all derer, die ein gottgefälliges Leben gelebt haben, stammt von ihm. Deshalb ist er der Reinste von allen. Wer aber lügt, der kann nicht rein sein. Und deshalb kann niemand, der wegen seiner Reinheit mit Gott ist, auch nur das kleinste Lügenwörtchen sagen. Denn da Gott es haßt, wenn seine Geschöpfe lügen, wie sollte ihm selbst die Lüge nicht widerwärtig sein? Lüge ist nämlich Beschmutzung der Seele.» Bei dieser Meinung blieb der Priester – und der Herrscher hielt an seiner fest.

Nun hatte der Kaiser an die zehn Jahre nicht mehr zu Gericht gesessen. Dadurch sah es nicht gut aus in seinem Reiche; denn wo nicht die starke Hand des Herrschers spürbar ist, da breiten sich Raub und Brand aus, wie das auch heute noch ist, wenn nicht ein strenges Regiment geführt wird. Doch hatte sich der Kaiser nun entschlossen, zu Gericht zu sitzen, und er nannte den Termin, zu dem er über alle Rechtsangelegenheiten seines Landes entscheiden wollte, wie es nun einmal das Amt des Kaisers fordert. Denn dem Herrscher war allmählich die Erkenntnis gekommen, daß er durch sein Pflichtversäumnis Gott erzürnt hatte.

Der Kaiser ließ also seine Gerichtsboten überall im Lande verkünden, daß er über vierzig Tage in Rom Gericht halten und über alle Rechtsfälle entscheiden wolle, die bislang unerledigt geblieben waren. Jeder, der davon erfuhr, begrüßte das – mit Ausnahme derer, die zu jener Zeit sich dem Raub und der Gewalttat hingegeben hatten. Glaubt ihr, daß er etwa mit deren Billigung den Gerichtstag angesetzt hat? O nein, ihnen sollte es ja an den Kragen gehen, und das war ihnen alles andere als eine Freudenbotschaft!

Als der Termin herankam und die Bewohner des Landes herbeiströmten, Arme und Reiche, Pfaffen und Laien, Mönche und Nonnen, da gab es genug zu tun, das glaubt mir. Manche feine Dame reiste herzu, die lieber daheim geblieben wäre, wenn ihre bedrängte Lage sie nicht zum kaiserlichen Gericht getrieben hätte. Als der Kaiser vernahm, daß so viele edle und schöne Frauen gekommen waren, um ihr Recht zu erlangen, dachte er: «Vor all diesen hochgeborenen Frauen soll ich morgen erscheinen; da ist es nur recht und billig, daß ich noch ein Bad nehme und mich kostbar kleide, damit ich ihren Augen und ihren Herzen wohlgefällig bin.»

Der Kaiser stieg also noch zur Abendstunde auf sein Pferd und ritt durch die Stadt dorthin, wo er ein Bad nehmen konnte. Die Ritter seines Gefolges ließ er vor dem Tor des Badehauses zurück. Um den Kaiser bemühten sich drinnen drei Pagen und eine Anzahl Badefrauen. Als der Kaiser, so wie es üblich ist, gebadet hatte, sagte er: «Nun gießt auf, ich will in Schweiß kommen und dann zu den Pferden vor das Tor zurückkehren, wo meine Ritter auf mich warten.» Die Fenster wurden geschlossen, und der Kaiser legte sich zum Schwitzen auf eine Bank. Inzwischen trat aber aus der Tür des Baderaumes ein anderer Mann, der dem Kaiser nach Gestalt und Stimme sehr ähnlich war. Die Kämmerer sprangen auf ihn zu, reichten ihm sein Badegewand, und der Mann sprach: «Ich bedaure es fürwahr, daß ich so lange gebadet habe; ich fürchte, es hat euch verdrossen.»

«Durchaus nicht, Herr», erwiderten die Ritter, «es war für uns nur ein geringer Dienst.» Man saß auf und ritt zum Sitz des Kaisers zurück. Die Kämmerer führten eilig alles mit, was der Kaiser zum Bade gebraucht hatte. Der falsche Kaiser aber saß mit den Rittern zu Tisch und scherzte mit ihnen.

Währenddessen lag der wahre Kaiser nichtsahnend im Bade und genoß dessen Freuden. Aber ein Badeknecht störte sein Vergnügen empfindlich. Dieser trat nämlich hervor und sagte zu den Pagen: «Der Kaiser ist schon in seinen Palast zurückgeritten.» Daraufhin zogen sich die Knaben eiligst an und liefen davon. Es betrübte sie, daß sich ihr Herr ohne sie hinweggegeben hatte.

In der Badestube wurden die Fenster aufgerissen. Man hielt den Herrscher, der dort noch auf den Brettern lag, für einen Diener. Der Badeknecht sagte nämlich lachend: «Der Kaiser ist längst über alle Berge, was liegt Ihr hier noch herum, Herr Schandfleck? Wollt Ihr Euch erst morgen früh um die Kleider kümmern, die wir aufbewahrt haben? Das wäre uns aber nicht recht!»

Darauf erwiderte der Kaiser: «Befehlt meine Kämmerer herein, ich will mich anziehen und nach Hause zurückkehren. Möge Gott Euch diese Nacht in seine Obhut nehmen. Ich bleibe jedenfalls nicht hier, denn wo ich heute zur Nacht sein werde, dort, scheint mir, geht's mir besser. Und Eure Kleider taugen da nicht für mich.»

Darauf antwortete der Badeknecht: «Ich fürchte, daß ich viel zuviel Zeit brauchte, wenn ich nach denen suchte, die Ihr ruft. Weder heute noch gestern habt Ihr über Kleider und Kämmerer verfügt! Jedenfalls habe ich davon in diesem Hause noch nichts gesehen, und was das Ansehen und die Ehre angeht, die man Euch erweist, so, wie Ihr hier liegt, merkt man nicht viel davon.»

«Was hat das alles auf sich?» dachte der Kaiser. «Ich glaube, sie erkennen mich nicht. Ich werde selbst vor die Tür gehen, und wenn man mir dort nicht mein Badelaken reicht, so wird man das noch bereuen.»

Der Kaiser trat vor das Tor, aber weder da noch auf der Gasse war irgendeiner von seinem Gefolge zu sehen. Er hörte jedoch großen Lärm aus der Richtung seines Palastes und sah auch hellen Lichtschein von dort herüberleuchten. Er hörte zudem, wie die Bürger sich erzählten, der Kaiser sitze zur Tafel.

«Mein Gott», dachte er, «was war mit mir diese Zeit, daß man mit meinem Namen jetzt einen andern nennt, und ich stehe hier als ein armer Wicht?» Er überlegte, was nun zu tun sei. Da wurde er sich zunächst seiner Nacktheit bewußt und lief zurück in die Badestube. Aber die Badeknechte sprachen: «Wenn Ihr Frieden haben wollt, so schert Euch fort. Tut Ihr das nicht, so könnt Ihr was erleben!»

Darauf erwiderte der Nackte: «Liebe Freunde, ich bitte euch um Gottes willen, laßt mich hier bei euch; ihr braucht nicht zu befürchten, daß euch durch mich etwas Unangenehmes widerfährt. Ihr müßt nämlich wissen, daß ich großen Kummer habe.»

«Euer Herzeleid hättet Ihr dem Kaiser klagen sollen, als der noch hier war», entgegneten die Badeknechte, «der hätte es besser wenden können als wir. Verschwindet von hier!»

Da verließ der Nackte weinend das Badehaus, man versperrte die Tür hinter ihm, und er stand in so beklagenswertem Zustand auf der Straße. Seine Scham verdeckte er mit einem Badewedel, und daß die Nacht ihre Schleier über die Stadt gebreitet hatte, war ihm nur lieb, sah man dadurch doch seine entehrende Nacktheit nicht.

Der Unglückliche schlich sich an den Hauswänden durch die Straßen Roms, bis er zum Tor seines Palastes kam. Davor aber stand eine Burg, auf die er einst einen seiner Getreuen gesetzt und dem er auch sonst viel Gutes getan hatte. Er dachte: «Wenn mich Unseligen jemand aus meiner Not befreien kann, so ist er es.» Er begab sich vor die Burg und bat den Torwächter, ihn einzulassen. Der aber sprach: «Ich wäre ja von Sinnen, wenn ich Euch Armem hier Asyl böte; das brächte uns beiden nur Unannehmlichkeiten. Deshalb müßt Ihr darauf verzichten, denn mein Herr will keine Narren in seiner Burg haben.»

«Geht nur hin zu Eurem Herrn, lieber Mann, und richtet ihm heimlich aus, er möge zu mir kommen; sagt ihm, ich sei es, der Kaiser Gorneus, der ihm viel Gutes erwiesen hat, und er möge mir das jetzt vergelten.»

Der Alte ging sogleich zu seinem Herrn und sprach: «Vor dem Burgtor steht einer, der sich Kaiser Gorneus nennt und mich zu Euch geschickt hat. Er behauptet, er habe Euch einst seine Gunst erzeigt. Nur ist er ein Kaiser, der nichts anhat; sein Leib ist so nackt wie mein Finger.»

«Ich werde einmal hingehen», erwiderte der Burgherr, «und mir den Mann spaßeshalber ansehen.»

Er trat auch vor das Tor und fand den Nackten dort. Als er ihn angeschaut hatte, sprach er zu sich selbst: «Gott im Himmel, was ist das? Er gleicht nach Gestalt, Haartracht und Haltung durchaus meinem Herrn, und hätte ich den nicht vor kurzem, als er noch zu Tische saß, verlassen, so müßte ich glauben, er wäre es wirklich.»

Der Nackte aber sprach: «Lieber edler Freund, ich bin hergekommen, dich um deine Hilfe zu bitten; gewähre sie mir, denn es steht schlimm um mich. Sei dessen eingedenk, daß ich dir stets meine Gunst bewiesen habe. Darum zeige du mir nun deine Treue und befreie mich aus meiner üblen Lage.»

«*Wer* behauptet Ihr zu sein?» fragte der Burgherr.

«Wie kannst du so reden?» erwiderte der Nackte. «Ich bin dein Herr, Gorneus, der dir so viel Gutes getan hat. Du weißt sehr wohl, daß ich zu keinem so großzügig war wie zu dir. Du bist mein engster Ratgeber gewesen und sollst es auch bleiben, sofern ich nur wieder zu meinem Ansehen gelange.»

«Ihr sollt verschwinden», sprach der Burgherr. «Ich habe meinen Kaiser gerade vor kurzem verlassen, als er mit allen Ehren in seinem Palast saß. Aber weil Ihr ihm so ähnlich seht, so nehmt hier diesen grauen Rock von einem meiner Knechte, und dann trollt Euch von meiner Burg. Und nennt Ihr Euch noch einmal Gorneus, so ist das Euer Verderben!»

«O weh», rief der nackte Kaiser, «damit bin ich meines besten Helfers beraubt!»

Er lief weinend in die Stadt zurück und bat in der Küche der Knechte um ein Almosen. Die aber sprachen: «Es wäre nicht mehr als recht und billig, daß man Euch aufhängte, weil Ihr nicht für Euern Unterhalt sorgen wollt, da Ihr doch stark an Leib und Gliedern seid. Aber statt dessen lauft Ihr umher mit heller Haut und glänzendem Haar wie ein Weib. Von uns bekommt Ihr sicher nichts, denn was Euch nützt, das wäre nur unser Schade.» Eine Schüssel mit Essen, die sie ihm hinschoben, war das einzige, was er an diesem Abend bekam; aber es reichte, um seinen Hunger zu stillen. Am Morgen machte er sich dann nützlich und schleppte manchen Zuber voll Wasser in die Küche. Ich glaube nicht, daß ihm das ein Vergnügen war. Sobald er sich aber mit dem leeren Zuber zum Gehen wandte, versetzte man ihm einen Schlag und sprach: «He, Ihr fauler Fresser, wenn Ihr ordentlich gespeist hättet, würdet Ihr wohl gar einschlafen. Eure Trägheit wird Euch noch manches Leid einbringen! Oder seid Ihr etwa dadurch so stolz, daß Ihr dem Kaiser so ähnlich seht?» Sobald man ihm das vorwarf, brach ihm der Angstschweiß aus. Dieser Tadel bereitete ihm Schmerz, und er schämte sich sehr.

Als er mit dem Gefährten, mit dem er zusammen Wasser trug, am Morgen beim Frühstück saß, da erwähnte der Küchenmeister, daß der Kaiser am heutigen Tage zu Gericht sitze. Als dies der Unglückliche vernahm, dachte er, daß er da hingehen und sich einmal vergewissern sollte, wer denn eigentlich derjenige sei, der jetzt sein eigenes Herrscheransehen statt seiner genieße. Er schritt über das Forum und sah, daß dort mancher enthauptet worden war, worüber es unter Frauen und Männern große Aufregung gab. Einige wurden auch gewaltsam hinweggeführt, die Augen mit einem Tuch verbunden. Andere waren aufs Rad geflochten und schrien, und mancher Adlige verlor an diesem Tag seinen Kopf durch das Richtschwert. Viele grobe Tölpel sah er auf dem Scheiterhaufen den Feuertod sterben. Er sah aber auch manchen tot, dem er gewogen war und dem er selbst niemals ein Leid zugefügt hätte, was auch immer dessen Schuld gewesen wäre.

Als er sich vergegenwärtigte, was auf diesem Gerichtstag alles geleistet worden war, dachte er bei sich: «Allmächtiger Gott, du hast mir mit Recht mein Ansehen genommen und hast es dem verliehen, der nun wie ein rechter Herrscher zu leben weiß. Dies alles zu tun wäre meines Amtes gewesen. Vollbringt nun ein anderer das, was ich versäumt habe, so wäre es unrecht von mir, ihn deswegen zu hassen, ist er es doch, der auf Ehre bedacht ist. Ich dagegen verdiene Schande, denn ich war bisher immer nur darauf aus, meine Güter zu mehren; aber dem Wohle der Menschen habe ich damit nicht gedient. Solche Missetat lastet nun schwer auf meinem Herzen. Was die Armen meines Landes auch immer an Klagen vorgebracht haben, alles wurde durch Bestechungsgelder niedergeschlagen, und das Silber wanderte in meine Truhen. Die Unglückseligen aber hatten allen Grund, tief enttäuscht zu sein. Ich glaube aber nun, daß ihre Klagen darüber zu Gott gedrungen sind und daß ich deswegen jetzt zu einer Spottgestalt für alle Welt geworden bin. Der Herr hat es so gefügt, daß ihre Klagen für mich zum Unglück geworden sind. Aber ihre Klagen sind berechtigt gewesen, das ist wahr, und ich bekenne mich ganz und gar schuldig. Im Vertrauen auf deine Gnade, allmächtiger Gott, will ich jede Buße leisten, die du mir auferlegst. So groß auch meine Verruchtheit ist, deine Güte ist doch größer. Was auch immer ich in der Vergangenheit getan habe, laß mich deiner Gnade teilhaftig werden, und ich werde nie mehr rückfällig sein.»

Darauf kam ihm in den Sinn, hinzugehen und sich den tüchtigen Mann anzusehen, den man an seine Statt gesetzt hatte und für den Kaiser hielt. Er trat vor die Gerichtsschranken, schob sich von einem zum andern weiter voran und drang, so gering auch seine Erscheinung war, so weit vor, daß er durch die Menschen hindurch den Kopf des Richtenden erkannte und den betrachten konnte, den das Volk pries, und zu Recht, denn alle Tugend eines Herrschers war in ihm.

Der Unglückselige schaute ihn sehr genau an, ob er ihm denn wirklich so ähnlich sei, und mußte feststellen, daß es so war. Darum konnte er es jenen nicht verargen, die diesen anderen für den richtigen Kaiser hielten. Und er dachte: «Zu alledem ist seine Gesinnung gegen meine so edel, daß er den Vorteil hatte und ich ihm gegenüber den kürzeren zog. Es ist nur recht so, denn Gott trifft in allen Dingen sein Urteil nach dem, was wir hier auf Erden getan haben.»

Die kostbarsten Gewänder aus der kaiserlichen Kleiderkammer hatte dieser Edelgesinnte auf dem Richterstuhl an, und die Reichskrone saß auf seinem Haupte. Da sprach er zu den Fürsten an seiner Seite: «Wenn ihr erlaubt und es möglich wäre, so würde ich mich für ein weniges in meine Gemächer zurückziehen und mich später wieder zu euch gesellen. Inzwischen möge einer der Fürsten an meiner Statt Gericht halten, so wie das Richteramt es verlangt.»

«Geht nur, Herr, Ihr habt genug Zeit in gottgefälligem Tun verbracht, und zu Recht würde Euer Volk schwören, noch niemals einen solchen Gerichtstag erlebt zu haben.»

Man half ihm von seinem Gerichtsstuhl auf, und er schritt dort vorbei, wo der Mann von niederem Stand, der einstmals der Kaiser war, durch die Menschenmenge hindurchschaute. Der wurde am Schopfe gepackt und mit in das Zimmer des Kaisers geführt. Dieser schloß den Raum ab, was dem Unglücklichen sehr wenig behagte, und dann fragte der neue Herr des Reiches: «Nun, wie geht es Euch, törichter Kaiser Gorneus?»

Da kniete Gorneus weinend nieder und erwiderte: «Dank, Herr, aber ich verdiene solche Ehre nicht; *Ihr seid der Kaiser, Ihr seid es wert!*»

«Nun sagt, glaubt Ihr denn jetzt, daß unser Herr Jesus Christus der Herrscher über alles auf Erden ist, daß er erniedrigt, wen er erniedrigen will, und daß es ihm gefällt, denen Ansehen in der Welt zu verleihen, die es nach ihrer Lebensführung verdienen? Von wem hattet Ihr denn Euer früheres Ansehen, und durch wen leidet Ihr heute diese Schmach? Beides ist von Gott gekommen: die Ehre damals und die Schande jetzt. Ihr lebtet einst in dem Wahn, Euer Ansehen beruhe auf Eurer herrscherlichen Macht. Nun seht Ihr, wie schlecht es um diese Herrschaft bestellt ist, sofern Gott sie nicht billigt. Ihr habt Eurem Priester jüngst den Vorwurf gemacht, er irre, und Ihr habt Gott gar der Lüge geziehen. Sagt an, woher kam Euch solches Reden, da Gott doch der Inbegriff aller Tugend und der Quell aller Reinheit ist? Erkennet, Elender, sofern Ihr könnt, wem Ihr Leben, Ehre und Besitztümer verdankt, und unterwerft Euch voll und ganz dem Willen Gottes.»

Weinend lag der Unglückliche zu des anderen Füßen und empfand tiefste Reue über seine Schuld. «Gnade, Herr», sprach er, «ich bekenne mich vor Gott und Euch schuldig; meinem Schöpfer gegenüber habe ich mich bisher treulos und schmählich betragen. Aber wenn Ihr mir helfen wollt, daß ich erlöst werde, so will ich künftig streng nach Eurem Rate leben. Ihr könnt ja in mein Innerstes schauen; es ist mein fester Wille!»

«Da Ihr Euch schuldig bekannt habt und Euch auf den rechten Weg leiten lassen wollt», sprach der andere, «so steht auf und schaut mich an: Ich bin der Engel Gottes! Nehmt nun Eure kaiserlichen Gewänder wieder, aber handelt künftig, wie es Eurem Amte geziemt, und unterlaßt alles, was Euch um Gottes Huld bringen könnte. Seid dessen eingedenk, daß Gott Euch gnädiger war als irgendeinem anderen Menschen, weil er Euch schon hier auf Erden hat büßen lassen. Wenn Ihr aber dem folgt, was ich Euch gesagt habe, so wird Euch nach Eurem Tode im Himmel die ewige Seligkeit zuteil.»

Als ihm der Engel die Gewänder eines Herrschers wieder angelegt und ihm die Krone aufs Haupt gesetzt hatte, sprach er zum Kaiser: «Nehmt nun die Herrschaft über Euer Land wieder zurück. Handelt künftig rechtschaffen und besonnen und in allem den göttlichen Geboten gemäß. Das soll ich Euch auftragen.»

Da kniete der Kaiser nieder und sagte: «Dank dir, Engel Gottes, sei du Bürge vor unserm Herrn, daß ich fortan alle seine Gebote freudig halten werde.» Nach diesen Worten verschwand der Engel.

Der Kaiser aber ging zu den Fürsten hinaus und hielt Gericht. Niemand merkte etwas, denn er sah dem völlig gleich, der zuvor auf dem Richterstuhl gesessen hatte. Ob der Kaiser den Schwachen jetzt ein besserer Richter war als zuvor? O ja, dessen könnt ihr gewiß sein!

Das Gericht währte zwölf Tage, und als der Kaiser alle Fälle entschieden hatte, gebot er Ruhe und sprach zu den Fürsten: «Künftig will ich als Herrscher so leben, daß es euren Beifall finden soll. Und nun wünsche ich, daß alle die hergerufen werden, denen ich ein Unrecht zugefügt habe. Ich will sie so von mir weggehen lassen, daß sie mir Heil und Segen wünschen. Und wen ich unter Bruch des Reichsrechts um sein Erbe gebracht habe, dem soll es nun voll und ganz zuteil werden. Auf alle Zölle, die ich widerrechtlich erhoben habe, will ich künftig verzichten. Es ist unrechtes Gut, das ich mir auf solche Weise angeeignet habe. Auf mein Münzrecht will ich so lange verzichten, wie ihr und alles Volk meines Landes es für gut befindet. Und sollte es irgendwo ein schlechtes Gesetz geben, so soll es nach eurem Willen in ein gerechtes umgeändert werden.»

«Edler Herr», sagten die Fürsten auf diese Rede, «wir loben Gott, daß er Euch nun ganz zu seinem Gebot hingeführt hat, und deswegen wird Euer gesamtes Volk von nun an Eure Befehle nur um so bereitwilliger befolgen.»

Der Kaiser begann sogleich zu handeln, wie er es den Fürsten gelobt hatte: er teilte zur Freude des versammelten Volkes seine ganze bewegliche Habe auf.

Danach zog er sich in seinen Palast zurück und sandte nach drei seiner engsten Vertrauten: einem Bischof, einem alten Abt und seinem weisen Beichtvater. Zu ihnen sagte der Kaiser: «Ratet mir. Allen, die eine Forderung an mich hatten, habe ich alles zurückerstattet; sie sind zufriedengestellt. Aber ich habe von meinem Reichtum noch etwas übrig, und ich möchte nun davon zahlreiche Klöster stiften. Denn behalten will ich diesen Besitz nicht, habe ich ihn doch zu Unrecht erlangt. Fast hätte er mich um mein Seelenheil gebracht. Deshalb will ich niemals wieder so viele weltliche Güter anhäufen wie früher. Sagt mir nun, wie ihr darüber denkt, und ich will mich gern nach euch richten.»

«Herr», antworteten sie, «wer wohl könnte es wagen, solch einem reinen Wunsch zu widerstreben, und aus welchem Grunde sollte er das? Er würde sich nur den Zorn Gottes zuziehen, und mit Recht.»

«So nehmt euch dieses Besitzes an», sprach der Kaiser, «alles, was ich habe, Gold und Silber – und es ist nicht wenig –, verfügt darüber, denn ich will niemals wieder mehr Schätze haben, als mir von Rechts wegen zustehen. Alles darüber hinaus sei um Gottes willen und für des Reiches Wohl verteilt. Wenn ich einst sterbe, möchte ich nicht, daß ich eine Beute des Teufels werde.»

Der Kaiser handelte so, daß jedermann glaubte – und eigentlich zu Recht –, daß er ein Heiliger sei.

Nun bitte ich Gott, daß er um seinetwillen meinen schwachen Verstand erleuchte: O Gott, deine Güte ist am Beispiel dieses Kaisers aller Welt offenbar geworden. Dieser war einst angesehen und mächtig und verlor doch alles. Aber danach hast du ihm alles zurückgegeben. Du hast ihn so gottesfürchtig gemacht, daß er sich fortan das Beste erworben hat, was ein Mensch erlangen kann: dein Himmelreich, allmächtiger Herr Jesus Christus.

Da du so gütig bist, so erweise auch mir deine Gnade, vor allem um derentwillen, die dir am nächsten ist, das heißt: deiner Mutter Maria zuliebe. Laß mich hier ohne Sünde leben, und gewähre mir um all derer willen, die dir im Himmel und auf Erden lieb sind, einst die ewige Glückseligkeit. Darum bittet dich Herrand von Wildonie.

## Helmbrecht

Wenn der eine erzählt, was er gesehen hat, und ein anderer, was ihm widerfahren ist, wenn ein dritter die Minne, ein vierter den Glückserwerb, ein fünfter großen Besitz und ein sechster die höfische Gesinnung des Ritterstandes sich zum Thema nimmt, so will ich hier etwas berichten, was mir begegnet ist, ja, was sich vor meinen eigenen Augen zugetragen hat.

Ich sah – glaubt mir das – einen Bauernburschen mit lockigem blondem Haar, das ihm lang über die Schultern herabhing. Er hielt es durch eine Haube zusammen, die mit prächtigen Bildern geschmückt war. Ich vermute, daß noch nie einer so viele Vögel auf einer Haube gesehen hat; mit Papageien und Tauben war sie bestickt. Wollt ihr jetzt erfahren, was sich des weiteren darauf befand? Es soll gleich geschehen.

Also, ein Gutspächter namens Helmbrecht hatte einen Sohn, der wie sein Vater Helmbrecht hieß. Von diesem jungen Burschen handelt unsere Geschichte. Kurz und bündig will ich euch nun erzählen, welche Wunderdinge auf Helmbrechts Haube gestaltet waren, und mein Bericht täuscht euch nicht, denn er beruht auf Kenntnis der Sache.

Der Streifen der Haube, der von den Locken im Nacken auf der Scheitellinie zum Schopfe verlief, war mit Vögeln bestickt, die so echt wirkten, daß man hätte glauben können, sie seien gerade aus dem Spechtswald darauf geflogen. Noch nie ist eine prachtvollere Kopfbedeckung als die Helmbrechts auf einen Bauernschädel gekommen. Diesem Bauernnarren war über dem rechten Ohre auf die Haube genäht, wie – nun, was wohl? –, wie Troja belagert wurde, weil der tollkühne Paris dem Herrscher der Griechen das Weib, das er wie sein Leben liebte, entführt hatte. Ferner war darauf zu sehen, wie Troja eingenommen wurde, wie die Türme und Mauern dieser Stadt fielen und wie Äneas mit seiner Schar auf Schiffen entkam.

Ach, daß je ein Bauer eine solche Haube tragen sollte, von der so viel zu sagen ist!

Wollt ihr nun weiter hören, was – mit Seide ausgeführt – auf der anderen Seite der Haube zu betrachten war? Ich berichte euch also wahrheitsgemäß: Linker Hand waren die ritterlichen Heldentaten von König Karl und von Roland, Turpin und Olivier abgebildet, die diese vier im Kampf gegen die Heiden vollbracht haben; denn Kaiser Karl besiegte die Provence und das burgundische Reich mit Mut und Klugheit. Auch das spanische Galicien bezwang er. In diesen Ländern lebten vor der Eroberung lauter Heiden.

Wollt ihr nun erfahren, was zwischen den seitlichen Bandschleifen um den Hinterkopf herum auf der Haube zu sehen war? Auch das erzähle ich euch ganz genau.

Da war abgebildet, wie die Söhne der Frau Helche und Diether von Bern vor Ravenna im Kampfe den Tod fanden durch den kühnen und ungebärdigen Wittich.

Wenn ihr wollt, könnt ihr auch noch hören, was der Narr Helmbrecht weiterhin auf seiner Haube hatte. Der Vordersaum, der von einem Ohr zum anderen über den Kopf lief, war – nun hört euch das an, und auch darin bleibe ich bei der Wahrheit! – mit herrlich anzuschauenden Rittern und Damen verziert. Auch tanzende Jünglinge und Mädchen, aus glänzender Seide aufgenäht, fehlten nicht. Ein jeder Ritter führte, wie es beim Tanze ja noch immer Sitte ist, eine Dame links und eine rechts an seiner Hand, und ebenso taten's die Knaben und Mädchen. Auch Spielleute sah man auf der Haube abgebildet.

Nun hört, wie diese für den schneidigen jungen Narren angefertigt wurde; denn noch wißt ihr ja nicht, wo die Haube eigentlich herkam. Eine lebenslustige Nonne hatte sie nämlich genäht, die, weil die Freuden dieser Welt sie mächtig gelockt hatten, aus dem Kloster weggelaufen war. Ihr war es wie noch mancher anderen ergangen; denn ich habe schon viele gesehen, die durch ihre körperlichen Gelüste ihr Seelenheil verscherzten.

Helmbrechts Schwester Gotelint hatte der Nonne, damit sie leben konnte, einen Lohn gezahlt, den jeder gern nähme, ein Rind nämlich, und dafür nähte sie, kunstfertig, wie sie war, die Haube und die Kleidung für Helmbrecht. Helmbrechts Mutter aber gab zu Gotelints Kuh noch eine Menge Käse und Eier, die Nonne konnte jetzt so viel Käse zerkrümeln und Eier aufschlagen wie nie zuvor im Kloster.

Die Schwester gab dem Bruder aber auch, um sein Ansehen zu mehren, weiße Leinwand, die ihresgleichen suchte. Die war so fein gesponnen, daß, während sie hergestellt wurde, sieben Weber die Arbeit hinwarfen, weil sie ihnen zu mühsam war. Die Mutter steuerte zur Ausstattung Helmbrechts so kostbaren Wollstoff bei, daß nie ein Schneider einen so prächtigen zwischen die Schere bekommen hat. Dazu tat sie noch einen Pelz von einem edlen Tier, das auf der Wiese Gras frißt. Etwas so Weißes fand sich im ganzen Land nicht noch mal.

Außerdem gab die gute Frau ihrem lieben Sohn ein Kettenwams und ein Schwert, wie es der Jüngling brauchte, und dazu zwei weitere nötige Kleidungsstücke und ein Stechmesser und einen kleinen länglich-runden Schild. Wer all das sein eigen nennt, der gibt sich wohl auch heute noch keck und verwegen!

Als Helmbrecht nun so ausstaffiert war, sprach er: «Mutter, jetzt fehlt mir noch ein Leibrock; denn hätte ich den nicht, so würde man mich nicht für voll nehmen. Der soll so beschaffen sein, daß du dir sagen kannst: Mit dem legt mein Sohn überall Ehre ein!»

Die Mutter hatte noch ein Tuch in der Truhe. Das ging leider für das Gewand des Sohnes hin; und blaues Tuch kaufte sie obendrein für ihn dazu. Weder hierzulande noch irgendwo anders – das könnt ihr mir glauben – hat je ein Gutspächter einen Rock getragen, der auch nur um einen Deut besser gewesen wäre.

Wer Helmbrecht zu solcher Kleidung geraten hatte, der wußte, was sich bei Hofe schickt und was Ansehen einbringt: Auf der Rückseite seines Gewandes war vom Nacken bis zum Gürtel ein vergoldetes Knöpfchen neben dem andern.

Solltet ihr von dem Rock noch mehr erfahren wollen, so würde ich euch zuliebe weiterberichten. An der Vorderseite des Wamses vom Kinn bis zur Gürtelschnalle waren silberne Knöpfe. Noch nie hat ein Bauer auf seinen Leibrock so viel Sorgfalt verwendet, geschweige, daß zwischen Hohenstein und Haldenberg einer ein so prächtiges Stück besessen hätte. Nun, wie gefällt euch das: Die drei mittelgroßen Schließknöpfe am Wams des Toren waren aus Kristall und die Brust über und über mit anderen weitleuchtenden kleinen Knöpfen besät, gelben, blauen, grünen, braunen, roten, schwarzen und weißen, ganz wie er es gewünscht hatte. Diese strahlten so, daß Frauen und Mädchen ihn beim Tanze mit Entzücken ansahen. Ich bin sicher, dieser Jüngling hätte mich bei den Damen glatt ausgestochen.

Am Ärmelansatz waren außerdem rundherum Schellen angenäht, die beim Tanze den Frauen hell in die Ohren klangen. Wäre Herr Neidhart von Reuenthal noch am Leben, er hätte euch dies alles besser singen können, als ich es zu erzählen weiß, denn ihm hatte Gott hohen Kunstverstand geschenkt.

Aber das sollt ihr noch erfahren: Ehe die Mutter dem Helmbrecht Beinkleider und Schuhe beschaffen konnte, mußte sie doch so manches Huhn und Ei verkaufen.

Als sie nun den Stolzen auch noch auf solche Weise ausgestattet hatte, sprach er zum Vater: «Mich treibt's an den Hof, mein lieber Vater, und nun bedarf ich dazu auch noch deiner Hilfe. Meine Mutter und meine Schwester haben schon so viel dazu beigesteuert, daß ich ihnen zeitlebens dankbar dafür bin.»

Dem Vater paßte das alles nicht, und so entgegnete er dem Sohne in spöttischem Ton: «Ei freilich, für deine Fahrt zu Hofe spendiere ich dir einen Hengst, der schnell und ausdauernd ist und der wie eine Feder über Zäune und Gräben fliegt. Ein Vergnügen wäre mir's, dir einen solchen zu kaufen, wenn ich ihn nur irgendwo feil fände! Doch ernsthaft: Mein lieber Sohn, verzichte auf deine Fahrt zu Hofe. Die Lebensweise dort ist hart für alle, die sie nicht von Kind an gewöhnt sind. Treibe oder führe mir lieber das Zugvieh, oder geh *du* hinterm Pflug, dann will *ich* das Vieh leiten. Laß uns so gemeinsam unser Land bebauen. Glaube mir – und ich meine es gut und aufrichtig mit dir und rate dir nichts Falsches –, wenn du ein solches Leben geführt hast, wird man dich einst gleich mir ehrenvoll zu Grabe tragen, worauf ich für mich wenigstens hoffe. Ich zahle auch Jahr um Jahr meinen Zehnten, wie es das Recht will, und Haß und Mißgunst habe ich bisher gegen niemanden im Herzen getragen.»

«Mein lieber Vater, laß dein Reden. Da ist nichts mehr zu ändern, ich will mir nun einmal die Hofluft um die Nase wehen lassen. Die Säcke, die ich bei dir tragen mußte, sollen mir nicht länger den Hals beugen, und auch Mist werde ich dir nie mehr auf deinen Wagen laden. Gott soll mich strafen, wenn ich dir je wieder Ochsen antreibe oder Hafer säe. Das stünde meinen langen blonden Locken, meinem schmucken Rock und meiner prächtigen Haube mit den seidenen Tauben, die von Frauenhand daraufgenäht wurden, reichlich schlecht an. Nein, nein, dem Ackerbau bin ich für immer verloren!»

«Lieber Sohn», sprach der Vater, «bleibe bei mir. Ich weiß, daß der Gutspächter Ruprecht dir seine Tochter zur Frau geben will und dazu als Mitgift viele Schafe und Schweine und zehn Rinder, ausgewachsene und junge. Bei Hofe dagegen leidest du Hunger, hast ein unbequemes Lager und mußt auf alle Gunst verzichten. Folge meinem Rat, so wirst du Nutzen und Ansehen gewinnen; denn noch nie hat der sein Glück gemacht, der aus seinem Stande herauswollte. Dein Platz ist am Pflug. Höflinge findest du genug, wo du auch hinkommst. Und das schwöre ich dir bei Gott, du wirst nur Schande ernten und zum Spott der rechten Ritter werden. Drum, mein lieber Junge, beherzige meine Worte und laß das sein!»

«Vater, wenn ich erst ein Pferd unter dem Leibe habe, so traue ich mir schon zu, bei Hofe ebenso zu bestehen wie die, die von Kind auf dort leben. Jeder, der die Haube auf meinem Kopfe erblickte, schwüre wohl tausend Eide darauf, daß ich dir niemals im Leben Vieh angetrieben habe oder hinterm Pflug gegangen bin. Ziehe ich das an, was ich dank meiner Mutter und meiner Schwester nun besitze, so sehe ich nicht im geringsten einem ähnlich, der mit dem Flegel auf der Tenne Korn ausgedroschen oder der Stangen eingerammt hat. Wenn ich erst meine Beinkleider und die Schuhe aus Corduanleder anhabe, wird nichts an mir verraten, daß ich jemals Zäune fürs Vieh gesetzt habe. Und bekomme ich einen Hengst von dir, so kann der Meier Ruprecht auf mich als Schwiegersohn warten. Ich denke nicht daran, wegen einer Frau auf ein Leben als Ritter zu verzichten und hier zu versauern!» Darauf der Vater: «Nun sei mal still, mein Junge, und höre gut zu, was ich dir noch sagen will. Wer guten Rat annimmt, der hat Nutzen und Ansehen davon. Wenn aber ein Kind nie auf seinen Vater hört, bringt ihm das am Ende nur Schande und Schaden. Dich den adligen Hofleuten anzuschließen und gleichzustellen, schaffst du doch nicht. Man haßt dich nur deswegen. Und auch das glaube mir: Kein Bauer würde es beklagen, wenn es dir bei Hofe übel erginge. Nähme einer vom Geburtsadel einem Bauern das weg, was der sich schwer erarbeitet hat, dann käme so einer vor Gericht letztlich immer besser weg als du, wenn du dasselbe getan hättest. Und sei dessen gewiß: Brächtest du ihn auch nur um ein Brot und er kriegte dich unter, mein Junge, so würdest du für alle büßen, die ihm jemals etwas genommen haben. Er ließe dich gar nicht zu Wort kommen; die Rechnung ist längst fertig, und es wird kurzer Prozeß mit dir gemacht. Ja, der glaubt sich sogar mit Gott im Bunde, wenn er dich auf einem Raubzug totschlägt. Glaube mir das, mein Sohn. Drum bleib hier und heirate.»

«Vater», erwiderte Helmbrecht darauf, «was mir auch widerfahren mag, von meiner Fahrt zu Hofe lasse ich nicht ab; ich *muß* einfach dorthin! Dein Rat mag andere Söhne bewegen, sich mit dem Pflug abzuquälen. Vor *mir* müssen bald Rinder brüllen, die ich aus allen Richtungen vor mir hertreibe. Daß ich überhaupt noch hier bin, liegt nur daran, daß mir ein Gaul fehlt. Daß ich nicht mit den andern kreuz und quer umhersause und die Bauern an den Haaren durch die Hecke zerre, das macht mir Kummer! Auf so armselige Weise will ich nicht zu Besitz kommen, daß ich mehr als drei Jahre Fohlen und Rinder aufzöge. Solcher Gewinn käme mir läppisch vor. Ich will Tag um Tag auf Raub ausgehen, der etwas einbringt und mir gutes Essen und warme Kleidung im Winter sichert, es sei denn, daß gerade keiner die Rinder abkaufen wollte. Vater, beeile dich und zögere nicht länger, gib mir schleunigst den Hengst, denn ich bleibe nicht bei dir!»

Ich will es kurz machen: einen Lodenstoff von dreißig Lagen, jede anderthalb bis zwei Fuß breit – das längste Stück Loden, das es je gab –, vier gute Kühe, zwei Ochsen und drei Bullen sowie vier Scheffel Korn zahlte der Vater für Helmbrechts Hengst. O weh über diesen Verlust! Zehn Pfund Pfennige gab er insgesamt dafür hin und hätte doch, wenn er selbst ihn verkauft hätte, nicht mehr als drei dafür bekommen. O weh, eingebüßte sieben Pfund, o weh, verlorene Klugheit!

Als der Sohn nun fertig ausgerüstet war und sich angekleidet hatte, hört nur, was der Bursche da redete. Er warf den Kopf stolz zurück, schaute auf jede Schulter und sprach: «Ich bin so kecken Sinnes, daß ich Steine zerbeißen und Eisen fressen könnte! Der Kaiser, der Herzog und mancher Graf sollten es für ein Glück erachten, wenn ich sie nicht gefangennähme, mit mir führte und bis aufs Hemd ausplünderte. Ich will ohne Furcht um mein Leben in die Kreuz und in die Quere durch die Lande reiten. Entlaß mich aus deiner Obhut, Vater. Ich will mich künftig so entwickeln, wie *ich's* für richtig halte. An einem hartschädligen Niedersachsen hättest du ein leichteres Erziehungswerk als an mir.»

Da sprach der Vater: «Wie du willst, mein Sohn. Nehme die Sache ihren Lauf! Da du aus unserem Stande wegstrebst, bin ich künftig nicht mehr verantwortlich für dich. Aber achte nur gut auf deine Haube mit den seidenen Tauben darauf, daß man an die nicht etwa Hand legt oder dein langes blondes Haar dir böse zerzaust. Denn wenn du auf meine Erziehung verzichtest, so fürchte ich sehr, daß du zuletzt an der Hand eines kleinen Jungen als Krüppel durch die Welt ziehst.» Und weiter sprach er: «Mein lieber Junge, laß doch noch mit dir reden. Lebe von dem, was ich habe und was dir deine Mutter gibt. Trink lieber Wasser, ehe du mit der Beute aus deinen Räubereien Wein erwirbst. Jedermann in Österreich hält Klamirre für eine Speise, wie sie der Adel nicht besser hat. Diese iß, ehe du einem Wirt für ein Huhn auf dem Tisch ein geraubtes Rind in Zahlung gibst. Deine Mutter versteht sich darauf, jederzeit guten Brei zu kochen. Löffele den, ehe du ein geraubtes Pferd gegen eine Gans tauschst. Mein Junge, handelst du danach, so wärest du angesehen, wo du auch hinkommst. Mische lieber Hafer und Roggen für die Speise, ehe du mit Schanden Fisch ißt. Das rät dir dein Vater. Folge dem, so bist du klug. Willst du das aber nicht, so scher dich davon. Solltest du in deinem neuen Leben Besitz und Ansehen erwerben, so mag ich daran keinen Teil haben. Aber gerätst du ins Unglück, so trag es auch allein!»

«Mein Vater, trink du nur immer Wasser, und ich werde Wein genießen; iß du Getreidebrei, und ich speise gekochtes Huhn, das kann mir keiner verbieten. Auch Weißbrot will ich bis an mein Lebensende essen, während Haferbrot dir und deinem Stande zukommt.

Im römischen Gesetz heißt es übrigens, daß jedem Kind von seinem Paten eine gute Eigenschaft mitgegeben wird. Mein Pate war ein Ritter von Geburt. Gepriesen sei er, durch den ich so edel geworden bin un der mir einen so hochstrebenden Sinn übertragen hat.»

Darauf erwiderte der alte Helmbrecht: «Glaube mir, ich habe mehr Gefallen an einem Menschen, der nach Recht und Pflicht handelt und daran festhält. Und wäre der auch von geringem Stande, er behagte der Welt doch besser als einer von königlichem Geblüt, bei dem weder edle Eigenschaften noch Ehrgefühl entwickelt sind. Wenn ein tüchtiger Mensch von niederer Abkunft und ein Adliger ohne innere Bildung und folglich ohne äußeres Ansehen in ein Land kommen, wo niemand sie kennt, da hält man den Sohn des geringen Mannes für den Adligen und nicht den, der anstelle der Ehre die Schande erwählt hat. Mein Sohn, ich rate dir aufrichtig, willst du als edel angesehen werden, so *handele* edel, denn erst Anstand und feine Sitten machen den wahren Adel aus, laß dir das gesagt sein.»

Helmbrecht erwiderte darauf: «Du hast ja recht. Aber meine Haube, mein Haar und meine vornehme Kleidung verbieten es mir zu bleiben. Das alles ist so prächtig, daß es sich weit besser zum Tanze schickt als zu Egge oder Pflug.»

«Weh, daß deine Mutter dich geboren hat», sagte der Vater zum Sohn, «du willst das Rechte unterlassen und dich dem Schlechten verschreiben. Du schöner Jüngling, du, wenn du noch bei Verstand bist, so beantworte mir diese Frage: Welcher lebt besser, der, den man beschimpft und mit Flüchen überhäuft, für den alle Welt bezahlt, der auf Kosten anderer Menschen lebt und gegen Gottes Gebot handelt, oder der, von dem alle Nutzen haben und der sich nicht scheut, Tag und Nacht fleißig zu schaffen zum Wohle der Gesellschaft und Gott zur Ehre? Wo sich der auch hinwendet, ihm sind Gott und Menschen stets geneigt. Nun sage mir wahrheitsgetreu, mein Sohn, welcher von diesen beiden ein lautereres Leben führt und welcher von ihnen dir besser gefällt.»

«Vater, das ist natürlich derjenige, der keinem einen Schaden zufügt und von dem man Nutzen hat; der lebt fraglos das bessere Leben.»

«Mein Junge, der könntest du sein, wenn du meinem Rat nun endlich folgen wolltest. Pflüge das Land, so haben viele von deiner Arbeit Vorteil: die Angehörigen der niederen wie der höheren Stände, aber auch Wolf und Adler und überhaupt alle Geschöpfe, die Gott auf der Erde werden ließ. Sohn, bestelle das Feld. Was würde aus der Schönheit der Damen und wie stünde es um manches Königtum ohne Bauernstand? Denn wie hoch einer auch stehen mag, ohne den Ackerbau wäre sein ganzes stolzes Leben unmöglich.»

«Vater, Gott bewahre mich nun bald vor deinen Predigten! Wärest du ein Priester geworden, du hättest mit deiner Rede die Massen zum Kreuzzug begeistert. Aber höre, was ich dir sage: Wenn die Bauern viel ernten, so essen sie nur um so mehr und haben also auch nichts davon. Wie meine Sache ausläuft, vom Pfluge sage ich mich los. Denn sollte ich seinetwegen schmutzige, abgearbeitete Hände bekommen, bei Gott, das wäre mir, wenn ich mit edlen Frauen tanzte, eine rechte Schande!»

Der Vater sprach darauf: «Wenn du zu einem kommst, der sich aufs Traumdeuten versteht, so frage ihn doch einmal, was der Traum bedeutet, den ich jüngst hatte. Auf jeder Hand von dir sah ich ein Licht so hell brennen, daß davon das ganze Land ringsum erleuchtet wurde. Mein Junge, genau dasselbe träumte mir im vorigen Jahr von einem Mann, den ich in diesem Jahr als Blinden wiedertraf.»

«Na, wenn schon», sagte Helmbrecht, «deswegen lasse ich nicht von meiner Absicht, ich wäre ja sonst ein rechter Feigling.»

Ihm war einfach nicht zu raten.

Da fuhr der Vater fort: «Mir träumte noch mehr von dir. Ein Bein reichte dir bis zur Erde, das andere aber ruhte unterhalb des Knies auf einem Stock, und aus deinem Rock ragte dir der Beinstumpf hervor. Frage die Traumdeuter, ob das für dich etwa Heil bringen soll oder was es sonst bedeutet.»

«Das meint Glück, Gesundheit und Freudenfülle», antwortete der junge Helmbrecht.

«Aber noch einen anderen Traum, den ich hatte, möchte ich dir nicht verhehlen», fügte der Vater hinzu. «Du flogst hoch über Felder und Wälder, und eine Schwinge wurde dir durchgeschnitten. Da konntest du nicht mehr fliegen. Soll dieser Traum Gutes für dich bedeuten? Weh über deine Hände, deine Beine und deine Augen!»

Darauf sagte Helmbrecht: «Vater, alle deine Träume bedeuten das reine Glück für mich. Kümmere dich um einen anderen Knecht! Auf mich brauchst du nicht mehr zu rechnen, und wenn du noch so viel geträumt hast!»

«Mein Sohn, all das ist noch gar nichts gegen das, was

jetzt kommt. Hör dir diesen Traum an: Du hingst an einem Baume. Von deinen Füßen bis zur Erde waren es noch anderthalb Klafter. Über deinem Kopf saß auf einem Zweig ein Rabe, neben ihm eine Krähe. Dein Haar war struppig, und der Rabe kämmte es dir auf der rechten und die Krähe scheitelte es dir zur linken Seite.

Weh, mein Junge, über den Traum, über den Baum, den Raben und die Krähe! Wahrlich, ich fürchte, daß ich an dir Kummer erlebe, es sei denn, der Traum hätte nichts zu bedeuten!»

«Weiß Gott, Vater, wenn du auch alles denkbar Gute und Böse geträumt hättest, ich gebe mein Vorhaben doch nicht auf. Ich muß einfach zu Hofe, mich treibt's dorthin. Gott behüte dich, Vater, und meine liebe Mutter, und auch euern Kindern mögen Glück und Heil beschieden sein; Gott segne uns alle!» Damit nahm er Abschied von seinem Vater, sprengte hoch zu Roß über den Zaun und ritt seines Weges.

Sollte ich euch alles erzählen, was Helmbrecht auf seiner Fahrt erlebt hat, das würde ich in drei Tagen oder gar in einer Woche kaum schaffen. Jedenfalls kam er auch auf eine Burg, deren Herr gerade in Fehde lag und deshalb jeden gern aufnahm, der sich aufs Kämpfen verstand. Von diesem wurde Helmbrecht angeworben, und er war beim Rauben so wild, daß er sogar das nahm, was ein anderer verschmäht hätte. Er ließ einfach alles mitgehen, keine Beute war ihm zu gering und keine zu groß. Ob der Gegenstand nun rauh oder glatt, krumm oder gerade war, der Sohn des Meiers Helmbrecht nahm alles: Er bemächtigte sich des Pferdes wie des Rindes und ließ einem Menschen nicht so viel, wie ein Löffel wert ist; er nahm Wams und Schwert, Mantel und Rock, Geiß und Ziegenbock, Mutterschaf und Schafbock. Das sollte er später mit seinem Leben büßen. Den Frauen zog er

Röcke, Hemden, Mantel und Pelz vom Leibe. Das hätte er freilich, als er durch den Gerichtsbüttel geduckt worden war, gar zu gern ungeschehen gemacht.

Aber im ersten Jahr lief für ihn noch alles zum besten, sein Schifflein hatte günstigen Wind in den Segeln, trieb munter voran, und Helmbrechts Gier schwoll davon so, daß er von der Beute stets das Beste an sich riß.

Zu dieser Zeit dachte er auch an zu Hause, an seine Verwandten, wie es den Menschen eben so geht. Er holte sich von seinem Herrn die Erlaubnis heimzureisen, verabschiedete sich von ihm und dessen Gesinde und empfahl sie alle Gott an.

Nun ist etwas zu erzählen, was man einfach nicht übergehen kann. Wüßte ich es euch doch nur recht mitzuteilen, wie er daheim empfangen wurde!

Ob man ihm entgegenging? Ach was, man rannte, alle auf einem Haufen, einer drängte sich vor den andern. Selbst Vater und Mutter liefen schneller, als sie es tun würden, wenn ihnen ein Kalb im Sterben läge. Wer sich den Lohn verdiente für die Meldung, daß Helmbrecht komme? Der Knecht war's, und man gab ihm freudig Hose und Hemd als Belohnung.

Sprachen die Magd und der Knecht zum Ankömmling etwa: «Sei willkommen, Helmbrecht.»? Mitnichten, das verbot sich. Sie sagten: «Seid uns willkommen, Junker.» Und er erwiderte darauf mit flämisch gefärbter Rede: «Ihr lieben söten Kindken, Gott hebbe euch in seiner Huld!» Seine Schwester rannte auf ihn zu und umarmte ihn. Die redete er lateinisch an mit: «Gracia vester!» So schnell wie bei der Jugend ging's bei den Alten nicht. Sie kamen hinterhergeschlurft; aber ihre Begrüßung war herzlich und wollte gar kein Ende nehmen. Helmbrecht sprach zu seinem Vater französisch: «Deu sal!», und zur Mutter böhmisch: «Dobra ytra!» Da sahen sich die beiden Alten verdutzt an, und die Frau sprach: «Mann, wir sind nicht bei Sinnen. Das ist gar nicht unser Junge, das ist ein Böhme oder Wende.» Und der Vater: «Ein Welscher ist es! Mein Sohn, den ich Gott anbefahl, ist das jedenfalls gewiß nicht, wenn er ihm auch ähnlich sieht.» Und Gotelint sagte: «Das ist nicht euer beider Sohn; er hat mich ja auf Latein angeredet. Das ist sicher ein Pfaffe.» – «Wahrhaftig», sagte der Knecht, «wie ich gehört habe, stammt er aus Niedersachsen oder Brabant, er sagte: ‹Liebe söte Kindken›, und das ist doch Platt.»

Der Vater sprach nun ohne Umschweife: «Wenn du mein Sohn Helmbrecht bist, so zeige das, indem du so redest, wie wir es verstehen und wie schon unsere Eltern sprachen. Du sagst immer ‹deu sal›, ohne daß ich wüßte, weshalb. Erweise deiner Mutter und mir die Ehre – das haben wir um dich verdient – und rede deutsch mit uns. Dann will ich dir, mein Junge – Gott behüte dich! –, eigenhändig den Hengst abwischen und will diesen ehrenden Willkommensdienst nicht dem Knecht überlassen.»

Aber Helmbrecht begann wieder mit fremden Brokken durchsetzt zu reden: «Ach, wat stritet Ihr hier rum, Bureken, und dieses ehrlose Wif? Mein Perd und meinen schönen Lif soll niemals ein Buer anfaaten.»

Darüber erschrak der Hausherr sehr, aber er sprach dennoch weiter: «Wenn du mein Sohn Helmbrecht bist, so koche ich dir heute abend ein Huhn und brate dir noch eins dazu, das verspreche ich dir. Bist du's aber nicht, wenn Ihr ein Böhme oder Wende seid, so schert Euch auch zu denen! Ich habe, weiß Gott, mit meinen eigenen Kindern genug. Selbst einem Geistlichen gebe ich nicht mehr als das, was er von Rechts wegen verlangen kann. Seid Ihr also nicht Helmbrecht, so werdet Ihr nicht an meinem Tische speisen, und wenn ich alle Fische der

Welt mein eigen nennte. Seid Ihr ein Sachse oder einer aus Brabant oder Welschland, so müßt Ihr Euch aus Eurer Reisetasche beköstigen. Ihr rührt mir von dem meinen nichts an, selbst wenn diese Nacht ein Jahr dauern sollte. Ich habe weder Met noch Wein. Junker, Ihr sollt Euch eine Herrentafel suchen!»

Mittlerweile war es schon ziemlich spät geworden, und der Jüngling ging mit sich zu Rate und dachte: «Bei Gott, ich will ihnen sagen, wer ich bin. Hier gibts weit und breit keinen, der mich aufnähme, und ich bin doch nicht recht gescheit, daß ich so fremd rede. Ich werde das lassen.» Und er sagte jetzt: «Jawohl, ich bin's, der ...» – «Nun, sagt, wer», fiel ihm der Alte ins Wort. – «Der so heißt wie Ihr.»

Darauf der Vater: «Den Namen nennt mir.»

«Helmbrecht heiße ich und war, die Wahrheit ist's, bis vor einem Jahr noch Euer Sohn und Knecht.»

«Nein», sprach der Alte.

«Doch!»

«Dann nennt mir die Namen meiner vier Ochsen!»

«Nichts leichter als das. Von denen, die ich damals versorgte und mit der Gerte antrieb, heißt der eine Uwer. Kein zweiter Bauer wäre reich und tüchtig genug, einen solchen auf seinem Acker zu haben. Der zweite heißt Räme. Noch nie wurde ein so prächtiges Rind im Joch getrieben. Auch den dritten nenne ich, der heißt Erge. Weil ich ein kluger Kopf bin, deshalb weiß ich sie mit Namen zu nennen. Braucht Ihr noch einen Beweis? Der vierte heißt Wunne. Wenn ich sie alle richtig genannt habe, so lohnt es mir und versperrt mir das Hoftor nicht länger!»

Da sagte der Vater: «Keinen Augenblick mehr sollst du draußen stehen. Haus und Vorratskammern sind dir offen!»

Verfluchtes Pech! *Mir* ist eine solche Behandlung, wie sie dem jungen Helmbrecht zuteil wurde, noch nie widerfahren! Sein Pferd wurde abgezäumt, und ihm wurde von Mutter und Schwester ein Ruhelager bereitet. Der Vater ließ reichlich auftischen. Wie viel ich auch umherziehe, nirgendwo bin ich so bewirtet worden wie der junge Helmbrecht. Die Mutter rief der Tochter zu: «Nun lauf schon schnell in die Kammer und bringe ein Polster und ein weiches Kissen für deinen Bruder!» Das wurde ihm unter den Rücken geschoben auf der warmen Ofenbank, auf der er den Beginn der Mahlzeit bequem abwartete. Dabei schlief er ein, und als er erwachte, war alles zubereitet. Nun hört nur, was da alles vor ihn hingestellt wurde, nachdem er sich die Hände gewaschen hatte. Ich nenne euch den ersten Gang – ich hätte ganz gern mitgegessen, selbst wenn ich einer vom hohen Adel wäre! –: fein geschnittenes Kraut, dazu Fleisch, fett und mager. Hört, was der zweite Gang brachte: einen fetten, mürben Käse. Aber auch das wurde aufgetragen – ihr seht, ich weiß Bescheid –: eine Gans von der Größe einer Trappe setzte man vor ihn hin; noch nie wurde eine fettere am Spieß gebraten. Und diese gab man ihm gern. Auch ein gebratenes und ein gekochtes Huhn wurden auf den Tisch gebracht, ganz so, wie es der Hausherr befohlen hatte. Selbst ein adliger Herr, der sich auf der Jagd befände oder auf dem Anstand säße, hätte sich gern daran gelabt.

Noch mancherlei andere Speisen, die in bäuerlichen Kreisen nicht üblich sind, wurden dem Jüngling vorgesetzt. Der Vater sagte: «Wenn ich Wein im Hause hätte, würde der heute abend getrunken. So aber, mein lieber Sohn, mußt du mit dem besten Quellwasser fürliebnehmen, das je aus der Erde gekommen ist. Ich wüßte keines, das diesem gleichkäme, mit Ausnahme des

Wankhausener Brunnens; aber von dem bringt uns zur Stunde eben niemand etwas her.»

Als sie frohgemut gespeist hatten, konnte sich der Alte nicht verkneifen, ihn zu fragen, wie denn die höfische Lebensweise aussehe, in der Helmbrecht ein Jahr verbracht habe. «Mein Sohn», sagte er, «berichte mir, wie es um sie steht, und dann werde ich dir erzählen, wie ich in meiner Jugend die Leute bei Hofe sich benehmen sah.»

«Vater», erwiderte Helmbrecht, «berichte du zuerst, so werde ich dir anschließend sagen, worum du mich fragst; denn wie es heutzutage bei Hofe zugeht, davon weiß ich eine Menge zu erzählen.»

«Na schön», sprach der Vater und begann: «Vor Zeiten, als ich noch ein Jüngling war und dein Großvater Helmbrecht mich mit Käse und Eiern zum Hofe schickte, wie es das Meierrecht will, da schaute ich mir die Ritter an und gab wohl acht darauf, wie sie sich benahmen. Sie waren feingebildet und angenehm, Bosheit und Arglist, die heute bei vielen Frauen und Männern anzutreffen sind, waren ihnen völlig fremd. Die Ritter hatten eine Gewohnheit, die den adligen Damen sehr gefiel; die nannten sie Buhurdieren, wie mir einer bei Hofe sagte, als ich ihn danach fragte. Sie stoben aufeinander los, als ob sie von Sinnen wären – und dafür wurden sie noch gepriesen! –, eine Schar hin, die andere her. Dieser oder jener raste auf andere los, als wollte er sie vom Rosse stoßen. Unter meinesgleichen ist das noch nie vorgekommen, was ich da bei Hofe sah. Als das vorbei war, tanzten sie und sangen freudig dazu. Das vertrieb ihnen die Zeit. Bald trat ein Spielmann auf und ließ seine Geige ertönen. Da erhoben sich die Damen – man konnte die Augen nicht von ihnen wenden – und die Ritter gingen ihnen entgegen und nahmen sie bei der Hand. Sie boten ein prächtiges Bild höfischer Freude – eine Lust war's, das zu erleben! Auch adlige Jünglinge und Mädchen tanzten frohgemut miteinander. Danach trat einer auf, der etwas von einem gewissen Ernst vorlas. In dieser höfischen Geselligkeit fand ein jeder das, wonach sein Sinn stand. So schossen auch welche mit dem Bogen nach einem Ziel. An Vergnügungen war kein Mangel: der eine ging zur Treibjagd, der andere zog es vor, für sich allein zu pirschen. Der damals der Geringste war, würde heute als der Beste gelten. Ich wußte genau, was zu jener Zeit, als noch nicht wie jetzt alles durch Lug und Trug auf den Kopf gestellt war, Treue und Ansehen mehrte. Damals duldeten die adligen Herren diejenigen nicht an ihrer Tafel, die durch ihre Falschheit alles verleumdeten und verletzten, was Recht heißt. Heutzutage dagegen erfreut sich bei Hofe derjenige der größten Wertschätzung, der sich aufs Heucheln und Lügen versteht. Ihn achtet man höher als den Rechtschaffenen, und er kommt leider zu größerem Besitz und Ansehen als einer, der sich an Recht und Pflicht hält und nach dem Gesetz Gottes lebt. Soviel also weiß ich von der alten Lebensweise am Hofe. Und nun belohne mich dafür, mein Junge, und sage mir, wie es um die neue bestellt ist.»

«Gern. Höfisches Leben sieht heute so aus: ‹Trinkt, Herr, trinkt und trinkt! Leert Euren Becher, und ich werde den meinen hinunterstürzen!› Könnte es etwas Besseres geben? Höre, was ich noch mitzuteilen habe: Früher traf man die vornehmen Herren bei den schönen Damen an, heute findet man sie im Wirtshaus. Von früh bis spät sind ihre größten Sorgen, daß ihnen der Wirt, falls der Wein ausgeht, auch ja eine ebenso gute Sorte herbeischaffe wie die, die sie so in Hochstimmung gebracht hat. Ihre Minnereden klingen heute so: ‹Gütige Schenkwirtin, füllt uns den Becher! Ein wahrer Tor, der sich jemals nach einer Frau mehr gesehnt hat als nach gutem Wein!› Lug und Trug sind heute höfische Art, und wer sich darin auskennt, gilt als tüchtig. Wer den anderen mit freundlichen Worten zu täuschen versteht, der wird für fein gebildet angesehen. Glaube mir, diejenigen, die wie du noch nach den Vorstellungen der Vergangenheit leben, mit denen will heute ebensowenig jemand zu tun haben wie mit dem ehrlosen Henker. Über des Kaisers Acht und des Papstes Bann rümpft man heute doch nur noch die Nase!»

«Gott erbarme sich, und geklagt sei's ihm, daß es schon soweit gekommen ist!» erwiderte der Alte darauf.

«Auch die alten Turniere gibt's nicht mehr», fuhr Helmbrecht fort. «Jetzt werden moderne ausgetragen. Wenn man früher rufen hörte: ‹Hei, Ritter, sei frohgemut!›, so klingt's heute den ganzen Tag: ‹Jage, Ritter, stich und schlag drauf los! Stich diesem die Augen aus, schlag jenem den Fuß ab und einem andern die Hände! Und diesen hänge auf und jenen nimm gefangen, denn der bringt uns hundert Pfund Lösegeld ein!› Ich weiß genau, wie's zugeht, und ich könnte dir von den modernen höfischen Gepflogenheiten noch viel erzählen; aber ich mag nicht mehr. Ich habe einen anstrengenden Ritt hinter mir und möchte jetzt schlafen gehn.»

So bereitete man ihm das Nachtlager. Ein Leinenbetttuch gab's nicht; die Schwester bezog das Bett statt dessen mit einem frischgewaschenen Hemd, und Helmbrecht schlief bis weit in den Tag hinein.

Nun will ich euch erzählen, was sich da ereignete. Es war nicht mehr als recht und billig, daß Helmbrecht das auskramte, was er an Geschenken für Vater, Mutter und Schwester von Hofe mitgebracht hatte. Wüßtet ihr freilich, was das war, so würdet ihr darüber lachen. Dem Vater überreichte er einen Wetzstein von solcher Qualität, daß nie ein Schnitter einen besseren besaß, ferner eine

Sense, die war das reinste Bauernkleinod. Noch nie hat jemand eine so vorzügliche geschwungen. Dazu legte er ein Beil, das war so gut, daß lange kein Schmied ein solches hervorbringen wird, und eine Hacke bekam der Alte auch noch.

Seiner Mutter überreichte Helmbrecht einen Rock aus Fuchspelz, um den er einen Geistlichen gebracht hatte. Wüßte ich's nur genau, ob er geraubt oder gestohlen war, ich würde es euch nicht verschweigen.

Einem Kaufmann hatte Helmbrecht ein Seidenband abgenommen, das schenkte er Gotelint, und dazu einen bestickten Gürtel, den besser ein Edelfräulein hätte tragen sollen.

Der Knecht bekam Schuhe mit Riemen; die hätte Helmbrecht für keinen andern so weit mitgeführt oder überhaupt angefaßt. So höfisch gebildet war er nun. Wäre er bei seinem Vater im Dienst geblieben, hätte er den Knecht barfuß laufen lassen.

Der Magd hatte Helmbrecht ein Kopftuch und ein rotes Band mitgebracht, was das Mädchen gut gebrauchen konnte.

Nun ratet, wie lange der Sohn in seinem Vaterhaus blieb. Ungelogen sieben Tage; aber diese raublose Woche kam ihm vor wie ein ganzes Jahr, und er wollte nun von seinen Eltern schnellstens wieder fort.

«Nein, nein, mein Junge», sagte der Vater da, «wenn du nur von dem leben wolltest, was ich dir bis an mein Lebensende bieten kann, so nimm wieder Platz und iß weiter an meinem Tische. Du könntest im Vaterhaus einen guten Tag haben. Gib dein Hofleben auf, denn es ist mühsam und hart. Ich wollte lieber ein Bauer sein als ein besitzloser Höfling, dem keine Abgaben aus seinen Ländereien zufließen und der darum ständig von früh bis spät unter Einsatz seines Lebens im Sattel zubringt und obendrein noch befürchten muß, daß die Feinde ihn verstümmeln oder aufknüpfen, wenn sie ihn gefangennehmen.»

«Vater», entgegnete Helmbrecht, «schönen Dank, daß du mich so bei dir aufgenommen und bewirtet hast; aber seit ich keinen Tropfen Wein trank – und das geht nun schon über eine Woche –, muß ich den Gürtel um drei Löcher enger schnallen. Ich brauche Rinder, um meinen alten Leibesumfang wieder zu erreichen. Pflüge werden angehalten und das Zugvieh ausgespannt und davongeführt, ehe ich Ruhe suchen und mich wieder hochfüttern kann. Ein Reicher hat mir ein Leid zugefügt wie kein zweiter: er ritt über das Saatfeld meines Paten. Wenn seine Zeit gekommen ist, büßt er mir das in Hülle und Fülle. Seine Rinder, Schafe und Schweine werden weggetrieben. Denn daß er meinen lieben Paten um die Früchte seiner Arbeit brachte, schmerzt mich.

Aber ich kenne noch einen anderen Begüterten, der mir etwas angetan hat. Der aß nämlich Brot zu den Krapfen. Wenn ich solchen Mangel an Benehmen nicht räche, so will ich erledigt sein. Und noch einen weiß ich, der mich beleidigt hat wie keiner zuvor. Von meiner Rache an ihm ließe ich nicht, und wenn mich ein Bischof darum bäte.»

«Was tat er denn?»

«Er machte, als er bei Tische saß, den Gürtel locker! Hei, was ich von seinem Besitz erwische, das soll alles mir gehören! Aus dem Erlös seines gesamten Zugviehs will ich mir für das Weihnachtsfest neue Kleider schaffen. Wie ich's auch bedenke, was bilden sich dieser Narr und mancher andere, der mich tief gekränkt hat, eigentlich ein? Wenn ich deren Vergehen nicht rächte, so hätte ich überhaupt keinen Schneid. Zöge ich den, der den Schaum vom Bier blies, nicht unverzüglich zur Rechenschaft, so würde ich fürwahr bei den Damen nie zu Ansehen kommen und verdiente es nicht, ein Schwert zu tragen. Man wird bald wieder von Helmbrecht reden hören, daß er Bauernhöfe ausgeräumt hat. Und wenn ich den Besitzer schon nicht finde, so treibe ich wenigstens seine Rinder davon.»

«Nun nenne mir doch einmal», sagte der Vater, «deine Gesellen, die Burschen, die es dir beigebracht haben, den Besitz des reichen Mannes zu nehmen, bloß weil er Brot zu Krapfen gegessen hat. Deren Namen wüßte ich gern.»

«Da sind meine Freunde Lämmerschling und Schlukkenwidder. Die haben mich das gelehrt. Aber ich kann dir noch mehr nennen: Höllensack und Knackenschrank sind meine weiteren Lehrmeister und Kühefresser und Trümmernkelch. Nun schau, Vater, welche außer den sechs genannten noch in meiner Schar sind: Da ist mein Geselle Wolfsrachen. Sosehr er seine Tante, seine Base, seinen Onkel oder Vetter auch liebt, der würde weder seinen Verwandten noch Fremden, weder Mann noch Frau ein Fetzchen Stoff am Leibe lassen, um ihre Scham zu bedecken, selbst wenn es bitter kalter Februar wäre. Was mein Freund Wolfsschlund ist, der öffnet dir ohne Schlüssel jedes Schloß und jede eiserne Kiste. In einem Jahr habe ich gezählt, daß hundert Truhen vor ihm aufgesprungen sind, wenn er nur hinzutrat, und gar nicht zu zählen sind die Pferde, Ochsen und Kühe, die er aus Höfen geholt hat, auch dadurch, daß die Schlösser förmlich wegflogen, wenn er ihnen nahe kam. Aber ich habe noch einen Gefährten, der hat einen höfischen Namen wie kein zweiter. Den gab ihm die Herzogin von Nonarre Narrie; er heißt Wolfsdarm. Ob es draußen nun heiß oder kalt ist, vom Rauben kriegt er nie genug. Etwas mitgehen zu lassen bereitet ihm solches Vergnügen, daß er

241

darin unersättlich ist. Noch nie ist er bisher vom Pfade der Untugend auch nur einen Fußbreit abgewichen. Ihn treibt's zu bösen Taten wie die Krähen auf das Saatfeld.»

«Wie nennen dich denn deine Gefährten, wenn sie dich rufen oder anreden wollen?»

«Vater, meines Namens schäme ich mich durchaus nicht. Ich werde Schlingsland genannt. Für die Bauern im Umkreis bin ich alles andere als eine Freude. Ihre Kinder müssen Wasserbrei essen. Ja, noch Schlimmeres füge ich diesen Leuten zu: Dem einen drücke ich das Auge aus dem Kopfe, einen anderen hänge ich in den Rauch, diesen binde ich in einem Ameisenhaufen fest, jenem reiße ich das Barthaar mit der Zange aus, wieder einem andern zerschlitze ich die Gliedmaßen, und einen weiteren hänge ich an den Füßen auf. Was die Bauern haben, das fällt mir zu. Wenn sich zwanzig oder mehr auf die Lauer nach zehn von uns legten, sie würden dennoch nichts gegen uns ausrichten können; denn wir sind Kerle!»

«Mein Sohn, obgleich du deine Gesellen besser kennst als ich, glaube ich, daß, wenn es Gott nur gefällt, ein Gerichtsscherge die Macht hat, sie dahin zu zwingen, wohin er will, und wären sie noch so verwegen oder sogar in dreifacher Überzahl.»

«Vater, was ich bislang getan habe, das werde ich nie mehr tun, und wenn mich alle Könige der Welt darum bitten! Ich habe nämlich dir und meiner Mutter viele Gänse, Hühner, Rinder, Käse und andere Lebensmittel vor dem Zugriff meiner Gefährten bewahrt. Aber damit ist nun Schluß! Zu sehr habt Ihr wackeren Burschen die Ehre abgeschnitten, von denen keiner etwas Übles begeht. Ob er nun raubt oder stiehlt, immer handelt er recht. Hättet Ihr durch Euer Geschwätz es nicht verwirkt, so hätte ich Eure Tochter Gotelint meinem Gefährten Lämmerschling zur Frau gegeben. Da hätte sie das beste Leben gehabt, das auf Erden je ein Mann seinem Weibe bieten kann. Die kostbaren Pelze, Mäntel und Leinen aus Kirchengut wären ihr da in Fülle zugefallen, hättet Ihr uns nicht beleidigt. Und hätte sie jede Woche ein Rind zum Schlachten gewollt, das hätte sie auch bekommen!»

Darauf nahm Helmbrecht seine Schwester beiseite und sagte zu ihr: «Höre, Gotelint, als mein Freund Lämmerschling bei mir um dich anhielt, da sprach ich auf der Stelle: ‹Ist es dir und ihr vom Schicksal bestimmt, so wird es dich gewiß nicht reuen, sie zu nehmen, das kannst du mir glauben. Sei unbesorgt, ich weiß sie so verläßlich, daß du nicht lange baumelst. Sie schneidet dich vom Galgenstrick ab und schleppt dich zu deinem Grabe am Kreuzweg. Du kannst dich darauf verlassen, daß sie über ein ganzes Jahr durch Räuchern und Weihrauch und Myrrhe die bösen Geister von deinem Grabe fernhält. Sollte dir aber das Glück widerfahren, nur geblendet zu werden, so führt sie dich an ihrer Hand getreulich über Wege und Stege. Und wird dir der Fuß abgeschlagen, so trägt sie dir jeden Morgen die Stelzen ans Bett. Sei auch unbesorgt, falls man dir zum Fuß noch eine Hand abhackt: Bis an dein Lebensende schneidet dir Gotelint Fleisch und Brot mundgerecht.› Und Lämmerschling antwortete mir darauf: ‹Wenn mich deine Schwester will, so soll sie als Morgengabe Dinge bekommen, die sie glücklich machen. Ich besitze drei volle Säcke, die schwerer als Blei sind. In dem einen, noch im Ballen, ist so feines Tuch, einer, der es kaufen wollte, müßte fünfzehn Kreuzer für die Elle bezahlen. Ein solches Geschenk wird sie ehren. In dem zweiten Sack sind Schleier, Röcke und Hemden; das gehört am Morgen nach der Hochzeitsnacht sämtlich ihr – und alles, was ich noch erbeute, das schlage ich dazu. Sie wird keinen Mangel kennen, wenn wir verheiratet sind. Der dritte Sack ist übervoll mit feinem niederländischem Tuch, mit dunkelfarbenem Kleiderstoff und buntem, flaumigem Pelzwerk, darunter sind zwei Gewänder, die mit Scharlachstoff bezogen und mit schwarzem Zobel besetzt sind. All das habe ich in einer Schlucht hier ganz in der Nähe versteckt, und das bekäme sie als Brautgeschenk von mir!»

Das hat dein Vater nun verhindert. Möge Gott dich schützen, liebe Gotelint! Dein Leben wird dir noch sauer genug werden, wenn dich nämlich ein Bauer heiratet. Dann wird's dir so ergehen wie noch nie einer Frau. Bei dem mußt du Erdschollen auf dem Felde zerstampfen, Flachs schwingen und schlagen und Rüben ausgraben. Das hätte dir der aufrichtige Lämmerschling alles erspart. Ach, Schwester, es schmerzt mich, daß so ein Bauernlümmel, dessen Liebe dir beschwerlich ist, jede Nacht an deinem Busen einschlafen soll. Weh und abermals weh über deinen Vater! Na, mein Vater ist er gottlob nicht. Ich will dir das ruhig sagen: Als meine Mutter fünfzehn Wochen mit mir schwanger ging, hat sie mit einem vom Hofe geschlafen. Von ihm und von meinem ritterlichen Paten – Gott segne sie beide! – habe ich meine höfische Lebensstimmung geerbt!»

Da sagte Gotelint: «Eigentlich habe ich das Gefühl, daß ich auch nicht von ihm bin. Denn als meine Mutter mich unter dem Herzen trug, hatte sie ebenfalls einen schmucken ritterlichen Liebhaber; der griff sie sich, als sie abends im Walde nach verlaufenen Kälbern suchte. Davon habe auch ich einen so stolzen Sinn. Mein lieber Bruder Schlingsland – Gott möge dir Freude geben! –», sprach Gotelint da, «bring es zuwege, daß ich Lämmerschling zum Manne kriege, dann brutzelt's in meiner

Pfanne, dann steht Wein auf dem Tisch, und meine Schränke sind voll, dann habe ich Bier und Mehl fertig im Haus. Wenn ich die drei vollen Säcke bekomme, so weiß ich nichts mehr von Armut, dann habe ich zu essen und anzuziehen. Schau, was sollte mich dann noch verdrießen? Dann habe ich alles, was eine Frau von einem Mann nur erwarten kann. Doch auch ich kann ihm bieten, was ein Mann an einem richtigen Weibe schätzt. Nur mein Vater hindert mich an allem. Dabei halte ich dreimal so viel aus wie meine Schwester, als man sie verheiratete; und die ging ja am Morgen nach der Hochzeitsnacht auch nicht am Stock und ist nicht daran gestorben. Also glaube ich, daß ich davon ebensowenig den Tod erleiden werde, es sei denn, daß das Unglück seine Hand im Spiele hätte. Mein lieber Bruder, was ich dir jetzt sage, behalte mir zuliebe für dich: Ich werde mit dir gehen. Ich will Lämmerschlings Frau werden. Du sollst wissen, daß ich bereit bin, Vater, Mutter und Verwandte darum zu verlassen.»

Von diesem Gespräch hatten der Vater und die Mutter nichts vernommen. Bruder und Schwester kamen schnell überein, daß sie ihm nachfolgen werde.

«Ich verheirate dich mit Lämmerschling», sprach Helmbrecht, «mag es deinem Vater auch leid sein. Du wirst in Ehren seine Frau. Du wirst wohlhabend werden, Schwester. Und bleibst du bei deinem Entschluß, so werde ich dir einen Boten schicken, dem du folgen sollst. Wenn ihr euch liebt, wird es mit euch in jeder Beziehung gut gehen. Ich richte deine Hochzeit wirklich auch so aus, daß man dir zuliebe manches Wams und manchen Rock an die Gäste verschenkt. Nun halte dich bereit, Schwester; Lämmerschling tut's auch. Gott behüte dich, ich muß davon. Mit Vater bin ich fertig; aber mit dir, Mutter, sei Gottes Segen!»

Da ritt Helmbrecht seine alte Bahn, und bei Lämmerschling angekommen, teilte er ihm Gotelints Entschluß mit. Vor Freude küßte dieser Helmbrechts Hand und dessen Rocksaum um und um, ja, er neigte sich in Richtung des Windes, der von Gotelint herwehte.

Nun hört Schreckliches. Als der Held Lämmerschling und seine Braut Gotelint sich zum Heiraten anschickten, da wurden manche Witwe und manches Waisenkind um ihren Besitz gebracht und in Leid gestürzt; denn was sie zu trinken und zu essen gedachten, wurde in der Umgegend eingetrieben. Man tat, was man konnte: Von früh bis spät schleppte man alles, was zum Feste notwendig war, auf Pferden und Wagen in Lämmerschlings Vaterhaus. Die Hochzeit von König Artus und Ginover war ärmlich im Vergleich zu der Lämmerschlings; dessen Gäste lebten von allem andern als von der Luft!

Als die Vorbereitungen nun getroffen waren, sandte Helmbrecht seinen Boten los, und der führte ihm die Schwester zu. Kaum hatte Lämmerschling von Gotelints Ankunft erfahren, eilte er zu ihr und empfing sie mit den Worten: «Willkommen, meine Herrin Gotelint!» Und sie erwiderte: «Gott lohne Euch diesen Gruß, mein Herr Lämmerschling!» Und dabei tauschten sie begehrliche Blicke. Lämmerschling versuchte mit zierlicher Rede zu glänzen, und Gotelint gab sie aus zartem weiblichem Munde zurück.

Nun laßt uns die beiden zusammengeben. Ein Alter, der die nötigen Formalitäten kannte und sich aufs Eheschließen verstand, erhob sich, stellte sie beide in einen Kreis und sagte zu Lämmerschling: «Wenn Ihr Gotelint zur Frau nehmen wollt, so antwortet mit ‹Ja›.»

«Ja», sprach da der Jüngling.

Der Alte fragte ihn zum zweiten Male.

«Gern», war die Antwort.

Und zum dritten Male fragte er: «Wollt Ihr sie bereitwillig nehmen?»

Und Lämmerschling antwortete: «Bei meinem Leben, diese nehme ich gern zur Frau!»

Da wandte sich der Greis an Gotelint: «Wollt Ihr Lämmerschling zum Gatten nehmen?»

«Ja, Herr, wenn Gott ihn mir gönnt!»

«Nehmt Ihr ihn gern?» fragte der Alte abermals.

«Ja, Herr, gebt ihn mir nur!»

Und zum dritten Male: «Wollt Ihr ihn wirklich?»

«Ja, Herr, nun gebt ihn mir schon!»

Da tat er sie zusammen. Man stimmte den Brautgesang an, und Lämmerschling trat Gotelint auf den Fuß.

Das Essen stand bereit. Aber wir wollen doch nicht vergessen, für Bräutigam und Braut diejenigen zu nennen, die die Hofämter innehatten. Schlingsland wurde Marschall, der sorgte dafür, daß die Pferde genug hatten; Schluckenwidder war der Mundschenk; Höllensack war Truchseß und hatte dafür zu sorgen, daß Verwandte und Gäste sitzen konnten; der Allerunzuverlässigste, Rüttelschrein nämlich, wurde Kämmerer; Kühefresser war Küchenmeister, der dafür sorgte, daß es weder an Gesottenem noch an Gebratenem mangelte; Trümmernkelch schließlich hatte das Amt des Brotgebers. Auf dem Fest fehlte es an nichts. Wolfsrachen und Wolfsdarm und auch Wolfsschlund leerten da manche Schüssel und manchen Becher. Vor diesen Burschen verschwand das Essen so, als ob es ein starker Wind vom Tische gepustet hätte. Ich glaube, sie verschlangen alles, was ihnen der Truchseß aus der Küche herantragen ließ. Ob sie einem Hund Gelegenheit gegeben hätten, von den Knochen noch etwas abzunagen? Mitnichten! Hat doch ein Weiser gesagt:

Im Unmaß der die Speisen schlingt,
dem bald Gevatter Tod zuwinkt.

Deshalb also hielten sie sich so 'ran; denn es sollte die letzte Mahlzeit ihres Lebens werden!

Auf einmal sprach Gotelint: «Ach, mein lieber Lämmerschling, mir ist gar nicht wohl in meiner Haut. Ich fürchte, fremdes Volk ist in der Nähe, das uns schaden will. Oh, Vater und Mutter, daß ich so weit von euch weg bin! Mir schwant, daß Lämmerschlings Säcke mir noch viel Schaden und Schande einbringen. Wie wohl fühlte ich mich, wäre ich noch daheim! Ich bin sehr bedrückt. Das bescheidene Dasein im Vaterhaus wollte ich viel lieber hinnehmen, als hier in Besorgnis zu leben. Ich habe die Leute immer sagen hören, daß dem, der zuviel begehrt, alles zergeht. Die Sünde der Habgier stürzt den Menschen doch nur in den Höllengrund. Aber das habe ich leider zu spät bedacht. Weh mir, daß ich meinem Bruder so eilig gefolgt bin! Das wird mir sicher Kummer bringen!»

Kurz darauf erlebte die junge Braut etwas so Schlimmes, daß sie tausendmal lieber am Tische ihres Vaters Kraut als an dem Lämmerschlings Fisch gegessen hätte. Als man nämlich nach dem Hochzeitsmahl noch eine Weile gesessen hatte und die Spielleute von Braut und Bräutigam beschenkt worden waren, da sah man den Richter mit vier Schergen kommen, und diese überwältigten die zehn Gefährten mühelos. Wer sein Heil nicht in der Flucht in den Ofen suchte, der schlüpfte unter die Bank. Es gab ein gewaltiges Durcheinander, und die Helfer des Richters zogen allein manchen an den Haaren unter der Bank hervor, der sonst vor vier Angreifern nicht davongelaufen wäre. Das ist nämlich so: Ein Übeltäter mag noch so verwegen sein und an einem

Tage drei umlegen, aber gegenüber dem Schergen ist er machtlos.

So wurden die zehn denn von den Gerichtsleuten augenblicklich in Fesseln gelegt. Gotelint büßte ihr bräutliches Gewand ein; man fand sie an einem Zaune in kläglichem Zustand vor: Ihre nackten Brüste verdeckte sie mit den Händen. Sie war recht unsanft zur Besinnung gebracht worden. Ob ihr noch etwas anderes widerfahren ist? Das kann der berichten, der dabei war.

Gott vermag Wunder zu tun, und was ich jetzt erzähle, soll es euch beweisen. Brächte es ein Übeltäter fertig, eine große Schar allein zu erschlagen, so hat er doch dem Schergen gegenüber keine Macht. Sobald er den auch nur von weitem sieht, verläßt ihn alle seine Kraft, und er wird blaß. Und wäre er sonst auch kühn und behend, so könnte ihn selbst ein hinkender Scherge gefangennehmen, denn seine Tapferkeit und Schlauheit sind dahin, wenn es Gott gefällt, Vergeltung zu üben.

Nun vernehmt die Geschichte von der Verurteilung der Bande und wie die Übeltäter, mit den Beweisstükken ihrer Vergehen behängt, vor Gericht schlichen, wo man sie aufknüpfte. Gotelint war es schmerzlich, daß man Lämmerschling zwei Rindshäute an den Hals band. Dabei wurde er, weil er der Bräutigam war, noch am wenigsten belastet; den anderen wurde viel mehr aufgeladen. So mußte sein Schwager Helmbrecht Schlingsland mit drei Kuhhäuten am Halse vor Gericht erscheinen, und das war nur recht und billig. Ein jeder trug so seine Bürde, und das war des Richters Vorteil; denn die Rechtslage war sonnenklar, und auf Fürsprecher hatten die Verbrecher keinen Anspruch. Wer ihnen das Leben noch verlängern wollte, dessen eigenes müßte von Gott gekürzt werden! Das jedenfalls ist meine Meinung. Und der Richter dachte so: Hätte er einen angeklagten Wolf zu verhandeln und dieser böte ihm ein Bußgeld an und würde daraufhin freigelassen und käme davon – obgleich es das nicht geben sollte –, so hätte das nur zur Folge, daß der Räuber ihm selbst und allen anderen Menschen künftig ohne Frage *wieder* das Vieh risse.

Der Henker richtete neun der Gesellen durch den Strang hin; aber einen ließ er leben. Das war sein Zehnt und ihm von Rechts wegen verbrieft, und dieser zehnte hieß Helmbrecht Schlingsland.

Was geschehen soll, das geschieht auch. Niemals läßt Gott eines Menschen Missetaten ungeahndet. Das wurde an Helmbrecht offenbar. Der Vater wurde am Sohne gerächt, indem man diesem die Augen ausstach. Aber das war noch nicht alles: Man verschaffte der Mutter Genugtuung, indem man Helmbrecht eine Hand und einen Fuß abhackte. So mußte er Schande und Leid hinnehmen dafür, daß er seine Eltern beleidigt hatte, als er nämlich zum Vater sprach: «Wat stritet Ihr hier rum, Bureken?» und seine Mutter «ein ehrloses Weib» nannte. Diese seine Verstümmelungen waren der Lohn für solche Sünde. Tausendmal lieber wäre er nun tot gewesen, als auf so schändliche Weise am Leben zu bleiben.

An einem Kreuzweg nahm Helmbrecht, der geblendete Räuber, von Schmerz und Leid erfüllt, Abschied von seiner Schwester Gotelint.

Nun geschah es, daß der Blinde, der, von einem Jungen geführt, an einem Stabe durch die Welt irrte, vor sein eigenes Vaterhaus gelangte. Aber der alte Helmbrecht nahm ihn nicht auf, sondern wies ihn von der Schwelle und dachte auch nicht daran, sein Leid irgendwie zu lindern. Hört nur, wie er ihn anredete: «Deu sal, Herr Blind. Als ich vor Zeiten noch am Hofe lebte – das liegt schon einige Zeit zurück –, da lernte ich diesen Empfangsgruß. Zieht nur weiter, Herr Blindekin! Ich bin sicher, daß Ihr alles aufweist, was einen adligen Jüngling ziert. In Welschland werdet Ihr gewiß hochgeachtet! Das ist mein Gruß, den ich Euch geben kann; auf solche Weise rede ich blinde Burschen an. Doch was nützt langes Hin und Her? Herr blinder Jüngling, Ihr verschwindet mir von hier, und haltet Ihr Euch noch länger auf, bei Gott, dann lasse ich Euch durch meinen Knecht so durchbleuen, wie noch nie ein Blinder geprügelt worden ist. Würde ich Euch heute zum Abendessen dabehalten, so wäre das eine verfluchte Mahlzeit. Schert Euch weg!»

«O nein, Herr, laßt mich bleiben! Ich will Euch auch sagen, wie ich heiße. Erkennt mich um Gottes willen wieder!»

Da sprach der Alte: «Nun sagt es und beeilt Euch, denn es ist schon spät. Sucht Euch besser einen anderen, der Euch aufnimmt; von mir habt Ihr ohnehin nichts zu erwarten.»

Von Leid und Scham niedergedrückt, gab sich Helmbrecht seinem Vater zu erkennen: «Herr, ich bin doch Euer Sohn», sagte er.

«Nanu», erwiderte der Alte, «ist denn der Knappe Schlingsland geblendet? War es nicht so, daß er weder die Drohung des Schergen noch die Richter fürchtete, und wäre ihre Zahl noch so groß? Heißa, was wart Ihr für ein Eisenfresser, als Ihr auf dem Hengst saßet, für den ich meine Rinder hingegeben habe! Wenn Ihr heute als ein Blinder umhertappt, so schert mich das nicht. Nur mein Lodenstoff und meine Scheffel Korn reuen mich, zumal ich selbst nicht gerade im Überfluß schwimme. Und wenn Ihr Hungers zu sterben drohtet, ich würde Euch kein Krümchen zu essen geben. Verschwindet und laßt Euch nie wieder blicken!»

Da erwiderte der Blinde: «Wenn Ihr mich schon nicht

mehr als Euren Sohn aufnehmen wollt, so gewährt mir doch – um Gottes willen und um das Böse nicht siegen zu lassen – als einem armen Siechen in Eurem Hause Unterschlupf. Was Ihr einem solchen in christlicher Nächstenliebe gäbet, das laßt auch mir zuteil werden. Die Bauern sind schon voller Feindseligkeit gegen mich, und nun seid Ihr es auch noch. Ich komme nicht heil davon, wenn Ihr, Vater, nicht barmherzig seid!»

Der Alte lachte höhnisch, obgleich ihm fast das Herz brach – es war immerhin sein eigen Fleisch und Blut, sein Sohn, der da blind und verstümmelt vor ihm stand –, und er erwiderte: «Ihr seid doch in der Welt kreuz und quer hin- und hergezogen, Euer Hengst ging nie im Schritt, sondern er kannte nur Trab und Galopp, Ihr habt den Menschen unsagbaren Kummer bereitet, Ihr wart ein Satan, der manchen Bauern und manche Frau um alles gebracht hat. Nun sagt, sind meine drei Träume nicht wahr geworden? Aber es wird noch viel schlimmer kommen! Schert Euch schnell fort, ehe noch der vierte Traum in Erfüllung geht. Knecht, schließ die Tür und leg den Riegel vor; ich will heute nacht meine Ruhe haben. Ehe ich Euch auch nur ein halbes Brot gäbe, nähme ich lieber einen Wildfremden bis an mein Lebensende bei mir auf.»

Er warf dem Blinden alles vor, was der gesündigt hatte; der Sohn war dem Vater ein wahrer Abscheu. «Blindenführer», sagte er zu dem Jungen, «nimm den Verruchten und führe ihn weg. Die Sonne soll sich weigern, ihn weiter zu bescheinen!» Zugleich gab er dem Jungen einen Schlag und sprach: «Nimm das! Ich hätte es am liebsten dem gegeben, den du führst; aber einen Blinden zu schlagen, würde ich mich schämen. Noch habe ich mich so in der Gewalt, daß ich ihn schone; doch könnte sich das ändern! Deshalb verschwindet schnellstens, Fremdling, der Ihr alle Sittlichkeit mit Füßen tratet. Mit Eurem Kummer habe ich nichts zu schaffen!»

Nur die Mutter empfand Mitleid und steckte ihrem Jungen heimlich ein halbes Brot zu.

Da zog der blinde Übeltäter davon. Überall, wo sie hinkamen, wurden der Blinde und sein Führer von den Bauern angeschrien: «Haha, Räuber Helmbrecht, hättest du wie wir den Acker bebaut, so brauchtest du jetzt nicht blind umhergeführt zu werden.»

Diese Marter mußte er ein Jahr ertragen, bis er den Tod durch den Strick fand.

Ich will euch erzählen, wie es dazu kam. Eines Tages streifte Helmbrecht in der Frühe durch den Wald, um sich etwas zu essen zu suchen. Da erblickte ihn ein Bauer, der dort Holz spaltete. Dem hatte Helmbrecht einst eine Kuh weggenommen, die schon siebenmal gekalbt hatte. Als der Bauer den Blinden erblickte, fragte er seine Gefährten, die in der Nähe arbeiteten, ob sie ihm beistehen wollten. «Aber klar», sprach der eine, «wenn mich niemand daran hindert, zerreibe ich ihn zu Staub. Mir und meiner Frau hat er die Kleider vom Leibe gezogen. Es ist nur recht, daß er mir zu einem Pfand wird.» Und ein dritter sagte: «Wenn er Dreimännerstärke hätte, ich wollte ihn allein zur Strecke bringen. Dieser Dreckskerl hat mir meine Vorratskammer aufgebrochen und alles ausgeräumt, was ich darin hatte.»

Ein vierter zitterte förmlich vor Rachbegier und sprach: «Ich zerbreche ihm die Knochen wie einem Huhn, und das mit Recht. Er hat mein schlafendes Kind bei einem nächtlichen Überfall in einen Sack gesteckt und ein Deckbett daraufgelegt. Und als es erwachte und zu schreien begann, hat er es in den Schnee geworfen. Dort wäre es erfroren, wenn ich es nicht gerettet hätte.»

«Und ich», sagte ein fünfter, «ich bin hocherfreut, daß er gekommen ist, das könnt ihr mir glauben. Ich werde heute so richtig mein Mütchen an ihm kühlen. Er hat nämlich meine Tochter vergewaltigt. Und wenn er noch dreimal so blind wäre, wie er ist, ich werde ihn an einem Ast aufknüpfen. Ich selbst bin ihm damals nur mit Mühe, bis aufs Hemd von ihm ausgezogen, entkommen. Und wäre er groß wie ein Haus, jetzt, wo er sich hier tief in den Wald verkrochen hat, werde ich Rache an ihm nehmen.»

«'ran! Auf ihn!» schrien sie und liefen alle auf Helmbrecht los. Nachdem sie sich mit Schlägen an ihm gütlich getan hatten, sprachen sie zu ihm: «Nun paß schön auf deine Haube auf, Helmbrecht!» Und diese Haube, die zuvor vom Schergen nicht angerührt worden war, sie wurde nun gänzlich zerrissen. Ein Bild des Jammers war's: Es blieb nicht *ein* Stück von ihr, das auch nur die Breite eines Pfennigs behalten hätte. Papageien und Ringlerchen, Sperber und Turteltauben, die auf die Haube genäht gewesen waren, verstreuten die Bauern auf den Weg. Fetzen der Haube und Büschel von Helmbrechts Locken lagen wild durcheinander. Hätte ich auch alles, was ich bisher erzählte, erlogen, das mit der Haube müßt ihr mir glauben, nämlich daß man sie in tausend Stücke riß. Eine so nackte Kopfhaut wie die Helmbrechts habt ihr noch nie gesehen, denn auch sein blondgelocktes Haar hatte man ihm ausgerupft, und es lag mißachtet auf dem Waldboden herum. Die Bauern machten nicht viel Federlesens mit Helmbrecht: Sie ließen den Bösewicht beichten; einer klaubte etwas Erde zusammen und gab sie dem Ehrlosen als Hilfe gegen das Höllenfeuer. Dann hängten sie ihn an einem Baum auf. Ich glaube, daß sich damit auch des Vaters letzter Traum erfüllt hatte. Hier ist die Geschichte zu Ende.

Wo immer es bei Vater und Mutter noch Kinder gibt, die ihre eigenen Herren sein und sich in bestehende Ordnungen nicht einfügen wollen, ihnen sei hiermit eine Warnung erteilt. Handeln sie so wie Helmbrecht, so erkenne ich ihnen mit vollem Rechte zu, daß es ihnen wie diesem ergehen soll.

Zu Lebzeiten Helmbrechts und seiner Kumpane war der Verkehr auf den Straßen zum Erliegen gekommen. Jetzt aber, da die Gerechtigkeit sie alle ereilt hat, fahren die Wagen wieder in Frieden. Nun hört: Wenn ich als ein Unerfahrener euch einen guten Rat erteilen darf, so beherzigt ihn nicht weniger als den des wirklich Kundigen und Weisen. Was wäre, wenn Helmbrecht Nachfolger hätte? Sie würden in seine Fußstapfen treten, und ich behaupte, daß ihr vor denen nicht eher Ruhe und Frieden fändet, bis auch sie gehängt sind.

Und nun bittet Gott, daß er dem, der euch diese Geschichte vorliest, gnädig sei, ebenso wie ihrem Dichter, Wernher dem Gartenaere.

## Saladin

Fürwahr, ich muß euch von einem König namens Saladin erzählen. Niemand hätte freigebiger sein können als er. Was er an Pferden und Gewändern kaufen konnte, alles verschenkte er, sogar Gold, Silber und Edelsteine.

Seine Großzügigkeit kannte nicht einmal Rücksicht auf seinen königlichen Stand, denn er behielt am Ende nur einen Tisch für sich. Dieser bestand aus einem großen Saphir, der seinesgleichen suchte; er war wertvoller noch als ein Rubin. Kein Schatz auf der Welt hätte kostbarer sein können als dieser Tisch. Er war – wie ich vernahm – drei Ellen lang. Alles drängte sich herzu, wenn man ihn vor den König hinstellte, an bewundernden Zuschauern war kein Mangel. Auch seine Breite will ich euch angeben: Sie betrug zwei ganze Ellen. Das Unterteil war von bestem Golde. Einen so prächtigen Tisch hatte noch nie zuvor einer gesehen, und jeder Fürst, der ihn erblickte, sprach sofort: «Den nähme ich lieber als ein Land!»

Wie gesagt, der König Saladin war überaus freigebig, niemand tat es ihm darin gleich, und er zeigte das auch in reichem Maße, denn von all seinen Besitztümern – und die beliefen sich gut und gern auf zehntausend Pfund Goldes – behielt er so wenig, daß er als Folge seiner Großmut selbst Not litt. Jedem ließ er seine Gaben zuteil werden; keinem konnte er seine Bitten abschlagen. Ich kann nicht umhin zu bekennen: einen Freigebigeren als ihn hat es nie gegeben.

Aber so großmütig der König Saladin auch war, er wurde krank, und sein Befinden wollte sich nicht bessern. Da schickte er nach kundigen Ärzten und ließ sie seinen Harn beschauen. Sie waren sich darin einig, daß er seine Krankheit nicht überstehen werde und gewißlich sterben müsse. Darüber erhob sich ein großes Klagen nicht nur von den adligen Damen, Jungfrauen und den Rittern seines Landes, sondern auch die Frauen allgemein und das ganze Volk klagten um ihn, daß es nicht zu beschreiben ist. Als der treffliche Heidenfürst nun erkannte, daß er sterben und Abschied von allem nehmen müsse, was ihm auf Erden lieb gewesen war, wurde er traurig, und sein Leben erschien ihm verhaßt. Er sprach: «Wenn ich nun schon von der Erde scheiden soll, so quält mich doch noch die Frage, was denn mit meiner Seele werden mag. Wer wird sich ihrer annehmen, wenn sie den Leib verläßt? Wo mag sie am sichersten aufgehoben sein? Empfehle ich sie Allah, so werde ich den Spott der Christen ernten, die doch alle sagen, daß ihr Gott in nichts Allah nachstehe. Aber ich weiß auch, daß die Juden sogleich behaupten werden, ihr Gott sei noch stärker. Welcher von diesen drei Göttern aber mir die Sorge um mein Heil nimmt, dem will ich meine Seele anbefehlen – und will den beiden andern absagen. Leider wird dieser Streit zwischen den Religionen noch immer ausgetragen, und das muß einem Schmerz bereiten. Ach, wüßte ich doch, welcher von diesen dreien der wahre Gott ist, freudig wollte ich ihm meinen Tisch als Geschenk darbringen. Da ich ihn aber nicht kenne und ich in dieser Frage mit mir uneins bin, so will ich den Tisch aus Edelstein in drei gleiche Teile zerlegen, und ich denke, daß der Tisch, der mir allein gehört, fortan ihrer dreier Besitztum sein soll.»

Er befahl, den Tisch zu bringen, dazu ein Beil, und es wurde nicht lange gezögert – ich verbürge mich dafür –: Er ließ den Tisch aufs Geratewohl in drei gleiche Teile zerlegen. Den einen gab er sogleich seinem Gotte Allah, den andern überantwortete er in allem Ernst dem Christengott, und den dritten Teil bekam der Gott der Juden. Darauf sprach Saladin: «Welcher von diesen dreien der Mächtigere ist, der möge meine Seele zu sich nehmen. Ich finde in dieser Sache keinen andern Ausweg.» Und er fügte hinzu: «Wäre es Allah, so möge *er* mich von allem Leid befreien, wenn meine Seele mich verläßt. Wäre es aber der Christengott, so möge *der* meiner Seele aus der Bedrängnis helfen. Wäre es aber Jahwe, so möge *dieser* mir beistehen und mich nicht im Stich lassen.» Und damit starb er.

### Der Zauberer Virgilius

Zu Rom lebte einst ein Mann, der Virgilius hieß. Er war – wie ich euch erzählen werde – von solcher Schlauheit, daß er sich aufs Zaubern verstand. Er war freilich ein Heide, ohne christlichen Glauben und ein rechtes Kind der Hölle.

Hört zu, ich will euch wahrheitsgemäß berichten, wie dieser übernatürliche Mensch die Zauberkunst erlangte.

In einem Weinberg schlug er eines Tages seine Hacke so tief in die Erde, daß sie fast entzwei gegangen wäre. Dabei stieß er auf ein Glas, das voller Teufel war. Virgilius nahm es aus der Erde und sagte: «Ich werde es behalten, denn es sind viele Schlangen darin, und ich werde durch diese Sammlung überall, wo ich hinkomme, Ansehen und Nutzen haben.» Da sprach einer der Teufel aus dem Glas: «Virgilius, hilf uns hier heraus, wir werden dich künftig auch vor aller Unbill schützen. Laß uns ins Land hinaus entwischen, und wir werden dich Künste lehren, daß du bis an dein Lebensende Freude und Kurzweil damit hast. Wir gestehen dir nämlich, daß es für uns zweiundsiebzig in diesem Glase bedrückend eng ist.» – «Ich traue euch nicht recht», erwiderte Virgilius; «aber wenn ihr mich vollkommen in eure Künste einweiht, und zwar so, daß mir das Nutzen bringt, so schwöre ich euch, das Glas noch heute zu öffnen.» Sogleich lehrten ihn die Teufel mühelos die Zauberei, so wie sie auch jetzt noch in der Christenheit überall geübt wird. Als Virgilius sie beherrschte, ging er zu einem Stein, zerschlug das Glas daran und ließ die Teufel alle heraus. Unverzüglich beschloß er, seine Zauberkünste auszuprobieren. «Nun, da die Teufel alle weg sind», dachte er, «habe ich Vertrauen darauf, Besitz und Ansehen zu gewinnen. Wie tut es mir doch wohl, dies alles frohen Herzens zu erlangen!»

Virgilius stellte nun in Rom seine Zauberkunst auf die Probe, begierig zu erfahren, ob ihm teuflische Macht zu Gebote stünde. Er fertigte eine weibliche Gestalt aus Stein, die aber durch Zauberei wie eine lebendige Frau wirkte, so daß jeder unkeusche Mann, der sich ihr näherte, sie für Fleisch und Blut hielt und sich an ihr verging. Mehr sage ich davon nicht; ihr wißt wohl alle, wie ich darüber denke.

Solcherart trieb er noch manche Zauberei; er war darin

ein Meister. Ich bin unfähig, alles von ihm zu berichten; vieles, was sich wahrhaftig ereignet hat, muß ich auslassen. Nur eines, für das ich mich verbürge, will ich euch erzählen. In Rom lebte dazumal eine Bürgerin, die Virgilius oft gebeten hatte, ihm zu willen zu sein; aber immer hatte sie sich ihm versagt. Doch stand er dadurch von seinem Werben nicht ab. Er sagte: «Ich stürbe eher, als daß ich auf Euch verzichtete, Eure Liebe ist das, wonach mich verlangt.» – «Eure Liebesraserei bringt Euch nur ins Unglück», erwiderte sie, «denn ich berichte meinem Gatten davon. Ja, selbst wenn Ihr schöner als Absalom wäret, meine Liebe würde Euch nicht zuteil. Ich werde meine Reinheit vor Euch zu bewahren wissen. Eher müßten alle Felsen zerspringen, als daß ich Euerm Begehren nachgäbe. Geht und bedrängt mich nicht länger. Euer Ansinnen ist ganz unschicklich, und berichte ich meinem Mann davon, so ist es Euer Tod.» Aber Virgilius ließ von seinem Werben nicht ab. Er versprach ihr sogar Gold und Silber, denn er war unermeßlich reich. Als er die schöne Frau nun nicht in Ruhe ließ, ging sie zu ihrem Gatten und sprach: «Ihr seid doch weiser als Euer Alter erwarten läßt. Erwägt nun, wie ich meine weibliche Ehre behalte, die ich von Jugend auf bewahrt habe und mit der ich auch alt werden möchte, wenn Ihr es nur wollt. Ratet mir schnellstens, wie ich dem Virgilius entgehen kann; denn der stellt mir um meine Liebe nach. Denkt Euch etwas aus, wie ich seinen Verführungskünsten nicht erliege und meine Ehre rette.» Darauf erwiderte ihr Gemahl: «Liebe Frau, gäbest du deine Ehre preis, so würde mir das großes Herzeleid bringen. Wenn Virgilius auch voller Verschlagenheit ist, so will ich doch versuchen, ihn zu entehren. Tu nur, was ich dir rate, mein liebes Weib. Schicke sogleich jemand zu ihm und laß ihm ausrichten, du wollest ihm heute nacht zu Willen sein, du habest es dir überlegt. Laß ihm sagen, ich sei in Zorn und Schmerz von dir weggeritten und du habest ohne Grund mein Wohlwollen verloren. Melde ihm, er solle nicht zu früh zu dir kommen, denn ich ließe dich streng überwachen. Sage ihm: ‹Mich dünkt es gut, wenn ich Euch einen Korb herablasse. Da setzt Euch leise hinein. Das erspart Euch alle Bedrängnis, denn niemand nimmt Euch darin wahr. Dann ziehe ich Euch hoch in den Turm, den ich bewohne, und hier werde ich Euch zu Willen sein.› – Wenn er erst deine Bereitschaft erkennt, so ist mir in dieser Sache nicht mehr bange.»

Die Frau tat alles, was ihr Mann sie geheißen hatte. Sie ließ Virgilius sagen, wenn er ein rechter Liebesheld sei, so könne er das heute nacht beweisen, sie sei bereit, ihm Liebe zu geben, denn ihr Mann habe sehr unbeherrscht gehandelt und sie tüchtig geschlagen. Nun sei sie entschlossen, ihn heute nacht zu empfangen und ihm alles zu gewähren, was er begehre. Nichts sei ihr jetzt so widerwärtig wie ihr Mann, und sie gönne ihm durchaus alles, was ihm Schmerz bereite.

Als Virgilius von der Frau diese Nachricht erhielt, fragte er: «Soll ich heute nacht einfach zu Euch kommen?» Sie erwiderte: «Ich werde streng bewacht. Drum rate ich Euch, daß Ihr Euch in einem Korbe zu mir hinaufziehen laßt, das ist das beste.» – «Sehr gern, geliebte Frau», antwortete Virgilius, «Eure Vortrefflichkeit will ich durch Dienst reichlich vergelten!»

Zu später Stunde begab sich Virgilius zum genannten Turm und machte sich bemerkbar, indem er einen kleinen Stein ans Fenster warf. Da trat die Frau leise heran und öffnete sogleich das Fenster – ihr Fhemann war in ihrer Nähe. Sie rief hinab: «Seid Ihr's, Herr Virgilius?» – «Schöne Frau, laßt den Korb herab, damit ich mich hineinsetzen kann», erwiderte der Liebhaber. – «Ihr beweist

Klugheit», sprach sie, ließ den Korb hinab, und schon saß Virgilius darin. Sie zog ihn mit Bedacht drei Stockwerke hoch, aber nicht weiter. Sie schnürte den Strick fest und ließ ihren Liebhaber in dem Korb hängen. So kam er nicht zum Zuge, denn sie war eine keusche und reine Frau.

Als es am Morgen hell wurde, berichtete man in Rom, der weise Herr Virgilius hinge an einem Turm. Da sprachen viele: «Das glaube ich nicht, ich müßte es denn selbst sehen; denn wahrlich, er ist klüger als irgendein Mann oder ein Weib. Deshalb ist das nicht gut möglich, denn er ist stets auf der Hut.» Man versicherte ihnen jedoch, daß es wirklich an dem wäre, und da liefen die Römer hin und sahen seine Bedrängnis. Zuletzt ritt der Ehemann der Römerin herbei, so als ob er weggewesen wäre. Virgilius aber fühlte sich alles andere als wohl, denn er hatte nichts als Verdruß. Die Römer fragten ihn: «Wie ist denn das gekommen, Virgilius, daß du hier so elend hängst?» Er antwortete leise: «Ich habe es wahrlich nicht anders gewollt.» – Nun mischte sich der Ehemann der Frau ein: «Wer hat Euch eigentlich an dem Turm hochgezogen, so daß Ihr nun an meiner Mauer hängt? Ich nehme an, Euch ist das verdrießlich. Es dauert mich, daß Ihr solche Schande erleiden müßt.» Und sogleich ließ der Ehemann den Virgilius, der einiges an Leib und Seele gelitten hatte, vor den Augen des Volkes in seinem Korb herunter.

Als er mit Hilfe des Ehemanns wieder festen Boden unter den Füßen hatte, überlegte er angestrengt, wie er es anstellen könne, die begehrte Frau, die sich ihm versagt hatte, und ihr ganzes Geschlecht dafür zu bestrafen.

Es wurde eine schwere Heimsuchung; denn der schreckliche Zauberer brachte es im Verlauf seiner Rache dahin, daß in ganz Rom das Feuer ausging. Ein Wunder war's, daß das überhaupt jemand überlebt hat. Man konnte nicht backen, nicht kochen, nicht brauen, man hatte viel Ungelegenheiten und war dem Verhungern nahe.

In dieser Notlage überlegten die Römer, wie sie es anstellen könnten, wieder zu Feuer zu gelangen, das ihnen so bitter fehlte. Einer unter ihnen sprach: «Ich will euch sagen, wie ich darüber denke. Ich rate dazu, Virgilius inständig darum zu bitten. Wir legen diesem zaubermächtigen Manne unsere bedrängte Lage dar, und er wird unserer Not ein Ende machen.» Das gefiel allen wohl. Sie gingen zu Virgilius und sprachen: «Edler Herr, wir bitten in einer peinlichen Sache, die uns in arge Bedrängnis bringt, um deine Hilfe. Wir sterben nämlich fast vor Hunger, weil wir weder backen noch unser Essen richtig zubereiten können. Wenn das so weitergeht, werden alle Römer elend umkommen. Nun kennen wir alle deine Künste und hoffen, daß sie uns nützen können.»

Virgilius erwiderte: «Hört auf, davon zu reden, denn würde ich euch sagen, wie ihr allein gerettet werden könnt, so brächte euch das nur Schmerz und Verdruß!» Darauf antworteten die klugen Römer: «Lieber Freund und Herr, was immer du von uns verlangst, wir leisten es bereitwillig, wenn wir nur wieder Feuer bekommen; denn ohne dieses werden wir hier in Rom elend sterben. Wir können vor Hunger schon kaum aus den Augen sehen, und unsere Frauen und Kinder sind vom Tode bedroht.»

«Wenn euch der Hunger so plagt», entgegnete Virgilius, «so schwört mir, ehe ich euch helfe, einen Eid, daß ihr zu gegebener Zeit ohne Murren das tun werdet, was ich euch befehle, und ich dennoch eure Gunst behalte. Dann werde ich euch zuliebe für Rom wieder Feuer beschaffen.»

Da kamen sie überein, ihm allezeit ihre Neigung zu bewahren und sprachen: «Wir gehen voll und ganz auf deine Forderung ein, und sollte einer von uns schlecht gegen dich gehandelt haben, so verzeih es. Wir geloben, uns dir gegenüber künftig besser zu betragen.»

«Das schwört mir hier auf der Stelle», sprach Virgilius, und jeder schwor ihm darauf gleich zwei Eide. – «Nun, so will ich es euch denn verraten: Niemand kann euch – bei meiner Ehre – aus eurer Not erretten als die Frau aus dem festen Turm, an dem ich gehangen habe.» Da eilte man zu ihr, und selbst ihre Blutsverwandten bestürmten sie. Obgleich ihr Mann es ungern zuließ, mußte er auf die Bitten und das Flehen der vielen hin zulassen, daß sein Weib zu Virgilius geführt werde. Der empfing sie freundlich und sprach: «Schöne Frau, wenn Ihr nicht wollt, daß das Volk von Rom untergeht, so widersetzt Euch nicht dem, was ich Euch rate. Dann schafft Feuer für die Stadt herbei. Andernfalls müßt Ihr mit den andern zusammen zugrunde gehen.» – «Lieber Herr», entgegnete sie, «mit Eurer gütigen Erlaubnis bäte ich Euch um die Gunst, die Sache anders auszutragen. Ich habe von Euch schon Ärger genug gehabt.»

«Verehrte Dame, das ist nicht möglich. Eher wäre kein Tropfen Wasser mehr im Rhein, als daß ich heute auf Eure Mitwirkung verzichtete; denn nur Ihr könnt es fertigbringen, der Stadt wieder Feuer zu geben.» – «So laßt denn hören, was mir geschehen soll.»

«Schöne Dame», sprach Virgilius, «seht Ihr diesen Stein dort? Darauf sollt Ihr Euch stellen; Eure Kleider legt Ihr ab, nur ein Hemd dürft Ihr auf dem Leibe behalten. Das hebt dann hinten bis zur Taille hoch, bückt Euch und stellt Euch auf alle viere. Sodann soll sich jeder von Eurem Hinterteil sein Feuer abnehmen. Käme aber jemand auf den unglücklichen Gedanken, sein Feuer an einen andern weiterzureichen, so würden beide Flammen sofort erlöschen. Wollten sie zu Feuer kommen, so müßten sie sich *beide* zu Euch bemühen und sich an Eurem glimmenden Hintern bedienen.»

«Ehe ich solche Schmach erduldete», erwiderte die Frau, «wollte ich lieber das Land verlassen oder sterben.»

«Wenn es so nicht geht, muß man es anders machen. Wenn die Römer ihres Lebens wieder froh werden wollen, müssen sie Euch eben dazu zwingen. Nur so kommen sie zum Ziele.»

Da berieten sich die Verwandten der Frau, was zu tun sei. Auch ihr Gatte erkannte, daß es sich kaum würde vermeiden lassen. Man bat sie, ja flehte sie an, aber die Frau wollte nicht einwilligen. Zu groß war ihre Scham. «Ich lasse mich eher töten», sprach sie, «als daß ich das tue.»

Nun hört, wie der Gatte der Frau handelte, als gar nichts mehr helfen wollte. Er ließ sein Weib binden, ihr die Kleider vom Leibe ziehen, ohne daß sie sich dem widersetzen konnte, stellte sie auf den Stein, und dort mußte sie – sie hätte vor Scham vergehen können – unter dem Freudenlärm der Menge mit ihrem Hinterteil Feuer spenden. Jeder hielt etwas Brennbares daran: Kerzen aus Wachs oder Talg, einen Strohwisch oder ein Büschel Laub, einen Buchenzweig oder ein Holzscheit. Ein jeder erhielt so das Feuer für sich. Ihr könnt euch denken, welche Tortur das für die arme Frau war! Aber es half nichts, sie mußte es erdulden, mochte sie vor Scham und Kummer auch fast umkommen.

Unmittelbar danach verließ Virgilius Rom und baute eine andere Stadt, die heute als Neapel bekannt ist. Die hatte er äußerst schlau angelegt; er hatte sie nämlich an drei Eiern aufgehängt. Von dieser seiner Kunst kommt es, daß die Stadt im Meer versänke und die gesamte Bevölkerung ertrinken müßte, wenn jemand diese Eier zerbräche. Darauf achten alle in Neapel sehr eifrig Wenn jemand auch nur einem dieser Eier zu nahe kommt, gibt es ein Erdbeben.

Später hat Virgilius noch weitere Kunststücke vollbracht. So schuf er ein Standbild aus Erz, so herrlich, daß es aussah wie aus Gold. An dem war eine Inschrift aus goldenen Buchstaben, die lautete: «Wo ich hinzeige, dort liegt ein Schatz. Wer ihn findet, der hat alle Armut hinter sich gelassen.» Als die Leute das hörten, kamen sie in Scharen und wollten ihr Glück versuchen, vielleicht, daß sie den Schatz fänden und ein Leben der Not in eines voll Freude und Wonne wandeln könnten. Nun hatte das Standbild eine Hand wie von ungefähr auf seinem Bauche liegen; ein Arm aber war gestreckt und zeigte auf den Berg Vesuv gegenüber. Und weil es allezeit mit dem Finger in diese Richtung wies, da vermuteten dort alle ihren Gewinn und gruben den Berg auf der Suche nach dem Schatz um und um. Wie gesagt, mit dem Finger der anderen Hand aber zeigte das Standbild auf seinen Leib und wies damit auf die wahre Fundstelle hin. Aber darauf kam niemand. Vielmehr grub man fleißig am Vesuv, weil man den Schatz dort vermeinte. Nur fand ihn keiner.

Eines Tages nun sprach ein Betrunkener: «Wie lange soll uns dieses Standbild wohl noch an der Nase herumführen? Ich werde es zertrümmern und auf diese Weise für das Volk Rache an ihm nehmen.» Damit ergriff er eine Keule, lief in seiner Trunkenheit auf die Statue zu und versetzte ihr einen Schlag am Hals, so daß ihr der Kopf herunterfiel.

Da es aber noch dunkel war, konnte man das Gold, das aus dem Standbild auf den Boden herabgefallen war, vorerst nicht sehen.

Hieran erkennt man: Wem das Glück Besitz zugedacht hat, der bekommt ihn auch, sei er nun Pfaffe oder Laie, so wie es dem betrunkenen Manne widerfuhr, der die Statue zerschlug. Dieses Standbild sollte überhaupt niemanden zum Narren halten; aber das erkannte der Gewalttäter erst, als ihm der Schatz zufiel und er das Gold nach Hause trug. Nun war er reich, denn ihm war unermeßlich viel zuteil geworden. Wie wohl ist doch einem, der vom Glück heimgesucht worden ist! Ach, hätten wir doch auch ein bißchen davon! Wollte uns der himmlische Gott dazu verhelfen, fürwahr, das wäre eine Freude!

## Die Tochter des Reußenkönigs

Laßt uns in Ehren von dem König des Reußenlandes erzählen, wie er sich in seinem späteren Leben als Herrscher gebärdete. Seine Macht und sein Reichtum waren gewaltig. Er hatte eine schöne Gemahlin, die er wie sein Leben liebte, und dazu eine reizende Tochter, die seine ganze Freude war. An Schönheit übertraf sie ihre Mutter noch, und man konnte wirklich niemanden ihresgleichen finden. Sie war auch so stolzen Sinnes, daß sie nur einen zum Mann nehmen wollte, der ihr würdig genug erschiene. Der Vater liebte seine Tochter so, daß ihm vor Freude schier das Herz zerspringen wollte, wenn er sie anschaute; er hing an ihr mit Leib und Seele. Als nun – wie man berichtet – die Königin gestorben war, gingen die Großen des Reiches zu ihrem König und sprachen: «Herr, soll dieses Land zuschanden werden, wenn Ihr eines Tages sterbt, ohne einen Sohn zu hinterlassen, der Eure Herrschaft antritt? Dieser Übelstand kommt daher, daß Ihr nicht wieder heiraten wollt.»

Darauf antwortete der König: «Einen Erben wird mein Reich von mir nicht bekommen, es sei denn, es fände sich eine Gattin für mich, die meiner Tochter gleicht.»

«So laßt uns denn Boten durchs Land schicken, vielleicht finden sie – da es nun nicht anders sein kann – eine schöne Jungfrau, die Euren Anforderungen entspricht», erwiderten die Fürsten darauf.

Und so geschah es, man sandte sie in alle Lande, sogar bis an den Rhein, aber es fand sich nicht eine, die der Königstochter geglichen hätte, und das berichtete man dem König auch.

«Dann heirate ich nicht», entgegnete dieser, «ganz gleich, was später mit meinem Reich wird.»

Da kamen die Fürsten überein, ehe sie auf einen Thronerben verzichteten, sich lieber an den Papst zu wenden, um von ihm mit Gold und Silber die Erlaubnis zu erkaufen, daß der König seine eigene Tochter heiraten dürfe. Vielleicht schenkte Gott ihnen dann einen Sohn, der später die Herrschaft übernehmen könnte. Der Papst ging darauf auch ein, denn ihn lockten die Gold- und Silberschätze so, daß er dem Reußenkönig gewogen wurde und ihm erlaubte, sein eigen Fleisch und Blut zum Weibe zu nehmen. Als die Boten mit dieser Nachricht aus Rom zurückkehrten, da war die Freude groß unter den adligen Herrn des Reußenlandes. Auch der König war beglückt, er ließ sogleich die Fürsten und alle seine Blutsverwandten kommen und eröffnete ihnen, daß ihm der Heilige Vater erlaubt habe, seine eigene Tochter zur Frau zu nehmen, und daß dies geschehen könne, ohne daß seine Seele Schaden dabei leide. Alle sagten, dann gehe es wohl mit allem Recht zu und sei keine Sünde, wenn der Papst seinen Segen dazu gegeben habe, und das wiederholten sie mehrmals. Und der König sprach: «Meine Freude ist nicht mehr zu übertreffen, daß

Gott mir meine schöne Tochter zum Weibe gegeben hat!»

Sogleich schickte er Boten in sein Land, die überall prächtige Kleider zusammentragen sollten, denn er wollte die Seinen damit beschenken. Der Tochter gab er – wie man hört – voller Freude Kleider aus Samt und Seide, die schönsten, die je eine Frau getragen hat, an Pracht nicht mehr zu übertreffen. Freilich wußte die Tochter noch nicht, daß sie ihren Vater heiraten sollte; sie vermutete ihren Freier ganz woanders. Als man ihr nun berichtete, was man vorhatte, wurde sie über alle Maßen betrübt. Sie zog sich in ihre Kemenate zurück, nahm eine scharfe Schere und sprach: «Mein schönes Haar ist mir gleichgültig, wenn ich den eigenen Vater heiraten soll.» Und damit schnitt sie es ab. Auch ihre prächtigen Kleider tauschte das schöne Mädchen gegen einen schmucklosen grauen Rock. «Mein Gesicht will ich wie eine Larve verunstalten», sprach sie und zerkratzte sich das Antlitz, daß das Blut nur so herabströmte. In diesem Aufzug trat sie dann vor die zahlreichen Fürsten des Hofes und ließ sich anschauen. Und alle fanden, daß sie jetzt einem Teufel ähnlich sei, die zuvor so liebreizend und schön gewesen war. Als ihr Vater sie sah, sprach er: «Gott, ist das die Möglichkeit? Was ist mit meiner schönen Tochter geschehen, daß sie mit blutigem Gesicht hier steht?» Auf solche Weise bedankte sie sich bei den Fürsten. Ihr Vater fiel vor Schmerz und Kummer in Ohnmacht. Als er wieder zu sich kam, sprach er: «Ihr Herrn, kehrt nach Hause zurück. Meine Tochter hat mich in Schande gestürzt, und ich sage euch, das wird sie büßen, davon hält mich nichts ab!»

Er ließ unverzüglich zur Nacht ein Faß herrichten, sperrte sie mitsamt ihren prächtigen Kleidern hinein und ließ sie aussetzen wie ein ehrvergessenes Weib. Zu seinem

Marschall sagte er: «Sie soll büßen für die blutenden Wunden, die sie sich völlig ohne Grund beigebracht hat.» Als der Marschall diese Worte seines Königs vernommen hatte, wandte er sich an die Königstochter und sprach: «Edles Fräulein, es ist Euer Schicksal, in diesem Faß verstoßen zu werden, und es ist der Befehl meines Herrn, daß ich es sogleich vollziehe.» Betrübt erwiderte das Mädchen: «Ehe ich die Frau meines eigenen Vaters werde, fürwahr, eher will ich sterben. Denn noch nie hat unter Christen ein Vater seine eigene Tochter geheiratet.» Darauf zwängte man sie in das Faß und legte ihre herrlichen Kleider dazu. «Herr Gott, steh mir bei, denn du bist gnädig!» betete sie. Damit stieß man sie aufs Meer hinaus, und sie trieb davon.

In Griechenland wurde die schöne Jungfrau an Land gespült. Das bemerkte der griechische König, der sich gerade am Meeresstrande aufhielt. «Schau nur», sprach er zu einem Fischer, «was dort auf dem Wasser herantreibt.» Der Fischer fuhr auf das Wort des Königs hin zu dem schwimmenden Faß und zog es an Land. Sogleich befahl der mächtige König der Griechen seinen Knappen nachzuschauen, was sich in dem Faß befinde. Man schlug es auf und schaute hinein. Da sahen sie das schöne Mädchen, das so mutig war und ohne Falsch. Sie führten sie sogleich vor ihren König; auch ihre Kleider nahmen sie mit. «Wer hat Euch dieses Leid zugefügt, daß Ihr, in das Faß eingesperrt, in mein Land getrieben kommt?» fragte der König. «Den, der dafür verantwortlich ist», erwiderte sie, «kann ich nicht nennen. Kein Unglück war's jedenfalls, das mich aufs Meer gebracht hat.»

«Sagt mir», fuhr der König fort, «ob Ihr eine Jungfrau seid.» – «Gott im Himmel weiß, daß ich noch nie im Leben etwas mit einem Manne hatte und es auch in Zukunft nicht will, denn ich habe Schreckliches auf dem

270

Meere durchlitten, ehe ich hier an Land gespült wurde»'
sprach sie. «Glaubt mir, ich würde Euch – sofern es Euch
nicht verdrösse – bald meinen Kummer klagen, wenn
sich ein solches Betragen für mich nur ziemte.»

Darauf erwiderte der König voll Anstand: «Euer Leid
schmerzt mich sehr, und an Euern Kleidern erkenne ich,
daß Ihr von fürstlicher Abkunft seid.» Er behielt sie bei
sich, ohne daß etwas geschehen wäre, was ihre weibliche
Ehre befleckt hätte, und das über ein halbes Jahr. Dann
machte sie der König der Griechen zu seiner Gattin. So
hatte es Gott gewollt. Nicht lange danach wurde sie
durch Gottes Gnade schwanger.

Die Mutter des Königs aber war ein böses Weib. Das
Augenlicht müßten sie alle verlieren, die nicht gütig sein
wollen! Im Rhein sollte man sie alle ersäufen oder ver-
senken! Solches wünsche ich ihnen! Die Mutter des
Griechenkönigs war nun eine besonders üble Person, und
der jungen Königin widerfuhr durch sie manches Leid.
So sprach sie einmal zu ihrem Sohn: «Wegen deiner
Heirat müßtest du gerechterweise Verdruß bekommen.
Man sollte dich in den Rheinstrom werfen und dich darin ertränken. Wenn du schon eine böse Gattin genommen hast, wie kann sie dir wohlanstehen? Ich sage es dir
frei heraus: Mit der kann ich nicht bis an mein Lebensende friedlich zusammenwohnen; die wird mich schon
noch kennenlernen!»

Als der König diesen Auftritt erlebt hatte, sagte er zu
seinem Marschall: «Ich überantworte dir hiermit meine
alte Mutter. Bringe sie auf eine entlegene Burg. Sie hat
meiner lieben Gemahlin viel Kummer gemacht, und sie
soll künftig weit weg sein, wo ich sie nicht sehen und
hören muß.» Und unverzüglich brachte der Marschall
die Königinmutter fort.

Nun war zu dieser Zeit ein verwegener fremder Herrscher mit großer Heeresmacht in Griechenland eingefallen und hatte dabei viele Menschen auf den Tod verwundet.

Als dies dem König der Griechen gemeldet wurde, ließ er unerschrocken und ungesäumt zu den Waffen rufen und zog dem Feind bis zu einem großen Fluß entgegen. Hier lagen die beiden Heere nun einander grimmig gegenüber.

Es war dies aber gerade zu der Zeit, da die griechische Königin hochschwanger war, und bald konnte sie auf den Rat ihres Marschalls – wie es sich für eine gute Gattin schickt – ihrem Gemahl ins Feldlager schreiben, daß sie einen Sohn geboren habe, über alle Maßen liebreizend, und daß er die Freude aller Ritter und Knappen sei. Dieses glückliche Ereignis wolle sie ihm mit diesem Brief mitteilen.

Der Bote kam auf seinem Ritt auch auf die Burg, auf der die Königinmutter wohnte, und er ließ sie wissen, daß er eine Botschaft an den König mit sich führe. Er sprach zu ihr: «Herrin, verweigert mir nicht den Botenlohn, denn ich bringe die Nachricht, daß die Königin mit einem schönen Knaben niedergekommen ist. Das ist eine Freude für alle Blutsverwandten und Freunde des Königs. Es ist ein wunderhübsches Kind, und ich bin sicher, daß mein Herr mir einen solchen Botenlohn geben wird, daß mir Armut und Not künftig fremd sind.»

Die böse Königinmutter erwiderte darauf: «Fürwahr, etwas Angenehmeres, als dies zu hören, ist mir noch nie widerfahren, und auch von mir sollst du reich belohnt werden, sobald du von meinem Sohn zurückkehrst.» Sie schenkte dem Boten tüchtig ein und machte ihn wahrlich betrunken. Dann ließ sie ihm ein bequemes Lager bereiten, stahl ihm unbemerkt den Brief der Königin und legte ihm dafür einen anderen in seine Briefbüchse.

Als der Morgen heraufzog, sprang der Bote auf und eilte weiter, damit er mit seiner Nachricht nicht zu spät bei seinem König anlange. Als er dort angekommen war, sprach er höflich zu ihm: «Meine edle Herrin entbietet Euch ihre Geneigtheit und Ergebenheit; sie und Euer Marschall senden Euch diesen Brief.» Der König ließ ihn sogleich vor seinem Zelt verlesen. Darin stand: «Der Marschall läßt Euch sagen, Herr, daß Euerm Land ein großes Leid widerfahren ist, das Euch zugleich in Schande bringt. Die Königin hat nämlich – ich muß Euch das mitteilen – ein Teufelskind zur Welt gebracht. Es sieht aus wie eine Larve – möchte es doch der Leibhaftige bald zu sich nehmen! Es setzt Euer Ansehn gewaltig herab, und wenn Ihr zurückkehrt, so könnt Ihr nicht anders handeln als Mutter und Kind verstoßen. Nur so könnt Ihr Euer Ansehen wiederherstellen, oder Ihr müßt bis an Euer Lebensende Herzeleid erdulden. Denn Eure Qual beginnt dann erst richtig; das Kind sieht nämlich so scheußlich aus, daß es niemand anzuschauen wagt.»

Als der König von diesem Unglück hörte, war er todunglücklich, und er sprach zu seinem Schreiber: «Teile dem Marschall mit, daß er, sobald er diesen Brief bekommt, meine Gemahlin unverzüglich in ein Faß aus Eichenholz stecke, so wie ich einst ihre Bekanntschaft gemacht habe, und daß er sie wer weiß wohin befördere, und ihr abscheuliches Kind lege er mit dazu. Wollte er sich dem widersetzen, so geht er in die Verbannung, ja, finde ich die beiden noch vor, wenn ich heimkehre, so geht es dem Marschall unweigerlich ans Leben, so wahr ich König bin!»

Auf den Befehl seines Herrn ritt der Bote eilig zurück und überbrachte dem Marschall den Brief. Als dieser ihn gelesen hatte, war er unsagbar betrübt. Ihm sank aller

Mut, denn er fürchtete den Zorn des Königs für den Fall, daß er dessen Befehl nicht ausführte. Er besorgte eilends ein Faß und bat die Königin mit tränenden Augen um Verzeihung, aber er müsse sie da hineinstecken, das sei leider nicht zu ändern.

Sie erwiderte darauf nur: «Und was soll mit meinem Kind werden? Das sagt mir noch.» – «Es muß auch mit in das Faß», antwortete er unter Tränen. – «Wüßte ich nur, wieso ich in Ungnade gefallen bin und woher mein Herzeleid kommt; wenn mir das nur jemand sagen könnte», sprach die Königin, und sie fügte hinzu: «Ich hätte lieber sterben mögen, ehe ich auch nur in einem Punkte etwas Ehrenrühriges getan hätte. Das habe ich wohl zu vermeiden gewußt.»

Was gibt es da noch zu erzählen, so sehr ist noch nie geklagt worden wie um die schöne Frau und ihr Kind. Sie wurden beide in das Faß gesteckt und mit standesgemäßer Kleidung versehen. Die arme Königin war ein Bild des Jammers.

Die «Barke» wurde aufs Meer hinausgestoßen, und diese trug sie nach Gottes Ratschluß in die Tibermündung hinein bis vor die Ewige Stadt Rom. Hier nun sah ein Römer, der am Apulischen Fieber litt, von einer Tiberbrücke aus das Faß im Wasser treiben. Zu einem Fischer sprach er: «Laß es dich nicht verdrießen, mir das Faß heranzuholen, und ich werde dich sofort dafür belohnen, was auch immer in dem Fasse sein mag.» Der Fischer tat, wie ihm geheißen ward, und barg das Faß. Es wurde unverzüglich geöffnet, man nahm die Kleider heraus und fand die schöne Frau. Der Römer schaute sie liebenswürdig an und sprach: «Edle Dame, Gott hat Euch und Euer Kind in seiner Obhut gehabt. Deshalb will ich es nun aufziehen. Bei mir sollt Ihr alles haben, was Ihr nur braucht.» Er nahm sie beide auf, und die Frau wurde wieder froh. Die Königin der Griechen, jetzt Römerin geworden, zeigte in allem die Gesinnung einer edlen Dame.

Wenden wir uns nun aber wieder dem König von Griechenland in seinem Heerlager zu. Er war so von seinem Kummer niedergedrückt, daß er sich noch nicht einmal seines Erfolges über seine heidnischen Feinde freuen konnte, von denen er viele gefangen in sein Reich mitführte. Als er dort angelangt war und mit seinem Marschall zusammentraf, sprach er zu ihm: «Wie mußt auch du dieses Unglück beklagen, mein edler Marschall. Als man mir deinen Brief vorlas mit der fürchterlichen Nachricht, daß mein Kind ein Teufel sei, da kam unsägliche Traurigkeit über mich, mir war, als müßte ich sterben, denn größeres Unglück ist mir noch nie widerfahren.» – «Mein König», erwiderte der Marschall darauf, «in meinem Brief war davon keine Rede, im Gegenteil, ich berichtete dir, daß es keinen schöneren Sohn auf Erden geben könnte.» Da raufte sich der König vor Schmerz das Haar, bis er schließlich ohnmächtig hinsank. Später befahl er den Boten zu sich und sprach: «Sag mir, du verfluchter Kerl, was hat das mit dem Briefe auf sich, den du mir überbracht hast? Mit der Wahrheit heraus, oder du bist des Todes.» Voller Angst entgegnete der Bote: «Herr, ich weiß wirklich nicht, was damit ist. Ich kann nur soviel sagen, daß ich die Nacht auf der Burg der Königinmutter verbracht habe. Ob sie mich zu einer Übeltat mißbraucht hat, das ist mir unbekannt.» – «Der Teufel möge sie holen», sprach der König ohne Zögern, «sie hat die Briefe vertauscht!» Zornig schickte er Leute aus, die seine Mutter ergreifen und sie in einen Kerker einmauern mußten. Darin büßte sie bis an ihr Lebensende für ihre Schandtat.

«Zu Recht ist dieses Unglück über mich gekommen», sprach der König im Zorn. «Wehe mir Elendem! Daß sich Gott nicht über mich erbarmt! Daß ich meine liebe Gemahlin so behandelt habe, das trägt mir ewig Kummer und Schmach ein!»

Da faßte er einen Entschluß: «Ich werde nach Rom pilgern und dort Buße tun für meine schreckliche Tat.» Und das geschah denn auch.

Mittlerweile war es auch dem Papst zu Ohren gekommen, daß eine edle Frau mit ihrem überaus schönen Kind in einem Faß in Rom an Land getrieben worden wäre und daß ein römischer Bürger sie aufgenommen habe. «Dafür, daß er so gehandelt hat», verkündete der Papst in aller Form, «will ich diesem Mann Ablaß für seine Sünden und Missetaten erteilen, die er zeitlebens begangen haben sollte. Nimmt er die edle Frau in seine Obhut, so leistet er seiner Seele einen großen Dienst, denn Gott wird ihm am Ende die Krone des Lebens geben.»

Den König von Griechenland reuten seine Sünden sehr, und als er fünf Jahre später in Rom eintraf, suchte er den Heiligen Vater auf, um ihm ein ausführliches Geständnis seiner Missetat abzulegen, die er an seiner Gattin begangen hatte.

Zu dieser Zeit ließ der allmächtige Gott auch dem Reußenkönig das Gewissen schlagen. «Ich muß die Sünde an meiner Tochter büßen, die ich – ihr Bitten und Flehen nicht achtend – völlig sinnlos aufs Meer stoßen und damit dem sicheren Tode überantworten ließ. Nie habe ich ein schöneres Weib gesehen als sie. Ich werde nach Rom aufbrechen, um vollkommene Buße zu tun», und so trieb auch ihn die Reue in die Heilige Stadt.

Als der Papst nun den zwei Königen die Beichte abgenommen hatte, erkannte er, daß sie beide an derselben Frau gesündigt hatten, an der nämlich, die mit ihrem Kinde bei dem römischen Bürger Aufnahme gefunden. Als die beiden Fürsten ihr Gewissen vor dem Stellvertre-

ter Gottes auf Erden erleichtert hatten, lud sie der Heilige
Vater in seinen Palast zum Mahl ein. Inzwischen schickte
er nach dem Römer und bat ihn, ihm zuliebe mit der
Frau und dem Kind sogleich zu ihm zu kommen. Das
geschah denn auch. Die Frau trug dazu ihre prächtigen
Kleider, von denen oben bereits die Rede war.

Als die drei Herren nun ihr Mahl beendet hatten, sprach
der Papst zum Reußenkönig: «Seid fröhlich, edler Herr.
Würdet Ihr gern Eure Tochter wiedersehen?» – «Ich
könnte eher blind sein, als meine schöne Tochter wieder
mit Augen anschauen zu dürfen,» entgegnete der
Reußenherrscher.

«Und Ihr, Griechenkönig», fuhr der Papst fort, «würdet Ihr Euch freuen, Eure Gemahlin wiederzusehen?» –
«Fürwahr, Heiliger Vater», erwiderte dieser, «ich wäre
der glücklichste Mensch, wenn das möglich wäre, und
wollte bei Gott einen Fuß und eine Hand dafür hingeben!»

«Nun denn», sprach der Papst, «euer Unglück und
euer Herzeleid sind vorüber und Glück und Ansehen sind
wieder bei euch.» Damit ging der Papst vor die Tür und
führte die Frau und ihr Kind ins Zimmer. Die Freude der
beiden Männer hätte nicht größer sein können, und in
einer gemeinsamen Regung eilten sie beide auf sie zu.

«Reußenkönig», sprach der Papst, «nehmt Eure edle
Tochter hin», und den Vater erfüllte tiefe Freude. «Und
Ihr», fuhr der Heilige Vater, zum Griechenkönig gewandt, fort, «vergeßt all Euer Leid und empfangt Gattin
und Sohn.» Solche Freude wie hier hat es noch nie zuvor
auf Erden gegeben. Mutter und Kind wurden von den
beiden Herrschern in ihr Reich zurückgeleitet, und dort
wurde sie wieder die Königin, lebte in Freuden und verstand allezeit, ihr Ansehen zu wahren.

Ihr sollt wissen, daß ihnen fortan ein freudenreiches

Leben beschert war, wodurch Gott, dem nichts unmöglich ist, sie für alle ihre vergangenen Leiden entschädigte. Der Herr möge uns sein Himmelreich öffnen und uns damit ewige Freude schenken!

## Aristoteles und Phyllis

In Griechenland herrschte einst ein tapferer König namens Philipp. Man sagt ihm nach, daß er nicht nur über gewaltige Macht verfügte, sondern daß er sein Leben lang freigebig und auf Ansehen bedacht war. An Gestalt, Gesinnung und Benehmen war er vollkommen, und vor anderen Königen zeichnete er sich durch Macht und Besitz aus.

Dieser Herrscher hatte eine Gemahlin von einer Schönheit, wie man sie an keiner anderen Frau je gesehen hat. Das mußten alle zugeben, die die Königin zu Gesicht bekamen. Sie war aber zugleich eine Blume reinster Weiblichkeit, ihrer Tugend nach war sie wie ein lauterer Diamant, und klar wie ein Spiegel, was ihre Stellung zu Wankelmut und Fehltritten betrifft. Solche edlen Frauen findet man ja auch heute noch genug.

Dem König und seiner Gemahlin schenkte Gott einen Sohn, der später viele Länder unter seine Herrschaft beugte. Er hieß Alexander. Von allen Königen, die jetzt leben, hat niemand ein solches Reich wie das, über das Alexander zu seinen Lebzeiten herrschte. Wie man berichtet, war der Knabe schön und von edler Bildung. An ihm war alles, was man an einem Königssohn erwartet. Um die Künste und Wissenschaften zu erlernen und eine fürstliche Erziehung zu bekommen, sollte der Jüngling zu einem Lehrer in die Schule gegeben werden. Für diese Aufgabe wollte der König einen alten Philosophen gewinnen, der Aristoteles hieß. Zu dem sprach der Herrscher: «Meister, seid aller Ehre und Tugend eingedenk und lehrt meinen Sohn die Weisheit, so jung er auch noch ist.» – «Es soll geschehen», erwiderte Aristoteles. Dieser Mann war eine solche Leuchte der Wissenschaft, daß auf Erden heute und auch künftig niemand ihm gleichkommt. «Ich will den Knaben so unterrichten», fuhr der Philosoph fort, «daß er großes Ansehen erlangen wird, und ich werde ihm helfen, sich in dem sonderbaren Treiben dieser Welt zurechtzufinden.» – «Dafür werde ich Euch reich belohnen», entgegnete der König.

Vor dem Palast des Herrschers befand sich ein Baumgarten, und darin stand ein schönes Haus. «Dieses Haus, Meister, stehe Euch und meinem Sohn sowie Eurer Dienerschaft zur Verfügung», sprach der König.

Nun wurde nicht lange gezögert, der Lehrer nahm den Knaben vor und brachte ihm das Abc bei. Das war zunächst nicht leicht, wie es bei Kindern oft der Fall ist, wenn sie in die Schulzucht kommen. Aber bald nahm der Knabe eifrig die Künste seines Lehrers auf, denn sein Geist war äußerst gelehrig und verständig. Es hätte keinen klügeren Knaben geben können. Leider ging er all seiner Klugheit verlustig, und zwar durch große Liebe. Die Königin hatte nämlich eine Jungfrau in ihrem Gefolge, die – wie man erzählt – an Gestalt und Aussehen

280

von solcher Schönheit war, daß man sich an ihrem Anblick nicht satt sehen konnte. Alle, die sich darauf verstehen, stimmten überein, daß sie über alle Maßen zu preisen sei. Zudem war diese Kammerzofe von hoher Abkunft. Phyllis hieß dieses Labsal für jedermanns Auge.

In Alexander entfachte das Mädchen die heißeste Liebesglut, und dem jungen Herrn kamen alle Gedanken und Empfindungen völlig durcheinander. Er sann eifrig nach, wie er seinen Kummer vermindern könnte. Mit dem Lernen war es vorbei; seine Gedanken waren nur noch bei diesem Mädchen. War sie ihm fern, so befiel ihn große Traurigkeit. Von wem je die Liebe Besitz ergriffen hat, der kann ermessen, wie dem Jüngling Alexander zumute gewesen. Dieser «Märtyrer der Liebe» wußte nicht, wie er sich betragen sollte. In einem ganzen Jahrtausend hatte die Liebe kein Herz so entflammt wie das seine. Wo er auch stand oder saß, der Gedanke an Phyllis ließ ihn nicht los. Dieser Gram währte so lange, bis Alexander mit dem Mädchen allmählich vertrauter wurde. Und schließlich liebte sie auch ihn, ja, ihre Liebe war fast noch größer. Als das zarte Mädchen nun erkannt hatte, daß er sich so sehr nach ihr sehnte, versprach sie ihm auf sein inständiges Bitten hin, mit ihm an einer bezeichneten Stelle im Baumgarten zusammenzutreffen. Die beiden Liebenden schworen sich Liebe und Treue, und ihr Glück war vollkommen. Sie trafen zusammen, sooft sich das ermöglichen ließ.

Der Lehrer Alexanders bemerkte nun freilich bald, daß die Liebe seines Zöglings zu dem Mädchen sein Erziehungswerk gefährdete, und er forschte der Sache nach. Als er Gewißheit hatte, setzte er dem Jüngling mit Worten und Schlägen zu und überwachte ihn nach bestem Können. Aber all das nützte nicht das geringste. Wenn es nur irgend möglich war, eilte Alexander – mochte es nun Tag oder Nacht sein – zu seiner Geliebten und suchte dort sein Glück. Zwischen ihnen war der strenge Minnebann gebrochen, sie schwebten in ihrem Liebesglück leicht wie ein Adler hoch oben am Himmel. Für Aristoteles war dies freilich ein böser Kummer. Er begab sich zum König und berichtete ihm, daß sich der junge Herr an die schöne Phyllis verloren habe. Der König schmähte und beschimpfte das Mädchen, sie aber antwortete: «O Herr, was Aristoteles behauptet, ist gänzlich unbegründet. Meine Herrin kennt mein Betragen, und das ist so untadelig, daß ich niemals etwas Unerlaubtes täte.» Sie schwor so viele Eide, daß sich selbst die Königin für sie verbürgte. So kam sie wieder in Gnade. In der Zeit danach wußte das Mädchen aber nicht, woran sie mit Liebe und Treue war; denn – verflucht sei's! – man überwachte die beiden Liebenden so streng, daß sie ihre Herzen nicht aneinander laben konnten. Davon wurde Phyllis ganz schwach, und all ihre Freude schwand dahin. Noch schlimmer erging es Alexander, als er erkennen mußte, daß man ihm solches Herzeleid zufügte, ihm seine geliebte Phyllis zu entziehen. Zornig wie ein Brummbär ertrug er seinen Unterricht. In seinem Kopf ging ihm alles durcheinander, denn die Liebe machte ihn fast verrückt.

Der Trennungsschmerz peinigte auch die schöne Phyllis, und sie war schier außer sich. Die alles beherrschende Liebe war mit solcher Macht über die beiden gekommen, daß sie durch sie förmlich aus ihrer Bahn geworfen wurden. Phyllis' Benehmen und ihr Verhalten zu ihrer Umgebung waren ganz verändert. Alles, was ihr zuvor Freude bereitet hatte, jetzt war es ihr zuwider. Sie hatte nur zwei Gedanken: zu ihrem Geliebten zu gelangen und sich an dem grauhaarigen Lehrer Alexanders dafür zu rächen, daß er ihnen so viel Kummer bereitet hatte.

Nun paßt auf, wie sie das anstellte. Phyllis, schön wie

die helle Sonne, legte in ihrer Kemenate ihr seidenes Fest-
kleid an, das mit kostbarem Hermelinpelz gefüttert war.
Glaubt mir, das brachte ihre ganze Schönheit so recht
zur Geltung. Auf ihr Haar setzte sie einen schmalen,
kunstvoll gearbeiteten Goldreif, in den kleine Edelsteine,
Smaragde, Hyazinthe, Saphire und Chalzedone, eingelegt waren, die besten, die es im Lande gab. Noch nie
hatte ein Goldschmied mit einer Arbeit solche Kunstfertigkeit bewiesen wie an diesem Stück. Phyllis war geschmückt wie eine Göttin. Sie nahm einen Spiegel und
prüfte, ob an ihr nicht noch eine Kleinigkeit zu verbes-
sern ginge. Aber sie war vollkommen, wie man erzählt.

Barfuß trat sie nun aus dem Palast heraus in den Baumgarten. Ihre Beine waren weißer als der Schnee und ge-
rader als eine Kerze. Durch das taufrische Gras ging sie
froh und sorglos gemessenen Schrittes zu einem Quell.
Ihre Erscheinung verband die stolze Haltung des Sperbers mit der gespreizten des Papageis. Sie ließ ihre Augen
umherwandern wie ein Falke, der hoch auf einem Baume
sitzt, nicht zurückhaltend, aber auch nicht zu aufdring-
lich. Sie ließ ihre Blicke sorgfältig, aber unauffällig
schweifen. Zugleich benahm sie sich verführerisch,
denn sie wandelte auf und ab, hob ihre Röcke fast bis
übers Knie in die Höhe, pflückte Blumen und steckte sie
sich ans Kleid. Dies alles tat die schöne Phyllis, um den
alten Mann, der ihr den Geliebten gestohlen hatte, kennenzulernen und zu betören. Darum also schwebte dieses
Geschöpf der Minne leicht wie eine Feder durch den
Garten zum Brunnen.

Weiberlist ist nicht in Worte zu fassen! Eine Frau versteht es, so zu jagen, daß ihren Fallen niemand entgeht.
Kein Mann, mag er noch so alt und grau geworden sein,
brächte es fertig, sich den Verführungskünsten eines
Weibes zu entziehen; er geht glattweg, ohne es zu mer-

ken, wie ein Vogel auf die Leimrute, die im Namen der Frau Minne ausgelegt worden ist! Wenn er aber den Leim erst bemerkt und wieder davonfliegen will, so klebt er fest. Dann mag er, um wegzukommen, wild zappeln, soviel er will, das nützt ihm alles nichts. Die Falle gibt ihn nicht wieder frei. Er hat das Spiel verloren, die Blicke eines Weibes haben ihn zum Gefangenen gemacht. Wie weise oder wie schlau ein Mann auch immer sein mag, wenn er sich in die Gesellschaft einer Frau begibt, hilft ihm gar nichts, sich vor deren List zu bewahren. So groß ist die Macht der Minne, daß jeder, der sie nicht zu spüren bekommen will, nichts anderes tun kann, als den Frauen fernzubleiben. Einen besseren Rat gibt es nicht.

Aber lassen wir das und nehmen wir unsere Erzählung wieder auf, damit ihr über den Fortgang der Geschichte nicht im ungewissen bleibt.

Die schöne Phyllis wandelte also unter blühenden Bäumen. Stolz und wie eine Dame schritt sie auf und ab. Das bemerkte der alte Aristoteles durchs Fenster, und ihre Erscheinung nahm seinen Blick gefangen. Sie erschien ihm bewundernswert. «Götter», dachte er, «was ist dieses Weib für ein liebreizendes und schönes Geschöpf. Wohl dem, der mit ihr bis an sein Lebensende glücklich sein könnte!» Ihn überlief es heiß und kalt. Die Liebe verdrehte ihm ganz schön den Kopf und ließ ihn zu einem Kinde werden.

Nun kam die Schöne gar unter der grünen Linde an Aristoteles' Fenster vorüber und warf ihm ein paar Handvoll Blumen ins Zimmer. «Meister», redete sie ihn an, «ich gönne Euch alles Glück und alles Ansehen, und wüßte ich Eure Freude zu mehren und Euch auf angenehme Weise Kurzweil zu spenden, ich liefe eine Meile weit, und wäre ich noch so schwach.»

«Oh, ich danke Euch von Herzen, liebreizendes Wesen», erwiderte Aristoteles.« Edles Fräulein, in Euch liegt alle Schönheit und Vollkommenheit, die man sich auf Erden nur wünschen kann. Ach, erbarmt Euch über mich alten Mann und seid so freundlich, zu mir hereinzukommen. Hier sind wir allein.» Phyllis trat auch bei ihm ein; aber das tat sie nur in der Absicht, ihn in Schande zu stürzen. Sie setzte sich zu ihm, und er sprach: «Ich bin um den Verstand gekommen. Ich war schon in manchem Land, aber ein so schönes Mädchen ist mir noch nie begegnet. Schenk mir deine Neigung, ich gebe dir zehn Pfund Gold und führe dich an meine Schatztruhe, aus der kannst du dir nehmen, was du magst.» – «Eure Rede verdrießt mich! Meister, was verlangt Ihr von mir?»

«Ich hätte nur den einen sehnlichen Wunsch, eine Nacht mit dir zu schlafen!»

«Um Himmels willen, Meister, wie sollte das geschehen? Auf so närrische Weise würde ich meine Unschuld nicht verlieren wollen!» Sie merkte aber wohl, daß er in sie völlig vernarrt war. Da sah sie einen Sattel an der Wand hängen, und sie sprach zu ihm: «Wahrlich, was du von mir verlangst, kann ich nicht ohne Gegendienst gewähren! Laßt mich Euch diesen Sattel dort auf den Rükken legen, dazu sollt Ihr Euch mir zuliebe entschließen, und meinen Seidengürtel will ich als Zaum in Euern Mund legen. Laßt das zu, oder ich kann Euch nicht gehören. Ich bin voller Ungeduld, auf Euch zu reiten. In diesem Baumgarten bemerkt uns keine Menschenseele.»

«Aber ich bin doch gar nicht in der Lage, dir als Reittier zu dienen», wandte Aristoteles ein. «Ich werde Euch schon wie ein Pferd ausstaffieren. Wenn Ihr darauf eingeht, so bin ich Euch gewogen und tue, was Ihr von mir begehrt.»

Nun hört von den erstaunlichen Verführungskünsten

eines jungen Weibes. Wie immer man es auch anstellt, eine Frau, die über Gaben des Körpers und des Geistes verfügt, vermag Wunderdinge, sie hat Macht und kann empfindliche Wunden schlagen, kann mit ihren süßen Worten, die aber allenthalben mit bitterer Galle vermischt sind, Herz und Verstand völlig durcheinanderbringen. Davon wird sogar eines klugen Mannes Weisheit zuschanden! Weiberlist bringt Erstaunliches zustande. Aus Schmeicheln und Zärtlichtun, Sorgsamkeit und Hinterhältigkeit, Reden und Gurren, Tanzen und Springen, Weinen und Lachen verstehen alle Frauen das Gängelband zu weben, an dem sie die Männer nach ihrem Willen herumführen. Die Kunst der Frauen ist in diesem Punkte unerreicht, und das läßt sich beweisen. Adam und Samson, David und Salomo und noch viele der Besten sind von Frauen überlistet worden. Doch beim heiligen Gallus, nicht alle sind so! Frauen machen doch auch manches Herz glücklich, das ohne sie im Kummer vergehen würde. Mögen auch einige Vertreterinnen des weiblichen Geschlechts nicht gerade züchtig und beständig sein und damit ihr Ansehen herabsetzen, so kann das doch keineswegs auf alle die abfärben, die ohne jeden Makel leben. Tausend Vorzüge sind in einem rechten Weibe vereint. Gäbe es aber keine Frau, die schlecht und wankelmütig wäre, wie wollte man dann diejenigen erkennen, die ohne jeden Tadel sind?

Laßt uns nun aber in der Geschichte fortfahren, wo wir sie unterbrochen haben. Die alles beherrschende Liebe, die die Sinne verwirrt, hatte den alten Aristoteles, diese Zierde der Wissenschaft, völlig in ihren Bann geschlagen.

«Schönste Phyllis», flehte er, «du sollst über mich herrschen, und ich will tun, was du verlangst, wenn du mich nur lieben willst.»

Der alte Narr ließ sich auf alle viere nieder, und das liebreizende Mädchen nahm schnell den Sattel und legte ihn auf den Rücken des Philosophen. Sodann zog sie ihm ihren Seidengürtel als Zaum durch den Mund. Sie hatte ihr Ziel erreicht! Sie ergriff den Zaum und kletterte auf den Rücken ihres Helden. Dazu sang sie mit lieblicher Stimme ein zartes Liebeslied. Der Alte zögerte keinen Augenblick und kroch auf allen vieren los; Phyllis aber triumphierte. So durchquerten sie den Baumgarten, der Weise als Reitpferd und die liebreizende Kammerzofe als stolze Reiterin.

Diesen unglaublichen Vorgang beobachteten die Königin und ihr Gefolge von der Zinne der Burg herab, und man war zugleich aufs höchste verwundert und erheitert.

Als nun Phyllis erreicht hatte, was sie wollte, stieg sie fröhlich ab und sprach zu Aristoteles: «Du alter Narr, diese Schande sei der Lohn dafür, daß du mir mein Ansehen genommen und mir den Geliebten entzogen hast. Du hast dich nicht wie ein weiser Hundertjähriger, sondern wie ein dummer Siebenjähriger benommen. Und nun scher dich zum Teufel!» Damit rannte Phyllis durch den Baumgarten zurück in die Burg. Die Kunde von diesem ungeheuerlichen Vorfall verbreitete sich mit Windeseile am Hofe. Die schöne Geliebte Alexanders aber hatte ihre Rache genommen. Eine Woche später packte Aristoteles seine Kleider, Bücher, sein Gold und Silber und alles, was er sonst noch besaß, zusammen und schickte es heimlich bei Nacht auf ein Schiff. Seines Bleibens war nicht länger, denn sein Mißgeschick war bei Hofe Anlaß zu Spott und Verhöhnung, die nicht enden wollten. Er verließ zu Schiff das Land, denn diese Schmach konnte er nicht ertragen. Er segelte bis zu einer Insel namens Galizia. Dort ließ er sich nieder und schrieb ein dickes Buch über die unglaubliche Verschlagenheit der Weiber und wie sie manchem schon Leib und Leben aufs schwerste verwundet haben. Und darin stand weiter zu lesen, daß jeder, der sich ihnen nähere, gefangen werde wie der Fisch an der Angel oder der Vogel im Netz. Ihre Nachstellungen und ihre Blicke wirkten wie ein Magnet. «Ich habe erkannt», schrieb er, «daß dagegen nichts helfen kann als dies, daß jeder kluge Mann, der sich Schrecken ersparen will, die Gesellschaft der Frauen meidet, ja, diese geradezu flieht. Ein anderes Mittel gibt es nicht!»

## Der Gürtel

Ich bin «der Gürtel» genannt und sollte allen feingebilde-
ten Menschen bekannt gemacht werden. Mit den nichtswürdigen aber will ich nichts zu tun haben, die mögen
unaufhörlich bis an ihr bitteres Ende Qualen leiden wegen ihrer schändlichen Handlungen. Vor wohlerzogenen
Menschen sollte ich vorgelesen werden, und die mögen
an mir ihre Freude haben, weil sie so vorbildlich sind;
denn für seine Vortrefflichkeit sollte niemand bestraft,
sondern belohnt werden.

Es lebte einst ein tapferer und wohlgesitteter Ritter,
der hieß Konrad, und er war zu seiner Zeit bei seinen
Standesgenossen und bei den edlen Damen hoch angesehen. Am Hofe sah man ihn stets nur mit den Edelsten.
Den Gästen und den Gefolgsmannen erwies er viel Gutes. All dieser Eigenschaften wegen will ich von ihm erzählen.

Dieser stolze Mann war nun – und alle priesen ihn

deswegen – beständig auf ritterliche Tat aus, den schönen Frauen zur Ehre und um sein Ansehen zu mehren. Man fand ihn immer, wo gestochen und gehauen wurde, mit lautem Schalle erschien er auf dem Turnierplatz, erpicht darauf, ritterliche Ehre zu erringen. Kurz, er war ein Ritter, wie man ihn sich wünscht.

Er hatte eine Frau von hoher Abkunft und von edelster Tugend zur Gattin, und wer sie kennenlernte, der mußte gestehen, nie ein schöneres Weib gesehen zu haben. Welch eine stolze Erscheinung, herrliches blondes Haar, lilienweiße Gesichtsfarbe und dazu rosenfarbene Wangen! Ich bewundere ihre klaren Augen, mit denen sie wie ein Adler sehen konnte. Von ausgesprochener Schönheit war ihre Nase, nicht zu groß und nicht zu klein, darunter ein rosenroter Mund – glücklich der, den sie damit küßte –, weiß und rund ihr Kinn, ihre Haut am Halse so zart, daß man, wenn die schöne Dame trank, den Wein durch die Kehle herabfließen sehen konnte. Ihre Zähne waren wie Elfenbein, ihre Zunge wie eine goldene Spange, ihre Schultern wunderschön, ihre Arme und Hände so, daß man sie an einer höfischen Dame nicht vollkommener hätte finden können. Und zu allem hatte sie noch ein edles Herz. Wer ihr in die Augen schaute, wurde unweigerlich vom Liebeskummer gepackt. Sie war ein so blühendes weibliches Geschöpf, daß man sich kein schöneres hätte wünschen können.

An ihrem Gewand trug sie etwa in Gürtelhöhe einen herrlich glänzenden Edelstein, ein wahres Prachtstück. O Herz, singe und sage mit aller Zartheit von diesem wunderbaren Juwel!

Schöne Beine und bezaubernde Füße hatte diese Frau, und ihre Schuhe standen ihr ganz reizend. Das Haus, in dem sie nachts ruhte, wurde durch sie erhellt wie am lichten Tag. Und ich will auch nicht versäumen, von ihrem Sittenadel zu reden. Dieser war so groß: Wenn sie mit ihren makellosen Füßen ins Meer getreten wäre, so hätte sich dieses dadurch gereinigt. Aber hören wir nun auf, von ihren Füßen zu reden.

Jedenfalls hätten Vögel und andere Tiere, Berge und Wälder Grund genug gehabt, sich vor ihrem edlen Wesen bewundernd zu neigen. Wen sie eines freundlichen Grußes würdigte, dem war für die nächsten drei Tage alle Traurigkeit verflogen, so froh machte ihn ihre Güte. Ein Ritter, der eine solche Gattin sein eigen nennt, kann sich glücklich schätzen! Sie war von höchster Tugend und Reinheit, und nie gab es zwischen ihr und ihrem Gatten Streit.

An einem lieblichen Maientag nun, als die Nachtigall und viele andere Vögel freudig sangen, lag die Dame mit ihrem Gatten am Morgen in zärtlicher Umarmung im Bett. Er faßte sie am Kinn, küßte sie und sprach: «Ich fühle es, daß du aufrichtig zu mir stehst. Ich habe mit ritterlicher Tat in fremden Ländern Ruhm erworben, aber ich scheue mich auch nicht, deinem Lächeln und deiner Tugend zuliebe, die dir von Jugend an eigen ist, mich bald zu einem hiesigen Turnier zu rüsten. Ich bin freudig durch viele Länder gezogen und habe dort Ritterehre erworben, aber hierzulande nennt mich niemand verwegen, hier bin ich fast in Vergessenheit geraten. Aus diesem Grunde will ich nächstens alle Turniere im Umkreis von zwei Meilen unverzüglich aufsuchen.»

«Ja, mein Gemahl», erwiderte die Frau, «damit verbindest du mich dir für jetzt und immerdar.»

Man machte von dieser Vereinbarung kein besonderes Aufheben. Ein Turnier sollte nun in vierzehn Tagen stattfinden. Als der Tag herankam, stattete sich der Mann nach Ritterart dafür aus. Die Gattin segnete ihn, und er ritt davon.

Als der Tag im Mittag stand, war die Frau in den Garten gegangen, um sich ein wenig zu erfrischen. Da erblickte sie durch den Zaun einen Ritter, der gerade vorbeikam. Er war stolz und stattlich, sein Roß war feurig, auf seinem Arm saß ein Habicht, und an seiner Hand liefen am Seil zwei prächtige Windhunde. Er trug ferner einen Gürtel, an dem Edelsteine funkelten. Das alles ist nicht erfunden, sondern die reine Wahrheit.

Als der Ritter die Dame erblickte, ergriff ihn lebhafte Unruhe; er fing so gewaltig Feuer, daß ihn die Liebe fast um den Verstand brachte. Er gab seinem Pferd die Sporen und sprengte zur Gartenpforte. Dort stieg er ab, band das Tier an einem Ast fest und die Windhunde an zwei anderen. Dann betrat er den Garten und setzte den Habicht dort auf eine Zaunlatte. Die Dame kam ihm entgegen und begrüßte ihn freundlich: «Es ist sehr heiß heute, und, weiß Gott, deshalb seid Ihr wohl in diesen Schatten getreten. Setzt Euch nur nieder, bis die Sonnenhitze etwas nachläßt.» Sie befahl einer Zofe, dem Ritter einen Becher Wein zu holen, und reichte ihm diesen. Die Liebessehnsucht hatte den Ritter schon fast aufgezehrt. Er trank artig und reichte den Becher der stolzen Gastgeberin, diesem Bilde der Anmut, zum Trunke zurück. Die Liebe zu ihr hatte sich tief in sein Herz eingesenkt.

Als sie nun so beieinander saßen und die drückende Hitze allmählich nachließ, sprach die schöne Dame: «Mein Herr, ich muß Euch fragen, woher Ihr den Mut nehmt, Euch so lange hier aufzuhalten.

Was, wenn mein Gemahl plötzlich käme? Ihr würdet ihn erzürnen, Eure Anwesenheit machte Euch verdächtig. Solltet Ihr aber ein Verwandter von ihm sein, so mag es angehen, daß Ihr hier verweilt. Für diesen Fall bin ich sicher, daß es sein Wille wäre, Euch alle Bequemlichkeit zuteil werden zu lassen.»

«Edle Frau, die Ihr an Ehre von keiner andern über-
troffen werden könnt», erwiderte der Ritter, «ich bin ein
Fremdling und kenne Euren Gatten nicht.»

«So reitet schleunigst davon und haltet Euch keinen
Augenblick länger hier auf.»

«Ach, edle Dame, ich kann ja nicht weg, Ihr seid die
Falle, in die ich durch meine Liebe zu Euch geraten bin
und die mich festhält.» – «Findet Ihr das ehrenhaft, auf
etwas zu sinnen, was mein Ansehen schädigt? Ich gebiete Euch, damit aufzuhören!»

Der Ritter saß daraufhin still, aber dann begann er erneut: «Ach, Ihr umschließt für mich alles Glück. Edle
Frau, laßt mich nicht zugrunde gehen! Ich biete Euch
einen Habicht im Werte von zweihundertfünfzig Pfund
Pfennigen an. Seid mir Unglücklichem gegenüber nicht
so hart, gewährt mir dafür Eure Liebe, Herrin. Dieser
Habicht schlägt alles, was da in der Luft fliegt.»

«Auf solche Weise erwerbe ich für meinen Gatten keinen Beizvogel!»

«Das macht mich unglücklich. Gewährt mir doch
meine Bitte. Ich habe noch zwei Windhunde. Weiß Gott,
es gibt kein Tier auf Erden, das sie jagen könnte oder das
schneller und stärker wäre als sie. Die beiden sollen
Euch gehören, wenn Ihr mich aus dem Labyrinth meiner
Liebe zu Euch herausführt.»

«Wegen eines Hundes werde ich nicht meine Ehre
fortstoßen und in Schande fallen. Das fehlte noch, daß
man sagte, ich hätte eines Hundes wegen meine Tugend
eingebüßt. Eure Rede macht mich sehr zornig!»

«Herrin, Herzensbrecherin, Ihr mein Sonnenschein,
edles Geschöpf von höchster Sittsamkeit, laßt mir Eure
Höflichkeit zuteil werden. Ich biete Euch mein herrliches Roß, das sich so wunderbar dem Zaum fügt, daß
sich kein Ritter ein besseres wünschen könnte. Es hat

einen Edelstein auf seiner Brust, der ihm Stärke und Schnelligkeit verleiht. Es kann sich behend wie eine Kugel drehen, und dem Ritter, der es reitet, ist der Sieg sicher. Das soll Euch gehören, wenn Ihr mir zu Willen seid!»

«Was Ihr von mir wollt, das werdet Ihr nicht erlangen. Für ein Pferd, und könnte es noch so schnell laufen, verkaufe ich meine Ehre nicht. Was taugt mir ein Roß, das mich um mein Ansehen gebracht hat?»

«Edle Herrin, Ihr Bild vollkommenen Glücks, Ihr süße Minnefessel, du Geliebte eines Sommers, reiße mich Armen, den Ihr schmerzlich verwundet habtt, von seinem Kummer weg. Habt Erbarmen, Ihr Rosenmund! Ich besitze einen Gürtel, der an beiden Enden mit Edelsteinen geschmückt und mit goldenen Stäbchen besetzt ist. Fünfzig Steine sind es oder noch mehr, und viele davon hat man übers Meer gebracht, aus Marokko und Indien, das ist nicht gelogen, und Leute aus Syrien brachten die zwölf kostbaren Chrysoprase, die vier Onyxe und die drei Chrysolithe mit, die alle auf dem Gürtel sind. Ein Stein stammt aus Griechenland, der ist wegen seiner Farbe berühmt. Er ist nämlich zur Hälfte wolkenfarbig, und wer ihn am Leibe trägt, wird in der ritterlichen Gesellschaft geachtet sein. Das vermag die Kraft dieses Steines. Seine andere Hälfte ist dunkelrot, und er hat zudem die Eigenschaft, die Menschen in Notlagen zu beschützen. Ich will Euch das erklären. Wer den Gürtel umhat, in den dieser Edelstein eingelegt ist, der kann nie seine Ehre verlieren, dem wird Glück in Fülle zuteil, der kann nicht getötet werden, den verläßt der Mut nie – so ist der Sieg stets auf seiner Seite; und schließlich beschützt er vor Feuers- und Wassersnot. Wenn Ihr, schöne Dame, mir zu Willen wäret, so sollten Euch Gürtel, Habicht, Pferd und Hunde gehören. Nun heilt mir meine Liebeswunden!»

Als der Ritter das gesagt hatte, senkte die Frau den Blick. Dieses Angebot ließ sie abwechselnd blaß und rot werden. Sie rief ihre Zofe und sprach zu ihr: «Meine Liebe, achte einmal darauf, daß niemand in den Garten hereinkommt; ich werde dir Dank wissen. Bewache inzwischen den Habicht und die Hunde, und sei so gut, das Roß in deine Obhut zu nehmen.»

Zu dem Ritter aber sprach sie: «Lieber Herr, gebt mir den kostbaren Gürtel, den Habicht, das Pferd und die Windhunde; sie sollen der Lohn dafür sein, daß ich mich Euch hingebe.»

Das beglückte den Ritter. Und die Frau fügte leise hinzu: «So möge denn Euer Verlangen in heimlicher Liebe ganz gewiß gestillt werden, das sage ich Euch zu.» Da reichte ihr der Ritter den Gürtel – und als die Dame sich niedergelegt hatte und er sich auf sie warf, krachten die Äste, die Rosen ringsum lächelten, und die Vöglein ließen ihr Lied erschallen. Dem Ritter verflog bei diesem Spiel all sein Liebeskummer. Es sprossen gleichsam Rosen aus dem Grase auf, als sie einander in den Armen lagen, und nachdem sie ihr Liebesverlangen gestillt hatten, da lächelten Rasen und Blumen um sie her.

Als der Ritter Abschied nehmen wollte, sprach die schöne Frau zu ihm: «Nun habt Ihr bekommen, was Ihr wolltet, aber der Nutzen ist doch recht gering. Ihr hättet lieber darauf verzichten sollen, denn Ihr habt dadurch den Gürtel, den Habicht, die Hunde und Euer starkes Roß eingebüßt. Ihr seid nicht klug, daß Ihr Euern Besitz auf so törichte Weise eines geringen Sinnengenusses wegen hingegeben habt.»

«So sollt Ihr nicht reden, schöne Dame», erwiderte der Ritter, «was Ihr für Verlust haltet, das ist mir höchster Gewinn. Noch nie habe ich solches Glück genossen wie hier mit Euch. Beweist mir nun zum Abschluß Eure Liebe, indem Ihr mich küßt.»

Das tat die Frau auf die zärtlichste Weise, und danach zog der Ritter wehmütig davon.

Nun hatte aber ein Knecht beobachtet, was da im Garten vor sich gegangen war. Er ritt sogleich zu seinem Herrn und hinterbrachte ihm die betrübliche Nachricht.

«Herr», sprach er, «ich muß Euch sagen – Gott sei's geklagt –, daß Eure Gattin Euch betrügt. Sie schenkt ihre Liebe heimlich einem andern. Als ich in den Garten schaute, bemerkte ich einen stolzen Ritter, der an ihr seinen Minnedurst stillte, und zwar mit ihrem Einverständnis!»

«Gott im Himmel, mein Glück ist dahin!» rief der Ritter. «Ich hatte eine Gattin erkoren, die rein und züchtig war, aber ihr ist die Sittsamkeit abhanden gekommen, und sie hat mich betrogen. Weil sie mir diese Schande bereitet hat, deshalb will ich dieses Land für immer verlassen, denn meine Ehre ist besudelt.» Er gab seinem Rosse die Sporen, riß es herum und sprengte davon nach Brabant.

Als die Gattin des Ritters das erfuhr, war sie sehr traurig. «Ich verstehe», sprach sie, «daß mein Gemahl mir sein Wohlwollen entzieht. Das muß und will ich hinnehmen. Aber wenn er jetzt auch noch zornig auf mich ist, so wird sich das allmählich schon legen.»

Der Knecht aber, der die Frau verraten hatte, wurde mit Schanden davongejagt.

Es vergingen wahrhaftig zwei ganze Jahre, ohne daß die Frau erfahren hätte, wo ihr Gatte geblieben war. Was sie für diese Zeit als gerechte Buße hingenommen hatte, das wollte sie nun ändern. Sie hatte mancherlei Pläne, war stolz und unternehmungslustig, kaum zwanzig Jahre alt, und niemand hätte gegen ihr Vorgehen etwas einwenden können.

Als nach dem kalten April der liebliche Mai mit Macht gekommen war und der Wald in frischestem Grün prangte, da wurde die Frau froh gestimmt. Sie ließ allen Kummer hinter sich, versorgte sich ausreichend mit Geld und sprach: «Mein Gemahl ist lange genug auf mich böse gewesen. Ich werde jetzt aufbrechen und ihn suchen, denn keinen habe ich lieber als ihn.»

Als sie zum Aufbruch bereit war, nahm sie den Habicht auf den Arm und die beiden Windhunde ans Seil, legte den Gürtel um und ritt auf dem Roß, das sie dem fremden Ritter durch Liebe abgewonnen hatte, fröhlich davon. In ihrer Begleitung befanden sich zehn Knappen.

Als sie in einer berühmten fernen Stadt angekommen waren, kehrten sie in einer Herberge ein. Der Wirt kam ihr entgegengelaufen und empfing sie freundlich. Sie bedankte sich dafür, schwang sich vom Pferd und ging mit Anstand ins Haus. Es wurde Wein gebracht und der Willkommenstrunk gereicht.

Danach nahm die Herrin ihre Knappen beiseite und sprach zu ihnen: «Hört zu, mir zuliebe reitet ihr jetzt wieder heim und kümmert euch um meinen Besitz. Dient mir auf solche Weise treu.»

«Herrin, alles, was Ihr uns befehlt, werden wir freudig befolgen», erwiderten sie. Und sie machten sich unverzüglich auf die Heimreise.

Am vierten Tage danach ging die Dame zu dem Wirt, nahm ihn bei der Hand und sprach: «Behaltet das für Euch, was ich Euch jetzt kundtue. Ich bin gar keine Frau, sondern ein Ritter. Ich erscheine zwar zart von Gestalt, aber wenn ich nur will, so bringe ich doch gewaltige Kraft auf. Ich hatte viele Feinde, und vor deren Übermacht war ich gezwungen, in dieser Verkleidung durch die Lande zu ziehen. Nehmt hier zweihundert Pfund Silbers hin, seid nicht knauserig damit, werbt mir davon zwölf tapfere Knappen an und kauft für jeden ein Pferd, Harnisch und Kleider, so daß ich an dieser Gefolgschaft meine Freude habe. Mir selbst besorgt auch ritterliche Gewänder und einen glänzenden Harnisch.»

Der Wirt beschaffte alles, und einen Spielmann noch dazu.

Als die schöne Frau sich nun umgezogen und ihre langen Haare abgeschnitten hatte, verließ sie mit ihren Knechten zusammen den Herbergswirt. Hei, wie prächtig ihr die Männerkleidung stand! Ihr Weg führte sie nach Brabant. Als sie dort vor eine mächtige Burg kam, erregte sie mit ihrer Schar einen fröhlichen Lärm, daß es weithin zu hören war. Der Burgherr, ein Herzog, bemerkte es und sprach zu seinem Gesinde: «Nun tummelt euch, ich höre, daß Fremdlinge vor der Burg warten, die Einlaß begehren. Schaut, wer sie sind.» Einer, der sie gesehen hatte, sprach zum Herzog: «Es ist ein stattlicher Ritter mit seiner Schar, sie sind alle aufs beste ausgerüstet.»

«Laßt ihn herein», sagte der Herzog, «er und seine Knappen sollen mir in meiner Burg willkommen sein.»

Das Tor wurde geöffnet, und sie kamen mit freudigem Schall hereingeritten. Die Frau in Ritterkleidern trug ein Scharlachgewand, dessen Säume rundum mit goldenen Bändern geschmückt waren. Der Pelzbesatz war aus Hermelin. Dazu funkelte der Gürtel, den sie umgelegt hatte, aufs prächtigste. Ihr glänzend schönes Haar schmückte ein zierliches Kränzlein. Sie konnte es in der Schar der Ritter mit den besten durchaus aufnehmen.

Man nahm den Gästen die Pferde ab und führte sie in den Stall, die Dame aber begab sich in den Saal, in dem der Herzog saß, und dort sah sie an der Tafel auch ihren Mann. Man hieß sie willkommen, wie es ihr als «Ritter» zukam, und man wies ihr einen Platz neben ihrem Gatten an. Sie hatte ihn sofort erkannt, er aber schaute sie an und fragte sie: «Herr, aus welchem Lande kommt Ihr?» – «Aus Schwaben», antwortete sie.

«So nennt mir Euren Namen.»

«Heinrich heiße ich, Herr.»

«Ihr und ich, wir sind beide fremd hier am Hofe. Wir sollten Freundschaft halten, denn das käme uns Rittern nur zugute.»

«So sei es, mein lieber Freund!»

So erneuerten sie ihr früher gegebenes Gelübde.

Als die Tafel aufgehoben war, rief man nach den Jagdknappen und zog hinaus, um zu jagen, wie unsere Quelle berichtet. Zunächst stellte man einem Bären nach; aber der war so wild, daß die scharfen Hunde nichts gegen ihn ausrichten konnten. Da ließ «Herr Heinrich» seine beiden Windhunde vom Seil los, und sie brachten den Bären zur Strecke. Er vermochte ihnen nicht lange Widerstand zu leisten, sie bissen ihn tot und rissen ihm das Fell vom Leibe. Als der Herzog diesen erstaunlichen Vorgang sah, war er voller Hochachtung und bot zweihundertfünfzig Pfund für die beiden Tiere, vor deren Stärke sich nichts behaupten konnte.

«Edler Herr», erwiderte Heinrich, «diese Hunde sind mir nicht feil.» Als der Bär nun erlegt war, ritt man zur Beizjagd in eine andere Gegend, und zu diesem Zwecke hatten alle ihre abgerichteten Greifvögel mitgebracht. Auch Herr Heinrich ließ seinen Jagdhabicht los, und dieser schlug vierzig Vögel; kein Vogel, der sich in der Nähe sehen ließ, konnte sich vor diesem Habicht retten. Der Herzog staunte von neuem und bot eine hohe Summe für ihn; aber Herr Heinrich sprach: «Meinen Habicht gebe ich nicht weg, solange ich lebe!»

In fröhlicher Stimmung ritt die Jagdgesellschaft heim, und alle spornten ihre Rosse tüchtig an. Aber ich sage

Euch, Herr Heinrich ließ sie mit seinem Pferd alle hinter sich. Wiederum bot der Herzog dafür, und zwar Landbesitz und schweres Gold, und wieder sagte Herr Heinrich: «Nein, dieses Pferd verkaufe ich nicht.»

Der Herzog ließ nun ein Turnier ausrufen, zu dem viele Ritter herbeieilten. Darunter war ein stolzer Brite, der über dem Panzer ein glutrotes Oberkleid trug, und auch die Decke seines Rosses war von roter Farbe. Dieses konnte übrigens wie ein Panther springen. Der Ritter forderte alle zum Stechen heraus, aber niemand wagte es mit ihm aufzunehmen. Da sprang Herr Konrad auf, legte seine Rüstung an, bestieg sein Pferd, nahm Lanze und Schild und ritt auf den Briten los. Das brachte ihm freilich Kummer, denn er wurde aus dem Sattel geworfen. Solche Schmach war Herrn Konrad noch nie widerfahren. Das erzählte man sich bei Hofe, und als Herr Heinrich das hörte, sprach er: «Seid gewiß, den Briten besiege ich noch heute!», und schnell machte er sich kampfbereit. Der Herzog ritt ihm entgegen und warnte ihn: «Ich bitte Euch flehentlich, laßt Euch mit dem Briten nicht in einen ritterlichen Zweikampf ein; er ist Euch überlegen. Den Besten hier am Hofe hat er ins Gras gefällt. Er ist von großer Körperkraft, und Ihr seid das nicht, Ihr seid ein Zwerg gegen ihn!»

Aber Herr Heinrich entgegnete: «Edler Herr, kümmert Euch nicht darum, wie es mir heute ergehen mag. Ich werde auf jeden Fall gegen den Briten antreten.»

Herrn Heinrichs Harnisch funkelte wie Kristall, seine Beinkleidung bestand aus feinen Ringen und war sehr fest und rot von Drachenblut. Mit Gold war sein Kniescheibenschutz überzogen. Um die Hüfte trug er ein Band aus Seide, und seine Schultern bedeckte ein weißglänzendes Kleidungsstück. Sein Brustharnisch war mit Edelsteinen übersät, seine Armmuskeln wurden durch eine besondere Eisenbekleidung geschützt, und auf seinem Helm prangte ein Schmuck wie frische Maienblüten. Er war mit einem herrlichen Schwert ausgerüstet, und auch das Gehänge, an dem es befestigt war, erregte Bewunderung; es war nämlich mit Gold besetzt. Den Gürtel, der ihn vor aller Bedrängnis schützte, will ich dabei nicht unerwähnt lassen. Das Oberkleid, das er über dem Panzer trug, war grün mit goldenen Rosen, sein Schild golden mit einer weißen Lilie darin, in der Hand hielt er eine gute Lanze. Die Decke, die über die Flanken des Rosses gebreitet lag, war grün und mit goldenen Rosen verziert; sie stellte ein wahres Meisterstück dar. Der Kopfschmuck des Pferdes aber war golden. Wenn das Roß sich rasch geradeaus oder im Kreis bewegte oder wenn es sprang, so ließen die Ringe der Rüstung ein lautes Klingen ertönen, und davon wieherte es stolz. So also kam Herr Heinrich auf den Kampfplatz geritten, und die Gegner schickten sich zum Zweikampf mit der Lanze an. Heinrich trat stattlich auf, aber der Brite ließ es daran auch nicht fehlen. Beide zerbrachen ihre Lanze. «Schnell neue Lanzen!» schrie da alles. Als sie die erhalten hatten, spornten die Helden ihre Rosse und stoben in Kampfeszorn aufeinander los. Schließlich unterlag der Brite; Heinrich stach ihn vom Pferde.

Danach nahm das Turnier beim Schwertkampf erbitterte Formen an. Wo Herr Heinrich hinschlug, da wuchs kein Gras mehr, und die Hofgesellschaft rief: «Nur zu, nur zu! Weiter so!» Da fuhr Herr Heinrich mit Macht in die Schar seiner Gegner und bezwang sie völlig. Mit Kampfesglück, das die Römer *sors* nennen, erbeutete er dreißig Streitrosse. Man zollte ihm begeistert Beifall.

Nicht lange darauf zog der Herzog gegen eine Stadt zu Felde. Dabei ritten Herr Heinrich und Herr Konrad einmal gemeinsam auf Kundschaft aus. Bei dieser Gelegenheit bat Konrad seinen Gefährten um dessen Windhunde. «Wenn Ihr das über Euch brächtet, bester Freund», sprach er, «mir diese Hunde oder den Habicht oder Euer Pferd zu geben, so wäre das Maß meiner Freude voll. Seid so gütig, und ich werde Euch immer zu danken wissen.»

«Lieber Freund», erwiderte Herr Heinrich, «Ihr bittet vergebens. Niemandem überlasse ich meine Hunde, mein Roß und den Habicht. Ihr bittet ungehörig und verschwendet nur Eure Kraft.»

«Ach, beweist mir doch damit Eure Freundschaft. Ich will mich Euch zu eigen geben und Euch deswegen immer aufrichtig lieben. Schlagt mir meine Bitte nicht ab.»

«Nun gut», sprach Herr Heinrich hierauf, «die Sache steht so: Wenn Ihr mir zu Willen seid, so sollt Ihr den Habicht dafür bekommen.»

«Was Ihr wollt, liebster Freund, das leiste ich Euch.»

«Mein Verlangen steht nur nach einem: Ich liebe nämlich die Männer; eine Frau hat mir noch nie etwas geben können. Geht Ihr darauf ein und wollt Ihr mein Geliebter sein, so gebe ich Euch Hunde und Habicht bereitwillig. Aber das muß natürlich verborgen bleiben.»

«Bester Freund», erwiderte Herr Konrad, «das kann ich gar nicht genug beklagen, daß Ihr stolzer Ritter Euern Sinn nicht auf das weibliche Geschlecht gerichtet habt, sondern auf Männer.»

«Paßt auf, geliebter Mann, was ich Euch sage. Ihr bekommt den Habicht, wenn Ihr Euch mir zum Liebesspiel hingebt.»

«Und wie geht das vor sich?»

«Hört zu. Ihr legt Euch hin, und ich werde Euch liebkosen von ganzem Herzen und mit allen Sinnen, und schließlich werden wir das tun, was ein Mann tut, wenn er nachts mit seinem Weibe schläft.»

Sogleich sprach Herr Konrad: «Alles, was Ihr von mir wollt, werde ich ertragen, und nichts will ich auslassen – für die Hunde und den Habicht.»

Damit hatten sie genug darüber verhandelt, und Herr Heinrich sagte zu Herrn Konrad: «Es soll nun gleich hier geschehen», und er brachte ihn dazu, daß er sich auf den Rücken legte.

«Bei Gott, Ihr seid mir ganz schön aufgesessen!» sagte da plötzlich Herr Heinrich. «Wollt Ihr für einen Habicht und zwei Hunde gar zu einem Frevler werden? Ihr Schändlicher, ich bin Eure Gattin! Ich habe für einen Habicht, für zwei Windhunde, für ein Pferd und einen Gürtel, der mir zum Kampfe Mut und Kraft verleiht, einen Ritter liebkost und mit ihm geschlafen, damit Ihr höheres Ansehen in der ritterlichen Gesellschaft erwürbet. Dafür habt Ihr mich verlassen, und jetzt laßt Ihr Euch bloß wegen eines Habichts gar zur Widernatürlichkeit verleiten! Was ich getan habe, das war doch immerhin menschlich; Ihr aber wart drauf und dran, in hohem Maße unchristlich zu handeln. Ihr seid befleckt dadurch, daß Ihr wegen zweier lumpiger Geschenke Eure Ehre preisgeben wolltet. Seht Ihr, und das macht mich zornig!»

«Liebste Gattin, ich werfe mich Euch zu Füßen», sprach Herr Konrad, «verzeiht mir dieses Verbrechen, geliebtes, reines Geschöpf.»

«Dazu bin ich bereit», erwiderte sie, «und andererseits bin ich auch gesonnen, mich als deine Gattin ganz deinem Willen zu unterwerfen. Laß uns unseren Streit beilegen. Du, mein Gatte, weißt genau, daß du die allergrößte Schuld auf dich geladen hast. Nun aber nimm von mir den Habicht und das Pferd, die Hunde und den Gürtel, und der Sieg wird stets auf deiner Seite sein!»

Sie hielten sich nicht mehr lange auf, sondern kehrten

303

ins heimatliche Schwaben zurück. Hier führten sie ein Leben, das von Sittlichkeit und Ehre geprägt war. Tag um Tag, fast noch hundert Jahre lebten sie bis an ihr Lebensende sorglos und ohne daß es im mindesten Anlaß zum Tadel gegeben hätte, das dürft ihr mir glauben.

Mit seiner Dichtergabe und nach bestem Können hat Dietrich von der Glezze mich für höfische Leute ersonnen und erzählt. Möge niemand – es sei denn, er könnte es besser – dem Dichter zu irgendeiner Zeit wegen dieser Erzählung gram sein. Ihm hat der Sinn stets danach gestanden, den schönen Frauen zu dienen und von ihrer sittlichen Reinheit zu sagen. Das findet man nun heute leider selten. Die Welt ist so anders geworden: Ihr steht der Sinn nur noch nach Besitz. Die Liebe wird geringgeachtet, und alles Streben ist auf den Pfennig gerichtet. Das hat aber der echten Liebe zu den Frauen argen Schaden getan, und das bedaure ich. Denn wenn ein Mann so recht aus tiefstem Herzen liebt, was vermöchten ihn da Gold und Edelsteine gesund zu machen? Aber ein rosenfarbener Mund, der ihn zärtlich küßt, beseitigt all seinen Liebeskummer. Dem Kuß von einem roten Munde ist nichts, aber auch gar nichts vergleichbar, wo immer man auch sei. Wohl dem, der ihn bekommt! Auf Erden ist er der glücklichste Mensch. Frauenliebe steht immer höher als Silber und Gold, und was die edlen Frauen denen an Freuden schenken, die ihnen dienen, das kann überhaupt keiner aufschreiben.

Ihr Männer, laßt euch dies gesagt sein: Ehret die Frauen und ergebt euch in ihren Dienst, denn ihre roten Münder und ihre zarten weißen Wangen bereiten euch die schönsten Freuden. Alle sittsamen Frauen seien gepriesen, und jeder Kummer bleibe ihnen erspart, das ist mein Herzenswunsch.

Wilhelm, ein Verehrer der Frauen und einer, der stets

auf edle und feine Sitte bedacht war, hat veranlaßt, daß ich gedichtet wurde. Er war mit allen ritterlichen Vorzügen ausgestattet. Sein Vater herrschte als Vogt zu Widena. Und damit ist der «Gürtel» zu Ende.

Sende dem Punzinger ein Zeichen deiner Huld, verehrte Herrin. Das würde ihn von seinem Kummer heilen!

## Theophilus

Seht, was die Mutter Gottes alles vermag, wie sie eine Helferin ist in der Not.

In einem Lande lebte einmal ein hoch angesehener Bischof. Er hatte einen Statthalter ernannt, der das Bistum und das bischöfliche Amt verwaltete. Dieser hieß Theophilus, und er verstand sich darauf – so wie es sich für einen klugen Mann geziemt –, das Amt seines Herrn vorbildlich auszuüben. Alle, Laien wie Geistliche, mochten ihn deshalb sehr, weil er so klug, verständig und unermüdlich das Bischofsamt verwaltete.

Als der Bischof nun gestorben war, traten die Domherren zur Beratung zusammen, um einen neuen Bischof zu wählen. Es wurden mehrere Bewerber genannt, aber ihre Wahl fiel am Ende auf den angesehenen Theophilus.

Als man ihm diese Entscheidung mitteilte, war seine Demut so groß, daß er vor die Domherren hintrat und die Annahme des hohen Amtes ausschlug. «Es würde mich sehr belasten», sagte er, «würde diese Bürde auf meine Schultern gelegt. Es genügt mir, Statthalter zu sein wie bisher.» Damit stimmte er die Domherren um, und sie wählten sogleich einen andern zum Bischof. Der behielt denn auch Theophilus als seinen Stellvertreter. Doch gab es bald darauf eine scharfe Auseinandersetzung zwischen den beiden Männern, in deren Verlauf der Bischof im Zorn Theophilus seines Amtes enthob. Der empfand es als Schande, daß er nicht mehr wie bisher bischöflicher Statthalter sein sollte. Er fühlte sich in seinem Ansehen herabgesetzt, weil ihm dieses Amt entzogen worden war, und all das galt ihm deshalb so viel, weil es ihn gewaltsam aus seiner Bahn warf; denn in Wahrheit zog es ihn zur Machtausübung wie den Rüden zum Aas.

Nun lebte in der Stadt ein Jude, der aus den «schwarzen Büchern» die Kunst gelernt hatte, mit Teufeln Umgang zu pflegen. Theophilus suchte sein Heil ganz bei diesem Manne; in seiner als so schmachvoll empfundenen Lage waren ihm alle Mittel recht, die ihn von seinem Kummer hätten befreien können.

«Was dich bedrückt, das nehme ich von dir», sprach der Jude, «wenn du mir in allem, was ich dir rate, streng folgst.» – «Aber gewiß», erwiderte Theophilus eilig, «fordere, was du willst, und mir soll es nimmer zuviel werden, mich genau daran zu halten.» Als der Jude das hörte, sprach er: «So will ich's dir nicht verhehlen, wie du wieder zu deinem Amt kommst. Schwöre Gott, dem Christentum und der Heiligen Jungfrau ab. Nur das brauchst du zu tun – das ist ja wahrlich nicht viel und bedarf keiner großen Kraft –, und du wirst die Macht, die du zuvor hattest, wiedergewinnen und noch mehr dazu. Der Teufel wird das alles für dich ins Werk setzen.»

«Sei so gut, mir wieder zu meinem Amt zu verhelfen»,

erwiderte Theophilus, «und ich will mich von allem lossagen, was du genannt hast.»

Da beschwor der Jude augenblicklich einen Teufel. Der kam auch sogleich und nahm sich der Sache an, von der hier die Rede war. Der Jude legte Theophilus die Frage vor, die seiner Seele Schaden zufügte: «Bleibst du bei deinem Vorhaben?»

«Ja», erwiderte der.

«Dann ist es des Teufels Forderung, daß du Gott, Maria und einem christlichen Leben abschwörst. Tust du das und willst du dich dem Teufel ergeben, so braucht er eine schriftliche Versicherung dafür, daß du ihm angehörst.»

Da bestätigte der treulose Theophilus alles und sprach: «Wenn ich nur mein früheres Amt in Ehren wiederbekomme, so unterzeichne ich, was ich soll.»

Und so unterschrieb er mit verfluchter Hand ein Schriftstück und heftete sein Siegel daran. Der Teufel nahm den Brief sofort und brachte ihn in die Hölle, wo für Theophilus sogleich für die Zeit nach seinem Tode ein Platz vorgemerkt wurde, an dem er, von Kälte geschüttelt und von Hitze gepeinigt, die ärgsten Qualen erdulden sollte. Einen Tag nach diesem Pakt brachte es die Zauberei des Teufels fertig, daß der Zorn des Bischofs auf Theophilus verrauchte. Er ließ ihn kommen und befreite ihn von seinem Kummer, indem er ihn freundlich bat, doch wieder sein Stellvertreter zu sein und das Amt erneut auszuüben, mit dem er ja aufs beste vertraut sei. So kam er wieder zu Ehren, und sogar – daran zeigte sich der Sünde Lohn! – zu höheren als zuvor.

Nun wollte unser gnädiger und allmächtiger Gott uns Sündern und Schwachen an dem Falle des Theophilus ein Gleichnis geben, damit wir die Hoffnung auf Erlösung niemals verlieren sollen. Denn mag des Menschen Sünde noch so groß sein, ja mag er sich selbst mit den trügerischen Kräften der Hölle verbunden haben, wenn er aus aufrichtigem Herzen bereut, reißen und springen alle Bande der Sünde entzwei, sobald mit dem Maß göttlicher Gnade gemessen wird. Auf Theophilus nun war ein Funke ehrlicher Reue übergesprungen, so daß der Verräter an Gott erkannte, was er seiner Seele für schweren Schaden aufgebürdet hatte und welcher Lohn ihm dafür nach seinem Tode winkte. Als er all dies klar erkannte, bohrte sich ihm der Pfeil der Höllenfurcht tief ins Herz, ja es bewegte ihn so, daß alle Freude von ihm wich. Mit gefalteten Händen und aus tiefstem Herzen flehte er zu Gott und zur Jungfrau Maria, er weinte und wehklagte beständig über das Verdammungsurteil, das Gott über ihn verhängt hatte, immer und immer wieder gingen ihm in Gedanken daran die Augen über, der Quell seiner Reue floß im Übermaß.

Als dieser Zustand nun schon eine Weile gewährt hatte, lag Theophilus einst vor einem Marienaltar auf den Knien, und während er die Gottesmutter anflehte, schlief er auf den Stufen des Altars ein. Im Schlaf aber erschien ihm Maria im Traum, schaute ihn ernsthaft an und machte ihm Vorwürfe: «Ach, du Narr, was hast du angerichtet, daß du meinen Sohn und mich so schändlich im Stich gelassen und auch das Leben als Christenmensch, das dir zu deinem Heil beschert war, so leichtfertig dahingegeben hast!»

«Barmherzige Mutter Gottes», erwiderte Theophilus, «hab um deiner Demut willen Erbarmen mit mir armem Sünder, sonst bin ich in Ewigkeit verdammt. Besänftige deinen Zorn über meine große Schuld, erwirke mir bei deinem lieben Sohn Wohlwollen, damit auch sein Unwille, den er zu Recht gegen mich hegt, schwinden möge. Weh und ach über meine Sünden, in die ich verstrickt bin.»

Da sprach die Himmelskönigin zu ihm: «Willst du zur Besinnung kommen, meinen Sohn und mich künftig loben und preisen, dich wieder einen Christen nennen und an alledem unwandelbar und mit aller Kraft festhalten?»

«Ja, fürwahr, ja und tausendmal ja!» erwiderte er, «ich will dir Geist und Seele immerdar zuwenden. Und hilf mir vor allem, daß Jesus seinen Zorn mäßige, den er gegen mich haben muß.»

Da bat Maria ihren Sohn so lange, bis er gnädig dazu bereit war. Maria aber gebot dem Theophilus, sich ja nicht in andere Sünden zu verstricken, nachdem ihm nun diese vergeben sei.

Darauf erwachte Theophilus aus seinem Schlaf, und er war voller Freude; sein Kummer war durch diesen schönen Traum viel geringer geworden. Voll Hingabe dankte er der Jungfrau Maria, daß sie bei Christus um Vergebung für ihn gebeten hatte.

Aber so ganz waren sein Kummer und seine Furcht noch nicht geschwunden, und zwar wegen des Briefes, in dem er sich einst der Hölle verkauft hatte. Und wieder wandte er sich im Gebet an die Heilige Jungfrau und sprach: «Maria, laß mich wissen, ob Christus mir auch diese Sünde verzeiht, daß ich diesen Brief geschrieben habe, der in der Hölle liegt und der meine Missetat bezeugt. Mutter Gottes, mache dem ein Ende und schaffe mir dieses Schriftstück wieder herbei, damit mein armes Herz endlich Gewißheit habe.»

Während dieses Gebets schlief er wiederum ein, und noch einmal erschien ihm Maria im Traum. Da schwand der Kummer des Theophilus vollends, denn die Mutter Gottes gebot dem Teufel durch ihre Macht, den Brief herbeizubringen. Das bereitete diesem großen Schmerz, und mit lauter Stimme rief er: «O weh, welchen Schaden fügt uns Maria heute und immer zu!»

Aber sein Wehklagen half ihm nichts, er mußte hinab in die Hölle und den Paktbrief holen. Dieser wurde Theophilus zurückgegeben. Darüber erwachte er und war glücklich, als er den Brief bei sich fand. Sogleich trat er mit Freuden vor den Bischof, ließ die Geistlichkeit des bischöflichen Hofes herbeirufen und verkündete öffentlich, wie ihn der Teufel jüngst irregeleitet, er aber die Mutter Gottes angefleht habe und sie getreulich für ihn eingetreten sei, bis seine Sünde abgewaschen worden wäre. Das bewies er ihnen, indem er den Teufelspakt vorzeigte. Da riefen alle mit Freuden: «Sei gepriesen, Jesus Christus, um deiner Mutter willen, die uns so hilfreich ist und uns beschirmt, wenn wir mit reuigem Herzen ihren Beistand suchen.»

Der wackere Theophilus starb am dritten Tage danach. Aber all sein Leid und seine Ungewißheit über das Schicksal seiner Seele waren ihm von Maria genommen worden, wie ich euch erzählt habe. Gepriesen sei die Himmelskönigin!

## Die Wolldecke

In einer Stadt lebte einst ein reicher Bürger, der dort ein offenes Haus hielt. Er war nicht nur tüchtig und zuverlässig, sondern auch freigebig, kurz, die edelsten Eigenschaften nannte er sein eigen. Wer zu ihm kam und im Namen Gottes Speisung erbat, dem wurde sie auch zuteil. Nun hört, was diesem Manne im Alter Schreckliches widerfuhr.

Als die Zeit gekommen war, daß er am Krückstock gehen mußte, weil seine Kräfte nachließen, und nachdem er auch noch sein Weib verloren hatte, da war es mit dem gewohnten Leben vorbei, und das bekamen nicht nur die zu spüren, denen zuvor in diesem Hause bereitwillig Brot, Fleisch und Wein gespendet worden waren.

Dieser Mann hatte nämlich all seine Habe und die Sorge um das Ansehen seines Hauses in die Hände seines zwanzigjährigen Sohnes gelegt. Dieser nun freilich zeigte eine Gesinnung, wie man sie auch heute noch oft an

Kindern finden kann. Als er nämlich selbständig geworden war, sorgte er wenig für seinen Vater und vergaß so ganz, was er ihm schuldig war. Bei Tische ließ er ihn wie einen armen Pilger schnöde an der Tür sitzen, und das Beste wurde ihm auch nicht gerade gereicht.

Der Sohn heiratete schließlich, und da das Haus prächtig ausgestattet war, so fand die Frau darin alles zum besten vor, nicht nur herrliche Betten und Vorräte an Speise und Trank, sondern auch Wertgegenstände, die der Alte um des Ansehens seines Hauses willen mit Bedacht zusammengetragen hatte, damit sich sein Sohn darum nicht noch mühen müsse. Deshalb wissen Kinder, die im Überfluß aufgewachsen sind, meist nicht, wo die Krähen hergeflogen kamen, und sie achten den alten Baum wenig.

Hört nun, welches Ende die Sache nahm. Der alte Vater mußte sich ducken; unter einer Treppe streute man ihm an der Erde das Stroh für sein Bett. An guter Behandlung ließ es der Sohn völlig fehlen.

Bald gebar die Frau des jungen Herrn ihnen einen eigenen Sohn. Als er sieben Jahre alt war, zog ihn der Großvater durch seine Freundlichkeit ganz an sich, so daß dieser ihm mehr bedeutete als die eigene Mutter. Fast den ganzen Tag brachte er unter der Treppe zu, und jederzeit versorgte er seinen Großvater mit dem Besten, was er in Küche und Keller finden konnte. Auch ein getragenes Gewand stahl das Kind manchmal für ihn, denn die andern dachten an den alten Mann überhaupt nicht mehr, so daß er ein recht jämmerliches Dasein fristete. Mit dieser kindlichen Fürsorge rettete der Knabe seinem Großvater das Leben, denn sonst wäre der längst gestorben, weil es ihm am Nötigsten gefehlt hätte. Ganz in seiner Nähe wurden die Schweine des Hauses gemästet, und dem Alten hatte man ebenfalls Kleie zu essen gegeben, ehe das Enkelkind ihm sein Los leichter machte. Aus Dankbarkeit drückte der Großvater den Jungen oft an seine Brust und küßte ihn auf die Wangen und den Mund. «Gott in seiner großen Barmherzigkeit hat dich mir gesandt», sprach er oft, «und dir wird gewiß auf Erden und im Himmel Lohn für deine Güte. Möge sich auf dich, mein liebes Kind, die Segenskraft der Patriarchen vererben. So wie du gegen mich handelst, hättest du verdient, daß sich dieser Wunsch erfülle. Du hast die Eigenschaften eines Engels.»

Nun gab es bald darauf einen sehr strengen Winter, der die Seen bis in die Tiefe gefrieren ließ. Auch der Alte litt unter der Kälte, und er sprach zu seinem Enkel: «Ich friere jämmerlich an den Füßen, und auch im Rücken ist mir kalt. Dürfte ich dich wohl zu deinem Vater schicken. Er besitzt noch eine alte Wolldecke, die ich vorzeiten übers Meer mitgebracht habe. Wenn er mir die geben wollte, so würde die mich gegen die Kälte schützen, unter der ich leide.»

«Ja, Großväterchen», antwortete der Enkel, «ich bringe dir die Decke, wenn sie noch da ist.»

Sogleich ging er zu seinem Vater und bat ihn um die Decke.

«Wer hat dich denn um sie gebeten?» fragte der Vater.

«Mein lieber Großvater will sich mit ihr gegen die Kälte schützen. Deshalb schicke ihm das alte grobe Stück.»

«Nun lauf», sprach der Vater zu einem Knecht, «und bringe meinem Sohn diese Decke, damit der Großvater unter seiner Treppe sich zufriedengibt. Der Alte bereitet mir doch nur Scherereien! Daß der Tod kein Ende macht und ihn wegholt!»

Der Knabe erwiderte darauf sehr verständig, als hätte es ihm ein Engel eingegeben: «Möge Gott deinen Sinn wandeln! Der Großvater lebt ja nur noch mit schwacher Kraft.»

Die Wolldecke, die der kranke Alte gewünscht hatte, wurde gebracht. Sie war zwar einigermaßen lang und breit, aber viel wert war sie nicht mehr. Und doch schnitt der Sohn des Alten sie mit einem Messer in zwei Teile und behielt das bessere Stück für sich. Zu dem Knaben aber sprach er: «Hier hast du den anderen Teil und gib ihn dem Großvater, das reicht für den.»

Da trug der Enkel die halbe Decke zu dem Alten auf seinem Stroh. Der dankte ihm und war glücklich. «Gott lohne dir deine kindliche Liebe, die du mir bewiesen hast, mein Junge», sprach er, und die Freudentränen rannen ihm über die Wangen in seinen grauen Bart. «Wie wohl ist mir geschehen, daß mein Sohn sich entschlossen hat, mir die Decke zu schicken.»

Der Junge hatte genau beobachtet, wie sehr sich der Großvater über die Decke freute.

Bald lief er zu seinem Vater zurück, legte seine Arme um dessen Hals, küßte ihn und sprach unter Tränen: «Ich bin doch dein einziges Kind, willst du mir nicht eine Bitte erfüllen?»

«Aber gern, mein lieber Junge», erwiderte der Vater, «was du willst, sollst du bekommen. Dir soll es gut gehen.»

«Da ich wünschen darf, lieber Vater, so möchte ich die andere Hälfte der Wolldecke haben.»

Da wurde der Knabe freundlich gefragt, wozu er die denn brauche, und er antwortete dem Vater darauf: «Wenn du erst einmal alt bist und am Stock gehen und auf alle Annehmlichkeiten verzichten mußt so wie der Großvater, der da unter der Treppe liegt und um den sich keiner kümmert, dann gebe ich dir dieses Stück Decke, und das wird dir dann genauso wie ihm als ein

Schatz erscheinen, mit dem du dich gegen Kälte und Wind schützen kannst.»

«O weh, mein Junge», entgegnete der Vater, «willst du mich ebenso behandeln? Das möge Gott verhüten! Kind, aus dir spricht die Weisheit, ja Gott selbst, denn du hättest unmöglich von dir aus darauf kommen können. Gott will, daß ich für das büße, was ich meinem Vater angetan habe, und er sei gelobt und gepriesen, daß er mir das durch deinen Mund kundgetan hat!»

Er befahl, daß man schleunigst ein warmes Bad in der Stube bereite, und das geschah auch. Dann ging er zu dem Alten hinab, kniete neben ihm nieder und begrüßte ihn liebevoll. Der Vater dankte dem Sohne von Herzen. Er hätte gern gewußt, ob der Sohn etwa die Decke wiederholen wollte, denn er hatte sich ein halbes Jahr nicht sehen lassen, oder warum er sich herablasse, zu seiner Treppe zu kommen, unter der er in der Nachbarschaft der Schweine so lange gelegen hatte. Der Sohn aber sprach: «Vater, verzeih mir, daß ich an dir so scheußlich gehandelt habe.» Das Elend, das er da sah, erfüllte ihn mit bitterer Reue. Er riß den Riegel und die Bretter des Verschlages, hinter dem der Alte gelegen hatte, weg, nahm ihn auf und trug ihn ins Bad. Eigenhändig rieb er ihn ab und wusch ihm Kopf und Haar, danach wickelte er ihn in ein reines Badelaken und legte ihn in sein eigenes Bett. Als er ausgeschlafen hatte, hob er ihn wieder auf, kleidete ihn in feines Leinen und in Pelz, so wie er selbst auch angezogen war, und führte ihn in den Saal, wo der Alte zur Ehre seines Hauses früher oft bereitwillig Almosen verteilt hatte. Ihm wurde der Platz neben der Hausherrin eingeräumt, und es wurde alles getan, um ihn zu kräftigen. Mit guter Speise, Wein und Met wurde der Vater für die grobe Decke und die Kleie entschädigt, und auch sonst wurde ihm alles Liebe und Gute zuteil.

Als das Mahl beendet war, ließ man den Knaben kommen, und der Vater sprach zu ihm: «Nun sag, mein Kind, wie wirst du mich später behandeln?»

«Vater, als ich sah, daß du den Großvater unter seiner Treppe hervorholtest, ihn zu Tische batest und ihm alle Ehre widerfahren ließest, da habe ich gelernt, daß ich auch dich, wenn ich dann noch lebe, als alten Mann ebenso ehren werde.»

«Mein lieber Junge, du wirst vielleicht verstehen, daß ich gegen diese grobe Wolldecke jetzt eine Abneigung habe. Sie muß mir aus dem Haus. Sie ist mir regelrecht verhaßt. Gebt sie den Armen, denn sie erweckt in mir nur unangenehme Erinnerungen. Meinen Vater werde ich bis ans Lebensende in Ehren halten. Du hast mich das gelehrt, und solange er noch unter uns ist, sei er der Herr dieses Hauses und sitze, wie es die Sitte will, am oberen Ende der Tafel. Gott verleihe mir Klugheit und Verstand, die mir Jahr und Tag abhanden gekommen waren.»

Gedenkt nun alle, arm und reich, jung und alt, des göttlichen Gebotes, daß ein jeglicher seinen Vater und seine Mutter ehren soll. Gott wird ihn am Lebensende dafür belohnen, wenn die Seele dem Körper entweicht und er sie vor dem tiefsten Höllengrund bewahrt. Merke aber auch, mein Freund, daß, wenn du beide Elternteile ehrst, du deinem eigenen Kinde ein Vorbild gibst, so daß es dann auch dich ehrt, wenn du erst an der Krücke gehst. Denn hier gilt: Wie du deinem Vater getan hast, so will auch ich dir, mein Vater, tun. Nach solchem Gebot sollen wir alle leben bis an unser Ende, bis wir dieses trübe Jammertal verlassen und uns auf den Weg ins Jenseits begeben. Laßt uns zur Wahrheit Gottes stehen und das Ewige erkennen, laßt uns Gottes hohen Namen lobpreisen und seine Barmherzigkeit ansprechen. So jedenfalls handeln alle, die klug sind und die es begreifen, daß unsere Tage dahingehen und der Tod in ihrem Gefolge kommt, der uns im Alter erst Schach bietet und uns schließlich matt setzt. Was danach kommt, das weiß Gott allein; aber diesen Weg müssen wir alle gehen.

## *Peter von Staufenberg*

Wer verständig genug ist, ritterliche Dichtung wohl zu beachten und aus ihr zu lernen, und wer durch sie edlen Anstand, Treue und Lebensklugheit zu seinen Eigenschaften macht, zugleich aber alles Rohe und Unziemliche aus seinem Herzen und seinem Sinn verbannt, den wird der allmächtige Gott im Himmel, der noch nie einem Gerechten seine Hilfe versagt hat, nicht im Stich lassen. Ich rede das nicht etwa nur so daher, sondern das ist meine feste Überzeugung.

Wo sind nun diejenigen, die sich eifrig um solche Klugheit bemühen und die auf solche Weise nach Ansehen in der Gesellschaft streben? Möge Gott all denen, die so viel Selbstzucht haben, daß sie alles fliehen, was Schande bringt, und die – wie ich es geraten habe – sich zu edler Sitte, Aufrichtigkeit, Freigebigkeit und ehrenhaftem Handeln erziehen wollen, helfen, daß ihnen ihr Vorhaben gelingt. Wer in jungen Jahren versäumt hat, all dies zu lernen, wie sehr hat doch – Gott sei's geklagt – ein solcher Mensch seine Jugend schändlich vergeudet! Wo immer die Rede auf die vorbildhafte ritterliche Poesie kommt, da muß er sich beschämt wegwenden.

Nun will ich euch, ihr hochgemuten Jünglinge, wahrheitsgetreu erzählen, wie es einem edlen Ritter, der allezeit nach Ehre und Ansehen strebte, am Ende ergangen ist. Ihm widerfuhr nämlich großer Kummer.

Nur eines noch vorweg, ihr jungen Herren. Wer künftig mit Rittern und Knappen in Turnieren und Schlachten zu Ansehen kommen will, der muß, wo immer er auch steht, jederzeit voll und ganz bereit sein, das Leben in die Schanze zu schlagen. Und manch einer mußte dabei schon sein Leben lassen, der sich gewiß noch zu einem tüchtigen Mann entwickelt hätte.

Nun aber soll die Erzählung beginnen.

Meine Quelle berichtet von einem angesehenen Ritter namens Petermann der Diemringer. Er war aus dem Geschlecht der Staufenberger, deren Stammburg in der Ortenau liegt. Dort leben viele schöne Damen, die in hohem Ansehen stehen, weil sie von unanfechtbarer Tugend sind.

Peter von Staufenberg war ein freigebiger Herr, fast seine gesamten Einnahmen teilte er an arm und reich aus, und kein fahrender Dichter oder Sänger ging ohne reiches Geschenk von ihm. Aber er war auch fromm; jeden Morgen betete er zu Gott und zur Jungfrau Maria, der edlen Fürbitterin: «Stehe mir bei, daß ich durch mein Handeln deine Liebe nicht verscherze, solange ich auf Erden lebe.» Und das vergaß er nicht einen Tag. Dadurch war er freilich auch in Gottes Hut wie mancher andere noch, der in Schlachten und Turnieren siegt.

Dieser edle Ritter tat sich aber auch im Dienst um die höfischen Damen hervor. Der Anblick schöner Frauen erfreute sein Herz, und es wird von ihm berichtet, er konnte noch so zornig sein, sobald er eine Dame sah, war sein Unmut im Nu verraucht. Darum sprach man überall von ihm nur im Tone der Achtung.

Man sagte ihm übrigens auch nach, daß es noch nie einen stolzen Ritter gegeben habe, der so viel umhergezogen war wie er. Er hatte schon zahllose Gegner aus dem Sattel gestochen, und weder in Schlachten noch auf Turnieren gab es – bei welcher Seite auch immer – jemals einen tüchtigeren Kämpfer. Was er sich auch vornahm, was er voll Ungestüm begehrte oder was er um sich herum mit dem Schwert erkämpfen konnte, das war ihm verfallen. Schon manchen hatte er so im Kriege erschlagen, und auch diejenigen, die sich im Dienste der edlen Damen bei Hofe in ein Turnier mit ihm einließen, brachte er in ärgste Bedrängnis, indem er Roß und Reiter fällte. Viele, die er besiegt hatte, führte er mit vorgehaltener Lanze vor die Dame seines Herzens. Überall war man des Lobes über ihn voll, in Schwaben, Bayern und Ungarn wurde er gepriesen, und auch in England und Frankreich stand er den Besten in nichts nach, ja selbst in der Toskana und der Lombardei beteten die edlen Damen darum, daß ihm nichts Böses widerfahren möge.

Auch im Kampf gegen die Heiden hatte er mit seinem Mut und seiner Kraft hohes Ansehen errungen, und viele der Ungläubigen hatte er vom Leben zum Tode gebracht. Wo er auf sie traf, da färbte er das Gras ringsum rot, und mancher Muselman sprach zu seinem Kampfgefährten: «So einen tapferen Ritter wie diesen habe ich noch nie erlebt.»

Aber auch äußerlich gab er eine prächtige Erscheinung ab, so daß alle sagen konnten: «Sein Herz ist rein und ohne Falsch, und dazu ist er von herrlicher Gestalt.»

Manche Frau eines Ungläubigen pries das Weib, das

ihn geboren hatte. Sie stimmten darin überein, daß er der edelste Sohn sei, den eine Mutter je gehabt, und dabei sei er so verständig und freigebig. «Mit den Waffen hat er ritterlichen Ruhm erworben, und was Vortrefflichkeit und Ansehen angeht, so steht er in Blüte wie der Zweig eines Mandelbaumes», so sprachen sie.

Der edle Ritter von Staufenberg zog so durch viele Länder, und überall, wo er hinkam, schwor man aufgeregt: «Ritte alle Ritterschaft der Welt auf einem Felde zusammen, *er* wäre der Beste von allen.»

Der mutige Held war auch auserlesen gekleidet, und die Gewänder standen ihm ganz ausgezeichnet. Ich muß noch erwähnen, daß er sich auf Brettspiele verstand und sich ihnen oft mit Vergnügen hingab, in seiner Jugend Lesen und Schreiben gelernt hatte, und schließlich, daß er als vorbildlicher Ritter alle Arten der Jagd beherrschte und sie ständig freudig pflegte.

Wie ich in meiner Quelle las, war der Ritter einst wieder einmal zu Hause auf seiner festen Burg Staufenberg und genoß es, dort bei Freunden und Verwandten zu sein. Diese freuten sich ebenfalls über seine Ankunft, denn er war lange Zeit fortgewesen.

An einem Pfingsttage nun sprach der tapfere Herr von Staufenberg zu seinem Knappen: «Sattle uns beiden schnell, denn ich will nach Nußbach reiten und dort der Messe beiwohnen, damit Gott mir meine zahlreichen schweren Sünden vergebe. Denn ich setze jederzeit Leib und Leben um meines Ansehens, um der edlen Frauen und um des weltlichen Ruhmes willen aufs Spiel.»

«Das will ich gern tun, Herr», erwiderte der Knappe, «denn es ist mir eine Freude, Euch zu Diensten zu sein.» Er lief sogleich zum Stall, holte die Pferde heraus und reichte seinem Herrn Hut, Mantel, Sporen und Schwert, und alsbald saßen sie auf und ritten davon.

Da ließ der fromme Rittersmann seinen Knappen vorausreiten, weil er, wie es seine Gewohnheit war, zuvor noch ungestört sein Gebet sprechen wollte.

Der Knappe ritt den Burgweg hinab, wie ihm befohlen worden war. Plötzlich gewahrte er auf einem Felsen eine wunderschöne Frau ganz allein sitzen. Man hört, daß Gott auf Erden noch nie ein Weib von größerer Schönheit geschaffen hat. So wie die freudebringenden hellen Sonnenstrahlen das Licht aller anderen Gestirne übertreffen, so überstrahlte dieses Weib alle anderen Frauen an Liebreiz. Sie saß also, wie berichtet wird, mutterseelenallein auf einem Fels vor einem Wäldchen, als der Knappe sie bemerkte. Sie trug ein herrliches, derart strahlendes Gewand, daß der Knappe glaubte, sie sei vom Himmel oder aus dem Paradies gekommen. Für einen Engel hielt er sie. Ihr prächtiges Kleid aus rosenroter Seide war mit goldenen Tieren verziert. In dieses Gewand war zudem von meisterlicher Hand manch kostbarer Edelstein eingelegt, und zwar von der Art, die – wenn ich recht unterrichtet bin – sogar einen Toten auferweckt, wenn man ihm einen davon in die Hand legt, so wunderkräftig sind diese Steine. Die Schöne zierte ferner eine kostbare Spange auf ihrer Brust. In diesen Schmuck war ein Karfunkel eingearbeitet, der die dunkelste Nacht erhellt hätte. Um diesen kostbaren glänzenden Stein waren zahlreiche andere große und kleine angeordnet: alle von bester Qualität. Ein ganzes Land hätte den geringsten davon seinem Werte nach nicht aufwiegen können, und sie alle zusammen hätte von sämtlichen Kaisern, die es je auf Erden gegeben hat, keiner bezahlen können, selbst wenn er sein ganzes Reich dafür geboten hätte. So herrlich also war diese Frau gekleidet und geschmückt.

Als der Knappe sie bemerkte, ritt er jedoch weiter und

schwieg. Sie aber neigte sich und grüßte ihn. Er indes wagte nicht anzuhalten, weil er seinen Herrn fürchtete, der ihm unmittelbar folgte. Es war ihm sehr schmerzlich, daß jener ihm auf den Fersen war, und so mußte er notgedrungen an der Frau vorbeireiten. Aber er verbeugte sich doch artig vor ihr. Nun war sein Herr inzwischen an den Felsen herangekommen, auf dem die Schöne ganz allein saß. Als der Ritter sie bemerkte, hellte sich sein Sinn auf, und sein Herz wurde sofort von Liebe entflammt. Voll Freude sprach er höflich: «Gott zum Gruße, Herrin, im Namen allen edlen Anstands. Gott grüße Euch, wunderbares Geschöpf. Ich grüße Euch, Ihr seid die schönste Frau, die ich auf Erden je gesehen habe.»

«Gott im Himmel möge es dir danken, lieber Freund, daß du mich auf so gesittete Art angesprochen hast», erwiderte sie und erhob sich Der Ritter war schon ganz entbrannt. Er sprang vom Pferde, die Schöne reichte ihm ihre Hand, und er half ihr vom Felsen herab. Sein Herz schwamm in Seligkeit, er umarmte sie und bat sie, sich zu ihm zu setzen. Dagegen hatte die Frau nichts einzuwenden, und so ließen sie sich beide im Grase nieder.

«Mit Verlaub, edle Dame», fuhr der Ritter fort, «dürfte ich wohl mit Euch in aller Ruhe über das reden, was mein Herz bewegt?»

«Du darfst es», sprach sie.

Das erfreute den Herrn von Staufenberg, und er entgegnete höflich: «Wenn es erlaubt ist zu fragen, verehrte Frau, wie kommt es, daß Ihr hier so allein und ohne jede Begleitung seid?»

Die Schöne sah den Ritter freundlich an und antwortete lachend: «Das möchtest du wohl gern erfahren! Aber ich will dir erzählen, du tapferer Ritter, wie es gekommen ist, daß ich hier so allein sitze. Ich habe nämlich auf dich gewartet, und ich bekenne dir aufrichtig, daß ich dir schon seit langem treu anhange und dich beschütze, seit du zum ersten Male ein Pferd bestiegen hast. Auf allen Straßen und Wegen, in allen Schlachten und auf allen Turnieren behüte ich dich jederzeit, so wie es die Freundespflicht verlangt. In jedem ritterlichen Turnier habe ich gleichsam deinen Schild geführt, damit dir nichts zustößt, und es ist nicht zu leugnen, daß ich auch am Heiligen Grabe, wo dein sehnlichster Wunsch in Erfüllung ging und du zum Ritter geschlagen wurdest, meine Hände fürsorglich über dich gebreitet habe. Wie viele damals auch den Tod im Heiligen Lande fanden, dich, mein edler Freund, habe ich beschützt. Dadurch, daß ich in der Fremde in aller Not immer bei dir war, bist du zu deinem ritterlichen Ruhm in Schwaben, Bayern und Ungarn gekommen. Ich habe dich auch im fernen Preußen vor Russen und Walachen und ganz besonders in England und Frankreich, aber nicht minder in der Toskana und der Lombardei vor aller Unbill bewahrt, obgleich du mich nie gesehen hast. Jetzt aber, mein Freund, darfst du mich schauen, die ich dir die ganze Zeit über treu gewesen bin.»

«Ich preise mich glücklich, diesen Tag erlebt und Euch, schöne Frau, kennengelernt zu haben. Mir hätte nichts Angenehmeres widerfahren können, und wenn es nach meinem Wunsche ginge – verzeiht mir solche Kühnheit! so wollte ich bei Euch bleiben bis an mein Lebensende.»

«Liebster Freund, das ist wohl möglich, sofern du nur all das befolgen willst, was ich dir noch mitteilen werde. Ich will die Deine werden, wenn du nur mich hast und keine andere nimmst. Das heißt, willst du meine Liebe genießen, so darfst du nie eine andere heiraten, solange du das Leben hast. Hältst du dich daran, so lebst du ohne Kummer und Not bis zu deinem letzten Tage; selbst

Hinfälligkeit und Siechtum bleiben dir erspart. Nimm dir zur Freundin, welche du willst, aber heiraten darfst du nie eine! Das bringt dir zudem reichen Besitz ein; dafür, lieber Freund, sorge ich. Gehst du aber eine Ehe ein, so mußt du am dritten Tage danach sterben, und ich sage dir ganz offen, daran ist dann nichts mehr zu ändern. Darum rate ich dir, die Sache gründlich zu überlegen.»

«Ist das wahr, was Ihr gesagt habt, edle Frau?»

«Ganz gewiß», erwiderte die Schöne, «und Gott sei mein Zeuge. Mein Leben will ich verlieren, und Gott möge seine Hand von mir ziehen, wenn ich nur ein Wort gelogen habe!»

«Gott nehme ich zum Bürgen an», sprach der Herr von Staufenberg, «denn er hat ein aufrichtiges Herz noch nie im Stich gelassen, Leib und Seele sind ihm anheimgegeben, und er möge sich unser beider annehmen. Edle Frau, ich habe mich entschlossen, mich Euch für mein ganzes Leben treu zu ergeben.»

Da umarmte sie den Geliebten, er drückte das liebreizende Weib fest an seine Brust, und sie küßten einander innig. Es heißt, es habe nie eine größere Liebe gegeben als zwischen diesen beiden. Nun wollte der wackere Ritter mit ihr im Walde schlafen; aber die ehrenhafte Dame erwiderte: «Das verhüte Gott, der unser aller Beistand ist, daß dies hier auf der Heide vollzogen würde, ohne daß ein Mensch Kunde von unserer Vereinigung hätte. Liebster, ich bitte dich, verzichte darauf; laß es uns für zu Hause aufsparen, dort will ich dir gern zu Willen sein.»

«Verzeiht, Liebste, Euer Wunsch ist mir Befehl.»

«Dieser Zartsinn wird dir gewiß Vorteil bringen. Steige nur wieder auf dein Pferd und verlaß mich, edler Ritter. Gott ist mit dir, und wer dich in deinem Lauf hinderte, der lüde Sünde auf sich. Ich jedenfalls will das nicht, und deshalb, Geliebter, nimm diesen Ring, in den ein so kostbarer Edelstein eingelegt ist, daß die Strahlen der Sonne noch nie auf einen besseren herabgeschienen haben.»

«Wenn es denn sein muß», erwiderte er, «so trage ich ihn Euch zuliebe, obgleich mir noch nie so großes Herzeleid widerfahren ist als jetzt, da ich von Euch scheiden soll. O weh, wann werde ich Euch wiedersehen? Sagt mir das, geliebte Frau.»

Sie aber antwortete: «Gerade läuten die Glocken. Geh erst zur Messe, damit Gott dir alle Sünden verzeiht. Wenn du den Segen empfangen hast, so reite wieder heim und geh in dein Wohngemach, aber ohne jede Begleitung. Dort wirst du mich gewißlich finden. Und wenn immer es dich nach mir verlangt, so will ich bei dir sein und alles geben, was dein Herz nur wünscht.»

«Auf diese Nachricht hin reite ich frohen Herzens davon», erwiderte er.

«Zögere nicht länger», fügte sie noch hinzu, «zieh deine Straße, Gott möge dich beschützen und uns beiden beistehen.»

Er erhob sich und zog auch die tugendsame Frau mit Anstand vom Waldboden hoch, auf dem viele schöne Blumen blühten, und beide lächelten sich vielsagend an. Noch einmal umarmten sie einander und küßten sich auf Mund und Wangen.

«Aber sagt, geliebte Frau, wie könnte ich Euch hier allein zurücklassen?» fragte er.

«Sei unbesorgt um mich. Ich kann überall da sein, wo ich sein will. Diese Macht hat mir Gott verliehen, und sie verschafft mir ein Leben ohne alle Beschränkung, wovon du noch sehr viel Freude haben kannst.»

Da rief er sein Pferd, und das kam auf den Ruf «Freundchen», an den es gewöhnt war, auch sofort gelaufen. Er schwang sich mit Freuden darauf, verabschiedete sich von seiner Schönen und ritt davon. Sein Knappe hatte auf ihn gewartet, und nun ritten sie beide zusammen in das Dorf, das etwa eine Viertelmeile weit entfernt lag. Alle Glocken erschallten gerade zum Lobe Gottes, und er ritt dadurch um so schärfer. Ehe die Messe begann, führte man nach altem Brauch das Kreuz herum. Da trat der edle Mann vor den Altar und kniete dort für die Zeit der Messe nieder. Er flehte zu Gott und rief die barmherzige Gottesmutter an, indem er sprach: «Maria, Königin des Himmels, dir befehle ich Leib und Seele, Besitz und Ehre an, die ich seit je in deinen Schutz gestellt habe.»

Als der Gottesdienst zu Ende und der Segen ausgeteilt war, machte er sich eilig auf und ritt mit freudigem Herzen heimwärts. Auf seiner Burg angekommen, lief er unverzüglich in sein Wohngemach und sprach: «Ach, Gott im Himmel, wäre ich doch hier mit der liebreizenden Frau allein, die ich auf dem Felsen angetroffen habe!»

Kaum hatte er das gesagt, so sah er das stattlich-schöne Weib vor sich, und voller Freude rief er aus: «Willkommen, liebste Frau!» – «Dank dir, Geliebter», erwiderte sie.

Voller Liebesverlangen umarmte er sie und geleitete sie zu einem herrlich bereiteten Bett. Hier wurde ihnen die Zeit nicht lang; sie genossen die süße Liebe so, wie es zwei tun sollen, die einander von ganzem Herzen zugetan sind. Nichts ließen sie aus, was zum Liebesspiel gehört, denn noch nie waren ein Mann und eine Frau stärker entflammt worden. Sie konnten gar nicht genug davon bekommen, eng umschlungen beieinanderzuliegen. Da sprach die Schöne zu ihrem Ritter: «Liebster, dieses Glück könnten wir bis zum Jüngsten Tag genießen, und niemand könnte uns trennen, sofern du dich nur an das hältst, was ich dich geheißen habe.»

«Aber gewiß, Geliebte, was Ihr gefordert habt, das leiste ich. Euch ergebe ich mich ganz, Ihr sollt meine Herrin sein, solange Gott mich leben läßt.»

«Liebster, was immer du an Besitz begehrst und wonach auch sonst dein Herz steht, verlange es von mir, und es soll dir gewährt sein.»

Sie gab ihm reiche Schätze, so daß er mit freigebiger Hand alle Verwandten und Freunde ihrer Not enthob, soviel davon teilte er unter sie aus.

Danach zog er, von seiner Ritterschar begleitet, in viele Länder, in solche, die er schon früher aufgesucht hatte, aber auch in solche, die ihm noch gänzlich unbekannt waren. Dadurch erwarb er sich die Aufmerksamkeit von Grafen, Freiherrn und Ministerialen, aber auch von vielen schönen Damen, und sie alle waren sich darin einig, daß er ein vorbildlicher fahrender Ritter sei, der keine Mühsal scheue.

Überall aber, wo er hinkam, war die schöne Frau bei ihm, wenn es ihn nach ihr verlangte, mochte es nun am Tage oder in der Nacht sein, und sie erwies ihm ihre Gunst, ob er nun ihre Liebe genießen wollte oder ihre Gabe heischte.

Nach einiger Zeit kehrte er in die Heimat zu seinen Brüdern und anderen lieben Verwandten zurück, und man empfing ihn mit allen Ehren, da sie ihn aufrichtig liebten, wie man erzählt. Aber man ging darauf aus, ihm eine Frau zu geben. «Soll dieser stolze Mann», so redeten sie, «einst ohne Erben ins Grab sinken? Das wäre uns doch eine immerwährende Schande. Gewiß würde ihm ein Fürst seine Tochter geben, und für uns alle bedeutete das eine große Ehre.»

Darin stimmten sie alle überein, und so hielten sie eine

Zusammenkunft mit ihm ab, bei der sie sprachen: «Bester Freund, dir fehlt es nicht an Besitz und Ansehen, aber es ist doch wohl auch an der Zeit, daß du dir eine Frau nehmen solltest, die deinem Range entspricht. Darum bitten wir dich alle. Du bist ein so vorbildlicher Ritter, daß es uns allen nur Nachteil und Kummer brächte, wenn du sterben solltest, ohne Erben zu hinterlassen. Es fehlt gewiß nicht an Fürsten, die dir ihre Tochter zum Weibe gäben. Willfahre diesem Wunsch deiner Verwandten und Freunde; dies brächte uns Ehre und würde das Ansehen deines Geschlechts heben. Es ist auch nur recht und billig, daß du eine Gemahlin hast, die durch feine Sitten und edlen Anstand deiner würdig ist.»

Diese Rede erschreckte den Ritter von Staufenberg sehr, und er erwiderte: «Liebe Freunde, ich vermag mich selbst noch nicht genug zu zügeln, ich strebe nach manchem, was mit der Ehe nicht vereinbar ist, und die Ehe verhindert doch auch mancherlei Liebesfreuden. Darum möchte ich sie noch nicht eingehen, sondern ich will ungebunden leben, solange ich jung bin.»

Mit solchen und anderen Worten redete er sich vor seinen Freunden heraus, so daß sie es unterließen, ihn weiter damit zu bedrängen.

Doch nach geraumer Zeit kamen sie ihm wieder damit, und sie schickten einen nahen Verwandten zu ihm, der große Lebenserfahrung hatte; der sollte die Angelegenheit zur Sprache bringen. Als er sie nun in wohlgesetzter Rede, auf die er sich verstand, vorgetragen hatte, sprach er: «Mein Lieber, ich, deine Brüder und alle anderen, die in deinem Hause leben, ersuchen dich, uns diese Bitte, die wir schon einmal vorgetragen haben, zu erfüllen.»

«Ich bin mit mir übereingekommen», entgegnete der Ritter, «euch nachzugeben, aber unter einer Bedingung:

Ich nehme ein Weib, aber heiraten werde ich sie nicht. Und wenn man mir die Haut in Streifen schnitte, ich gehe keine Ehe ein, nehmt das zur Kenntnis, und ich schwöre, hört ihr nicht auf mit dieser Sache, so habt ihr mich die längste Zeit hier gesehen!»

«Ist dir das alles so unangenehm, was ich in der wohlmeinendsten Absicht vorgetragen habe?» fragte der Alte freundlich. «Ich glaubte, so unrecht nicht zu handeln, und – meiner Treu! – ich tat es allein, um dein Ansehen zu mehren.» Dann sprach man nicht weiter darüber.

Als nun die Nacht heraufzog, verlangte es den jungen Ritter zu schlafen, und er befahl dem Knappen, die Lichter zu löschen. Der tat das auch, und der Herr von Staufenberg verabschiedete sich von seinem Gefolge, und dies um so lieber, als er durch dieses Gespräch verstimmt war. Auch seinen Knappen entließ er und sprach dann: «Ach, meine herzallerliebste Frau, mich verlangt nach Euch.» Und kaum hatte er das gesagt, da lag sie schon in seinen Armen.

«Woran fehlt es dir, mein Geliebter?» fragte sie. «Du hast meinetwegen Kummer, denn man will dich verheiraten. Aber wenn du darauf eingehst, mein Herz, so hast du dein Leben verwirkt. Ich wollte, ich wäre nie dein Weib geworden! Du junger, edler und stolzer Mann, es bereitete mir ewigen Kummer, wenn du sterben müßtest.»

«Aber nein, es vermag mich ja niemand zu überreden. Was ich Euch, Geliebte, geschworen habe, das halte ich auch, solange ich lebe.»

«Laß dir raten, mein Geliebter. Man wird nicht ablassen davon und wird dich immer von neuem bedrängen zu heiraten. Teile deinen Brüdern und besten Freunden mit, du habest schon eine Frau, die immer bei dir sei, wo du auch bist, und daß sie dir alles gebe, was du brauchst.

331

Verschweige ihnen durchaus nicht, wie ich mit dir zusammen lebe, ich erlaube es dir, Liebster, ihnen das zu sagen; aber laß dich nie zum Heiraten verleiten, denn sonst geschieht dir, was ich prophezeit habe.»

Als es hell wurde, verließ ihn die schöne Frau, und der edle Ritter stand auf und sprach – wie an jedem Morgen – aus tiefstem Herzen sein Gebet.

Zu dieser Zeit wollte es der Zufall, daß in Frankfurt ein Fürst zum deutschen König erhoben werden sollte, und aus diesem festlichen Anlaß ritten Fürsten, Grafen, Freiherrn und Ministerialen in diese Stadt.

Auch der Herr von Staufenberg eilte mit einer stolzen Ritterschar zu Hofe. Etwa dreißig seiner Verwandten hatte er für diesen Zug mit Rüstungen, Pferden und was sie sonst noch brauchten ausgestattet. Seine Brüder traten vor ihn hin und rieten ihm, nicht so zu Hofe zu ziehen, denn der Aufwand wäre zu groß und er könnte ihn nicht bestreiten.

«O nein», erwiderte er darauf, «Gott und die Jungfrau Maria gewähren mir mehr, als ich verbrauchen kann.»

Und so zogen sie denn alle mit, und es wurde ihnen in Frankfurt von allen Seiten viel Ehre erwiesen. Als man den Staufenberger da mit so prächtigem Gefolge auftreten sah, sagte mancher unter den Fürsten: «Das ist der Edle, der jederzeit Leben und Besitz wagemutig in die Schanze geschlagen hat. Er ist so kühn, daß niemand ihn besiegen kann.»

Der König aber erkundigte sich: «Wer ist eigentlich dieser mutige Ritter?», und sogleich teilte es ihm sein Zwerg laut tönend mit: «Das ist der freigebige Herr von Staufenberg, der da so prächtig einherreitet. Gott schütze ihn, denn er ist ein edler Mann, und er beschenkt die Armen reichlich. Bis zum Ende dieses Hoftages wird er noch manchen mit seiner Gabe bedenken.»

Der König empfing den Ritter sehr huldvoll, er ging ihm höflich entgegen, denn er hatte von ihm nur das Ehrenhafteste vernommen, und er freute sich, daß er ihn persönlich kennenlernen sollte. Für diesen Gnadenerweis wußten ihm der Staufenberger und sein Gefolge Dank, und sie verbeugten sich tief vor dem Herrscher des Reiches. Bald wurden auch ritterliche Zweikämpfe zu Pferde ausgetragen, und mancher bekam mit der Lanze einen Stoß vor die Brust, daß er in den Sand stürzte und ihm das Blut aus dem Munde quoll. Auch Herr Peter von Staufenberg ritt froh über den Hof in die Turnierschranken. Dem Kampfe wohnten nicht nur zahlreiche Bischöfe und schöne Damen bei, sondern auch der König.

Welche wackeren Turnierkämpen den Staufenberger auch angriffen, er holte sie im Nu vom Pferde, denn er war so trefflich, daß er alle andern ausstach. Aber die ritterlichen Jünglinge, denen es noch an Kampfeserfahrung fehlte, schonte er, und wer von ihnen sich ihm besiegt geben mußte, an den ritt er heran und war besorgt, daß er keinen Schaden davontrug. Manch edle Frau äußerte da: «Der edelmütige Staufenberger beweist durch sein ritterliches Betragen, daß ihm höchste Ehre gebührt.»

Als der Hoftag zu Ende ging und er sich im Turnier als der Beste erwiesen hatte, ließ ihn der König zu sich rufen, und mit seinem Gefolge kam er dieser Aufforderung auch sogleich nach.

«Glücklich der Tag, der Euch an meinen Hof geführt hat!» redete ihn der Herrscher des Reiches an.

«Dank, Herr», antwortete der Staufenberger. «Ich und meine Verwandten sind gekommen, um Euch damit zu ehren, denn wir bedürfen Euer.»

«Ihr und die Euren könnt meiner Hilfe gewiß sein. Es

fügt sich, daß ich eine Nichte habe, ein liebreizendes Mädchen von achtzehn Jahren, deren Eltern beide tot sind. Ich bin ihr Vormund, und ich werde sie Euch jetzt zur Gemahlin geben. Und mehr noch: Ich werde Euch mit großen Ländereien ausstatten, über die Ihr und Eure Nachkommen, die Ihr mit meiner Nichte haben werdet, herrschen sollt. Ihr Stammland ist nämlich Kärnten.»

Auf diese Rede wurde der Ritter blaß und war so erschrocken, daß er keinen Ton herausbringen konnte. Alle Fürsten, die um ihn herum waren, fragten: «Herr, warum sagt Ihr nichts und zeigt Euch so wenig erfreut?»

Den König verdroß dieses Betragen des Staufenbergers, und er sprach zu ihm: «Edler Ritter, Ihr glaubt vielleicht, ich wolle Euch verspotten. Aber dem ist nicht so, bei meinem Wort! Ihr sollt meine Nichte ohne Zaudern nehmen, die ich bisher jedem Fürsten versagt habe.»

Als der Herr von Staufenberg seinen Schreck überwunden und sich wieder gefangen hatte, erwiderte er: «Mit Verlaub, mein König, vermählt die schöne Jungfrau einem Manne, der ihr ebenbürtig ist und ihr mehr Ansehen bringt als ich, denn sie ist aus bestem Geschlecht. Es wäre nicht schicklich, wenn sie mich armen Adligen heiratete.»

«Laßt Euch sagen, edler Ritter, wenn ich ihr einen armen Adligen zum Mann gebe, so findet sie das nicht unschicklich, und sie wird Euch als Weib untertan sein, so gut kenne ich meine Nichte.»

Alle Fürsten, die das Gespräch miterlebten, fanden es unklug vom Staufenberger, sich gegen den Plan des Königs so zu sträuben. In dem Saal waren neben dem gesamten Hochadel des Landes auch zahlreiche Bischöfe, und die fragten den Ritter, ob er etwa schon eine Frau habe.

«Ja, so ist es», erwiderte er darauf, «ich habe das allerschönste Weib, das je eines Menschen Auge erblickt hat. Wo ich auch bin, da sorgt sie sich um mich, und wenn ich nur will, so ist sie unverzüglich bei mir. Sie stattet mich auch mit allem aus, was ich brauche, meine schöne Frau. Und ich will es Euch nicht verhehlen: Wenn ich eine andere heirate, so sterbe ich, so jung ich auch noch bin, am dritten Tage danach. Dies hat mir meine Geliebte vorausgesagt, und ich schwöre Euch, daß es wahr ist.»

«Ritter, laßt mich diese Frau sehen», sprach einer der Bischöfe.

«Nur ich allein vermag sie zu erblicken», erwiderte der Staufenberger.

«Dann geht es bei ihr nicht mit rechten Dingen zu» sprachen sie alle wie aus einem Munde, «Ihr setzt durch den Umgang mit ihr Leib und Seele aufs Spiel.»

«Ihr seid doch ein Christ», sagte ein alter Kaplan, «wie weit ist es denn mit Eurem Verstand gekommen, daß Ihr den Teufel mehr liebt als eine reine Frau? Von allem Göttlichen, das je auf Erden gesungen oder gesagt worden ist, müssen Laien wie Priester Euch fernhalten. Der Teufel hat sich Euch in Gestalt eines Weibes genaht, und Eure Seele ist auf ewig verloren, da Ihr mit dem Teufel schlaft und allen reinen Frauen abgeschworen habt.» So redete man noch lange mit ihm. Ich will es kurz machen: Die Geistlichkeit brachte ihn dahin, daß er schließlich sprach: «Was der König mir befiehlt, dem füge ich mich.» Da wurde ihm die Nichte des Königs auf der Stelle anverlobt, und ihr Vormund beschenkte den Staufenberger reich mit Gold und Edelsteinen. Dieser sprach: «Führt mir die Jungfrau in die Ortenau zu, denn dort will ich Hochzeit halten.» Der König versprach es, und es wurde auch der Tag bestimmt, an dem das geschehen sollte. Darauf kehrte der Ritter mit den Seinen auf seine Burg zurück. Als er sich zu Bett gelegt hatte, wünschte er seine schöne Frau herbei, die ihn stets so treu behütet hatte, und alsbald lag sie in seinen Armen. «Ach, mein Liebster, du willst meinem Gebot leider nicht folgen», sprach sie.

«Worauf wollt Ihr hinaus, Geliebte?»

«Ach, es bereitet mir immerwährenden Schmerz, daß du heiraten willst! Wenn du nämlich mit ihr vereint bist, so wirst du am dritten Tage danach sterben, und das kann ich nicht verhindern. Aber ich will dir sagen, wie es kommen wird. Sobald das Fest deiner Hochzeit beginnt, werde ich jedermann meinen Fuß sehen lassen. Wenn du ihn erblickst, so zögere nicht länger, sondern geh zur Beichte und nimm das Abendmahl und laß dir vom Priester auch eilig die Letzte Ölung geben, denn du wirst sie nötig haben. Möge Gott deiner Seele beistehen!»

Nun kam dem Ritter in den Sinn, was ihm die Geistlichkeit gesagt hatte, daß sie nämlich möglicherweise lüge und der Teufel mit ihm sein Spiel treibe, und er traute den Männern der Kirche mehr. Da verließ ihn die liebreizende Frau. Der Ritter wurde von einer sonderbaren Besorgnis erfüllt.

Zum verabredeten Termin wurde nun die Herzogin von Kärnten mit großem Gefolge nach Staufenberg geleitet, und auch aus den Landen ringsum eilten viele Ritter mit ihren Damen herbei, um dem Paar die Ehre zu erweisen.

Was soll ich erzählen? Als man schließlich in dem prächtigen Saal bei Tisch saß, der Ritter seiner Braut gegenüber, und als man gerade zu essen angefangen hatte, da sah ein jeder der Anwesenden leise, aber allen wahrnehmbar etwas Unbestimmtes durch die Decke dringen, das sich schließlich als eines Menschen Fuß erwies, und zuletzt ragte ein Bein bis zum Knie in den Festsaal herab, freilich – das mußten alle, die es erblickten, bekennen – von nie geschauter Schönheit; es schimmerte heller als Elfenbein.

Als sich das vor aller Augen vollzog, schrie der Bräutigam auf, rief: «Weh, o weh mir Armem!», und raufte sich das Haar. «Liebe Freunde, ihr habt mich und euch ins Verderben gebracht. Wir alle verlieren bei dieser Sache, denn in drei Tagen werde ich sterben müssen.»

Da sprangen einige Gäste auf und liefen in den oberen Teil des Palas, durch dessen Fußboden das Bein ragte. Als sie aber dort oben ankamen, konnten sie rundum niemanden wahrnehmen. Überall suchten sie, aber vergeblich. Und wenn sie heute noch suchten, sie würden nicht das kleinste Loch finden. Es war auch kein Spalt geblieben, denn die Saaldecke hatte sich wieder vollkommen geschlossen, als das Bein verschwand. Alle stimmten darin überein, daß dies nur das Werk des Teufels sein konnte.

Der Ritter aber ließ sogleich einen Priester kommen. Musik, Gesang und Tanz – sie waren aus dem Saal verbannt, und die Gäste, Herren wie Damen, waren sehr betrübt, als sie den Staufenberger in so beklagenswertem Zustand sahen. Er aber sprach zu der Schönen, die er zu seinem Weibe hätte machen sollen: «Meine Liebste, edles Fräulein, möge Gott erbarmen, daß ich nicht mit Freuden in deinen Armen liegen kann.» Darauf antwortete das wohlerzogene Mädchen voller Anstand: «Edler Ritter, wenn es dir nur wohl ergeht. Mögen Gott und die heilige Mutter Maria dir beistehen!»

«Ach, meine liebe Gemahlin, wenn ich nun hier sterben muß, so fordere alle auf, die zu unserer Hochzeit gekommen sind, daß sie mich zu Grabe tragen.»

Da weinte das liebliche Mädchen, und alle Anwesenden mit ihr.

Er ließ die Braut allein zur Ruhe geleiten, was unter allgemeinem Bedauern geschah, und er selbst ließ sich ein Bett richten, in das er sich legte. Dann rief er nach dem Priester mit der Hostie, und als dieser ankam, legte der Ritter eine vollkommene Beichte ab. Danach wurde ihm das Abendmahl gereicht.

«Laßt mir ein Grab bereiten», sprach er darauf, «und erweist mir alle die letzte Ehre in einem christlichen Begräbnis.» Da brachen Ritter und Knappen, Grafen, Freiherrn und Dienstmannen und auch die jungfräuliche Braut in Tränen aus.

«Mit mir geht es zu Ende», fuhr er fort, «und euch, meine lieben Brüder, bitte ich, daß ihr dem edlen Fräulein das gebt, was ich ihr gelobt habe.»

«Nein, herzlieber Mann», widersprach sie. «Vielmehr sollst du mein Heiratsgut behalten und es an deine Verwandten und Freunde geben. Daran, Geliebter, sollst du meine Treue zu dir erkennen.»

Sie reichte ihm ihre weiße Hand und fuhr fort: «Dir bin ich fern von meiner Heimat vermählt worden und werde nun Witwe, ohne Frau geworden zu sein. Sollte ich dich aber, wie du vorausgesagt hast, zu Grabe tragen müssen, so soll mich zeitlebens kein anderer Mann berühren.»

«Morgen wird es geschehen», sprach er. «Ich lebe und bin doch schon gestorben.»

In großem Kummer sprach die Braut darauf: «Meinetwegen verlierst du dein Leben. Darum will auch ich mich aus dem Leben zurückziehen und mich in ein Kloster begeben. Kein Mann soll mich mehr anschauen. Und dort will ich Gott und die Jungfrau Maria bitten, daß sie deine Seele erretten mögen.»

Dafür dankte ihr der edle Ritter von ganzem Herzen.

«Wo seid ihr denn, meine edlen Brüder?» fragte er dann.

«Hier sind wir», antworteten die beiden.

Einem jeden reichte er eine Hand und sprach: «Meine Lieben, kümmert euch um die Jungfrau, wenn ich nicht mehr bin.» Damit nahm er Abschied von ihnen. Er flehte zu Gott und zur Mutter Gottes und sprach: «Maria, Himmelskönigin, dir befehle ich meine Seele an.» Das sagte er im Tone tiefster Klage. Und damit starb er.

Viele rangen vor Entsetzen und Kummer die Hände, als sein Leben auf diese Weise ein Ende nahm.

Als der Held begraben war, kehrte die Braut in ihre Heimat zurück und nahm dort den Schleier.

Was soll ich weiter erzählen? In allen Landen wurde der edle Herr von Staufenberg beklagt, denn er hatte stets ein vorbildliches ritterliches Leben geführt. Überall sprach man, im verborgenen wie auch öffentlich: «Der vortrefflichste Ritter, der je auf einem Pferd saß, er ist nicht mehr.» Und damit ist meine Erzählung zu Ende.

Euch aber, ihr jungen Leute, euch rate ich, strebt danach, Ansehen in der Welt zu erringen, damit man, wenn es ans Sterben geht, von euch nur des Besten gedenken kann. Denn es ist schon eine leidvolle Sache, wenn jemand so gewesen ist, daß ihm keiner eine Träne nachweint. So einen liebt auch Gott nicht und die Mutter Maria ebensowenig. Die aber möge uns helfen und uns armen Sündern gnädig sein. Das wünscht uns allen Herr Eginolf.

## Der Bussard

Große Liebe vermag Wunderbares. Damit sage ich die Wahrheit, und sie hat sich schon tausendfach bewährt. Liebe ist von ungeheurer Kraft, sofern sie nur mit Treue gepaart ist. Das erwies sich an zwei Menschen, die einander zärtlich zugetan waren.

Ich höre zwar immer reden, daß es in unseren Tagen keine große Liebe mehr gebe. Aber dazu müßt ihr wissen, daß ja auch die unbedingte Treue ausgestorben ist! Wo einer den andern bald wieder im Stich läßt, da ist aufrichtige Treue zuschanden geworden. Die Mädchen lächeln heutzutage den an, der sich auf unziemliches Betragen, ja auf Unanständigkeit versteht. Einen solchen schätzen sie mehr als einen, der Tugend und Anstand sein eigen nennt, der über Klugheit verfügt und der kurzweilig zu unterhalten weiß. Das gab es früher nicht, und deshalb verdient die Vergangenheit Lob, in der die Frauen durch keinerlei Mittel zu bewegen waren, einen

Mann zu lieben, mit dessen Ansehen es nicht zum besten stand. Auf solche Männer sollten edle Frauen ihre Liebe niemals verschwenden, denn von denen wird ihnen keine andere Belohnung zuteil, als daß solche «Liebhaber», wo sie gehn und stehn, die Damen verlästern. Deshalb sollten die Frauen ihre Gunst und ihre Liebe nur einem verständigen Manne zuwenden. Dem würde es bei seiner feinen Herzensbildung nämlich Schmerz bereiten, wenn jemand sich den Frauen gegenüber ungebührlich betrüge und sie dadurch herabsetzte, und er würde alles tun, um ein solches Benehmen zu verhindern. Wenn aber einer seinem Rat nicht folgen wollte, so würde er ihn aus dem Kreise der Damen entfernen, ehe er sich danebenbenehmen könnte.

Nun aber hört unsere Geschichte. Vor langen Jahren hatte sich der König von England entschlossen, seinen Sohn auf die Hohe Schule nach Paris zu schicken. Er mahnte ihn, sich eifrig den Studien hinzugeben, und der Prinz versprach das auch. Sogleich rüstete man alles für die Fahrt und brach auf. Mit großem Gefolge begleitete der König seinen Sohn bis vor das Tor der Burg, wo man herzlich Abschied nahm. Besonders innig umarmte der Jüngling seine Mutter und sagte ihr Dank für alles. Dann ritt er davon, und die Verwandten und Freunde kehrten in die Burg zurück.

Dem Prinzen war ein Kaplan zum Begleiter bestimmt worden, der immer um ihn war und ihn lehrte, was Tugend und Anstand heißt, damit, wo er auch hinkäme, niemand über den Königssohn zu klagen Anlaß habe, und der ihn auch lehrte, sich in Rede und Gebärde geziemend zu betragen. Der edle Jüngling gehorchte ihm auf der Fahrt auch in allem.

In Paris wurde der Prinz bei Hofe freundlich aufgenommen, und in der Schule, wo er die Wissenschaft betrieb, war er so eifrig, daß er höchstes Lob verdiente. Er zeigte solchen Fleiß, daß er die beiden Söhne des Königs von Frankreich im Lernen überflügelte. Da fragten sie ihn, ob sie sich nicht alle drei zusammentun wollten; sein Kaplan könne ihnen doch gemeinsam Unterricht erteilen. Das war dem jungen Fürsten angenehm, und er willigte sofort ein. Sie gingen also zu ihrem Lehrer, der die Scholaren hohe Wissenschaft aus Büchern lehrte, und sprachen: «Magister, seid so gnädig, uns den Kaplan zum Lehrer zu geben.»

«Wenn ihr das wünscht», antwortete er, «so sei es euch gewährt. Und sagt ihm, alles, was er dazu braucht, wird ihm euch zuliebe zur Verfügung gestellt.»

«Dank Euch, liebster Meister», sprach darauf der Prinz aus England, und sogleich ritten sie zu ihrem Kaplan zurück.

Inzwischen war ein Bote gekommen, der die französischen Prinzen zum Hofe zu kommen bat, und der englische Fürstensohn begleitete sie aus echter Zuneigung. Er wurde von ihnen mit Freuden in den Saal des Königsschlosses geführt, und die gesamte Hofgesellschaft empfing ihn herzlich, auch die Tochter des Königs, ja, gegen deren freundliche Aufnahme war alles andere ein Nichts. Zum Dank dafür verneigte er sich tief vor ihr. Wohlerzogen trat er näher, der König selbst begrüßte ihn, und dessen Gemahlin sprach: «Auch mir sei er willkommen. Wer ist dieser edle Jüngling? Er ist ja schöner als ein Engel.»

«Herrin», antwortete der Kaplan, «er ist ja auch der Sohn des Königs von England und ist hierhergekommen, um die hohen Wissenschaften zu betreiben. Darin möchte er es zu etwas bringen, und das würde ihm recht wohl anstehen.»

«Dazu soll ihm von Hofe jede Unterstützung zuteil werden, damit ihr es wißt», entgegnete der König.

Dieses Versprechen erfreute den Prinzen und den Kaplan und die französische Prinzessin nicht minder, denn in ihrem Herzen hatte sich bereits die Liebe zu dem englischen Königssohn eingenistet. Sie war so von ihm angetan, daß sie kein Auge von ihm ließ, wo er ging und stand. Aber auch er schaute immer wieder zu ihr hin, hatte sich doch auch sein Herz schon zu ihr hingeneigt, und er hatte sie das bereits merken lassen. Nur hatte er sie bisher nicht um das zu bitten gewagt, worauf doch edle Liebe zielt.

Dem Kaplan war dieses Verhältnis freilich ein Dorn im Auge, und er sagte zum Prinzen: «Herr, Ihr sollt wissen, daß Ihr Eurer königlichen Herkunft, um derentwillen Ihr doch hierhergeschickt worden seid, Unehre macht, und sollte es bekannt werden, daß Ihr mit der französischen Prinzessin in einem Liebesverhältnis steht, so werdet weder Ihr noch ich nach England zurückkehren können. Deshalb also bin ich recht betrübt, denn ich fürchte, daß Ihr über dieser Angelegenheit Eure Ehre und ich als Euer Erzieher meinen Kopf aufs Spiel setze. Es wäre besser für Euch, von allen französischen Frauen die Hände zu lassen und wieder nach England zurückzukehren, ehe Ihr uns in Bedrängnis und Schande brächtet.»

«Du hast recht», erwiderte der Prinz. «Auf denn, wir wollen uns davonmachen. Wenn mich die Prinzessin fortläßt, so bleibt es dabei.»

Sie gaben bei Hofe ihre Absicht kund, wieder nach England zu reiten, aber der König von Frankreich sprach: «O nein, bleibt mir zuliebe noch ein Jahr hier!»

«Da hat mein Gemahl recht», fügte die Königin hinzu. «Geht nicht weg, da Euch doch der König so gern hier sieht. Darum bitte ich Euch, auch im Namen der Prinzessin und des ganzen Hofes. Wolltet Ihr all denen diese Ehre nicht antun, so könnte man Euch das sehr verargen.»

«Wir möchten, daß Ihr uns unsere Bitte gewährt»,
sagte auch die Prinzessin.

Man faßte ihn an der Hand, und der Prinz willigte
schließlich ein, denn er wollte sie alle nicht kränken.
Doch hielt er sich in Rede und Gebärde der Königstochter gegenüber künftig zurück, damit niemand etwas von
ihrer Liebe bemerkte. Denn dem Jüngling stand der
Sinn stets danach, in hohem Ansehen zu bleiben. Aber
wenn er und die Prinzessin zusammensein konnten, so
waren sie doch beide glücklich, und *sie* war es vor allem.

Eines Tages geschah es, daß die Königstochter am
Fenster stand, und als er hinzutrat, umarmte sie ihn
herzlich. Nun hört, wie es weitergeht.

«Sei willkommen, du Trost meines Herzens», sprach
er. «Du machst mich frei von der Bedrückung, daß ich
dir bislang niemals aufrichtig gestehen konnte, wie sehr
ich dich liebe. Wären sämtliche Berge der Erde aus Gold,
auf die verzichtete ich gern, wenn du mir nur deine ganze
Liebe schenktest, so wie ich dir die meine entgegen-
bringe.»

«Du weißt doch genau», erwiderte sie, «daß ich dich
noch treuer liebe als du mich. Aber wenn du es wünschtest, würde ich dir tausend Eide schwören, daß bei mir
kein anderer Mann gegen dich aufkommt, und wäre alle
Schönheit dieser Welt auf ihn vereint. Was nun deine
Zukunftserwartungen angeht, so wird es bis zur Erfüllung der Liebe, die du mir entgegenbringst, noch ein
weites Stück Weg sein. Denn wisse, ich würde dich gern
bitten, bei meinem Vater um meine Hand anzuhalten;
aber man hat mir gesagt, daß er mich schon einem König
versprochen hat, in dessen Reich Goldberge liegen sollen.
Sei's drum, mich bekommt der nicht zur Frau. Ich will
nur *einen* Mann, und der bist allein du.»

«Auch ich werde auf alle anderen Frauen verzichten»,

erwiderte der Geliebte. «Aber wenn dein Vater dich wirklich schon verlobt hat, so wird er das nicht rückgängig machen können, es sei denn, er verlöre dich. Ich müßte dich also entführen.»

«Das mußt du aber streng geheimhalten», sprach sie. «Das beste für unseren Plan wäre es, wenn du so bald wie möglich nach England zurückkehrtest. Und schiebe das nicht mehr länger auf. Bleibe ein Jahr in deiner Heimat, und dann werde ich dir den genauen Zeitpunkt meines Hochzeitstages mitteilen. Bis zu dieser Zeit mußt du die drei schnellsten Pferde beschafft haben, die es gibt. An dem festgesetzten Tag komm also her und entführe mich. In diesem Baumgarten will ich dich erwarten. Wenn der König, mein Bräutigam, heranzieht, so eilt ihm fast der ganze Hof zum Empfang entgegen, und während man damit beschäftigt ist, reiten wir auf und davon. Ehe überhaupt jemand bemerkt, daß wir fort sind, müssen wir schon so weit weg sein, daß niemand mehr die Verfolgung aufnehmen kann.»

Damit war die Sache beschlossen. Sie umarmten einander zum Abschied, und er küßte sie zärtlich.

Gerade in diesem Augenblick kam der Kaplan herein, und zornig sprach er: «O weh, Herr, welch ein Unglück! Ihr wollt uns zweifellos beide ins Verderben stürzen!»

«Hat dich der Teufel zum Spionieren hergeschickt?» antwortete der Prinz darauf. «Nun aber rasch in die Schatzkammer und Kleider, Silber und Schwert geholt», fuhr er fort. «Und laß die Knechte unverzüglich unsere Pferde satteln. Es geht heim nach England!»

Sogleich wurde alles ausgeführt, was er befohlen hatte. Dann begab man sich zum König. Der junge Fürst kniete vor ihm nieder und sprach: «Edler Herr, es sei Euch aufrichtig Dank gesagt für die freundliche Aufnahme, die ich hier an Eurem Hofe gefunden habe.»

Als er Abschied genommen hatte und aus dem Saal heraustrat, traf er davor seine Geliebte an, die dort auf ihn gewartet hatte. Als sie ihm nun ihre schneeweiße Hand reichte, da wallte ihrer beider ganze Liebe von neuem auf. Tränen rannen der Prinzessin über die Wangen, und sie sprach: «Geliebter meines Herzens, ich werde vor Sehnsucht vergehen, bis du wieder zurück bist. Daß wir uns trennen müssen, werde ich wohl nie verwinden. Wie sollte ich darüber hinwegkommen, dich nicht mehr zu sehen? Der Kummer wird fortan in meinem Herzen wohnen. Du warst mein ganzes Glück. Nun habe ich nur noch Freude an meinen Tränen.»

«Weine nur nicht, Geliebte», tröstete sie der Prinz. «Sei stets in Gedanken bei mir und suche künftig darin deine Freude. Ich werde es auch tun. Wenn ich an dich denke, so vertreibe ich dadurch meine Betrübnis darüber, daß du mir so fern bist, so lange bis endlich der erwünschte Tag gekommen ist, an dem ich dich entführen werde. Gib mich aus deinen Armen frei und laß mich ziehen. Möge Gott dich vor allem Unglück bewahren, meine Geliebte! Viel lieber würde ich sterben, als dich jetzt verlassen!»

Sie reichte ihm ihren Mund, er küßte sie, und damit schieden sie unter tausend Schmerzen voneinander.

Er eilte davon, und sie begleitete seine Fahrt mit unzähligen aufrichtigen Segenswünschen, bis er in England angekommen war.

Seine Heimat fand er aufs beste bestellt vor: wohlhabend die Städte, stolz die Burgen, gerecht die Fürsten des Landes.

Der König und sein Hofstaat ritten dem Prinzen bei seiner Ankunft entgegen und empfingen ihn ehrenvoll. Aber dessen Herz und Sinn waren unverbrüchlich auf die schöne und sittsame französische Prinzessin gerichtet, die er liebte.

«Ach, du liebreizender roter Mund», dachte er, «wann werde ich dich wieder küssen? So sehr verlangt es mich danach, daß ich keine andere Freude mehr kenne.»

Die Hofgesellschaft vergnügte sich ihm zu Ehren, Trommeln und Pfeifen erklangen, man pflegte Gesang, Saitenspiel und Tanz, fröhliches Lachen war zu hören, und die Ritter zeigten ihr Können im Turnier; aber dem Prinzen bereitete das alles nicht das geringste Vergnügen. Sein Herz schlug nur noch für die französische Königstochter, er litt unter Liebeskummer, und je mehr schöne Frauen er sah, um so schlimmer wurde es. Denn er konnte an nichts anderes mehr denken als an die, die er so voller Schmerz hatte verlassen müssen.

Er sah sich jedoch im Reiche seines Vaters um, ritt zu den Burgen des Landes und fragte, wie deren Herren hießen, damit er sie alle kennenlernte. Mit drei der vertrauenswürdigsten von ihnen traf er dann einmal zusammen und fragte sie, ob sie ihm nicht zu drei Pferden verhelfen könnten, die so schnell wie ein reißender Strom seien. Sie kamen seinem Wunsche nach und ließen überall danach suchen. Kurze Zeit darauf standen sie dem Prinzen zur Verfügung. Sie wurden zu einer Stelle gebracht, wo sie unbemerkt gewartet werden konnten, und wurden aufs beste versorgt, wie man es mit edlen Rossen tut, die man für eine wichtige Reise braucht. Es wurden für sie drei kostbare Sättel angefertigt. Ihr Zaum war mit Gold besetzt. In den Schweif waren keine Lederriemen wie sonst üblich eingeflochten, sondern von Goldfäden durchzogene Seidenbänder. Sporen, Steigbügel und Sättel waren von feinstem arabischem Gold.

Als das alles nach seinen Anweisungen fertiggestellt war, gab er noch eine Fiedel in Auftrag, wie sie einem Fürsten Ehre machte. Ihre Saiten waren aus gedrehten

Seidenfäden, der Körper aus herrlich poliertem Holz, die Schnecke mit Gold, Elfenbein und Edelstein verziert, und an ihr hing ein Band aus prächtigster Palmatseide. Die Fiedel war überhaupt rundum mit goldenen Seidenbändern bezogen, auf die man hübsche Bilder gestickt hatte. Außerdem war sie noch mit goldenen Schmucknägeln besetzt. So also sah die Fiedel aus, die der Prinz sich hatte anfertigen lassen.

Über diesen Vorbereitungen war beinahe ein ganzes Jahr dahingegangen, und nun traf der Jüngling eilig alle Vorbereitungen zur Fahrt. Seinem Knappen trug er auf, in aller Morgenfrühe unbemerkt vor die Burg zu reiten und dort auf ihn zu warten. Dahin eilte dann später der Prinz, der sich so heftig nach seiner Geliebten sehnte. Man saß auf und ritt froh davon, nur von dem Gedanken beseelt: nach Frankreich! Der Königssohn war glücklich, daß die Stunde des Wiedersehens nun nicht mehr fern sein sollte.

«Ich würde diese Fahrt nicht gegen das Himmelreich tauschen», sagte er. «Es hat nie eine größere und aufrichtigere Liebe gegeben als die unsere. Die ich zum Glück meines Lebens erkoren habe und die alles übertrifft, was ich je kennenlernte, sie hat lange auf mich verzichten müssen und hat aus Sehnsucht viele Tränen vergossen. Aber was ich bisher an Liebe erfahren habe, steht doch hinter dem zurück, was mich in Zukunft erwartet. Darum ist mir das Herz von Liebe voll, und ich bin unsagbar glücklich. Ich eile zu der Prinzessin genau auf die Art, die sie mir bei unserem Abschied vorgeschlagen hatte.»

Unterwegs konnte der Prinz in den Nächten kaum Schlaf finden, und oft rief er seinem Knappen zu: «Auf, laß uns weiterreiten! Ich kann nicht länger warten, ich habe es zu eilig!»

Der Knecht führte vor allem die herrliche Fiedel seines Herrn mit sich, die dieser sich hatte anfertigen lassen, damit er in Frankreich nicht erkannt würde. Aber jedermann war erstaunt über den stattlichen umherziehenden Spielmann.

In Paris wollte ihn der König zum Hochzeitsfest als Musikanten gewinnen, aber der Prinz sprach: «Nein, ich muß woandershin reiten, wo ich verabredet bin.»

«Nun schaut euch das an», erwiderte der König. «Der ist nicht gescheit, mir nicht zum Fest ins Schloß zu folgen und so auf meine reiche Belohnung zu verzichten.»

«Ihr wißt nicht, was es damit für eine Bewandtnis hat, Herr», sagte der junge Fürst. «Aber ich will es Euch wissen lassen. Vor einem Jahr habe ich eine weiße Taube in Fesseln geschlagen, auf die ich inzwischen oft sehnsüchtige Blicke gerichtet habe. Holte ich sie mir jetzt nicht, so fiele sie vielleicht an einen anderen, und dem würde ich sie durchaus nicht gönnen!»

Der Herrscher lachte ihn aus und fand es närrisch, von der Fahrt nach einer Taube nicht ablassen zu wollen, obgleich ihn der König selbst darum gebeten hatte.

Der Prinz nahm unverzüglich Abschied, worüber die Hofgesellschaft recht betrübt war. Er ritt frohen Herzens seines Weges und begab sich an die vereinbarte Stelle, wo er sich verborgen hielt.

Inzwischen zog der König von Marokko mit großem Gefolge heran, um seine Braut zu holen. Der König von Frankreich gebot, daß der Hof und die Stadt Paris ihm zum Empfang entgegenziehen sollten, und kaum hatten es die Boten verbreitet, so eilte jedermann hinaus, um dem hohen Gast die Ehre entgegenzubringen, die man ihm schuldete. Darüber achtete niemand auf die Prinzessin, sie blieb allein, und der Schönen hätte gar nichts Lieberes widerfahren können. Voller Verlangen nach dem jungen Fürsten aus England lief sie in den Baumgarten, und als sie dort anlangte, kam er ihr auch schon entgegen. Nun waren ihr Glück und ihre Freude vollkommen. Sie verzichteten auf eine große Begrüßung, denn aus Furcht vor Entdeckung ihres Planes wollten sie keine Zeit verlieren. Eilig reichte sie ihm ihre Hand, er hob sie auf sein Pferd, und los ging's in schnellem Ritt. Sie hatte die Arme um ihn geschlungen, und während des Reitens schmiegten sie die Wangen aneinander und küßten einander wieder und wieder zärtlich.

Mittlerweile hatte der König seinen künftigen Schwiegersohn mit großem Geleit in die Stadt geführt, und auf dem Schloß angekommen, fragte man sogleich nach der Braut. Alle suchten nach ihr, aber niemand konnte sie finden. Da war es mit der Feststimmung vorbei, und Kummer und Schmerz herrschten rundum. Bald ging die Rede, daß die Prinzessin von einem Engel weggeführt worden sei, um zu verhindern, daß die Zarte, Reine mit einem Manne vermählt würde.

«Gott, der alles auf Erden und auch uns Menschen geschaffen hat, nahm sie hinweg», sprachen alle, «und es steht uns nicht zu, ihm darum zu zürnen.»

Der König von Marokko nahm daraufhin wieder Abschied und zog in sein Land zurück.

Aber noch ehe das geschah, war das liebende Paar nach seinem Ritt durch die Wildnis in einen Wald gekommen, in dem der liebliche Mai die herrlichsten Blüten und Blumen hervorgezaubert hatte. Da bat die Prinzessin ihren Geliebten, doch den Knecht in die nächste Stadt vorauszuschicken, damit er für sie bereits ein Quartier beschaffe. Das geschah. Die beiden aber blieben auf einer Waldlichtung zurück. Das schöne Fräulein legte den Kopf in den Schoß des Prinzen und schlief ein. Der hätte sich gern zwei Ringe genau angeschaut, die sie an der

Hand trug. Es waren ganz besonders kostbare Stücke. Er zog sie der Geliebten vom Finger, aber wie er sie sorgfältig betrachtete, da stieß plötzlich ein Bussard aus der Luft hernieder und entführte ihm einen der Ringe.

Der Prinz war von viel zu edler Natur, als daß ihn das nicht geschmerzt hätte. Er ließ das Fräulein allein ruhen, verfolgte den Bussard und versuchte, indem er Knüppel und Steine nach ihm warf, dem Vogel die Beute wieder abzujagen. In die Kreuz und Quer lief er dabei, immer tiefer in das Waldesdickicht hinein, bis er sich völlig verlaufen hatte und den Weg zurück nicht mehr finden konnte. Da war er ganz verzweifelt und rief in seinem Schmerz: «Weh, o weh! Auf welche Art habe ich nun meine Geliebte verloren, die mich einem andern vorgezogen hat, der weit besser ist als ich und der sie mit Freuden als seine Gattin heimgeführt hätte! Statt dessen hat sie sich mir ganz allein anvertraut und verzichtet mir zuliebe auf ihren königlichen Stand. Ach, ich wollte zeitlebens als Pilger umherziehen, wenn ich die Entführung dadurch rückgängig machen könnte. Ich wollte keinen Tag mehr ruhen, wenn ich dadurch für meine Geliebte Geborgenheit erkaufen könnte! Weh mir, daß ich sie je kennenlernte und daß ich sie in diese Notlage gebracht habe. Anstatt sie in solchen Umständen zu wissen, möchte ich lieber sterben. Welchen Kummer habe ich ihr bereitet!»

Er klagte unaufhörlich aus tiefstem Herzen, denn er liebte sie aufrichtig. Er weinte so, daß ihm die Tränen Brust und Hände benetzten. Er schlug sich, er raufte sich das Haar, und sein Schmerz steigerte sich so sehr, daß er darüber den Verstand einbüßte. In seiner Verzweiflung verlor er alle Beherrschung, er riß sich die Kleider vom Leibe. Nachdem er sich ein wenig ausgeruht hatte, lief er gar wie ein wildes Tier auf allen vieren durch Dorn-

büsche und Waldesdickicht, er, der Sohn eines Königs!
Sein Leid hatte ihn völlig verrückt gemacht.

Mittlerweile war die Schöne erwacht, und als sie ihren
Geliebten nicht sah, erschrak sie sehr. Aber sie dachte:
«Sein Pferd und seine Ausrüstung sind ja noch hier. Dann
wird er wohl bald wieder dasein.» Damit machte sie sich
Mut. Aber als er immer und immer noch nicht kommen
wollte, schaute sie ängstlich umher und sprach: «Geliebter, wie kannst du mich so lange allein hier lassen?»

Ihr könnt sicher sein, sie hatte keine Ahnung, wo sie
sich befand. Da sah sie plötzlich einen Bach in der Nähe.
Sie stieg aufs Pferd und ritt ihm nach. Sie hatte den sehnlichen Wunsch, in die Nähe von Menschen zu gelangen.
Nach gar nicht langer Zeit erblickte sie eine Mühle, und
da wurde ihr etwas wohler. Sie ritt an sie heran und stieg
ab. Der Müller trat heraus, und sie grüßte ihn freundlich.
Er verneigte sich höflich vor ihr, und sie bat ihn von Herzen um Herberge.

«Wie geht es zu, edles Fräulein, daß Ihr so ohne jede
Begleitung seid?» fragte der Müller.

Da begann sie zu weinen und erzählte ihm: «Mein Geliebter, den ich als Beschützer bei mir hatte, und ich, wir
haben einander verloren. Ich wollte Höllenqualen auf
mich nehmen, wenn er nur wieder bei mir wäre!»

«Beruhigt Euch», erwiderte der Müller. Er befahl seinem Knecht, die beiden Pferde in den Stall zu führen,
und der Jungfrau bot er eine bequeme Sitzgelegenheit
an. Als sie Platz genommen hatte, fragte er sie weiter, wie
es ihr denn im Walde ergangen sei, und sie berichtete es
wahrheitsgetreu.

«Ich rate Euch, bleibt hier in der Mühle», sprach der
Müller darauf. «Wenn Euer Gefährte noch am Leben ist,
so wird er gewiß bald hierherkommen, eher jedenfalls
als anderswohin.»

«Da du mich einlädst, bei dir zu bleiben, so nimm die beiden Pferde und verkaufe sie. Die bringen uns drei Pfund ein, und dafür besorge Seide und Goldfäden. Damit weiß ich reichen Lohn zu verdienen. Ich verstehe mich darauf, Meßgewänder für die Priester oder Bänder kunstvoll zu besticken. Das wird uns einiges einbringen!»

Der Müller tat, wie ihn das Fräulein geheißen, und er machte es auch wahr und behielt sie bei sich. Ein ganzes Jahr blieb sie bei ihm, und es wurde aufs schönste für sie gesorgt. Aber um die Osterzeit, als man die Vögel wieder fröhlich singen hörte und als die bunten Blumen wieder aus dem Grase sprossen, da kam die Sehnsucht nach ihrem Geliebten ganz besonders stark über sie.

Nun hatte gar nicht fern der Mühle ein mächtiger Herzog seine Burg, und dieser hatte die Angewohnheit, mit den Damen und Herren seines Hofes an einem Tag im Mai in jenen schönen Wald zu einem Brunnen hinauszureiten und sich dort unter einer großen Linde ganz in der Nähe jener Mühle zu vergnügen. Als die Herzogin die bildschöne Jungfrau erblickte, sprach sie: «Mein Gott, wie ist das möglich? Bist du in dieser Mühle aufgewachsen? Du gleichst ja an Schönheit einem Engel, der vom Himmel hierhergeflogen ist!» Und sie bat den Müller, ihr das liebreizende Mädchen als Kammerzofe zu überlassen.

«Dank, edle Herrin, ich wage nicht, Euch irgendeinen Wunsch abzuschlagen, aber in diesem Falle müßt Ihr Euch an die Jungfrau selbst wenden, ob sie gewillt ist, Euch zu folgen», erwiderte er.

«Ich käme gern mit», antwortete die Prinzessin, «wenn ich nur wüßte, wie man bei Hofe zur Zufriedenheit dienen soll. Aber darin habe ich gar keine Erfahrung.»

«So mußt du nicht reden», erwiderte die Herzogin, «du bist doch von adliger Abkunft. Wo du auch immer herstammst, du bist von solcher Schönheit und Klugheit, daß ich diese Vortrefflichkeit an dir lieben muß. Dazu kommt dein kunstvolles Nähen; noch niemals hat eine Müllersfrau oder -tochter so feine Seidenfäden zusammengedreht, wie ich das bei deiner Arbeit bemerke. Nein, nein, du bist eine Adlige.»

«Laßt sie mit an unseren Hof kommen», sprach der Herzog da. Seine Burg hieß Engelstein, und er war der Bruder des englischen Königs. Diese beiden Männer litten arg unter dem Unglück, das ihre Familie betroffen hatte, wußte man doch nicht, wohin der Prinz von England verschwunden war. Sie hatten Boten in fremde Länder geschickt, aber niemand hatte den jungen Fürsten gefunden. Am Hofe des Herzogs tröstete man sich ein wenig über diesen Verlust hinweg, als man diese zarte, schöne Jungfrau gefunden hatte. Man erwies ihr alle Annehmlichkeit auf der Burg, aber weder bei Tag noch bei Nacht sah jemand sie fröhlich. Kummer und Betrübnis lasteten auf ihr, und wenn sie allein war, so weinte sie. So lebte sie über ein Jahr am herzoglichen Hof.

Nun berichtet unsere Quelle, daß man eines Tages den Jägermeister anwies, alles für eine Hetzjagd vorzubereiten, die durch den dicksten, unwegsamsten Wald führen sollte, und als es losging, kam plötzlich die Hundemeute einem Hirsch auf die Fährte. Man folgte ihm lange, bis man plötzlich mitten im Gestrüpp einen Menschen erblickte, der auf allen vieren lief. Die Hunde stürzten auf ihn los, aber er konnte sich vor ihnen auf einen hohen Baum retten. Es waren drei Jäger, die ihm auf die Spur gekommen waren. Zwei von ihnen blieben unter dem Baum stehen, den dritten schickten sie zum Hof zurück, damit er berichten solle, daß der Jägermeister einen wilden Mann aufgescheucht habe, der sich vor ihnen auf einen Baum geflüchtet habe.

«Da muß ich hin!» rief der Herzog. Sogleich brachte

man ihm Roß und Jagdausrüstung, und er ritt unverzüglich los. Aber ehe er an die genannte Stelle kam, hatten die beiden Jäger den Wilden schon heruntergeholt und trieben ihn vor sich her. Den Herzog erbarmte dieser Anblick. Er befahl, ihn aufzurichten, aber der Gefangene konnte gar nicht mehr aufrecht gehen.

«Na, dann laßt ihn», sprach der Herzog. «Aber er sieht eigentlich nicht so aus, als wäre er ein echter Wilder. Wenn man ihm etwas Warmes zu essen und zu trinken gäbe und ihn auch sonst pflegte, käme er wohl wieder auf.» So nahm man ihn mit zur Burg. Die Frauen schickte man sofort weg, als man ihn brachte. Man wollte ihnen den Anblick dieses nackten Mannes ersparen, der am ganzen Leibe von spannenlangen Haaren bedeckt war. Er wurde gebadet und geschoren, sechs Wochen lang wurden die Bäder fortgesetzt, bei Tag und Nacht ließ man ihm Pflege angedeihen, er wurde mit Salben eingerieben, bekam gute Speise und Trank, bis ihm unter solcher Behandlung sein Verstand zurückkehrte. Er begriff wieder und konnte auch wieder aufrecht gehen oder reiten.

Eines Tages sah er auf einer Stange in der Mauer einen Falken sitzen. Ob er mit dem etwas anzufangen wüßte, fragte man ihn.

«Ei gewiß, wenn ihr mir den überlaßt, so wüßte ich mit ihm auf die Beizjagd zu gehen, wie sich das für einen Ritter gehört.»

Der Herzog lachte darüber. Er ließ ihn auch damit abziehen, aber er gab ihm vier Begleiter mit, die auf ihn achten sollten, falls er den Verstand erneut verlieren sollte.

Als man in das Jagdgebiet gekommen war, erblickte der Prinz einen Bussard. Da ließ er seinen Falken fliegen und sagte: «Jag den Bussard, ich muß ihn haben!» Blitzschnell schwang sich der Falke in die Luft, aber noch schneller war er auf den Bussard niedergefahren und hatte ihn geschlagen. Der Prinz aber konnte nicht umhin, dem toten Raubvogel den Kopf abzubeißen, ihm die Federn heraus – und das Fleisch von den Knochen zu reißen, kurz, ihn gänzlich zu zerfledern.

Als das die vier Begleiter sahen, sagten sie zueinander: «Laßt ihn uns nach Hause bringen, er wird wieder wild.» Sie wollten ihn ergreifen, aber der Jüngling sprach: «Laßt mich nur hier, bis ich einen Vogel gejagt habe, den ich dem Herzog als meine Beute mitbringen kann.» Bald kam auch hoch droben eine Wildente geflogen. Auf die machte der Falke Jagd, bis er auf sie niedergestoßen war und sie getötet hatte. Der Prinz stieg vom Pferd, setzte sich den Falken auf den Arm und strich ihm über das Gefieder. Dann bückte er sich nach der Ente und steckte sie in seine Umhängetasche. Darauf kehrte man heim. Dort wurde ihnen Essen und Trinken genug gereicht, wie es sich gehört. Der Herzog setzte sich neben den «Wilden», der am Tische kräftig zulangte. Der Fürst war von seinen Leuten zuvor unterrichtet worden, was sich draußen bei der Jagd abgespielt hatte, und er sagte: «Er kommt mir nicht davon, er muß sogleich erzählen, warum er den Bussard so gottsjämmerlich zerrupft hat.»

«Herr, erlaßt mir das», sprach der Prinz von England. «Ihr alle würdet nicht wieder glücklich werden, wenn ich euch nur die Hälfte von dem Leid berichtete, das auf mir lastet. Ich begreife das nimmermehr, was mir damals im Walde widerfahren ist, als mich dieser unsägliche Schmerz packte, weil ich meine Geliebte nicht wiederfinden konnte, die mir von allen Frauen die liebste war und die ich mir zur Gattin gewählt hatte. Und sie liebte mich so sehr, daß sie mit mir allein davonritt und auf die Hochzeit mit einem mächtigen König verzichtete, mit dem sie bereits verlobt war. Als wir schon unterwegs waren, erfüllte ich ihren Wunsch und schickte den Knecht zur nächsten Stadt voraus, damit er für uns Unterkunft beschaffte. Wir aber stiegen ab und lagerten uns auf einer grünen Waldlichtung, sie und ich ganz allein, und bald schlummerte die Geliebte in meinem Schoß ein. Ich aber wollte ihre beiden Ringe betrachten, zog sie ihr vom Finger, und als ich sie aus der Hand legte, raubte mir ein Bussard einen davon. Ich bin sicher, daß nie wieder ein solches Kleinod auf eines Menschen Finger gestreift wird. Mich schmerzte dieser Verlust so sehr, daß ich die Geliebte allein ließ und dem Bussard hierhin und dorthin nachlief, ihn anschrie und ihn mit Knüppeln und Steinen bewarf. Dabei verirrte ich mich derart, daß ich den Weg zurück nicht finden konnte. Da war meine ganze Lebensfreude dahin, und ich schrie aus tiefstem Herzen. Ich hätte lieber sterben wollen, als sie mutterseelenallein im Walde sitzen zu lassen, ohne zu wissen, wie es ihr ergangen ist. Welch ein Unglück! Sie war die Tochter des französischen Königs, und ich bin der Prinz von England.»

Als die Prinzessin, die auch im Saal war, das hörte, sprang sie auf und umarmte ihn weinend. Vor Freude sank sie ohnmächtig vor dem Geliebten zu Boden. Der junge Fürst stand stumm; er war keines Wortes fähig.

Aber auch der Herzog war aufgesprungen und wußte sich vor Freude kaum zu fassen. Er umarmte beide und sprach zu dem Jüngling: «Du bist der Sohn meines Bruders, der über England herrscht, und ich bin dein Onkel. Glaube mir, ich sage die Wahrheit. Sei mir tausendmal willkommen, heute und immerdar. Und wem daran liegt, meine Freude zu mehren und mich zu ehren, der trete herzu und heiße diesen Fürsten, meinen rechtmäßigen Herrn, ebenfalls willkommen.»

Sie wurden beide ehrenvoll auf den herzoglichen Stuhl

geleitet und nunmehr so behandelt, wie es ihrem hohen Rang zukam.

Da bat der Herzog zwölf stattliche Ritter, sich zur Fahrt bereitzumachen. Sechs schickte er nach England und sechs an den Hof des Königs von Frankreich.

Der Herrscher des Frankenlandes empfing die Boten mit allen Ehren, und als er erfahren hatte, welche Nachricht sie brachten, schenkte er ihnen Pferde und Kleider. Das war ein würdiger Botenlohn. Allen bei Hofe, Grafen, Freiherrn, Ministerialen und was sonst noch an Rittern da war, befahl er, sich reisefertig zu machen. Auch zahlreiche schöne Damen gehörten dazu. Die Königin forderte sie auf: «Legt eure besten Kleider an. Ihr edlen Frauen, ihr sollt euch mit mir freuen, denn ich werde meine liebe Tochter lebendig wiedersehen. Ich hätte nichts erfahren können, was mich glücklicher gemacht hätte. Die Freude darüber, daß ich sie in Engelstein liebevoll wieder in Empfang nehmen soll, überwältigt mich fast.»

Aber auch der König von England war mit großem Gefolge gekommen und hatte vor der Burg seines Bruders prächtige Zelte aufgeschlagen. Als man in Engelstein bemerkte, daß beide Herrscher mit großer Macht angerückt waren, ritt der junge Fürst aus der Burg heraus, ritterlich ausgestattet, mit vierundzwanzig Jünglingen zur Seite, die alle zum Ritter geschlagen werden und dem englischen Prinzen zeitlebens dienen wollten. Das war ein herrliches Bild. Ihm folgten die Franzosen mit ihren schönen Damen. Die beiden Könige waren sehr erfreut, und sogleich ließ man ausrufen, daß sie hier gemeinsam hofhalten wollten. Mancher Bischof und zahlreiche Adlige des Landes kamen herbei. Der Herold aber verkündete: «Wer um Gottes und der eigenen Ehre willen Gaben heischt, der wende sich zum Gefilde vor der Burg Engelstein. Dort wird von zwei Königen, die ihre Kinder verloren hatten und sie nun wiedergefunden haben, Freudengeld ausgeteilt! Man will das Paar nun miteinander vermählen. Ein so prächtiges Fest hat es noch nie gegeben und wird es nie wieder geben!»

Da eilten alle zu der herzoglichen Burg. Nach Angabe des Truchsessen waren allein vierhundert Fahrende anwesend, und niemand von ihnen wurde abgewiesen, sie alle bekamen ein Pferd und Kleidung geschenkt. Dem jungen Fürsten aber wurde die französische Prinzessin zur Frau gegeben. Keine Brautgabe und keine Mitgift hätten großzügiger sein können. Als sie miteinander vermählt waren, streute der Prinz Pfennige auf dem Platz aus und rief: «Man möge sie für das Heilige Grab verwenden, damit Gott uns ein langes Leben schenke!» Die Braut tat ein Gleiches und stand ihrem Gatten nur wenig nach. «Möge der, von dem alle Freude kommt, dir deine Bitte gewähren!» sprach sie.

Es wurde ein herrliches Fest. Köstliche Speisen wurden aufgetragen, und alles, was Kurzweil bereitet, war im Überfluß da. Trommeln, Flöten- und Saitenspiel erklangen, auf dem Felde tummelten sich die Männer in ritterlichem Turnier so lange, bis die Hochzeit beendet war.

Danach fragte man den Jüngling, wo er denn mit seiner Gattin zu wohnen gedenke, in Paris oder in England?

«Eigentlich hier wie dort abwechselnd», antwortete der junge Fürst.

«Dann übergebe ich dir sogleich Städte, Burgen und Land in meinem Reich», erwiderte der englische König. «Darin sollst du mit deiner lieben Gemahlin künftig herrschen.»

Dann nahmen alle Abschied, und der riesige Hoftag ging zu Ende.

Die beiden Liebenden aber lebten in Freuden miteinander, wie jene es verdienen, die an treuer Liebe unerschütterlich festhalten. Möge es auch uns so ergehen; darauf laßt uns ein «Amen» sprechen.

## Alexander und Anteloie

Wie uns die Quelle unserer Erzählung berichtet, war Alexander der Große einst auf der Jagd, um, tapfer wie er war, mit eigener Hand ein Wildschwein zu erlegen. Nun weiß ich aber, daß sich ein junger Grieche namens Ermolaus in der Begleitung Alexanders befand, der damals noch gar nicht zum Ritter geweiht war. Dieser Jüngling war von fürstlicher Abkunft, und er verstand sich auf den Umgang mit der Waffe. Wie ich hörte, war er ein Schüler des Kallisthenes, und es hätte – Aristoteles ausgenommen – keinen besseren Lehrer in Griechenland gegeben als diesen. Ermolaus ergriff also einen Spieß – sein Mannesmut, den er damit bewies, zwang ihn förmlich dazu – und erlegte das Wildschwein, ehe Alexander dazu kam. Das brachte diesen aber in Zorn, denn er vermeinte, damit sein Ansehen eingebüßt zu haben, und er war gegen Ermolaus sehr aufgebracht. Er schlug ihn mit einem Stock auf den Kopf, so daß Ermolaus vor Schmerz

weinen mußte. Aber Kallisthenes hieß ihn, sich zu beherrschen, und sprach: «Denkt doch daran, daß Ihr ein
Mann seid oder doch zu einem solchen heranwachst.»
Diese Rede mißfiel Alexander aufs äußerste, denn er
glaubte, es sei eine Rachedrohung für die Zeit, da Ermolaus erwachsen sein würde. Er schaute den Erzieher an
und sprach zornig: «Ihr habt Eurem Herrn geraten, nach
meinem Leben zu trachten. Das soll Euch übel bekommen.» Außer sich, befahl er, Ermolaus und Kallisthenes
zu erschlagen.

Die Jäger hatten danach die Hunde auf die Spur eines
Hirsches gesetzt, den Alexander nun jagen wollte. Er
hatte geboten, ihn solle diesmal niemand begleiten, und
dabei verirrte er sich im Walde. Außer dem Wild und
seinem Hund war niemand bei ihm. Dem König gelang
es schließlich, den Hirsch auf einer Waldlichtung zu erlegen. Hört nun, was sich da ereignete. Alexander vernahm plötzlich eine Stimme, und schon ritt ihm auf
einem buntgefleckten Rosse, das die Größe eines Rehes
hatte, in großem Zorn ein anderer König entgegen. Seine
Ausrüstung war prächtig. Er trug ein festes Gewand,
lang und von gutem Zuschnitt, das großen Reichtum
verriet. An Zaum und Sattelzeug des Pferdes waren
goldene Glöckchen befestigt, die lieblich erklangen. So
also war er geschmückt. Auf seinem Haupt saß die Krone,
und in der Hand hielt er ein Zepter. Er war klein, etwa
so wie ein Kind von vier Jahren, aber sein Roß war
schnell wie der Wind.

Voller Zorn rief er Alexander zu: «Eure Selbstherr-
lichkeit verdrießt mich! Warum tötet Ihr mein Wild
und verwüstet meine Aue und die Blumen, die ich darauf gezogen habe? Herr, wenn es Euch nicht an Tapferkeit fehlte, so würdet Ihr Euch mir stellen. Aber es würde
Euch nichts nützen, außer daß man sagte, hier auf dieser

Aue sei ich Euch überlegen. Ich fürchte, daß man mir das zum Vorwurf machen würde. Dabei hätte ich nur allzugern dafür gesorgt, daß allen Königen künftig erspart bliebe, durch Euch Schaden zu erleiden. Aber ich will edle Gesinnung beweisen und Euch mit dem Leben davonkommen lassen.»

«Sage mir», erwiderte Alexander darauf, «wie heißt du oder woher kommst du? Das wüßte ich gern. Du dünkst mich reich und mächtig. Das Pferd, auf dem du sitzt, ist von außergewöhnlicher Beschaffenheit. Mir scheint, nein, ich weiß, daß ich von dir zeitlebens noch nie etwas vernommen habe.»

«Ich bin keineswegs allein hier, wie es Euch scheint», erwiderte der Zwerg. «Ich heiße übrigens Anteloie und bin ein König, Roy von Prîse bei Muntâne. Auf diesem Felde habe ich ein großes Heer versammelt, das Ihr aber nicht sehen könnt. Wir geleiten eine edle Dame, die mir untertan ist, von diesem Gebirge herunter einem andern Zwerg als Braut zu.»

«Ich glaube mir dessen ganz sicher zu sein», erwiderte Alexander, «daß hier keiner von deinen Gefährten in der Nähe ist. Du hast geprahlt. Könntest du mich dein wundersames Gefolge sehen lassen, so wäre ich dir ewig dankbar.»

Da rief der Zwergenkönig seinem Heer unverzüglich mit gewaltiger Stimme zu: «Alle meine Mannen und die Braut sollen ihre Tarnkappen abziehen! Laßt es euch nicht verdrießen, daß euch dieser König anschaut; aber er soll wissen, daß ich ihn nicht belogen habe.»

Kaum hatte Anteloie das gerufen, da erblickte Alexander auf dem Gelände vor dem Berge über hundert Zwerge, die in arabische Seide gekleidet waren, und ihre Pferde waren so groß wie Schafe. Die Zwerge waren bewaffnet, als ob sie zum Lanzenkampf antreten wollten. Ihre Lanzen waren kaum fingerlang, ihre Schilde kaum fußbreit, aber rundherum prächtig verziert und an den Rändern mit kostbaren Steinen, Smaragden, Hyazinthen, Topasen und Rubinen besetzt. Alexander sah, wie die Schar heranritt mit der stolzen Königin der Zwerge und ihren schönen Hofdamen. Sie hatten herrliches Haar und goldfarbene Gewänder. Etwa hundert von den Frauen waren wirklich wahre Bilder an Schönheit. Nun hört nur: an Gestalt waren sie alle wie Kinder von vier Jahren. Ihre äußere Erscheinung war recht sonderbar. Eine jede trug nämlich über ihrem Kleid ein Hemd, das mit Goldfäden durchzogen war. So ritten sie über Feld und Furt, und dabei vollführten die Zwerge vor der Braut noch einen Buhurt. Als dieses Stechen, bei dem immer zwei Scharen aufeinander lossprengen, vor Alexanders Augen aufgeführt worden war, sprach der Zwergenkönig Anteloie zu den Seinen: «Nun reitet weiter, und das Glück sei mit euch!» Damit setzte sich der Zug in Bewegung. Der kluge Zwerg aber blieb allein bei Alexander zurück. Der sprach: «Ich habe die Freude gehabt, dein Volk zu erblicken. Nun befiehl über mich, und ich will dir aufrichtig dienen. Willst du Silber oder Gold als Belohnung, so sollst du es in Fülle bekommen.»

«Nein, nein», erwiderte der Zwergenkönig, «davon habe ich selbst mehr als genug. Aber da Ihr der mächtige König von Griechenland seid, freigebig, wohlerzogen und reich, so möchte ich alles daransetzen, um Euer Ansehen zu erhöhen. Darum folgt meinem Rat, der gewiß zu Eurem Vorteil ist: Wählt andere Leute als die, die Ihr jetzt habt, zu Euern Ratgebern. Denn Ihr habt Bösewichter um Euch herum, die Euch falsch raten und Euch betrügen. Deshalb verlaßt Euch auf mich, König. Ein Wolfsjunges richtet doch – genau wie sein Vater – nichts als Unheil an. Wo ein Bösewicht am Hofe Ratgeber ist, da steht es übel um den Fürsten!»

Da schaute Alexander den Zwerg an und fragte höflich: «Ist das wahr, was du mir berichtest? Ich bin bereit, nur den in meinen Rat zu nehmen, den du für würdig hältst.»

«Dann möge es Euch gefallen, Euer gesamtes Gefolge für morgen früh zusammenzurufen. Sagt ihnen, Ihr wolltet sie empfangen, um Euch mit ihnen zu vergnügen. Da kommen dann mit Sicherheit edle, getreue Männer ebenso wie schändliche, treulose. Und dann wird es losgehen. Ich stelle mich nämlich auf einen Stein am Eingang zu Euerm Zelt, und dort kann niemand vorbeikommen, ohne daß ich ihn auf meine Art begrüße. Nun sollt Ihr, König, erfahren, was sich da an Sonderbarem vollzieht. Wen ich mit einem derben Schlag bedenke, der ist einer von den Schuldigen, von denen ich vorhin gesprochen habe. So könnt Ihr genau feststellen, wer ein Ehrenmann und wer ein Schurke ist. Wem ich aber nichts antue, den könnt Ihr als Euern Ratgeber behalten. Das empfehle ich Euch ganz aufrichtig, und wenn Ihr danach handelt, werdet Ihr es künftig nie bereuen.»

Der König war hoch erfreut darüber und sprach zu Anteloie: «Mein Freund, diesen Dienst möge Gott dir lohnen! Sei mir morgen willkommen, und verfährst du so, wie du gesagt hast, so würde ich für die Wahrheit, die ich auf solche Weise erfahre, tausend Pfund Gold ausschlagen, wenn man sie mir dafür böte.»

«Wir müssen uns jetzt trennen», sprach der kleine Heide, «ich kann hier nicht länger verweilen. Gott sei mit Euch!» Und damit spornte er sein Pferdchen und jagte in gewaltigen Sprüngen zum Fest der Zwerge, wo er die Nacht über blieb und es sich wohl sein ließ.

Auch Alexander hatte es eilig, zu seiner Schar zurückzukommen. Am andern Morgen, als es hell wurde, stand der edle Mann auf und hielt eifrig Ausschau nach dem Zwerg, damit das sonderbare Spiel beginnen könne. Und da erblickte er Anteloie auch auf einem Stein. Freude erfüllte ihn, und er wollte ihn begrüßen. Aber der Zwerg gab ihm einen Wink, sich still zu verhalten, bis er ihm die Wahrheit über seine Ratgeber enthüllt habe. Als erster kam der Türhüter des Königs, und der bekam von Anteloie, den niemand sehen konnte, weil er seine Tarnkappe aufgesetzt hatte, einen Schlag, daß er zu Boden stürzte.

«Herr», rief er, «ich bin geschlagen worden und weiß doch nicht, wer es gewesen sein könnte außer diesem Stein. Dabei dünkt mich, es sei von einer Hand geschehen, oder der Teufel hat sich einen seiner bösen Scherze erlaubt.»

«Nun schweig, beim Himmel!» erwiderte Alexander. «Ich glaube, ein Kobold hat dir etwas vorgegaukelt.»

Nun kam auch der Marschall herbeigeeilt. Anteloie betrachtete ihn, und voller Herzenslust versetzte er ihm einen tüchtigen Schlag an den Hals.

«Wenn ich das hinnähme», schrie der Geschlagene, «so wollte ich verdammt sein!» Er fiel wutschnaubend über den her, der ihm am nächsten stand, in der Annahme, der habe es getan, und schlug auf ihn ein. Der Angegriffene war ein kühner Ritter, der gar nicht wußte, wofür er eigentlich büßen sollte, und sogleich schlug er zurück. Aber man trennte sie beide und führte sie vor den König, damit sie ihre Klage vorbringen möchten. Alexander aber lachte und sprach: «Ihr Herren, beruhigt euch und faßt euch in Geduld. Keinen von euch trifft Schuld.»

Und während sie mit dieser Sache noch beschäftigt waren, hatte der Truchseß bereits einen Schlag bekommen, daß ihm die Ohren sausten, seine Backe schmerzte und sein Hirn von Grausen erfüllt war. Da häuften sich die Klagen über Anteloie, den Gast des Königs. Kurz darauf kamen zwei Schenken. Die wurden mit einer solchen Ohrfeige bedacht, daß sich ihnen der Hals umdrehte, als hätte sie ihnen der Teufel selbst verpaßt.

«Ich bedaure», sprach da der König, «daß man sich über die Schläge so beklagt.»

Das hörten zwei seiner Ratgeber. Einer von ihnen drang zornig in die Nähe des Königs vor. Da erhielt er plötzlich vor den Augen Alexanders einen Schlag gegen den Hals, daß er sich fast besinnungslos am Boden wiederfand. Dem Zwerg gebührte Dank, daß er die Bösewichter auf diese Art kennzeichnete, ohne sie beim Namen zu nennen. Und schon wieder kamen neue heran. Hei, wie Anteloie sich abmühte, alle diese Burschen zu prügeln! Er hatte alle Hände voll zu tun. Einer bekam einen Schlag und wollte sofort wissen, wer ihm das angetan hatte. Doch niemand wußte es. Da trat er vor den König hin und sprach: «Der Teufel geistert hier und will uns alle zum besten halten!»

«Hätte er dich erschlagen, so hätte das niemand beklagt», erwiderte Alexander darauf.

«Fürwahr», entgegnete der Höfling, «wer den Schaden hat, braucht für den Spott nicht zu sorgen, und den muß ich hier wohl hinnehmen. Wäre das alles Euretwegen, mein König, so dünkte es mich wert, die Schande in Kauf zu nehmen.»

Als der Zwerg alle Ungetreuen geschlagen und keinen von ihnen ausgelassen hatte, ging das kluge Geschöpf zu Alexander und setzte sich heimlich zu ihm. Inzwischen kam ein Kämmerer, der seinem Herrn schon oft selbsterdachte Lügen zugetragen hatte. Er hatte auch manchen anderen schon angelogen und sich selbst damit zum Toren gemacht. Der wollte also nun zum König. Das erregte den Unwillen des Zwerges, und er trat ihm in die Hüfte und haute ihm eine solche herunter, daß ihm sein Maul anschwoll. Da rief einer aus dem Gefolge des Königs: «O weh, möge Gott uns segnen und bewahren! Daß es hier Prügel regnet, ist ja ganz neu. Und niemand weiß, wo die Schläge herkommen. Das ist doch sonderbar!» Und alle riefen einmütig: «König, seht Euch nur vor, daß Ihr bei dieser abenteuerlichen Prügelgeschichte nicht selber zu Schaden kommt.»

Als der Kämmerer seine Tracht abgekriegt hatte, kam auch noch der Küchenmeister. Der wollte gern wissen, wer da geschlagen worden war, denn er wollte seinen Spott darüber treiben. Gott lohne es Anteloie, denn als er diesen boshaften Kerl sah, lachte ihm das Herz im Leibe. Er sprang wieder auf den Stein am Eingang von Alexanders Zelt und schlug ihm derart ins Genick, daß der König es vernahm und viele davon erschraken.

«Hier macht der Teufel oder auch des Teufels Großmutter die Runde und füttert uns mit Schlägen!» rief daraufhin ein Jüngling.

Schon nahte der Schüsselträger, dem es auch nicht an Falschheit fehlte. Der Zwerg gab auch ihm ein «Handzeichen», daß er davon lang hinschlug.

Herrje, was wurden da doch für treulose Ratgeber entlarvt, die nichts als Falschheit kannten! Hätten wir doch den edlen Zwergenkönig Anteloie noch, der uns alle verfluchten Kerle bezeichnete, so würde dadurch vielleicht mancher, der jetzt von seinem bösen Denken und Handeln nicht lassen will, davon abstehen.

Als die Angelegenheit nun beendet war, empfing der mächtige Alexander den Zwerg aufs freundlichste und setzte ihn an seine Seite. Er beherzigte in Zukunft dessen Ratschläge und wählte seine Ratgeber so aus, daß jeder damit zufrieden sein konnte.

Danach nahm der Zwerg Abschied; aber er bot sich dem König mit Leib und Besitz zu Diensten an, und das war Alexander eine große Freude.

## *Die Königin von Frankreich*

Aus einer schriftlichen Quelle erfahren wir, daß einst in Frankreich ein edler König herrschte, der in hohem Ansehen stand und an dem nicht das mindeste auszusetzen war. Er hielt auch sehr auf die Ehre seines Hofes.

Dieser König nannte eine liebenswerte Gattin sein eigen, von wunderbarer Schönheit, sittsam und auch klug. Jeder, der sie kennenlernte, mußte ihr gut sein und pries sie aufs höchste.

Nun hatte der König einen Marschall, der dem gesamten Hofe vorstand und dem alles gehorchen mußte. Durch ihn wurde die Königin ins Unglück gestürzt. Er, der aufgrund seiner Stellung Zutritt zur Königin hatte, bat diese nämlich eines Tages, ihm ihre Liebe zu schenken. Doch bewahrte sie ihre Ehre, von der sie durch noch so viele Bitten nicht einen Zoll abgewichen wäre, und wies ihn mit Anstand ab, indem sie sprach: «Warum richtest du ein solches Ansinnen an mich? Du weißt doch selbst, warum du das unterlassen solltest. Mein Gemahl ist dir so gewogen, daß er dir Burgen, Städte und das gesamte Land zur Verwaltung in deine Hände gegeben hat. Drum laß – bei Gott! – von deiner Bosheit ab und bitte nie mehr um etwas, was meine Ehre berührt!»

Der treulose Marschall aber erwiderte: «Kummer und Leid darüber werden wohl nie aus meinem Herzen weichen. Ich habe Euch bedingungslos von Jugend an gedient, und darum, teure, liebreizende Herrin, gewährt mir nun den Lohn, wie es der Anstand erfordert.»

«Bei meiner Treue, verschone mich mit deiner Bitte, ehe ich dich zur Buße dafür in Not und Bedrängnis bringe.»

«Um Himmels willen», dachte der Marschall, «wenn sie das meinem Herrn mitteilte, so verlöre ich mit Sicherheit mein Leben, mein Ansehen und meinen ganzen Besitz.» Darum erschien es dem Treulosen besser, sein Verlangen nach der Königin zu zügeln.

Nun hatte der König die Gewohnheit, beim Morgengrauen aufzustehen und sich sehr rücksichtsvoll aus dem ehelichen Schlafgemach wegzubegeben, denn er wollte seine junge Frau dadurch nicht aufwecken. Er ritt dann immer in den Wald und pflegte die Pirsch oder die Beizjagd. Für den Fall seiner Abwesenheit aber war dem Marschall die Schlüsselgewalt übertragen.

Der König hatte an seinem Hofe einen Zwerg aufgezogen, der keinem etwas Böses zufügte. Dieser schlief nun an einem Morgen, an dem der König das Schloß wieder einmal verlassen hatte, im Saal. Diesen nahm der verwünschte Marschall, trug ihn in das königliche Schlafgemach, legte ihn der Königin an die Brust und deckte ihn schön zu, alles so behutsam, daß keiner von beiden im Schlafe etwas davon bemerkte.

Sodann ritt er in vollem Lauf in den Wald zum König,

371

und als er bei ihm angelangt war, sprach er in unredlichem Sinn: «Gebt Euern Pirschgang auf! Ihr sollt Euch einer anderen Sache annehmen, die Euer Herz mehr betrifft und die Euch zum Kummer gereichen kann.»

«Was sollte das sein?» fragte der König.

«Die Königin», erwiderte der Marschall, «liebt einen, den sie nicht lieben dürfte. Kommt nur schnell mit mir, dann werdet Ihr es sehen und sie bei ihrem Vergehen ertappen.»

Diese Rede erschreckte den Herrscher sehr. Er gab die Pirsch sofort auf und ritt voller Zorn ins Schloß zurück. Er fand das untadelige Weib im Bett schlafend vor und bei ihr den Zwerg, der ohne ihr Zutun dahin gelangt war. Der König verlor die Beherrschung, faßte den Zwerg, der ebenfalls unschuldig war, und schlug ihn so lange an die Wand, bis er sein Leben aushauchte. Davon erwachte die Königin und fragte: «Was hast du, mein Gemahl, daß du so ungemein zornig bist?»

«Du weißt es wohl, du schändliche Buhlerin! Sieh doch nur, wie schmählich du hier liegst und mich in deiner Bosheit betrügst!»

«Ach, mein Herr, komm zu dir», erwiderte die edle Frau, «du sollst wissen, daß ich frei von aller Schuld bin.»

«Schweig und widersprich mir nicht! Ich habe dich in einer so schmachvollen Lage angetroffen, daß du unverzüglich mit deinem Leben dafür büßen mußt.»

Nun fügte es sich, daß in der Nähe des königlichen Schlafgemachs ein sehr angesehener Fürst, der Herzog Leopold, wohnte. Das hatte Gott selbst so eingerichtet. Dieser edle Herr – er stammte aus Österreich, wie es heißt, und war der Neffe des Königs – hörte den Lärm, lief herbei und rief: «Herr, warum seid Ihr so zornig? Sagt mir das um Gottes willen!»

«Neffe, habe Mitleid mit mir. Mein Herzeleid ist uner-

meßlich. Sieh nur, wie die Schande so schmählich am
Werke war, daß die Ehre nicht wieder herzustellen ist!»

«Oheim, ob Ihr mir deswegen gewogen bleibt oder
nicht, aber die Königin ist unschuldig! Irgend jemand
muß sie verleumdet haben.»

«Sie wird auf dem Scheiterhaufen verbrannt!» befahl
der König in seinem unmäßigen Zorn.

«Tut das nicht», erwiderte Herzog Leopold, «denn tötet
Ihr in ihr das Kind, das sie in ihrem Leibe trägt, so werdet
Ihr das bereuen. Euer Land hat noch keinen Erben. Wollt
Ihr den auf solche Weise umbringen? Edler König, handelt weise, und ich werde es Euch stets zu danken wissen.
Verschont die Königin, bis sie das Kind zur Welt gebracht hat, und ich bin ewig Euer Diener, wie ich es
bisher schon war. Keine Schuld ist so groß, als daß bei
ihrer Beurteilung nicht auch ein wenig Gnade walten
sollte. Ehrt damit die hohe Himmelskönigin, die reine
Jungfrau und Gottesmutter, und beweist damit Euern
edlen Anstand, denn sie trägt eine Leibesfrucht in sich.
Ich bin freilich sicher, daß sie – wie immer das auch alles
zustande gekommen sein mag – keines Vergehens
schuldig ist.»

«Du hast gesehen, in welch sündhafter Lage ich sie angetroffen habe», sprach der König darauf. «Aber ich will
dir die Ehre tun und deine Bitte nicht ungehört verhallen
lassen. Führe sie aus meinen Augen, bis sie das Kind geboren hat. Aber danach muß die Schändliche sterben!»

Da nahm sich der Herzog von Österreich der liebreizenden Königin an und versuchte einen edlen Herrn
ausfindig zu machen, der ohne Schande war und der stets
mit Wort und Tat bewiesen hatte, daß er ein rechter
Ritter sei. In dessen Obhut gab er die tugendhafte Königin und sprach zu ihm: «Nimm dich ihrer an und führe
sie aus diesem Lande weg. Sobald sie aber ihr Kind mit

Gottes Hilfe zur Welt gebracht hat, so nimm es ihr weg und bring es mir her. Die Mutter aber laß dort, wo sie ist.»

Der Ritter tat, wie ihm befohlen worden, und ritt mit der Königin durch den Wald davon.

Der treulose Marschall hatte aber davon Kunde bekommen und waffnete sich sogleich, folgte den beiden heimlich nach und ermordete den stolzen Ritter. Die Königin jedoch konnte im Walde entkommen. Der Marschall zog die Leiche vom Wege weg, damit niemand bemerkte, was hier geschehen war. Gar zu gern hätte er auch die Königin umgebracht, aber die hatte sich im Walde versteckt. Da kehrte der schändliche Bösewicht, jedoch mit einiger Besorgnis, an den Hof zurück.

Die Frau aber irrte voller Kummer durch den Wald, und dieses Bild von einem liebreizenden Weibe mußte sich von Blättern, Wurzeln und Gras nähren. Sie lief lange weiter, bis sie endlich zu einem Köhler kam. Den fragte die Schöne, was er denn hier treibe.

«Ich mache Holzkohle», antwortete der.

«Und wie befindest du dich dabei? Das macht dich ja ganz rußig und trägt dir blasse Haut ein», sprach sie, nachdem sie ihn genau betrachtet hatte.

Der Köhler antwortete freundlich: «Wenn es Gottes Wille wäre, so ginge es mir wohl besser. Aber so muß ich mir mit dieser Arbeit bis ans Lebensende mein Brot verdienen.»

«Willst du mich bei dir aufnehmen?» fragte die Königin. «Was du auch tust, ich helfe dir dabei, darauf kannst du dich verlassen.»

«Aber ich kann leider nicht so für Euch sorgen, wie es Euch anstünde», erwiderte der aufrichtige Mann.

«Ach, lieber Köhler, sei so lieb, mich zu behalten; ich werde dir dafür immer dankbar sein. Ich habe auch noch fünf Gulden bei mir, die nimm, stecke sie in deinen Beutel und geh schnell die fünf Meilen bis Paris. Dort kaufe mir Seide ein, gelbe, weiße, grüne, schwarze, blaue und rote. Und bring uns auch nach deiner Gewohnheit zu essen mit. Wenn dich unterwegs jemand fragt, wo du hinwillst, so halte dich mit der Rede zurück, damit du mich nicht verrätst und mir dadurch Kummer ersparst.»

Der Köhler tat, wie ihm geheißen wurde, und richtete alles getreulich aus. Er ging in die Stadt Paris und besorgte der Schönen alles, was sie ihm aufgetragen hatte, dazu noch Nadeln und Scheren.

Mit all dem brachte die Königin voll unermüdlichen Fleißes prächtige Seidenstickereien zuwege. Die gab sie dem Köhler und schickte ihn wieder nach Paris, damit er sie dort verkaufe. So lief er beständig hin und her, so lange, bis die Frau einen schönen Knaben zur Welt brachte. Dreieinhalb Jahre lebte sie insgesamt im tiefen Walde, ehe sie durch Gottes Hilfe von diesem Dasein befreit wurde.

Während dieser Zeit hatte der stolze Ritter, der die Königin damals begleitete, erschlagen im Walde gelegen. Nun hatte jener edle Mann zu Lebzeiten einen kräftigen Hund liebevoll aufgezogen. Der hatte bei seinem toten Herrn ausgeharrt und ihm seine Wunde geleckt. Aber dann hatte ihn der Hunger weggetrieben, und er war an den Hof zurückgelaufen, wo gerade die Fürsten, Bischöfe und Äbte an der Tafel saßen. Der Hund kam in den Saal und sah dort den Marschall mit dem Stab, dem Zeichen seines Hofamtes, vor der Tafel stehen. Er fiel ihn sofort an, biß ihn in die Füße und Beine und zerrte ihn böse knurrend, bis der treulose Mann drauf und dran war, ihm den Garaus zu machen. Als der Hund um sein Leben bangte, sprang er auf die Tafel, packte ein Brot mit den Zähnen, floh zurück in den Wald zu seinem ermordeten Herrn und hielt Tag und Nacht bei ihm Wache. Das wiederholte er noch öfter und bereitete dem verwünschten Marschall dadurch arge Qual. Er biß ihm manche tiefe Wunde und lief dann stets in den Wald zurück.

Eines Tages nun befahl der Marschall, daß man alle Türen schließen solle, wenn der Hund wieder käme, um sich Nahrung von der Tafel zu stehlen. Aber der Hund kam ganz heimlich, schlich sich durch das Gedränge der Leute, versteckte sich unter einer Bank und wartete, bis der Marschall Platz genommen hatte. Man setzte Lekkerbissen und Fische vor ihn hin. Aber der Hund war nicht faul. Als er seine günstige Gelegenheit erkannte, fuhr er hervor, schlug seine Zähne unter wütendem Knurren in den Schenkel des Marschalls und verbiß sich darin, daß dem vor Schmerz und Wut ganz heiß wurde. Der König aber rief im Zorn mit lauter Stimme: «Tötet diesen verdammten Hund unverzüglich, denn er hat meinen Marschall vor meinen eigenen Augen verwundet. Deshalb hat er sein Leben verwirkt!»

Der Hund aber lief rasch davon, nicht ohne vorher – wie gewöhnlich – ein Brot von der Tafel mitzunehmen. Indes hatte man alle Türen geschlossen, um seiner habhaft zu werden. Da lief der Hund zum Neffen des Königs, zum Herzog Leopold, und sprang ihm in den Schoß.

«Edler Herr», sprach der Österreicher zum König, «erhört mich. Ich bitte flehentlich für das Leben dieses Hundes. Gestattet mir jetzt, daß ich mich seiner annehme, so gut ich vermag.» Der Herzog bat inständig, erhob sich von der Tafel und kniete vor dem König nieder. Dieser sprach endlich: «Es sei, obgleich es eine sehr ungewöhnliche Bitte ist.»

«Nun hört mich an, mein König, welch ein Wunder

Gott hier wirkt. Dieser Hund steht in Kampfstellung und will damit Euch und den Fürsten kundtun, daß ihm sein Herr ermordet worden ist. Er bittet Euch aus treuem Herzen, daß Ihr ihm helft, dies allen einzuprägen. Er will denjenigen, der der Mordtat schuldig ist, zum Zweikampf herausfordern. Der Marschall hat den Ritter umgebracht, der mit der Königin davongeritten ist, der Euch Treue geschworen hatte und der nur auf Euern Vorteil und Eure Ehre bedacht war. Nun beratet Euch mit den Fürsten, wie man dieses Gottesurteil ansetzen soll.»

Der Marschall wand sich innerlich vor Besorgnis, sprach aber zum Herzog von Österreich: «Warum wollt Ihr mir solche Schmach bereiten? Ich habe Euch nichts zuleide getan, und Ihr solltet mir das ersparen. Ihr bezichtigt mich hier des Mordes, und das habe ich um Euch wahrlich nicht verdient.»

Aber der Herzog sprach unbeirrt: «Mein König, wenn Ihr ein gerechter Richter sein wollt, so laßt es Euch nicht verdrießen, entsprechend zu handeln, wie es die Stunde verlangt. Die Fürsten wissen alle sehr wohl, wie man mit Hunden kämpft.»

Um hier Gerechtigkeit walten zu lassen, forderte der König einen seiner Ritter auf: «Sage mir – und laß dich durch nichts davon abbringen –, wie du die Sache siehst. Wie soll hier verfahren werden, damit ich meinen Pflichten als Gerichtsherr entspreche, daß aber andererseits niemandem Gewalt geschieht? Du bist alt genug und hast gewiß schon solche Fälle erlebt. Mich dünkt das hier keine Posse: Es kämpfen Hund und Mensch miteinander, und dabei geht es um Hals und Kopf.»

«Meine Meinung ist», erwiderte der Ritter, «man sollte dem Marschall einen Knüppel von Ellenlänge und Armstärke geben, eine andere Waffe, etwa gar eine scharfe,

377

braucht er nicht; und der Hund mag seine Zähne einsetzen, um sich damit zur Wehr zu setzen und seine Haut zu retten. Sollte aber jemand etwas Besseres wissen, so bin ich gern bereit, dessen Rat zu befolgen.»

Der Vorschlag des Ritters wurde jedoch zur endgültigen Entscheidung aller erhoben.

Sogleich wurde ein Kreis abgesteckt, in den der Marschall voller Grimm hineintrat. Der Herzog bat sodann alle Umstehenden mit vollem Ernst, mit ihm zu Gott um Beistand für den Hund zu beten, sofern dieser im Recht sei. Nun wurde erbittert gekämpft, und jeder der beiden setzte seinem Gegner gewaltig zu. Der Mörder schlug auf den Hund ein, daß er niedertaumelte. Aber der kam schnell wieder zu sich und sprang dem Marschall mit einem gewaltigen Satz an die Kehle. Dort verbiß er sich so fest, daß dem Manne das Blut hervorschoß und er zu Boden stürzte. Der Hund bedrängte den Mörder seines Herrn aufs äußerste, er drehte ihm das Kinn und sein verzerrtes Maul hin und her, als ob er eine Gans vor sich hätte, bis der Marschall in höchster Bedrängnis die Hände zum Himmel streckte und den Fürsten gestand, daß er den Mord begangen habe. Als das der König vernahm, befahl er, daß man den Missetäter von dem Hund befreie, und der Herrscher fragte den Marschall feierlich: «Bekennst du dich schuldig in der Sache, um derentwillen du zum gerichtlichen Zweikampf angetreten?»

«Ja», erwiderte der Mörder.

«So sage, du verdammter Bösewicht, was hat dich zu dieser Tat veranlaßt, von der du so lange schon weißt, die du aber bislang so vollkommen verborgen gehalten hast?»

«Ich bin aufs tiefste betrübt», antwortete darauf der im Gottesurteil ermittelte Mörder, «denn ich fürchte, daß ich mein Leben verwirkt habe. Deshalb bekenne ich Euch frei heraus, was mich zu der Tat getrieben hat. Ich habe den Ritter umgebracht, weil er Euch Treue geschworen hatte und weil er mit der Königin davonritt. Ich war ihr nämlich zu nahe getreten und hatte sie ersucht, mit mir zu schlafen. Aus Rache dafür, daß sie mir das verweigert hat, habe ich sie in die bekannte Lage gebracht. Ich trug den schlafenden Zwerg zur tugendhaften Königin und legte ihn ihr nackt an die Brust, Wange an Wange, ohne daß einer von beiden darüber wach geworden ist und es bemerkt hat. Dann habe ich voller Treulosigkeit Euch an ihr Bett geführt, in der Hoffnung, daß man sie töten würde, die mich verschmäht hatte.»

«Weh mir, o weh!» rief der König. «Niemals mehr wird der Kummer von mir weichen, daß ich diesem vollkommenen und unschuldigen Weibe meine Huld entzogen habe!» Er raufte sich das Haar und fuhr fort: «Ach, wo bist du Unglückliche in der Fremde, du liebes Geschöpf, du zartes Weib? Du meine edle Gemahlin, sollte es mir nicht mehr vergönnt sein, an deinem Busen zu ruhen, wonach mein Herz so sehr verlangt, so bitte ich dich, allmächtiger Gott, mir den Tod zu gewähren als Sühne für das Verbrechen, das ich begangen habe!»

Dann herrschte er den treulosen Marschall an: «Gestehe unverzüglich, wohin die Königin gekommen ist, als du den Ritter, der frei von jeder Schuld war, ermordet hast!»

«Mein König, da ich mir Eure Gunst ohnehin völlig verscherzt habe, so bekenne ich, daß die Königin sich bei dem Überfall als sehr behend erwies. Denn als ich den Ritter umbrachte, lief sie in den Wald davon, und zwar so, daß ich sie nicht finden konnte.»

Da ließ der König den Henker kommen und befahl, daß er dem Marschall, so wie er es verdient hatte, Rückgrat und Beine brach und ihn aufs Rad flocht. So kam der Treulose elend zu Tode.

Danach wurden sofort Boten über das ganze Land ausgeschickt, um zu erkunden, ob jemand wisse, wohin die Königin gekommen sei. Man suchte überall nach ihr, aber niemand konnte etwas über sie in Erfahrung bringen.

Als die schöne Königin nun dreieinhalb Jahre bei dem Köhler gelebt hatte, schickte sie ihn eines Tages wieder in die Stadt, daß er ihre Stickereien verkaufe und neue Seide für sie mitbringe.

Die Krämerin, die er aufsuchte, sprach aber zu ihm: «Warte ein Weilchen, ich laufe nur mal schnell ins Nachbarhaus, bin aber gleich zurück.»

Sie rannte jedoch in Wahrheit zum König ins Schloß und erbat von ihm eine Belohnung, indem sie sprach: «Herr König, nun werft allen Kummer von Euch, ich glaube, mit Gottes Hilfe ist unsere tugendhafte Königin gefunden.»

Der König war über diese Nachricht beglückt, er trat auf die Frau zu, küßte sie unter Freudentränen auf den Mund und rief: «Wo ist denn der Hort meines Glückes, sie, um derentwillen mein Herz wie auf einem glühenden Rost gelitten hat? Gott im Himmel, hilf, daß ich von diesem Schmerz erlöst werde, befreie mich armen sehnsüchtigen Menschen von dem Kummer, der auf mir lastet.»

Da sprach die wackere Krämerin zum König: «Nehmt den Herzog von Österreich mit Euch und kommt beide in meinen Laden, so werdet Ihr wohl Eurer Sorgen ledig. Dort trefft Ihr einen einfachen Mann an, und wenn Ihr ihn fragt, dürfte er Euch sagen, wo Ihr die Königin finden könnt.»

Unverzüglich begab sich der König mit dem Herzog freudigen Sinnes zum Krämerladen, und da war auch der

Köhler noch, der seinen Handel zu Ende bringen wollte. Der König fragte ihn sogleich: «Sage mir schnell und wahrheitsgetreu, woher du deine Handelsware hast.» Der Köhler besann sich rasch und erwiderte: «Ich komme aus England, von dort hat man mich hergeschickt, und daher stammt sie.» Der König aber wollte mehr wissen und fragte weiter: «Diese Stickerei hat aber gewiß eine hochstehende Dame angefertigt? Zeige mir diese Künstlerin, und wenn du die Wahrheit verschweigst, geht es dir ans Leben!»

Das brachte den Köhler in arge Bedrängnis; er begann zu weinen und sprach voll Kummer zum König: «Könnt Ihr mir eidlich versichern, daß Ihr der zarten Frau nichts zufügen werdet, was ihr Leid bringt?» Der Herzog erwiderte darauf: «Bei meinem Wort, dafür verbürge ich mich.»

«Wenn Ihr sie sehen wollt», fuhr der Köhler fort, «so folgt mir in den Wald. Dort werdet Ihr erfahren, daß sich die edle Dame ein vollkommen gottgewolltes Dasein erwählt hat. Sie hat ihre Locken abgeschnitten, trägt ein graues Gewand und bittet Gott stets um Gnade für den, der ihr Gemahl war.»

Diese Mitteilung, daß sie wie eine Kanonisse Gott zuliebe lebte, machte den König froh.

«Sage mir noch, wann kam sie denn zu dir?»

«Vor dreieinhalb Jahren, das ist die Wahrheit. Und bald danach brachte sie bei mir im Walde einen schönen Knaben zur Welt. Ich habe mich seiner mit Sorgfalt angenommen, und ich muß gestehen, Langeweile kenne ich seither nicht.»

Da rechnete der König nach, und sein Herz, das so lange von Leid geplagt war, wurde ihm darüber leicht. Am Hofe ließ er verkünden, daß die edle Königin mit Gottes Hilfe gefunden sei. Alle waren über diese Nachricht glücklich, und mit fürstlichem Gefolge ritt der König voll Freude in den Wald. Der Köhler aber sprach zu dem hohen Herrscher: «Herr, laßt Euren freudigen Lärm sein. Die Dame bei mir ist so, daß sie alle scheut, die sich nicht gerade gottgefällig aufführen. Darum haltet Euch an meinen Rat und folgt mir ohne alles Aufsehen. Denn wenn diese Frau das Geschrei hört, dann versteckt sie sich so, daß wir sie nicht finden.»

Um die beiden reinen Geschöpfe im Walde auch wirklich zu finden, beherzigte der König den Rat des Köhlers.

Als man sich der Hütte näherte, wollte der junge Fürst gerade in den Wald laufen, um Vögel zu schießen. Als er so viele Menschen erblickte, lief er zu seiner Mutter zurück und sprach: «Sag mal, was tun denn alle diese Leute hier?» Die Königin trat daraufhin vor die Hütte und sah den König kommen. Sogleich ergriff sie ihren Sohn und wandte sich zur Flucht. Wie gern wäre sie entkommen; aber das Kind war ihr zu schwer. Nur widerstrebend blieb sie zurück. Der König tat, was man von ihm erwarten durfte, er lief ihr eilig nach und rief: «Ach, edle Frau, erbarme dich über mich Sünder! Ich habe dir bitterstes Unrecht zugefügt, und was du meinetwegen hast erdulden müssen, das kann ich an dir bis zum Jüngsten Tag nicht wiedergutmachen. Nun erweise mir deine höchste Gunst, liebste Frau, und würdige mich einer freundlichen Begrüßung. Ich werfe mich dir zu Füßen.» Das tat er, und seine Reuetränen benetzten ihren Fuß. Die Königin setzte sich zu ihm nieder, und er umarmte sie und küßte sie von Herzen.

«Gelobt sei die Stunde, da ich dich, meine edle Gemahlin, mit Gottes Hilfe wiedergefunden habe!» Er küßte ihre Augen und ihre Glieder, es gab zwischen ihnen eine vollkommene Aussöhnung, und es wurde ein immerwährender Friede geschlossen.

Auch seinen Sohn schloß der König in die Arme und sprach zu ihm voller Rührung: «Hätte ich dich umkommen lassen, so wäre meine Seele in die Hölle gefahren. Wie hast du, Jesus Christus, Himmelssohn aus dem Schoße der reinen Jungfrau, mein Schicksal gelenkt! Du hast mir, barmherziger Gott, durch deinen Kreuzestod auch diesmal aus höchster Not geholfen. Mit Freuden habe ich hier mein allerliebstes Weib, der ich von jung an vermählt bin, und unser beider zarten Sohn wiedergefunden. Allmächtiger, wie hast du mich durch deine Güte in dieser Stunde von allem Kummer freigemacht!»

Da wurde die schöne und tugendhafte Königin mit großer Freude ins Schloß gebracht. Der Köhler aber wurde reich belohnt, er wurde mit Burgen, Städten und Ländereien belehnt, und mit seiner Armut war es vorbei. Er wurde auch Taufpate des jungen Fürsten, der ihm so lieb geworden war.

Und damit geht die Geschichte zu Ende. Der König berief noch einen prächtigen Hoftag zu Ehren seiner zarten Gemahlin ein, die er im wilden Wald in so gottgefälligem Leben angetroffen hatte.

Aber lassen wir das jetzt, und gedenken wir lieber all der edlen Frauen, die es verstanden haben, sich von aller Schande frei zu halten. Wem Gott eine solche geschenkt hat, dem kann doch nichts Gutes fehlschlagen. Und damit ist die Erzählung wirklich zu Ende. Allmächtige Dreifaltigkeit, laß uns deine Gnade zuteil werden und bewahre uns vor den Qualen der Hölle.

## Das Vögelchen

Wer eine hübsche heitere Geschichte zu erzählen weiß, der sollte damit nicht hinterm Berge halten. Ist sie ziemlich ausgefallen, so mag sie dem einen vielleicht nicht behagen. Dafür aber gefällt sie möglicherweise einem anderen ganz prächtig. Dies also ist kein hinreichender Grund, sie nicht zu erzählen, und darum verzichte ich nicht darauf, euch meine zum besten zu geben.

Auf einer hochgelegenen festen Burg im Lande saß vor einiger Zeit – wie man berichtet – ein kühner Ritter. Er hatte reichen Besitz und eine Tochter, die war sein einziges Kind. Sie war so schön und wohlgestalt, daß man ringsum im Lande unter dem weiblichen Geschlecht keine Schönere gefunden hätte.

Nicht weit davon entfernt saß ein nicht minder kühner Ritter, der jenem an Besitz nicht nachstand. Er hatte auch nur ein einziges Kind, aber einen Sohn, dem er bis zu der Zeit, da er seine Blicke auf Frauen zu richten begann, eine sorgfältige Erziehung hatte zuteil werden lassen. Der Jüngling war stattlich von Gestalt, wohlerzogen und fein gebildet, kurz: eine wahre Freude. Zwanzig Jahre zählte er. Der Junker und das Jungfräulein waren also beide sehr schöne Menschenkinder.

Nun hätte der Jüngling gern die Liebe des Mädchens errungen, und er dachte darüber nach, wie er das erreichen könne, ganz so wie mancher andere das auch tut, der etwas fürs Herz gefunden hat. Er bemühte sich also jedesmal mit Hingabe um das Mädchen, wenn sie ihm Gelegenheit dazu gab oder wenn es die Schicklichkeit nur erlaubte. Dadurch wurde das junge Fräulein dem Jüngling so gewogen, daß sie Gold und Silber abgelehnt hätte, wenn sie nur zu ihm hätte kommen können. Doch war sie in der Burg ihres Vaters so eingesperrt und bewacht, daß niemand, sei es Tag oder Nacht, sich zu ihr hätte begeben können; es war kein Hinaus- noch Hereinkommen, und das war hart für die beiden Liebenden.

Nun lag vor der Burg ein Baumgarten, der von einem dichten Verhau eingefriedet war. Dort wuchs Gras, es blühten schöne Blumen, und alles wurde von den Kronen seltener Bäume überdacht. Auch der Würzgarten der Burg lag dort, und die Kräuter verströmten einen herrlichen Wohlgeruch. Eine enge Pforte führte von der Burg aus in diesen Garten. Der Burgherr hatte außerdem eine schöne Laube bauen lassen, damit man in der warmen Jahreszeit dort speisen könne. Er glaubte, daß ihm das Essen in dieser Umgebung besser bekäme.

Eines Tages schickte das Mädchen einen verschwiegenen Boten zu dem Jüngling und ließ ihm mitteilen, daß er in der kommenden Nacht bereit sein und heimlich zu ihr in den Baumgarten kommen solle. Sie wollte ihn – wenn immer sie es ins Werk setzen könnte – dort erwarten und seine Liebe lohnen. Als der Jüngling vernahm, daß er mit seiner Geliebten zusammentreffen könne, war er tief beglückt, dankte dem Mädchen und ließ ihr ausrichten, daß er freudigen Herzens kommen werde. Als sie diese Antwort erhalten hatte, legte sie sich zu Bett und klagte, sie fühle sich krank. Als die Mutter davon hörte, kam sie sogleich und sprach: «Mein liebes Kind, sag mir, was ist dir? Wo hast du Beschwerden?» – «Im Kopf», erwiderte die Tochter, «und außerdem fühle ich mich äußerst schwach.» Auch der Vater kam bald dazu und fragte: «Wo tut es dir am meisten weh?» – «Ums Herz und eigentlich überall.»

«Man wird dich mit einer heilkräftigen Salbe einreiben», erwiderte der Vater, «und du wirst sehen, bald sind alle deine Schmerzen beseitigt.» Darauf antwortete das Mädchen: «Weißt du, Vater, ich habe etwas entdeckt, was mir sehr zuträglich wäre, wenn es mir gewährt würde.»

«Sprich es aus, Kind, und es soll dir nicht verweigert werden.»

«Ach, ich möchte gern in der Laube schlafen, die im Baumgarten steht; denn die gute Luft dort und der Duft der Würzkräuter würden mir große Erleichterung schaffen. Vielleicht könnte ich dort sogar ein Vögelchen fangen, und dann wäre ich ganz glücklich.»

«Das möge Gott fügen», sprach die Mutter. Man brachte schönes und gediegenes Bettzeug in die Laube, auch Speise und Trank, und richtete alles für die Nacht ein. Zudem untersagte man dem Burggesinde allen Lärm, damit das Fräulein nicht gestört oder aus dem Schlaf gerissen werde. Ehe es Nacht wurde, kam die Mutter noch einmal zur Laube und fragte, ob sie vielleicht einen Wunsch habe. «Ja, Mutter, ich hätte an meinem Bett gern noch ein Glas guten Weines stehen, damit ich mich daran erquicken kann, wenn ich mich wieder besser fühle.» Der Wein wurde sogleich gebracht, dann sperrte die Mutter die Tür zu und ließ ihre Tochter allein. Sie fühlte sich dort tausendmal wohler als anderswo!

Als die Nacht hereingebrochen war, schlich sich der Jüngling heran, und da er klug und geschickt war, kam er auch in den Baumgarten hinein. Er hatte nämlich eine Stange mitgebracht, an der er über die Umfriedung kletterte und so zu seiner Geliebten gelangte. Sie umarmten einander von Herzen und legten sich beide ins Bett. Dort zollten sie Frau Minne ihren Tribut, und es wurde ihnen gar nicht langweilig. Die Nacht kam ihnen äußerst kurz vor, und auf den Morgengesang der Vögel gaben sie keine Acht.

Als es nun – wie man mir erzählte – hell werden wollte, da lagen sie zusammengeschmiegt und eng umschlungen, und das Mädchen sprach: «Nichts Beglückenderes ist mir bisher in meinem Leben widerfahren, als dich, mein Geliebter, heute nacht bei mir gehabt und deine Liebe genossen zu haben.» Danach übermannte sie beide die Müdigkeit, und sie schlummerten ein, bis schon die Sonne am Horizont aufgegangen war.

Die Mutter hätte nun gern um das Befinden ihres Kindes gewußt, und sie sagte zu ihrem Gemahl: «Mir ist nicht wohl, daß ich unsere Tochter noch nicht aufgesucht habe, wenn sie mit Gottes Güte überhaupt noch lebt.»

«Bleib nur hier», entgegnete der Ritter, «ich sehe schon selber nach.» Er stand auf, zog sich an und ging in den Baumgarten. Hier schaute er durch das kleine Fenster der Laube nach seiner Tochter, ob sie sich nach ihrer gestrigen Krankheit wohl erholt habe. Da erblickte er den Jüngling und das Mädchen, beide in sanftem Schlummer. Er stand und schaute: Schön waren sie ja, wie sie da so schlafend ruhten! Ihre Bettdecke war heruntergerutscht, und sie lagen, wie die Natur sie geschaffen hatte. Sie hielt sein Gemächt in der Hand, und das war in

erregtem Aufstand, steif wie eine Stange, eine wahre
Pracht! Der Ritter schloß die Türe nicht auf, sondern
ließ die beiden liegen. Er ging vielmehr in sein Schlafgemach zurück und sprach zu seiner Frau: «Meine Liebe,
steh auf und schau nach, welch ein Glück deine Tochter
hatte. Sie hat den Vogel, von dem sie gestern abend
sprach, gefangen, und sie hat ihn fest im Griff.»

«Du scherzest.» – «Bei Gott, nein! Er ist von so schöner
roter Farbe, daß es eine Lust ist.»

«Ach, das arme Vögelchen», sprach sie, «ich muß unverzüglich hin und sehen, ob das wahr ist.» Auch sie trat
an das Fenster und sah den Jüngling und das Mädchen
liebevoll umschlungen beieinander liegen. «Weh, daß
ich geboren wurde!» rief die Mutter, raufte sich das Haar
und rang die Hände.

Da erwachte der Jüngling und hörte den Lärm, und da
die Sonne schon hell schien, rief er: «Mein Gott, wir
haben zu lange gemeinsam in diesem Bett geruht!»

Da trat der Ritter zur Tür herein und sprach zu seiner
Tochter: «Nun, mein Kind, hast du dein Vögelchen?
Wenn du dadurch wieder gesund bist, mag es angehen;
aber uns bringt dein Fang Kummer! Achte nur schön
auf deinen Vogel, daß er dir nicht entwischt.»

Der Jüngling aber sagte: «Edler Herr, ach, daß es mir
nicht ans Leben ginge!»

«Euer Leben ist nicht in Gefahr, wenn Ihr sie heiratet.
Denn da Ihr schon mit ihr geschlafen habt, so wird es
Euch doch wohl ernst sein?»

«Gern will ich sie zur Frau haben!» Und so wurden sie
ein Paar. Die Väter statteten ihre Kinder mit reichem
Besitz aus, und da sie beide von höfischer Gesinnung
waren, fehlte ihnen nichts, um sich Lob und Ansehen
unter den Menschen zu erwerben. Mehr gibt's nicht zu
erzählen vom «Vögelchen».

# KUNZ KISTENER

## *Die Jakobsbrüder*

In Gottes Namen beginne ich, und hört alle gut zu, denn
ich erzähle von unverbrüchlicher Treue, die zwei einander hielten. Seid nur ganz Ohr, denn niemand hat dieses Gedicht bisher vorgetragen gehört. Ich, Kunz Kistner,
habe es auch nur verfaßt, um den Menschen gesittetes
Handeln nahezubringen. Muß ich dafür noch einen Beweis liefern? Ich habe manche Nacht darangesetzt, um
dieses Werk zu dichten, und sollte es hie und da noch
mangelhaft sein – ich hätte gewünscht, daß es mir besser
gelungen wäre.

Nun hört die Erzählung reinen Herzens an. Sie hat
mich lange beschäftigt. Ich hatte die Absicht, Gott, dem
heiligen Jakob und der Welt damit zu dienen; ich habe
sie also nicht um schnöden Lohnes willen geschrieben.
Die aber, an die sich mein Gedicht unmittelbar wendet,
mögen gut von mir reden. Der heilige Jakob verleihe
ihnen auf Erden und im Himmelreich Glück und Freude!

Alle, die durch eine Wallfahrt Vergebung für ihre Sünden von Gott zu erlangen hoffen, sollten sich vor ihrem Wege zu der heiligen Stätte Gott zuliebe von Haß und Mißgunst, unreinen Begierden und Ehrsucht frei gemacht haben. Wer ganz nach Gottes Geboten handelt, der ist rein und gut, und die Gnade, die ein Jüngling von Gott erbittet, gewährt er ihm, müßt ihr wissen. Wenn der Herr ihm aber einen Reisegefährten schenkt, mit dem er in die Fremde pilgert und der ganz aufrichtig zu ihm ist, mit dem ziehe er getrost dahin. Wer aber unterwegs Gottes Gebote verletzt, der sollte lieber gleich zu Hause bleiben. Einer, der den heiligen Jakob freudigen Herzens verehrt, dem wird durch ihn Gesundheit und Glück zuteil. Gott selbst hat dem heiligen Apostel solche hilfreiche Kraft verliehen. Es ist so, wie ich es euch sage: Sankt Jakob hat noch nie einen Pilger auf der Straße an Hunger umkommen lassen. Wer aufrichtig und ernsthaft eine Wallfahrt unternimmt, der kann – bei Gott! – sicher sein, daß ihn der Heilige unterwegs nicht im Stich läßt.

Wer gute Werke verrichtet und sich stets an die Gebote Gottes gehalten hat, der kann auf Erden glücklich alt werden und nach seinem Tode ins Himmelreich eingehen. Sich von allem Bösen fernzuhalten und nur Gutes zu tun, das bewahrt vor manchem Schaden. Schlechte Menschen erteilen nämlich nur üble Ratschläge. Ich aber will von getreuen Menschen erzählen; ich kann es nicht länger hinauszögern. Nach bestem Können habe ich meine Erzählung geschrieben, zum Lobe und zur Ehre Gottes und des heiligen Jakob, die beide Güte und Gnade in Fülle spenden. Mögen uns Maria und ihr Sohn Jesus Christus helfen, daß unser Ende gut werde. Glück tut den Menschen immer wohl. Das war die Vorrede. Gott verleihe uns die Seligkeit!

Hört nun meine Geschichte. In Bayern lebte einst ein ehrenhafter, unbescholtener Adliger, der über Grundbesitz und Untertanen gebot. Daß er nicht ohne Ursache in bestem Ruf stand, ließ er in jeder Lage deutlich werden. Er hielt sich stets an Recht und Gerechtigkeit. Er lebte auf seiner stolzen Burg, wie man es von einem Ritter erwarten darf. Graf Adam – so hieß er – war ein trefflicher Mann und verdiente alles Lob. Er lebte mit seiner Gattin wie ein guter Christ in rechter Ehe zwölf Jahre oder länger, ohne daß sie ein Kind miteinander hatten. Es bereitete ihnen Kummer, daß sie nach ihrem Tode keinen Erben für das Land zurücklassen sollten.

«Höre, liebe Frau», sprach da der Graf eines Tages, «man hat mir vor geraumer Zeit frohe Kunde gebracht, daß Sankt Jakob Wunder verrichten kann. Ich glaube fest an ihn. Jedem hilft er, sofern man nichts Ungebührliches erfleht. Würde es dir nicht gefallen, wenn wir ihn bäten, uns ein Kind zu schenken?»

Dieser Vorschlag gefiel der Frau sehr, und sie sprach: «Lehre mich, mein Gemahl, wie ich den heiligen Jakob so bitten kann, daß er uns diesen Wunsch nicht abschlägt.»

«Wir wollen beide», sagte der Graf, «der Kirche Lehen überlassen und Geschenke machen und uns frei von aller Sünde halten.»

Das tat die Gräfin ein ganzes Jahr. Nicht einen Tag versäumte sie die Frühmesse, sie lag auf den Knien und betete inbrünstig zu Sankt Jakob, daß er ihr zu einem Kind verhelfe, damit dieses nach ihrem Tode all ihren Besitz übernehmen könne. Gott gewährte ihnen diese Bitte auch bald, und sie wurde schwanger. Der Graf gelobte für den Fall, daß es ein Knabe würde, er wolle ihn, sobald er ins lehnsfähige Alter gekommen sei, auf die Wallfahrt nach der heiligen Stätte in Santiago de Compostela schicken, wo Sankt Jakob verehrt wird. Das versprach er feierlich. Der Heilige gewährte ihnen ihre Bitte, und noch im selben Jahr brachte die Gräfin einen schönen Knaben zur Welt. Sogleich ließ sie das ihrem Gemahl ausrichten. Ein Knecht saß eilends auf und trug die freudige Nachricht zum Grafen, der gerade im Walde jagte. «Edler Herr», sprach er zu ihm, «freut Euch, Eure Gattin hat einen Knaben geboren und ist wohlauf.» Da war der Graf von Herzen glücklich und sprach: «Gelobt seist du, heiliger Jakob, daß du mein Fürsprecher warst und mir diesen lieben Ankömmling bei Gott erwirkt hast. Der Herr sei gepriesen, daß er mir schenkte, was ich schon so lange sehnlichst gewünscht!»

Der Knecht bat um den Botenlohn, und es wurden ihm zehn Gulden gegeben. Die bewahrte er sorgsam und war damit ein reicher Mann.

Möge Gott auch uns helfen, und Sankt Jakob, erweise du allen deine Gnade, die Angemessenes von dir erbitten!

Der Graf brach die Jagd sogleich ab und gab dem Jäger Anweisung, das geschossene Wild zur Burg zu bringen. Die Hunde befahl er zu sammeln. Seine Diener waren alle erfreut und wünschten ihm Glück. Er dankte ihnen und sprach: «Laßt uns sogleich heimreiten.» Da wollte einer schneller sein als der andere, aber der Graf kam doch als erster vor dem Burgtor an, denn sein überglückliches Herz hatte ihn derart getrieben, daß er alle hinter sich ließ. Die Hofleute empfingen ihn mit großer Freude, aber die seine übertraf alles. Lachend lief man ihm entgegen und rief: «Wir wollen den Botenlohn! Herr, Eure Gemahlin hat Euch einen schönen Knaben geboren! Gott sei gepriesen deswegen.»

«Ihr sollt ihn bekommen», erwiderte der Graf, «laßt mich nur erst schauen, wie es den beiden geht.» Zwei hielten sein Pferd, zwei nahmen ihm Schwert, Gurt und

Sporen ab. «Behaltet alles», sprach der Herr, «und nehmt meinen Mantel noch dazu! Aber jetzt auf zu meiner Gemahlin!» Und damit eilte er zu ihr. «Auf den Namen Jakob soll er getauft werden», rief er. «Seid mir willkommen, meine Gattin und mein lieber Sohn!» Die Gräfin dankte ihm mit Freuden und sprach: «Setz dich hierher, mein Gemahl», und er nahm auf dem Bettrand Platz und liebkoste sie beide. Die Freude der Gatten war so groß, daß sie beide weinten. Sie schauten einander in die Augen, und ihre Wangen wurden glühendrot wie eine Rose. So viel Glück hatten sie beide ihr Lebtag noch nicht erfahren.

Möge Gott uns helfen, daß wir auf Erden wie im Himmelreich glücklich sind. Darum bitte ich um der Worte aus der Heiligen Schrift willen, die der Priester heute in der Kirche im Angesicht Gottes vorgelesen hat.

«Laß uns das Kind unverzüglich taufen, damit uns alle Befürchtungen genommen sind», riet der Graf.

«Hab keine Sorge», erwiderte die Frau, «das Kind ist gesund und munter. Kümmere dich nur um die Paten.»

«Das ist schon geschehen», sprach der Graf.

Bald kam eine ansehnliche Schar auf die Burg geritten. Das Burgtor wurde weit aufgestoßen, und alle wurden freundlich willkommen geheißen. Als das Kind getauft werden sollte, strömten Mengen von Menschen herbei. Der Priester erteilte den Segen, nachdem er gefragt hatte, welchen Namen das Kind bekommen solle. «Jakob soll er heißen, dem heiligen Jakob zu Ehren, der schon so viele Menschen aus Bedrängnis und von ihren Sünden erlöst hat», sagten die Taufpaten.

Als der Knabe getauft war, wurde er von den Paten in sein Taufkleid gesteckt und ansehnlich mit Gold beschenkt. Der Graf dankte den Paten. Sie aber sagten: «Das war uns eine Freude, und wir haben es gern getan. Und

nun, edler Herr, gestattet, daß wir wieder heimkehren.»
Da ließ man sie mit Gottes Segen ziehen. Der Herr habe uns
stets in seiner Obhut, damit wir hier auf Erden so handeln, daß wir einst in sein Himmelreich eingehen.

Der Knabe wurde wieder auf die Burg getragen. Ich
hörte von Leuten, die Augenzeugen davon waren, daß
später in Santiago de Compostela Gott und der heilige
Jakob ein Wunder an ihm geschehen ließen. Der Herr im
Himmel helfe uns aus aller Bedrängnis!

Der Graf und die Gräfin zogen den Knaben liebevoll
auf. Er wuchs heran, wie es seiner edlen Natur entsprach.
In seiner Erziehung ließ man auch dem Scherz und der
Ausgelassenheit Raum, denn ein Kind, das wohl geraten
soll, darf nicht allzusehr gezüchtigt werden. Und als der
Knabe zu einem Jüngling herangewachsen war, bewähr-
ten sich die ausgezeichneten Eigenschaften, die in ihm
während seiner Kinderzeit ausgebildet worden waren.
Wohin er auch ging oder ritt, immer war er in der Obhut des Gesindes, das danach trachtete, seinen Willen zu
erfüllen. Die Mutter liebte ihren Sohn zärtlich und der
Vater nicht minder. Das Kind war ihr ganzer Lebensinhalt.

Kaum ein Tag verging, an dem die Eltern nicht an die
einst gelobte Pilgerfahrt dachten. Mittlerweile war der
Knabe zwölf Jahre alt geworden, und immer, wenn der
Vater ihn anschaute, sprach er: «Wollte Gott, mein
Junge, daß du die Reise schon hinter dir hättest, zu der
wir uns damals verpflichteten, ehe deine Mutter dich zur
Welt brachte. Heiliger Jakob, steh uns bei, daß wir unser
gegebenes Versprechen nun endlich einlösen!»

Der Sohn wußte nicht, worum es ging, und als er den
Vater so nachdenklich sah, trat er zu ihm, umarmte ihn
herzlich und fragte: «Sag mir, lieber Vater, was bekümmert dich?»

«Da du mich so freundlich danach fragst, mein Junge, so will ich es dir mitteilen. Vor vielen Jahren haben wir dem heiligen Jakob eine Wallfahrt nach Compostela gelobt, sollte er deiner Mutter zur Schwangerschaft verhelfen. Das hat er uns gewährt, und deshalb muß ich dich nun auf die Reise schicken. Das ist es, was mich bedrückt und mir Kummer bereitet, daß ich dich allein so weit wegschicken soll.»

«Da mir Gott Leib und Seele, Gut und Leben auf die Fürbitte Sankt Jakobs hin geschenkt und euren Wunsch damit erfüllt hat, so will ich keinen Tag länger zögern, das Gelübde zu erfüllen, zumal ich ein guter Reiter bin.»

«Übereile nichts, lieber Sohn», sprachen Vater und Mutter da, «bis wir alles sorgfältig vorbereitet haben. Erweise uns dadurch die Kindespflicht, die du uns schuldig bist.»

«Nein, bittet mich nicht länger, ich kann nicht bleiben, sondern muß unverzüglich aufbrechen», erwiderte der Jüngling.

Als die Eltern erkannten, daß es ihm damit völlig ernst war, gab man ihm ein Pferd, das er besonders liebte. «Das steht mir für die Fahrt wohl an», sprach er. Auch mit genügend Reisegeld wurde er versehen. Manche Träne floß um den vortrefflichen Burschen.

«Lieber Sohn, so küsse mich denn zum Abschied», sagte die Mutter mit nassen Augen und umarmte ihn zärtlich. Das alles ging ihr sehr zu Herzen. «Ach, junger Pilger, Gott möge dich in seine Obhut nehmen!» fügte sie hinzu.

Dem gesamten Burggesinde, groß und klein, überreichte der Jüngling zum Abschied Geschenke.

Eine große Schar gab ihm den ganzen Tag bis zum Abend das Geleit. Über Nacht blieben sie noch bei ihm und vergnügten sich mit ihm, aber am Morgen kehrten sie um. «Seid nur nicht traurig», mahnte sie der Jüngling beim Abschied.

Gott stehe ihm bei auf seiner Fahrt! Mutterseelenallein zog er nämlich nun weiter.

Ehe der Graf seinen Sohn verließ, hatte er ihm jedoch noch einige Ratschläge erteilt. «Lieber Junge», hatte er gesagt, «halte dich an das, was ich dir jetzt sage. Nimm keinen zum Reisegefährten, der nicht vollkommen treu ist. Willst du ruhen oder wachen, kannst du etwas nicht schaffen, was du sollst, willst du essen und trinken oder willst es nicht, willst du rasten oder weiterziehen, willst du vom Pferd steigen: wenn einer auf all das acht hat und dir in alledem beisteht, ohne daß du ihn darum bitten mußt, so kannst du dich ihm als Weggefährten anvertrauen, denn schau, dieser ist verläßlich, und auf ihn kannst du bauen. Ich bitte dich, lieber Sohn, beherzige diesen Rat!»

«Gern, Vater», erwiderte der Jüngling. Und damit nahmen sie endgültig voneinander Abschied. Der Graf bewies seine Vaterliebe, denn ihm flossen die Tränen, so sehr ging es ihm zu Herzen.

«Ach, Herr Vater», versuchte ihn der Sohn zu trösten, «was sollen die Tränen? Tut es mir gleich und scheidet fröhlich von mir. So sollte es sein! Möge Gott Euch beschützen; ich ziehe nun von dannen.»

Vier Wochen war der Jüngling unterwegs, ohne daß sich ihm ein Gefährte angeschlossen hätte. Er kam vom rechten Wege ab, und betrübt rief er Sankt Jakob an: «Erhöre mich Unglücklichen und leite mich sicher auf die Straße nach Compostela! Ich weiß nicht, in welche Richtung ich mich wenden soll, und das macht mir Kummer.» Vor Schmerz weinte der Jüngling heftig. Er kam sich völlig verlassen vor. Aber es dauerte gar nicht lange, da näherte sich ihm – er hätte es nicht besser wünschen können – ein guter und aufrichtiger Mensch. Sogleich faßte er neuen Mut und war hoch beglückt, daß sich der heilige Jakob seiner angenommen hatte. Wieder flossen ihm die Tränen, aber diesmal vor herzinniger Freude. «Gott hat mich nicht verlassen», sprach er, und den Fremden fragte er: «Ach, willst du mein lieber Bruder sein?»

Der dachte nach, worauf er damit ziele, aber als er die Tränen sah, grüßte er ihn, so wie es aus einem wohlmeinenden Herzen kommt, mit den Worten: «Sei nur getrost!»

Der Grafensohn erkundigte sich: «Woher kommst du? Wohin willst du?», und der Fremde antwortete ihm: «Ich komme aus der Lombardei und will nach Compostela.»

«Ei, warte und reite nicht zu schnell, ich will auch dorthin. Laß mich dein Weggefährte sein.»

Nun fragten sie einander nach ihrer Herkunft. Der Grafensohn erzählte, er sei aus Bayern.

«So sollst du mir besonders lieb sein, denn wir sind Landsleute. Ich bin Schwabe aus Haigerloch im Elsaß, wo meine Eltern noch leben», sagte der andere. Und damit war die Bruderschaft der beiden geschlossen. Fortan zogen sie einträchtig zusammen weiter. Einer nahm sich des anderen an, wie es bei wahren Freunden sein soll. Da erkrankte nach etwa vier Wochen der Grafensohn in einer Herberge, in der sie abgestiegen waren. Der Schwabe pflegte ihn mit Hingabe und versuchte ihm Mut zu machen und ihm Trost zu spenden. «Laß dir bringen, was du nötig hast», sprach er, «und scheue keine Mittel, bester Freund, um dein junges Leben zu retten.»

«Gott lohn's dir», erwiderte der Kranke, «aber ich weiß, daß ich sterben muß. Doch will ich vor dir kein Geheimnis haben. Du sollst wissen, daß ich der Sohn eines Grafen bin. Wenn du Ansehen und Lohn erwerben möchtest, so berichte meinem Vater in Bayern, daß wir beide treue Gefährten waren, und was mein ist, das soll künftig dir gehören. Lieber Bruder, ich bitte dich, so zu handeln.»

Das versprach ihm der Freund. «Deine Krankheit, das glaube mir, schmerzt mich aus tiefstem Herzen», fügte er hinzu.

Ehe der Grafensohn starb, sprach er zu seinem Reisegesellen: «Mein lieber Bruder, bitte Gott und den heiligen Jakob, daß mein Tod ihnen zur Ehre geschehe. Herr im Himmel, erbarme dich über mich, der ich so elendiglich diese Welt verlassen muß und so unglücklich bin. Ach, ihr lieben Eltern, die ihr mich voller Liebe aufgezogen habt, nun sterbe ich auf dieser Wallfahrt in der Fremde. Aber um eines, Bruder, bitte ich dich, und du sollst es mir gewähren: Wenn ich tot bin, so führe mich, der ich nicht mehr pilgern kann, weiter mit dir.»

«Ja, das verspreche ich dir», erwiderte der Freund, «ich werde dich mit mir nehmen. Lebendig oder tot, du wirst das beglückende Ziel deiner Wallfahrt erreichen, wenn mich nicht eine höhere Macht daran hindert.»

Kurz darauf, um die Mittagsstunde, verschied der Grafensohn. Sogleich ließ der Freund für ihn einen Ledersack anfertigen und steckte den Leichnam hinein. Zwölf lange Tagereisen führte er ihn Gott zuliebe mit sich, und in jeder Herberge nahm er den Toten mit auf sein Zimmer und setzte ihm Speisen vor, wenn er selbst das Mahl einnahm. So bewies er ihm die Freundestreue. Das tat er, damit Gott seine Seele vor der Höllenqual bewahren möge. Nachts legte er den Verstorbenen in ein Bett, so als wenn er noch lebte. Am Morgen nahm er ihn dann aufs Pferd, am Abend wieder in die Herberge, und das wiederholte sich, bis er in Compostela ankam. Da war er betrübt und froh zugleich. Er fragte nach der

Kirche des heiligen Jakob, und als er sie erreicht hatte, band er den Leichnam vom Pferd los. Einem Knaben trug er für Geld auf, die Pferde zu bewachen. Dann nahm er den toten Freund und trug ihn ganz allein in die Kirche.

«Oh, allerheiligster Apostel Jakob», sprach er, «laß dir die Mühe, die ich mir gemacht habe, diesen Leichnam zu dir zu führen, ein Zeichen der Verehrung sein und erlaß uns unsere Sünden!»

Mit Freuden trat er vor den Altar und legte den toten Freund und einen goldenen Pfennig dem Heiligen dort als Opfergabe nieder.

«Was er und ich auch gesündigt haben, wasche unsere Schuld von uns ab», flehte er. Und auf Knien betete er tief seufzend zu Gott, die Arme auf dem Boden ausgestreckt: «Heiliger Jakob, bei der Liebe Gottes zu dir bitte ich dich von ganzem Herzen, sei dieser Treue eingedenk und gewähre uns beiden Vergebung unserer Sünden.»

Als er so in Andacht versunken war, bewegte sich der Tote in dem Ledersack, so daß dieser fast bersten wollte. Der Freund sprang sofort auf und öffnete den Sack.

«Wie tief habe ich doch geschlafen», sagte der Grafensohn. «Und wie du mich eingepackt hast! Wo bin ich, lieber Bruder?»

Kaum war er erwacht, so fingen die Kirchenglocken selbständig zu läuten an, und alles lief herbei, um zu erfahren, was das zu bedeuten habe. Sie trafen in der Kirche aber nur die beiden Männer an, und jeder sagte sich: «An denen ist doch gar nichts Besonderes zu erkennen.» Doch unter der Menge war auch ein Deutscher, der erfuhr dann, daß der Grafensohn vor zwölf Tagen gestorben sei. «Ich habe ihn», erzählte der Freund, «als Leichnam hierhergebracht, aber er ist wieder lebendig geworden. Wenn ihr das jedoch nicht glaubt, so schickt doch eure

Boten dahin, wo er gestorben ist. Dort wird man euch die Wahrheit schon berichten.»

Das taten sie auch und erfuhren, daß es so war, wie der Freund gesagt hatte. Da hob die Geistlichkeit die beiden Freunde Gott und dem heiligen Jakob zu Ehren auf den Altar. Das Wunder wurde aufgezeichnet, und man bat die beiden, noch nicht wieder abzureisen. So blieben sie einen ganzen Monat, und man bekundete ihnen Hochachtung und ehrte sie. Auch wurde ihnen schriftlich bestätigt, was sich an ihnen in Compostela ereignet hatte.

Zum Abschied gingen sie noch einmal in die Kirche und beteten: «Sankt Jakob, sei unser Beschützer und führe uns beide wieder gesund heim!» Diese Bitte wurde ihnen auch gewährt. Sie saßen auf und sprachen: «Es ist höchste Zeit, daß wir aufbrechen, wir haben viele Tagereisen vor uns.» Und damit ritten sie davon, über Wege, Brücken und Stege, wie das eben so ist. Aber sie fühlten sich wie beflügelt.

«Die Treue, die du mir bewiesen hast», sprach der Grafensohn unterwegs, «wird immer unvergessen sein. Zeitlebens will ich alles für dich tun. Du bist stets in meinem Sinn, und die Hälfte meines Erbes soll dir gehören.»

Auf der Reise war Sankt Jakob ihr Schutzpatron und geleitete sie ohne Schaden wieder in die Heimat. So kamen sie nach Bayern, und dort lernte der Schwabe stolze Burgen und Städte kennen. «Über die wirst du herrschen», sagte der junge Graf, «das werde ich bei meinem Vater durchsetzen.»

Um die Mittagszeit kamen sie auf der väterlichen Grafenburg an. Der Vater hatte sie von der Zinne herab kommen sehen, und sogleich rief er seiner Gattin zu: «Gott schenkt uns erfreuliche Nachricht. Unser Sohn kehrt heim!»

«Lieber Mann, wenn das wahr ist, so habe ich nie eine

größere Freude erfahren, träumte ich doch wiederholt, er sei tot.»

«Nun schau doch, er naht!» Alles in der Burg, was Beine hatte, lief dem jungen Grafen entgegen, und man rief: «Seid Gott willkommen, junger Herr und frommer Pilger!»

Die beiden Freunde saßen ab und gingen in die Burg, wo sie mit Freuden empfangen wurden. «Sei willkommen, lieber Sohn, und dein Begleiter ebenfalls!»

Er dankte der Mutter für den Gruß, wie es sich gehört. Alle stürmten auf ihn ein und zerrten ihn hin und her. Sie waren glücklich über seine Rückkehr. Um den Freund kümmerte sich niemand. Als das der Grafensohn bemerkte, sprach er zornig: «Nur aus Unkenntnis laßt ihr jenen dort allein stehen! Und wenn er ein Heide wäre, er sollte euch allen ans Herz gewachsen sein!» Der Freund hatte bemerkt, wie ihn niemand beachtete. Weinenden Auges wandte er sich ab und sprach: «Heiliger Jakob, sollte meine Freundestreue vergessen sein? Gott, es möge dich erbarmen! Mich macht es unsagbar traurig.» Aber das Grafenpaar kam unverzüglich zu ihm und sprach: «Lieber Freund, laß es dich nicht verdrießen, daß wir dich vergessen haben. Sieh es uns bitte nach!»

«Das ist wohl gesprochen», sagte da ihr Sohn, «denn ihr habt zeitlebens noch keinen Menschen gesehen oder von einem gehört, der größere Treue bewiesen hätte als dieser an mir. Das werdet ihr zugeben, sobald wir euch ein Schreiben zeigen, das wir mitführen.»

Sogleich gab man es ihnen zu lesen, und da sprachen alle: «Das ist die größte Tat, die je ein Mensch vollbracht hat, daß er dich als Toten freiwillig zwölf Tage und Nächte mit sich geführt hat. Woher hat er nur die Kraft dazu genommen? Man begreift es kaum. Nicht genug, daß er dich in die Kirche trug, ohne daran zu denken, man könne ihn fragen, was er denn da bringe; seine Treue hat es auch bewirkt, daß Gott unseren Sohn wieder zum Leben erweckt hat. Noch nie hat jemand etwas Schwereres zuwege gebracht.»

Da nahmen sie sich seiner an, als ob er selbst ein Heiliger wäre. «Wir danken dir für deine Freundestreue, und was du von uns begehrst, wollen wir dir erfüllen. Du bist ein im innersten Wesen getreuer Mann, und du sollst über Land und Leute herrschen», sprachen sie. Das freute ihn, und er dachte: «Wenn sie nur die Hälfte davon wahr machen, so werde ich nun mächtig und wohlhabend.» Er wurde zum Statthalter des Landes ernannt, und jeder lebte künftig nach seinen Befehlen.

Ein Jahr hatte er dieses Amt nun schon inne, und er handelte während dieser Zeit so, daß man über seine Tüchtigkeit weit und breit des Lobes voll war. Da trat er eines Tages vor das Grafenpaar hin und sprach: «Edle Dame, hoher Herr. Ich habe Vater und Mutter zu Hause. Erlaubt mir, daß ich zu ihnen heimkehre. Ich habe Nachricht bekommen, daß sie mich wiedersehen möchten. Vor zwanzig Jahren bin ich weggezogen von ihnen, in die Lombardei. Jetzt habe ich durch einen Boten erfahren, daß sie in Armut leben. Ich muß zu ihnen.» Seine Bitte nahm man freundlich auf, und der Graf fragte: «Warum erwähnst du erst jetzt, daß du noch Eltern hast? Nimm nur für sie mit, soviel du brauchst, und versorge sie damit, und dann komm so schnell wie möglich wieder. Denn glaube mir, ohne dich geht es hier nicht.»

«Gern, edler Herr», erwiderte er. Er wurde auch nach dem Namen seines Vaters gefragt. «Den will ich nicht verschweigen. Er ist zeitlebens mit ritterlichem Anstand in den Krieg und zum Turnier gezogen. Hug von Haigerloch ist der Name des mutigen Mannes.» Da stattete man ihn reichlich mit Geld aus, und er zog freudig davon.

Als er in seiner Heimat ankam, wurde er von keinem seiner Freunde erkannt. In Haigerloch fragte er, wo sich seine Eltern befänden, und man wies ihn zu einer Wäscherin, die vor der Stadt wohnte. Als er vor deren Haus kam, fragte sie ihn, was er denn wünsche. Sogleich antwortete er: «Hier wohnt eine Frau, die meine Mutter ist.»

«Kommt heraus, Frau des Ritters Hug», rief die Wäscherin ins Haus hinein. Natürlich dachte er in diesem Augenblick auch an seinen Vater. Da trat seine Mutter schon in einem einfachen Hemd in die Tür.

«Seid willkommen, edler Herr, wünscht Ihr etwas von mir?»

«Ach, Mutter», sprach er, «Gott sei's geklagt, wenn das dein bestes Kleid sein sollte.»

Als die Frau hörte, daß ihr Sohn gekommen war, sprach sie: «Ach, bist du's wirklich, mein Junge? Sei willkommen, liebste Seele. Nie habe ich mich über deine Abwesenheit hinwegtrösten können.» Vor Schmerz und Freude zugleich traten ihnen die Tränen in die Augen.

«Wo ist denn der Vater?» fragte der Sohn.

«Er ist gerade in der Stadt, wo er bei Herren, mit denen er bekannt ist, zum Essen eingeladen wurde. Ach, ich wollte, er wäre jetzt hier. Aber dort kommt er ja gerade!»

Als der Vater da war, umarmte ihn der Sohn und sprach: «Ach, Vater, deine frühere ritterliche Tüchtigkeit ist wohl ganz vergessen, wie ich höre.»

«Wo kommst du her, mein Junge? Ich hätte dich nicht erkannt.» Da klagten die Eltern ihm ihre Armut. «Hört mich nur an», entgegnete der Sohn darauf, «es wird euch wieder gut gehen, denn ich habe genügend bei mir, um euch wohlhabend zu machen.»

Ein ganzes Jahr blieb er bei seinen Eltern. Doch gefiel

es Gott in dieser Zeit, ihn mit Aussatz zu schlagen. «O weh, Herr des Himmels, wenn der Graf und die Gräfin das erfahren!» seufzte er.

«Lieber Junge», sprach die Mutter, «das ist nun einmal nicht zu ändern. Wenn es Gott gefällt, so wird er dir die ewige Seligkeit schon noch zuteil werden lassen.»

«Ich nehme auf mich, was der Herr über mich verhängt hat», erwiderte der Sohn. «Eine Klapper und ein Hut sind es, was sich nun für mich ziemt. Ich will die Menschen meiden und ihre Gesellschaft fliehen. Das nehme ich Gott zuliebe getrost auf mich. Möge der Herr euch und mich segnen.»

Den Eltern brach es fast das Herz, als er in sein graues Gewand schlüpfte, wie es die Aussätzigen tragen.

Drei Meilen etwa ging er in einen Wald, wo er in einer Felsenhöhle einen frommen Bruder antraf. «Guter Mann, woher kommst du?» fragte ihn dieser.

«Ich weiß es leider nicht», erwiderte der Kranke, «aber ich klage dir mein Leid und bitte dich, mir mit Rat beizustehen.»

«Du hast ein treues Herz», sprach der Einsiedler, «das erkenne ich wohl. Gott hat mir nun eingegeben, dir zu raten, nach Bayern zu ziehen. Da wird man dich freundlich aufnehmen. Es hat sich dort nämlich alles zum besten gewendet: Der junge Graf ist mit einer tugendhaften Dame verlobt, und sie wird ihm als Gattin eines Tages einen Knaben schenken. Wenn man ihm die Kehle durchschnitte und dich mit dessen Blut bestriche, so würdest du gesund.»

«Um Gottes willen nein, Bruder! Das käme mir nie in den Sinn. Gott segne dich, braver Mann, und bete für mich.»

«Laß uns füreinander beten», entgegnete der Einsiedler, und er fügte hinzu: «Fasse dich nur in Geduld, und du wirst wieder gesund werden. Deshalb nimm es nicht zu schwer. Und nun zieh weiter und bete für mich.»

Da faßte der Kranke wieder Mut. Er begab sich auf die Landstraße und zog weiter nach Bayern. Wegen des Aussatzes erkannte ihn niemand. Unterwegs hörte er, daß auf der Burg des Grafen das Hochzeitsfest gefeiert werden sollte, und sah, daß aus diesem Anlaß Herren und Knechte dorthin strömten. Manch ritterliches Turnier wurde bei dieser Gelegenheit ausgetragen. Viele tapfere Ritter sah man durch die Stadt hoch zur Burg reiten.

So gelangte der Aussätzige vor das Burgtor und sprach zu dem Wächter: «Willst du Gott einen Dienst erweisen, so laß mir den Sohn des Grafen kommen.»

Als der Torwächter dem Leprakranken ins Gesicht schaute, befiel ihn solcher Abscheu, daß er ihn am liebsten geschlagen hätte. «Was hat dich denn hierhergeführt?» herrschte er ihn an. «Du solltest doch die Menschen meiden! Dein Gesicht ist so häßlich und entstellt, daß man es nicht beschreiben kann.»

Da wurde der Kranke betrübt und sagte: «Ach, Gott, wodurch habe ich das verdient? Einst war ich hier hoch geschätzt, und nun? Was soll ich nur machen? Ich werde meinem Leben durch Ertränken ein Ende setzen!»

Aber Gott brachte ihn davon ab und lenkte ihn zum Burgtor zurück. Da kam ein Mitleidiger, den der Aussätzige jammerte, und der fragte ihn: «Was begehrst du denn, lieber Mann?»

«Bitte doch den jungen Grafen heraus.»

Da erkannte ihn der andere und sagte: «Warte, ich will dich melden!» Und er lief auch sogleich in die Burg und rief: «Junger Herr! Ich muß Euch etwas mitteilen. Tretet vor das Burgtor, so werdet Ihr dort Euren Herzbruder wiederfinden.»

Der Jüngling ließ auf diese Nachricht hin alles fallen,

was er in der Hand hatte, und lief, so schnell er konnte, vor die Burg. Da sah er wahrhaftig seinen Freund stehen. Er riß ihm den Hut vom Kopfe, umarmte und küßte ihn und legte seine Wange an die des Wiedergefundenen.

«Lieber Freund», sprach der Aussätzige, «laß mich weiterziehen. Die Leute nehmen Anstoß an alledem. Da ich dich jetzt wiedergesehen habe, will ich mich lieber davonmachen.»

«Nein», sagte der Graf, «du mußt hereinkommen. Wir wollen uns keinesfalls trennen.» Und damit zog er ihn mit sich in die Burg. «Du sollst wieder unser Statthalter sein wie früher, einen andern wollen wir nicht.»

Als der Graf und seine Gemahlin erfahren hatten, daß der Freund ihres Sohnes wiedergekommen sei, eilten sie zu ihm und umarmten ihn aufrichtig. «Was du leidest, das leiden auch wir», sprachen sie. «Leg deine Aussätzigenkleider ab, du sollst ebenso angezogen gehen wie wir. Was Gott dir zugefügt hat, das wollen wir dich nicht entgelten lassen. Du sollst dein Amt in unserem Lande wieder übernehmen, ja noch mehr Macht bekommen, und wem das nicht gefällt, der muß auch auf uns verzichten.»

Als das Hochzeitsfest beendet war, übernahm er also sein früheres Amt wieder und diente seinen Herren treulich. Davon sollte er Vorteil haben. Ehe nämlich ein Jahr vergangen war, brachte die junge Gräfin einen hübschen Knaben zur Welt. Der Vater war darüber hoch erfreut und alle bei Hof und im Lande mit ihm. Da fiel dem Aussätzigen ein, was der Einsiedler vorausgesagt hatte, und er dachte: «Möge Gott mir meinen Verstand bewahren, daß ich davon nicht anfange!»

Nicht lange danach ritten die beiden Freunde zur Beizjagd, und da gab es Gott dem Grafen ein, seinen Gefährten zu fragen: «Sag, du bist doch bisher viel herumgekommen, hast du denn nie jemanden, wer es auch sei, sagen hören, ob es für dich eine Aussicht auf Heilung gibt? Was es auch kosten mag, ich würde es mit Freuden für dich aufbringen.»

«Junger Herr, redet nicht über diese Sache. Wenn ich Euch daheim widerwärtig bin, so verlasse ich Euch gern jederzeit.»

«Nein, nein, so meine ich es nicht», sagte der Graf, und er bat ihn in aller Freundschaft, es ihn wissen zu lassen, wenn es einen Weg gebe, wieder gesund zu werden.

«Wenn du davon nicht Abstand nehmen willst», antwortete der Freund, «so müßtest du dein eigenes Kind umbringen und mich mit seinem Blut heilen. Dieses ist so edel, daß ich sofort gesund würde, wenn ich meinen Leib damit bestriche. Aber das will ich unter keinen Umständen, und ich bitte dich, nichts derartiges zu unternehmen.»

Und doch überlegte der junge Graf, wie er diesen Freundschaftsdienst zuwege bringen könnte.

An einem schönen Maientage nun veranstaltete er einen Ausritt zu einer kühlen Quelle, die in einem Wald in der Nähe der Burg lag. Er ließ Wein und gute Speisen dorthin bringen, und die Damen und Ritter des Hofes fanden im Freien herrliche Kurzweil, ein jeder nach seinem Geschmack. Der Graf aber war zu Hause geblieben und hatte abgewartet, bis alle hinausgezogen waren, so daß sich nur noch er und sein Freund in der Burg aufhielten. Diesen bat er, auf die Mauerzinne zu gehen, um von dort aus Wache zu halten, was auch geschah.

Aber das Kind und die Amme waren gleichfalls zurückgeblieben, und die Kinderfrau schickte er weg mit den Worten: «Die Gesellschaft hat noch etwas vergessen. Geh nur zur Quelle und trage es ihr hin.»

«Und wer paßt auf das Kind auf?» fragte sie.

«Das werde ich schon versorgen», erwiderte der Graf.

Danach verschloß er das Burgtor. Sein Kummer und sein Leid waren so groß, daß es niemand beschreiben könnte. Er fand sein Kind in der Wiege friedlich schlafend. «Wie schmerzt es mich doch, daß ich mein eigen Fleisch und Blut töten soll!» rief er in tiefstem Herzeleid zu Gott, indem er vor der Wiege auf die Knie fiel. Eine so herzzerreißende Klage wie die, die der Graf nun um sein Kind anhob, hat noch nie ein Mensch gehört. «O weh, heute und immerdar, daß ich dir – Christi Kreuzestod zu Ehren – deine Kehle durchschneiden muß!» sprach er zu seinem kleinen Sohn. Der erwachte darüber und lächelte ihn freundlich an.

«Ich bringe es nicht über mich, dir ein Leid zu tun, mein Liebling», sprach er und wand sich vor Seelenqual. «Lieber bringe ich mich selbst um. Heiliger Jakob, mein lieber Vater, denke daran, daß ich dein Sohn heißen darf, und bitte Gott darum, daß er an mir ein Zeichen geschehen läßt.» Das tat Sankt Jakob auch, und Gott schickte dem Grafen einen Engel, der ihm verkündete: «Töte deinen Sohn, es muß sein!»

«So will ich denn das Leid nicht achten und auch nicht die Rede der Menschen», antwortete der junge Vater. «Möge man es so auffassen, daß ich es aus Freundestreue getan habe.»

Damit schnitt er seinem Sohn voll inneren Widerstrebens die Kehle durch. Das Blut fing er in einem Tuch auf und rief seinem Freunde zu: «Bruder, komm schnell her!» Der eilte auch von der Mauerzinne herunter und mußte sehen, daß das Kind tot war. Er brach darüber in lautes Wehklagen aus. «Was hast du angerichtet? Was soll nun mit uns werden?» rief er. Voll Entsetzen sank er ohnmächtig zu Boden. Der Graf aber strich ihm sorgsam das Blut auf den nackten Leib. Daraufhin wurde er augenblicklich geheilt. Dieses Wunder kam von Gott.

Danach wusch der Vater sein Kind. «Und nun auf und davon», sprach er, «damit man uns hier nicht mehr antrifft. Denn dann wäre es um uns geschehen, selbst wenn wir eine ganze große Schar wären. Hole Sporen und Schwerter herbei und sattle uns die Pferde!» Dann beseitigte der Graf die letzten Blutspuren. «Ach, du junger Märtyrer», sprach er mit zum Himmel gewendetem Blick, «welches Herzeleid wird es geben, wenn deine Mutter dich so vorfindet!» Er küßte sein totes Kind, und das Herz brach ihm schier dabei. «Möge Gott sich deiner erbarmen!» sagte er. «Ich aber will die ewigen Qualen der Hölle auf mich nehmen.»

Damit trat er an seine Geldtruhe, langte ohne Zögern hinein und füllte Gold und Silber in einen Reisesack.

«Komm her, Bruder!» rief er, und jener eilte auch herbei, nahm den Geldsack in Empfang und schnallte ihn aufs Pferd. Dann saßen sie beide auf und ritten davon.

Der junge Graf war bedrückt. «Mein Gott, wie wird es mir ergehen?» seufzte er. Die Burg überließ er sich selbst. Er war von Herzen betrübt. «Ach, Ansehen und Besitz, Land, Burgen, Städte und Menschen, heute muß ich für immer von euch Abschied nehmen. O Gott, daß ich je geboren wurde! Meiner Freundestreue wegen muß ich nun bis an meinen Tod im Unglück leben. Niemals wieder werde ich es wagen können, einem unbescholtenen Manne ins Auge zu schauen.» So beklagte der Jüngling sein Unglück. «Das Heil meiner Seele ist dahin, sofern Gott nicht Gnade walten läßt.»

Da bemerkte der Graf, wie die Amme durch die Schlupfpforte die Burg betrat, um das Kind zu holen.

«Schnell weg, damit sie uns nicht antrifft», stieß er hervor.

Die Kinderfrau ging in die Burg hinein. «Heiliges Kreuz, ist denn niemand hier?» rief sie. Dann nahm sie das Kind auf den Arm und trug es voller Angst weg, ohne nachzuschauen, ob es lebendig oder tot sei.

Die zwei Freunde erschraken gewaltig. «Wir müssen weg!» Und schon stoben sie auf ihren Pferden davon.

«Bruder», sprach der Graf, «ich muß dir sagen, was immer mir wegen dieser Sache geschieht, von meinen Eltern und meinem lieben Weibe muß ich Abschied nehmen.»

«Mein Gott, was tust du damit!» erwiderte der Freund. «Du weißt doch ganz genau, daß es schlimm um uns steht. Laß uns fliehen, solange noch Zeit ist!»

«Wenn ich sie zuvor nicht noch einmal sehe, ist mir der Abschied eine Qual. Ich muß ihnen meine Kindes- und Gattentreue beweisen.» Mit schwerem Herzen lenkte er sein Pferd in Richtung der Quelle. «Wie es mir dort auch ergehen mag, Bruder», sprach er, «warte auf mich in der Nähe.»

Mit Freuden wurde der junge Graf von der Hofgesellschaft empfangen.

«Lieber Sohn, wo willst du denn hin?» fragten die Eltern, als sie ihn zur Abreise gerüstet erblickten.

«Ich muß zu einem Gerichtstag, um die Klagen unserer Landesbewohner anzuhören. Man hat jemanden ermordet, und ich muß darüber das Urteil sprechen.»

«Bleib doch bei uns», baten ihn seine Mutter und seine Gattin; aber er achtete ihre Bitte nicht. Da faßte der Vater den Zaum des Pferdes und fragte: «Wohin willst du denn bei dieser Hitze? Steig doch ab und setz dich zu uns.» Als sie so miteinander redeten, trug die Amme das Kind herbei. Der Graf erschrak zu Tode und dachte: «Soll ich denn hier auf der Stelle für meine Freundestreue büßen? Das möge Gott verhüten! O, Herr des Himmels, hilf mir aus dieser Bedrängnis! Und auch du, heiliger Jakob, vergiß mich nicht. Darum bitte ich dich bei der aufrichtigen Liebe, die Gott dir bezeigt, und bei deinem Schmerz am Gründonnerstag, als du keine Nahrung mehr aufnehmen wolltest, ehe du Christus nicht wiedergesehen hättest.» So inbrünstig betete er, daß man ihm seinen Kummer ansah. Auf ihre Reden antwortete er überhaupt nicht. Schließlich sank er ohnmächtig zu Boden. Das bereitete ihnen allen großes Weh, glaubten sie doch, er sei tot, denn sein Gesicht war leichenblaß.

«Schnell Wasser her», riefen sie, und nachdem sie ihm das Herz damit benetzt hatten, kam er wieder zu sich.

Inzwischen hatte Gott ein Wunder geschehen lassen; aber noch wußte man nichts davon. Denn die Treue, die der Graf seinem Freunde bewiesen hatte, achtete der Herr des Himmels nicht gering. Auch Sankt Jakob hatte seine Fürbitte bei Gott vorgebracht, und deshalb hatte er das Kind in der Wiege wieder zum Leben erweckt. Nun wurde es zu seinem Vater gebracht, dem man inzwischen Luft zugefächelt hatte. «Lieber Mann, küsse deinen Sohn», sprach die tugendhafte junge Gräfin, «das wird uns alle freuen.»

«Weh mir, Gott, laß mich von hier entkommen!» dachte er.

Das Kind lachte seinen Vater an, und da merkte er, daß es gar nicht tot war. Sein Herz wurde von unbändiger Freude erfüllt. Er sprang auf wie einer, dem nie Leid widerfahren ist. Er kniete nieder und sprach: «Gelobt sei der Herr, der hier ein Wunder vollbracht hat. Gelobt sei auch der heilige Jakob. Mir ist mein Glück zurückgegeben worden.»

Noch wußten die, die dabeistanden, nicht, was dem Kinde widerfahren war. Die Mutter des jungen Grafen fragte: «Mein Sohn, sprich, was war soeben mit dir?»

«Ihr werdet Leid und Freud zugleich erfahren, wenn ich das berichte.» Jedoch rief er zuerst nach dem Freunde. Der war voller Angst, denn er sagte sich: «Man wird es alles mir anlasten, und dabei wollte ich es doch gar nicht, dafür ist Gott mein Zeuge.» Darum ritt er voller Zagen zum Brunnen. Sogleich sah die Hofgesellschaft, daß er von seinem Aussatz geheilt war.

«Sag an, lieber Sohn», sprachen die Eltern, «wie ist er gesund geworden? Ihr beide seid von Unglück befreit, wie man sieht.»

«Ich will euch nichts verschweigen», erwiderte der junge Graf. «Vor kurzem erfuhr ich, wie mein Freund von seiner Krankheit geheilt werden könnte. Er hat mir das sehr widerwillig mitgeteilt, ja, ich habe ihm das als Freund gleichsam entlocken müssen. Er sagte, daß das Blut meines Kindes das Heilmittel für ihn sei. Da gedachte ich der Freundestat, die er damals an mir begangen, und ich wollte nicht zurückstehen. So habe ich für ihn mein eigenes Kind geopfert. Es hat ihm tiefen Schmerz bereitet. Ich habe ihn mit dem Blut meines Sohnes bestrichen, und sogleich wurde er gesund. Wenn ihr das nicht glauben wollt, so schaut das Kind nur an.» Und er berichtete ihnen haarklein, wie alles vorgegangen war. «An seiner Kehle muß man noch den Schnitt sehen.» Man schaute hin und entdeckte um den Hals tatsächlich etwas wie einen roten Faden. Auch das Kissen war von Blut befleckt. Da erkannten sie, daß es so war, wie er berichtet hatte. Die Mutter des Knaben war entsetzt. «O weh, daß ich mich nicht umbringe!» rief sie. «Mein Liebling, welch ein Kummer für mich! Hätte ich geahnt, daß du sterben solltest, ich hätte zeitlebens keinen Augenblick mehr Freude gehabt!» Allen war da recht ernst zumute, und allen flossen die Tränen. Inbrünstig dankten sie alle Gott. «Vater und Sohn, die beide schon tot waren», hieß es, «leben wieder, und der Freund ist vom Aussatz genesen. Laßt uns Gott zum Danke und dem heiligen Jakob zu Ehren einen Orden stiften.» Und wie man hört, konnten sie nicht anders, als ein prächtiges Kloster errichten, in dem man Gott diente. Es heißt Gnadau, und Gott und die Jungfrau Maria kamen im Geist über die, die darin einzogen. Es waren zum Teil Frauen, zum anderen Männer und Kinder, und Gott verlieh ihnen allen wegen ihrer Liebe zu ihm die ewige Seligkeit. Schon zu Lebzeiten galten sie als Heilige.

Nun hört, welchen Vorteil die Treue bringt. Freigebigkeit, Liebe und Demut, die der Mensch Gott zuliebe beweist, schätzt der Herr des Himmels mehr als allen irdischen Besitz. Wer sich Gott zuwendet und ihm treulich anhängt, den verläßt er weder auf Erden noch im Jenseits, dessen könnt ihr gewiß sein. Aufrichtige Liebe zu den Menschen war es, die Christus den Kreuzestod erdulden ließ. Durch sein Sterben als Mensch hat er uns die Liebe Gottes erworben. Die Treue habe ich euch gepriesen; nun wendet euch weg von aller Art Treulosigkeit.

Wem diese Erzählung zu Herzen gegangen ist, der gedenke um Gottes willen auch meiner, der ich sie nach fremder Vorlage in deutscher Sprache gedichtet habe. Kunz Kistener heiße ich, und was ihr an Gnaden von Gott erbittet, davon laßt auch mir etwas zuteil werden. Dadurch möge der Herr euer eigenes Glück mehren. Ihr tätet es nämlich nicht zu euerm Nachteil. Vielmehr höre ich die Priester sagen, daß man seine guten Werke der gesamten Christenheit zukommen lassen solle. Wenn ihr also meinen Namen nennen hört, so sollt ihr bekennen, daß ich, Kunz Kistener, diese Geschichte dem heiligen Jakob zur Ehre gedichtet habe. Und alle, die Sankt Jakob daheim oder auf einer Wallfahrt verehren, deren Fürbitte empfehle ich mich. Und ich selbst, heiliger Jakob, bitte dich, laß uns der gleichen Gnade teilhaftig werden wie die, die eine Pilgerfahrt zu dir unternommen haben.

Gott und Sankt Jakob, euch habe ich gepriesen. Hätte ich es noch besser vermocht, ich hätte es mit Freuden getan. Und damit ist die Erzählung zu Ende. Gott und der heilige Jakob mögen uns vor Kummer und Mühsal bewahren. Jedem, ob Mann oder Frau, der solches gern hört oder liest, mögen viele gute Jahre geschenkt werden – von Gott natürlich, denn die Welt kennt wahrlich nur üblen Lohn. Möge der Herr in seiner Gnade einst mir und euch in seinem Himmelreich ewige Freuden und das Heil der Seele gewähren!

## Die Roßhaut

In Bayern lebte einst ein Ritter, dessen Frau so hoffärtig war, daß sie – obgleich von viel geringerem Stande – ebenso kostbare Kleider tragen wollte wie die Herzogin. Dabei war ihr Gatte doch als armer Lehnsmann dem Herzog untertan und zu Diensten verpflichtet, und deshalb fand das Ansinnen seiner Frau sein äußerstes Mißfallen.

Die Herzogin ließ sich nun zu jener Zeit ein Gewand bestellen, das einen Wert von hundert Pfund hatte.

Da sprach die Rittersfrau zu ihrem Mann: «Wenn Ihr eine ansprechende Gattin haben wollt, so brauchte ich ein ebensolches Kleid wie die Herzogin.»

«Das steht uns nicht zu, selbst wenn wir es uns leisten könnten», antwortete der arme Lehnsmann, «wir dürfen uns nicht mit unseren Herren auf eine Stufe stellen wollen!»

Aber er fand kein Gehör bei seinem Weibe, sie bestand auf dem Kleid vom Werte des herzoglichen.

Da kam der kluge Ehemann auf einen Gedanken. Er besaß nämlich ein Pferd, das er für hundert Pfund gekauft hatte. Es war also genau so viel wert wie das Gewand der Herzogin. Dieses Pferd nun ließ er schlachten, ihm heimlich das Fell abziehen, so daß seine Frau nichts davon merkte, und ließ es sorgfältig aufbewahren. Dann sagte er zu seiner Frau: «Ich habe mich um ein Kleid für Euch bemüht. Das wird zum Feste fertig, und dann könnt Ihr darin zur Kirche gehen und Euch mit der Herzogin messen.» Das hatte er seinem Weibe vorher mitgeteilt, und sie verließ sich auf sein Wort.

Es kam der Tag heran, für den der Ritter seiner Frau das Kleid versprochen hatte, und sie fragte ihn: «Wann kommt denn nun mein Kleid?»

«Ganz gewiß morgen früh», erwiderte der Mann.

Am nächsten Morgen, als sich jedermann für den Kirchgang rüstete, sprach der Ritter zu seinem Weibe: «Nun aufgepaßt und das Pferdefell angezogen!»

«Wollt Ihr mich verspotten, oder was ist mit Euch los?» erwiderte die Frau.

«Mir ist es völliger Ernst und von Spott keine Spur, legt das Fell an, oder es geht Euch ans Leben!»

So zwang er seine Frau, in der Roßhaut hinter der Herzogin zum Gottesdienst zu gehen. Der Pferdeschwanz hing auch an ihrem «Kleid» herab, und es sah sehr sonderbar aus, so daß sich jeder verwunderte, was es wohl mit diesem Aufzug auf sich habe. Auf solche Weise mußte sie ihre Hoffart öffentlich büßen.

Der Herzog war jedoch so edel, daß er seinem Lehnsmann sogleich ein neues Pferd für hundert Pfund kaufte und für dessen Frau ein Gewand stiftete, wie es die Herzogin trug, so daß nun beide Frauen prächtig gekleidet waren.

Aber mit seinem klugen Einfall hatte der Ehemann

doch erreicht, daß sein Weib sich wandelte und die Hoffart in ihrem Herzen künftig keinen Raum mehr hatte.

Diese Geschichte könnte für manchen lehrreich sein, dem die Eitelkeit seiner Frau, die sich hervortun und über seine Mittel hinaus kleiden will, Kummer bereitet. Was eine tüchtige Frau auch trägt und wie sie zur Kirche geht, ob an der Spitze oder am Schluß des Zuges, man beurteilt sie doch vor allem nach ihren guten Eigenschaften, und wo edle Gesinnung ist, kommt es gar nicht erst dazu, daß sich eine vordrängt, die weiter nach hinten gehört. Die Weisen sagen über so eine: «Sie erkennt sich nicht selbst!»

Von einer aber, die ein solch unziemliches Vordrängen einer anderen gar nicht beachtet, werden alle sagen: «Anerkennung sei dieser edlen Frau, daß sie mit der andern, der hoffärtigen, nicht um den Vorrang gestritten hat. Das ist die Frucht ihres edlen Anstandes. Man kennt ja diese beiden Arten von Frauen.»

So verrät ein jeder, der sich überhebt, im Grunde nur, wes Geistes Kind er ist, meint der Teichner.

## Der kluge Konni

Ich sage euch – und das erweist sich alle Tage als wahr –,
daß einer, der all seinen Verstand darauf verwendet,
andere mit Worten zu überwinden und zu verspotten,
am Ende selbst mit Spott und Schande belohnt wird.
Wer aber Herz und Sinn darauf richtet, mannhaft und
redlich zu sein, dem wird Glück und Ansehen zuteil
werden. Die Wahrheit dessen will ich mit einer kleinen
Beispielerzählung erhärten, und ihr sollt daran erkennen,
daß ich recht habe.

Es lebte vor Zeiten ein mächtiger König, der eine
wunderhübsche Tochter hatte. Manch edler Herr sprach
von ihr mit Bewunderung, doch sie wollte nur einen
zum Manne, der äußerst klug wäre oder mit dem Mund-
werk so flink, daß er sie dreimal hintereinander an
Schlagfertigkeit überwinden könnte. Den wollte sie zum
Gatten nehmen. Alle Bewerber aber, denen es nicht gelang, im Redewettkampf mit ihr zu siegen, hatten ihren

Kopf verspielt. Auf solche Art hatte die Prinzessin schon manchen edlen und tugendhaften Ritter zu Tode gebracht.

Ich weiß nicht, wer ihr solche Gesinnung eingegeben hatte. Jedenfalls hatte niemand, so lange er sich auch auf die Redeschlacht vorbereitete, Verstand genug, ausreichend kluge Sprüche zu finden oder sich auszudenken und damit seinem Witz Genugtuung vor der Prinzessin zu verschaffen.

Nun hatte ein Bauer aus der Nähe einen Sohn namens Konni. Keine Frage, der war nach Gestalt, Kleidung und allem, was er tat, ein rechter Depp. In seinen Worten und Handlungen hätte keiner ein gröberer Bauer sein können. Er trat vor seinen Vater hin und sprach: «Vater, gib mir Geld, ich möchte an den Königshof gehen und höfischen Anstand lernen.»

«Die Pest müßtest du noch heute kriegen», erwiderte der Vater. «Wenn du zum Hofe willst, so kann ich dir wohl gleich einen Galgen aufrichten. Verschwinde und bleib mir damit vom Leibe! Möchte wissen, was die bei Hofe mit dir sollen!»

«Ob du schimpfst oder nicht, ist mir gleichgültig», sagte Konni, «dir fehlt sowieso alle Feinheit. Mag es laufen, wie es will, aber ich gehe zu Hofe, und vielleicht steht Gott mir bei.»

Er zog einen neuen Rock an, nahm vom Ofen ein Ei, bewahrte es an seiner Brust auf und wanderte übers Feld davon. Dabei fand er einen Zahn von einer Egge, der wie ein Nagel aussah, den steckte er in seinen Ärmel. Ihn trieb es zum Königshofe, und so lief er nun auch los.

Unterwegs traf er mit einem jungen Edelmann zusammen, der von herrlicher Gestalt war. Dieses Bild von einem Mann sprach zu Konni: «Grüß dich Gott, Gefährte.»

«Gott zum Dank», erwiderte Konni.

Der junge Mann ritt nahe an ihn heran und fragte: «Wohin willst du, Freund?»

«Zu Hofe, Herr.»

«Willst du mein Begleiter sein?»

«Gern», antwortete Konni.

Der junge Adlige war so stattlich, daß er keinen Augenblick daran zweifelte, die Prinzessin zu erringen, und wenn sie erst die Seine sei, so wollte er diesen Bauern als Narren behalten.

Als sie beide den Königssaal betraten, war er von edlen Damen und Herren angefüllt, von denen jeder den zierlichen Junker und den groben Bauernburschen betrachtete.

Nun muß ich leider einflechten, wie es drei stolzen Rittern zuvor ergangen war. Die hatten nämlich zu dieser Zeit als Freier ihr Leben eingebüßt, und man war der Prinzessin allgemein gram, daß sie so viele Bewerber ins Verderben trieb.

Der König sprach: «Ich habe sie dem zum Weibe gelobt, der sie im Wortgefecht besiegt; nur bin ich sehr verwundert, daß dies niemand vermag.»

Aber noch ließ man diese Angelegenheit auf sich beruhen. Vielmehr wurde das Abendessen aufgetragen, und man setzte immer zwei, die zusammen gekommen waren, an einen Tisch. So saßen der edle Junker und der Bauernlümmel Konni beisammen. Dieser führte sich auf, wie er es gewohnt war: Er nahm ein Stück Fleisch in eine Hand und das Brot in die andere. Dem adligen Jüngling stieg die Schamröte ins Gesicht; er nahm Konni das Fleisch aus der Hand und lehrte ihn, wie man an der Tafel essen müsse. Aber der wollte nicht gehorchen und sagte, ihm werde Gewalt angetan.

«Eßt», sprach er zu dem Junker, «so lange Ihr wollt; ich

aber gedenke mich richtig satt zu essen, denn ich brauche das.» Und er schlug sich so voll, daß er nur noch mit Mühe sitzen konnte.

Bald war die Zeit zum Schlafengehen herangekommen. Nun war es am Königshofe Sitte, daß immer diejenigen gemeinsam schliefen, die auch bei Tische zusammengesessen hatten, und so waren der Junker und Konni wieder beisammen.

Mitten in der Nacht begann Konnis Bauch gewaltig zu rumoren und zu kollern. Das kam davon, daß er beim Nachtmahl nicht genug hatte kriegen können. Wie er nun so im Bett lag und ihn das Grimmen quälte, schrie er: «Au, mein Bauch! Wo kann ich hingehen, um zu scheißen?»

«Ach, willst du an alledem etwa mir die Schuld geben?» sprach der Junker. «Halt es an, sonst brichst du dir draußen noch den Hals dabei.»

Aber Konni wußte sich zu helfen: Er nahm seine Mütze, schiß hinein, schnürte sie mit seinem Hosenträger zusammen und legte sie unter seinen Kopf. Das stank gottsjämmerlich, und der Junker war froh, als die Nacht um war.

In der Frühe stand der junge Herr auf, aber Konni blieb liegen, bis die Frühmesse vorbei war.

Danach führte man den hübschen adligen Jüngling zur Prinzessin, damit er sein Glück auf die Probe stelle. Aber die Verwünschte legte ihm so schwere Fragen vor, daß sie den Junker, den alle sehr lobten, besiegte, so daß ihm das Schicksal aller seiner Vorgänger zuteil wurde; er hatte sein Leben verwirkt.

Als er enthauptet worden war, kam die Reihe an Konni. Er war aufgestanden und hatte seine Mütze unter den Arm geklemmt. So führte man ihn zur Prinzessin. «Nun rede, so gut du kannst», riet man ihm.

«Ich weiß doch gar nicht, was ich sagen soll», antwortete er.

«Du sollst dich mit der Prinzessin ein wenig unterhalten.»

«Na schön», erwiderte Konni.

Zunächst betrachtete er die Prinzessin lange, und dann fragte er unverblümt so recht wie ein Bauer: «Frau, warum habt ihr denn so einen roten Mund?»

«Das muß so sein, denn in ihm brennt ein Feuer», entgegnete die Prinzessin.

«Wunderbar, dann kocht mir darin dieses Ei, das ich hier aus meinem Rock ziehe!»

Wenn er noch zwei solcher schlagfertigen Antworten wüßte, wäre er der Sieger.

«Du Narr, steck dir das in den Hintern», sagte die Prinzessin.

«Ein Ei kriege ich nicht hinein, aber das geht besser», und damit zeigte Konni den Zahn von der Egge. Das war sein zweiter Erfolg.

Die Prinzessin geriet in Zorn und verlor die Beherrschung. «Das ist alles Scheiße!» rief sie.

Das war Konnis Glück, denn er zückte seine Mütze, schnürte sie vor allen Leuten auf und sprach: «Hier ist sie, von mir hineingezaubert!»

Damit hatte er die Prinzessin im Redewettkampf zum dritten Male besiegt, und laut rief jeder: «Unsere Prinzessin muß den Bauern, der wie ein Narr aussieht, zum Manne nehmen!»

Der König konnte nicht umhin, seine Tochter, um derentwillen mancher edle Ritter sein Leben verloren hatte, Konni zur Frau zu geben. Wie man den Bauern da allgemein aufnahm, weiß ich nicht; ich weiß nur, daß es viele gab, die über dieses Mißgeschick der Prinzessin, derentwegen so viele geköpft wurden, recht froh waren.

Deshalb rate ich euch, enthaltet euch des Spottes; denn es kommt immer wieder vor, daß Spötter selbst Opfer des Spottes werden. So erging es auch unserer Prinzessin. Die hätte einen Mann von hoher Abkunft haben können, wäre sie nicht von stolzem, hochfahrendem Sinn gewesen. Spottet nur in dieser oder jener Richtung, so werdet ihr schon sehen, daß es manchem zum Schaden ausschlägt. Das kann euch diese Geschichte lehren, die Heinz der Kellner euch zuliebe erzählt hat. Gott verleihe uns Verstand und gewähre uns seinen Beistand, damit wir seine Huld erwerben, wie es uns geboten ist.

## Der dankbare Lindwurm

Ich las einmal, ein hochangesehener König hatte einen Hofbeamten namens Guido. Dieser ritt einst über Land, wurde im Walde von der hereinbrechenden Dunkelheit überrascht und stürzte in eine Grube, die er nicht bemerkt hatte. Das bereitete ihm starken Verdruß.

In der Grube befand sich aber schon ein anderer, ein Lindwurm nämlich, der am Tage da hineingefallen war.

Dem Ritter gelang es trotz aller klugen Anstrengungen nicht, aus dieser Falle wieder herauszukommen. Der Lindwurm hatte sich erschreckt in eine Ecke zurückgezogen und der Ritter in eine andere. So verbrachten sie in Furcht voreinander die Nacht.

Als es nun Tag geworden war, kam ein Bauer, der im Walde Holz holen wollte, mit seinem Karren und fuhr auf die Grube zu. Guido bemerkte ihn und war sehr froh, daß sich ein Helfer zeigte. Er bat den Bauern, ihm aus der Grube herauszuhelfen. Er solle ganz gewiß eine gute Belohnung dafür bekommen, und er wolle für den Bauern auch beim König um Huld und Beistand bitten. Der Bauer aber sprach zu dem Hofmann: «Edler Herr, ich kann keinen Augenblick länger von meinen armen Kindern wegbleiben, denn sie leiden großen Hunger. Wenn ich mit meinem Holz nicht bald zurück bin, so werden sie umkommen. Ich kann mich deshalb nicht aufhalten.» Aber der in der Grube sprach: «Das kannst du nicht machen! Befreie mich aus dieser Notlage, und ich will es dir mit Gold lohnen. Auch der König wird es dir danken, dessen Verwalter ich bin. Wenn du mir hilfst, soll es dein Schade nicht sein, und damit hilfst du ja auch deinen armen Kindern.»

Der Bauer erhörte schließlich sein Flehen, stieg von seinem Karren herunter und warf ein starkes Seil in die Grube hinab. Das nutzte der Lindwurm aus; er stürzte auf das Seil zu und wand sich an ihm aus der Grube heraus, froh, daß er dem Gefängnis entronnen war.

Der Ritter bat nun den Bauern, auch ihm das Seil zuzuwerfen, damit er sich retten könne, und der tat das auch. Als der Hofbeamte befreit war, sprach er: «Du hast mir einen großen Dienst erwiesen. Komm morgen zum Hofe, da will ich dir dafür meinen Dank abstatten.» Und damit trennten sie sich.

Nun paßt auf, wie es weitergeht. Am Tag darauf ging der Bauer zum Königshof, in der Hoffnung, von dem Ritter empfangen zu werden. Er fragte nach ihm, und schließlich bat er einen da bei Hofe, er möge zum Verwalter des Königs gehen und ihm seine Ankunft melden. Er sei derjenige, der ihm aus seiner Notlage geholfen habe, als er in die Grube gestürzt war. Der Mann tat, worum er gebeten wurde; er ging zu dem Verwalter und sagte ihm, daß der Bauer gekommen sei.

«Diesen Bauern habe ich nie gesehen», sprach der Ritter da. «Ich weiß nicht, wer das sein sollte. Sage ihm auf der Stelle, daß ich ihn nicht kenne. Und er bekommt von mir auch nichts.»

Der Höfling ging zu dem Bauern zurück und richtete ihm aus, was ihm der Ritter als Antwort aufgetragen hatte. Der Bauer aber bat ihn, noch einmal zu ihm zu gehen und ihn zu bitten, sich an seine bedrängte Lage zu erinnern. Denn wenn er nicht gekommen wäre, so hätte ihn der Lindwurm gewiß umgebracht. Das alles erzählte der Hofmann dem Verwalter, aber der antwortete wie früher schon und fügte hinzu: «Ein Narr ist dieser Bauer! Ich habe ihn nie zuvor gesehen.» Und das wurde dem Bauern wiederum ausgerichtet. Dieser bat zum dritten Male, man möchte den Verwalter doch um Gottes willen ersuchen, einmal selbst herauszukommen, dann werde er ihn gewiß wiedererkennen. Der Höfling war ein gutmütiger Mensch und brachte dem Verwalter auch das vor. Da geriet dieser in Wut, und zornig gab er den Befehl, den Bauern mit Knüppeln vom Hofe zu jagen, wenn er nicht endlich aufhöre, nach ihm zu fragen, denn er habe mit ihm nichts zu schaffen. Dieser Befehl wurde auch ausgeführt, und der Bauer wurde tüchtig durchgebleut. Ohne Belohnung kehrte er nach Hause zurück. Seine Frau hatte seine Rückkehr kaum erwarten können, glaubte sie doch, der adlige Herr würde sich dankbar erweisen. Aber nichts war's damit. Vielmehr sah sie ihren Mann verdrossen heimkommen, ohne einen Pfennig und obendrein noch geschlagen. Da brach sie in lautes Wehklagen aus. Ihre Kinder hatten nichts zu essen, weder Brei noch Brot, denn sie lebten alle in bitterster Armut.

Nun geschah es, daß der Bauer in demselben Jahr wieder an die Grube im Walde kam, aus der er dem Verwalter geholfen hatte. Da näherte sich ihm plötzlich der

Lindwurm, der damals auch mit gefangensaß, und als er an den Bauern herangekommen war, ließ er einen kostbaren Edelstein aus seinem Rachen fallen. Darauf verschwand er. Der Bauer hob den Stein auf. Er gefiel ihm sehr, und er war hoch erfreut.

Er ging damit zu einem, der sich auf Edelsteine verstand, und bat darum, ihm zu sagen, welche besonderen Eigenschaften die Stein habe. Dieser Kenner von Edelsteinen beschaute das Stück und fand, daß es erstaunliche Kräfte besitze. Sogleich sagte er zu dem Bauern: «Dieser Stein ist so beschaffen: Wer ihn sein eigen nennt, der wird reicher an Gold und Silber als alle anderen, und außerdem macht er seinen Besitzer beliebt bei allen Menschen.»

Als der Bauer das hörte, war er hoch erfreut, nahm den Stein wieder an sich und lief mit ihm nach Hause. Da wurde er so reich, daß sich jeder wunderte, woher denn das alles auf einmal gekommen sei. Einige hatten sogar den Verdacht, er habe gestohlen oder geraubt. Die einen nahmen Gutes, andere wieder Schlimmes an.

Auch dem König kam es zu Ohren, daß dieser Bauer, der vormals bettelarm war, plötzlich zu Reichtum gekommen sei. «Wenn das wahr ist», sprach er, «so bringt den Bauern zu mir, damit ich unverzüglich erfahre, wodurch er so reich geworden ist.»

Sogleich wurde der wackere Bauer vor den König geführt, und der fragte ihn, was es mit dieser Sache auf sich habe. Da berichtete ihm der Bauer den Vorfall mit dem Verwalter und dem Lindwurm und wie jener ihn bei Hofe abgefertigt habe, als er sich dort eingefunden.

Als der König das hörte, ließ er sofort seinen Verwalter rufen und fragte ihn, ob es sich so verhalte.

«Ja», erwiderte dieser. «Ich wage es nicht zu leugnen, daß sich alles so abgespielt hat, wie der Bauer es erzählt.»

«Ich merke wohl», entgegnete der König auf dieses Eingeständnis hin, «daß dein Herz voller Untreue und Schlechtigkeit ist. Dieser Mann hat dir geholfen, und du hättest ihm dankbar sein und ihn dafür belohnen sollen, daß er dich gerettet hat. Du aber hast das nicht getan. Darum verlierst du nun in Schanden all deinen Besitz und deine Stellung an meinem Hofe, denn dir fehlt jeder Sinn für sittliche Verpflichtung. Den, der dir geholfen hat, hast du zum Lohn dafür prügeln lassen! Dafür wirst du jetzt gestraft und gehst all deiner Macht verlustig. Deine Undankbarkeit führt dich nun selbst ins Elend.»

Erkennt daran, daß ein jeder dem gegenüber, der ihm eine Wohltat erwiesen hat, dankbar sein soll. Ist er das nicht, so geschähe ihm ganz recht, wenn es ihm so erginge wie diesem Verwalter, der den armen Bauern, durch den er aus der Grube gerettet wurde, mit schnödem Undank belohnte und dafür alles verlor, was er besaß. Der König wußte jedoch zu würdigen, daß der Lindwurm, dem es ja an Verstand fehlt, sich dennoch seinem Wohltäter dankbar erweisen wollte; er hatte seine Notlage, als er in lebensgefährlicher Gefangenschaft war, nicht vergessen, und deshalb hatte er den Bauern mit dem Edelstein belohnt, der ihm großen Reichtum brachte.

Das zeigt auch, daß Gott jede gute Tat auf Erden zu lohnen weiß. Deshalb sollten wir uns alle bemühen, Gutes zu tun; dann wird auch uns der Lohn des Herrn nicht ausbleiben.

Und ein Weiteres lehrt mich diese Geschichte: daß nämlich keine Untreue ungerächt bleibt. Daran denke ein jeder und handle danach, wenn er auf den rechten Lohn aus ist.

## Der Rosenbusch

**W**as sich doch oft für Sonderbarkeiten ereignen, die kaum zu glauben sind! Eine, von der ich weiß, will ich berichten, denn ich habe sie miterlebt. Ehrlich und ungelogen!

Ein Fräulein hatte sich einen schönen Kräutergarten angelegt. Den liebte sie sehr und pflegte ihn mit Hingabe, sorgte auch dafür, daß nirgendwo etwas in ihn eindringen konnte. Edle Gewürzpflanzen und Kräuter schätzte sie über alle Maßen. Auch einen Busch mit weißen Rosen hatte sie darin aufgezogen, der war so groß geworden, daß er zwölf Rittern Schatten geboten hätte. Er war ringsum von einem Reif eingeschlossen und mehr als mannshoch. Unter ihm aber wuchsen edle Kräuter und Gras. All das hatte das Fräulein sich zur Augenweide angelegt. Um selbst immer schön zu bleiben, stellte sie aus den wertvollen Kräutern und auch aus den weißen Rosen Wässerchen her.

Nun hatte das liebliche Kind eine feste Gewohnheit. Allmorgendlich, noch ehe die Sonne aufgegangen war, trat sie aus ihrer Schlafkammer splitternackt in den Garten hinab und besprengte sich unter dem Busch mit einem Glas Rosenwasser.

Einmal war ich heimlich gekommen, um Rosen zu stehlen, doch war mir das nicht möglich. Ich sah nämlich durch einen Spalt im Zaun, wer in dem Garten war. Und da erlebte ich etwas sehr Seltsames.

Wenn es mir das Fräulein erlaubte, würde ich es ja erzählen, denn es war wirklich etwas ganz Außergewöhnliches, das sich da ereignete. Wollt ihr, daß ich's euch berichte? Oder meint ihr, ich sollte es lieber für mich behalten? Dann würde ich's natürlich tun, denn dem Wunsch edler Frauen und Männer soll man nachkommen.

Freilich wünschte ich, keiner möge sagen, die Geschichte tauge nichts. Doch glaubt mir, merkwürdige Begebenheiten *muß* man einfach erzählen.

Ich will zuvor nur noch eines erwähnen: Man weiß ja, daß es viele Kräutlein gibt, die, legt man sie einem Stummen in den Mund, diesen wie jeden anderen Menschen zum Reden befähigen. Das erwies sich auch bei dem Fräulein. Als sie nämlich wie gewohnt mit dem Gläschen Rosenwasser in der Hand in den Garten ging und sich unter den Rosenbusch setzte, um sich damit zu besprengen, vermochte es doch plötzlich ein solches Würzkraut, daß die Scham des Fräuleins zu sprechen anfing und zu ihrer Herrin sagte: «Am ganzen Leibe pflegt Ihr Euch, nur ich werde vernachlässigt, denn mir erweist Ihr weder Ehre noch sonst etwas Gutes.»

Das Fräulein schaute an sich herab und antwortete ihrem Ding: «Dich habe ich ja noch nie reden hören. Sag an, wie ist es dazu gekommen, daß du sprechen kannst?»

«Ich habe ein Würzkräutlein zwischen meinen Lippen, und es bewirkt, daß ich Euch im Augenblick alles sagen kann, was mich bewegt. Ich finde das nämlich nicht richtig, daß Ihr Euern Leib so pflegt, und ich habe nichts davon, zumal man Euch ja allenthalben nur meinetwegen so liebt. Denn hättet Ihr mich nicht, so würde man Euch recht wenig beachten.»

«Wie sollte das möglich sein, daß man mir nur deinetwegen den Hof machte? Daran glaube ich nicht. Sagen die Männer nicht immer, sie schauten mich gern an, weil ich so schön bin, und daß sie mich deshalb so verehren? Und du kannst glauben, das sei alles nur deinetwegen? Ich dagegen bin überzeugt, daß man alles andere tun würde als dich loben, wenn man dich nur anschaute. Denn du bist doch braun und struppig, und das über einen Teil des Leibes hin. Es triebe mir die Schamröte ins Gesicht, sollte jemand dich betrachten. Du siehst nicht so aus, als ob man mich deinetwegen verehrte.»

Dem Ding – das könnt ihr mir glauben – sträubten sich vor Zorn die gekräuselten Haare, und es sprach zu seiner Herrin: «Es mag ja sein, daß man Euch gern anschaut, weil Ihr so schön seid. Aber meine braune Farbe steht mir auch nicht übel. Ein jedes hat sein Aussehen, und wenn es zu ihm paßt, soll man es loben. Ich bin nun einmal von Natur aus braun und struppig, bedecke einen Teil des Unterleibes und habe einen Hügel, das gehört einfach zu mir dazu. Und Euch, Herrin, ist es bestimmt, liebreizend und von edlem Wuchs zu sein und eine rosige Haut zu haben. Doch all das ist einzig und allein meinetwegen begehrt. Glaubt Ihr denn, meine Liebe, daß Euch Eure Schönheit allein etwas einbrächte? Man würde sich vom Dienst ‹um Eurer Schönheit willen› gewiß schnell zurückziehen; denn eine Frau mag noch so schön sein, hat sie nichts zwischen den Beinen, so taugt ihre ganze

Schönheit keinen Pfifferling. Ihr aber wollt mich beiseite drängen und in der quetschenden Enge unter Euren Kleidern verstecken. Dabei habt Ihr alle Eure Verehrer nur mir zu verdanken. Leider habe ich nichts davon; nicht die kleinste Spange hast du, um mich damit zu schmücken.»

Die Jungfrau schaute an sich herunter und erwiderte zornig: «Pfui über dich! Hör auf zu keifen! Sollte ich meinen Schmuck bei dir da unten anlegen? Wie würde mir das anstehen? Scher dich weg, du Gottverhaßte, du verdammtes schwarzes Wesen, struppiger als ein Meerungeheuer! Du bist ja widerlich. Hör bloß auf, mich weiter zu belästigen! Weiß Gott, ich kann auf dich eher verzichten als du auf mich! Dein Gezeter hat dir nur Schaden gebracht, ich bin mit dir Widerlichen und Scheckigen fertig! Das möchte ich doch sehen, ob man mich oder dich lieber hat.»

Unter Tränen trennten sich da die Frau und ihr Ding. Dieses, nunmehr selbständig, zog zu einer grünen Wiese, die liebreizende Jungfrau aber begab sich in Gesellschaft.

Nun wollte ein Student, der dem Fräulein schon lange den Hof gemacht hatte, die Liebe mit ihr genießen, und sie gab seinem Flehen nach in der Absicht, festzustellen, ob er ihr um ihrer Jugend, ihrer Schönheit, ihrer Sittsamkeit oder um ihres Dings willen gewogen sei. Der Student merkte aber bald, daß es zwischen den Beinen der Jungfrau öde aussah. Er beklagte sich, daß er im Werben um ihre Liebe so viel Zeit vertan hatte, und er hielt damit auch nicht hinterm Berge, daß dem Fräulein das Wichtigste fehle. Da nannte man sie überall die Dingslose und zeigte mit Fingern auf sie und sagte: «Schaut nur, das ist die, die eigentlich gar keine richtige Frau ist!»

Überall aber, wo sie mit Männern zusammentraf, wendeten diese die Augen von ihr; sie war einfach Luft für sie. So wurde ihr von allen nur noch Verachtung zuteil, und sie war so niedergeschlagen, daß sie am liebsten gestorben wäre.

Nun will ich euch erzählen, wie es dem Ding erging. Wo immer es auftauchte, behandelte man es mit Geringschätzung. Man hielt es nämlich für eine Kröte. Oft ging es in Männergesellschaft und hoffte, daß man es freundlich anspreche; aber man trat es nur mit Füßen. Es wurde dadurch ganz verzagt und sprach zu sich selbst: «O weh, welche Unbill ist mir widerfahren und wie töricht war ich, als ich mich von meiner Herrin trennte. Bei ihr ist es mir besser ergangen. Recht hatte sie! Jetzt muß ich nichts als Schmach erdulden. Ich will sehen, daß ich das Wohlwollen des Fräuleins wiedergewinne.»

Auch das Fräulein litt – wie ihr gehört habt – sehr unter der Verachtung der Menschen und dachte oft: «Könnte ich doch mein Ding wiederbekommen! Das wäre für mich das größte Glück.»

So ging sie einmal aufs Geratewohl zu dem Kreuzweg, an dem sie und ihr Ding sich getrennt hatten. Da kam auch gerade das Ding über die Wiese gekrochen, und beide begrüßten einander voll Freude. Sie waren glücklich, sich wiederzufinden, und beide klagten sich gegenseitig ihr Leid, wie sehr man sie verachtet habe.

Kurz darauf bat mich die Jungfrau zu sich und sprach: «Nun rate mir. Es ist mir traurig ergangen. Mein Ding war mir abhanden gekommen. Jetzt habe ich es zwar wieder, aber ich wüßte doch gern, wie ich das den Männern kundtue. Und dann gib mir noch einen guten Rat – du verstehst dich doch auf so was –, wie ich mein Ding mit Klugheit behalten kann, damit es mir nicht wieder entwischt.»

Da riet ich der Schönen, daß sie keinesfalls versäumen dürfe, ihr Ding an ihrem Leibe festzunageln. Sie bat mich inständig, daß ich das für sie erledigen möchte, und ich tat, worum sie mich bat: ich nahm die Struppige, setzte sie an die richtige Stelle, die mir bekannt war, trieb sogleich einen Nagel hinein – und fortan blieb sie dort.

Einem jeden Manne, der ein Weib hat, das er liebt, rate ich, es ebenso zu tun: er nagle ihr das Ding an den Leib, damit es niemals entweichen kann. Andernfalls steht es übel um die Liebe!

## Die Liebesprobe

Ach, wie selten findet man doch einen Mann, der sich im Garten wahrer Liebe, wo vollkommene Aufrichtigkeit und treuer Sinn zu Hause sind und wo es keine Hinterhältigkeit gibt, recht zu bewegen weiß. Die meisten pflanzen prahlerisch ihr Banner auf, an dem man doch sofort erkennt, daß hier in Liebesdingen unstreitig die Falschheit mit Heeresmacht angerückt ist.

Das mußte auch eine Dame erfahren, die bei Hofe in so hohem Ansehen stand, daß es jeder für ein Unglück hielt, dem es nicht vergönnt war, sich mit ihr zu unterhalten. Sie war von ausnehmender Schönheit und für die Liebe wie geschaffen. Manch tapferer Ritter versuchte denn auch, sie zu erobern, aber es fehlte ihnen allen meist an der nötigen Beständigkeit und Treue. Immer, wenn die Dame geglaubt hatte, den Rechten gefunden zu haben, mußte sie am Ende erfahren, daß dessen Herz in Wahrheit falsch und untreu war.

Einst kam sie zu einem Hoftag. In ihrer Begleitung befand sich ihre Nichte, die ebenfalls sehr schön war. Zu der sprach sie: «Ich habe darüber nachgedacht, wie du hier als Frau handeln sollst, und bin zu folgender Erkenntnis gekommen: Deine Schönheit wird dir manches Leid bringen; ich selbst habe das an mir erfahren. Wenn ein Mann dich zur Geliebten begehrt, so verspricht er dir das Blaue vom Himmel. Dann sag ihm, wie du ihn dir im tiefsten Herzen wünschst. Stelle ihm um deinetwillen eine Aufgabe. Übernimmt er sie freudig und erfüllt sie, so taugt er zum Geliebten für dich.»

«Fürwahr, ich bin gesonnen, ganz nach diesem Rat zu handeln», erwiderte die Nichte.

Beim Tanze nun schwamm ihr Herz in Seligkeit darüber, daß sie so vielen Männern gefiel. Ein Ritter warb um ihre Liebe und bestürmte sie geradezu. Sie aber sprach: «Ich will Euch zwar nicht zurückstoßen; aber ich verspreche Euch auch nichts. Wenn Ihr meine Liebe für die Zukunft erringen wollt, so unternehmt eine Fahrt nach England, auf der Ihr Euch als Ritter bewähren könnt. Wenn Ihr zurückkommt, so will ich Euch mitteilen, was ich inzwischen beschlossen habe, ob ich Euch zu- oder absage.» Und sie nannte ihm einen Zeitpunkt, zu dem er sich wieder einstellen sollte. «Ich bin es zufrieden», entgegnete der Ritter und zog zuversichtlich von dannen.

Da warb beim Tanze schon ein anderer keck um ihre Gunst. Er glaubte, sein Glück sei vollkommen, daß er mit ihr ins Gespräch gekommen war. Ihn bedrückte etwas schwer, und er sagte: «Fräulein, folgt mir, ich möchte ganz aufrichtig und freundschaftlich mit Euch reden.»

«Ach, was ist denn das, worüber Ihr so freundlich mit mir sprechen wollt? Ich höre Euch an, sofern es schicklich ist, was Ihr mir zu sagen habt.»

«Wolltet Ihr, schönes Jungfräulein, mich allezeit von Herzen lieben, so würde auch meine Liebe zu Euch bei Tag und Nacht nicht mehr ruhen.»

«Wenn Ihr, edler Herr, so beständig seid, daß Ihr mich fest in Euerm Herzen bewahrt, dann rüstet Euch zu einer Fahrt ins Preußenland.» So schickte sie auch ihn wohlbedacht hinweg.

Nicht lange danach erblickte ein junger Ritter sie in der Schar der Frauen. Er ließ ihr alle seine Aufmerksamkeit zuteil werden; sie erschien ihm wie das strahlendste Weiß neben dem finstersten Schwarz. Er dachte: «Wenn ich erst ihre Bekanntschaft gemacht habe und ihr meine Liebesworte ins Ohr flüstern kann, so habe ich die höchsten Freuden erlangt.» Er sann hin und her, wie er es anstellen könnte, und schließlich faßte er Mut und setzte sich zu ihr in die Fensternische.

«Ich bedaure es, edle Jungfrau», sprach er, «daß Euer Herz nicht von der Liebe erfüllt ist. Da uns Gott aber hier vereint hat, so erlaubt es mir, daß ich in den Dienst um Eure Liebe trete. Ich gelobe Euch, daß ich nur darauf aus sein werde, Eure Huld zu erlangen, was auch immer geschehen mag.»

«Auf Liebe verstehe ich mich nicht», entgegnete sie; «aber wollt Ihr – falls ich das richtig sehe – Euch in der Hoffnung erhalten, sie einst zu erringen, so unternehmt eine Ritterfahrt übers Meer. Wenn ich dann spüre, daß Euer Herz frei ist von aller Untreue und Ihr mir gegenüber von größter Beständigkeit seid, so will ich Euch meine Gunst zuwenden und Eurem Herzen die Freuden der Liebe bescheren.»

Wie die beiden andern gelobte er, nach ihrem Willen zu handeln.

Ihrer Tante, die ihr geraten hatte, sich so zu verhalten, brachte die Jungfrau alsbald die Nachricht, sie habe drei

Ritter, die sich alle um ihre Liebe beworben hätten, auf die Fahrt geschickt, und sie fügte fröhlich hinzu: «Wir wollen sehen, welcher von ihnen sich anders besinnt und abtrünnig wird.»

Als der Hoftag zu Ende war und die beiden Frauen wieder heimwärts zogen, fragte die Tante frei heraus: «Für wann hast du sie denn alle wieder bestellt?»

«Übers Jahr», erwiderte das edle Fräulein.

Nun paßt auf, welche Schlauheit die ältere der beiden Damen an den Tag legte. Als das Jahr vergangen war, riet sie ihrer Nichte nämlich klug: «Leg dich hin und tue so, als seiest du krank. Ich denke nämlich: Denjenigen, der dich aufrichtig liebt, erkenne ich sicher daran, ob er angesichts deiner Krankheit schwankend wird oder nicht. Auf diese Weise wollen wir den Richtigen heraus-finden.»

Der erste Ritter stellte sich ein, und die Dame empfing ihn, in einen schwarzen Mantel gehüllt, klagend am Bett der Jungfrau.

«Was ist mit ihr geschehen?» fragte der Ritter. «Laßt sie mich sehen.»

«Ach, meine Freude ist dahin, sie ist aussätzig.»

Erschreckt fragte der Ritter: «Wann hat denn das be-gonnen?»

«Noch nicht sehr lange, aber es ist ganz abscheulich!»

«Dann möchte ich sie lieber nicht anschauen», sagte der Ritter, «der Herr möge Euch segnen, edle Frau, gehabt Euch wohl, gegen den Willen Gottes kann man nichts machen.»

Damit eilte er fort, und die Jungfrau im Bett begann herzlich zu lachen. «Der war nichts für dich», sprach ihre Tante. «Mit ihm wärest du ja schön gefahren. Ei, wie der sich in Sehnsucht nach dir verzehrt hat! Beim leichtesten Straucheln ist seine Treue schon zerbrochen. Seine Be-

ständigkeit ist gerade so fest wie die Schale eines Hühner-
eies.»

Bald kam auch der zweite. Sobald die Tante es erfahren hatte, befahl sie ihre Nichte wieder ins Bett und ließ
einen Vorhang davor anbringen. Sie selbst nahm einen
Schleier vors Gesicht und empfing den Ritter mit
schmerzerfüllten Gebärden der Hände. Er trat auf sie zu
und fragte sie, was ihr widerfahren sei. Sie sprach: «Mein
bitteres Leid will kein Ende nehmen. Hattet Ihr nicht die
Bekanntschaft meiner Nichte gemacht?»

«Gewiß», erwiderte der edle Ritter.

«Ach, Gott sei's geklagt, sie ist vom Aussatz befallen
und liegt dort in diesem Hause. Der Herr möge dem vergeben, der sie in diesen Zustand gebracht hat. Denn all
das kommt daher, daß sie sich der Liebe nicht hingeben
konnte.»

«Das zielt auf mich», dachte der Ritter, «aber hat sie
sich so übermäßiger Liebessehnsucht überlassen, so soll
sie auch den Schaden davon tragen. Wäre sie nicht krank,
so sollte sie mir lieb und teuer sein.» Er sprach aber: «Ich
bedaure sie sehr. Sie war so hübsch, fein und unbekümmert. Ich gestehe, daß ich sie liebte. Ach, wie gern sähe
ich sie!» Da öffnete die Tante ein bepinseltes Fenster, er
trat ein wenig näher, um hineinzuschauen und hielt sich
vor dem Gestank im Krankenzimmer die Nase zu. Seine
Liebe war geschwunden. Es reute ihn, sie angesehen zu
haben, und er kehrte sogleich um. «Wäre das vielleicht
gut, wenn ich aus Liebe zu ihr angesteckt und ebenfalls
krank würde?» dachte er und sprach: «Gott segne Euch,
liebe Frau, aber ich muß schleunigst ein reinigendes Bad
nehmen.» Damit eilte er hinweg.

Die Tante aber sagte: «Aus ist's mit der Liebe! So also
ist es mit diesen beiden gelaufen; nun laß uns sehen, wie
groß die Liebe des dritten ist.»

Und es dauerte gar nicht lange, da nahte der letzte. Er hatte im Dienste des Fräuleins ritterliche Taten vollbracht und wollte nun sein Glück auf die Probe stellen, wollte erfahren, welche Gesinnung seine Minnedame ihm gegenüber hege. Wertvolle Geschmeide und Kleinodien hatte er ihr als Geschenke mitgebracht.

Die Tante empfing den jungen Ritter ehrerbietig und freundlich und bat ihn, auf einer Bank Platz zu nehmen. Höflich dankte er ihr. Sie achtete nun darauf, was er sagen würde, und als erstes fragte er: «Wo ist das edle Fräulein? Tanzt sie noch immer so gern?»

«Wollt Ihr Gott verspotten? Wäre es doch so, daß niemand von ihrem Leid wüßte!»

«Ist sie etwa tot?»

«Es ist leider nur wenig besser um sie bestellt, steckt sie doch in des Unglücks Falle. Sie darf sich nicht unter die Menschen begeben und muß außerhalb ihrer Gemeinschaft leben.» Den Ritter erfüllte bitterer Schmerz, und er sprach: «Liebste Frau, führt mich zu ihr, damit ich sie sehe; dann werde ich Euch ewig Dank wissen.»

«Seht Ihr dort», fragte die Tante, «dieses Fensterchen? Da hindurch reiche ich ihr die Nahrung an einer Stange. Sie ist so von der Krankheit befallen, daß selbst ich mich nicht mehr in ihre Nähe wage. Sie verbreitet einen Gestank, daß Ihr das nicht ertragen werdet.»

«Und wenn ich davon selbst krank werden sollte», erwiderte er, «ich muß zu ihr hinein!» Er war mannhaften Sinnes. Als sie das erkannte, ließ sie ihn ein und führte ihn zu dem Bett. Er rührte die Jungfrau an und sprach: «Eure Krankheit bereitet mir tiefen Schmerz. Könnte ich Euch dadurch gesund machen, so wollte ich noch viele Ritterfahrten für Euch auf mich nehmen!»

«Was Gott will, das werde ich erdulden», erwiderte sie sanftmütig. «Tretet nur zurück. Wozu sollte es gut sein, wenn Ihr Euch auch noch ansteckt. Mir wäre damit jedenfalls nicht geholfen.» Er aber umarmte sie voll Kummer und klagte: «Ach Gott, warum hast du mich so vergessen? Ich hatte auf Glück gehofft, edles Fräulein, Ihr wart mir nie aus dem Sinn geschwunden; aber nun, da Ihr in solches Leid gekommen seid, glaube ich, daß ich bis an meinen Tod keine Freude mehr kennen werde.» Von Schmerz überwältigt, schwieg er.

Da sprach die Tante zu dem jungen Ritter: «Nun schaut Euch die Jungfrau doch einmal richtig an, wie es um sie steht. Sie sieht nicht gerade wie eine Aussätzige aus, sondern eher so, als ob sie Euch noch recht glücklich machen könnte.» Damit öffnete sie ein Fenster, und im Bett saß seine Geliebte, hübsch, mit schön geflochtenem Haar und gesund. Als der Ritter sie so erblickte, da wußte er sich vor Freude kaum zu lassen. Er eilte an ihr Bett, umarmte sie freudig bewegt und drückte sie liebevoll an seine Brust. «Oh, Fülle meines Glücks! Ihr seid gesund, meine Liebste?» rief er aus. «Ach, wie habt Ihr mich in Schrecken versetzt. Aber Euer frischer roter Mund bringt mir die Freude zurück.» Und das ließ sich das Fräulein denn auch gern gefallen.

Die Tante aber sprach zu ihrer Nichte: «Dieser sei dein Liebster, denn sein Herz kennt keine Falschheit, ihm ist nichts Böses zuzutrauen. Gott möge euch beide glücklich werden lassen.»

Für den Ritter hatte sich das Leid nun in Freude verwandelt, und auch dem Fräulein war Glück widerfahren. Sie war übrigens von unübertroffener Schönheit.

Als sie wieder an den Hof kam, erblickte sie auch die beiden anderen Bewerber um ihre Liebe; aber sie verweigerte ihnen jeden Gruß. Ihrem Ritter gelang es, die beiden Ungetreuen im Turnier vom Pferde zu stechen; die Liebe des Fräuleins hatte ihn dazu beflügelt. Am

Ende wurden die beiden ein glückliches Paar. Wäre doch manch andere Frau, deren Gunst ein Mann mit einem ungetreuen Herzen leichthin zu erringen sucht, ebenso klug wie diese! Es gereichte allen zum Vorteil, die wankelmütigen Männern allzuleicht vertrauen und jene Betrüger nicht durchschauen, die zarten Frauen nur oberflächlich den Hof machen. Von denen ist keine wahre Liebe zu erwarten; ihr Herz rennt im Zickzack wie der Hase. Sagt mir, was dem geschehen soll, der euch eure weibliche Ehre stiehlt, und er soll es haben!

Ihr Frauen, richtet eure Liebe nur auf diejenigen Männer, die ihrer auch würdig sind. Diesen aufrichtigen Rat gibt euch Fröschel von Leidnitz.

## Bürgermeister und Königssohn

Wer Bildung und feine Sitten erwerben will, der sollte nicht zu Hause bleiben, sondern sich vornehmen, eine bestimmte Zeit in einem fremden Lande zu verbringen. Da wird ihm manches begegnen, Angenehmes wie Unliebsames; aber das alles bewirkt doch, daß er sich im weiteren Leben besser vor Schaden bewahren kann, als wenn er nie aus seinem Heimatort herausgekommen wäre. Denn das Sprichwort lügt nicht:

> Zu Hause nur erzogne Kinder
> sind gewiß die reinsten Rinder.

Schaut euch doch die hohen Herren an – die schicken ihre Söhne auf die Universitäten, ohne daß sie etwa die Absicht haben, sie zu Pfaffen zu machen. Nein, sie sollen dort Anstand und männliche Tüchtigkeit lernen und etwas erleben, und all das sollen sie mit Hingabe tun und dadurch Erfahrung sammeln.

Nun hörte ich, daß der König von Frankreich einst seinen wohlgesitteten Sohn auf die Hohe Schule zu Erfurt schickte. Aber niemand – das müßt ihr mir glauben – erkannte ihn da, denn er gab sich nicht als Prinz zu erkennen.

Er lebte allerdings seinem Stande entsprechend aufwendig, und auch der süßen Liebe entrichtete er mit Vergnügen seinen Zoll. Er war oft bei den Frauen zu sehen, aber alles geschah doch in Ehren.

Es hatten sich aber zu dieser Zeit in der Stadt Diebe zusammengefunden, die nachts tüchtig stahlen und großen Schaden unter den Bürgern anrichteten. Sie brachen Vorratskeller und Verkaufsläden meisterlich auf, und jedermann hätte gern gewußt, wer die Täter waren. Es bereitete den Bürgern großen Kummer, daß man sie nicht ertappen konnte.

Doch berieten die Ratsherren lange, wie man der Sache unverzüglich auf den Grund kommen und der Diebe habhaft werden könne.

Einer von ihnen sprach: «Nun hört, was ich denke. In unserer Stadt lebt doch vor aller Augen ein Student, der sich Diener hält, und doch weiß niemand, welcher Abkunft der eigentlich ist. Er lebt mit ziemlichem Aufwand, aber woher hat er das alles, um ein solches Leben zu bestreiten, das einem Fürsten Ehre machen würde? Ich vermute, er hängt mit einer ganzen Bande zusammen, die nur auf unseren Schaden aus ist. Man sollte ihn fragen, wer er ist, daß er so vornehm leben kann, und woher er das Geld dazu nimmt. Ich fürchte nämlich, daß es aus unseren Schränken stammt.»

Diese Rede fanden alle gut, wenn ich die Wahrheit sagen soll. Und so brachten sie den edlen Prinzen von Frankreich in bösen Verdacht, die Diebstähle begangen zu haben, obwohl daran kein Gedanke sein konnte.

Man zögerte nicht lange und kam überein, daß der Bürgermeister, der ein kluger Mann war, zu dem Studenten gehen und die Sache mit Anstand und auch ein wenig scherzhaft zur Sprache bringen sollte. Der Bürgermeister übernahm das auch, und er traf den jungen Herrn in der Kirche bei der Messe. Da sprach er zu ihm: «Mein Herr, vom inneren und äußeren Rat der Stadt bin ich beauftragt, Euch aufzusuchen und Euch bei dem Anstand und Eurer Ehre zu fragen, was es mit Eurem Aufwand, den ihr macht, für eine Bewandtnis hat und welcher Abkunft Ihr seid. Nehmt diese Frage nicht übel und in aller Freundschaft auf. Aber wer Euren Lebenswandel betrachtet, der von feinem Anstand und von Ehrenhaftigkeit geprägt ist, erkennt doch unstreitig, daß Ihr von bester Herkunft seid. Darum: Gebt Euch zu erkennen, und es wird Euch mancherlei Ehre zuteil. Viele werden Euch fortan zu Diensten sein, die sich heute noch Euresgleichen dünken. Dies also möchten die Herren des Rates in Freundschaft und ohne jede böse Absicht jetzt von Euch erfahren.»

Der Prinz senkte den Kopf und schaute den Bürgermeister an. «Was soll das?» dachte er. Und er sagte zu ihm: «Das ist ja sonderbar. Habt Ihr in Euerm Rathaus denn nichts Wichtigeres zu tun, als festzustellen, aus welcher Familie ich stamme? Das dünkt mich nicht besonders klug. Laßt mich doch sein, wer ich will, und richtet Euern Sinn auf andere Dinge, die der Stadt größeren Nutzen eintragen. Meine Abkunft verrate ich niemand. Wer ich bin, das weiß Gott allein, und mehr sage ich nicht.»

«Herr, ich will Euch ja nicht in Verlegenheit bringen mit meiner Rede», erwiderte der Bürgermeister freundlich, «und ich bin – bei Gott! – davon überzeugt, daß Ihr aller Ehren wert seid. Und auch meine Ratsherren wollen ja nichts anderes als gute Freundschaft mit Euch. Aber wenn Ihr ihnen schon nicht verraten wollt, wer Ihr seid, so seid doch wenigstens so aufrichtig, zu sagen, woher Ihr das Geld bekommt, das Ihr hier in Erfurt zusammen mit Euren Dienern so aus dem vollen verbraucht. Ihr seid bestimmt ein Fürst. Wenn Ihr uns das wissen ließet, so könnte ich Euch versichern, daß man Euch viel ehrenvoller behandelte als zuvor.»

«Dennoch sage ich Euch nicht, wer ich bin», antwortete der Prinz. «Aber macht Euch nur keine Gedanken um das Geld, das ich hier verbrauche, und um meine aufwendige Lebensführung. Ich lebe ohne alle Sorgen, denn mein Lohn, den ich aus allen Häusern dieser Stadt jede Woche empfange – das gestehe ich Euch frei, und ich bitte, daß Ihr mir das nicht verargt –, der ist mir sicher. Mir zahlt nämlich jede Frau freudig und ohne Versäumnis in der Woche ein halbes Pfund Pfennige und jede Hausmagd die Hälfte. Darum habe ich Geld im Überfluß. Sollte ich da nicht ein aufwendiges Leben führen? Es gehen ja wöchentlich rund hundert Pfund oder mehr bei mir ein.»

Diese Rede flößte dem Bürgermeister keinen geringen Schrecken ein. Unverzüglich verließ er den Studenten.

Diese Nachricht war für ihn ein schwerer Schlag. Er eilte zu seinen Ratsherren und berichtete ihnen, was er von dem jungen Herrn erfahren hatte. Da waren sie alle mit ihrer Weisheit am Ende. Vorbei war's mit ihrem Großtun, und jeder wünschte, es wäre nie dazu gekommen, Nachforschungen über diesen Studenten anzustellen.

Kurze Zeit darauf trug es sich zu, daß der Bürgermeister daheim mit seinem Weibe zusammensaß, die seines Herzens ganze Freude war. Da sah er den hübschen Studenten über den Platz kommen, und er mußte insgeheim lächeln. Das bemerkte seine Frau.

«Nun, mein Geliebter», fragte sie, «was hat dein Lachen zu bedeuten?» – «Das kann ich dir nicht sagen.»

Aber die Frau wollte die Ursache auf der Stelle erfahren. Mit ihren schneeweißen Händen faßte sie ihren Gatten unters Kinn und führte seinen Mund zu dem ihren.

«Dein Lächeln verrät mir etwas, und ich möchte wissen, worum es sich handelt!»

Da der Mann merkte, daß es seiner Frau damit ernst war, sprach er: «Siehst du dort den Jüngling in der Gruppe von Studenten? Der kriegt wöchentlich mit Gewißheit von jeder Hausfrau unserer Stadt ein halbes Pfund Pfennige. Auch die Mägde sind nicht knauserig und zahlen die Hälfte. Das bringt er alles durch sein Liebesspiel zuwege.»

«Pfui über ihn», rief die Bürgermeisterin sogleich, «wer sich solcher Dinge rühmt, der sei auf immer entehrt! Nicht für einen halben Pfennig wollten ich und meine Magd ihm zinspflichtig sein!»

Bei sich aber dachte sie: «Wie kommt es bloß, daß der Bursche so träge ist und mich vergessen hat? Warum verzichtet er auf die Einnahmen von mir?»

Und sogleich wurde in ihrem Herzen die Liebesbegierde entfacht. Sie lenkte ihre Aufmerksamkeit auf den jungen Mann und gab ihm das auch mit allem Anstand zu verstehen, so daß er von den süßen Pfeilen ihrer Liebe verwundet wurde. Da ergriff sie beide eine große Neigung zueinander. Das gefiel dem Bürgermeister gar nicht, und er ahnte nach dem, wie sich sein Weib benahm, nichts Gutes. Er erkannte, daß er zuviel geredet hatte. Eines Tages ritt er aus und ließ seine Gattin allein im Hause zurück. «In drei Tagen werde ich zurück sein», sprach er zu ihr und zog davon.

Kaum war ihr Mann fort, sann das treulose Weib, ihrer Herzensbegierde folgend, darauf, wie sie den Studenten, den sie so liebte, zu sich ins Haus bringen könnte. Sie hatte eine verständige Magd, die ihr treu ergeben war. Ihr vertraute sie sich an und schickte sie zu dem Jüngling mit der Bitte, ihm auszurichten, er möge doch ihre Herrin in ihrer Kemenate besuchen, denn ihr Mann sei nicht anwesend. Als der Student das vernahm, war er hoch erfreut, und sogleich schlich er sich zu der Geliebten. Das waren Freuden und Wonnen zwischen den beiden, mehr als ich zu sagen vermag! Sie hatten zeitlebens kein größeres Liebesglück erfahren. Die Frau ließ schließlich für beide in einem großen Zuber ein Bad richten, und beide setzten sich unbekümmert nackt hinein.

Inzwischen war aber der Bürgermeister heimlich zurückgekommen. Er hatte wohl begriffen, daß da etwas nicht stimmte. Aber er beging keine Torheit, denn er war ein kluger Mann, der sich darauf verstand, seine Schande nicht gerade an die große Glocke zu hängen. Ohne Begleitung betrat er den Raum, in dem seine Gattin mit dem jungen Herrn im Bade saß. Und nun paßt auf! Er entbot ihnen seinen Willkommensgruß. Der Student und die Ehefrau waren zu Tode erschrocken, und mit Recht. Denn sie dachten nicht anders, als daß ihr letztes Stündlein gekommen sei. Aber der Hausherr sprach: «Erschrick nicht, meine Liebe. Biete dem Gast nur alles, was er mit Fug erwarten darf. Ich werde euch jedenfalls nichts zuleide tun.» Damit nahm er die Kleider der beiden und schloß sie in einen Schrank ein. So war der Bürgermeister seines Gastes sicher, denn er war ja nackt. Mit der freudigen Kurzweil des Studenten war es da jedoch mit einem Male vorbei. Der Hausherr aber sprach zu ihm: «Macht Euch nur keine Sorgen, ich krümme Euch kein Haar. Seid nur meiner Frau recht zu Diensten.» Er verließ den Raum und verriegelte die Tür von außen. Das jagte dem edlen Gast erneut Schrecken ein, fürchtete er doch, daß ihm der Ehemann weitere Schwierigkeiten bereiten wollte, indem er Verwandte und Freunde herbeiholte. Doch nichts von alledem geschah. Vielmehr brachte der Bürgermeister seinem Gast Speisen und guten Wein, damit er sich's nach dem Bade, wie es Sitte ist, wohl sein ließe. Die beiden saßen aber noch immer im Zuber und fühlten sich wie in Schachmatt-Stellung. Ihnen war nicht nach Essen und Trinken zumute. Zu sehr waren ihnen Furcht und Scham in die Glieder gefahren. Doch der Ehemann wiederholte: «Bei meinem Wort, euer Leib und euer Gut sind nicht in der geringsten Gefahr.» Er reichte den beiden ihre Kleider, und sie konnten sich anziehen. Dann wurden der Gast und die Ehefrau gebeten, am Tisch Platz zu nehmen. Wildbret und wohlschmeckender Fisch wurden aufgetragen, der Hausherr setzte sich zu ihnen und forderte sein Weib auf: «Nimm dich des Gastes an, ermutige ihn, schenke ihm ein und sorge dafür, daß es ihm an nichts mangelt. Er hat um deinetwillen solche Aufmerksamkeit verdient.»

Darauf sprach der Prinz: «Eure Würde und Eure Ehre sind unangetastet, ich habe sie nicht beschmutzt. Wenn Ihr mich hier auch in einer bedenklich scheinenden Lage angetroffen habt, so ist Euch doch nicht der geringste Schaden geschehen, in aller Aufrichtigkeit gesagt!»

«Ich bitte Euch freilich, mein lieber Gast», erwiderte der Bürgermeister auf diese Worte, «daß Ihr mich künftig in meinem Hause nicht mehr mit Euren Besuchen beschwert. Was aber den Liebeslohn angeht, von dem Ihr mir erzählt habt, so sollt Ihr ihn dennoch pünktlich jede Woche bekommen, ein halbes Pfund Pfennige für meine Frau und die Hälfte für unsere Magd.»

Und bei Gott, damit zog er sein Säckel und zahlte dem Studenten auf der Stelle fünf Schillinge und ein halbes

Pfund Pfennige aus, für sein Eheweib und für die Diene-
rin. «Nehmt es nur hin», sprach er, «das ist der Liebes-
zins, den Ihr künftig wöchentlich bekommen sollt. Den
will ich Euch leichten Herzens regelmäßig und für
immer entrichten. Dafür tut mir aber den Gefallen, nie
mehr wie dieses Mal in mein Haus zu kommen.»

«Bester Herr, Euer Haus soll mit keinem Zins für
Gattin und Magd belegt werden», antwortete der Gast.
«Es wäre mir auch sehr unangenehm, wieder zu Euch zu
kommen, es sei denn, Ihr lüdet mich dazu ein. Nun habt
Ihr mich unlängst etwas gefragt, was mich sehr verdrossen hat, nämlich, welcher Herkunft ich sei und woraus
ich die Kosten für meine aufwendige Lebensführung be-
streite. Ich habe Euch darauf die Antwort verweigert
und sagte ein wenig überheblich, es solle sich niemand
darum kümmern, wer ich sei und wie ich meinen Unterhalt bezahle; ich bekäme aus jedem Hause dieser Stadt
mein Geld. Niemand solle sich wundern, daß ich solch ein
Leben führen könne, da mir doch jede Ehefrau wöchentlich ein halbes Pfund Pfennige gebe, und jede Magd fünf
Schillinge dazu. Das habe ich zwar im Übermut gesagt,
aber wahr ist es nicht. Nun will ich in aller Freundschaft
und zum Zeichen unserer Aussöhnung nicht mehr wie
bisher verschweigen, wer ich eigentlich bin. Und Ihr
sollt auch erfahren, woher das Geld stammt, das ich hier
in Erfurt ausgebe. Es wird Euch alles nicht weiter in Er-
staunen versetzen, denn ich habe Besitztümer, Würden
und Ansehen von Gottes Gnaden. Ich bin nämlich der
Sohn des Königs von Frankreich. Mein Vater hat mich
hierher geschickt, damit ich Bildung und edle Sitten erwerben solle.»

Als das der Bürgermeister hörte, war er heilfroh, daß
er dem Fürsten gegenüber nicht übereilt gehandelt hatte.
Er erhob sich und verneigte sich voll Anstand vor dem

Prinzen. Aller Zorn, jede Mißstimmung waren von ihm gewichen.

Da sprach der junge Prinz: «Verehrter Gastgeber, mein lieber Freund, Ihr sollt künftig für alle Zeit in meinem Lande gefördert werden. Denn ich weiß, daß Euch Eure Handelsgeschäfte auch nach Frankreich führen. Nun habt Ihr Euch mir gegenüber als edel erwiesen, und das soll Euch zum Vorteil gereichen. Von mir sollt Ihr Handelsfreibriefe bekommen, die Euch mein Vater bestätigen wird. Kommt Ihr dann in meine Heimat, so sind Euer Leib und Gut vor jedem Schaden bewahrt. Ferner, wo immer Ihr Euch dort bewegt, sollt Ihr weder Geleitgeld noch Zoll zahlen. Nehmt dies zum Zeichen meiner Huld.»

Dafür dankte ihm der Hausherr von Herzen, und ein jeder war des Ausgangs froh. Alles, was sich nach Taten und Worten ereignet hatte, kehrte sich in Freundschaft um. Auch die Ehefrau wurde von ihrem klugen Manne in keiner Weise bestraft. Der hatte die Angelegenheit so verschwiegen geregelt, daß nicht einmal das Gesinde oder die Kinder etwas bemerkt hatten. So schieden er und der Prinz in Freundschaft voneinander, nicht ohne daß dem Hausherrn der versprochene Freibrief ausgestellt worden war. Das wurde auch dem König von Frankreich mitgeteilt, und er wurde gebeten, ihn seinerseits anzuerkennen und zu bekräftigen. Außerdem berichtete der Prinz seinem Vater in einem ausführlichen Brief die ganze Geschichte von Anfang bis Ende.

Der Erfurter Bürgermeister aber trachtete in Zukunft danach, recht viele Waren aus Frankreich zu beziehen. Das mehrte seinen Reichtum und sein Ansehen. Daß er so gesittet und klug war, dem Fürsten nichts zuleide zu tun, zahlte sich für ihn prächtig aus.

Wer gütig ist und sich so in der Gewalt hat, daß er

seinem Zorn nicht die Zügel schießen läßt, der handelt weise und dem hat Gott damit vorzügliche Eigenschaften verliehen. Wer aber unüberlegt zu jähen Handlungen neigt, der soll den Esel reiten und warten, bis sein Zorn verraucht ist, so kann er keinen Fehler machen und behält wenigstens das Seine. Andernfalls könnte er in arge Bedrängnis geraten. Denn hätte der ehrbare Bürgermeister dem Königssohn ein Leid zugefügt, so hätte ihn das leicht zugrunde gerichtet. So aber kam er durch den Prinzen zu großem Vorteil und konnte auf Erden nur um so bequemer leben.

Gott verleihe uns die ewige Seligkeit!

# Wilhalm von Orlens

Von jeher hat man Fürsten Lob und Ehre gezollt, sofern
sie es verdienten. Wem von ihnen es freilich an Tüchtigkeit und Ansehen gebrach, von dem hat man weniger
singen und sagen hören als von einem Landstreicher, das
könnt ihr mir glauben.

Wenn ihr mir nun eure Aufmerksamkeit zuwenden
wolltet, so würde ich euch von einem Fürsten erzählen,
dessen Ruhm durch alle Lande eilte. Im ritterlichen
Kampf wie auch auf der Jagd war er vortrefflich. Es
handelt sich um Wilhalm von Orlens.

Eines Tages kündigte er einem bekannten Fürsten,
nämlich dem Herzog Friedrich zu Rhein, in gewaltigem
Zorn und Groll den Frieden auf, und beide Gegner führten zu dem festgesetzten Kampftermin eine große Heerschar heran. Herr Wilhalm hatte aber, klug, wie er war,
dreitausend Ritter und Knappen aus seiner Streitmacht
nicht sogleich in die Schlacht geworfen, sondern sie

noch zurückgehalten. Sie sollten so lange warten, bis die anderen sich müde gekämpft hatten, und sollten dann mit verhängtem Zügel und eingelegter Lanze in die Schar der Feinde einbrechen. Er vertraute darauf, daß ein abgekämpfter Mann einem ausgeruhten gegenüber kaum siegen kann.

Die Fürsten waren mit ihren Heeren auf einem weiten Felde gegeneinander angetreten. Einen halben Tag hatten sie schon gekämpft, und mancher Held war bereits gefallen. Während sie noch immer grimmig fochten, drang Wilhalms zurückgehaltene Schar feindselig auf den Gegner ein und vernichtete ihn. Herzog Friedrich ergriff die Flucht, denn alle seine Mannen waren erschlagen. Er hatte ein so prächtiges Pferd, daß er damit gut und gern hätte entkommen können, aber Herzog Wilhalm setzte ihm nach und jagte ihn über Stock und Stein. Keinem war aufgefallen, daß sich die Fürsten vom Schlachtfeld entfernt hatten. Da man sie nicht erblicken konnte, glaubte man schließlich, sie hätten beide den Tod gefunden. Aber ich will euch berichten, wie es sich in Wahrheit verhielt.

Als Herzog Friedrich nämlich floh, verfolgte ihn Wilhalm bis in dessen Land. Auf ihrem Ritt kamen sie an eine Stadt. Friedrich flüchtete sich hinein, und sein Verfolger setzte ihm nach. Hinter ihnen aber schlossen die Bürger die Tore. Sie waren natürlich auf der Seite ihres Herrn und kamen ihm zu Hilfe. Dabei wurde Herr Wilhalm von Orlens im Kampfe vom Pferd gestochen. Aber Herzog Friedrich war so großmütig, daß er sich schützend über seinen Feind stellte. «Liebe Herren», sprach er, «handelt nicht übereilt gegen diesen Mann. Ich will euch, Gott sei mein Zeuge, zeitlebens von allen Abgaben befreien, wenn ihr ihn verschont.»

Aber die Wut der Bürger war so groß, daß sie Herrn

Wilhalm, einen Ritter, der seinesgleichen nicht fand, dennoch erschlugen. Das kam, weil sie viele der Ihren in der Schlacht verloren hatten. Damit bereiteten sie ihrem Herrn, dem Herzog Friedrich, argen Schmerz. Aber es war ihm nicht gelungen, die Tat zu verhindern. Auf diese Weise also verlor Wilhalm sein Leben. Zu dieser Zeit aber war dessen Gattin schwanger, und in tiefstem Schmerz brachte sie ihr Kind zur Welt. Es war ein Knabe.

Da schickte Herzog Friedrich seinen edelsten Knappen zur Witwe seines ehemaligen Feindes und bat darum, daß sie ihm, der den Tod des Vaters nicht hatte abwenden können, den Sohn des Erschlagenen überlassen möge, damit er ihn aufziehe. Es solle sie niemals gereuen, denn um des edlen Wilhalm willen wolle er sich des Kindes mit aller Aufrichtigkeit annehmen. Die Frau überlegte lange, entschloß sich dann aber, das Kind dem Fürsten zu schicken, in der Hoffnung, daß er dem Knaben den Schmerz, ohne Vater aufwachsen zu müssen, ersparen möge. Als der junge Fürst ein Jahr alt geworden war, schickte sie ihn heimlich an den Hof Herzog Friedrichs. Das Kind war so zart und fein, daß man ihm seine hohe Abkunft ansehen konnte; es hieß gleich seinem Vater Wilhalm. Es hätte keinen hübscheren Knaben geben können als ihn. Er wußte es natürlich nicht anders, als daß Friedrich sein Vater sei, und dieser zog ihn auch so auf, als wäre er sein leiblicher Sohn. Bei Hofe wagte ebenfalls niemand anders zu tun, als wäre Wilhalm des Herzogs eigenes Kind.

Als der Knabe nun sieben Jahre alt geworden war, wurde ihm ein Lehrer bestimmt, der ihn in allem unterweisen sollte, was er lernen mußte. Der junge Fürst ging aufs feinste in Silber und Gold gekleidet. Als er das dreizehnte Lebensjahr erreicht hatte, kamen eines Tages zwei kunstfertige Musikanten an den Hof, die dort für Lohn aufspielen wollten. Als sie den Knaben sahen, sprachen sie leise: «Ob das Kind wohl die Lücke ausfüllen wird, die durch den Tod seines Vaters gerissen ist? Nach Geist und Verstand, aber auch nach Gestalt, Gesicht und Haarfarbe gleicht es ihm ja durchaus.»

Der Knabe hatte diese Worte aber gehört. Er nahm die beiden beiseite und forschte sie nach seinem Vater aus.

«Edler junger Herr», antworteten sie ihm, «derjenige, der Euch aufzieht, ist nicht Euer leiblicher Vater.»

Damit gab sich Wilhalm jedoch nicht zufrieden. «Ich habe euch fragen hören, ob ich meinen Vater wohl ersetzen würde. Wenn ihr mich liebt, so sagt mir, bei meinem Eid, die volle Wahrheit und verschweigt mir nichts.»

«Lieber junger Herr, wenn Ihr wissen wollt, wer Ihr seid, so sagen wir Euch: der Sohn eines Fürsten. Herr Wilhalm von Orlens, ein Ritter, dem es keiner gleichtat, ist Euer Vater. Er fand den Tod, als Eure Mutter mit Euch schwanger ging, und der Herzog, der Euch aufzieht, ist schuld daran, daß er sterben mußte. Euer Vater war ihm zu kühn nachgeritten, und Herr Friedrich konnte seinen Tod nicht vereiteln. Aus diesem Grunde hat er Euch zu sich genommen, um Euch für den Verlust Eures Vaters zu entschädigen. Das glaubt er seinem Ansehen als Fürst schuldig zu sein, obgleich er dazu nicht verpflichtet wäre. Denn Euer Vater hat ihm innerhalb kurzer Zeit zehntausend tapfere Ritter und Knechte im Kampfe erschlagen.»

Als Wilhalm das erfahren hatte, trat er vor seinen Ziehvater hin und sprach: «Edler Fürst, ich bitte um die Erlaubnis, Euern Hof verlassen zu dürfen. Mir ist nämlich zu Ohren gekommen, daß Ihr nicht mein leiblicher Vater seid und mich nur aufzieht, obgleich Ihr mir das nicht schuldig seid. Ich möchte daher in aller Form um meinen Abschied bitten.»

«Mein lieber Sohn, wer hat dir das gesagt, daß du nicht mein Kind seist?» fragte Herzog Friedrich. Er hätte ihm das gern ausgeredet, so daß er von seiner Fahrt Abstand genommen hätte.

«Nein», erwiderte Wilhalm. «Ich weiß alles, auch dies, daß mein Vater erschlagen worden ist, während meine Mutter mit mir schwanger ging. Ihr könnt an der Sache nichts ändern; ich bin genau unterrichtet.»

«Du hast leider recht», entgegnete Herzog Friedrich, und er bat den Jüngling, um der Ehre seines Vaters willen an seinem Hofe zu bleiben. Er wolle ihm nach seinem Tode sein ganzes Land vererben.

Wilhalm antwortete aber darauf sehr verständig: «Ihr habt mir größte Aufrichtigkeit erwiesen, und wo ich auch bin, überall und zu allen Zeiten will ich Euch als meinen Vater ansehen. Nach all meinen Kräften werde ich Euch künftig zu Diensten sein.»

Herzog Friedrich vermochte es nicht, den Jüngling zu halten. So rüstete er ihn mit Roß und Harnisch aus, und dann nahm der stolze Wilhalm Abschied von seinem Pflegevater.

Auf seiner Fahrt kam der junge Fürst auch an den Hof des Königs von England. Nach Ritterart mit elf Begleitern, die alle unter zwanzig Jahre alt waren und die ihm Herzog Friedrich mitgegeben hatte, der an dem Tode von Wilhalms Vater schuldig war, zog der edle, stolze Jüngling in die Burg ein. Er begab sich unverzüglich zum König und bat darum, in dessen Dienst treten zu dürfen. Das wurde ihm auch gewährt, und er erwies sich dieses Vertrauens würdig. Im Turnier wie im Krieg, ja bei allem, was er unternahm, zeigte er sich so ritterlich, daß keiner ihm gleichkam. Deshalb waren alle des Lobes über ihn voll.

Nun hatte das Königspaar eine Tochter, die war so

schön, daß es darin keine andere Frau mit ihr aufnehmen konnte. In die verliebte sich Wilhalm. Alles, was er an ritterlichen Taten vollbrachte, geschah insgeheim ihr zuliebe. Auch sie war ihm gewogen, schenkte ihm Gold und Silber und ließ ihn in Samt und Seide kleiden. Er machte der Prinzessin in aller Aufrichtigkeit beständig den Hof und warb um sie, aber sie ging nicht darauf ein. Dabei mochte sie ihn von ganzem Herzen. All sein Scherzen und sein Liebesspiel nahm sie freundlich auf, aber zu mehr war sie nicht zu bewegen. Sie war ihm geneigt, aber von fester Bindung wollte sie nichts wissen und wollte nur in edlem Anstand und unter Wahrung ihrer Ehre mit ihm Umgang pflegen, mehr nicht. Eines Tages nun trat er vor sie hin und sprach: «Edle Prinzessin, wenn Ihr mir nicht versprechen wollt, mich zu Eurem Gatten zu nehmen, so werde ich künftig weder einen Bissen noch einen Schluck zu mir nehmen, und sollten mir darüber Leib und Seele zugrunde gehen.»

«Mein lieber Wilhalm», antwortete sie darauf, «laß davon ab, so etwas tut man nicht, und vergiß die Angelegenheit schnell wieder. Wenn dich der Hunger überkommt, so wirst du schon essen, und wenn dich der Durst quält, dann trinkst du gewiß auch etwas!»

«Was ein wackerer Mann gelobt, hält er auch», sprach er stolz. «Und wenn ich auch hundertmal darüber sterben müßte, in meinen Mund kommt kein Bissen und kein Tropfen Flüssigkeit!»

Damit verließ er die schöne Prinzessin. Und er hielt sein Wort! Er wurde blaß und blasser, und das ging bis zum fünften Tag. Während er nun einmal den König bei Tische bediente, konnte er sich nicht mehr auf den Beinen halten und sank ohnmächtig zu Boden. Als das der König bemerkte, sprach er zu seinen Fürsten: «Tragt den stattlichen Jüngling hinaus und laßt ihm Arznei verabreichen.»

Man brachte ihn zum Leibarzt des Königs, und der wollte ihn untersuchen, um herauszufinden, was ihm fehle. Dazu legte man Wilhalm auf ein prächtiges Bett, das mit kostbarer Seide bezogen war. Dessen Vorhänge, ebenfalls aus Seidenstoff, waren mit Perlen besetzt. Der stolze Jüngling zog seine Kleider aus und legte sich hinter die Vorhänge aufs Bett. Doch gelang es dem Arzt nicht, ihm irgend etwas einzuflößen. Schließlich trat der König selbst mit seinem fürstlichen Gefolge an das Bett, aber auch sie vermochten es nicht, ihn dazu zu bringen, daß er etwas zu sich nahm. Da verließen sie ihn wieder und sprachen: «Möge Gott sich seiner annehmen!»

Das ging so weitere vier Tage, und auch am siebenten Tag wollte er noch nichts essen. Am Abend des elften Tages ging man zum König und klagte bewegt, daß der junge Herr die Nacht schwerlich überleben dürfte. Da wandte sich die edle Königin voll Schmerz an ihre Tochter, die Prinzessin – sie hieß übrigens Amalia –, und sprach zu ihr: «Ich fürchte, daß Wilhalm so krank ist, daß er nicht mehr lange leben wird.» Dann schickte sie alle anderen aus dem Zimmer und redete mit ihrer Tochter allein. «Ich sehe nicht recht, woran der Jüngling leidet, aber so viel ist mir klar, daß er nicht an einer Krankheit stirbt, sondern an Herzensweh oder Liebeskummer. Ich werde zu ihm gehen und ihn umarmen und küssen. Wenn er davon wieder zu Kräften kommen sollte, so hätte ich ein gutes Werk getan.»

Da wurde Amalia von Schmerz erfüllt, denn sie wußte ja, was es mit seiner Krankheit auf sich hatte. Weinend sprach sie zu ihrer Mutter: «Sofern es unser Ansehen vor Gott und den Menschen nicht verletzt, so würde es dir

Ehre machen, wenn du Wilhalm ins Leben zurückholen könntest.»

Sogleich trat die Königin hinter den Vorhang und legte ihre weißen Arme um den edlen Jüngling. Er war leichenblaß, so schlecht stand es um ihn. Die Königin küßte ihn auf den Mund, aber er konnte kein Wort sagen. Ihm war die Sprache abhanden gekommen. So mußte sie es aufgeben. Aber sie forderte ihre Tochter auf, es doch auch einmal zu probieren, vielleicht, daß *sie* ein Wort aus ihm herausbrächte. Die Mutter trat zurück, und die Prinzessin versuchte es nun. Sie legte sich neben ihn, schlang ihre zarten Arme um ihn und küßte ihn wohl an die hundertmal. «Ach, mein Wilhalm, wenn du mich liebst, so sprich nur ein einziges Wort», sagte sie. Der Jüngling hörte sie zwar, konnte aber nichts erwidern. Doch schaute er Amalia an, und sie war hoch erfreut darüber. Sogleich ergriff sie Wilhalms rechte Hand und sprach: «Nimm hier mein Wort zum Pfand: Was du von mir begehrst, das sei dir gewährt. Ich will für immer dein sein und nie einem andern gehören!»

Da zog die Freude in sein Herz ein, war es doch gewiß, daß sie es so meinte, wie sie es gesagt hatte.

Darauf verließ ihn Amalia und begab sich zur Königin. «Liebe Mutter», sprach sie da, «ich hoffe, daß ich den edlen Jüngling retten kann. Gott hat mich dazu ausersehen, zu glücklicher Stunde zu diesem Kranken zu treten und ihm Glück und Heil zu bringen. Seine Krankheit ist im Schwinden und wird sicher gänzlich von ihm weichen. Daß der stattliche Ritter vom Tode errettet ist und daß er wieder wie früher sein wird, das hat Gott gewirkt.»

Damit trennten sich Mutter und Tochter. Der Arzt kannte sich mit Kranken aus und bemerkte, daß Wilhalms Lippen wieder rot wurden. Er brachte ihm Speisen und Wein, und der Jüngling nahm sie an. Wäre aber die Königin nur einen Tag später, als es uns die Quelle berichtet, gekommen, so wäre es mit dem stolzen Helden Wilhalm für immer vorbei gewesen. Denn hätte er auch hundert Tode sterben müssen, von seinem Gelöbnis, nichts mehr zu essen und zu trinken, wäre er nie abgegangen, wenn ihn die Prinzessin nicht durch ihr Wort davon erlöst hätte. Nachdem er Nahrung zu sich genommen hatte, kam er auch wieder zu Kräften und war bald ganz wie früher hervorragend in ritterlichem Kampf, bei Tanz und höfischer Geselligkeit, alles von neuem der Prinzessin zu Ehren. Diese aber bat ihn um einen Dienst, den er als vorbildlicher Ritter ihr nicht verweigerte. Sie ersuchte ihn nämlich, für eine gewisse Zeit in einem anderen Königreich zu leben, damit man nicht hinter ihr Liebesverhältnis komme, das sich eigentlich nicht ziemte. Bei Hofe achte man so sehr auf alles, daß man es bald bemerken würde. Aber sie gab ihm ihr Wort, mit Anstand und in Ehren auf ihn warten zu wollen. Alles aber, was er an ritterlichen Taten in der Fremde vollbringe, möge er in ihrem Dienst tun. Das gleiche solle auch für ihre Tugenden gelten, die sie zu üben gedächte. Dieser Vorschlag gefiel Wilhalm. Sogleich bat er den König von England, vom Hofe abreisen zu dürfen. Er verabschiedete sich von dem Herrscher mit Handschlag, saß auf und ritt davon. Vier Meilen weit gaben ihm die Fürsten das Geleit, dann zog er frohgemut allein weiter.

Zum König von Frankreich begab sich der stattliche Held und nahm bei ihm Dienst. Von dort aus schickte er einen Boten zur Prinzessin nach England, durch den er ihr heimlich mitteilen ließ, daß er in Paris sei und in dieser Stadt auch bleiben wolle, nur damit sie wisse, wohin sie schreiben könne, wenn ihr das Herz danach stünde.

Aber auch er wolle ihr in treuer Liebe jederzeit Briefe zugehen lassen.

Er hielt sich also weiter in Frankreich auf, und sie schickte dem Ritter ihres Herzens durch einen treuen Boten namens Wizenbach – einen verläßlicheren Mann hätte es nicht geben können – ständig ihre Briefe zu. Sie hatte ihrem stattlichen Geliebten so vieles zu schreiben! «Mein lieber Wilhalm», hieß es da in ihrem Brief, «ich will dir immerdar gehören. Ich kenne keinen anderen Gedanken als dich, du bist der Quell meiner Freude, und bei dir hat mein Herz seinen Trost gefunden. Deine ritterliche Vortrefflichkeit macht mich ganz glücklich, im Träumen wie im Wachen. Kommst du nicht bald zu mir zurück? Es gäbe für mich nichts Schöneres, als dich an meine Brust zu drücken.»

Wizenbach nahm den Brief und brachte ihn nach Frankreich zu Wilhalm, der dem Boten entgegeneilte, sobald er ihn erblickte.

«Nun, Wizenbach, was bringst du für Nachrichten?» sprach er. «Wie geht es ihr, nach der mein Herz sich sehnt?»

«Lest nur den Brief, so werdet Ihr schon sehen, daß sie glücklich ist. Und sie hat mir aufgetragen, Euch zu sagen, daß sie gesund sei.»

Da zog Wilhalm einen goldenen Ring vom Finger und gab ihn Wizenbach als Botenlohn. Dann las er den Brief, und er hätte im Leben nicht seliger sein können als in diesem Augenblick.

Er versorgte den Boten aufs beste und antwortete der Prinzessin Amalia sogleich. «Du edle makellose Krone aller Frauen», schrieb er, «ich habe deinen Brief gelesen, und er war mir eine große Hilfe, denn deine Worte haben – wie könnte es anders sein – meine Seele erhoben. Du Verkörperung aller weiblichen Tugend, du, deren

Ehre unangetastet ist, du Vorbild aller Frauen, zart und rein, ich bekenne dir, daß ich, seit wir uns getrennt haben, in ritterlichem Kampf, bei Tanz und höfischer Geselligkeit, bei Essen und Trinken jederzeit in Gedanken mit dir war. All mein Fühlen und Denken – ich danke es deiner Tugend, meine Liebe; du hast alles erst voll in mir entwickelt, und keine andere Frau vermag etwas daran zu ändern. Noch nie hat die Sonne einen Menschen beschienen, der mehr Glück erfahren hätte als ich durch dich. Mein Herz gehört auf ewig dir, es ist über und über voll Freude. Nichts auf Erden bekümmert mich, wenn ich an dich denke. Du bist die ganze Hoffnung meines Lebens. Schreibe mir, wenn es dich Zeit dünkt, daß ich komme. Dann werde ich nicht auf mich warten lassen und werde dich mit mir nehmen.»

Darauf sandte er Wizenbach zurück, und der brachte den Brief der Prinzessin. Als sie ihn gelesen hatte, war sie über alle Maßen glücklich.

Fortan lief der Bote beständig zwischen ihnen hin und her. Noch nie hat es zartere Liebesbriefe gegeben als die, die sie einander schrieben. Und das ging über sechs Jahre so.

Da warb der mächtige König von Indien um die Prinzessin Amalia von England. Er herrschte über dreißig Unterkönige, und der englische König sagte ihm seine Tochter in allen Ehren zu. Als Amalia das hörte, erschrak sie zu Tode. Sie wußte sich insgeheim vor Kummer gar nicht zu lassen. Ihrem Wilhalm schrieb sie da: «Wenn du Amalia zur Gattin willst, so mußt du mich erretten aus meinen Banden und mich entführen. Denn mein Vater hat mich zu meinem Unglück einem König aus Indien verlobt. Sollte ich sein Weib werden und sollte ich auf dich verzichten müssen, du stolzer edelblütiger Ritter, so geschähe mir unbeschreibliches Leid, und niemals wieder würde die Freude in mein Herz einkehren. Darum, geliebter Mann, stehe um Gottes willen treu zu mir, sei aller alten und der jüngsten Treuegelöbnisse eingedenk und eile mir armem Mädchen zu Hilfe. Ich will dir immer mit tausend Freuden zu Diensten sein, denn sollte ich dich verlieren, so wandelte sich mein junges Leben in eine einzige Klage.»

Wizenbach besorgte den Brief wiederum, und zwar in höchster Eile. Er traf Herrn Wilhalm gerade beim Tanze mit anderen Fürsten und Edelfräulein an. Doch eilte er unverzüglich zu dem Boten, sobald er ihn erblickte. «Ist Amalia gesund?» war seine erste Frage. Sofort übergab der Bote dem jungen Fürsten den Brief, und der erbrach das Siegel. Als er gelesen hatte, war er tieftraurig und weinte wie ein Kind. «All meine Freude ist dahin!» rief er. «Wenn mir die Krone aller Frauen verlorengehen sollte, ohne daß ich Rache dafür nähme, so müßte ich vergehen!»

Auf der Stelle setzte er sich nieder und antwortete Amalia: «Du Inbegriff weiblicher Tugend, ich werde dir zu Hilfe eilen, es müßte denn sein, daß ich zuvor Leib und Leben verliere. Merke dir gut: Wenn man dich nach ritterlichem Brauch mit dem andern vermählen will, so halte Ausschau nach mir. Ich komme dann in den Tiergarten geritten, wo du auf mich warten sollst. Mit Gottes Hilfe werde ich dich von dort entführen. Ich will mein junges Leben für dich wagen, und wenn es mich Haut und Haar kosten soll, darauf darfst du bauen.»

So schnell wie möglich kehrte Wizenbach mit dem Brief zur Prinzessin zurück, überreichte ihn ihr, und als sie ihn gelesen hatte, war ihre Traurigkeit schon zur Hälfte geschwunden, wußte sie doch, daß ihr Geliebter so zuverlässig war, was er gelobt hatte, auch in die Tat umzusetzen.

Wilhalm aber nahm sogleich Abschied vom französischen König und begab sich anschließend zum Herzog Friedrich zu Rhein. Dem sagte er, wie die Dinge lagen und bat ihn um Beistand.

«Mein lieber Wilhalm», sprach Herr Friedrich, «und wenn du hunderttausend Mann, tapfere Ritter und Knechte, brauchtest, so sollst du sie von mir bekommen. Das würde dir keinerlei Kosten verursachen, denn für alles, was sie nötig hätten, käme ich auf.»

«So dürfte das wohl nicht zu machen sein», erwiderte Wilhalm, «mit Gewalt werde ich Amalia schwerlich entführen können. Und hätte ich zehnmal hunderttausend Mann, so hülfe mir das wenig, denn der Inder, den die Prinzessin heiraten soll, gebietet über dreißig Unterkönige, die ihm ihre Truppen zum Kriegsdienst stellen. Überlaßt mir insgesamt zweihundert Mann, und ich werde sie heimlich nach England führen.»

So wurden zweihundert der besten Ritter für die Fahrt ausgewählt.

Als nun der vereinbarte Termin für die Hochzeit nahte, zog der König von Indien mit unermeßlich großem ritterlichem Gefolge herbei. Er schlug das Lager eine Meile von der englischen Hauptstadt entfernt auf. Die Zelte waren durchweg aus Seide gemacht und mit Gold beschlagen, und sein eigenes war noch mit Perlen und Edelsteinen besetzt. Dort also lagen sie mehrere Tage und vergnügten sich bei Turnier, Tanz und höfischer Geselligkeit. Als man die Braut aber diesem König zum Weibe geben wollte, da holte Wilhalm sie sich. Er war mit seinem ritterlichen Gefolge ins Land gekommen. Unweit der Stadt befand sich eine Brücke, und dort hatte der Jüngling mit dem Löwenmut seine Mannen zurückgelassen. Ohne jede Begleitung durchquerte er das Lager des Königs von Indien und begab sich zu der Burg. Als die Prinzessin von seiner Ankunft erfuhr, ging sie in den Tiergarten, um ihren Geliebten dort zu erwarten. Er kam auch bald und entführte sie. Das geschah zur Abendstunde. Wilhalm trat die Umzäunung nieder und schwang sich mit seiner geliebten Prinzessin aufs Pferd. Mit ihr zusammen ritt er wiederum durch das Lager der Inder, aber die wußten nicht, daß es sich bei der Dame auf seinem Roß um die Prinzessin Amalia handelte. Nachdem er das Lager längst durchquert hatte, suchte man am Hofe nach der Braut, die nun vermählt werden sollte. Als man sie aber nicht finden konnte, machte der englische König das im ganzen Lande bekannt, und überall wurde nach ihr gesucht. Dabei kam es ans Licht, daß Wilhalm von Orlens übers Feld und durch das Lager in Richtung der Brücke geritten sei, hinter sich auf dem Sattel eine hübsche Jungfrau. Sofort setzte man ihm, mit Spießen und Speeren bewaffnet, nach. Das sollte ihm große Schwierigkeiten bringen. Man griff ihn nämlich an. Aber er betrug sich wie ein tapferer Ritter. Er überantwortete die Prinzessin seinen Mannen, bezog an der Brücke Stellung und setzte sich zur Wehr. Doch kam er dabei in große Not. Ein Spieß drang ihm nämlich durch Arm und Schulter. Doch ehe er gefangengenommen werden konnte, schickte er noch manchen Gegner in den Tod. Die Eisenspitze hatte er aber im Leibe. Er hörte erst dann zu kämpfen auf, als man ihm zugesichert hatte, sein Leben zu schonen, wenn er sich gefangengebe. Als er seinen Helm abgenommen hatte, fragte man ihn aus, wo die Prinzessin sei.

«Die habe ich in die Obhut meiner Mannen gegeben, zweihundert tapfere Ritter sind es, die alles Lob verdienen. Wenn ihr denen, in deren Gewalt sie sich befindet, ebenfalls Leib und Leben sichert, so will ich euch zu ihr führen.»

Das versprachen sie ihm in die Hand, sofern diese die Prinzessin auslieferten. Man ritt darauf mit Wilhalm an der Spitze zu der im Hinterhalt liegenden Schar, nahm Amalia in Empfang und brachte sie zur Burg zurück. Wilhalm aber führten sie als Gefangenen mit sich, und seine zweihundert Ritter gleichfalls. Als der König von England den Jüngling erblickte, rief er in unbändigem Zorn aus: «Bringt ihn in den Hof und schlagt ihm das Haupt ab!»

«Edler König», mischten sich da seine Mannen ein, «mäßigt Euch und seid auf unsere Ehre bedacht. Wir müssen Euch sagen, daß wir ihm versichert haben, sein Leben zu schonen, wenn er sich uns gefangen gibt. Es würde Euch zum Ansehen gereichen, wenn Ihr Euch daran hieltet. Wir wollen Euch auch einen Rat geben, wie es anzustellen ist, daß er dennoch zu Tode kommt, aber auf eine Weise, die unsere Ehre nicht schändet.»

«Nun gut», erwiderte der König, «laßt hören.»

«Dieser Gefangene», sprachen sie, «ist so treu und zuverlässig, daß er nichts unterläßt, was er versprochen oder geschworen hat, und sollte er darüber Leib und Leben verlieren. Darum raten wir Euch, laßt ihn dreierlei schwören: erstens, daß niemand anders ihm die Eisenspitze aus der Schulter ziehen solle als eine jungfräuliche Prinzessin. Wo sollte er die herkriegen? Ehe er sie fände, wäre er an seiner Wunde längst gestorben.

Zweitens: Ob es ihm nun gut oder übel gehe, er soll künftig gleich einem Stummen kein Wort mehr reden. Er soll alle Sprache vergessen, es sei denn, die Jungfrau Amalia beföhle ihm, wieder zu sprechen. Aber darauf kann er lange warten, daß sie ihn von seiner Stummheit befreit. Denn drittens soll er schwören, England zu verlassen und nie wieder hierher zurückzukehren.» All das mußte Wilhalm bei seiner Ehre schwören, um sein Leben zu retten, und er gelobte, es treulich zu halten, was immer ihm auch geschehen möchte. Danach ritt er voll Zorn und Betrübnis von dannen. Die Hochzeit aber wurde verschoben.

Beide Könige hatte es arg verdrossen, daß die schöne Prinzessin einen anderen zum Gatten hatte wählen wollen. Man verachtete sie, und ihr eigener Vater schaute sie nicht mehr an. Ja, wäre die Mutter nicht gewesen, so hätte er sie hinrichten lassen. Vor Schmerz wurde Amalia krank. Daß sie nicht wußte, wo Wilhalm sich befand, ob er lebte oder schon tot sei oder ob er sich in seinem Zustand gar gräßlich quäle, und daß er ihretwegen in diese verzweifelte Lage gekommen war, all das lag ihr wie eine Zentnerlast auf dem Herzen.

Aber berichten wir nun, wie es Wilhalm in der folgenden Zeit erging. Er war bis nach Griechenland gekommen. Auf einem großen See bemerkte er einen Fischer. Er ritt so nahe wie möglich an ihn heran und winkte ihm mit der Hand. Daraufhin ruderte der Mann herbei und begrüßte den schönen Jüngling freundlich. Wilhalm bedankte sich artig und gab ihm zu verstehen, daß er zu denen jenseits des Sees wolle und daß er ihn hinüberbringen möchte. Der Fischer legte an. Als er aber das Eisen in der Schulter des Fremden sah, wollte er es ihm herausziehen. Das ließ Wilhalm jedoch nicht zu. Da setzte ihn der Fischer über den See. Die Wunde schmerzte den Jüngling sehr. Als sie drüben angekommen waren, nahm der Fischer den Verwundeten mit in sein Haus. Ihm wollte es nicht recht in den Kopf, daß dieser Fremde wirklich stumm sein sollte. Er setzte ihm zu seiner Stärkung Käse und Brot vor. Der «stumme» Wilhalm aber begriff, was der Grieche ihm berichtete, daß sein König nämlich mit dem gesamten Hof auf einem Jagdzug sei und Hirschen und Wildschweinen nachstelle. Die Königin aber befinde sich in ihrem Zelt, das auf einem Felde aufgeschlagen war, und warte auf die Rückkehr ihres Gemahls. Bei sich habe sie ihre Tochter, die sei so schön, daß es kein weibliches Wesen gebe, das ihr darin den Rang streitig machen könne.

Der Fischer war nicht auf den Kopf gefallen. Er ließ den «Stummen» sitzen, holte Fische aus seiner Reuse, begab sich zum König und schenkte sie ihm für seine Tafel. Bei dieser Gelegenheit berichtete er ihm, daß er bei sich zu Hause einen stolzen und wohlgestalten Jüngling beherberge, der eine Eisenspitze von zwei Spannen Länge in seiner Schulter habe. Sie bereite ihm großen Schmerz, aber er wolle sie sich nicht herausziehen lassen.

Der König überlegte und bat den Fischer dann, ihm den Stummen doch zu bringen. Der Fischer kehrte zu seinem Gast zurück und erzählte ihm, daß der König auf einem Jagdzug unterwegs sei. «Er hat Euch gebeten», fügte er hinzu, «zu ihm zu kommen. Ich habe auch gehört, daß er Euch freies Geleit zusichert.»

Da saß Wilhalm auf und ritt davon. Der Fischer aber lief mit ihm zum König von Griechenland. Als sie vor ihn traten, bemerkte dieser sofort, daß der Jüngling von edlem Anstand war, denn er ließ sich vor dem Herrscher dreimal auf sein Knie nieder. Sogleich fiel dem König auch das Eisen in der Schulter auf. Er wollte es herausziehen, aber der «Stumme» lief weg und bedeutete ihm, daß er das nicht zulasse. Der König fragte seine Gemahlin, ob sie es nicht versuchen wolle. Vielleicht habe diese Eisenspitze etwas mit dem Dienst an einer Dame zu tun. Aber auch ihr wollte Wilhalm nicht erlauben, das Eisen herauszuziehen. «Nun», sprach der König da, «ich will doch sehen, ob dieser edle Jüngling seine Eisenspitze einer Jungfrau zu Ehren trägt und sich von ihm vielleicht durch unsere liebe Tochter befreien läßt.»

Die Prinzessin empfing Wilhalm darauf, und er schritt ihr entgegen. Vor ihr ergriff er auch nicht die Flucht und ließ sich das Eisen aus seiner Wunde ziehen. Damit hatte er an seinem Eid festgehalten, sich nur von einer Jungfrau aus königlichem Geblüt heilen zu lassen.

Als das aber geschehen war, fiel der Held ohnmächtig zu Boden und wäre beinahe gestorben, hätten sich die Königin und die Prinzessin nicht seiner angenommen und ihn in ihrem Schoß gehalten, bis er wieder zu sich kam. Dann führten sie den «Stummen» mit sich zu Hofe. Dort mußte der stolze Ritter der Königin bei Tische dienen. Sie war ihm sehr gewogen. Sein Betragen war aber auch ohne jeden Tadel. So stand er dreieinhalb Jahre im Dienste des griechischen Königs.

Nun kam es dahin, das könnt ihr mir glauben, daß ein Heidenkönig mit großer Heeresmacht anrückte und in Griechenland einfiel. Mit seinen Truppen lag er auf dem weiten Gefilde um die Hauptstadt des Reiches. Zur Schlacht kam es jedoch nicht. Zu groß war die Übermacht der Feinde, und der griechische König hielt sich deshalb zurück. Lediglich einzelne seiner Ritter wagten sich vor die Stadt und forderten Gegner ihresgleichen zum Zweikampf heraus. Dabei hatte schon mancher aus fürstlichem Geblüt im ritterlichen Streit den Tod gefunden.

Der «Stumme», dem es auch nicht an Heldenmut fehlte, mußte mit ansehen, wie einer nach dem andern im Dienste edler Damen hinausritt, um die stählerne Rüstung des Feindes in Stücke zu schlagen. Aber er mußte bei der Königin und ihrer Tochter dienen, und das bereitete ihm Schmerz. Da nahm er eines Tages ein Schwert in die Hand, trat vor seine Herrin hin und gab ihr zu verstehen, wie gern er da draußen gegen die Feinde kämpfen würde. Als die Königin den Ernst Wilhalms erkannt hatte, sprach sie zu der Prinzessin: «Wir wollen ihn mit allem ausrüsten, was er zum Kampf nötig hat, auch mit einem prächtigen Roß.»

Und sogleich setzte man es ins Werk: Eine Rüstung und ein Pferd bekam er, dann ein feuerrotes Oberkleid, das er über den Panzer ziehen konnte, und dazu als Schmuck ein kostbares Halsband aus Edelsteinen und Perlen, das soviel wert war wie ein ganzes Land. Den Helm legten ihm die Damen eigenhändig an. Seine Rüstung glänzte nur so. Auch sein Schild und seine Lanze waren, wie es sich Wilhalm nur wünschen konnte. Nun stieg er aufs Pferd, nahm Abschied von den beiden hohen Damen und ritt los. Er war so herrlich gewaffnet, daß er darüber von stolzer Freude erfüllt wurde. Die Königinnen auf der Mauerzinne segneten den Ausziehenden, indem sie sprachen: «Möge Gott in seiner Gnade sich deiner annehmen und dir Leib und Seele schützen!»

Der «Stumme» ritt den Feinden entgegen. Von denen wollte ein außerordentlich kühner Mann gegen ihn auf dem Feld zum Kampfe antreten. Beide Gegner waren voller Kampfbegierde. Sie legten ihre Lanzen ein und stoben so aufeinander los, daß diese sich beim Aufprall bogen, als sie auf die Panzer trafen, in denen die Kämpfenden steckten. Unmittelbar darauf gingen sie zum Schwertkampf über.

Wilhalm war so tapfer, daß er es auf dem Kampfplatz mit drei Fürsten gleichzeitig aufgenommen hätte. Er bereitete seinem Gegner argen Schmerz, indem er ihn niederdrückte, an sich preßte, ihm die Augen verband und mit ihm zur Stadt zurückeilte. Als die Königinnen das sahen, sprachen sie: «Das sind gute Nachrichten, der ‹Stumme› hat Erfolg gehabt und kehrt mit einem Gefangenen zurück.»

Als Wilhalm mit seinem Fürsten bei Hofe angekommen war, ließen ihm die Königin und die Prinzessin als Auszeichnung ein kräftig grünes Oberkleid anfertigen.

Am anderen Tag ritt er wieder hinaus, dem Heidenkönig zum Ärger. Dieser sprach zu seinen Mannen: «Wer von euch will Rache für den Fürsten nehmen, der gestern in Gefangenschaft geraten ist?» Als der Neffe des Königs Wilhalm kommen sah, rief er: «Bindet mir den Helm auf! Ich werde allein gegen diesen Ritter antreten, ihn vom Pferde stechen und den tapferen Fürsten rächen.»

Da stoben sie mit eingelegter Lanze aufeinander los wie zwei Falken, von äußerster Kampfeswut erfüllt. So hart stießen sie zusammen, daß ihre Schilde zersprangen und beide Fürsten samt ihren Pferden zu Boden stürzten. Wilhalm war als erster wieder auf den Beinen, und mit Gottes Hilfe gelang ihm der Sieg. Er setzte seinen Fuß auf den starken Heiden, nahm ihn gefangen und entführte ihn ebenfalls in die Burg des Griechenkönigs.

Am dritten Tage ritt er wieder hinaus zu dem Heer der Heiden, diesmal in einem strahlend weißen Oberkleid. Nun hatte der Herrscher über die Ungläubigen einen Sohn, der ein vorbildlicher Ritter war. Als dieser Wilhalm hoch zu Roß auf dem Kampfplatz erblickte sprach er: «Ich werde mir den vornehmen! Allah, mein Schöpfer, und Mohammed mögen mich heute beschützen und mir Kraft verleihen, daß ich die Ehre des heidnischen Rittertums wiederherstelle und es mir gelingen möge, meinen lieben Vetter aus den Qualen der Gefangenschaft zu befreien!»

Der Heidenkönig band dem Prinzen den Helm auf und sprach: «Mein Sohn, möge dich Mohammed beschützen und dich gesund wiederkehren lassen.»

Damit ritt der junge Heidenfürst zu Wilhalm auf den Kampfplatz. Wieder wurden von den Helden die Lanzen eingelegt, wieder schossen sie aufeinander los wie zwei Falken. Beide Lanzen zerbrachen, als die Gegner aufeinanderprallten. Dann zogen sie voller Grimm und Haß die Schwerter und schlugen sich damit auf Helme und stählerne Panzer, daß von ihnen und vom Schwert nur so die Funken stoben und der Kampflärm eine Meile weit zu hören war. Der Heide versetzte dem «Stummen» einen Hieb, daß der zu Boden stürzte. Aber mit Gottes Hilfe gelang es ihm, sofort wieder auf die Beine zu kommen. Unverzüglich brachte er dem Prinzen einen Schlag bei, daß er zur Erde sank. Wilhalm versetzte ihm zahlreiche Hiebe, ohne ihn aber so zu verletzen, daß Blut floß. Dem Heiden verging dabei Hören und Sehen, so daß er wie tot dalag und der «Stumme» ihn als Gefangenen mit sich führen konnte. Der Königin und ihrer Tochter bedeutete er, daß ihm nichts zugestoßen und er unverwundet sei.

Als die beiden hohen Damen vernommen hatten, wer die Gefangenen waren, der eine ein angesehener Fürst, der andere ein Neffe des Heidenkönigs, der da zum Leidwesen der Griechen mit seinem Heer angerückt war, und der dritte gar ein Prinz, da waren sie sehr erfreut und wollten Wilhalm nicht mehr hinauslassen, damit ihm nicht doch noch etwas zustoße. Sie berichteten alles dem König in seinem Zelt vor der Stadt, und die Fürsten rieten ihm: «Wir sollten nichts übereilen, jetzt, da wir diese drei Gefangenen in unserer Gewalt haben. Wir sollten uns zurückziehen und uns auf diese Faustpfänder verlassen. Damit können wir die Heiden ohne einen Schwertstreich bezwingen.»

Daraufhin brach der König sein Feldlager ab und ließ den Heidenherrscher wissen, daß er alle drei Gefangenen töten zu lassen gedenke, sosehr das seinen Gegner auch schmerzen möchte.

Diese Nachricht bekümmerte den Heiden sehr, und er

bat den Griechen um freies Geleit für sich und elf seiner Begleiter, lauter Fürsten und Prinzen. Als er am griechischen Hofe erschien, bat er seinen Gegner und dessen Ratgeber um Auslieferung der Gefangenen.

«Dafür wollen ich und alle meine Nachkommen Euch auch für ewig und alle Zeit Zins entrichten und dazu jedes Jahr zwölf prächtige, mit Gold- und Silberzaumzeug ausgerüstete Pferde senden», sprach der Heidenkönig. Dieser Vertrag wurde sogleich besiegelt und ihre Feindschaft auf solche Weise beigelegt. Die Gefangenen wurden übergeben, und der Krieg war damit beendet. Das war allein das Werk des «Stummen», und ihn hielt man fortan, nachdem das Heidenheer wieder abgezogen war, in höchsten Ehren. Alle Fürsten und der gesamte Adel des Landes waren bemüht, ihm zu dienen.

Nachdem ihr nun erfahren habt, wohin Wilhalm, der stolze «Stumme», gelangt war und wie es ihm erging, will ich euch jetzt von Amalia erzählen. Aus Schmerz um ihren Geliebten, von dessen Schicksal sie nichts wußte, fiel sie in eine schwere Krankheit. Sie konnte sich gar nicht mehr bewegen und mußte gehoben und getragen werden. Das dauerte so lange, bis sie auf den Gedanken kam, nach Wizenbach zu schicken, der sich nach Wilhalm erkundigen und ihr berichten sollte, was aus ihm geworden wäre. Als er ihr nun mitteilen konnte, daß er sich als ein rechter Held bewährt hatte, da erst kehrte die Freude in ihr Herz zurück.

Nun hatte der angesehene König von England eine Schwester, die in einem fernen Land als Äbtissin lebte. Deren Kloster war in die Wirren eines Krieges geraten und hatte dabei schon argen Schaden genommen. Da hörte die heilige Mutter, daß ein stummer Ritter dem König von Griechenland das Reich gegen den Angriff der Heiden gerettet hatte. Sie begab sich also nach

Griechenland und klagte dem König dort, wie sehr ihr Kloster durch die Feinde bedrückt werde. Sie habe nun vernommen, daß am griechischen Hofe jener Stumme lebe, der voll Heldenmut das Land vor Schande bewahrt habe, und ob der Herrscher der Griechen um des Glaubens willen und ihr zuliebe diesen tapferen Ritter ihr nicht überlassen wolle. Sie werde sich mit Gold und Silber dafür erkenntlich zeigen.

Der König erfüllte ihr diese Bitte, und Wilhalm ritt der Äbtissin mit zweihundert der besten Ritter zu Hilfe. Im Kloster angekommen, nahm er den Krieg in seine Hände, kündigte den Feinden den Frieden auf und fügte ihnen großen Schaden zu. Mutig, wie er war, stach und schlug er zahllose von ihnen nieder. So erholte sich das Kloster wieder. Aber er war klug genug, den Feinden einen Vertrag aufzuzwingen, durch den der Friede wiederhergestellt wurde, wie er früher war, und in dem sie sich verpflichten mußten, das Kloster für immer zu verschonen.

Danach nahm Wilhalm Abschied von der Äbtissin und kehrte zum griechischen Hof zurück. Diese aber wollte, nachdem sie ihr Kloster nicht mehr durch Krieg und Plünderung bedroht sah, ihren Bruder, den König von England, besuchen, den sie vierzehn Jahre nicht gesehen hatte. Als sie beide zusammentrafen, fragte der König seine Schwester: «Nun, mein liebstes Schwesterlein, was führt dich zu mir?»

«Ach, bester Bruder», antwortete sie, «ich bin durch Kriegswirren in Not geraten und brauchte dringend deine Hilfe. All mein bares Geld ist durch Soldzahlungen dahingeschwunden, und wäre der König von Griechenland nicht gewesen, so wäre mein Kloster untergegangen. Der hat mir aber, Gott und mir zuliebe, einen stummen Ritter überlassen, einen solchen Helden hat es noch nicht gegeben wie den! Der hat uns Nonnen aus unserer Bedrängnis errettet.»

Der englische König war bereit, ihr mit Silber und Gold zu helfen, und er fügte hinzu: «Sollte ich diesen Stummen jemals kennenlernen, so wollte ich ihm alle Ehre antun und dem König von Griechenland nicht minder, der dir zu Hilfe gekommen ist, indem er diesen Ritter zu dir gesandt hat.»

Der König wußte natürlich nicht, daß es sich bei dem «Stummen» um Wilhalm handelte, der um Amalias willen kein Wort mehr reden durfte.

«Mein lieber Bruder», fragte die Äbtissin nun, «lebt denn eigentlich deine Tochter noch?»

«Leider ja,» erwiderte der Bruder, «denn sie hat mir die größte Schande gemacht. Und jetzt habe ich eine Bettlägerige an ihr.»

Da ließ sich die Äbtissin zu ihrer Nichte führen, von der sie freilich erst erkannt wurde, nachdem sie gesagt hatte, wer sie sei. Die Prinzessin vertraute ihrer Tante nun an, was sie bedrückte. Sie erzählte, daß man sie verachte, bloß weil sie ihrem Herzen hatte folgen und einen Fürsten habe nehmen wollen, den sie liebte. «Liebe Tante», sagte sie schließlich, «nimm mich mit in dein Kloster.»

«Ja, mein Kind, das will ich tun», antwortete die Äbtissin. Sie trug dem König diese Bitte vor, und er sagte: «Mit Vergnügen kannst du sie mitnehmen, Schwester.»

Daraufhin ließ ihr der König Gold und Silber auszahlen, und dann reiste die Äbtissin wieder zu ihrem Kloster zurück und Amalia mit ihr. Dort kam die Prinzessin tief betrübt an.

«Warum bist du so traurig?» fragte die Äbtissin.

«Ach, meine liebe Tante, das werde ich wohl zeit-

476

lebens bleiben.» Und sie klagte ihr, wie es ihr und Wilhalm ergangen war, und gab ihrem Kummer darüber Ausdruck, daß sie nicht wisse, ob er noch lebe. Sie berichtete auch von der Eisenspitze, die in seiner Schulter steckte, und von dem Gelübde, das man ihm abgezwungen hatte, sie nur von einer Jungfrau königlichen Geblüts herausziehen zu lassen. Und sie erwähnte auch, daß man ihm verboten habe, je wieder ein Wort zu sprechen, es sei denn, sie, Amalia von England, würde es ihm befehlen. «Aber zugleich mußte er sich verpflichten, nie wieder nach England zurückzukehren», fügte sie hinzu, «und nun muß der stolze Ritter, solange er lebt, mir zuliebe stumm sein.»

«Amalia», sagte die Äbtissin darauf, «der Held, der mir und meinem Kloster aus der Bedrängnis geholfen hat, war ein Stummer! Das läßt mich hoffen, daß mit dir noch alles gut wird.»

«Ach, Tante, könnte ich doch dahinter kommen, ob es Wilhalm gewesen ist, das wäre mir eine große Erleichterung.»

«Sei nur getrost, mein Kind, wir werden uns schon nach diesem Wilhalm erkundigen. Beruhige dich erst einmal, damit du wieder gesund und stark wirst. Verlier nicht den Mut, es wird sich schon alles noch zum Guten wenden. Hör zu: Wenn Gott will und ich bei Kräften bleibe, so werde ich nach Griechenland reisen, dem König Ehren erweisen und ihm den Dank deines Vaters überbringen dafür, daß er den stummen Ritter mir und meinem Kloster zu Hilfe gesandt hat. Dich aber nehme ich mit, verlaß dich darauf. Dort wirst du den Stummen kennenlernen und feststellen können, ob es Wilhalm ist.»

Da atmete Amalia auf, all ihr vergangener Kummer war vergessen, und ihr Herz war voller Zuversicht. Ihre Krankheit schwand zusehends; sie konnte bald wieder

**477**

sitzen und laufen, und kurze Zeit darauf war sie ganz gesund und schöner als je zuvor.

Nun zog die Äbtissin mit ihr nach Griechenland zu dem edlen und hochgeehrten König des Landes. Mit Anstand, aber auch Klugheit überreichte sie ihm im Auftrag ihres Bruders ein kostbares Halsband aus Edelsteinen und Perlen – kein Fürst hätte ein solches bezahlen können! – als ein Zeichen der Dankbarkeit, daß er ihr damals gegen ihre Feinde beigestanden hatte. Der griechische König nahm es an, schenkte es aber sofort dem «Stummen», der ja ihr wirklicher Retter gewesen war. Dieser verneigte sich dankbar und gab durch Gebärden kund, daß er sich dieser reichen Gabe würdig erweisen werde.

Die Äbtissin fragte nun, wie der Stumme eigentlich heiße und aus welchem Geschlecht er stamme. Darauf antwortete der König: «Als ich ihn kennenlernte, war er in großer Gefahr für Leib und Leben. Er hatte nämlich eine zwei Spannen lange Eisenspitze in seiner Schulter stecken, war also todwund. Er ließ sich aber von niemandem das Eisen herausziehen als von meiner Tochter. Ich hörte, daß er von hoher Abkunft sein soll, Sohn eines berühmten Fürsten, und er soll Wilhalm von Orlens heißen.»

Als Amalia den «Stummen» erblickte, sprach sie zu ihrer Tante: «Das ist mein Wilhalm!» Sie lief mit offenen Armen auf ihn zu und rief laut: «Nun rede wieder, Wilhalm! Amalia befiehlt es dir!»

Da kehrte seine Sprache zurück, und er antwortete: «Es soll geschehen, Amalia!»

Jetzt aber zeigte sich etwas sehr Sonderbares, denn weder die griechische Königin noch ihre Tochter wollten Wilhalm entbehren. Jede von beiden meinte, *sie* habe ihn gerettet, und jede neidete ihn der Fremden. Aber Amalia bekam ihn doch; denn der König griff ein und schlichtete den Streit, nachdem er gehört, wie sich alles ereignet hatte. Ja mehr noch, er unternahm es auch, dem englischen Herrscher in einem Schreiben von Anfang bis Ende zu berichten, daß er an seinem Hofe Gäste habe, den tapferen Ritter Wilhalm und Prinzessin Amalia, und er möge doch seinen Zorn aufgeben und dem jungen Fürsten, der seinesgleichen nicht hätte, die Tochter nicht verweigern. Er möge ihn dafür belohnen, daß er seiner Schwester, der Äbtissin, so vorbildlich geholfen und damit das Ansehen ihres Klosters wiederhergestellt habe.

Darauf antwortete der König von England sogleich, daß er diesen Wunsch erfüllen wolle. Unverzüglich brach der Herrscher Griechenlands auf mit all seinen Fürsten, Grafen und Edlen sowie deren Mannen, einem stolzen Heer von dreißigtausend Mann, und geleitete Wilhalm und Amalia nach England. Dort wurde ein prächtiges Hoffest vorbereitet und dem griechischen König und seinem Gefolge alle schuldige Ehre erwiesen. Vier volle Wochen gab es da Turnierspiele, Tanz und Geselligkeit, und als die Gäste wieder heimwärts zogen, begleitete sie der König von England mit großem Gefolge bis nach Griechenland. Dort aber trug er Sorge dafür, daß die schöne griechische Prinzessin mit dem mächtigen König von Indien vermählt wurde, den eigentlich seine Amalia heiraten sollte. Beide Könige geleiteten die Braut bis nach Indien. Da gab es ein weiteres herrliches Fest, zu dem alle Ritter des indischen Reiches eingeladen waren, und es herrschten eitel Freud und Wonne. Als die Feierlichkeiten vorbei waren, kehrten alle Könige, die an ihnen teilgenommen hatten, in ihre Länder zurück, über die sie noch lange in hohem Ansehen herrschten.

Die Schrift verkündet uns: Was Gott fügen will, das kann die Welt nicht verhindern. Das hat sich auch an

Herrn Wilhalm bewahrheitet, der es lange Zeit schwer hatte, ehe er Amalia als Gattin heimführen konnte. Aber auch die Heirat des Königs von Indien mit Amalia wurde durchkreuzt, weil es ihm vorbestimmt war, die griechische Prinzessin zu bekommen. Er war Herrscher über dreißig Unterkönigreiche. Wilhalm und Amalia aber vereinten drei Länder unter ihrer Krone. Der König, sein Schwiegervater, übertrug Wilhalm nämlich die Herrschaft über das vereinigte Königreich England und Schottland, und dazu kam noch das Land, das der junge Fürst als Erbe seines Vaters übernahm. Sein Hof befand sich jedoch in England.

Möge Gott uns allen das Himmelreich öffnen. Laßt uns mit Güte, Klugheit und Verstand danach streben, die Gnade des Herrn und das ewige Leben zu erwerben, dann können wir beruhigt sterben, denn dann ist unsere Seele gerettet. Gott sei mit uns alle Zeit!

# Grisilla

Ich habe einmal gelesen, daß nicht weit von Rom entfernt ein Graf lebte, der die Absicht hatte, bis zu seinem
Tode nicht zu heiraten. Seine Ratgeber jedoch wider-
sprachen ihm; sie wollten, daß er eine Gattin nehme, damit sein Land nicht ohne Erben bleibe.

«Wenn ihr schon wollt, daß ich eine Ehe eingehe», erwiderte der Graf darauf, «so ist mein Wille, daß ihr die
als Herrin gutheißt, die ich mir dazu wähle.»

«Warum sollten wir das nicht?» sprachen da seine Ritter und alle anderen seines Hofes. «Diejenige, die Euch
beliebt, die soll auch uns lieb und teuer sein.»

Nun wohnte am Fuße der Grafenburg ein Mann von
geringem Stande, der eine sehr tugendhafte Tochter
namens Grisilla hatte. Ihre Sittsamkeit war dem Grafen
schon lange aufgefallen, und obgleich sie nicht von Adel
war, ging der Graf zu ihrem Vater und eröffnete ihm,
daß er seine Tochter begehre und sie heiraten wolle.

Da sprach der Mann: «Herr, wir sind Eure Leibeigenen, und Ihr könnt mit uns nach Euerm Willen verfahren.»

Nun wandte sich der Graf zu dem Mädchen und sagte: «Grisilla, ich möchte dich zu meiner Gattin machen, und ich wünsche, daß du mir nicht widersprichst, sondern mir in allem gehorsam bist und stets das tust, was ich will und was mir lieb ist.»

«Lieber gnädiger Herr», entgegnete sie, «eines solchen Angebotes bin ich nicht würdig. Ich wäre es nicht wert, die Dienstmagd Eurer Gattin oder einer Eurer Hofdamen zu sein. Aber ich schulde Euch Gehorsam und will bereitwillig alles tun und auch erdulden, was Ihr, gnädiger Herr, von mir verlangt.»

Sogleich ließ der Graf die Jungfrau erlesen kleiden, befahl seine Musikanten herbei, führte Grisilla ehrenvoll auf sein Schloß und feierte mit viel Gepränge Hochzeit.

Um es kurz zu machen: Die junge Frau ließ sich so wohl an und betrug sich so ehrsam, daß sie bald nicht nur ihrem Gatten, sondern auch allen im Lande lieb und wert war.

Nun wollte es Gott, daß sie schwanger wurde und eine Tochter zur Welt brachte. Da sandte der Graf einen Ritter zu seinem Weibe, den er in seinen geheimen Plan eingeweiht hatte. Dieser sprach zu der Gräfin: «Ach, liebste Herrin, nehmt es nicht übel auf, aber mein Gebieter schickt mich zu Euch mit dem Auftrag, Euch Euer Kind zu nehmen, damit ich es ertränke. Wäre es ein Knabe, so hätte er es wohl am Leben gelassen. Es schmerzt mich, aber ich muß tun, was mein Herr mir befohlen hat.»

Da nahm die Frau ihr Töchterchen, küßte es auf den Mund und gab es dem Ritter mit den Worten: «Ich und mein Kind gehören unserem Herrn; er mag tun mit uns, was er will.»

Der Ritter brachte das Mädchen dem Grafen, der es weggab, damit es in aller Verborgenheit aufgezogen werde.

Darauf gebar die Gräfin einen Sohn, und mit dem machte es der Graf nicht anders als mit dem Mädchen; er sandte erneut den Ritter zu seiner Frau, und der sprach: «Ach, liebe Herrin, den Grafen haben seine Räte dahin gebracht, daß er auch dieses Kind ertränken lassen will, denn sie wollen nicht, daß dieser Sohn einer unadligen Mutter der Erbe dieses Landes werde. Es ist mir für Euch von Herzen leid; aber ich muß ausführen, was mir aufgetragen worden ist. Gebt mir das Kind!»

Da liebkoste es die Frau noch einmal, überreichte es dem Ritter und sagte: «Dieser Knabe gehört meinem Herrn, und er kann mit ihm und mit mir tun, was ihm beliebt.»

Und so brachte der Ritter auch dieses Kind zum Grafen, der es gleichermaßen heimlich aufziehen ließ.

Einige Zeit darauf sprach der Graf zu seiner Frau: «Grisilla, meinen Hofleuten und Räten will es nicht gefallen, daß ich dich geheiratet habe. Sie wollen, daß ich eine von Adel nehme, von der ich würdigere Erben bekomme als von dir. Deshalb lege deine kostbaren Kleider ab und kehre in dein Vaterhaus zurück.»

«Mein Gebieter», erwiderte die tugendsame Gattin, «tut mit mir, wie es Euch gnädig beliebt. Lediglich um eines bitte ich Euch um Gottes Barmherzigkeit willen, laßt mir so viel, daß ich nicht nackt vor die Leute treten muß!»

Da ließ er ihr das Hemd, aber alle andere Kleidung wurde ihr weggenommen. So kehrte sie heim, und ihr Vater sagte: «Ich wußte, daß es so kommen würde. Zieh deine alten Kleider wieder an, sie hängen noch dort auf der Stange.»

Die legte sie denn auch an und arbeitete fortan bei ihrem Vater, wie sie es früher getan hatte. Alle Welt wunderte sich darüber und war betrübt, daß der Graf eine so gute und tugendhafte Gattin weggejagt hatte. Aber man wußte doch nicht, wie diese Entscheidung hätte rückgängig gemacht werden können.

Als nun die beiden Kinder aufgezogen waren – das Mädchen war elf und der Knabe zehn Jahre alt geworden –, da verkündete der Graf, daß er eine Dame von Adel heiraten und eine große Hochzeit feiern wolle. Zu diesem Zwecke holte er seine Tochter mit allen Ehren an den Hof – sie sollte nämlich gleichsam die Braut sein –, und ihren Bruder ließ er auch kommen. Er sandte auch nach Grisilla und sprach zu ihr: «Grisilla, ich habe nun eine adlige Braut ausgewählt, und ich will, daß du uns das Brautbett richtest, denn du bist besser als jemand anders mit den Verhältnissen im Hause vertraut. Diene mir also bei der Vorbereitung meiner Hochzeit! Du sollst dafür auch gut zu essen bekommen, wovon du sogar deinem Vater etwas mit nach Hause nehmen darfst.»

«Herr», entgegnete sie darauf, «was ich Euch zu Diensten und zuliebe tun kann, das soll gern geschehen, denn ich bin Eure Magd!»

Als nun das Fest auf seinem Höhepunkt war und der Graf mit der neuen Braut bei Tische saß, fragte er vor der gesamten Hochzeitsgesellschaft: «Nun, Grisilla, wie gefällt dir meine neue Frau?»

«Herr, sie gefällt mir sehr», erwiderte sie frohgemut. «Aber ich möchte Euch bitten, mit ihr nicht so hart umzugehen wie mit Eurer ersten, denn diese ist zu zart dafür. Ich fürchte, sie würde es nicht ertragen.»

Da konnte der Graf nicht länger an sich halten, schloß Grisilla in seine Arme und sprach: «Du allein bist meine liebe Frau, und ich begehre keine andere. Ich habe dich genug auf die Probe gestellt, und du hast mir deine Treue, Geduld und Tugend bewiesen. Deine edle Seele und deine Demut haben dich geadelt. Schau nur, diese hier ist deine Tochter und dieser dein Sohn, unser beider Kinder, von denen du annahmst, ich hätte sie ertränken lassen.»

Da wurde Grisilla prächtig gekleidet, und fortan war sie wiederum die Freude aller im Lande, denen die heimliche Absicht, die der Graf mit seiner Gattin verfolgt hatte, verborgen gewesen war.

Ähnlich handelt unser Herr Jesus Christus zuweilen mit etlichen Seelen, die er aus großer Armut der Welt zu sich kehrt und denen er Gnade und Freude in geistlicher Andacht zuteil werden läßt, so daß sie sich über die große Güte Gottes, die er ihnen erweist, gar sehr verwundern. Aber später entzieht er ihnen seine Gnade wieder und läßt sie allein, und er läßt geschehen, daß sie in ihrem inneren und äußeren Wesen so von Betrübnis erfüllt sind, daß sie glauben, Gott habe sie verlassen und fortgejagt, so wie es der Grisilla erging, die von ihrem Gatten fast nackt wieder weggeschickt worden war.

Wenn aber eine solche Seele in allem Leiden, das auf sie kommt, treulich an Gott festhält, so wendet der Herr ihr auch seine Gnade wieder zu wie zuvor und bekräftigt sie mit seiner göttlichen Liebe so, daß sie derer in Zeit und Ewigkeit nimmermehr verlustig gehen wird. Möge Gott in seiner Barmherzigkeit uns allen solche Gnade schenken! Amen.

## Das Schleiertüchlein

O süße Liebe, wer vermag es schon, sich dir gegenüber siegreich zu behaupten? Wie brichst du doch den härtesten Sinn mit deiner ungewöhnlichen Macht! Du bist eine so wunderbare Erscheinung, daß dich niemand in deinem Wesen begreifen kann. Du übst deine Macht von hohem Throne herab mit höchster Kunst, und wen du hier auf Erden in deine Schule nimmst, der mag sich getrost einen Märtyrer nennen. Den edlen Adam hast du, Minne, allein durch die schöne Eva verleitet, den Apfel zu essen. Das war gewiß eine herbe Speise, für die Gott der Herr Wiedergutmachung erlangen mußte. Auch den kühnen David hat deine Macht überwunden ebenso wie den starken geblendeten Samson, der doch ganz allein einen Löwen bezwungen hatte, und schließlich auch den mächtigen König Salomo und den schönen Absalom. Und was half dem Aaron sein hohes und helles Singen? Selbst der schnellfüßige Asahel könnte, wenn er noch lebte, dir nicht entrinnen. Aber du, Minne, kannst auch manches Herz von Kummer befreien. So ist deine Macht in beiderlei Hinsicht gewaltig. Du vermagst dein Schiff meisterlich durch alle Stürme zu führen: Wem du zur Freude verhelfen willst, der sitzt oben auf dem Glücksrad, vergleichbar den Blümlein, die aus dem Maienbad hervorsprießen, und den Stimmen der Vögel, die gen Himmel jubilieren.

Aber was nützen noch so kluge Reden? Ich will sie unterlassen und will euch, ihr schönen Frauen, und auch euch, ihr ehrenwerten Männer, berichten, was mir vor kurzem widerfahren ist.

Mich kam eines Tages ein unbändiges Verlangen an, zu meinem Vergnügen im Walde spazierenzugehen. Dort sah ich auf einer lieblichen Aue in weitem Umkreis Blumen in den herrlichsten Farben blühen. Ich lief auf einem schmalen Fußweg weiter in ein schönes Tal bis zu einer tiefen Schlucht, durch die ein reißender Bach floß. Da bemerkte ich bei genauerem Hinsehen eine frische Spur und vernahm bald die klagende Stimme eines Menschen, dem das Leid bis tief ins Herz gedrungen sein mußte. Ich wurde von Mitleid ergriffen, trat schnell, aber leise näher und fand bei einem klaren Brunnen einen Jüngling in Blumen und Gras bewußtlos liegen. Er, der von ritterlicher Herkunft war – er trug, wie auch andere meiner Standesgenossen, gelbe Sporen an den Füßen –, bot ein seltsames Bild mit seinen Seufzern und dem Weh und Ach, das über seine Lippen kam. Sein Herz schlug so wild, als wenn es ihm in der Brust zerspringen wollte. Ich erkannte sogleich, in welcher Lage sich der edle Jüngling befand, ich beugte ihn unverzüglich über den Brunnenrand, gab ihm von dem klaren Quellwasser zu trinken und benetzte ihm auch Haar, Wangen, Stirn und Nase. Ich weiß nicht, wie ihm zumute war, aber es belebte ihn, und er schlug mit tiefem Seufzer die Augen auf. Ich glaube nicht, daß er in seiner Herzensnot geschlafen hatte. Er war Parzival vergleichbar, als dieser, noch jung und unerfahren, völlig in Gedanken versunken auf die drei Blutstropfen im Schnee starrte. Ganz ähnlich benahm sich dieser edle Jüngling, bis er mich anschaute. Er hatte nichts mit dem Manne gemein, der den Truchsessen Keie niederstach. Voll Anstand sprach er: «Ach, lieber Freund, ich halte es für einen glücklichen Zufall, daß du mich hier gefunden hast.» Damit richtete er seinen Oberkörper auf und stützte sich auf die Hände. Er nannte mich bei meinem Namen und sagte: «Ich kenne dich sehr wohl. Ach, sei mir Trost und Hilfe in diesem Jammertal! Du bist der Löwe, ich das Junge, du der Vogel Strauß und ich das Straußenei», und mit einer ganzen Reihe solcher Beispiele bekundete er mir seine Ergebenheit. Ich ließ mich neben ihm im Grase nieder und ergriff seinen Arm, um ihn am Zurücksinken zu hindern. Dabei suchte ich zu erfragen, wie es denn zu seinem großen Kummer gekommen sei.

«Das Brackenseil hat bei weitem nicht so großes Leid gestiftet wie das, von dem ich geschlagen bin, obgleich doch Tschionatulander durch die Inschrift darauf auch in Leid geführt worden ist», erwiderte er. «So wie der Salamander im Feuer weiterlebt und nicht stirbt, ebenso hält mich mein Unglück weiter am Leben. Des Amfortas Schmerzen sind gering gegen die meinen, und Frau Herzeloyde, als sie die Lanze sah, die ihren Gachmuret getötet hatte, kann nicht mehr gelitten haben als ich.»

«O nein, mein Lieber», entgegnete ich, «ein Adliger sollte – bei Gott und der Jungfrau Maria! – niemals verzagen!»

«Ach lieber Freund, du führst weise Reden wie Titurel zu seinem Sohn Frimutel.»

Darauf sprach ich sogleich: «Bester Jüngling, berichte mir, ohne etwas zu bemänteln, wie du zu deinem Kummer und Schmerz gekommen bist, die mir sehr zu Herzen gehen. Ich muß gestehen, daß ich zeitlebens bei keinem Ritter je ein so eigenartiges und beschämendes Gebaren gesehen habe. Sei hart, nimm dich zusammen wie der edle Secures. Es hat vor der Stadt Tabronite keinen Kühneren als ihn gegeben, wenn er auch auf dem Schlachtfeld vor Bagdad seine Rechnung bezahlen mußte, als die aus Babylon den Kalifen angriffen und von Schilden und Lanzen die Splitter nur so herumflogen. Frau Venus, die Liebesgöttin, hat dich gar zu sehr in ihren Bann geschlagen.»

Darauf antwortete mir der Jüngling ohne Zögern: «Edler Mann, ich habe nun lange genug Gelegenheit gehabt, dich kennenzulernen. Du erzählst viel von Kämpfen, die mir gänzlich unbekannt sind. Ich habe zwar zeitlebens nur in Schwaben gelebt und bin dort aufgewachsen, aber Frau Venus hat mir nichtsdestoweniger ihren Pfeil tief ins Herz gebohrt. Wenn du es wünschst, so will ich dir mein Leid offenbaren, das ich schon lange mit mir herumtrage. Aber du mußt strengstes Stillschweigen darüber bewahren und darfst zu Schwätzern kein Wort davon verlauten lassen. Und du mußt ferner dieser Reliquie deine Verehrung bezeigen, die ich hier in einem kleinen goldbeschlagenen Kästchen aus Elfenbein aufbewahre.»

«Warum sollte ich das, was du mir erzählen willst, weitersagen?» entgegnete ich und schaute ihn an, «ich bin keiner von denen, die nichts für sich behalten können. Wollte man mich zwingen, etwas, was ich weiß, auszuplaudern, so käme mancher darüber ins Schwitzen, das kannst du mir glauben. Man würde mich in solcher Lage für taubstumm halten.»

Bei diesen meinen Worten griff er an seine Brust, und seine bleiche Gesichtsfarbe wich zusehends. Sogleich hatte er das gesuchte Behältnis gefunden. Daß ihm dabei vor Schmerz nicht die Sinne schwanden, war ein Wunder. Immerhin sank er mir mit geschlossenen Augen in den Schoß. Dabei kam das zierliche Kästchen wie zufällig zum Vorschein, und nun gebt acht, was ich darin entdeckte: ein feines weißes Schleiertüchlein aus Seide; aber es war mit Menschenblut bespritzt so wie einst das der Thisbe, das der verliebte Pyramus fand. Ich nahm es in die Hand und breitete es aus. Die Seide glich an Glanz dem des Salamanders. Ich aber gehe daran, Euer Bild zu malen, Frau Minne. Weder Geigen noch Harfen haben je süßere Töne von sich gegeben als Ihr, und doch zahlt Ihr am Ende Leid aus; Ihr flattert doch ziemlich hin und her.

Der Jüngling lag noch immer in meinem Schoß und schlug sich unter Seufzern die Brust. Seine Stimme war ihm wie eingerostet, und er brachte kein Wort hervor.

Ich öffnete ihm mit sanfter Gewalt den Mund, richtete ihn auf und sprach freundlich zu ihm: «Nun, die Sporen gibst du dir gerade nicht, wodurch doch immerhin mancher Ritter seine Mannhaftigkeit beweist. Du aber, so jung du noch bist, willst dich umbringen. Lebte der tapfere König Artus noch, er gäbe keinen Pfifferling für dich, und der Truchseß Keie wüßte dich ganz schön zu verspotten. Sage mir, woher das Tüchlein stammt. Ich glaube nicht, daß es eine Reliquie ist.»

«Ach, Freund», erwiderte er, «deine Worte treffen mich. Keine Reliquie aus Aachen bedeutet mir mehr als dieses Tuch. Ich liebe es mehr als das scharlachfarbene Gewand des Kaisers, trotz allen Schmerzes, den es mir bereitet. Dieses edle und reine Stück gab mir nämlich eine Frau, die ich mit allen Fasern meines Leibes und meiner Seele geliebt habe. Der allmächtige Gott möge ihr seine Gnade zuteil werden lassen! Ich meine die Frau, die mir dieses Tuch gab, als ich zur Fahrt ins Heilige Land aufbrach, Gott und ihr zur Ehre, an Zypern vorbei übers Meer, um den Heiden entgegenzutreten, wozu sie selber mir geraten und worum sie mich inständig gebeten hatte, sofern es sich irgend machen ließe, damit mein Ansehen als Ritter gemehrt und den abfälligen Reden gewisser Schwätzer ein Ende gesetzt würde. Ich war froh und glücklich über diesen Vorschlag und konnte kaum erwarten, daß sie mich zum Abschied zu sich kommen ließ. Ein Brief, der Worte und Melodie eines Liedes enthielt, war es, der uns an verborgener Stelle, die ich dir nicht sonderlich beschreiben muß, zusammenführte. Aber das sollst du wissen: Als ich mit ihr zusammentraf, da ward mir mit ihren weißen Armen und Händen und ihrem roten Mund ein Empfang zuteil, wie ich ihn mir nicht besser hätte wünschen können. Dieser Mund und diese Wangen, sie blühten wie eine Rose im Morgentau! Vor Liebesglück brannte mein Herz in hellen Flammen. Nicht ihren Mund, nein, ihre Wangen küßte ich da, und das vertrieb meinen Kummer so geschwind, als ob er Flügel hätte. Anders zu handeln derjenigen gegenüber, über die niemand etwas Schlechtes sagen konnte, wäre mir wie eine Sünde vorgekommen.

‹Geliebter, was hast du damit im Sinn?› sprach sie freundlich, ‹besinne dich auf Besseres!›

‹Ich würde es nicht für gut halten, wenn ich – gleichwohl in allen Ehren – meine Brust an Euren Busen drückte. Das fände ich überstürzt. Nein, meine Herrin, so wie Titurel darauf bedacht war, die Reinheit des Grals zu wahren, so ist es mein einziges Bestreben, Euer edles Ansehen nicht zu gefährden. Selbst der Tapferste auf dem Turnier von Florischantz wäre Eures Kusses nicht wert gewesen. Ich habe Euch, Herrin, bewiesen, daß mir Eure Ehre am Herzen liegt. Wäre ich über die Brücke von Karydol geritten, ich bin sicher, daß ich unbehelligt hinübergekommen wäre.›

‹Ich habe mich wohl zu früh auf die Bahn der Frau Venus begeben›, erwiderte sie, ‹und wenn du, Freund, darin nicht folgst, so will auch ich es lassen. Du bist wohl noch ein Jüngling. Aber beweise mir deine Vortrefflichkeit und deinen männlichen Sinn. Vor allem aber sei den zarten Frauen gegenüber auf der Hut! Wenn du übers Meer ziehen willst, um dich als Ritter zu bewähren, so mögen dich Gott und die Jungfrau Maria beschützen. Und nun höre, liebster Freund, was ich dir noch zu sagen habe. Zu ritterlichem Leben gehört mannhafte Unerschrockenheit. Jede Angst muß dir fremd sein, wenn du dich einem Schiffe anvertraust. Man hört oft von so furchtbaren Seestürmen, daß diejenigen, die noch unerfahren sind, von Schrecken erfüllt werden. Wenn es das Schicksal will, daß du in solch eine bedrohliche Lage gerätst, so erwähle dir den tapferen Ritter Sankt Georg zum Schutzpatron. Möge dir die Himmelskönigin ein Schiff, einen Kapitän und Seeleute bescheren, wie du sie nur wünschen kannst. Und vor allem halte dich an das Wort der Heiligen Schrift, nicht etwa an die Auslegungen, die andere ihr geben, und öffne dich besonders gegen Gott durch ehrliche Beichte und Reue. Freund, empfange mit aller Aufrichtigkeit und Andacht die hohen Gaben des heiligen Sakraments, dann wirst du glücklich ins Heilige Land gelangen. Schau dir auch all die Stätten an, wo Christus wunderbar gewandelt ist. Denn viele, die von dort heimkehren, wissen nichts zu sagen von den Orten, an denen der Gottessohn wirkte, und das ist gewiß zu tadeln. Es dünkt mich Sünde und Schande, wenn jemand dorthin zieht und sein Geld nur so ausgegeben

hat wie einer, der von einer Kirchweih heimkommt.
Schaue dir die Stadt Jerusalem nur sorgfältig an. Und
höre noch kurz, worum ich dich besonders bitte. Sieh dir
vor allem die Stelle an, von der aus unser Herr Jesus
Christus gen Himmel fuhr. Sie ist nämlich noch zu sehen.
Ich kann dir natürlich nicht alles vorschreiben, was du
noch aufsuchen solltest, aber wähle dir das aus, edler
Jüngling, was dir am nützlichsten ist. Möge dir die Jungfrau Maria in deinem Bemühen beistehen!›

‹Dank Euch, edle und schöne Herrin›, sprach ich
darauf zu ihr, ‹solltet Ihr wollen, daß ich Euch zuliebe nach
Nowgorod reisen sollte, ich würde nicht zögern, es zu
tun, aber auch zu den Tataren und Reußen oder zu drei
Winterfahrten ins Preußenland in Eurem Dienst aufzubrechen, würde ich nicht säumen; das brächte meinem
Herzen vielmehr Frieden und Ausgleich. Ich bin nun
einmal in den Banden der Minnegöttin, und Ihr, liebreizende Herrin, laßt mich Nutzen davon haben!›

‹Gern›, erwiderte die geliebte Frau, ‹wenn du mir treu
bleibst, Gott zu Ehren ritterliche Taten vollbringst und
dein Ansehen nicht befleckst, wie es viele um schnöden
Besitzes willen tun, womit sie ihre niedrige Gesinnung
beweisen und Sünde und Schande auf sich laden. Ach,
daß die Fürsten so etwas nicht unterbinden! Aber sie
lassen es geschehen und kehren sich nicht daran. Lieber
Freund, sei vor allem darauf bedacht, deine Seele und
diene Ehre zu bewahren, und reihe dich ja nicht in die
Schar der Narren ein, die alle nur Ungutes im Sinne
haben. Es wird nämlich die Zeit kommen, da unser Schöpfer, wie es ihm zusteht, von uns Rechenschaft über alles
fordert. Denn auf die Dauer läßt Gott nichts durchgehen,
und verflucht sei dann der Tag, an dem die Sünder geboren wurden! Dann ist der Leib dahin und das Seelenheil verscherzt. Laß es dich nicht verdrießen, mir zuzu-

hören und dir alles einzuprägen! Es gibt Leute im Gefolge der Kreuzfahrer, die unterwegs mit einem Maß
messen, für das sie den Galgen verdienten. Geliebter, laß
dich nicht zu so etwas verleiten und hüte dich vor aller
Missetat!›

‹Gern, edles, reines Geschöpf›, antwortete ich höflich,
‹Gott und Euch befehle ich meine Seele und meine Ehre
an. Bisher habe ich Gottes Lehren nur unzulänglich meinen Dienst geweiht, Ihr aber habt mich zu dieser Fahrt
ins Heilige Land veranlaßt. Eure klugen Ratschläge sind
mir unsagbar teuer. Ehe ich die richtige Handlungsweise für einen Ritter erkannte, war ich wie ein wildes
Tier.›

Sie ergriff meine Hand und sprach: ‹Bleib sitzen, mein
Freund, mit deiner Erlaubnis möchte ich mich kurz von
dir entfernen und dort drüben in dieses Zimmer gehen.
Dort bewahre ich in einer Lade etwas auf, das ich dir
schon lange zugedacht habe, wenn ich auch sagen muß,
es ist nicht gerade etwas Besonderes.›

‹Ach, edle Frau, ein Haar von Euch würde mir mehr
bedeuten als alle Waren aus Venedig und Barcelona.›

‹Mein Freund, nur ein Narr verschmäht Geschenke,
denen es an Kostbarkeit fehlt. Warte jedoch erst ab, ehe
du dich zu meinem äußerst.›

‹Was Ihr gebietet, Herrin, es soll bereitwillig geschehen!› Die edle Dame erhob sich nun und ging mit ihrer
Zofe in die Kammer, in der sich das Tüchlein befand,
weißer als der Schnee und noch nicht von Blut befleckt.
Ach, bester Freund, es trifft mich bis ins Herz, wenn ich
den Schmerz bedenke, den sie für mich gelitten hat. Es
bereitet mir Kummer, daß man mich nicht aufgehängt
hat, ehe diese edle Frau sich meinetwegen verletzte.»

«Nun ist es aber genug!» warf ich ein. «Etwas Seltsame-
res habe ich nie sagen oder singen hören. Du redest fort-

während von Schmerz, aber den rechten Anlaß dafür verschweigst du mir. Freund, rede endlich offen und nimm nicht länger ein Blatt vor den Mund.»

«Ja, das will ich tun, wenn du den Wunsch hast, es zu erfahren. Die zarte Frau nahm dieses reine, weiße Tüchlein und legte es mir armem Unglücklichen zuliebe auf ihren Busen, genau da, wo das Herz sitzt. Dann stach sie mit einer spitzen Nadel ein paar tiefe Löcher in ihre Brust, und sogleich tropfte das Blut heraus, wodurch die Geliebte Schmerz erdulden mußte. Ich bin gewiß, daß die Lanze, die Wilhalm von Orlens lebensgefährlich verletzte, ihm nicht solche Pein bereitet hat wie jeder dieser Nadelstiche meiner Geliebten. Diese unbegreifliche, wunderbare Tat zerreißt mir das Herz so, als ob es durch eine Steinschleuder zerschmettert worden wäre – ein ewig sich erneuernder Schmerz! Freund, mir ist, als ob mein Herz in einen tiefen Abgrund sänke. Ich vermag weder die rechte noch die linke Hand aufzuheben. Ach, läge ich doch im Tale Josaphat begraben, weil auch ich aus demselben Grunde, der Adams Fall bewirkte, so offenbar schuldbeladen bin. Man sollte mich gerechterweise mit Hunden aus diesem Lande hetzen.»

«Aber nicht doch», erwiderte ich. «Das wäre eine rechte Schande. An deinen Worten und deinem Gebaren spüre ich deutlich, welchen Schmerz du empfindest! Ich glaube, daß keiner der edlen Ritter an König Artus' Hofe zu Karydol frei von Mitgefühl wäre, wenn er das kostbare Blut deiner Dame hätte strömen sehen. Nimm es hin und laß es auf sich beruhen. Jetzt also kenne ich den wahren Grund deines Leids. Aber nun erzähle weiter, was tatest du, als das geschehen war?»

«Gern, edler Mann», erwiderte der Jüngling seufzend. «Wer es vermöchte, die Sandkörner am Meeresstrand oder die Sterne am Himmel zu zählen, dem würde solch

Handeln nicht so viel bitteren Schmerz bereiten, wie der es tut, den ich verborgen im Herzen trage. Nun achte auf das, was ich dir weiter erzähle. Denn von diesem Geschehen ist neues Leid ausgegangen.

Die Geliebte nahm dieses Tüchlein, wickelte es und heftete es dreifach zusammen. Solch eine Gabe hätte der große Alexander für eine Kostbarkeit gehalten, wenn sie ihm überreicht worden wäre. Die Reine, Sanfte, Schöne trat in Begleitung zweier Zofen mit edlem Anstand auf mich zu. Ihre Begleiterinnen zeigten freilich betrübte Mienen, worüber ich sehr erschrak. Ich bin gewiß, daß der Tod Gachmurets vor Bagdad dem Kalifen nicht solchen Schrecken eingeflößt hat, wie ich ihn in diesem Augenblick empfand. Aber die Geliebte redete mich ganz freundlich an, denn sie hatte bemerkt, daß ich fassungslos war. Sie reichte mir das blutgetränkte Tüchlein und sagte: ‹Liebster Freund, nimm dieses kleine Geschenk und halte es in Ehren. Es ist mein eigenes Blut daran, aber ohne daß dabei etwas Schreckliches wäre. Ich reiche es dir, damit es dich auf deiner Reise übers Meer beschütze und bewahre.›

‹Edle Frau, das hat mich so erschreckt, daß ich – bei meiner Ehre! – halbtot bin. Sagt mir rasch, wie konnte das geschehen? Ihr habt mich überlistet, als ich Euch gehen ließ.›

Ihr Busen wogte und bebte, als ob das Herz darin zerspringen wollte. ‹Mein Freund›, sagte sie, ‹daß uns niedersitzen, meine Glieder zittern mir nämlich so, daß ich nicht reden kann.›

Ich schaute die Liebreizende an und umarmte sie innig. ‹O Gott, erbarme dich›, sprach ich tief aufseufzend, ‹daß ich je diesen Brief geschrieben habe, der uns hier zusammengeführt hat.›

‹Nein, Geliebter, bedenke dich! Es ist mir eine Freude,

dich hier zu haben. Der Unglücksstern, der auf Geheiß der Frau Venus seine Bahn zieht, hat mich gezwungen, dir edlem Jüngling dieses kleine Geschenk zu bereiten. Wenn es mich auch ein wenig schwächt, so überlasse das nur Gott. Frage hier meine alte Kammerfrau, die kann dir berichten, wie die Sache vor sich gegangen ist. Ich vermag es vor Schmerz nicht. Aber ärgere dich nicht über den Brief von dir, der unser Zusammentreffen ermöglicht hat! Ich dachte mir schon, daß dir das Kummer bereiten würde. Ach, Geliebter, so lange ich lebe, will ich von dir nicht lassen, und auch du sollst, wenn du dich in der Fremde als Ritter tapfer bewährst, in Gedanken immer bei mir sein.›

Damit winkte sie ihrer alten Zofe; die kam mit trauriger Miene herbei und berichtete mir den Vorgang mit zorniger Stimme.

‹Nun mäßigt Euch›, sprach ich zu ihr, ‹ich sehe doch, daß Ihr keine Ursache habt, Euch zu erregen. Wart Ihr denn in einer Höhle eingesperrt und vermauert, daß Ihr dieses edle Geschöpf nicht beschützt habt? Wo ist denn Euer Anstand geblieben, wie konntet Ihr und auch die Kammerzofe so erbärmlich und träge sein, das zuzulassen? Mit gutem Grund zürne ich Euch, daß Ihr das nicht verhindert habt und daß Ihr das edle Blut aus ihrer Brust habt sprudeln lassen.›

‹O nein, Herr Ritter›, erwiderte die Zofe, ‹als ich meine Herrin ihre Verrichtung so geschickt vollführen sah wie einer, der sieben Stare aus dem Nest nehmen will, und weil ich ja nicht wußte, was sie vorhatte, da benahm ich mich wie der Hase, der die Flucht ergreift, wenn man ihn jagt, und die Kammerzofe tat ebenso. Unsere Herrin war auch gar zu behend, sich von uns wegzustehlen und uns ihren Sinn, der sonst mild ist wie der der Taube, zu verhehlen, als sie die Absicht hatte, sich Euretwegen zu verwunden. Es ist mir gleich, ob Ihr mir feind seid oder nicht. Auch Sigune hat für das Brackenseil bitter bezahlt, und Frau Venus läßt von ihrer Gewohnheit nicht, Freude und Leid gleichermaßen zu spenden. Wir beiden armen Kammerzofen sind daran völlig unschuldig!› Und damit schwieg sie zornigen Blickes.

Meine geliebte Herrin aber schmiegte sich an mich und sagte: ‹Geliebter, laß ab von deinem Zorn und deinem Klagen. Der Tag wird kommen, da du deinen Lohn empfängst. Doch jetzt ziemt es sich, daß du nach Venedig ziehst und dich dort zur Fahrt ins Heilige Land einschiffst. Das ist das Beste, was ich dir raten kann. Es werden heute abend viele Gäste in die Burg kommen, und das schreckt mich, weil ich den Spott der Schwätzer fürchte, sofern sie dich hier noch antreffen. Dein Leben, deine Seele und deine Ehre seien Gott befohlen!›

‹Ungern verlasse ich Euch so bald, edle Herrin›, erwiderte ich. ‹Ich bin unsäglich betrübt darüber. Alle Christen, Juden und Heiden würde es erbarmen, wenn sie erführen, daß ich jetzt von Euch scheiden soll. Ach, ich Armer, daß ich nun Abschied nehmen muß!›

‹Geliebter, handle mit edlem Anstand und bewahre mir deine Treue, so wie ich sie dir halten will, woran du nie zweifeln sollst. Laß deine Betrübnis dahinfahren, zeige, daß du ein Mann bist. Ich will dir Hilfe sein zu edler Rittertat, und meine wertvolle Gabe soll dich dabei beschützen.›

‹Gewiß, edle Frau, ich werde sie an meinem Herzen tragen. Ihre Kraft wird mein Herz so geschwind wie ein Falke durchdringen. Sie soll mich zu hohen Taten beflügeln. Sie gleicht dem Blute des Pelikans und wird mich verjüngen wie den Vogel Phönix, der sich aus der Asche erhebt. Frau Minne und ritterliches Abenteuer setze ich gleich.›

Inzwischen hatte sich die Sonne gen Okzident gewendet, und das Geschenk des lichten Tages war verschwunden. Da sprach sie zu mir: ‹Mein Freund, schau nur, es naht sich die finstere Nacht. Aber mein Herz soll dich durchleuchten wie ein strahlender Karfunkelstein! Gott möge dich vor den Strafen der Hölle bewahren. Laß uns nun um der Güte aller edlen Frauen willen Abschied nehmen, und sei auch der Heiligen Jungfrau zuliebe auf Frieden und Versöhnung bedacht.›

‹Dies sei euch, ihr reinen und schönen Frauen, gelobt, und es ist ein Gebot, das auf der Fahrt mit Hingabe erfüllt werden soll. Ach, wäre es nicht gegen Gott, so wollte ich lieber sterben, wollte eher Leib und Gut verlieren als mich von Euch trennen.›

Ich kniete vor ihr nieder und dankte für die Huld, die sie mir erwiesen hatte. ‹Möge Gott hoch droben im Himmel uns beide beschützen und bewahren!› So segnete sie mich und ich sie. Ich Narr ging davon zu meinem Pferd, saß auf und ritt voller Kummer heimwärts, das edle Tüchlein auf meiner Brust. Tausendmal am Tag verspürte ich den Drang, es anzuschauen, als ob es der Gral wäre, dessen Anblick Titurel fünfhundert Jahre am Leben erhielt.»

«Oh, du prächtiger junger Ritter», sprach ich, «es soll dich fürwahr nicht gereuen, daß du in den Dienst dieser Dame getreten bist, deren Ansehen vor Gott und der Welt ungeschmälert ist und die dadurch so liebenswert erscheint, daß sie sich für dich diese Wunden beigebracht hat. Aber nun erzähle mir, wie es dir auf deiner Fahrt ins Heilige Land ergangen ist. Ich wüßte gern, ob du auch den Stern Antarcticus gesehen hast, als du in der Fremde warst.»

«Zu meiner Schande muß ich das verneinen, bester Freund. Bis nach Indien bin ich nicht gekommen. Ich habe wohl gelesen, daß man diesen Stern in verschiedenen fernen Ländern sehen könne, vor allem von dem Berge aus, in dessen Nähe die Zwerge ihr Wesen treiben und ihre Zusammenkünfte halten.

Ich jedenfalls bin mit einem Pilgerschiff, das die Venezianer ausgerüstet hatten, nach Zypern gefahren. Dort traf ich in der Stadt Nikosia mit vier anderen Rittern zusammen, und der älteste von ihnen bat mich, falls es mir recht sei, mit ihnen zusammen zur Insel Rhodos und weiter zum Heiligen Grabe zu ziehen.

‹Gern, edler Herr›, antwortete ich, ‹aber ich bin leider noch nicht zum Ritter geweiht worden. Wenn Ihr das freilich an mir vollziehen wolltet, so wäre ich glücklich.›

Die Magnetnadel und die Windrose wiesen uns den rechten Kurs. Die vier zogen, so wie es sich für rechte Ritter ziemt, hochgemut dahin und ich, nach Art vieler anderer Pilger, mit ihnen. Die Johanniter nahmen uns in ihrer Niederlassung freundlich und ehrenvoll auf. Das waren nicht solche ‹Morbleu›-Kerle wie die Türken. Was soll ich dir sagen, wir verweilten drei Wochen bei diesen tapferen Rittern, und einer von ihnen erzählte uns von dem Hin und Her der Kämpfe zwischen Griechen und Türken und daß es ein wahres Vergnügen sein müßte, den Sultan aufzuknüpfen, der bis zum heutigen Tage nur darauf aus gewesen sei, den Christen ein kochendheißes Bad zu bereiten.

Nimm's hin, Freund, und lassen wir's auf sich beruhen. Unsere kleine Schar stach schließlich mit einem anderen Schiff erneut in See. Dem Kapitän gefiel das stürmische Wetter nicht. Ich will durch zu viele kluge Worte die Sache nicht verblümen, jedenfalls segelten wir mit großer Besorgnis von Hafen zu Hafen. Freund, ich bin noch jung und kenne mich mit dem Meer nicht so aus; aber ein erfahrener alter Seemann prophezeite uns große Bedrängnis. Ich hielt das für ein Märchen, für leeres Geschwätz, denn – wie gesagt – ich hatte keine Ahnung von der Gefährlichkeit des Meeres, wie schrecklich und grauenerregend es sein kann. Ich kam mir dabei vor wie Wigalois, der Ritter mit dem Rade, bis mir die Brecher aus den Tiefen des Meeres förmlich bis in den Mund schlugen, diese riesigen Wellen, die unser Geschick uns sandte und die die Lüfte mit ungeheurem Lärm erfüllten. Die Matrosen, Schiffsjungen und mancher brave Pilger verloren den Mut und wurden von Schrecken gepackt. Daß unser Schiff nicht zerbarst, ist nur darauf zurückzuführen, daß es ganz neu war.

Eine Galeote oder Barke wäre dabei unweigerlich untergegangen. Die Schiffsausrüstung wurde vom Sturm zerstört, der hochaufragende Mastbaum brach und schlug quer über den Schiffskörper, was allen durch Mark und Bein ging. ‹Weh über diese unerbittlich harte Seefahrt›, dachte ich Unglücklicher oft. ‹Könnte ich nur, ehe mein Leben zu Ende geht, noch einen Augenblick bei meiner Geliebten sein, die mir so liebevoll dieses zarte Tüchlein überreicht hat, wie sehr wünschte ich das!›

Der Stern Pelarcticus war gänzlich aus unserem Blickfeld geraten, und auch die Bahn der anderen Planeten konnten wir nicht wahrnehmen. Das ganze Firmament nützte uns überhaupt nichts mehr. Nun höre, wie ich an dieses edle Kleinod, das blutige Tüchlein, glaubte. In dieser Not beschwor ich seine schützende Kraft und seine Herkunft, und sehr bald konnte ich wahrnehmen, daß das Unwetter sich beruhigte. Dieser reinen Reliquie bin ich aus tiefstem Herzen dankbar. Mein Freund, urteile nicht darüber. Es ist Götzendienst, und ich hätte wohl die Heilige Jungfrau anrufen müssen, in der Hoffnung, daß sie mir zuverlässiger zu Hilfe käme. Welf und Waibling sind nicht dasselbe, und ein rechter Ritter soll keine Abgötter haben. Nimm es, wie es ist, und laß es auf sich beruhen. Ich wäre dir jedenfalls sehr dankbar, wenn du das Tüchlein, dieses Kleinod für mich, nicht gering achten würdest.»

«Ach, lieber Freund, betrachte diesen Schatz getrost als das, was er dir bedeutet! Ich habe in meinem Leben auch schon oft in einen kalten Ofen gepustet und bin nicht immer gerade meisterlich durch felsige Buchten hindurchgekommen.

Aber erzähle weiter, wie es dir ergangen ist. Ich glaubte, du wärest bei den Heiden in Gefangenschaft geraten.»

«Nein, mein Freund, vor dieser Schande haben Gott und die Jungfrau Maria mich bewahrt. Der Sturm warf uns auf gefährliche Klippen in der Nähe eines uns unbekannten Hafens, der fünf Tagereisen vom Heiligen Grabe entfernt lag. Was nützt es, wenn ich dir den ganzen Umfang des Unglücks schildere? Sieben von uns, die ich allerdings nicht kannte, kamen dabei ums Leben. Wir anderen wanderten über Land. Viele hatten im Kampf mit den Wellen ihr Geld verloren. Aber ein Kaufmann aus Ostpreußen, aus der Stadt Thorn, hatte eine Menge Dukaten und auch Lübische Gulden gerettet, die zog er aus seiner geheimen Brusttasche und verteilte sie an diejenigen Pilger, die zu ihrem Leidwesen bei dem Seesturm Hut und Mantel eingebüßt hatten. Ich will das nicht weiter ausmalen, weil es zu weit führen würde. Ich will mich vielmehr kurz fassen. Ein mächtiger orientalischer Fürst, ein Admirat, nahm sich der vier Ritter und auch meiner an und geleitete uns erfreut als seine Gäste auf seine prächtige Burg. Er verstand sich darauf, uns zu ehren, daß es König Artus nicht besser gekonnt hätte. Er und seine Gemahlin waren rechte Vertreter des Ritterstandes, beide übrigens und auch ihre Kinder christlich getauft. Sein gesamter Hofstaat nahm uns mit Freuden auf. Wie es den andern erging, die mit uns auf dem Schiffe waren, das will ich auf sich beruhen lassen. Mögen Gott und Jesus Christus sie in ihrem Schutz behalten haben!

Unser Gastgeber und auch seine Gattin waren liebe Menschen. Sie hingen allerdings dem griechisch-orthodoxen Glauben an, der mancherlei Anstoß gibt und vieles Falsche enthält. Aber ich armer Narr rede viel zu viel. Laß es dich nicht verdrießen! Ich will dir also in Kürze berichten, wie uns dieser treffliche Mann unter abenteuerlichen Umständen zum Heiligen Grabe Geleit gab. Er herrschte kraft seines Amtes über zahllose Heiden, und er hatte auch einen tüchtigen Burggrafen, der in der Nähe wohnte und ihm ganz zu Diensten war. Unter seinem Oberbefehl sammelte man Männer mit Bogen, Keulen und Schwertern, Kämpfer, die freilich nicht alle dem christlichen Glauben zuliebe gekommen waren. Eine Gruppe bestand aus nichtswürdigen Anhängern Mohammeds, eine andere aus Christen, jedoch keinen des römisch-katholischen Bekenntnisses. Dennoch sei diesem Manne ewig Lob und Dank! Er war ein Getreuer und handelte nicht wie jener Spitzbube, dieser Schandkerl, der einst seine Gäste verriet und sich danach zwei Hühner briet, die aber vom Spieß herabsprangen. Dieses Zeichen hatte zweifellos der heilige Jakob bewirkt. Die Seele jenes Verräters möge in Acht und Bann sein und ewig in den Qualen der Hölle schmachten!

Jener Burggraf im Dienste des Admiraten brachte uns schließlich mit seiner zweigeteilten Truppe zu unserer Freude zunächst nach Bethlehem, wo Christus, der Jungfrau Sohn, geboren und in der Krippe, neben Esel und Rind liegend, angebetet wurde. Bis dahin war unsere Fahrt recht beschwerlich gewesen, aber als wir fünf und unsere Knappen die heilige Stadt Jerusalem und den

Ölberg vor Augen hatten, da waren wir von höchster Freude erfüllt. Auch das Dörflein Nazareth glänzte zu uns herüber, wenn auch nicht gerade so wie die Gralsburg. Bis hierher geleitete uns der getreue Burggraf und nahm sodann herzlich Abschied von uns.

Unweit des Heiligen Grabes befindet sich eine gute Herberge, die ‹Zum Stern› heißt. In der brachte uns der Konsul unter. Dank sei dem Herrn, der uns so hilfreich war. Ich wollte ihm aufrichtig immerdar zu Diensten sein!

In der Herberge hielten wir uns nicht lange auf. In schwarzen oder grauen Kleidern und mit Pilgerstäben ausgerüstet begaben wir uns voller Demut in das Kloster, worin sich das Heilige Grab befindet. Viele hatten davor ihren Pilgerstock oder andere Gegenstände hingehängt zum Zeichen, daß sie hiergewesen waren.

Der Prior des Zionsklosters und die Mönche empfingen uns und fragten nach unserem Begehr. Wir sagten es ihnen sogleich.

‹Gott hat euch hergesandt›, antwortete der Abt friedfertig. ‹Legt nun aufrichtige Beichte ab und bekundet Reue für eure Sünden, so wird Gott euch Frieden und Versöhnung gewähren. Der heilige Michael hat euch hergeleitet und euch vor den argen Bedrückungen bewahrt, die jetzt von dem Heiden, dem Kaiser der Türken, ausgehen. Er hat mit seiner Falschheit schon viele zuschanden werden lassen, genauso, wie es seine Vorgänger vor Jahren getan haben, als sie dem König von Ungarn ungeheuren Tribut abzwangen, ich meine nach der Schlacht von Nikopolis, was auf deutsch Adlerschild heißt. Möge Gott sich der Seele derer annehmen, die dort im Kampfe gefallen sind! Es gibt einen Drachen, der heißt Cerastes. Dessen Gift tötet Roß und Reiter, und wen er berührt, der ist des Todes. Ganz ähnlich ist es heute mit dem treulosen Türken, diesem giftigen, wütenden Ungeheuer, das bedrohlich über der Christenheit schwebt.›

Nun kamen fünf Mönche herbei, setzten sich nieder und nahmen uns die Beichte ab. Nachdem wir Bußfertigkeit bekundet hatten, konnte uns Absolution erteilt werden, und zwar auf eine Art, die für Tölpel viel zu fein ist. Man brachte nämlich Schlüssel, Buch und Schwert herbei. Auf solche Weise wurde die höchste Ritterwürde, die es geben kann, verliehen. Dem weisen Prior sei ewig Dank dafür!

Er las uns persönlich eine Messe nach römisch-katholischem Ritus, nicht griechisch-orthodox, wie es dort Sitte ist. Danach führte er uns in das Heilige Grab, wo ich mich sogleich auf meinen Pilgerstab niederkniete. Mit Herz und Mund betete ich dann zu unserem Schöpfer. Aber auch mein edles Kleinod, auf dem das Blut vom Busen meiner Geliebten war, bereitete mir Schmerzen, die tief zu Herzen gingen. Je länger ich meine Gedanken auf all das richtete, um so mehr wurde meine Seele davon erfüllt. So wie die Strahlen der Sonne den zarten Tau vergehen lassen, so wurden in dieser tiefen Andacht all meine bösen Gedanken vertrieben. Genug darüber, sparen wir uns weitere zierliche Worte.

Der älteste meiner ritterlichen Weggefährten weihte mich zum Ritter, wozu ihm der Abt die Erlaubnis erteilt hatte. Nachdem ich Hut und Reisemantel abgelegt hatte, segnete der Abt mit den heiligen Worten der Kirche mein Schwert und tat seinerseits alles, was zu dieser Zeremonie nötig ist. Dann trat ein Laienbruder hinzu, er war der Schatzmeister des Klosters, und ihm reichte ich acht Dukaten, wofür er mir mit Anstand Dank sagte. In der kleinen Grabkapelle hielten wir uns nicht übermäßig lange auf; nachdem wir alle die Grabplatte geküßt hatten, die unseren Herrn Jesus Christus deckt, verließen wir sie wieder. Und dann – hab acht, mein Freund! – nahm mich der Guardian ungelogen bei der Hand und führte uns alle im Kloster umher. Auch die Mönchszellen wurden uns gezeigt. Vorratskisten voll Korn und Mehl gab's da nicht gerade zu sehen. Die Brüder schliefen auf einem Fell, das sie auf den Boden gelegt hatten.

Mein alter ritterlicher Gefährte fragte den Abt besonders nach den vielen Wunderzeichen, die der Heiland auf Erden getan hatte, und es wurde uns sogleich treulich berichtet, daß der Gottessohn in Menschengestalt dreiunddreißigeinhalb Jahre auf Erden gewandelt sei, und auch von der reinen Jungfrau wurde erzählt, die ihn, der Gott und Mensch in einem war, geboren hatte.

Dann wurden wir zu Tisch geladen, und danach baten wir den heiligen Mann mit freundlichen Worten, uns nicht gram zu sein, wenn wir uns nun verabschieden wollten.

‹So lange ich lebe›, antwortete er darauf, ‹sollen euch meine und meiner Brüder aufrichtige Gebete begleiten. Maria, die Himmelskönigin, sei mit euch, wohin ihr auch zieht, zu Wasser und zu Lande. Gott möge euch vor Sünde und aller Missetat bewahren.›

Und damit ging der Abt davon, indem er seine Kutte vorn ein wenig raffte.

Ich will jedoch nicht mehr Worte machen als nötig. Wir kehrten also vom Heiligen Grabe in die Herberge zurück, vor der ein goldener Stern an einer Stange hing. Der Wirt und seine Frau traten freundlich heran. Obgleich sie Heiden waren und an Mohammed glaubten, gaben sie doch das Bild eines Ehepaares ab, wie es sein sollte, ein Herz und eine Seele. Die Frau versorgte uns hingebend, und auch der Mann war nur darauf aus, uns zu Diensten zu sein. Der Konsul führte uns dann bereit-

willig an all die Stätten, wo Christus und die reine Jungfrau gelebt haben. All das ist kein Betrug, wie die Juden
hierzulande behaupten. Man sollte sie für eine solche Behauptung an Leib und Gut strafen! Sie glauben eben an
ihren Talmud, und der führt sie in die Irre.

Wir fragten auch hin und wieder unseren getreuen
Abt vom Heiligen Grabe um Rat, wenn wir dessen be-
durften.

Wir hätten übrigens auch gern die neue Moschee in
Jerusalem besichtigt, aber der Wirt vom ‹Goldenen Stern›
riet uns ab. ‹Keiner soll die Hüter dieses Tempels stören›,
sprach er. ‹Würde ihnen einer von euch zu nahe kommen, so müßtet ihr alle eines elenden Todes sterben, das
könnt ihr mir glauben. Selbst wenn ihr tausend Jahre
hier bliebet, würdet ihr nicht hineinkommen.› Lassen
wir die Moschee also auf sich beruhen.

Kurz darauf berieten wir fünf uns heimlich in einem
Gemach und kamen überein, wenn Jesus Christus uns
gnädig sei, auf der Straße nach Sankta Katharina über
Land zu reisen und den Berg Sinai zu besuchen sowie die
Stadt Kairo, in der der Sultan zumeist residiert. ‹Gott-
vater, Sohn und Heiliger Geist, dreifaltig und doch eins›,
sprachen wir alle, ‹führe unsere kleine Schar den rechten
Weg dorthin und bewahre uns vor aller Gefahr!› Diese
Bitten waren so inständig wie ein Eid. Und so wurde die
Fahrt zu Gottes und unserm Lob und Preis beschlossen.
Wir tauschten unsere rheinischen Gulden und unsere Du-
katen um; Maultiere und Kamele beschaffte uns der Kon-
sul. Wir gingen zuvor noch einmal zum Heiligen Grabe,
um unsere Andacht zu halten. Dort spendete uns der
Abt mit frommen Worten seinen Segen.

Inzwischen hatte sich die Herberge zum ‹Goldenen
Stern› mit unglücklichen Menschen angefüllt. Sie waren
jämmerlich ausgeplündert worden. Die Falschheit der

Heiden hatte sie in diese Lage gebracht, Kaufleute und Pilger gleichermaßen. Unweit von Alexandria hatte sich der hinterhältige Überfall ereignet.

‹Liebste Brüder›, sprach der Abt zu uns, ‹begebt euch zu diesen Leidgeprüften und sucht uns später wieder auf. Wenn ihr auch müde seid, Gott wird es euch lohnen.› So gingen wir in die Herberge zurück, und der Wirt des ‹Goldenen Sterns› berichtete uns in großen Zügen, wie es den armen Pilgern ergangen war. Mancher von ihnen saß ohne Hut und Mantel da und hatte kaum genug, seine Blöße zu bedecken. Vielen hatte man Hosen und Schuhe geraubt. Es handelte sich um zwanzig Männer und vier Frauen, die aus Montpellier kamen und Arznei holen wollten, und sie alle waren von den Heiden ausgeplündert worden. Was soll man da noch viel sagen? Ein junger Kaufmann aus Meran befand sich auch tief betrübt in dieser Schar von Unglücklichen. Von dem erfuhren wir noch Näheres, wie der Überfall vor sich gegangen war. Einer meiner Gefährten erwähnte im Gespräch mit ihm auch, daß wir die Absicht hätten, zum Katharinenkloster auf dem Sinai zu ziehen.

‹Um Gottes willen, Herr›, sprach er aufrichtig, ‹laßt das bleiben. Die heidnischen Fürsten haben kürzlich einen neuen Sultan bestimmt, und jetzt geht es dort drunter und drüber, und einer ist des andern Teufel. Ich habe in diesem Lande ein großes Warenlager gehabt, und ich sage euch, ihr wäret alle verloren und kämet nicht mit dem Leben davon. Der Sultan ist ein furchtbarer Wüterich.›

‹Guter Mann›, erwiderte mein Gefährte, ‹ich will dir unverblümt gestehen, daß es für uns einem Unglück gleichkäme, wenn wir die Fahrt unterließen. Wir wollen uns um Geleit bemühen, das uns den Frieden sichert.›

‹Ja, Herr›, sprach der Händler, ‹Geleit würde euch

sicher helfen, wenn es keine Falschheit gäbe! Seid gewiß, es ist verlorene Mühe. Die Heiden kümmern sich wenig um ein sicheres Geleit, mag es auch in Ehren ausgehandelt worden sein. Sie würden euch an Leib und Gut Schaden tun. Christenblut achten sie geringer als einen Hasen. Kürzlich kam mir ein Brief in lateinischer Sprache vor Augen, in dem es hieß, daß alle Fürsten der Sarazenen vor Kairo ziehen und den Sultan samt seiner ganzen Sippe verjagen wollen. Sie sagen, er habe das Amt widerrechtlich inne und halte sich auch nicht an die Glaubenslehren Mohammeds, durch die freilich viele Gebiete vergiftet sind.›

Darüber erschraken wir fünf sehr und gingen miteinander zu Rate. Die kleine Versammlung kam überein, es so zu halten, wie es der Wille Gottes sei, dem wir als seine Kinder gehorsam sein sollen. Der Älteste von uns empfahl, wir sollten nochmals den Abt aufsuchen und ihn in dieser Sache befragen. Das taten wir denn auch unverzüglich. Wir trafen den frommen Mann in seiner einsamen Zelle an. Als er uns sah, schaute er uns lächelnd an und hieß uns willkommen. ‹Meine lieben Brüder›, sprach er freundlich, ‹es überrascht mich, euch so bald wieder bei mir zu sehen.›

‹O Herr, wir hoffen, daß Ihr uns armen Pilgern helfen könnt! Ihr verfügt doch über große Weisheit, und deshalb ratet uns. Es ist nämlich tiefe Beunruhigung in unsere Herzen eingezogen, und diese hat uns zu Euch getrieben, damit wir Euren Rat hören. Ihr seid in dieser schwierigen Angelegenheit zweifellos ein guter Ratgeber.›

Voll Demut sprach er: ‹Was bedrückt euch, edle Herren, ist es die lange Fahrt, sind es Reif, Schnee und Regen und andere Unbilden des Winters, oder haben die Heiden einen Kriegszug vor?›

‹Ja, Herr, uns hat ein braver Mann gewarnt, der mitsamt seinen Gefährten bittere Erfahrungen hat machen müssen. Sie sitzen nun alle nackt und bloß voll Kummer und Leid in unserer Herberge. Man hat die Ärmsten ausgeplündert und ihnen Rücken und Arme mit Keulen und Kolben gebleut. Sie wären vielleicht besser dran, wenn sie schon unter der Erde lägen.›

‹Mitnichten, ihr Herren›, erwiderte der Abt. ‹Das Leben ist heilig, und ein frommer Mensch soll stets von ungebrochener Hoffnung beseelt sein. Gott wird diese armen Menschen gewiß für alles, was sie erlitten haben, entschädigen.›

‹Und nun›, sprach der Guardian voll Anstand, ‹wollen wir die Angelegenheit bedenken, wie es die Vernünftigen zu tun pflegen.› Damit zogen sich die Mönche zurück. Aber sie kamen bald wieder, setzten sich zu uns und berichteten, daß der Sultan in jenem Lande, in das wir ziehen wollten, äußerst hochmütig sei und daß wir eine gefahrvolle und bedrückende Fahrt gewärtigen müßten, das sollten wir ihnen glauben. Die Räuber würden uns sicher um all unsere Habe bringen. ‹Darum raten wir euch aufrichtig›, fuhren sie fort, ‹bleibt hier in der Nähe des Heiligen Grabes. Laßt den alten und den neuen Sultan jenes Landes, in das ihr wollt, ihre Zwistigkeiten austragen und sich gegenseitig schachmatt setzen. Bleibt lieber die Winterszeit über im Heiligen Land. Das wird euch keinerlei Schande einbringen, darauf könnt ihr euch verlassen. Dieses Vierteljahr könnt ihr euch voll Eifer der Kranken und Verletzten in eurer Herberge annehmen und ihnen Hilfe mit Wort und Tat leisten. Das bereitet die Seele für das Himmelreich, dadurch werdet ihr der heiligen Elsbeth ähnlich und werdet hier auf Erden einen leichten Tod finden.›

Voller Demut dankten wir den Brüdern für ihre Hilfe.

Mir Jüngling war dieser weise Rat freilich nicht so ganz recht. Ich hätte gar zu gern einmal die Sultane und ihre Krieger gesehen. ‹Weshalb bin ich Unglücklicher denn überhaupt übers Meer gefahren›, dachte ich bei mir, ‹wenn ich mich durch die Warnungen dieser Männer so leicht abschrecken lasse? Wozu dieses lange Federlesen? Dabei hätte mir diese Reise sehr wohl angestanden! Warum bin ich denn eigentlich nicht gleich zu Hause geblieben und habe die Alten allein übers wilde Meer ziehen lassen?›

Aber die Sache war nun einmal beschlossen, und es wurde ganz so gehalten, wie der Abt es geraten hatte. Und dabei hätte ich mich so gern voll Übermut in dieses Abenteuer gestürzt! Wir wurden erneut zum Heiligen Grabe geführt, das ich mit meinem Pilgerstab wieder und wieder berührte. Meine Begleiter baten mich, ihnen zu sagen, warum ich so betrübt sei.

‹Ach›, sprach ich, ‹die bösen Heiden beschweren mein Gemüt, und dann betrübt es mich auch ziemlich, daß ich – im Blick auf die Ehre der Dame, die mich auf Pilgerfahrt gesandt hat – das herrliche Land Bagdad und die Stadt Kairo nicht schauen soll. Das nimmt mir alle Freude und stürzt mein Herz in Kummer.›

‹Du redest wie ein Narr›, sprach mein Freund, der alte Ritter. ‹Wenn es Gott gefällt, so wird er dich eines Tages schon noch in einer großen Heerschar dorthin bringen, wo Kaiser Friedrich deinen Dienst zu Ehren des Heiligen Grabes braucht. Und dann trägt ein junger Ritter wie du keinen Pilgerstab in der Hand, sondern ein Schwert. Deshalb beruhige dich und laß deine Trübsal fahren. Du hast noch viele Jahre vor dir, und das Glücksrad wird sich auch noch zu deinem Vorteil drehen.›

‹Ich danke Euch, Herr›, erwiderte ich und schaute ihn an, ‹möge das wahr werden, was Ihr gesagt habt!› Dann verließen wir die Stätte des Heiligen Grabes und begaben uns in die Herberge zu den Kranken, von denen die meisten bettlägerig waren und nur wenige sich mühselig fortbewegen konnten. Einem jeden von ihnen schenkten wir da als Unterstützung zwei echte Dukaten.

Nun hört etwas Ungeheuerliches. Die vier Frauen, die sich unter den von den Heiden Überfallenen befunden hatten, waren plötzlich nicht mehr da. Das verwunderte uns sehr, hatten sie doch nichts weiter auf dem Leibe gehabt als ein Hemd, und nun waren sie so sang- und klanglos verschwunden. Sie waren allesamt Zauberweiber, die, auf einem Kalb sitzend, schnellstens wieder nach Montpellier geritten waren. Das Kalb aber kehrte bald darauf in den Stall des Herbergswirtes zurück.

Am anderen Morgen zogen wir zum Tal Josaphat. In dieser langen Winterszeit kamen wir kaum zur Ruhe. Wir besuchten jede heilige Stätte und notierten uns auf Zetteln alle die vielen Wunder, die Jesus Christus dort vollbracht hatte. Damit waren wir beschäftigt, bis gegen Ostern die wärmere Jahreszeit heranrückte. Nun, Freund, ich will es kurz machen. Wollte ich dir ausführlich erzählen, wie es mir ergangen ist, so würde dich das gewiß langweilen. Darum unterlasse ich es.

Ich nahm mich besonders des Kaufmannes aus Meran an. Ich kaufte für ihn ein graues Kleid. Er hieß nicht etwa wie jener treulose Böhme Rockenzahn, sondern Malsch, und er war als Handeltreibender schon oft übers wilde Meer gefahren. Stürme und Unwetter konnten ihn nicht schrecken. Dieser Kaufmann nahm mich mit nach seiner Heimatstadt, und auf seine Bitte blieb ich noch eine Weile als Gast bei ihm. Danach zog ich nach Innsbruck, das gar nicht so sehr weit entfernt ist. Dort hatte mich ein gütiges Geschick hingeführt; ich wurde von dem edlen Fürsten herzlich aufgenommen und vortreff-

lich bewirtet. In vielen Dingen war er mir durchaus
überlegen, so im Steinstoßen, Springen und Ringen. Er
war aber nicht ungeschlacht, sondern vornehm und verdiente das Ansehen, in dem er stand. Er schenkte mir
hochherzig auch eine Armbrust und ein Schwert zu meinem Ritteramt, dessen ich doch kaum würdig bin.

Gott gab es mir ein, den Fürsten beim Abschied mit
freundlichen Worten um Geleit zu bitten, und es wurde
mir auch bis zum Heiligen Blut oder – wie es dort genannt wird – Seefeld gewährt. Unweit des Frankensteins
übernachtete ich dann in einem hübschen Dorf namens
Zierlis, und dann begleitete man mich noch weiter auf
meiner Heimreise nach Schwaben, wofür ich dem Fürsten und seinem Haus allzeit dankbar bin.

Und nun, lieber Freund, merk auf und höre, was ich
dir zu erzählen habe, und öffne dein Herz meinem Kummer. Als ich nämlich, hoch angesehen nach meiner
Pilgerfahrt, zu Hause ankam, erfuhr ich etwas, das mir
nicht schmerzlicher hätte sein können. Der kalte Schweiß
drang mir darüber aus allen Poren, ich sank ohnmächtig
nieder und hätte sterben mögen. Dank sei meiner lieben
Mutter, die mich durch ihre treue Fürsorge zu mir brachte.
Ich kam zu Bewußtsein und richtete mich sogleich
hoch. Sie sprach mich mit meinem Namen an und sagte:
‹Mein lieber Junge, so habe ich dich doch noch nie
erlebt. Von deinem Wohlbefinden hängt es ab, ob ich
lebe oder sterbe.›

‹Ach, liebste Mutter›, sprach ich, ‹nehmt ein Seil und
schleift mich daran in einen Abgrund drüben im Walde.›

Sie schwieg darauf, seufzte nur tief und schaute mich
an. Dann nahm sie mich und führte mich in ein besonderes Gemach. Ich war so schwach, daß man mich an
einem Zwirnsfaden hätte umreißen können.

‹Wie hast du mich erschreckt, mein liebes Kind›, sagte

sie dort. ‹Steckt in dir eine heimliche Krankheit? Dann verschweig mir das nicht. Ich bin sicher, so wie ich können die aus Kalabrien nicht erschrocken sein, als der Ritter mit dem weißen Obergewand über der Rüstung unter sie fuhr, und über Lewes zornige Worte, ehe er ihren Marschall erschlug.›

‹Nein, liebste Mutter›, erwiderte ich leise, ‹mein Schmerz rührt daher, daß meine Geliebte gestorben ist. Weh, grimmiger Tod, warum holst du nicht auch mich?› In diesem Augenblick zog ein Fräulein, das dabeistand, ein Tüchlein aus ihrem Busen und erwies mir damit einen Liebesdienst, indem sie es in klares Wasser tauchte und mir damit die Stirn kühlte.

Aber meine Mutter fragte weiter: ‹Lieber Sohn, berichte mir, wie es zu deiner Herzensqual gekommen ist. Das wollte ich wissen, selbst wenn ich stattdessen den Gral von dir bekäme.›

‹Ach nein, liebe Mutter, das möchte ich Euch nicht erzählen. Hätte ich doch den redlichen Wirt der Herberge zum ‹Goldenen Stern› in Jerusalem nie verlassen, so wäre mir diese Pein erspart geblieben.›

‹Doch, mein Sohn, du mußt es mir sagen. Beweise mir deine kindliche Aufrichtigkeit damit. Diese schreckliche Überraschung bringt mich um all meine Freude. Schreib nicht mit zweierlei Kreide und sage mir die volle Wahrheit. Wer ein Doppelspiel treibt, der verliert meist. Die Liebe hat schon viel Sonderbares zustande gebracht. Wenn dich ihr Pfeil vergiftet hat, so sag es mir frei heraus, vielleicht vermag ich dir zu helfen.›

‹Frau Mutter, wenn Ihr das, was ich Euch sage, ganz für Euch behalten wollt, so als ob ich in der Beichte zu Euch gesprochen hätte, so will ich Euch alles offen bekennen, wie mich ein weibliches Wesen zu höchstem Ansehen hat führen wollen und wie sie mir Herz und

Sinn damit aufgerichtet hat. Venus, die Herrscherin über alles, hat das vermocht. Aber wenn es Euch nichts ausmacht, so schickt zuvor diese hübsche Jungfrau weg und verriegelt die Tür.›

‹Das soll geschehen, lieber Sohn. Glaube mir, dein Schmerz wird gemildert werden. Auf mich ist so viel Verlaß, daß man hohe Türme darauf gründen könnte.›

Die Jungfrau verzog zwar den Mund zu einem säuerlichen Lächeln, aber sie mußte doch gehen.

‹Ach, liebste Mutter, setzt Euch her zu mir und schaut nur, wie meine Glieder noch immer zittern. Wenn Ihr mich nicht auslachet, würde ich Euch ein kostbares Stück zeigen, das ich bei mir trage.›

‹Mein lieber Junge, ich habe dich doch geboren, und deine Freude ist meine Freude und dein Schmerz geht auch mir nahe. Darum laß es mich sehen, und ich will es aufmerksamer betrachten als den Abend- oder Morgenstern.›

Da wies ich ihr ohne Zögern meine Reliquie.

‹Oh, mein Sohn, woher hast du das?› sprach sie überrascht. ‹Sag es mir. Hast du es aus dem Lande der Heiden mitgebracht? Das ist ja etwas sehr Sonderbares.›

‹Nein, liebe Mutter, es stammt von einer Christin, wie es auf Erden keine schönere gegeben hat. Man rühmt die edle Amalia von England, aber sie dünkt mich ein Nichts gegen die Dame meines Herzens. Ihretwegen bin ich bis auf den Grund meiner Seele verwundet, all meine Freude ist aufs furchtbarste zerschlissen und zerfetzt. Die Jungfrau aus Grippia, die Herzog Ernst errettet hat, sie wäre von meiner zarten Geliebten an Schönheit schachmatt gesetzt worden. Alles, was man zum Lobe anderer Frauen singen und sagen, schreiben und reden, hören und vorlesen mag, das verhält sich zu meiner Geliebten so, als wenn man Spreu mit einem Korn vergleichen wollte. Die Zarte, Reine ist von ritterlicher Herkunft. Ihr Betragen, ihre Worte waren süßer als Honig. Und das ist nun alles auf ewig dahin, denn sie ist tot, und das ist die Ursache für meinen Schmerz, der mich nie verlassen wird. Möge sich die göttliche Allmacht ihrer Seele annehmen. Er, der Abraham und sein ganzes Geschlecht segnete, gewähre ihr im Paradies ewige Freuden. Möge auch Maria, die Himmelskönigin, meiner Geliebten gnädig sein, die mich ins ferne Land geschickt hat, damit ich mich als Ritter bewähre. Ach, liebste Mutter, all meine Lebenskraft ist mir dahingeschwunden.›

‹Warum hast du mir all das denn nur so lange verheimlicht? Ich muß schon sagen, das war nicht klug gehandelt. Nun dämpfe deinen großen Kummer und deine unglückliche Sehnsucht! Handle wie Parzival, der alles Leid vergaß, als er den Gral errungen hatte. Durch ihn wurde er ja nach Indien geführt, und die lange Fahrt dorthin war ihm recht ungewohnt. Der Enkel Parzivals wurde übrigens Herzog von Brabant, und von diesem stammt das Adelsgeschlecht derer von Kloff ab.

Nun stelle alles unserem Herrn Jesus Christus anheim und befiehl die arme Seele deiner Geliebten Gott und Sankt Michael, der sie mit seiner Engelschar wohl zu behüten weiß. Aber nenne mir doch noch ihren Namen und ihr Geschlecht.›

‹Nein, liebe Mutter, da sei Gott vor, verstieße ich doch in dieser traurigen Lage damit gegen das heilige Gebot, daß man niemandem an Leib, Seele und Ehre zu nahe treten soll.›

‹Nun such dir ein Plätzchen, wo du eine Weile ruhst, so lange nur, wie ein Falke braucht, um drei Meilen in der Luft hinzubringen›, sprach meine Mutter darauf, ‹und danach wirst du mit der Sache schon fertig werden.›

‹Gern, liebe Mutter›, antwortete ich schnell.

Diesen Rat befolgte ich auch, lieber Freund. Und damit ist meine Erzählung bei dem Punkt angelangt, an dem du mich zu meinem Glück aufgefunden hast. Ich hätte ganz sicher nicht mehr lange gelebt, und aus dieser Todesgefahr hast du mich gerettet. Dafür bin ich dir mit Leib und Gut zu Dank verpflichtet.»

Ich lachte nur und sprach zu ihm: «Sei guten Mutes, mein Lieber, das rate ich dir. Du siehst ja, wie es in dieser bösen Welt zugeht. Darum folge mir in mein Haus, wo ich dich freundlich aufnehmen will.»

«Nein, lieber Freund, ich muß eilig zu einem Hoftag, dem ich nicht fernbleiben kann. Viele Fürsten kommen mit ihrem ritterlichen Gefolge dorthin, und da will auch ich sein, obgleich ich nur ein Ritter von niederem Range bin. Aber es wäre mein Schade, wenn ich bei diesem Treffen fehlte. Ich habe unweit des Waldes vier Jünglinge als meine Begleiter. Die stoßen zu mir, sobald ich ihnen Bescheid gebe. Einer davon ist ein Heide, den ich habe taufen lassen. Du weißt sicher, daß man auf den Schiffen Sklaven handelt. Wenn ich für ihn vier Unzen Gold bezahlt habe, dann ist das nicht zu viel gewesen. So, lieber Freund, nun will ich ein gründliches Bad nehmen, das ich unerfahrener Jüngling nach meiner Reise, die ich gerade beendete, dringend nötig habe.

Wenn ich dich doch dazu überreden könnte, mit mir zu kommen! Meine Mutter, eine stolze Witfrau, hat übrigens auch vor, zu dieser Frühlingszeit mit einer Schar von Rittern und Damen zum Hoftag zu reiten. Sie ist zu Pferde schneller als ein Pfeil.»

In diesem Augenblick brausten die Begleiter des Jünglings heran. Sie hatten uns gehört und glaubten, ihr Herr wäre in bedrängte Lage geraten. Aber der winkte ihnen ab und hieß sie anhalten. Das war mir recht, denn ich war doch einigermaßen erschrocken, wenn auch nicht gerade nach Art des Hasen, wenn der von seinem Lager hochfährt. Der Jüngling bat mich freundlich, nicht ungehalten zu sein und den Knappen ihr Betragen nicht zu verübeln. Es wäre ihm peinlich, und er mißbillige es sehr, wie sie sich benommen hätten.

«Aber gewiß, guter Freund, ich nehme das nicht übel. Sie haben durchaus wie treue Gefolgsleute gehandelt.» Damit war die Sache beigelegt, und wir begannen wieder wie zwei Männer zu reden, die gern von außergewöhnlichen Begebenheiten, angenehmen wie schrecklichen, hören.

«Mein Lieber», sagte ich zu dem Jüngling, «nun überwinde dein Leid. Du bekommst ja sonst ohne Not vorzeitig graues Haar. Ein Mann soll dem, was er nicht ändern kann, nicht zuviel Gewicht beimessen.»

Er schwieg und schaute mich traurig und bekümmert an. Schließlich sprach er: «Und wenn mein Schmerz noch größer wäre, er ist mir nun einmal als ein Joch auferlegt, lieber Freund.»

In diesem Augenblick trat einer der Knappen herzu und sagte: «Nun beruhigt euch, ihr Herren. Ihr vernachlässigt eure Sicherheit. Es gibt genug Gesindel, das sich hier und da herumtreibt, und man wird euch noch umbringen. Edle Frauen gewähren zwar oft das Glück, aber auch Herzeleid kann durch sie über euch kommen. Ich rate euch aufzubrechen, ihr Herren!»

Ich schaute ihn lachend an und sagte: «Dank dir, Gesell. Ich habe der Erzählung deines Herrn von seinem Unglück zugehört. Wir sind in der Tat von Sinnen, daß wir hier so lange gesessen haben.»

Da verlangte der Jüngling nach seinem blitzenden Harnisch, und auch sein Pferd wurde gebracht, das er sogleich bestieg. Beide versicherten wir uns aufrichtig und an Eides Statt, daß wir einander stets zu Diensten sein wollten. So trennten wir uns in Freundschaft mit wohlgesetzten, artigen Worten, wie sie sich für uns ziemten.

«Lieber Freund», sprach ich, «möge der Stamm deiner Ehre und deines Ansehens stets frisch bleiben.»

«Vergelt dir Gott diesen Wunsch», erwiderte er. «Ich werde dir stete Freundschaft halten.»

«Darauf kannst du auch von meiner Seite rechnen. Nicht um Haaresbreite wird mein Herz von unserer Verbundenheit abrücken.»

«Du hast auch in meinem Herzen tiefe Wurzeln geschlagen, so wie das Gold sich zur Sonne zieht. Und trage es mir nicht nach, wenn ich dein Herz beschwert oder dich tief nachdenklich gestimmt haben sollte.»

«Ja, bester Freund, ganz ohne das ist es gewiß nicht abgegangen.»

«Ich habe mich wohl etwas närrisch benommen», sprach er.

«Ich versichere dir, das hat überhaupt nichts auf sich!» antwortete ich.

Damit trennten wir uns, und unsere Geschichte ist hier zu Ende. Gott der Herr bewahre uns in seiner Gnade vor allem Kummer. Darauf antworte jeder mit einem «Amen».

## Der Dieb von Brügge

So gut ich kann, will ich euch jetzt eine sehr seltsame Geschichte erzählen, so wie ich sie erfahren habe, und ich will auch gleich damit beginnen.

In der Stadt Paris lebte einst stolz und unbekümmert ein gewitzter und erfahrener Dieb. Er hatte auch eine schöne Frau und mehrere Kinder. Damit also fängt die Geschichte an.

In Paris sitzt ja, wie ihr wißt, der mächtige König von Frankreich. Der bewahrte alle seine Schätze wohlbewacht in einem Turme auf. Der kecke Dieb richtete nun all sein Sinnen und Trachten darauf, wie er mit Schlauheit diesen Schatz erlangen könne. Auf derlei Wagestücke war er nämlich fortgesetzt aus.

«Gott stehe mir in diesem Unternehmen bei», sprach er, dachte aber bei sich: «Allein kannst du das nicht schaffen.» Nun vernahm er frohen Herzens, daß in der herrlichen und stolzen Stadt Brügge ein sehr erfolgreicher Be-

rufskumpan wohne, der in Pelz, Silber und Gold gekleidet einhergehe und mit den vornehmsten Leuten der
Stadt ausnahmslos Umgang pflege. Das brachte den
klugen Dieb von Paris auf den Gedanken, den Dieb von
Brügge für seinen Plan zu gewinnen. Er trieb also zunächst einen jungen Burschen auf und sagte zu ihm:
«Willst du mir einen Gefallen erweisen, so werde ich dir
dafür guten Lohn in Silber und Gold zahlen.»

«Ich bin bereit, mit allen Kräften das zu leisten, was
Ihr wollt», antwortete der Jüngling.

«Ich würde es begrüßen, wenn du dich entschließen
könntest, für mich unverzüglich nach Brügge zu reisen.
Wenn du dort angekommen bist, so lege ein Narren-
gewand an, lauf damit kreuz und quer in der Stadt herum,
und wo du einen besonders Vornehmen erblickst, dort
sollst du ein Narrenspiel abziehen und laut rufen: ‹Dieb
von Brügge, vernimm, daß dich der Dieb von Paris
zu sprechen wünscht. Eile zu ihm, und es wird euer beider
Vorteil sein!› Dann schau dich um, eile aber nicht zu sehr,
denn der Dieb wird dir gewiß gemessen wie ein Herr
nachfolgen.»

«So soll es geschehen», sprach der Bursche, «ich werde
wie der Wind nach Brügge eilen.» Damit verabschiedete
er sich und lief los.

In Brügge angekommen, schrie er wie ein Verrückter,
vor der Kirche, in der Kirche, überall spielte er sein Nar-
renstück und rief: «Dieb von Brügge, vernimm, daß dich
der Dieb von Paris zu sprechen wünscht. Eile zu ihm, und
es wird euer beider Vorteil sein.»

Der Dieb stand gerade in Gesellschaft der hohen Herren
der Stadt, und diese sprachen: «Das ist ja ein witziger
Narr, und er treibt sonderbare Scherze.» Dieser Meinung waren alle anderen auch. Danach folgte der Dieb
unauffällig dem Narren, der gemächlich durch die Gas-

sen schlenderte, so wie es ihm sein Herr eingeschärft hatte. Dann redete der vornehme Dieb ihn an: «Wo ist er denn, der dich geschickt hat?»

«Folgt mir nur», antwortete der Bursche, «ich werde es Euch gleich sagen. Er befindet sich in Paris, läßt Euch freundlich grüßen und Euch bitten, ihn aufzusuchen.»

Als der Dieb das vernommen hatte, sprach er zu dem Jüngling: «Geh in dieses Wirtshaus, iß und trink, laß es dir wohl sein und warte dort auf mich. Ich werde so schnell wie möglich wiederkommen.»

Damit drehte er sich um und ging zurück. Sogleich ließ er ein stolzes Pferd satteln, gürtete sein Schwert um und war schon fertig. Der stolze und kecke Dieb schwang sich auf sein Roß und begab sich wieder zu dem Burschen. «Bist du bereit?» fragte er ihn.

«Bei Gott ja, mein Herr!»

«So spute dich und lauf mir voran, ich folge dir auf dem Fuße.»

So zogen sie beide los. Der Jüngling war wegekundig, und er diente dem Dieb unterwegs, wie es ein Knecht einem vornehmen Herrn gegenüber soll.

Als sie in Paris angekommen waren, führte der Knecht den Fremden sogleich zu seinem Herrn. Der war hoch erfreut und begrüßte den Gast mit den Worten: «Sei mir willkommen, lieber Geselle!» Er befahl, das Pferd des Gastes in den Stall zu bringen und es zu versorgen.

«Nun laß uns fröhlich feiern», sprach er sodann zu seinem Gast. «Man bringe uns guten Wein, bei Speis und Trank wollen wir alle unsere Sorgen vergessen! Fürwahr, ich habe viele Jahre keinen so lieben Gast gesehen. Du hast eine weite Reise hinter dir, nun laß es dir erst einmal wohl sein. Worum es eigentlich geht, das will ich dir unter vier Augen mitteilen. Aber darauf kannst du dich verlassen, es wird unser beider Vorteil werden! Ich habe die Sache reiflich überlegt.»

«Ich helfe dir auf alle Fälle», erwiderte der Gast.

Sie saßen noch gemütlich beisammen und unterhielten sich über dies und das, bis der Tag zu Ende ging und die Nacht hereinbrach. Da wurde das Lager bereitet, und dem Gast wurde ein bequemes, schneeweiß bezogenes Bett angewiesen, in dem er bis zum Morgen schlief.

«Nun fröhlich aufgestanden! Für Besucher der Messe ist's schon Zeit, sich aufzumachen.» Mit diesen Worten begrüßte der Hausherr seinen Gast am anderen Tag. Dieser stand sogleich auf und wurde in den kühnen Plan seines Kumpans eingeweiht. Darauf kleideten sich beide prächtig und gelangten unbehelligt ins königliche Schloß. Dort schauten sie sich sorgfältig um. Der Dieb von Paris sprach zu seinem Gast: «Dort steht also der große feste Turm, in dem eine Unmenge Geld und der Gold- und Silberschatz des Königs aufbewahrt werden. Wer daraus etwas stehlen will, muß sich schon einiges einfallen lassen und muß es gekonnt ausführen. Immerhin gibt es auf Erden keinen, der es in meinem Beruf mit mir aufnehmen könnte. Ich bin allen anderen Dieben weit überlegen, darauf kannst du dich verlassen. Aber ich will gestehen, daß ich diese Sache nicht allein und ohne jeden Beistand unternehmen möchte, wie ich dir ja bereits gestern angedeutet habe. Und deshalb habe ich dich hergebeten.»

«Da habt Ihr recht gehandelt», erwiderte der Gast. «Einer soll dem andern behilflich sein. Lassen wir die Angelegenheit vorerst auf sich beruhen und gehen wir zur Nacht wieder her.» Sie waren beide von dem Unternehmen sehr angetan.

Auf dem Heimwege sahen sie einen schönen Baum stehen, hoch und breit, auf dem in einem Nest eine

Elster auf ihren Eiern brütete. Da sagte der Fremde freundlich: «Der müßte schon etwas verstehen, der es fertig brächte, der Elster die Eier unter dem Leibe wegzustehlen, ohne daß sie etwas davon merkte. Es erforderte einige Erfahrung, dabei Erfolg zu haben.»

«Das schaffe ich», sprach der Dieb von Paris, «durch dieses Probestück will ich meine ganze Kunstfertigkeit überzeugender beweisen als bisher.» Und damit kletterte er siegessicher auf den Baum hinauf. Aber der Gast schlich ihm leise nach, und so eilig es der Gastgeber hatte, der Fremde blieb ihm auf den Fersen und war dazu so fingerfertig, daß er dem Dieb von Paris die Hose vom Leibe stahl, und zwar so geschickt, daß der es gar nicht gewahr wurde. Immerhin hatte dieser auch Erfolg, denn es gelang ihm tatsächlich, der Elster ihre Eier unbemerkt aus dem Nest unter dem Leibe hervorzustiebitzen.

Als er vom Baume wieder heruntergestiegen war, fragte ihn sein Gast, wieviele Eier er denn erwischt habe. «Ungelogen fünf Stück!» antwortete er. Aber da fiel ihm auch auf, daß er keine Hose mehr am Leibe hatte, und er sagte, ohne böse zu werden: «Was ist denn mit mir los? Bin ich behext? Wo ist denn meine Hose geblieben? So was Komisches habe ich ja noch nie erlebt!»

Der Fremde schaute ihn lachend an und sprach: «Lieber Geselle, hier hast du deine Hose, sei fröhlich und guter Dinge. Auf ebensolche Art werde ich dir auch helfen, unser gemeinsames Unternehmen glücklich durchzuführen.»

Das erfreute den Dieb von Paris, und er sprach: «Bester Kumpan, laß uns nun nach Hause gehen und uns an Speise und Trank gütlich tun.» Sie waren beide heiterster Laune.

Als der Tag sich seinem Ende zugeneigt hatte, machten sich beide auf zum königlichen Schatzturm.

«Jetzt werde ich dir erst einmal mit einem Meisterstück zeigen, was an meiner Kunst dran ist», sprach der Gastgeber, und damit brach er, obgleich es stockdunkel war, geschickt eine Menge Steine aus der Mauer des Turmes heraus, so daß eine große Öffnung entstand. Der Dieb von Brügge war sehr erfreut darüber, schlüpfte gleich hindurch und raffte Gold und Silber zusammen. «Nimm ja nicht zu wenig», flüsterte sein Gastgeber und fügte sogleich hinzu: «Wenn ich nur wüßte, wer das alles wegschleppen soll.» Es war nämlich für jeden eine recht hübsche Last zusammengekommen.

«Jetzt sind unsere Säcke voll», sagte der Fremde, «nun müssen wir nur noch die Öffnung wieder verschließen.»

«Ja, wird gemacht, reiche mir nur tüchtig Steine her», antwortete der andere.

Als das Loch zugestopft war, begaben sich die beiden mit ihrer Beute unverzüglich heim in ihre Behausung. Sie waren höchst zufrieden über das gelungene Unternehmen.

«Wir sollten uns nicht so schnell wieder trennen», sagte der Gastgeber, «denn schließlich verstehen wir beide unser Handwerk. Drum laß uns noch ein wenig gemeinsam arbeiten und nach Herzenslust Reichtümer scheffeln.»

«Einverstanden», erwiderte der kühne Dieb von Brügge.

Am anderen Morgen betrat der Wächter des Königs den Turm. Als er die Bescherung sah, erschrak er zu Tode. «O weh, wo soll ich Unglückseliger hin?» rief er aus. «Ich bin verloren! Der königliche Schatz ist gestohlen, und das kann ja nicht lange verborgen bleiben!» Deshalb begab sich der Turmwächter betrübt zu seinem Herrn und sprach, von Schmerz gepeinigt, zu ihm: «Ach, edler König, ich darf es Euch nicht verheimlichen, daß Euer Schatz aus dem Turm gestohlen worden ist. Wenn ich richtig sehe, so ist das mit Hilfe von Nachschlüsseln geschehen.»

Dem Gefolge des Königs gehörte auch ein alter Ritter an, der in seiner Jugend selbst allerlei Schandtaten vollbracht hatte und sich daher auf diesem Gebiet einigermaßen auskannte. Der sagte: «Zeig mir mal den Schlüssel zum Turm. Ich erkenne sofort, ob nach diesem ein zweiter gefertigt worden ist.»

Man brachte ihm also den Turmschlüssel, und nachdem er ihn geprüft hatte, sagte er: «Damit ist nichts. Das hilft uns in der Sache nicht weiter. Wer dieses Unternehmen gemeistert hat, ist gewiß durch die Mauer in den Turm eingedrungen.»

«Aber an der Mauer bemerkt man nicht den mindesten Schaden», wandte der Turmwächter ein. Da nahm der alte Ritter einen Haufen Stroh und setzte ihn im Turm in Brand. Dann mußte der Wächter die Tür verschließen, und sie liefen an der Außenmauer entlang und hielten Ausschau, bis sie an einer Stelle den durch die Fugen heraustretenden Rauch sehen konnten. «Hier ist die Öffnung», sagte der alte Ritter. «Nun hört meinen klugen Rat und merkt ihn Euch gut, damit wir den Dieb auch fangen, denn er ist sehr gewitzt. Nehmt also eine Pfanne voll Pech, stellt sie im Turm unter die Maueröffnung und haltet sie ununterbrochen heiß. Wenn der Dieb noch mehr holen will – und ich bin sicher, daß sein Sinn nach weiterem Golde steht –, so muß er durch die Öffnung hindurch und fällt dann in die siedende Pechpfanne, versteht Ihr?» So, wie der Alte es vorgeschlagen hatte, wurde alles gemacht.

Bald kamen auch die Diebe – denn ihre Liebe zum Gold war zu gewaltig! – und traten im Dunkeln vor die

Stelle, wo die Steine nur locker lagen. Diesmal ging es noch leichter als in der Nacht zuvor.

«Heute bin ich dran», sagte der Dieb von Paris, «du bist gestern eingestiegen.»

«Ist mir recht», erwiderte der andere.

Kaum war der Dieb durch die Öffnung gekrochen, so fiel er in die Pfanne mit siedendem Pech, und da war es aus mit ihm. «Ich sterbe», konnte er nur noch sagen und «schlag mir den Kopf ab, damit man mich nicht erkennt. Meine Familie befehle ich dir an, sie möge dir so lieb sein, wie sie es mir war.»

Der Dieb von Brügge trennte also seinem Kumpan den Kopf vom Rumpf, trug ihn auf einen Kirchhof und begrub ihn dort sogleich. Er empfand tiefen Schmerz und begab sich anschließend zu der Frau seines Gesellen.

«Weib, seid nicht traurig», sprach er zu ihr, «die Sache ist schiefgegangen, und Euer Mann ist dabei umgekommen.»

«Herrgott, solch ein Jammer», rief sie, «nun sind meine Kinder und ich verloren!»

«Beruhigt Euch», erwiderte der Dieb. «Ich werde Euer Vormund sein und will Euch alle schützen und verteidigen, so gut ich kann. Es soll Euch an nichts fehlen, weder an Kleidern noch an Nahrung. Deshalb seid getrost und nehmt Euch die Sache nicht zu sehr zu Herzen. Andernfalls sind wir nämlich allesamt verloren, und Ihr wäret besser gar nicht auf der Welt.»

«Ja», sagte sie, «ich will mich klug verhalten und nicht mehr an meinen Mann denken.»

Am nächsten Morgen fand man den Dieb im Turm in der Pechpfanne schwimmen. Der Wächter war hoch erfreut, eilte zum König und rief: «Der Dieb hat in der Pechpfanne den Tod gefunden!»

«Dann geh nur sogleich wieder hin», sagte der alte Ritter, «um zu sehen, ob du ihn kennst.»

Der Turmwächter lief zurück, entdeckte aber, daß der Dieb ohne Kopf war. Sofort eilte er erneut zum Schloß und berichtete das dem Alten.

«Der hat einen schlauen Kumpan», erwiderte der Ritter erfreut. «Den werden wir aber bald haben, und wüßte er sich noch soviel auszudenken. Folgt unverzüglich meinem Rat und holt die Leiche des Diebes her.»

Der König hatte nichts dagegen einzuwenden. Der Dieb wurde also aus dem Pech gezogen, und der alte Ritter sprach: «Schleppt den Leichnam kreuz und quer durch die Stadt und laßt außerdem Knechte ausschwärmen, die überall, von Haus zu Haus, aufpassen, wo man Weinen und Wehklagen hört, wenn die Leiche vorbeigezogen wird, dort ist er zu Hause gewesen. Nehmt die dann alle gefangen, und auf solche Weise werden wir seines Helfershelfers habhaft.»

Das geschah denn auch. Straßauf, straßab, hin und her schleppten sie den Leichnam durch Paris und riefen mit lauter Stimme: «Hier bringen wir den Dieb, der sich am König vergangen hat!» Sie kamen auch in die Straße, wo die Witwe des Diebes wohnte, und der Fremde bemerkte das.

«Frau, nun verhaltet Euch ganz still», sprach er. «Ich will Euch vor Unglück bewahren. Weint Ihr aber auch nur ein bißchen, so ist unser aller Leben in höchster Gefahr oder gar schon verloren.»

Unterdes hatte sich der fremde Dieb ein Messer gegriffen und schnitzte damit an einem langen schmalen Stück Holz herum. In diesem Augenblick schleppte man auch schon die Leiche vorbei. Als die Frau das sah, konnte sie sich nicht beherrschen, weinte und rang die Hände.

Da schnitt der fremde Dieb mit dem Messer rasch eine Wunde in seine Hand. Als die Knechte des Königs das Weinen der Frau gehört hatten, kamen sie ins Haus gelaufen. Dort sahen sie einen sitzen, der eine blutige Hand hatte.

«Frau», rief er, «lauft und holt mir lieber Salbe, statt in Tränen auszubrechen. Diese Wunde bringt mich nicht um, da könnt Ihr sicher sein.»

Die Knechte des Königs machten daraufhin kehrt und schleppten die Leiche weiter lärmend durch die Stadt, bis sie am Ende mit ihr hinaus aufs freie Feld zogen. Die Pferde liefen im Paßgang und schleiften die Leiche auf einen Berg, wo man sie zum Leidwesen des Diebes aus Brügge an den Galgen hängte. Zur Witwe seines Gesellen aber sprach der Fremde: «Ach, liebe Frau, wir müssen dieses Haus verlassen. Nehmt Eure Kinder und laßt uns in eine andere Straße ziehen. Auch unseren Besitz wollen wir nicht zurücklassen, gewährleistet er uns doch ein anständiges Leben bis an unser Ende.»

Mittlerweile waren die Knechte des Königs ins Schloß zurückgekehrt, und der alte Ritter fragte sie: «Habt ihr irgend etwas ermittelt?»

«Nein, gar nichts», antworteten sie, «mit Ausnahme einer Frau, die sehr weinte, weil sich ihr Mann mit einem Messer eine große Wunde an der Hand beigebracht hatte, die sie aber sogleich verband.»

Da sagte der Alte zornig: «Das war der Helfershelfer des Diebes. Lauft sofort los und holt uns die ganze Sippschaft her, Mann, Frau und Kinder.»

Das taten die Knechte denn auch und kamen gar bald vor dem besagten Hause an. Aber darin war nicht mehr eine Maus anzutreffen, darauf könnt ihr euch verlassen. Darüber waren sie alle betrübt. Sogleich kehrten sie zum König zurück und sprachen: «Hoher Herr, in dem Haus war niemand mehr, wir fanden nichts als nackte Wände.»

Der König schickte nach seinem alten Ratgeber und teilte ihm das mit.

«Das ist ja ein ganz Gescheiter», sagte der darauf. «Dieser Dieb ist recht verwegen, und sein Kumpan ist ihm offenbar lieb gewesen. Er wird ihn deshalb nicht lange baumeln lassen, und sollte er dabei sein Leben riskieren. Darum, mein König, rate ich, daß Ihr zwölf Eurer besten Leute bewaffnet in die Nähe des Galgens legt, damit sie Nacht um Nacht dort Wache halten und scharf aufpassen, wenn er kommt.»

Der König befahl, es so auszuführen.

Davon erfuhr der Dieb von Brügge, und er sprach: «Ei, das gefällt mir!» Sofort ließ er zwölf Kutten aus grauem Tuch schneidern. Dann besorgte er sich einen alten Karren, mit dem er zu seinem Kumpan fahren wollte. Spät am Abend ließ er Kapaunbraten und Weißbrot in den Wagen laden, ferner Wein und Met sowie ein kleines Fäßchen, das einen appetitlichen Duft verbreitete. In dem Fäßchen befand sich ein wirksamer Schlaftrunk. Auch die Kutten wurden auf den Wagen gebracht, dann spannte er ein altes Pferd davor, und los ging's hinaus zum Galgen, der ganz in der Nähe eines Klosters stand. Der Dieb von Brügge hatte es eilig, dorthin zu kommen. Zuvor hatte er übrigens noch alte Kleider angezogen.

Es war schon tief in der Nacht, als er den Weg an der Klostermauer nahe beim Galgenhügel hochkam. «Hü, hott, vorwärts!» rief er und trieb das Pferd mit der Peitsche an. Natürlich hörten die Wächter am Galgen den Lärm und das Geschrei und liefen alle wie auf Befehl eilig zu dem Wagen. Einer griff dahin, der andere dorthin, und die gute Speise entging ihnen nicht. Sie nahmen sich das Geflügel und das Brot.

«Um Himmels willen!» rief der Dieb, «laßt mir doch wenigstens den Wein, ihr Herren! Der soll hier ins Kloster.»

Diese Nachricht hörten sie gern und fielen mit Freuden über den Wein her. Aus hellglänzenden Bechern tranken sie Wein und Met, bis alles alle war. Dann sprachen sie zum Kutscher: «Freund, mach uns keine Vorwürfe, wir wollen ja gerne bezahlen.»

«Ihr lieben Herren», rief der, «nehmt mir nur dieses kleine Fäßchen nicht auch noch weg, dann falle ich wenigstens nicht ganz in Ungnade. Darin ist nämlich ein gewürzter Rotwein für den kranken Abt des Klosters.»

Kaum hatten sie das gehört, so nahmen sie noch das Fäßchen mit dem Schlaftrunk, so sehr der Dieb auch zum Zeichen des Schmerzes die Hände rang. «Ich bin verloren!» rief er.

Die Wächter machten sich über den Würzwein her und zechten fröhlich drauflos. Als er ausgetrunken war, fielen sie alle in Schlaf und lagen wie die Toten da.

Sogleich goß ihnen der Dieb von Brügge Wasser über den Kopf, daß die Haare naß wurden, schor einem jeden eine Tonsur, nahm ihnen ihre wertvollen Rüstungen ab, die er alle auf den Wagen lud, und zog jedem eine graue Kutte über. Dann schnitt er eiligst den Freund vom Galgen ab und fuhr mit ihm, zufrieden über sein Werk, heim. Zu der Witwe sagte er: «Es steht gut mit uns. Nehmt hier diese Rüstungen und verwahrt sie sicher. Ich werde inzwischen auf dem Friedhof Euren Mann begraben.»

Am anderen Morgen sprach der alte Ritter zum König: «Die Sonne ist schon aufgegangen. Was mag mit den Wächtern sein, daß sie noch immer nicht da sind? Wer weiß, ob sie überhaupt noch leben.»

Ein Bote wurde sofort losgeschickt, aber der fand nur zwölf Mönche vor. Er kehrte zum König zurück und sagte: «Hoher Herr, es liegen dort, die Wahrheit ist's, nur zwölf Mönche in grauen Kutten.»

«Verdammt noch mal!» sprach der König zu seinem

Ratgeber, «wenn die inzwischen alle Mönche geworden sind, so hat bestimmt der Teufel seine Hand im Spiele!»

Mittlerweile kamen die zwölf Graukutten zum König gelaufen, der sie lachend fragte: «Nanu, seid ihr noch immer nicht munter?»

«Lieber Herr, zürnt uns nur nicht zu sehr», flehte da einer von ihnen, «wir haben Schmach und Schande auf uns geladen. Wir wissen selbst nicht recht wie, aber da ist irgend so ein Mann von auswärts mit einem Karren gekommen, auf dem er gebratene Hühner und Wein hatte. Daran haben wir uns vergnügt gütlich getan. Dann sind wir alle eingeschlummert, und dadurch sind wir jetzt alle so verunstaltet!»

«Nach diesem sonderbaren Vorfall weiß ich nicht mehr recht, wie wir den Dieb kriegen wollen», sprach der alte Ritter. «Der ist ja äußerst klug und gerissen und stolz und verwegen dazu. Aber er hat gewißlich auch eine Schwäche für schöne Frauen. Wenn wir ihn jemals fangen wollen, so müssen wir ihn mit Hilfe einer Frau überlisten. Sonst wüßte ich nichts mehr zu raten. Aber leicht zu schaffen ist das nicht.»

«Sei's drum», sagte der König, «soll uns der Dieb etwa entwischen? Und wenn es mein Vermögen kostet, der soll uns nicht entgehen!»

«Nun, dann soll es geschehen. Ihr habt doch eine schöne Tochter. Die müßt Ihr aufs Spiel setzen, wenn Ihr den Dieb ergreifen wollt.»

«Das ist mir recht», erwiderte der König.

«So laßt, edler Herr, in dieser Sache sechzig Betten anfertigen und im Saale des Schlosses aufstellen. Dann verkündet, daß jeder von den vornehmsten Herren der Stadt, der hier nächtigen will, mit Eurer Tochter, der Prinzessin, sein Liebesspiel treiben könne. Der Dieb wird vermutlich der erste sein, der das möchte – ach was –, ich bin sicher, daß es ganz bestimmt so ist. Er kommt gewiß, und wenn es sein Leben kosten sollte. Er wird die Jungfrau zum Weibe machen. Aber der Prinzessin muß ein Farbtöpfchen gegeben werden, und sie soll den Dieb durch ein Kreuz kenntlich machen, das sie ihm auf die Stirn malt. Wenn aber alles soweit vorbereitet ist und jeder in seinem Bett liegt, Eure Tochter im Saal mitten unter ihnen, so soll man alle Türen verschließen, damit niemand hinaus kann. Am anderen Morgen stellen wir dann fest, wer gezeichnet ist, und der ist der Dieb, darauf könnt Ihr Euch verlassen. Auf solche Weise können wir ihn fangen und an den Galgen bringen, nur so.»

«Nun denn, man beginne damit», befahl der König. Alles wurde genauso gemacht, wie es vorgeschlagen worden war, und es kamen auch eine Menge stattlicher Männer, die in dem Saal schlafen wollten.

Der Dieb hatte von der Angelegenheit erfahren und sagte sich: «Da muß ich auch hin. Die Jungfrau muß mein werden.» Er nahm erneut ein Fäßchen von dem Schlaftrunk und unterließ es auch nicht, sich prächtig zu kleiden. «Wie herrlich steht mir doch golddurchwirkte Kleidung zu Gesichte!» dachte er.

Er betrat mit vielen anderen Herren zusammen den Saal des Schlosses. Dort ließ er seine Augen umherschweifen und stellte fest, wo die Prinzessin liegen sollte. Nicht weit davon warf er sein Kleid auf ein bequemes Bett. Er überlegte sehr genau, wie er als erster bei der Jungfrau sein könne. Auch die anderen Herren lagen alle brav in ihren Betten. Nun wurden die Lichter gelöscht. Der Dieb hatte schon auf dem Sprunge gelegen und war im Nu an der Seite der jungfräulichen Prinzessin. Nach Herzenslust vergnügte er sich mit ihr und trieb das Liebesspiel so, wie es ein Mann mit einer edlen Dame tut. Da langte die Königstochter schnell nach ihrem

Töpfchen mit roter Farbe, tauchte ihre Hand hinein und bestrich damit heimlich die Stirn des Diebes. Das machte ihm Sorgen, denn er spürte die Farbe wohl und dachte: «Die wird nicht wieder abgehen.»

Kurz darauf flößte er der Prinzessin etwas von seinem Schlaftrunk ein, so daß sie entschlummerte. Dann stahl der Dieb die Farbbüchse, ließ sein süßes Liebchen liegen, kroch heimlich durch den Saal und gab auch sämtlichen Herren etwas von seinem Trunk, wovon ebenfalls alle schnellstens in Schlaf sanken. Das freute den Dieb, und er malte klugerweise jedem von ihnen ein Kreuz auf die Stirn. Dann stellte er das Farbtöpfchen wieder an seinen Platz zu Häupten der Prinzessin, legte sich in sein eigenes Bett und schlief wie alle anderen. Am Morgen wollte der König nun den Dieb in Augenschein nehmen und lief aufgeregt in den Saal. Aber da waren sie auf einmal *alle* gezeichnet.

«Mein Gott, wie ist das denn möglich?» rief der König laut. «Hat meine Tochter denn mit allen geschlafen und jedem ein Kreuz aufgemalt? Aber das hätte sie doch gar nicht schaffen können!»

«Ich will Euch erklären, wie das passiert ist», sprach der alte Ritter. «Mit der Jungfrau hat nur einer geschlafen, nämlich der verschlagene Dieb. Er ist aber ganz gewiß wieder davongekommen und steht hier vor Euern Augen. Als er die Farbe an sich bemerkte, hat er sich in den Besitz des Farbtopfes gesetzt und hat – schlau, wie er ist – auch alle anderen heimlich bestrichen.»

Das verdroß den König, und schließlich sprach er und bekräftigte das durch einen Eid bei der Ehre seiner Krone: «Bester Freund und Meisterdieb, ich mag Euch sehr. Gebt Euch mir zu erkennen, damit ich endlich weiß, wer Ihr seid. Bei meinem Leben, ich verspreche Euch meine Tochter zur Frau, darauf könnt Ihr Euch verlassen. Meine Huld ist Euch gewiß, und Ihr habt sie eigentlich vollauf verdient.»

Da sprach der Dieb laut und deutlich: «Herr König, Eure Tochter ist durch mich bereits zu einer jungen Frau gemacht worden, nun vermählt sie mir auch öffentlich, das seid Ihr Eurer Ehre schuldig.»

«Jetzt, da du dich zu erkennen gegeben hast», erwiderte der König, «soll das geschehen.»

Da wurde ein prächtiges Hochzeitsfest gehalten, und der Dieb von Brügge kam zu nicht geringem Ansehen. Er zählte nun zu den hohen Herren und übte Macht im Lande aus. Fortan lebte er in Ehren und frei von aller Schande, das könnt ihr mir glauben. Die Witwe seines Kumpans nahm er zu sich in sein Haus und sorgte mit Herz und Seele für sie. Seine edle Gesinnung bewahrte er sich bis zu seinem Tode. Dadurch erwarb er Gottes Huld. Möge dies auch uns vergönnt sein! Im Namen des Herrn. Amen.

## Ritter Alexander

Hört eine Geschichte, wie einer aus arger Bedrängnis befreit wurde, ein Ritter von trefflicher Gestalt. Dieser hatte übrigens die schönste Frau ringsum im ganzen Lande. Beide gaben also ein prächtiges Paar ab. Alexander – so hieß der Ritter, ein gebürtiger Franzose – unterließ nichts, was ihm Ansehen hätte eintragen können. Mit Schild und Lanze bewaffnet, hoch zu Roß oder unberitten, mit dem Schwert kämpfend, hatte er schon zahlreiche Gegner verwundet und bezwungen. So wurde er überall gerühmt und gepriesen.

Nun hörte einst ein Herold von ihm, und er sprach: «Gott hat ja diesem Manne und seiner schönen Frau auf ganz besondere Weise seine Gnade zuteil werden lassen. Und doch wohnt zu London in England ein noch herrlicheres Weib, die größte Schönheit, die je geboren worden ist.»

Das hörte Ritter Alexander, und er dachte: «Wie es

mir auch ergehen mag, um die muß ich mein Leben wagen, und sollte ich es dabei verlieren!»

Er nahm nur einen einzigen Knappen mit sich, und als er in London angekommen war, hielt er sich viel vor dem Münster auf, denn sein ganzes Sinnen war darauf gerichtet, diese Frau zu sehen. Als sie nun eines Tages nach dem Besuch der Messe auf die Straße hinaustrat, verbeugte er sich artig vor ihr. Auf der Stelle entbrannte sie in Liebe zu ihm und gab ihm ein Zeichen, indem sie zwei Finger an die Zähne in ihrem rosenroten Mund hielt, und der Ritter verstand das sogleich. Er befahl seinem Knappen, ihr heimlich nachzuspüren und sich nicht zu schonen, bis er ihr Haus ausgekundschaftet habe. Dem Knappen gelang das auch, und er führte seinen Herrn sofort dorthin. Der klopfte an, und man ließ ihn ein. Die Frau empfing den hübschen Ritter – ihr Ehemann weilte übrigens in fernen Ländern –, umarmte ihn und bot ihm ihre Lippen zum Kusse, und Alexander zierte sich durchaus nicht. Sie waren so sehr füreinander entbrannt, daß sie nur darauf sannen, ihre Liebe zu genießen. Nun hatte die Dame eine alte Kammerfrau, die auf Anstand und Sitte zu achten hatte, und diese war weder durch Silber noch Gold zu bewegen, ein Auge zuzudrücken. Andererseits fürchtete die Dame aber Zeit zu verlieren, denn ihr Gatte konnte jeden Tag zurückkehren. Deshalb scherte sie sich nicht um das Grollen und Schimpfen der Kammerfrau, sondern nahm den Ritter bei der Hand, geleitete ihn in ihre Schlafkammer und sperrte sie zu. Die Alte aber war von Sorge und Unruhe erfüllt. Nur wagte sie ihren Kummer niemandem zu klagen. Was aber die beiden im Bett anging, so braucht man keinem Ungelehrten zweimal zu sagen, was sie darin trieben – und Gelehrten ist das auch bald gepredigt!

Dieses Spiel wurde nun so lange fortgesetzt, bis der

Ehemann heimkehrte. Die Kammerfrau setzte eine besorgte Miene auf und wußte die Sache nicht zu verheimlichen, sondern erzählte alles ihrem Herrn.

«O weh, welche Not, welch ein Jammer, daß ich durch einen fremden Ritter solche Schmach an meinem wohlgestalten und stolzen Weibe hinnehmen muß!» sprach er bekümmert.

Er brachte nun zunächst von außen an der Tür einen Riegel an und bohrte danach ein Loch, durch das er voller Schmerz in das Schlafgemach schaute. Beide sah er im Schlummer liegen, in enger Umarmung, Brust an Brust, Wange an Wange, zusammengerollt wie ein Knäuel. Nichts hätte er lieber getan, als sie beide mit dem Schwert zu erschlagen. Jedoch behielt er noch so viel Vernunft, das Vergehen kraft Recht und Gesetz zu ahnden. Er ließ eine Menge Soldaten zu Fuß und zu Roß herbeirufen. Dadurch erhob sich Lärm vor dem Hause, und als Ritter Alexander darüber erwachte, erkannte er sogleich seine mißliche Lage. Er weckte seine Geliebte auf und sprach: «Wir sind beide verloren! Wenn es Gott gefiele, so wollte ich gern vierfachen Tod erleiden, wenn du nur verschont bliebest; denn was mir auch widerfahren mag, so habe ich doch das schönste Weib besessen, das je das Auge eines Menschen erblickt hat!»

Da brach man schon in die Schlafkammer ein und schleppte die Ehebrecher in den Turm.

Der Knappe des Ritters zögerte keinen Augenblick, schwang sich auf sein Pferd und ritt heim. Dort erzählte er der Gattin Alexanders, was sich zugetragen hatte. Diese versah sich sogleich mit Geld, ritt nach London, und der Knappe zeigte ihr den Turm, in dem ihr Gemahl gefangengehalten wurde. Als es dunkel geworden war, eilte sie unverzüglich dorthin und bot den Wachmannschaften eine hohe Summe, wenn sie sie für eine Stunde hineinließen, damit sie mit dem Gefangenen reden könne. Sie wußte, daß ihm der Tod drohte, und das wollte sie mit Gottes Hilfe abwenden.

Nun stach den Wächtern das Gold in die Augen, das ihnen die Frau angeboten hatte. Einer schaute den andern an, und jeder dachte: «Wenn wir auch zwanzig Jahre hier unseren Dienst versähen, so würden wir nie soviel verdienen können wie jetzt. Und außerdem läuft uns der Gefangene ja nicht davon.» Also kam man überein, und die Schöne wurde in den Turm eingelassen. Als sie zu ihrem lieben Mann trat, umarmte und küßte sie ihn zuerst. Der Ritter aber bekannte sich ihr gegenüber sogleich schuldig.

«Schweig und rede nicht weiter davon. Schau her, wir wollen schnell die Kleider wechseln!» Und das geschah auch. Rasiermesser und Schere hatte sie mitgebracht, und sofort nahm sie ihm den Bart ab, während er seinem Weibe die langen Locken abschneiden mußte. Nachdem sie sich so verwandelt hatten, hieß sie ihn fliehen, und sie selbst blieb im Kerker zurück.

Bald darauf war es soweit, daß der Ritter und die Frau, die miteinander Ehebruch getrieben hatten, abgeurteilt werden sollten.

Jedem von beiden wurde ein Verteidiger nach seiner eigenen Wahl zugestanden. Die Londoner Bürgersfrau ließ sich einen kommen und legte ihm ihren Fall so geschickt wie möglich dar. Der Verteidiger nahm das Wort für sie und führte aus, daß sie ungerechtfertigt unter Anklage eines todeswürdigen Verbrechens stehe. Die beiden hätten nichts anderes getan, als sich nackt zu Bett gelegt, und nachdem sie sich ausgiebig unterhalten hätten, wären sie eingeschlafen. «Ist das todeswürdig?» fragte er dann. Da legten sich Kummer und Schmerz auf aller Herzen, und jeder bedauerte, daß zwei so edle Menschen, wie sie selten ein Land hat, so in Schanden ihr Leben enden sollten, und dazu noch so jung. Auch die Frau des Ritters Alexander, die man für einen Mann hielt, wurde angeklagt. Sie sprach aber recht beherzt: «Ihr Herren alle, ich hoffe, daß ich nicht euer Mißfallen errege, wenn ich meine Sache vor euch selbst vertrete.» Dagegen hatte das Gericht nichts einzuwenden. Und wie ein Ritter – für den sie jeder hielt – fuhr sie fort: «Hört mich an, verehrte Herren, ich bin ein Weib, von dem es heißt, es habe nie ein schöneres gegeben. Jedenfalls war das bis vor einem Jahre so. Doch kam mir zu Ohren, daß es eine noch Schönere als mich geben solle. Da beabsichtigte ich, Zeit und Kosten nicht zu scheuen, um diese Nebenbuhlerin, der man so große Schönheit nachrühmte, selbst kennenzulernen. Nun wißt ihr ja, daß es sich für eine Frau nicht ziemt, allein so weit zu reisen, und darum kam ich auf den Einfall, als Ritter hierher zu ziehen; denn Frauen haben auf fremden Straßen allerlei auszustehen. Kaum hatte ich nach meiner Ankunft mein Mahl eingenommen, beeilte ich mich, ihr Haus auszukundschaften. Ich klopfte an und wurde hereingebeten. Als die zarte, keusche und schöne Frau des Hauses mich, den Ritter, erblickte, erschrak sie zu Tode darüber, daß sie mich eingelassen hatte. Sie beruhigte sich erst, nachdem ich ihr die Sache erklärt und zum Zeichen meiner Weiblichkeit ihr meine beiden Brüste gezeigt hatte. Seht, erst dann lud sie mich dazu ein, mit ihr auf ihrem Bett ein wenig zu ruhen, und nachdem wir uns so lange unterhalten hatten, fielen wir in süßen Schlaf, bis wir in die bekannte gefährliche Lage gerieten. Ich hoffe, daß ihr mich nun freilaßt, denn meine Unschuld ist offenbar.» Und zum Beweis zeigte sie allen ihren Busen, damit ein jeder erkennen und sich klarmachen solle, daß sie beide zu Unrecht vor Gericht gestellt worden seien.

Auf solche listige Art befreite die Frau ihren Mann und dessen Geliebte von der gerichtlichen Anklage.

Da überlegte der betrogene Ehemann, wie er dieser Frau und auch seiner eigenen Gattin, die ihm nun auf einmal treu erschien, Sühne leisten könne, und er trat eilig zu der adligen Dame und sprach: «Dank Euch, Mann und Frau in einem, das eine von Natur aus, das andere nach Auftreten, äußerer Gestalt und Geschicklichkeit. Wie gut haben sich die beiden in einem Kleid vereint, was wir hier alle feststellen konnten!»

Damit kniete er vor ihr nieder und lud sie mit freundlichen Worten in sein Haus, und sämtliche Richter dazu. Mit Geleit wurde sie dorthin geführt. Sie mußte ihre Männerkleider ablegen, und die Bürgersfrau reichte ihr ihr allerbestes Gewand, dazu ein wunderhübsches Gebende um den Kopf. Als die beiden Frauen nun so nebeneinanderstanden, schaute sie der Bürger an, dann reichte er ihnen einen Spiegel und sprach: «Er möge euch lehren, wer von euch beiden die Schönste ist.» Die adlige Dame erkannte klugerweise der Bürgerin den Preis zu.

Darauf wuschen sich beide die Hände, und dann wurde ihnen ein Platz nebeneinander am Tische angewiesen. Da konnten alle an der Tafel den Blick von den schönen Frauen nicht wenden. Hätte man während des Essens noch mehr Musik gemacht, so hätte das aller Sinne nicht von den schönen Händen und der prächtigen Erscheinung der beiden Frauen ablenken können. Ihrer beider Schönheit war unbeschreiblich. Als das Mahl beendet und die Angelegenheit somit friedlich beigelegt war, nahm man fröhlich Abschied voneinander. Die adlige Dame empfahl sich wohlgesittet, wie es sich für sie gehörte, legte wieder die Kleider ihres Mannes an und stieg zu Roß. Sogleich geleitete sie ihr Knappe zu einem weit entfernten Marktflecken bei einem Walde, wo sie mit ihrem Gatten zusammentraf und ihm berichtete, wie die Sache ausgegangen war. Der Ritter bezeigte ihr tausendfältigen Dank. Immer wieder küßte er sie und gelobte ihr, fortan niemals mehr gegen die eheliche Treue und Ehre zu handeln. Dann kehrten sie gemeinsam nach Frankreich zurück.

Ihr Frauen, lernt aus dieser Geschichte und seid künftig in ähnlicher Lage nicht mehr so heftig zu euern Männern und ihnen hinderlich!

## Ritter Beringer

Es lebte einst ein vornehmer Ritter, stolz und hochgeboren, und sein Haus stand in gutem Ansehen. Nur der Burgherr selbst bildete eine unrühmliche Ausnahme. Er war so «edel», daß er sein Gesinde ungern essen sah, was immer es auch sei, und er war unermüdlich darauf bedacht, ihm nicht zuviel zukommen zu lassen. Das Fleisch hielt er unter Verschluß, und er scheute sich nicht, auf das Gegacker der Hühner zu achten und danach die Eier zu zählen, die sie am Tage gelegt hatten. Er rechnete das dann seinem Verwalter nach; aber er täuschte sich oft. Denn wenn eine Henne vom Hahn getreten wurde und sie gackerte dabei, so zählte er das auch, und am Ende herrschte er seinen Verwalter an: «Du betrügst mich, ich müßte ein Ei mehr haben!»

Wurde nur ein halbes Brot schlecht, so war für Mägde und Knechte der Teufel los. Man war von dem Herrn Beringer – so hieß der Ritter – nichts als Knurren,

Brüllen und Streiten gewohnt. Er hatte eine Frau, die schön von Ansehen und tugendhaft war. Aber ihr Leben mit diesem Mann war alles andere als beneidenswert.

Nun gehörte es zu den Eigenheiten des Beringers, kein Turnier und kein Stechen ringsum auszulassen. Wo die Tapferen sich zum Messen ihrer Kräfte versammelten, da eilte er begierig hin, als gehörte er zu den Beherzten. Aber ging es daran, das zu beweisen, so sah man ihn nicht mehr unter den Rittern. Er wußte der Gefahr wohl aus dem Wege zu gehen, jemanden auf sich losreiten und sich von dem anderen etwa einen Knochen brechen zu lassen. Wenn die Ritter aufeinander zusprengten, so zog er sich zurück und sprach: «Nun mutig drauf, aber ohne mich. Ich schaue lieber zu.»

War das Turnier aber zu Ende und man zollte den tapferen Teilnehmern, von denen mancher aus frischen Wunden blutete, höchstes Lob, dann trieb es der Schelm so, daß er nach Hause ritt, keinen Kratzer an Kopf, Helm und Waffenrock und ohne eine Locke eingebüßt zu haben, nur ein wenig verschmutzt, sich ungestüm gebärdete, prahlte, daß er der Kühnste gewesen sei und wie er alles vollbracht habe, und so wurde er von den Seinen auf geziemende Art empfangen. Eines Tages legte die Frau des Ritters dessen Harnisch auf eine Bank, betrachtete ihn und machte sich dabei ihre Gedanken, was das wohl für eine Bewandtnis damit haben könnte. Sie dachte: «Ich habe doch meinen Vater wiederholt zum Turnier reiten sehen, und ihm war dabei die Nase verletzt, der Helmschmuck war zerstochen, das Oberkleid über seinem Panzer war zerfetzt, sein Schild war wie zerhackt. All das hier ist aber unberührt. Wenn es sich fügte, würde ich mir die Turnierkämpfe meines Gatten gern einmal anschauen, um zu erfahren, wie das möglich ist, daß dies alles so wohlerhalten bleibt und ohne jede Schramme.»

Nicht lange darauf wurde wieder einmal ein Turnier ausgerufen, auf dem der Adel des Landes seine ritterliche Tüchtigkeit beweisen sollte. Eine große Ritterschar, an die hundert oder mehr, wurde zu Ehren der edlen Damen dazu eingeladen. Auch der Beringer wollte hin, um so viel Ruhm und Ehre zu erkämpfen, daß man noch lange davon reden sollte. Er wurde so prächtig ausgerüstet, daß es mich schmerzt, zu sehen, wie herrlich dieser Ritter sich ausnahm.

Als der Tag nun herankam, an dem manch kühner Held seine ritterliche Kampfeskraft beweisen wollte, und als man die Ritterschar gezählt, in zwei Haufen geteilt und den Kampfplatz abgesteckt hatte, da war überall Hochstimmung. Die Frau des Beringers dachte aber: «Wahrlich, es ziemt sich durchaus für mich, mir dieses Turnier anzuschauen und zu sehen, wie mein Gatte sich dabei hervortut. Zu Hause ist er so furchterregend, und er hat schon so oft von seinen gewaltigen Kämpfen erzählt.»

Sie eilte in ihre Kemenate, machte sich sogleich fertig und befahl, ein Pferd für sie zu satteln – es hatte einen Wert von zwanzig Pfund! Sie schwang sich darauf – von keinem Hosengurt eingezwängt – und war geschwind am Turnierort, wo sie sah, wie die Scharen gegeneinander ritten. Sie hörte die Schwerter klingen, nahm wahr, wie einer auf den andern einschlug und wie ein jeder sich wehrte, damit er nicht vom Pferde geworfen würde. Da gab es Sieg oder Niederlage für manchen tapferen Kämpfer. Die Dame hielt auch Ausschau, wo denn der kühne Herr Beringer, ihr Gatte, sei, wen er gerade bezwinge oder wo er streite, da er doch daheim so viel von seiner Kühnheit erzählt hatte. Sie schaute lange nach ihm aus, aber als sie ihn nicht finden konnte, da dachte sie, es sei etwas mit ihm nicht in Ordnung. «Ich werde mich an seinen Knappen wenden, der mag mir sagen, wie es gelaufen ist und wie es um meinen Gatten steht.» Auf der Suche nach dem Knecht kam sie an ein Wäldchen, in dem sie zwei Pferde grasen sah. «Ich muß sehen, ob ich ihn hier finde», dachte sie und begab sich an diese Stelle. Da wurde sie ihres Gatten gewahr, den sie sofort an dem Oberkleid erkannte, das er über dem Harnisch trug. Seinen Helm hatte er auf einen Baumstumpf gestellt, ritt auf ihn los, versetzte ihm gewaltige Stiche und Hiebe und warf ihn dadurch zu Boden. Voll Freude hob er ihn wieder auf und sprach: «Wie mutig habe ich doch gekämpft! Man muß mich für den Tapfersten erklären.»

Als die Frau dieses schändliche Gehabe beobachtet hatte, sprang sie auf ihn zu und sprach: «O weh, daß du Bauerntölpel je ein Ritter geworden, das sei Gott im Himmel geklagt!» Der Beringer verlor sein letztes bißchen Mut und suchte sein Heil in der Flucht. Die Frau aber versetzte ihm ziemlich gewalttätig einen Stich in den Nacken, daß er wie ein Sack hinfiel und ihm Hören und Sehen verging. Dann sprang sie von ihrem Pferd herunter und schlug ihm mit ihrem Handschuh auf die Nase, daß der Rasen von Blut rot wurde. Voller Schmerz blickte er schließlich auf und flehte: «Denkt Euch eine Bedingung aus, unter der Ihr mir das Leben schenken wollt!»

«Ich habe in kurzer Zeit zwei aufgehängt und drei erschlagen», antwortete die Frau darauf.

«Ach», sprach Herr Beringer, «wenn Ihr es verlangt, so schwöre ich Euch, eine Fahrt übers Meer gegen die Heiden zu unternehmen, und das werde ich auch treulich ausführen – oder alles, was Ihr von mir verlangt!»

«So küßt mir dreimal meinen Hintern und nennt mir Euren Namen; damit wollen wir beide unseren Frieden machen», erwiderte die Frau.

Das freute den Beringer sehr, und er dachte: «Das ist ja eine recht glimpfliche Buße für einen, der schon glaubte, mit ihm sei es zu Ende», und laut sprach er: «Sehr wohl, Herr, dazu bin ich bereit», und sogleich schickte er sich dazu an. Die Frau trat in den Steigbügel, hob das Kleid hoch und hielt ihm – eine Hose hatte sie ja nicht an – ihr nacktes Gesäß hin. «Pfui über mich Schandkerl, daß ich jemals ein Ritter wurde», murmelte er vor sich hin. Als er zum dritten Male küssen wollte, mußte die Frau lachen, setzte sich in den Sattel und erließ ihm den dritten Kuß. Sie kehrte sich ihrem Ehemann zu und sprach: «Lieber Beringer, handelt nie wieder so, dann habt Ihr meine Huld. Eure Schuld sei Euch vergeben.» Sie machte kehrt und wollte wegreiten, aber der Beringer sprach: «Edler Herr, nennt mir um Gottes willen noch Euren Namen, ich möchte wissen, ob ich Zeit meines Lebens schon von Euch gehört habe.»

«Ich stamme aus Bösland, heiße Ritter Wienant mit der langen Arschkerbe und habe meinen Sitz zu Harburg. Die bloße Nennung meines Namens sollte Euch künftig vor jeder Versäumnis bewahren!»

Damit nahm sie Abschied, ritt davon und ließ den Mann betrübt zurück.

Bald ritt nun dessen Knappe herbei, der sich beim Herannahen der Frau in den Wald geflüchtet hatte. Ich glaube, es ist ein wahres Wort: Schlechter Herr hat schlechten Knecht. Als der Beringer seinen Knappen erblickte, herrschte er ihn an: «Sprich, wo warst du und wo kommst du her? Hast du nichts von der Bedrängnis bemerkt, in die mich ein elender Ritter gebracht hat?»

«Nein, Herr, mich packte die Todesangst, und da floh

ich wer weiß wohin. Im Vertrauen auf Eure Gnade kehre ich jetzt zurück.»

«Ich will dir ehrlich berichten, wie es war», sprach Herr Beringer. «Er und ich haben tüchtig gegeneinander gekämpft, aber ich bin Sieger geblieben, und er ist mir nur mit knapper Not entkommen. Aber er hat einige Wunden davongetragen. Der Wundarzt hat sicher seine Mühe mit ihm!»

«Wenn wir das Feld behauptet haben», sprach der Knappe, «so können wir ja heimreiten.» Und das taten sie dann auch.

Als der Beringer nun in seine Burg einritt, legte seine Gattin ihr bestes Kleid an und ging ihm zum Empfang freundlich entgegen. Sie legte die Hände ineinander und sagte voll Anstand: «Mein lieber Mann, wie kommt Ihr doch so mitleiderregend zurück, rot gefärbt von Blut? Lebt er noch oder ist er tot, der Euch das zugefügt hat? Aber zu lange schon ist mir eine solche Verwundung an Euch erspart geblieben. Möge es Gott gefallen, Euch bald wiederherzustellen!» Und bei diesen Worten zerdrückte sie ein paar Tränen, um ihr Mitgefühl zu beweisen.

«Mein Rücken, mein Leib, meine Nase und meine Hüfte sind ganz schön mitgenommen», sprach der verbleute Beringer. «Aber wenn ich auch in ehrenvollem Kampf Wunden davongetragen habe, so bin ich doch gesund heimgekehrt, und darum macht Euch heute abend keine anderen Sorgen als die, dem Leibe Bequemlichkeit zu schaffen und für Essen und Trinken zu sorgen. All das will ich genießen. Und was die Turniere angeht, so möge sie alle der Teufel holen! Selbst wenn eines unmittelbar vor meiner Burg ausgetragen würde, mich säht Ihr dort nimmermehr!»

So schwor der Beringer allem ritterlichen Wesen ab, und man sah ihn in der Tat auf keinem Turnier mehr, seit ihm seine eigene Frau tüchtig das Fell gegerbt hatte.

Nun ist ja bekannt, daß ein züchtig Weib einen ungeschliffenen Mann glücklich machen kann, denn wenn die Zarte voll Eifer ihren ganzen Liebreiz aufbietet, so siegt Frau Venus mit Sicherheit über beide. Und so geschah es auch Herrn Beringer, daß er wieder einmal mit seiner stolzen Frau in liebevoller Umarmung im Bette lag.

Da sprach sie: «Mein lieber Gatte, wie lieb seid Ihr mir doch!»

«Ach, mein liebes Weib», antwortete er, «Ihr seid mir zweimal so lieb, als ich Euch bin!»

«Herr, wäre das wahr, hättet Ihr mir dann all die Jahre so viel Kummer zugefügt?»

«Seid gewiß, es war mein Wille, alles zu tun, was Euch Freude bereitet, und ganz zu Euern Diensten zu sein.»

«Es betrübt mich, daß ich davon keinen Nutzen gehabt habe.»

«Jetzt geht das wieder los», sagte er. «Nun hört bloß, wie sie keifen kann!»

«Wenn Ihr mit Eurer Grobheit nicht aufhört, so schert Euch aus meinem Bett! Ich habe lange genug dazu geschwiegen, und es bereitet mir Schmerz, daß ich einen Bauern ertragen habe. Ich finde sehr wohl einen Mann, der mir verwandt ist und der mir auch beisteht und solche Bosheit von Euch nicht ungerächt läßt.»

«Ja, schon gut. Ich soll mich wohl so richtig fürchten. Fürwahr, wer keinen Mut hat, auf den sollte man einen Haufen schichten, ihn zu Asche verbrennen und zu einem Feigling erklären. Alle Eure Freunde, ob sie nun groß oder klein sind, die fürchte ich keinen Pfifferling. Wer kann das schon sein, auf den Ihr so sehr baut?»

«Wenn Ihr erlaubt, so nenne ich ihn. Er gilt als vortrefflicher Ritter, und man fürchtet ihn, wo man nur seinen Namen nennen hört. Er stammt aus Bösland und heißt Ritter Wienant mit der langen Arschkerbe. Er hat seinen Sitz zu Harburg. Er hat schon manchen in Bedrängnis gebracht und ihm den Kopf blutig geschlagen. Dieser ist mein Freund, von dem ich sprach. Es ist kaum sieben Tage her, daß er mir seinen Gruß entbot. Wenn ich bei ihm über Euch Klage führen muß, so bin ich sicher, daß es ihn in Zorn versetzt und daß Ihr Euer Leben verwirkt habt.»

Als der Name des Ritters Wienant von Bösland genannt wurde, erschrak Herr Beringer und geriet so in Furcht, daß er am ganzen Leibe zu zittern anfing. Aber die stolze Frau rührte das nicht.

«Liebste Gattin», sprach er, «bewährt Eure edle Gesinnung an mir. Wenn ich Euch jemals wehgetan habe, so erlegt mir Buße dafür auf. Kein Tag soll vergehen, an dem ich etwas an dem zu tadeln hätte, was Ihr befehlt. Mehr noch, ich will als Euer Knecht leben, wenn Ihr mir Eure Gewogenheit dadurch beweist, daß Ihr dem Ritter Wienant mit der langen Arschkerbe nichts berichtet. Er ist nämlich der gefährlichste Ritter, den es je gab. Ich hätte nie gewagt, es Euch zu erzählen, aber er war es, von dem ich meine Wunden habe. Zwei neben mir hat er erschlagen, und mir sollte dasselbe Schicksal werden, aber das Glück war auf meiner Seite.»

«Wenn Ihr das nie wieder tut, was Ihr mir in der Vergangenheit zugefügt habt, und wenn Ihr nie wieder so grob gegen mich seid wie eben, so will ich gern davon absehen und Euch nicht bei ihm anklagen.»

Das gelobte Ritter Beringer, und falls seine Gattin bemerkte, daß er davon abwiche, so wäre er bereit, alles zu tun, was sie ihm auferlege. Darauf schwor er einen Eid.

Auf solche Weise erreichte es die Frau, daß ihr Mann ihr mit Freuden untertan wurde. Und hätte sie ihm eine

Fahrt ins Heilige Land befohlen, er hätte sich nicht geweigert und wäre willig aufgebrochen. Doch solches verlangte sie nicht. Sie richtete es so ein, daß sein Ansehen nicht litt, und sie erwies ihm zeitlebens Freundlichkeit. Er dagegen diente ihr voll und ganz nach ihrem Willen. Wenn sie zusammen waren, erfüllte einer des anderen Wünsche viel bereitwilliger als sich selbst. Ihr ehelicher Gleichklang war fortan unerschütterlich. So lebten sie feingesittet bis an ihr Ende. Gott lasse uns die ewige Seligkeit zuteil werden. Amen.

# Hans Schneider

## *Dieb und Henker*

Falschheit trifft man im Leben ebenso an wie Aufrichtigkeit. Aber ein treues Herz zu finden gleicht dem Unterfangen, in einem vollen Sack eine Spindel zu suchen.

Nun will ich euch eine lehrreiche Geschichte erzählen, die sich einst in der flandrischen Stadt Brügge zugetragen hat. Dort lebte ein Henker, dem man nachsagte, er habe regelrecht ein Gespür für Diebe. Eines Tages kam dieser Mann zum Gottesdienst in die Kirche. Ein Reicher war dort gerade so tief in sein Gebet versunken, als ob er schliefe. Da schlich ein Dieb vorsichtig an ihn heran und versah sich mit dessen Geldbeutel, indem er ihn abschnitt und sich mit ihm davonmachte. Aber der Henker hatte das beobachtet. Nun paßt auf! Als der Dieb zur Kirchentür hinauswollte, trat ihm der Henker in den Weg und sprach heimlich zu ihm: «Warum hast du den Beutel gestohlen?»

Der Dieb holte die schwere Geldkatze hervor und antwortete: «Schaut nur, bester Herr, ich wüßte wohl, wem ich die geben könnte!» Der Henker nahm den Beutel und ließ die Sache auf sich beruhen. Der Dieb aber ging zu dem Reichen, den er bestohlen hatte, und sprach zu ihm: «Wie könnt Ihr hier so träge herumstehen? Der da drüben in dem grauen Rock geht, hat Euch Euern Geldbeutel gestohlen!»

Der reiche Mann stand wie angewurzelt; doch der Verlust seiner Geldkatze schmerzte ihn, und so wurde er lebendig und eilte dem Henker nach. «Halt, halt», schrie er, «laß meinen Beutel hier!» Das Volk lief herbei und wurde Zeuge der Auseinandersetzung. Der Reiche riß schließlich dem Henker die Geldkatze aus dem Gewand. Als das offenkundig geworden, wurde der Henker gefangengesetzt und zum Tode verurteilt.

Nun kam man freilich in Brügge in arge Verlegenheit, weil man für die Hinrichtung keinen Henker mehr hatte. Aber der wahre Dieb des Geldbeutels hatte sich darauf eingestellt, sich als Bauer verkleidet und erklärte sich bereit, in dieser Sache einzuspringen. So wurde er für den richtigen Henker zum Schrecken, denn dieser konnte nun zur Richtstätte geführt werden. Und jetzt hört bloß, was der wahre Beuteldieb tat! Als er mit dem Henker bis an die Leiter herangekommen war, um ihn zu hängen, dachte er bei sich: «Den werde ich doppelt belohnen!»

Es waren zur Hinrichtung viele ehrbare Leute gekommen, die zuschauen wollten, wie das so üblich ist. Da geleitete der Dieb den Henker bis auf die oberste Sprosse der Leiter und legte ihm die Schlinge fest um den Hals. Die behielt er in der Hand, zog seine Mütze vom Kopf, legte sie an den Mund, damit niemand mithören konnte, und sprach zu dem Verurteilten: «Erkennst du mich nicht? Schau mich nur genau an, dann wird es dir schon gelingen. Und ich will dir auch noch die Wahrheit sagen: Hättest du mich damals, als ich in der Kirche gestohlen hatte, mit dem Beutel das Weite suchen lassen, so stündest du jetzt nicht hier.»

Als der Henker erkannte, wie die Dinge gelaufen waren, wollte er sogleich dagegen protestieren und seine Unschuld beteuern. Aber der Dieb merkte das an seinem Gehabe, stieß ihn rasch von der Leiter und ließ ihn sterben wie einen, der gestohlen hat.

Der wahre Langfinger aber war höchst zufrieden, daß er durch seine Verschlagenheit mit dem Leben davongekommen war.

Laßt euch durch diese Geschichte belehren, daß es auf Erden viele gibt, die sich oft über etwas aufregen, was sie gar nichts angeht. Das gehört einfach zu deren Wesen. Solche scheuen sich auch nicht, hohe Herren mit Angeberei und Schmeichelei zu umgarnen. Aber zuletzt wird ihnen dafür der gerechte Lohn zuteil wie diesem Henker, der elend umkam.

Das sagt euch Hans Schneider.

ZU DIESER AUSGABE

ERLÄUTERUNGEN

## ZU DIESER AUSGABE

Der vorliegende Band will an Hand der Kleinerzählung einen
Überblick der Erzählkunst vom letzten Drittel des 12. Jahrhunderts bis um 1500 geben, wobei allerdings die Übersetzungen eines Niklas von Wyle, Heinrich Steinhöwel oder Heinrich Schlüsselfelder (Arigo) nicht berücksichtigt wurden, weil
sie mit ihren frühhumanistischen Zielsetzungen dem Mittelalter nur noch bedingt zuzurechnen sind.

Das nicht eigentlich zur Gattung der Kurzerzählung gehö-
rende Spielmannsepos «Salman und Morolf» zielte, wie das
Spielmannsepos überhaupt, vor allem auf die Unterhaltung
und Belustigung des Publikums ab; und hierin mag man
– trotz der Gattungsverschiedenheit – eine gewisse Verwandtschaft zu den Mären entdecken. Zur Repräsentation dieses
literarischen Typus ist «Salman und Morolf» darum gewählt
worden, weil diese Dichtung wohl der charakteristischste und
erfrischendste Vertreter des Spielmannsepos genannt werden
darf. Dieses Werk nimmt innerhalb des Bandes auch insofern
eine Sonderstellung ein, als es aus Raumgründen als einzige
Dichtung nicht vollständig dargeboten ist. Es wurde davon
nur der erste – wenn auch umfangreichste – Teil (Strophe 1
bis 576) übersetzt. Diese Kürzung bringt den Leser jedoch nur
um Quantität; denn der zweite Teil des Werkes wiederholt
lediglich die Handlung des ersten in variierter Form. Anders
gesagt: Wer Teil I von «Salman und Morolf» kennt, kennt
praktisch die gesamte Dichtung.

Eine jede Auswahl hat ihr Mißliches, und keine ist von Sub-
jektivem gänzlich frei. In unserem Falle war die Wahl noch
beeinflußt durch den Grundsatz, in der Folge «Deutschsprachige Erzähler» von jedem Autor möglichst nicht mehr als
eine Erzählung aufzunehmen.

Allgemein war die Wahl der Stücke für diesen Band davon
bestimmt, recht viele Dichterindividualitäten des Zeitraumes
zu Wort kommen zu lassen, den thematischen Bereich, den
die Kurzerzählungen des Mittelalters umgreifen, möglichst

umfassend vorzustellen und die unterschiedlichen Formen und Stile innerhalb der Gattung zu berücksichtigen. Daß der Akzent dabei auf dem späten Mittelalter liegt, hat seinen Grund darin, daß sich dieses Genre erst seit der Mitte des 13. Jahrhunderts voll ausgebildet hat. Immerhin mag das den Vorteil bringen, daß dadurch einem breiten Kreis weitgehend Werke vorgestellt werden, die ihm kaum bekannt sind, da das Spätmittelalter bisher weitgehend im Schatten der mittelhochdeutschen klassischen Literatur gestanden hat.

Wer es unternimmt, heute, da gründliche Kenntnisse mittelalterlichen Deutschs nur noch in dem begrenzten Kreis der Vertreter des altgermanistischen Faches anzutreffen sind, Dichtungen der Vergangenheit für eine breitere Gegenwart bereitzustellen, kommt nicht umhin, sie in unsere heutige Sprache umzusetzen. Die Übertragung der Stücke bedarf mithin kaum der Rechtfertigung.

Das Übersetzen selbst gilt seit eh und je und zu Recht als ein heikles Unterfangen, und es ist oft diskutiert worden. Verläßliche Rezepte, wie es zu machen sei, gibt es nicht. So hat ein jeder Übersetzer seinen Weg zu suchen, muß den Mut zum Wagnis haben, hie und da den Gedanken der Unvollkommenheit ertragen.

In besonders schwieriger Lage befindet sich ein Übersetzer, der nicht – wie es heute weit verbreitet ist – seiner Übertragung den Originaltext zur Seite stellt. Er könnte beim Lesepublikum den vermessenen Anschein erwecken, als wollte er mit seiner Version das Original «ersetzen». Davon kann natürlich keine Rede sein. Jeder Übersetzer weiß, daß seine Arbeit nur ein Notbehelf ist – und es wäre schon ein Glück, wenn es ihm gelungen wäre, aus dem gegebenen Metall seiner Vorlage eine Art neuen Guß zu schaffen.

Obgleich – mit Ausnahme der «Grisilla» – alle hier gebotenen Dichtungen im Original in Versen abgefaßt sind, wurden sie durchweg in Prosa wiedergegeben. Gegen den möglichen kritischen Einwand, daß damit die Einheit von Gehalt und Gestalt der poetischen Vorlagen zerstört werde, läßt sich schwer etwas sagen. Dennoch scheint mir die prosaische

558

Wiedergabe der mittelalterlichen Texte die heute allein angemessene Lösung. Einmal ist die Prosa für unsere Zeit die herrschende literarische Erzählform – und poetisch ambitionierte Übersetzungen, vielleicht gar gereimte, wirken heute eher bezopft. Zum anderen nötigt ein Nachpoetisieren mittelalterlicher deutscher Texte jeden Übersetzer, der Form, das heißt Reim und Rhythmus, zuliebe unleidliche Rücksichten zuungunsten des Sinnes zu nehmen. In diesem Punkte hat man sich für Prioritäten zu entscheiden, und sie scheinen mir eindeutig auf der inhaltlichen Seite zu liegen.

Für die Übersetzungen ist eine moderne literarische Prosaform angestrebt worden, wie sie dem Leser unserer Tage geläufig ist. Es wurde beispielsweise auf alle sprachlichen Archaismen verzichtet. Die Patina der alten Sprache zu erhalten ist weniger mit lexischen als allenfalls mit syntaktischen Mitteln versucht worden. Ob es gelungen ist, der Gefahr einer stilistischen Vereinheitlichung der übersetzten Texte zu entgehen und jeweils noch etwas von der Erzählerindividualität des mittelalterlichen Autors transparent werden zu lassen, darüber mögen die Kritiker befinden.

Es ist nicht gut möglich, die Übertragungen hier bis in Einzelheiten zu begründen. Nur soviel sei gesagt, daß – mit Ausnahme von ‹Salman und Morolf› – alle Dichtungen vollständig wiedergegeben sind. Das heißt freilich nicht Wort um Wort. Wer einen lesbaren Text schaffen will, muß eben gelegentlich sinnschwache Zeilenfüllsel, Flickverse und Reimnotwörter, Formel- und Floskelkram («ze liebe Gott und nit ze leide») oder wertlose Wiederholungen der Vorlagen über Bord werfen. Formtreue des Übersetzers würde in solchen Fällen den modernen Leser eher verdrießen und die Wirkung des Textes nur beeinträchtigen. Das gilt auch für Redeeinführungen («der vater sprach» im «Helmbrecht» usw.); sie lassen sich bei Wechselreden in der Übersetzung besser durch Einrücken und Anführungszeichen markieren. Zuweilen ist durch Umstellen von Versen eine bessere Erzählabfolge hergestellt worden, hie und da mußte ein in der Vorlage fehlender Vers oder ein Wort sinngemäß ergänzt werden. Im Ganzen aber darf der Übersetzer versichern, daß er mit philologischem Gewissen zu Werke gegangen ist und daß er nichts weggelassen hat, was im geringsten von Belang war.

Es bleibt zu hoffen, daß diese Erzählungen auch in ihrer übersetzten Gestalt dem Leser einiges Vergnügen bereiten und ihn mittels des literarischen Mikrokosmos der Kleinerzählung ein wenig in die Welt des Mittelalters und seiner Erzählkunst einzuführen vermögen.

*M.L.*

# ERLÄUTERUNGEN

Denn bei den alten lieben Todten
braucht man Erklärung, will man Noten

Goethe

## Salman und Morolf

Der Dichter des Spielmannsepos ist unbekannt, es ist vermutlich um 1190 am Niederrhein entstanden; vorangegangen sein dürfte ein *Lied* von Salman und Morolf. Der Stoff war im Mittelalter sehr beliebt; zahlreich sind die Anspielungen, Anklänge und Anlehnungen in der Literatur.

Ausgabe: Salman und Morolf, hg. von Friedrich Vogt, Halle 1880.

29 *Salomo:* König von Israel um 965–um 925, galt als besonders weise, aber auch prachtliebend. Seine Schwäche waren die Frauen; nach alttestamentlicher Überlieferung soll er 700 Ehe- und 300 Nebenfrauen gehabt haben (1.Könige 11, 3).

30 *Salme:* wohl identisch mit Sulamith, der Braut im alttestamentlichen Hohenlied Salomos (7,1).

33 *Hafen von Jerusalem:* Die angebliche Lage Jerusalems am Meer verrät die unklaren geographischen Vorstellungen des Mittelalters (vgl. auch S. 60).

35 *Sarepta:* auch Sarfend, Hafenstadt zwischen Tyrus und Sidon im heutigen Staate Libanon.

37 *Ring:* Hier ist wohl Salomos berühmter Zauberring auf Fore bzw. dessen Onkel Elias übertragen worden.

42 *Absalom:* der dritte Sohn Davids (s. Erl. zu 51); nach alttestamentlicher Überlieferung zeichnete er sich durch besondere Schönheit aus (2. Samuel 14, 25); bei einem Aufstand gegen seinen Vater wurde er getötet (2. Samuel 18, 9–18).

*Horant:* der berühmte Sänger aus dem «Kudrun»-Epos.

43 *löste ... die Haut vom Oberkörper ...:* aus dem Süden stam-
mendes Wandermotiv, das bis nach Skandinavien gelangt ist, z.B. in die nord. «Bósa saga», wo Bosi und Smid
in die Haut der von ihnen Getöteten schlüpfen.

44 *Stab und Tasche:* Ausrüstungsgegenstände des Pilgers.

45 *Palmzweig:* Abzeichen der Wallfahrer und Pilger.

46 *Ihm folgte die Königin ...:* Hier – wie auch in anderen
Einzelheiten – zeigt sich der noch mangelnde historische
Sinn des Mittelalters. Das, was einem selbst vertraut ist
(hier Kirchgang der Frauen), wird selbstverständlich auch
von anderen angenommen.

   *Gebende:* d.h. Bandwerk; der aus Wangen- und Kinn-
binde, dazu runder flacher Mütze bestehende Kopfputz
verheirateter Frauen (vgl. die Uta im Naumburger Dom).

   *Sarazene:* im Mittelalter Bezeichnung für die Araber.

51 *David:* jüd. König um 1005–um 965, machte Israel durch
Einigung der Nordstämme mit den Südstämmen und
durch Einbeziehung Jerusalems zum führenden Staat in
Palästina, brach die Vorherrschaft der Philister; galt als
Meister des Saitenspiels (1. Samuel 16,18) und als Psalmen-
dichter.

55 *schnitt ... das Haupthaar ab:* Dadurch wurde der Betroffene
entehrt und verspottet (vgl. auch S. 57 u. 59).

58 *heidnische Kapläne* vgl. Erl. zu 46 *Ihm folgte die Königin ...*

65 *ein kleines Horn:* wohl Nachklang oder Entstellung des
Salbhorns der alttestamentlichen Könige, verbunden mit
dem Motiv des rettenden Horns, wie es z.B. Roland im
Tal von Roncevalles geblasen hat (vgl. auch S.75 ff.).

74 *Tempelherren:* geistlicher Ritterorden, der seinen Ursprung den Kreuzzügen verdankt; 1127 von Papst Ho-
norius bestätigt; er sollte Pilger schützen und das Heilige
Grab gegen die Ungläubigen verteidigen.

75 *Herzog Friedrich:* Friedrich von Schwaben, der Sohn Kaiser Friedrichs I. (Barbarossa), der am Kreuzzug des Vaters
– dem dritten Kreuzzug – teilnahm und 1191 bei der Be-
lagerung von Akkon starb.

   *Michael:* biblischer Erzengel, im Mittelalter als Drachentöter dargestellt; er galt als Wäger und Geleiter der Seelen nach dem Tode, als der Bannerträger der Seligen im Paradies.

76 *schwarze Schar:* Vom Kampf der Engel und Teufel um die Seele eines Sterbenden wird in mittelalterlicher Dichtung wiederholt berichtet. Unklar bleibt, was es mit den «Verwandten unseres Herrn» auf sich hat. Ist die Stelle des Originals verderbt?

80 *einen hohen Galgen:* Aufhängen gehörte zu den entehrenden Hinrichtungsarten. Fores Schwester will mit der Bitte um Beerdigung die Schmach für ihren Bruder lindern.

## HARTMANN VON AUE
### Der arme Heinrich

Der Dichter (1160/1165-um 1210) war Ministeriale, das heißt Dienstadliger, des freiherrlichen schwäbischen Geschlechts derer von Aue, die vermutlich in Eglisau. südwestlich von Schaffhausen, saßen. Er ist der erste der drei großen epischen Klassiker der mittelhochdeutschen Blütezeit. Er hat offenbar eine klösterlich-gelehrte Bildung genossen und war auch des Französischen mächtig. Sein literarisches Verdienst besteht nicht zuletzt in der Einführung des höfischen französischen Artusromans in Deutschland («Erec», «Iwein»), in der seelischen Verfeinerung und Verinnerlichung seiner Vorlagen und in der meisterhaften Sprach- und Reimkunst. Der «Arme Heinrich», in dem der Ritter noch rechtzeitig seine «neue Güte» entdeckt und das Opfer des Bauernmädchens ablehnt, entstand im letzten Jahrzehnt des 12. Jahrhunderts nach der Teilnahme des Dichters an einem Kreuzzug. Den Stoff hat Hartmann möglicherweise aus einer Sammlung lateinischer Predigtmärlein geschöpft.

Ausgabe: Der Arme Heinrich von Hartmann von Aue, hg. von Heinz Mettke, Halle 1966 (Altdeutsche Textbibliothek 3).

85 *Absalom* s. Erl. zu 42.

*Aussatz:* wurde im Mittelalter als eine Strafe Gottes für
große Sündhaftigkeit angesehen.

*Hiob:* alttestamentliche Gestalt, ein besonders frommer
Mann; urspr. mit allen irdischen Gütern gesegnet, verlor
er seinen ganzen Besitz, seine Kinder und seine Gesundheit, demütigte sich aber auch in der Not vor Gott.

86 *Montpellier ... Salerno:* Die südfranz. Universitätsstadt
und die süditalien. Provinzhauptstadt südöstl. von Neapel galten im Mittelalter als Hochburgen ärztlicher
Wissenschaft.

87 *Herzblut:* Heilung durch Menschenblut war eine seit den
ältesten Zeiten – zuerst im Orient – verbreitete und ge-
glaubte Behandlungsmethode (vgl. auch Kunz Kisteners
Erzählung «Jakobsbrüder», S. 404).

96 *ein freier Bauer:* Gemeint ist Christus, der hier von dem
Landmädchen, ihrer Vorstellungswelt entsprechend, im
Bilde eines idealen Landwirtes gesehen wird.


### Der Sperber

Die Erzählung entstand in der ersten Hälfte des 13. Jahrhunderts im nördlichen alemannischen Sprachgebiet. Der Verfasser ist unbekannt, dichterisch aber durch Hartmann von Aue
beeinflußt. Der «Sperber» gehörte nach Ausweis der reichen
handschriftlichen Überlieferung zu den beliebtesten Dichtungen des Mittelalters.

Ausgabe: Der Sperber und verwandte mittelhochdeutsche
Novellen, hg. von Heinrich Niewöhner, Berlin 1913 (Palaestra 119); S. 15–44.

115 *neunte Stunde:* nach mittelalterlicher Rechnung 15.00 Uhr.

Die zeitliche Ansetzung der Erzählung ist außerordentlich umstritten; sie reicht von «frühhöfischer Zeit» (Hermann Schneider, Julius Schwietering) über «zwischen 1180 und 1190» (Helmut de Boor) und die weitverbreitete Datierung «um 1210» bis «um 1220/30». Der Verfasser ist unbekannt; er dürfte der Sprache nach Rheinpfälzer gewesen sein. Die deutsche Novelle geht sicherlich auf eine französische Vorlage zurück, die aber nicht bekannt ist.

Ausgabe: Moriz von Craûn. Unter Mitwirkung von Karl Stackmann und Wolfgang Bachhofer im Verein mit Erich Henschel und Richard Kienast hg. von Ulrich Pretzel. 2., stark veränderte Auflage, Tübingen 1962 (Altdeutsche Textbibliothek 45).

117 *Helena:* in der griech. Sage Gattin des Lakedämonierkönigs Menelaos. Ihre Entführung durch Paris beschwor den Trojanischen Krieg herauf, der 1184 v.u.Z. mit der Eroberung und Zerstörung Trojas durch die Griechen geendet haben soll.

*Hellas:* hier Bezeichnung für alle griech. Stämme.

*Hektor, Paris, Helenus, Deïphobus, Troilus:* in der griech. Sage Söhne von Priamos, dem König von Troja.

118 *Dares:* ein Phrygier, angeblicher Verfasser der «Historia de excidio Trojae», des Romans (5. oder 6.Jh.) von der Einnahme Trojas, die neben der Darstellung des Diktys (4.Jh.) für das Mittelalter die Hauptquelle des Trojastoffes bildete.

*Pandarus:* berühmter Bogenschütze vor Troja.

*Äneas:* Dardanerfürst, Verwandter des Priamos, floh nach dem Fall Trojas und landete nach längerer Irrfahrt in Latium, der Landschaft um Rom; er gilt als Ahnherr des röm. Volkes.

119 *Nero:* röm. Kaiser 54–68.

121 *Olivier und Roland:* Heldengestalten aus dem Sagenkreis um Karl den Großen; Olivier steht als der Mäßige, Weise

dem tapferen Ungestüm seines Freundes Roland gegenüber.

122 *Beamunt:* Beaumont-sur-Sarthe, nordwestl. von Le Mans,
Nordwestfrankreich.

*Moriz* II., Graf von Craon (1131/32–96): Vasall der engl.
Könige Heinrich II. (1154–89) und Richard I. Löwenherz
(1189–99); war zweimal im Heiligen Land; als Politiker
und Minnesänger bekannt.

*Craûn:* Craon in Anjou, der Landschaft nördl. des Mittel-
laufs der Loire um die Hauptstadt Angers.

128 *Salerno* s. Erl. zu 86.

129 *Du bist mein und ich bin dein:* mittelhochdeutsche Liebes-
formel, aus einer urspr. Verlöbnis- und Trauformel entwickelt; sie ist am bekanntesten aus dem namenlosen Lied
in «Minnesangs Frühling» (3,1).

130 *wundersames Schiff:* Solche Schiffe auf Rädern sind auch
sonst im Mittelalter urkundlich bezeugt. Jacob Grimm
(Deutsche Mythologie, 4. Auflage, Band 1, 1875; S. 214ff.)
belegt ein solches für das Jahr 1133; ein Ulmer Rats-
protokoll von 1530 (ebd. S. 218) verbietet solche Schiffe.
Wahrscheinlich liegt ihre Wurzel im heidnischen Brauch-
tum.

131 *Kovertiure:* verzierte Überdecke, meist aus Samt, die die
Turnierrosse als Schmuck über einer schützenden Decke
aus Kettengeflecht trugen.

133 *Hyazinth:* orangefarbener oder braunroter bis brauner
durchsichtiger Edelstein aus dem Mineral Zirkon.

*Buckeram:* steifes Gewebe aus Bocks- oder Ziegenhaaren.

134 *Rotte:* harfenartiges Zupf- und Streichinstrument.

*Brandan:* irischer Heiliger, der 577 als Abt eines irischen
Klosters gestorben sein soll. Mit siebzehn Mönchen sei er
in einer Barke gen Westen gefahren, um das «Land der
Verheißung» zu suchen. Auf dieser Reise soll ihm viel
Wunderbares begegnet sein.

*Antichrist:* nach der christlichen Lehre der vom Satan
ausgesandte Gegenspieler Christi, der kurz vor dessen
erwarteter Wiederkehr alle bösen Mächte der Welt

gegen ihn zum Entscheidungskampfe sammelt, aber unter-
liegt.

*Jüngstes Gericht:* auch Jüngster Tag, in der christlichen
Lehre das auf die Wiederkehr Christi folgende Welt-
gericht, das mit der Auferweckung der Toten und dem
Ende der gegenwärtigen Weltperiode verbunden ist.

135 *Michael* s. Erl. zu 75.

139 *Kassandra:* in der griech. Sage schönste Tochter des
trojan. Königs Priamos, die berühmte Weissagerin; den
Hinweis auf ihre Fertigkeit in Handarbeiten dürfte der
Dichter aus dem franz. ‹Roman d'Eneas› (Vers 7451 ff.)
oder aus Gottfried von Straßburgs «Tristan» (Vers 4948 ff.)
haben.

*Alfurt:* entstellt aus arab. abrad (Plural burd), d.h. ‹gefleckt›; so bezeichnete man den Panther und den Strauß.

140 *Dido:* sagenhafte Königin von Karthago, unglückliche
Geliebte des Äneas (s. Erl. zu 118).

*Salomo* s. Erl. zu 29.

*Heinrich von Veldeke:* der aus dem Herzogtum Nieder-
lothringen stammende Verfasser der ‹Eneit›, des ersten
deutschen Äneasromans (Ende 12. Jh.).

DER STRICKER
*Der durstige Einsiedler*

Der Dichter, der sich den Namen Der Stricker (Wirker, Weber, das heißt Seiler) zulegte, stammt aus der Rheinpfalz, war
bürgerlicher Herkunft und Berufspoet, lebte später in Österreich. Die Zeit seines Dichtens liegt zwischen 1220 und 1250.

Nachdem er sich zuerst dem Artusroman («Daniel vom
blühenden Tal») und den Sagen um Karl den Großen (Versepos «Karl») zugewandt hatte, schuf er die gereimte Schwank-
sammlung vom «Pfaffen Amis». Seine literarische Bedeutung
aber liegt vor allem in der großen Zahl seiner im Alltag spie-
lenden Kleinerzählungen (Mären, das heißt Geschichten, Fa-
beln, belehrende Gleichnisse, Schwänke); er hat als die

«Schlüsselfigur der ganzen Frühperiode» dieser literarischen Gattung zu gelten (Hanns Fischer).

Ausgabe: Der Stricker. Verserzählungen I, hg. von Hanns Fischer. 3., revidierte Auflage von Johannes Janota, Tübingen 1973 (Altdeutsche Textbibliothek 53); S. 143–55.

### Studentenabenteuer

Die Novelle ist um die Mitte des 13. Jahrhunderts im nördlichen niederalemannischen Sprachgebiet entstanden. Ihr Verfasser ist unbekannt.

Ausgabe: Die mittelhochdeutsche Novelle vom Studentenabenteuer, hg. von Wilhelm Stehmann, Berlin 1909 (Palaestra 67); Fassung A S. 198–216.

163 *Welschen:* Bezeichnung für die roman. Völker, insbesondere die Italiener.

### Laurin

Das beliebte Heldenmärchen aus dem Kreise der Dietrich-Sage stammt vermutlich von einem tirolischen Fahrenden aus der Zeit um 1250. Die Quelle des Dichters ist unbekannt; er könnte sich jedoch auf mündliche Überlieferungen stützen. Die Erzählung, die das Motiv der Jungfrauenentführung mit dem des Rosengartens verbindet, hat im Mittelalter mannigfach literarisch ein- und nachgewirkt.

Ausgabe: Laurin und der kleine Rosengarten, hg. von Georg Holz, Halle 1897; Fassung A S. 1–50.

175 *Brünne:* Brustharnisch.
176 *Michael* s. Erl. zu 75.
　　*das Menschenpaar aus dem Paradies vertrieb:* Anspielung auf den alttestamentlichen Bericht von der Vertreibung Adams und Evas aus dem Paradies (1. Mose 3, 23–24).
185 *Burg Steier:* Die Styraburg aus dem 10. Jh. stand in Öster-

reich am Zusammenfluß der Steyr und der Enns, wo heute das Schloß der Stadt Steyr liegt, südöstl. von Linz.

## KONRAD VON WÜRZBURG
### Der Lohn der Welt

Der Dichter (1220/30–87), wahrscheinlich in Würzburg geboren, bürgerlicher Herkunft, «Fahrender», des Lateinischen, später auch des Französischen kundig, höfisch gerichtet, lebte als Berufsdichter in Basel. Ein Teil seiner Dichtungen ist im Auftrag von Basler Patriziern entstanden, so die Legenden «Silvester», «Alexius», «Pantaleon» und die Übertragungen des französischen Liebesromans «Partonopier und Meliur» und des «Romans von Troja» des Benoît de Sainte-More in die eigne «gut geblümte Rede». Konrads farbige Sprache, sein artistischer Sinn für das Erregende erscheint am besten in den kleineren Verserzählungen «Der Lohn der Welt» und «Das Herzmäre», worin ein Ritter seiner Frau das Herz ihres gestorbenen Liebhabers vorsetzen läßt, dem gesellschaftskritischen «Heinrich von Kempten», dem Gedicht von der Freundestreue «Engelhard», dem «Schwanritter» und dem erstmalig in spätmittelalterlichem Wappengepränge schwelgenden «Turnei von Nantes».

«Der Lohn der Welt» entstand um 1260. Der Stoff (Bild von der Doppelseitigkeit der Welt), in dem sich die weltflüchtige und weltverdammende Auffassung geistlicher Dichtung des 12. Jahrhunderts artikuliert, ist in mittelalterlicher Literatur und Kunst wiederholt aufgegriffen worden.

Ausgabe: Kleinere Dichtungen Konrads von Würzburg, hg. von Edward Schröder, T. I, Berlin 1924; S. 1–11.

201 *Wirnt von Grafenberg:* ritterlicher Dichter von der Burg Gräfenberg bei Erlangen. Verfasser des Artusromans «Wigalois» (1. Jahrzehnt des 13. Jh.). Daß Wirnt zum Helden der vorliegenden Geschichte werden konnte, erklärt sich vielleicht aus einer Stelle des «Wigalois»-Prologs

(V. 142 ff.), wo er von sich sagt, er habe der Welt zuliebe
gedichtet, um ihren Beifall zu gewinnen.

201 *Palas:* repräsentatives Gebäude einer Burg, zu Versamm-
lungen oder zum Empfang von Gästen bestimmt.

## HERRAND VON WILDONIE
### Der nackte Kaiser

Der Dichter, ein steirischer Ritter, dessen Stammburg Alt
Wilden bei Graz liegt, lebte etwa von 1230 bis 1280 und ist
urkundlich bezeugt zwischen 1248 und 1278. In den Kämpfen
König Ottokars von Böhmen gegen Rudolf von Habsburg
um die österreichischen Lande hat er eine bedeutende politi-
sche Rolle gespielt. Er war der Schwiegersohn von Ulrich
von Lichtenstein, dem Verfasser des berühmten «Frauen-
diensts».

Ausgabe: Herrand von Wildonie, Vier Erzählungen, hg.
von Hanns Fischer, Tübingen 1959 (Altdeutsche Textbibliothek 51); S. 22–43.

206 *«Wer sich selbst erhöhet...»:* Lukas 14, 11 und 18, 14.
210 *Badewedel:* auch Badequast, Ruten aus Blätterwerk, mit
denen man den Körper bearbeitete, um die Schweißent-
wicklung zu fördern.
217 *Münzrecht:* Recht des Kaisers oder anderer Obrigkeit,
Geld zu prägen und den Schlagschatz, den Unterschied
zwischen dem Nennwert einer Münze und dem Markt-
preis des Münzmetalls, als Einkommen einzuziehen.

## WERNHER DER GARTENAERE
### Helmbrecht

Von dem Dichter wissen wir so gut wie nichts. Er war vielleicht ein Fahrender bürgerlicher Herkunft. Die Erzählung
ist nach ihren Sprachformen im bayerisch-österreichischen

Gebiet entstanden, vermutlich in den sechziger Jahren des 13. Jahrhunderts. Literarisch nachgewirkt hat die Erzählung im Mittelalter nicht. Erst seit ihrer Wiederentdeckung durch Aloys Primisser und nach dem Abdruck der Handschrift A durch J. Bergmann (1839) begann ihr später literarischer Siegeszug. Nicht wenig zu ihrer Popularisierung trug Gustav Freytag bei, der sie in seinen «Bildern aus der deutschen Vergangenheit» (1865) als kulturgeschichtliche Quelle ausschöpfte. 1865 wird auch die Reihe der zahlreichen Übersetzungen und 1891 die der literarischen Bearbeitungen des Stoffes eröffnet. Näheres dazu in der im folgenden genannten Ausgabe S. XXVIII.

Ausgabe: Wernher der Gartenaere, Helmbrecht. Nach den beiden Handschriften hg. von Manfred Lemmer, Halle 1964 (Literarisches Erbe 4).

200 *Paris* s. Erl. zu 117 *Helena.*
*Karl:* Karl der Große.
*Roland, Turpin, Olivier:* Heldengestalten aus dem Sagenkreis um Karl d. Gr. Turpin ist der kaisertreue, kampfgewaltige Erzbischof von Reims (vgl. Erl. zu 121 *Olivier und Roland*).
221 *Helche:* Gattin des Hunnenkönigs Etzel (Attila).
*Diether von Bern:* Der jüngere Bruder Dietrichs von Bern.
*Wittich:* Witege, in der Sage anfangs Held aus dem Gefolge Dietrichs von Bern, der aber nach Dietrichs Vertreibung durch dessen Onkel König Ermanarich in Ermanarichs Gefolge zurückbleibt. – Die letzten drei im Text genannten Gestalten stammen aus dem Sagenkreis um Dietrich von Bern, d.h. um den Ostgotenkönig Theoderich (471–526). «Bern» deutsch für Verona, wo Theoderich 489 Odoaker besiegte, bevor er ihn bis 493 in Ravenna belagerte. In der Sagengestalt des bösen Ermanarich und der Sage von seinem Untergang spiegelt sich der Ostgotenkönig Ermanarich wider, dessen südruss. Reich 375 den Hunnen erlag. Die Sagengestalt Wittichs knüpft an den Ostgotenkönig Witigis (535–39) an, der

539 von Belisar, dem Feldherrn des oström. Kaisers Justinian, in Ravenna belagert wurde. Das mittelhochdeutsche Epos «Rabenschlacht», d.h. Schlacht bei Ravenna (2. Hälfte des 13. Jh.), erzählt die Sage, wie der von seinem Oheim Ermanarich aus seinem Reich an den hunnischen Hof vertriebene Dietrich durch die Schlacht bei Ravenna sein Reich wiedergewinnt. In ihr greifen die beiden Söhne des Hunnenkönigs Etzel, Erpf und Ort, und Dietrichs jüngerer, ihnen befreundeter Bruder Diether den Recken Wittich an und fallen.

222 *edles Tier...:* scherzhafte Umschreibung für Schaf in der Manier Wolframs von Eschenbach.

223 *Hohenstein und Haldenberg:* Orte im sog. Innviertel der nordwestl. Grenzlandschaft Österreichs, westl. von Linz.
*Neidhart von Reuenthal* (1180/90 – gegen 1240): bedeutender mittelhochdeutscher Lyriker, Begründer der sog. höfischen Dorfpoesie, die einer höfischen Gesellschaft das derbe Bauernleben (zum Teil parodistisch) in Tanzliedern darstellte.

225 *Corduanleder:* Ziegenleder aus Cordova.

227 *Klamirre:* eine Speise aus übereinandergelegten, in Schmalz gebackenen Weißbrotschnitten, die mit Kalbshirn oder gekochten Pflaumen gefüllt waren.

232 *söte Kindken* (wohl flämisch): süße Kinder.
*Gracia vester* (lat.): «Euer Gnaden».
*Deu sal* (franz.): «Gott grüß' Euch».
*Dobra ytra* (tschech.): «Guten Morgen». Dieser Aufputz von Helmbrechts Rede ist nicht nur «Bildungsprotzerei», sondern soll zugleich zeigen, wie «höfisch» der Bauernbursche inzwischen geworden war. Es gehörte nämlich zum guten Ton der Zeit um 1200, vor allem fläm. und franz. Brocken zu gebrauchen.

233 *Brabant:* Landschaft um das heutige Brüssel.
*Lif* (niederdeutsch): Leib.

235 *Trappe:* Großtrappe, der größte Landvogel Europas, bis zu 20 kg schwer, der «europäische Strauß», heute vom Aussterben bedroht und unter Naturschutz.

236 *Wankhausener Brunnen:* Das «goldene Brünnlein» zu Wankhausen, am östl. Ufer der Salzach, stand bis in die Neuzeit hinein in dem Ruf, erfrischendes und heilkräftiges Wasser zu spenden.

*Buhurdieren:* Form des Turniers (Buhurt), wobei die Ritter in geschlossener Schar mit eingelegter Lanze aufeinander lossprengten; im Unterschied zum «Tjost», dem Zweikampf.

237 *Ernst:* Gemeint ist ein Epos über Herzog Ernst II. von Schwaben (1007–30) aus der Zeit um 1180, in dem Ernsts Aufstand gegen seinen Vater, seine abenteuerliche Kreuzfahrt zu märchenhaften Völkern, seine Rückkehr und Versöhnung erzählt wird. Das Epos verschmilzt die Fürstenerhebung unter Ernst gegen seinen Stiefvater Kaiser Konrad II. (1024–39), bei der Ernst im Kampf gegen die kaiserlichen Ritter im Schwarzwald fiel, mit dem Aufstand Herzog Liudolfs von Schwaben 953 gegen seinen Vater Otto I. (936–73), der mit Versöhnung endete.

241 *Lämmerschling* usw.: Die Kumpane Helmbrechts tragen alle sog. sprechende Namen, die im späten Mittelalter beliebt waren und bereits vom Namen her eine deutliche Aussage über das Wesen der betreffenden Person machen sollten.

*Nonarre Narrie:* scherzhafter Phantasiename, der mit «Navarra» und «Narr» spielt.

242 *Gerichtsscherge:* gerichtliche Vollzugsperson (Häscher, Henker u. a.). Aus den Worten des Vaters spricht zugleich die alte Volksvorstellung vom sog. Schergenbann, d. h. vom Glauben, daß der Scherge über Zauberkräfte verfüge, jeden Übeltäter auf der Stelle festzubannen und zu überwältigen.

243 *Morgengabe:* Geschenk des Bräutigams an die Braut am Morgen nach der Hochzeitsnacht.

245 *ging ... nicht am Stock:* Der Stab ist das Symbol der Schwäche und Gebrechlichkeit. Mit der hier gebrauchten Redewendung spielte man im Mittelalter gern scherzhaft

auf das Wohlbefinden des jungen Paares nach der Hochzeitsnacht an, um es zu necken.

246 *König Artus:* die glänzendste Rittergestalt der höfischen
Epik (Artusepik), der Inbegriff idealen Rittertums, Herr
der berühmten «Tafelrunde», deren zwölf Mitglieder
(darunter Erec, Gawein, Iwein, Lancelot, Parzival, Tristan, Wigalois) christlich-höfische Abenteuer bestehen
müssen. Um den sagenhaften britisch-bretonischen König
Arthur (um 500), den Besieger der Sachsen und Kämpfer
gegen Rom, rankten sich keltische Ritter- und Feen-
märchen. Der spätere engl. Bischof Geoffrey of Mon-
mouth stellte die Sagen in seiner lat. «Geschichte der
Britenkönige» (um 1150) bereits wie einen Artusroman
dar, und der Dichter Robert Wace von der Insel Jersey
übertrug sie um 1155 in die anglonormannische Reimchronik «Geste des Bretons», auch «Roman de Brut» genannt, also in die franz. Mundart der Normandie. Danach wurden sie mit der Gralssage verbunden und von
Chrestien de Troyes zwischen 1165 und 1190 zu den
fünf großen franz. Versromanen «Erec und Enide»,
«Cligès», «Lancelot», «Iwein», «Parzival» gestaltet, die
aus der Zauberwelt eine höfische, aus den Feen Damen
machten und auf die Dichtungen Hartmanns von Aue,
Ulrichs von Zatzikhoven, Wolframs von Eschenbach,
Wirnts von Grafenberg, Gottfrieds von Straßburg
und ihrer Nachahmer stofflich und formal stark ein-
wirkten.

*Ginover:* Gattin des Königs Artus.

247 *trat ... auf den Fuß:* alter Brauch, mit dem der Gatte zeigen
will, daß die Muntgewalt, die «Vormundschaft» über die
Braut, d. h. das Recht, die Frau rechtlich zu vertreten, von
deren Vater oder anderen männlichen Verwandten auf
ihn übergegangen ist.

*Hofämter:* Ehrenämter, die am Hofe eines Herrschers besetzt wurden. Es ist blutiger Hohn des Dichters, daß sie
auch beim Hochzeitsmahl dieser Galgenvögel berücksichtigt werden.

249 *gegenüber dem Schergen ist er machtlos* s. Erl. zu 242. Gerichtsscherge.
  *Rindshäute:* Sie waren das Corpus delicti, das Beweisstück; man hatte die Raubgesellen auf frischer Tat er-
  tappt, das Beutegut im Hause gefunden. Im mittelalterlichen Rechtsprozeß mußte der Räuber oder Dieb mit
  dem Beweisstück für seine Missetat vor Gericht erscheinen.
250 *Zehnt:* Nach altdeutschem Recht konnte der Henker tatsächlich jeden zehnten Mann freigeben, doch geschah das
  in der Regel gegen ein gutes Lösegeld.
254 *klaubte etwas Erde zusammen:* Im Sterbensnotfall durfte im
  Mittelalter auch ein Laie die Beichte abnehmen und die
  Sterbesakramente reichen. Bei solcher Notkommunion
  konnte u.a. Erde, nach kirchlicher Auffassung den Leib
  Christi symbolisierend, als Hostie verwendet werden.

## Aus Jansen Enikels «Weltchronik»

Die gereimte «Weltchronik» des Wiener Bürgers Jansen Eni-
kel (das heißt Enkel des Jans) entstand um 1280. Sie behandelt die Geschichte von der Weltschöpfung bis zum Tode
Kaiser Friedrichs II. (1250). Das Werk verdeutlicht mit seinen
eingeschobenen fabulistischen Passagen, den Berufungen auf
mündliche Berichte und den eigenen Erfindungen des Ver-
fassers, wie wenig im 13. Jahrhundert noch ein eigentlicher
Geschichtssinn entwickelt war. Die Darstellung scheint mehr
auf Unterhaltung der bürgerlichen Kreise an Hand von Ge-
schichtsstoff als auf deren Belehrung über das historisch Fak-
tische aus zu sein. Zu diesen Einschüben gehören auch die Erzählungen von Saladin, Virgilius und von der Tochter des
Reußenkönigs.
  Ausgabe: Jansen Enikels «Weltchronik», hg. von Philipp
Strauch, Berlin 1891 (Monumenta Germaniae Historica,
Deutsche Chroniken, Bd. III, Abt. 1, V. 26551–26676).

## Der Zauberer Virgilius

Die Umdeutung Vergils (70–19 v. u. Z.), des großen römischen Dichters, zum Zauberer, magischen Baumeister und Bildner, entstammt der mittelalterlichen Volksüberlieferung Italiens, Im 12. Jahrhundert gelangte diese Auffassung auch in die Länder nördlich der Alpen, und es kristallisierten sich bald immer mehr Erzählmotive um Vergils Gestalt.

Ausgabe: Jansen Enikels «Weltchronik», V. 23695–24224.

260 *Absalom* s. Erl. zu 42.

## Die Tochter des Reußenkönigs

Der Stoff von der unschuldig ins Unglück geratenen Frau, weil sie sich dem Liebesverlangen eines Verwandten (Vater, Bruder) widersetzt hat, war im Mittelalter weit verbreitet. Es gibt Dichtungen darüber aus England, Italien, Frankreich, Holland, Island und Schweden.

Ausgabe: Jansen Enikels «Weltchronik», V. 26677–27356.

267 *Reußenland:* das Land der Rus – ein von einem Stamm der Waräger, d. h. schwed. Wikinger, auf die Ostslawen übertragener Name –, etwa dem klein- oder weißruss. Gebiet entsprechend; erhalten im Titel der Zaren: «Herrscher aller Reußen».

277 *einen Fuß und eine Hand dafür hingeben:* Die Größe des Opfers wird klarer, wenn man bedenkt, daß sich der König damit ritteruntüchtig (Fuß zum Reiten) und schwurunfähig (Hand) machen würde.

## Aristoteles und Phyllis

Der Verfasser des Gedichts ist unbekannt; auf Grund sprachlicher Merkmale dürfte er Alemanne sein, die Entstehung des

Gedichts ist wohl im letzten Viertel des 13.Jahrhunderts anzusetzen; die Quelle ist unbekannt. Der Stoff ist schon um 1237 von Henri d'Andely («Lai d'Aristote») und Jacobus von Vitry (gest. 1240) in einem Predigtmärlein behandelt worden. Die spätmittelalterlichen literarischen Anspielungen, besonders bei den Predigten, sind äußerst zahlreich. Das Motiv ist orientalischen Ursprungs. Die Übertragung auf den Philosophen Aristoteles erfolgte wohl im 13.Jahrhundert in Frankreich.

Ausgabe: Neues Gesamtabenteuer, hg. von Heinrich Niewöhner, Band I, 2.Auflage, hg. von Werner Simon, Berlin 1967; S.234–243.

279 *Aristoteles* (384–322): bedeutender griech. Philosoph. Erst Schüler Platons, wurde er 342 Lehrer Alexanders d. Gr. Verfasser grundlegender Schriften über Logik, Metaphysik, Physik, Psychologie, Ethik, Politik und Poetik. Das Mittelalter kannte seit etwa 1150 seine logischen, seit etwa 1200 seine übrigen Hauptwerke. Es hielt ihn für den Inbegriff weltlicher Gelehrsamkeit.

280 *Philipp II.*: König von Makedonien 359–336.

283 *Hyazinth* s. Erl. zu 133.

*Chalzedon*: weißes oder farbiges Mineral, eine kristalline Art von Quarz, deren verschiedenfarbige, undurchsichtige Abarten auch Onyx (schwarzweiß gestreift), Sardonyx (braunweiß gestreift), Heliotrop (grün mit blutroten Tupfen), Chrysopras (apfelgrün) heißen.

286 *Samson*: alttestamentliche Heldengestalt von besonderer Körperkraft; nach der Überlieferung zerriß er mit bloßen Händen einen Löwen (Richter 14, 5–6); im Kampf gegen die Philister wurde er durch den Verrat seiner philistäischen Geliebten Delilah gefangen, geblendet und versklavt (Richter 16, 4–21).

*David* s. Erl. zu 51.

*Salomo* s. Erl. zu 29.

*Gallus* (gest. 641 oder 645) irischer Abt, Bekehrer Alemanniens, Gründer des Klosters St.Gallen, besonders im alemann.-schwäb. Raum verehrt.

287 *Galizia:* Gemeint ist wahrscheinlich eine der kleinen Inseln, die dem alten Königreich Galicien im nordwestl. Teil der Iber. Halbinsel vorgelagert sind.

## DIETRICH VON DER GLEZZE
### Der Gürtel

Der Verfasser des Gedichts nennt sich wohl nach der Klesse, dem Nordostabhang des Glatzer Schneegebirges, etwa 20 km von Weidenau, Vidnava, in Tschechisch-Schlesien. Aus Schlesien dürfte er der Sprache nach jedoch nicht stammen. Sonst wissen wir nichts von ihm. Er will die Erzählung auf Veranlassung eines Wilhelm gedichtet haben, dessen Vater Vogt zu Widena (d. i. Weidenau) war. Dietrich könnte also Gefolgsmann dieser Vögte gewesen sein. Das Werk dürfte zwischen 1270 und 1290 entstanden sein.

Eine Herkunft der Geschichte aus dem Westen ist wahrscheinlich (Erwähnung der Lilie, Schauplatz Brabant), aber nicht erwiesen. Der Stoff weist Verwandtschaft mit der antiken Erzählung von Kephalos und Prokris auf (vgl. Ovid, Metamorphosen VII, 493 ff.).

Ausgabe: Dietrich von der Glezze, Der Borte, hg. von Otto Richard Meyer, Heidelberg 1915 (Germanistische Arbeiten 3).

289 *Ich bin «der Gürtel» genannt…:* Der Prolog (Z. 1–9) und der Epilog (S. 304/305) stammen nicht von Dietrich von der Glezze, sondern von einem gewissen Punzinger. Dieser hat beides 1291 hinzugedichtet, als er der Dame seines Herzens eine Handschrift von diesem Gedicht überreichen ließ.

294 *Chrysopras, Onyx* s. Erl. zu 283 *Chalzedon.*
*Chrysolith:* durchsichtiger gelbgrüner oder olivgrüner Edelstein, der im Orient in dem Mineral Olivin vorkommt.

304 *Wilhelm:* Der Vater dieses Wilhelm, der ebenfalls Vogt zu

Weidenau war, hieß Rudger Heldorc.
305 *Widena:* Weidenau (s. S. 578).
*Punzinger* s. Erl. zu 289.


## Theophilus

Das Gedicht entstand gegen Ende des 13. Jahrhunderts, der Verfasser ist unbekannt.

Der Theophilus-Stoff gehört zu den beliebtesten Marienlegenden des europäischen Mittelalters. Griechische und lateinische Prosafassungen davon gab es seit dem 9./10. Jahrhundert. Vom Priester, der sich dem Teufel verschreibt, existierten vor dieser Erzählung bereits dichterische Gestaltungen.

Ausgabe: Gesammtabenteuer, hg. von Friedrich Heinrich von der Hagen, Bd. III, Stuttgart/Tübingen 1850; S. 541–550.


## Die Wolldecke

Der Dichter ist unbekannt. Die Erzählung entstand um 1300.

Die Geschichte vom undankbaren Sohn ist in Deutschland in vier Fassungen überliefert; unsere Übersetzung folgt der Fassung 2. Ausgangspunkt für alle war wohl das französische Fabliau «C'est de la houce», «Das handelt von der Decke». Der Stoff ist bereits früh in indischer Überlieferung bezeugt.

Ausgabe: Erzählungen des späten Mittelalters ..., hg. von Lutz Röhrich, Bd. I, Bern/München 1962; S. 93–97.


## EGINOLF VON STAUFENBERG
### Peter von Staufenberg

Der Dichter, der hier die Geschichte eines Vorfahren aus der Adelsfamilie von Staufenberg zu erzählen vorgibt, ist zwischen 1285 und 1320 urkundlich belegt; 1324 war er bereits tot. Das Werk dürfte kurz nach 1300 entstanden sein. Der

Stoff fußt letztlich auf volkstümlicher mündlicher Überlieferung.

Ausgabe: Erzählungen des späten Mittelalters ..., hg. von Lutz Röhrich, Bd. 1, Bern/München 1962; S. 27–42.

320 *Petermann der Diemringer:* Der Held der Erzählung wird mit verschiedenen Namen bezeichnet (Peter, Petermann, genannt Diemringer, der von Staufenberg). Er gilt als Mitglied der Straßburger Familie von Diemringen, in deren Mitbesitz sich die Ganerbenburg, d. h. Erbengemeinschaftsburg, Staufenberg bei Offenburg, am Fuße des Schwarzwaldes, seit der 1. Hälfte des 13. Jh. befand. Ob er mit einem 1274 urkundlich bezeugten Peter von Staufenberg identisch ist, muß offenbleiben. Das Gedicht ist die älteste literarische Behandlung des Stoffes von der Nixe Undine, der untreu zu sein dem Menschen den Tod bringt.

*Ortenau:* Landschaft in Baden, zwischen Schwarzwald und Rhein; Hauptort Offenburg.

325 *Walachen:* Im Original steht «Valwen». Dieser Volksstamm stand in keinem guten Ruf; er galt nicht nur als kriegerisch, sondern auch als besonders grausam. Arnold von Lübeck (gest. 1212) spricht in seiner Chronik von «pessimi, qui Value dicuntur» («üble Kerle, die Valwen genannt werden») und gibt ihre Herkunft mit «de Ungarorum finibus» («aus den Gebieten der Ungarn») an. Balkanische Heimat scheint auch aus dem Zusammenhang hervorzugehen, in dem sie in Wirnt von Grafenbergs «Wigalois» vorkommen; da heißt es von einem Fürsten: «Ouch tragent im vil holden muot die Valwen und die Kriechen.» – Im Lüneburger Zeitbuch wird berichtet, daß die Tataren in Polen eingefallen seien und daß das Land «darvore hadden tovort (verwüstet) Valwen, Ruzen unde menich lant». Unrühmlich hervorgetan haben sich die Valwen, in denen wir nach alledem die Walachen sehen müssen, auch 1203, als sie im Gefolge des Böhmenkönigs Ottokar, der dem Landgrafen Hermann

mit seinen Truppen gegen König Philipp von Schwaben
zu Hilfe kam, in Thüringen furchtbar hausten.

337 *Palas* s. Erl. zu 201.

338 *was ich ihr gelobt habe:* vermutlich Anspielung auf die sog.
Morgengabe (s. Erl. zu 243).
*Heiratsgut:* die Mitgift der Braut, in diesem Falle das Her-
zogtum Kärnten.

### Der Bussard

Der Verfasser ist unbekannt; die Erzählung entstand zu Beginn des 14. Jahrhunderts im Elsaß. Als Vorlage diente wohl
eine (verlorene) französische Erzählung, die dem altfranzösi-
schen Epos «L'Escoufle», «Die Gabelweihe», nahestand.

Der Stoff entstammt dem Kreis der Magelone-Dichtungen,
in denen die fürstlich Liebenden gleichfalls entfliehen und der
Prinz bei der Verfolgung des Vogels, der die Ringe entwen-
det hat, von Seeräubern gefangen und als Sklave verkauft
wird, bis sich die Liebenden wiederfinden und ihre Treue belohnt sehen.

Ausgabe: Gesammtabenteuer, hg. von Friedrich Heinrich
von der Hagen, Bd. I, Stuttgart/Tübingen 1850; S. 337–366.
Heinrich Meyer-Benfey, Mittelhochdeutsche Übungsstücke,
2. Auflage Halle 1921, Nr. 14; S. 121–131.

348 *Palmatseide:* eine besonders weiche Seidenart.

### Alexander und Anteloie

Die Sage von Anteloie entstammt dem Volksglauben des
Mittelalters. Ulrich von Eschenbach, am böhmischen Königshofe Wenzels II. (1278–1305) lebend, hat sie gegen 1287 in seinen «Alexander»-Versroman eingebaut und mit der Ermolaus-
Episode seiner Quelle, der «Alexandreïs» des mittellateini-
schen Dichters Walther von Châtillon (um 1180), verbunden.

Diese Passage wurde im 14. Jahrhundert verselbständigt und zur «Novelle» umgeformt.

Von den drei überlieferten Fassungen der Erzählung ist hier der Text von S (Handschrift 1394 geschrieben) zugrunde gelegt worden.

Ausgabe: Alexander und Anteloie, hg. von Ignaz Zingerle, in: Germania Bd. 18, 1873; S. 222–231.

361 *Kallisthenes* (um 370–327): Großneffe des *Aristoteles* (s. Erl. zu 279) und Hofgeschichtsschreiber des Alexanderzuges; wurde unter dem Vorwand der Teilnahme an einer Verschwörung hingerichtet, weil er die Verehrung der Person Alexanders d. Gr. nach pers. Sitte als eines Griechen unwürdig ablehnte. An sein Geschichtswerk knüpft der phantastische Alexanderroman des Mittelalters an.

364 *Buhurt* s. Erl. zu 236 *Buhurdieren*.


## SCHONDOCH
### Die Königin von Frankreich

Der Verfasser dieser Erzählung nennt sich Schondoch; er lebte im 14. Jahrhundert und entstammte dem alemannischen Raum. Mehr wissen wir nicht über ihn. Ein zweites Werk von ihm ist die historisch-legendäre Erzählung «Der Litauer». Literarisch steht Schondoch in der Nachfolge Konrads von Würzburg (s. S. 569).

Der Stoff der «Königin» gehört in den karolingischen Sagenkreis von Kaiser Karls des Großen unschuldig verleumdeten und verfolgten Gattinnen, der seinerseits nur ein Sproß des aus dem Orient stammenden und wohl in der gesamten Weltliteratur verbreiteten Typus ist.

Ausgabe: Schondochs Gedichte, hg. von Heinrich Heintz, Breslau 1908 (Germanistische Abhandlungen 30); S. 77–139.

381 *Kanonisse:* Dame aus dem Adelsstand, die mit anderen zusammen ein kanonisches, d. h. von der kirchlichen Vor-

schrift geregeltes Leben führte, aber nicht – wie die Nonnen – die Gelübde ablegte und daher ins weltliche Leben zurückkehren konnte.

### Das Vögelchen

Der Verfasser ist unbekannt. Die Entstehung des Gedichts dürfte im 14.Jahrhundert liegen. Der Stoff ist im Mittelalter mehrfach behandelt.

Ausgabe: Gesammtabenteuer, hg. von Friedrich Heinrich von der Hagen, Bd.II, Stuttgart/Tübingen 1850; S.75–82.

### Kunz Kistener
#### Die Jakobsbrüder

Der Dichter, ein Straßburger Bürger, war vermutlich Weinrufer (Schenkwirt) in dieser Reichsstadt. Er ist dort 1355 und 1372 urkundlich belegt. Das Gedicht dürfte um die Mitte des 14.Jahrhunderts entstanden sein, jedenfalls vor 1365, als den Pilgerfahrten nach Santiago de Compostela ein Ende gesetzt wurde.

Stofflich sind die «Jakobsbrüder» eine legendenhafte Weiterbildung der Sage von den beiden treuen Freunden, die in Deutschland seit dem 9.Jahrhundert in lateinischen und deutschen Fassungen bekannt war. Hier ist die Treueprobe noch mit dem Erweckungswunder sowie dem Aussatz- und dem Blutopfermotiv verbunden.

Ausgabe: Kunz Kistner, Die Jakobsbrüder, hg. von Karl Euling, Breslau 1899 (Germanistische Abhandlungen 16).

389 *Jakob(us)* d.Ä.: Jünger Jesu, im Jahre 44 unter dem jüd. König Herodes Agrippa I. enthauptet.

391 *Santiago de Compostela:* Stadt im nordwestlichsten Spanien; nach alter Tradition soll hier im 9.Jh. der Leib von Jako-

bus beigesetzt worden sein. Seither bedeutende Wall-
fahrtsstätte.

404 *eine Klapper und ein Hut:* Kennzeichen Aussätziger, die
eine besondere Kleidung tragen und durch das Rasseln
der Klapper Vorübergehende warnen mußten.

*dich mit ... Blut bestriche* s. Erl. zu 87.

413 *Gnadau:* Ein Kloster dieses Namens ist nicht nachzu-
weisen. Kistener verbürgt sich allerdings auch nicht dafür,
sondern erklärt, er wisse davon nur vom Hörensagen.
Daß auch Kinder dort lebten, ist ebenfalls Fabelei. Sie
könnte aus dem Wunder an dem Kind des Grafen gespeist sein.

### HEINRICH DER TEICHNER
#### Die Roßhaut

Der Teichner stammt aus Kärnten; er heißt nach dem Tal
Teichen bei Feldkirchen, nordwestlich von Klagenfurt, und
lebte zuletzt in Wien. Der Stand des Dichters bleibt unklar.
Seine über 700 Kleindichtungen – Erzählungen, Legenden,
Gespräche, hausbacken und oft mit moralisch lehrhaften
Nutzanwendungen am Schluß – lehren uns das Leben der
Geistlichen, Ritter, Handwerker und Bauern kennen. Sie ent-
standen wohl zwischen 1330 und 1375 und treten, wie vor ihm
die des Strickers (s. S. 567), für Rechtschaffenheit ein, gegen
Ritterturniere und Sittenzersetzung durch das Geld.

Ausgabe: Die Gedichte Heinrichs des Teichners, hg. von
Heinrich Niewöhner, Bd. II, Berlin 1954 (Deutsche Texte des
Mittelalters Bd. 46); S. 109–111.

### HEINZ DER KELLNER
#### Der kluge Konni

Der Dichter des Märchenschwanks vom Redekampf zwischen der Prinzessin und dem Dümmling («Turandot»-Stoff)

könnte – wenn man den Namen «der Kellner» als Berufs-
bezeichnung auffaßt – der oberste Wirtschaftsverwalter (cel-
larius) einer Gutsherrschaft, mithin ein herrschaftlicher Beamter gewesen sein, der, nach der Mundart des Gedichts, im
Süden des alemannischen Raumes (Bodenseegebiet?) in der
2. Hälfte oder auch gegen Ende des 14. Jahrhunderts diese Erzählung verfaßt hat.

Der Stoff entstammt wohl mündlicher Volksüberlieferung.
Im Spätmittelalter wurde er offensichtlich nicht mehr literarisch behandelt, doch ist die mündliche Tradition des Stoffes
nicht abgerissen; denn er findet sich als Märchentypus (Dümmlingsmärchen) noch bis in die Neuzeit hinein über ganz Europa
verbreitet.

Ausgabe: Erzählungen des späten Mittelalters..., hg. von
Lutz Röhrich, Bd. I, Bern/München 1962; S. 222–225.

### Der dankbare Lindwurm

Der Verfasser der unten genannten kleinen Epiksammlung war
ein anonym gebliebener Berufsschreiber, den beim Kopieren
von Ulrich Boners Fabelbuch «Der Edelstein» (um 1350) die
Lust ankam, selbst etwas zu dichten. Er stammt seiner Sprache
nach aus der nördlichen Schweiz (Aargau?) und lebte in der
1. Hälfte des 15. Jahrhunderts.

Ausgabe: Eine Schweizer Kleinepiksammlung des 15. Jahrhunderts, hg. von Hanns Fischer, Tübingen 1965 (Altdeutsche
Textbibliothek 65); S. 69–79.

### Der Rosenbusch

Der Verfasser der grotesken Erzählung ist unbekannt; sie
dürfte der 1. Hälfte des 15. Jahrhunderts angehören. Das
Thema hat keine Nachahmung gefunden, doch begegnet es
abgewandelt im 18. Jahrhundert wieder bei Denis Diderot in

«Les bijoux indiscrets», «Die geschwätzigen Kleinode» (1747/48).

Ausgabe: Die deutsche Märendichtung des 15. Jahrhunderts, hg. von Hanns Fischer, München 1966; S. 444–461.


### FRÖSCHEL VON LEIDNITZ
#### Die Liebesprobe

Über den Verfasser, von dem drei kleine Reimpaardichtungen überliefert sind, weiß man kaum Genaueres. Der Sprache nach stammt er aus Bayern. Die Behauptung, daß er Handwerker und bürgerlicher Herkunft war, ist bisher nicht bewiesen. Er dürfte um die Wende vom 14. zum 15. Jahrhundert gelebt haben.

Ausgabe: Die deutsche Märendichtung des 15. Jahrhunderts, hg. von Hanns Fischer, München 1966; S. 112–123.


### HEINRICH KAUFRINGER
#### Bürgermeister und Königssohn

Der Dichter nennt sich nach dem Dorf Kaufering, 4 km nördlich von Landsberg am Lech; das bayerisch-ostschwäbische Lechgebiet ist also seine Heimat. Ständisch gehört er dem Bürgertum an, wohl in Landsberg. Seine Gedichte dürften zwischen etwa 1390 und 1450 entstanden sein.

Ausgabe: Kaufringers Gedichte, hg. von Karl Euling, Stuttgart 1888 (Bibliothek des Literarischen Vereins 182); S. 44–56.

444 *Hohe Schule zu Erfurt:* Die Erfurter Universität wurde 1392 gegründet. Mit diesem Jahr ist der früheste Zeitpunkt für die Entstehung der Erzählung gegeben.
452 *den Esel reiten:* sich vergeblich bemühen. Der Ungeduldige oder Unüberlegte kann dem Esel noch so sehr die Sporen geben, dieser läuft doch, wie er will. So lernt der Reiter, sich in Beherrschung zu üben oder in Geduld zu fassen.

Der Autor dieser Fassung des Stoffes, die in der Nachfolge des
«Willehalm von Orlens» von Rudolf von Ems (um 1240) steht,
ist unbekannt. Die Handschriften, die aus der 2. Hälfte des
15. Jahrhunderts stammen, weisen auf Entstehung des Werkes
im schwäbisch-alemannischen Gebiet.

Ausgabe: Wilhalm von Orlens. Eine Reimpaarerzählung
aus dem 15. Jahrhundert, hg. von Rosmarie Leiderer, Berlin
1969 (Texte des späten Mittelalters und der frühen Neuzeit 21).

453 *Orlens:* Orléans, am nördlichsten Bogen der Loire gelegen, etwa 100 km südwestl. von Paris.
*Herzog Friedrich zu Rhein:* Gemeint sein dürfte hier Pfalz-
graf Friedrich I. zu Rhein (1449–76).

455 *Wilhalm:* Hinter dem jungen Fürsten Wilhalm verbirgt
sich der Herzog der Normandie Wilhelm I. der Eroberer,
der 1066 Herrscher über England wurde.

## Grisilla

Der Verfasser dieser erst kürzlich bekannt gewordenen Prosa-
Version aus einer Kölner Handschrift vom Jahre 1460, in Mit-
telfränkisch, ist unbekannt. Der Griselda-Stoff, der aus mündlicher Überlieferung Italiens stammt, verbreitete sich durch
Boccaccios Erzählung und Petrarcas freie lateinische Be-
arbeitung (1373) auch in anderen Ländern und wurde sehr
beliebt.

Ausgabe: Spätlese des Mittelalters, hg. von Wolfgang
Stammler, Bd. I: Weltliches Schrifttum, Berlin 1963 (Texte
des späten Mittelalters und der frühen Neuzeit 16); S. 35–38.

Der Dichter entstammte einem Adelsgeschlecht, das im
Dienst der württembergischen Grafen stand. Er wurde 1363
oder 1365 geboren und starb 1458. Erst im hohen Alter begann er zu dichten. «Das Schleiertüchlein» dürfte zu seinen
letzten Werken gehören.

Ausgabe: Meister Altswert, hg. von W. Holland und A. v.
Keller, Stuttgart 1850; S. 203–255.

486 *Wiedergutmachung:* Gemeint ist der nach christlicher Lehre
menschheitserlösende Kreuzestod Christi.

*David* s. Erl. zu 51.

*Samson* s. Erl. zu 286.

*Salomo* s. Erl. zu 29.

*Absalom* s. Erl. zu 42. Hier wohl Anspielung darauf, daß
sich Absalom nach Vertreibung seines Vaters David mit
dessen im Palast zurückgebliebenen Kebsweibern einließ
(2. Samuel 16, 21 f.).

*Aaron:* Moses' Bruder sollte für diesen «der Mund sein»
(2. Mose 4, 16), d. h. zum Volke reden, denn er war be-
redt (2. Mose 4, 14). Da aber Aarons Gesangskunst in der
Bibel nicht erwähnt ist, haben Moritz Haupt und Karl
Müllenhoff («Zeitschrift für Deutsches Altertum» 12,
427) vermutet, «Aaron» sei aus «Horant», dem berühmten
Sänger des «Kudrun»-Epos, entstellt.

*Asahel:* alttestamentliche Gestalt, kämpfte auf Seiten
Davids gegen Sauls Sohn Isch-Boseth, verfolgte dessen
Heerführer Abner schnell und wurde von ihm getötet
(2. Samuel 2, 17 ff.).

488 *Parzival vergleichbar:* Anspielung auf die berühmte Szene
in Wolfram von Eschenbachs «Parzival» (282, 20 ff.), wo
der Titelheld beim Anblick dreier Blutstropfen im
Schnee an seine Gattin Condwiramurs erinnert wird und
darüber in tiefe Versonnenheit fällt.

*Truchseß Keie:* Ritter der Artus-Tafelrunde und ihr

Störenfried, der sich durch Spott- und Lästersucht aus-
zeichnet, dessen kecke Worte aber in krassem Gegensatz
zu seinen ritterlichen Taten stehen. So wird er von vielen
Helden der Dichtung beschämt, meist vom Pferde gestochen «wie ein Sack».

488 *Brackenseil:* Anspielung auf die Episode von Sigune und
*Tschionatulander* in Wolfram von Eschenbachs «Titurel»
(Strophe 132–70). Sigune hatte ihrem Geliebten aufgetra-
gen, im Dienste der Minne den entflohenen Spürhund
(Bracken) einzufangen, damit sie die Inschrift von dessen
Halsband zu Ende lesen könne. Bei diesem Abenteuer
hatte Tschionatulander den Tod gefunden. Die Klage-
szene der Sigune steht in «Parzival» 138, 17 ff.

*Salamander:* Von dessen Unverbrennbarkeit war die mit-
telalterliche Naturkunde überzeugt (vgl. Konrad von
Megenberg «Buch der Natur», S. 277), ja man glaubte,
Salamander bewohnten als Feuergeister das Element
Feuer.

*Amfortas:* der König des heiligen Grals (s. Erl. zu 499), der
große Leiden erdulden mußte durch eine Wunde, die ihm
mit einer vergifteten Lanze beigebracht worden war, und
der nur geheilt werden kann, wenn jemand unaufgefor-
dert nach dem Grunde seines Siechtums fragt. Parzival
unterläßt diese Frage anfangs, da es ihm an innerer Reife
fehlt.

*Herzeloyde:* Anspielung auf «Parzival» 105, 1 ff. Sie war
die Gattin *Gachmurets,* durch ihn Mutter Parzivals. Gachmuret kämpfte im Dienste des Kalifen von Bagdad und
fand dort den Tod. Sein Waffenhemd und die Lanze,
durch die er starb, wurden der hochschwangeren Frau
übergeben.

*Titurel ... Frimutel:* Anspielung auf Wolfram von
Eschenbachs «Titurel» (Strophe 7). Titurel war der Ur-
großvater Parzivals, der erste König des heiligen Grals
(s. Erl. zu 499), dessen Tempel er auf Monsalvaesche (s. Erl.
zu 504 *Gralsburg*) bauen ließ und dessen Rittertum er be-
gründete.

**489** *Secures:* Rittergestalt aus dem «Jüngeren Titurel» (Strophe 2984) des Dichters Albrecht (von Scharfenberg?), der Wolfram von Eschenbachs gleichnamige Dichtung um 1270 als Kolossalgemälde der Ritterwelt uud als Tugendlehre fortsetzte, wobei er dessen dunkle Sprache noch überbot.

*Tabronite:* Stadt, die schon in Wolframs «Parzival» mehrfach erwähnt wird, später auch im «Jüngeren Titurel» (Strophe 2933; Secures stammt von dort). Sie soll (nach «Parzival» 742, 4) am Kaukasus liegen. Vermutlich ist die Insula Taprobane (Ceylon, heute Sri Lanka) gemeint.

**490** *Thisbe ... Pyramus:* sagenhaftes Liebespaar aus Babylon, das sich vor der Stadt unter einem Maulbeerbaum zum Stelldichein verabredet hatte. Thisbe floh vor einem Löwen und verlor dabei ihr Gewand, das die Bestie zerfetzte und mit dem Blut eines zuvor gerissenen Rinds besudelte. Als Pyramus kam, glaubte er die Geliebte tot und erstach sich aus Kummer. Als Thisbe zurückkehrte und den Geliebten tot vorfand, schied auch sie aus dem Leben (vgl. Ovid, Metamorphosen IV, 55 ff.).

*König Artus* s. Erl. zu 246.

*Reliquie aus Aachen:* Anspielung auf den Schatz des Aachener Münsters, einen der bedeutendsten nördl. der Alpen.

**491** *so wie Titurel darauf bedacht war:* wohl Anspielung auf Wolframs «Parzival» (813, 15 ff.), wo Titurel (s. Erl. zu 488) sagt, daß Feirefiz, Parzivals Halbbruder, als Ungetaufter den heiligen *Gral* (s. Erl. zu 499) nicht schauen könne.

*Turnier von Florischantz:* Es war von König Artus ausgerufen worden (vgl. «Jüngerer Titurel», Strophe 1268).

**492** *Brücke von Karydol:* Brücke mit der Eigenschaft, jeden, dem Falschheit und Spottsucht eigen waren, beim Überqueren samt seinem Rosse ins Wasser zu schleudern (vgl. «Jüngerer Titurel», Strophe 2341).

*um dich als Ritter zu bewähren:* Es galt im späten Mittelalter als die höchste Form der Ritterwürde, am Heiligen Grabe zu Jerusalem zum Ritter geweiht worden zu sein.

Unzählige Adlige unternahmen eine Pilgerfahrt, um Ritter des Heiligen Grabes zu werden. Selbst solche, die bereits in der Heimat den Ritterschlag empfangen hatten, suchten in Jerusalem die noch höhere ritterliche Würde.

492 *Sankt Georg:* Bekehrer und Märtyrer unter Kaiser Diokletian (284–305), Schutzpatron der Krieger und mehrerer Ritterorden. Seit dem 11. Jh. galt er als Töter eines Drachens, wodurch er einen König Libyens samt allem Volk zum Christentum bekehrt haben soll.

493 *Reußen* s. Erl. zu 267.

495 *Wilhalm von Orlens* s. Erl. zu 453.

*Josaphat:* Tal östl. von Jerusalem; von Juden, Christen und Mohammedanern als Ort des Jüngsten Gerichts angesehen und daher als Begräbnisstätte bevorzugt.

496 *der große Alexander:* Alexander d. Gr.

*Gachmuret* s. Erl. zu 488 *Herzeloyde.*

498 *Sigune* s. Erl. zu 488 *Brackenseil.*

*gleicht dem Blute des Pelikans:* d. h. verleiht neues Leben. Vom Pelikan erzählte man im Mittelalter, er hacke sich mit dem Schnabel die Brust auf, besprenge mit seinem Blut seine toten Jungen und erwecke sie dadurch wieder zum Leben, ein Sinnbild Christi und der Liebe.

*Phönix:* mythischer Vogel der alten Ägypter, Verkörperung des Sonnengottes. Er soll laut Herodots Geschichtswerk (um 450 v. u. Z.) alle 500 Jahre nach Heliopolis gekommen sein, sich im Tempel des Sonnengottes ein Nest aus Myrrhen gebaut und sich darin verbrannt haben, um danach verjüngt aus seiner Asche wieder aufzuerstehen. Sinnbild der Unsterblichkeit.

499 *Gral:* nach mittelalterlicher Auffassung die Schüssel, in die Jesus beim Abendmahl die Hand tauchte, als Judas ihn verraten wollte (Matthäus 26, 23). Später soll Joseph von Arimathia, der jüd. Ratsherr, der den Leichnam Jesu in einer für sich selbst bestimmten Grabhöhle bestattete (Matthäus 27, 57–60), das Blut des Gekreuzigten darin aufgefangen und sie in seine Obhut genommen haben, bis sie dann ins Abendland kam und dort der Titurel-Sippe

anvertraut wurde. In der Gralssage mischen sich christliche, keltisch-heidnische, orientalische und märchenhaftmagische Züge. Bei Wolfram von Eschenbach hat der geheimnisvolle Gegenstand Gral, offenbar aus Edelstein, verschiedene Eigenschaften: er spendet Speise und Trank in beliebiger Fülle, sein Anblick verleiht Jugendfrische, er ist den Heiden unsichtbar, er läßt sich nur von einer reinen Jungfrau tragen, er ist das Höchste an irdischer Herrlichkeit u. a.

499 *dessen Anblick Titurel fünfhundert Jahre am Leben erhielt:* Anspielung auf Albrechts (von Scharfenberg?) «Jüngeren Titurel» (Strophe 6177), wo Titurel selbst erzählt, er habe die Schüssel, d. h. den heiligen Gral, vor einem halben Jahrtausend aus den Händen eines Engels übernommen.

*Antarcticus:* wohl ein Stern des Südlichen Kreuzes.

500 *Die Magnetnadel und die Windrose:* Umschreibung für den Kompaß, der sich aus beiden (im Original «der magnet und der stern» genannt) zusammensetzte. In Europa wird der Seekompaß zuerst um 1195 erwähnt.

*Johanniter:* in Jerusalem 1070 von Kaufleuten aus Amalfi gegründeter, 1113 von Papst Paschalis II. bestätigter geistlicher Ritterorden, der im Heiligen Land und in Europa hohes Ansehen genoß. Er hatte sich vor allem Krankenpflege und Fürsorge für die erwerbsunfähig heimkehrenden Krieger und für Findelkinder zur Aufgabe gemacht.

*«Morbleu»-Kerle:* Im Original steht «gens mer bla», das wohl dem franz. «gens morbleu» entspricht. «Morbleu» ist im Franz. euphemistische Entstellung für den Fluch aus «mort de dieu», «Gottes Tod». Die Türken galten den Christen mithin als so abscheulich, daß man bei Nennung ihres Namens sofort den am Kreuz gestorbenen Erlöser Jesus Christus um Beistand anrief.

501 *Wigalois:* Die Abenteuer dieses Ritters, der in seinem Wappen ein Glücksrad hatte und der auf der Suche nach seinem Vater, dem Artus-Ritter Gawein, eine Fürstin und ein Reich gewinnt, sind von Wirnt von Grafenberg in

dem Versroman «Wigalois» (1204/09) behandelt worden (vgl. Erl. zu 201).

501 *Galeote:* Ruderschiff, kleine Galeere.

*Pelarcticus:* vielleicht Zusammensetzung aus Polus, der Polarstern, und Arktos, der Bär, also der Polarstern im Kleinen Bären.

*Welf:* Name der Angehörigen oder Anhänger des deutschen Fürstengeschlechtes der Welfen, das von fränkischer bis staufischer Zeit zuerst über Bayern, dann über Sachsen herrschte. Bezeichnung für die kaiserfeindliche, mit dem Papst und den selbständigen italien. Städten verbündete Partei.

*Waibling:* Bezeichnung für einen Anhänger der Staufenkaiser, genannt nach der württemberg. Stadt Waiblingen, dem Mittelpunkt des schwäb. Familienbesitzes der Staufer, woraus die italien. Form Ghibelline entstand.

502 *Dukaten:* Gemeint sind wohl venezian. Dukaten, die unter den Pilgern das beliebteste Zahlungsmittel waren.

*Admirat:* im Original «amerat»; Bezeichnung für die höchsten arab. Beamten, die Statthalter des Sultans in den ägypt. Provinzen und in Palästina.

503 *Jakob* s. Erl. zu 389.

504 *Gralsburg:* die sagenhafte Burg Munsalvaesche, in der der heilige Gral (s. Erl. zu 499) aufbewahrt wurde. Der Name, aus dem altfranz. mons salvaiges, lat. mons silvaticus, gebildet, bedeutet «wilder Berg» und findet sich zuerst bei Wolfram von Eschenbach. Vielleicht ist er eine Huldigung Wolframs an seinen Herrn, den Grafen von Wertheim, auf dessen Schloß Wildenberg bei Amorbach im Odenwald Teile des «Parzival» entstanden sind. Albrecht, der Dichter des «Jüngeren Titurel», deutet um 1270 die Gralsburg als mons salvatus, «erlösten Berg», macht das Gralsland Terre de Salvaesche (d.h. «wildes Land») zu Salva terra («heiles Land»), setzt die Gralsburg dem span. Wallfahrtsort Salvatierra gleich und verlegt sie an den Südhang der Pyrenäen. Der Bergstock Montserrat («gesägter Berg») und sein Kloster, 59 km nordwestl. von

Barcelona, von den Kataloniern Montsagrat («heiliger Berg») genannt, gilt noch heute als die Gralsburg.

504 *Konsul:* ein Beamter zur Hilfe für die Pilger in der ihnen ungewohnten Umgebung. Er fungierte als Stadtführer, Dolmetscher, zog die Abgaben an den Sultan ein, verproviantierte die Fremden und kümmerte sich um ihre praktischen Probleme während des Aufenthalts im Heiligen Lande.

*Michael* s. Erl. zu 75.

*Nikopolis:* Bei dem heute bulgar. Nikopol an der Donau wurde 1396 Sigismund, König von Ungarn und Böhmen, der spätere deutsche Kaiser, mit seinem Koalitionsheer von den Türken vernichtend geschlagen.

*Cerastes:* eine Schlange mit acht oder neun Hörnern, die als besonders schlingfreudig galt.

505 *Schlüssel, Buch und Schwert:* Diese Gegenstände lassen sich wohl deuten als Symbole für die Übergabe eines Amtes (hier im Sinne des Dienstes für den christlichen Glauben), für die Regeln und Satzungen des Rittertums (vom Heiligen Grabe?) und des eigentlichen ritterlichen Dienstes mit dem Schwert.

*Der älteste meiner ritterlichen Weggefährten...:* Der Guardian (Prior) des 1384 gegründeten Zionsklosters konnte auch einem anderen die Verleihung der Ritterwürde vom Heiligen Grabe übertragen. Entscheidend war nicht die Person bei dieser Handlung, sondern die Heiligkeit des Ortes in der Grabkirche.

*acht Dukaten:* Nach anderen Pilgerberichten betrug die Abgabe an das Zionskloster im Anschluß an den Verleihungsakt der Ritterwürde zwischen 5 und 10 Dukaten.

506 *Guardian:* der auf drei Jahre gewählte Vorsteher eines Franziskaner- oder Kapuzinerklosters.

507 *so müßtet ihr alle eines elenden Todes sterben:* Für die Pilger im Heiligen Land hatten die mohammedan. Behörden strenge Verhaltensregeln – Bruder Felix Fabri nennt in seinem Reisebericht siebenundzwanzig – erlassen, und eine der wichtigsten war das Verbot, eine Moschee zu

betreten; der Verstoß sollte mit dem Leben gebüßt werden.

507 *Sankta Katharina:* berühmtes Kloster im Gebirge der Halbinsel Sinai, unter Kaiser Justinian I. (527–65) zu Ehren der heiligen Katharina von Alexandria errichtet, die 307 unter Kaiser Maxentius den Märtyrertod erlitt.

508 *Montpellier* s. Erl. zu 86.

509 *den Sultan ... verjagen wollen:* Dies könnte sich auf die damaligen Thronwirren in Ägypten beziehen. Hier, wo – wie in Syrien – seit 1254 die türk. Dynastie der Mameluken herrschte, machte sich 1438 deren bisheriger Emir und Minister Dschakmak selbst zum Sultan.

510 *heilige Elsbeth:* die heilige Elisabeth (1207–31), Landgräfin von Thüringen, gilt als Schutzpatronin aller Kranken und Notleidenden.

511 *Kaiser Friedrich:* Gemeint ist wohl Friedrich III. (gekrönt 1452), von dem sich die Christenheit, vor allem aber Papst Pius II., einen neuen Kreuzzug erhoffte.

512 *lange Winterszeit:* Normalerweise kehrten die Palästinapilger nach vierzehn Tagen auf dem venezian. Schiff in die Heimat zurück. Versäumten sie aber – wie unsere Gruppe – diesen Termin, so konnten sie nur noch mit Handelsschiffen heimfahren, mußten dann aber oft monatelang auf eine Gelegenheit warten.

*Rockenzahn:* böhm. Ketzer, der im Jahre 1471 gestorben sein soll.

514 *Ritter mit dem weißen Obergewand:* Anspielung auf eine wenig bekannte franz. Erzählung von Herpin und seinem Sohn *Lewe.* Darin wird an einer Stelle berichtet, wie Lewe voller Zorn unter die Kalabrier fährt, ihren Marschall des Verrats bezichtigt, ihm den Helm vom Kopfe reißt und ihm das Haupt abschlägt.

515 *Amalia von England:* Tochter Wilhelms I. (s. Erl. zu 455). *Jungfrau* aus *Grippia:* Gestalt aus dem Epos «Herzog Ernst» (s. Erl. zu 237), die als außerordentliche Schönheit geschildert wird (Fassung B, um 1210, Vers 3096ff.)

516 *Abraham:* der älteste biblische Erzvater, der als Stamm-

vater der Israeliten und anderer Völker angesehen wurde,
galt wegen seiner Rechtschaffenheit und daher Gottwohl-
gefälligkeit als im Paradies bevorrechtet (vgl. Lukas 16,22).

516 *Parzival … nach Indien geführt:* Diese Version stammt nicht
aus Wolfram von Eschenbachs «Parzival», sondern aus
Albrechts «Jüngerem Titurel» (Strophe 6074 ff.).

*Enkel Parzivals:* Gemeint ist Lohengrin, der freilich in
der Schwanrittersage als Sohn Parzivals gilt; es bleibt
unklar, auf welche Quelle sich Hermann von Sachsen-
heim hier stützt. Der Lohengrin-Stoff ist bereits in einem
mittelhochdeutschen Versepos selbständig behandelt
worden; weiten Kreisen bekannt wurde er durch
Richard Wagners Oper.

*Michael* s. Erl. zu 75.

519 *so wie das Gold sich zur Sonne zieht:* Der Stelle läßt sich
allenfalls ein Sinn abgewinnen mit Hilfe einer Bemerkung in Konrad von Megenbergs «Buch der Natur», der
ersten Naturgeschichte in deutscher Sprache (entstanden
1349/50). Dort heißt es, das Gold bewirke die Morgen-
kühle, so daß die Engel der Nacht erkennen, wann der für
sie bedrohliche Tag heraufziehe (Ausgabe von F. Pfeiffer,
Stuttgart 1861, S. 475).

### Der Dieb von Brügge

Die Novelle, deren Verfasser unbekannt ist, gehört in die
Blütezeit der mittelniederdeutschen Literatur, d. h. ins
15. Jahrhundert. Sie ist stofflich verwandt mit der böotischen
Sage von den Brüdern Agamedes und Trophonios, den
Baumeistern, die auf ganz ähnliche Weise wie die beiden
Diebe von Paris und Brügge das Schatzhaus des Königs
Hyrieus berauben; ähnlich auch Herodots (II, 121) Erzählung
vom Schatzhaus des Rhampsinit.

Ausgabe: Die deutsche Märendichtung des 15. Jahrhunderts
hg. von Hanns Fischer, München 1966; S. 394–414.

530 *nicht lange baumeln lassen:* Das Hängen am Galgen war etwas Schimpfliches (vgl. Erl. zu 80).
531 *schor einem jeden eine Tonsur* s. Erl. zu 55.


### Ritter Alexander

Der Verfasser ist unbekannt, das Werk entstand in der 2. Hälfte
des 15. Jahrhunderts; es ist überliefert in einem Heidelberger
Druck von 1490 und einem Nürnberger von 1515.

Ausgabe: Die deutsche Märendichtung des 15. Jahrhunderts,
hg. von Hanns Fischer, München 1966; S. 330–337.

541 *Gebende* s. Erl. zu 46.


### Ritter Beringer

Der Verfasser ist unbekannt; die Erzählung entstand wohl im
alemannischen Gebiet in der 2. Hälfte des 15. Jahrhunderts;
überliefert ist sie nur in dem Straßburger Druck von 1495.

Ausgabe: Die Historien von dem Ritter Beringer, Straßburg 1495, Faksimile besorgt von K. Schorbach, Leipzig 1893
(Seltene Drucke in Nachbildungen 1).


### HANS SCHNEIDER
#### Dieb und Henker

Der Dichter stammt aus Augsburg; er dürfte zwischen 1480
und 1513 in seiner Heimatstadt und in Nürnberg geschaffen
haben. Um 1500 stand er im Dienste Kaiser Maximilians als
«künigklicher Mayestatt poett oder sprecher», doch scheint er
wechselnde Dienst- und Brotverhältnisse eingegangen zu sein,
ohne daß sich über seine Biographie Klarheit herstellen ließe.

Ausgabe: Die deutsche Märendichtung des 15. Jahrhunderts,
hg. von Hanns Fischer, München 1966; S. 362–364.

Lizenz Rudolf Marx
Nr. 387/190/1/77 · LSV 7101
1. Auflage 1977
Holzstiche: Heiner Vogel
Typographie: Horst Erich Wolter
Gesetzt aus der Bembo-Antiqua
von der Offizin Andersen Nexö, Graphischer Großbetrieb,
Leipzig, III/18/38
Gedruckt und gebunden
vom Graphischen Großbetrieb Interdruck, Leipzig
Bestellnummer: 786 153 7
DDR 12,70 Mark